MONTAILLOU, EEN KETTERS DORP
IN DE PYRENEEËN (1294-1324)

Jacques Fournier als paus Benedictus XII
(Paolo da Siena 1346; Rome St. Pieter)

EMMANUEL LE ROY LADURIE

MONTAILLOU, EEN KETTERS DORP IN DE PYRENEEËN (1294-1324)

VERTAALD DOOR
CLAIRE DEN BOER
EN ROLAND FAGEL

1984   UITGEVERIJ BERT BAKKER   AMSTERDAM

© 1975 Editions Gallimard
Oorspronkelijke titel *Montaillou, village occitan
de 1294 à 1324*, uitgegeven door Editions Gallimard
© 1984 Nederlandse vertaling Claire den Boer
en Roland Fagel

Omslagontwerp Helen Howard, HW
Typografie Rudo Hartman
Afbeelding voorplat Jacques Robert,
Bible Moralisée-Ms-XIVe Siècle-BN
ISBN 90 6019 682 1

VERANTWOORDING

Deze vertaling is een enigermate bekorte en bewerkte weergave van de oorspronkelijke Franse tekst. De omvang van de bekorting is ongeveer tien procent en derhalve aanzienlijk minder dan bij de Engelse en Duitse vertalingen waar de bekorting meer dan veertig procent bedraagt.

De inleiding van het Franse origineel werd uitgebreid met enkele passages uit het voorwoord dat Le Roy Ladurie zelf schreef bij de Engelse vertaling. In de lopende tekst van het boek zijn bovendien enkele passages verwerkt die oorspronkelijk in noten ondergebracht waren. Het notenapparaat zelf werd door ons sterk uitgedund, verduidelijkt en waar nodig aangevuld. Ook de bibliografie werd op enkele plaatsen aangepast.

De citaten uit het inquisitiedossier van Jacques Fournier zijn cursief gedrukt en voorzien van verwijzingen naar de Latijnse teksteditie die uitgegeven is door J. Duvernoy in 1965. De Franse vertaling van dit dossier verscheen pas in 1978, drie jaar na de publikatie van *Montaillou* (zie voor de teksteditities de bibliografie onder J. Duvernoy).

Enkele Franse en Latijnse termen waarvoor geen bevredigende Nederlandse equivalenten bestaan zijn onvertaald gelaten en opgenomen in een verklarende woordenlijst. Zo werd in de regel aan de Latijnse term *perfecti* de voorkeur gegeven boven een letterlijke Nederlandse vertaling. Ten slotte werd de index van de belangrijkste families uit Montallou en omstreken, die samengesteld was voor de Engelse uitgave, aan de hand van de Franse teksteditie van Duvernoy gecorrigeerd en aangevuld.

Het eerste deel, de familie-index en de verklarende woordenlijst werden verzorgd door Claire den Boer, de inleiding en het tweede deel door Roland Fagel. DE VERTALERS

INHOUD

INLEIDING

Wie het boerenleven in de middeleeuwen wil leren kennen kan daarvoor een aantal zeer uitvoerige standaardwerken raadplegen. Wat echter tot op heden ontbrak was een rechtstreekse getuigenis van die toenmalige boeren over hun eigen leven. Het is een geluk voor ons dat in de veertiende eeuw iemand een groot aantal eenvoudige dorpelingen hun levensverhaal liet vertellen. Voor de betrokkenen zelf waren de omstandigheden waaronder hun relaas werd vastgelegd evenwel verre van aangenaam.

Het betrof hier de inwoners van Montaillou, een klein Pyreneeëndorp in het zuiden van het Occitaanse cultuurgebied. Montaillou lag toentertijd in het graafschap Foix, tegenwoordig in het Franse departement Ariège. De persoon die dit dorp aan de vergetelheid heeft ontrukt was Jacques Fournier, tussen 1317 en 1326 bisschop van het diocees Pamiers, dat vrijwel het gehele graafschap Foix omvatte. Deze bisschop liep over van geloofsijver en zou later als Benedictus XII in Avignon tot paus gekozen worden. Hij organiseerde in zijn bisdom een genadeloze ketterjacht waarbij hij alle getuigenverklaringen die voor zijn inquisitierechtbank werden afgelegd zorgvuldig liet optekenen.

De gedaagden die door Fournier werden verhoord waren voor het grootste deel boeren uit het bergachtige zuidelijke gedeelte van het graafschap Foix, ook wel Boven-Ariège of Sabarthès geheten. Tijdens de veelal langdurige en altijd nauwgezette verhoren lieten de ondervraagde dorpelingen, die voor bijna een kwart uit het dorp Montaillou kwamen, zich niet alleen uit over hun houding ten aanzien van de katholieke leer, maar gaven zij ook een bijzonder levendig en gedetailleerd beeld van hun dagelijks leven.

Het graafschap Foix was in de vroege middeleeuwen een zelfstandig vorstendom geweest. In de loop van de dertiende en veertiende eeuw echter werd het vorstendom, vanouds geregeerd door het vooraanstaande geslacht van de graven van Foix, langzamerhand een satellietstaat van het machtige Franse koninkrijk. Het uitgestrekte gebied ten noordoosten van Foix, de Languedoc, was al eerder in Frans bezit gekomen.

Montaillou was het laatste dorp waar de kathaarse ketterij actieve ondersteuning vond. Deze Katharen werden ook wel Albigenzen genoemd, naar de stad Albi, waar een groot aantal van hen huisde. Het katharisme was een van de belangrijkste ketterse stromingen die er in de middeleeuwen geweest zijn. Toen Montaillou in de jaren tussen 1318 en 1324 eenmaal grondig gezuiverd was, verdween de beweging daarmee volledig van het Franse grondgebied. Aanvankelijk had het katharisme in de twaalfde en dertiende eeuw de kop opgestoken in de Languedoc en in Noord-Italië, en in ietwat afwijkende vorm op de Balkan. De Katharen mogen overigens niet verward worden met de Waldenzen, een andere ketterse sekte, die afkomstig was uit Lyon maar nauwelijks in de Boven-Ariège doordrong. Het is mogelijk dat het katharisme invloeden onderging van oosters of manicheïstisch gedachtengoed, maar dit blijft een veronderstelling. Wel is tamelijk veel bekend over de leer en de gebruiken van de Katharen in de Languedoc en in Noord-Italië.

Er bestaat geen twijfel over dat het katharisme een *christelijke* ketterij was, ondanks die mogelijke invloeden uit het Oosten. De Katharen noemden zichzelf namelijk 'ware christenen' of 'goede christenen' om zich te onderscheiden van de volgelingen van de officiële rooms-katholieke Kerk, die volgens hen de oorspronkelijke leer van de apostelen had verraden. Tegelijkertijd nam het katharisme echter wel afstand van het christelijke monotheïsme. Het ging namelijk net als het manicheïsme uit van het bestaan van twee tegengestelde beginselen of principes. Een goede God werd gesteld tegenover een kwade God (Satan), zoals licht tegenover duisternis. Aan de ene kant stond de geestelijke wereld ('goed'), aan de andere kant de aardse wereld van materie, vlees en bederf ('kwaad'). Het is vooral deze in essentie spirituele nadruk op het begrip zuiverheid die ten grondslag ligt aan de waarschijnlijk foutieve etymologie van het woord kathaar als afleiding van een Grieks woord dat zuiver en rein betekent. In werkelijkheid komt de term kathaar namelijk van een Duits woord dat niets met de zuiverheid te maken heeft.[1]

Deze dualistische tegenstelling van goed en kwaad, of God en Satan, kon twee verschillende vormen aannemen. De Italiaanse Katharen gingen er van uit dat de goede God zelf zijn tegenhanger de Satan had geschapen. De laatste was dus aan de eerste ondergeschikt. Voor de Katharen uit de Languedoc waren beide Goden juist volstrekt gelijkwaardig.

De organisatie van de kathaarse beweging was gebaseerd op het onderscheid tussen een zuivere elite (*perfecti* of Volmaakten, *boni homines* of Goede Mensen, soms ook eenvoudigweg *haeretici*, ketters genoemd) en de grote massa van gelovigen (*credentes*). De *perfecti* kregen deze eervolle titel wanneer ze de kathaarse 'geestesdoop' hadden ontvangen. Dit was een doop van de Heilige Geest, waar geen water aan te pas kwam, doch wel een rituele evangelieoplegging en wat gebeden. De Katharen zelf noemden dit sacrament het *consolamentum* (letterlijk: 'vertroosting') maar het werd in het gewone spraakgebruik ook wel 'ketterdoop' of 'ketterwijding' genoemd. De *perfecti* die deze doop ontvangen hadden dienden zich te onthouden van vlees en vrouwen. (Het katharisme was weliswaar niet volslagen anti-vrouwelijk, maar ruimde toch in het algemeen voor de tweede sekse weinig plaats in.) Een *perfectus* was gerechtigd het brood te zegenen en van de eenvoudige gelovigen het *melioramentum* te ontvangen (een plechtige begroeting of aanbidding). Hij gaf hun dan zijn zegen en de vredeskus (*caretas*). De eenvoudige gelovigen ontvingen het *consolamentum* pas vlak voor hun dood. Deze regeling maakte het die gelovigen mogelijk tot kort voor hun einde een aangenaam leven te leiden dat aan niet al te strakke morele beperkingen gebonden was. Zodra ze echter de kathaarse geestesdoop hadden ontvangen lagen de zaken volkomen anders. Dan moesten ze zich (in ieder geval na 1300) overgeven aan een toestand van *endura*, zelfmoord door hongerstaking. Vanaf dat moment mochten ook zij vlees noch vrouwen meer aanraken.

Rond 1200 was het katharisme al verbreid over grote gedeelten van de Languedoc, die toen nog niet tot het Franse koninkrijk behoorde. Maar omdat de Noordfranse adel van mening was dat voortduren van deze toestand niet te tolereren was, werd in 1209 een kruistocht tegen de Albigenzen georganiseerd. Gehoor gevend aan een pauselijke oproep trokken de edelen met hun legers zuidwaarts. Ondanks het feit dat de kruisvaarders uit het noorden in 1218 hun meedogenloze aanvoerder Simon de Montfort verloren, wisten zij toch het gezag van de Franse koning geleidelijk over het zuiden uit te breiden. Onder het voorwendsel van deze heilige ketterjacht annexeerde de koning in 1229 de Languedoc bij het verdrag van Méaux.

In het Occitaanse gebied, dat van nu af aan voorbestemd was om deel van Frankrijk uit te gaan maken, liet deze annexatie blijvende ressentimenten achter. Met de opleving van het Occitaanse regionalisme in de twintigste eeuw zijn deze gevoelens weer boven gekomen.

Het laatste bolwerk van de ketters, de burcht Montségur in de Ariège, werd in 1244 ingenomen. De Albigenzen, die lang hadden standgehouden, werden in Montségur zelf of in Bram (nabij Carcassonne) op de brandstapel terechtgesteld. Maar ook na 1250 vertoonde het katharisme nog steeds tekenen van leven. In de bergachtige Boven-Ariège kwam het tussen 1300 en 1318 zelfs tot een bescheiden wederopleving. Een van de centra daarvan was het dorp Montaillou. Dat was deels te danken aan het militante optreden van de gebroeders Authié, twee voormalige notarissen uit Ax-les-Thermes, die zich hadden opgeworpen als heroïsche verkondigers van de kathaarse leer. Doch uiteindelijk slaagden de inquisitietribunalen van Carcassonne (Languedoc) en Pamiers (Ariège) er ook in om deze laatste verzetshaard uit te roeien. Door het minutieuze onderzoek van bisschop Jacques Fournier kwamen een paar mensen op de brandstapel terecht, een wat groter aantal werd veroordeeld tot gevangenisstraf, en nog meer mensen werden verplicht tot het dragen van gele kruisen. (Net zoals de joden in de middeleeuwen gele sterren droegen, moesten veroordeelde ketters gele kruisen dragen, die op hun bovenkleding werden vastgenaaid.) Het katharisme kwam de klap die het in 1320 te incasseren kreeg nooit meer te boven. De gevangenen uit Montaillou waren de allerlaatste Katharen. Maar het doek viel niet voorgoed: de dappere strijd die de boeren uit de Ariège na 1300 voerden om het restant van hun onrechtzinnige opvattingen te behouden vormde een voorafschaduwing van het optreden van de protestanten twee eeuwen later.

Aan iedere historische studie dient een kritische beschouwing van de bronnen ten grondslag te liggen. Het is daarom noodzakelijk kort uit te weiden over Jacques Fournier, degene die verantwoordelijk is voor het ontstaan van het bronnenbestand waarop dit boek gebaseerd is. Hij werd geboren te Saverdun, in het noorden van het graafschap Foix. Het staat vast dat hij van tamelijk nederige komaf was. Ook toen hij eenmaal paus was bleef hij zich van die afkomst bewust. Zo zou hij geweigerd hebben zijn nicht uit te huwelijken aan een vooraanstaand edelman die naar haar hand dong. '*Dit zadel is dat paard niet waardig,*' zou hij gezegd hebben, in gangbaar Occitaans.

Overigens waren er ook vóór hem in zijn familie al een paar duidelijke gevallen van sociale stijging voorgekomen. Een oom van hem, Arnaud Novel, was abt van de cisterciënzer abdij te Fontfroide geworden. Aangemoedigd door dit voorbeeld werd ook Jacques Fournier al jong een cisterciënzer monnik. Hij ging enige tijd naar het noorden en dook op aan de universiteit van Parijs, eerst als student, later als doctor. Toen hij in 1317 bisschop van Pamiers werd stond hij al bekend om zijn eruditie en zijn onbuigzaamheid. In zijn nieuwe rol viel hij al snel op door de vervolging van ketters en onrechtzinnigen van velerlei pluimage. Hij onderhield goede relaties met de vertegenwoordigers van het graafschap Foix en van de Franse koning; hij was op dat moment een pro-Frans element in de Occitaanse wereld. In 1326 wenste Johannes XXII hem geluk met de successen die hij bij zijn ketterjacht geboekt had. Die gelukwensen gingen vergezeld van een grote partij verhandelbare aflaten. Fourniers activiteiten waren overigens niet beperkt gebleven tot het vervolgen van religieuze dwalingen in zijn diocees; hij had bovendien de opbrengst van de agrarische tienden weten te vergroten, door ze ook te heffen op kaas, knollen en rapen, produkten die er tot dan toe van waren vrijgesteld.

Maar het leven had nog een hogere bestemming met hem voor. In 1326 werd hij bisschop van Mirepoix, ten oosten van Pamiers. Dat bisdom telde meer parochies, en het betrof hier dus een promotie. In 1327 werd Fournier kardinaal, en in 1334 werd hij als Benedictus XII in Avignon tot paus gekozen. '*U hebt een ezel gekozen,*' zou hij bij die gelegenheid met zijn gebruikelijke bescheidenheid tegen het kiescollege gezegd hebben. Eenmaal met de tiara gekroond, toonde hij al snel zijn niet geringe kwaliteiten. Hij keerde zich tegen het heersende nepotisme en trachtte het morele peil van de kloosters te verhogen. Als een ietwat stroeve en onhandige kamergeleerde had hij echter weinig succes in de buitenlandse politiek. Op het terrein van de dogmatiek voelde hij zich daarentegen als een vis in het water. Hij corrigeerde het theologische gefantaseer van zijn voorganger Johannes XXII over de 'zaligmakende aanschouwing Gods' na het overlijden, en ontpopte zich als een *maculist*, dat wil zeggen als een tegenstander van de theorie van Maria's onbevlekte ontvangenis (die later overigens zou triomferen).

Die veelvuldige ingrepen in dogmatieke kwesties vormden de bekroning van zijn intellectuele carrière. Hij voerde heftige polemieken met zulke uiteenlopende denkers als Joachim van Fiore, Meister Eckhart en Ockham, zodra die lieden ook maar een duimbreed afweken van de rechte lijn van het katholicisme. Bovendien maakte hij een begin met de bouw van het pauselijk paleis in Avignon, waarvoor hij Simone Martini de fresco's liet schilderen.

Maar ons interesseert natuurlijk vooral de tijd die de toekomstige Benedictus XII doorbracht in het bisdom Pamiers. Nog geen twintig jaar na de val van de roemruchte ketterburcht Montségur had het katharisme juist in die streek weer de kop opgestoken. Rond 1265 en in de jaren 1272-1273 verschenen de inquisiteurs opnieuw in het graafschap Foix. De vlakte van Pamiers werd toen tot in de verste uithoeken volledig uitgekamd en iedere afwijkende religieuze opvatting hardhandig afgestraft. Maar daarmee was de ketterij nog niet volledig uitgeroeid.

In 1295 stichtte paus Bonifatius VIII het bisdom Pamiers, dat zowel het bergachtige zuiden als het vlakke noorden van het graafschap Foix omvatte. Met deze administratieve herindeling beoogde hij een betere controle op onrechtzinnig gedrag mogelijk te maken. Na een kwart eeuw betrekkelijke rust opende de inquisitie in de jaren 1298-1300 en

1308-1309 weer twee nieuwe offensieven. In 1308 liet Geoffroy d'Ablis, de inquisiteur van Carcassonne, de gehele bevolking van Montaillou in hechtenis nemen, met uitzondering van de kinderen. Deze ketterjacht was het werk van de dominicanenrechtbank in Carcassonne, die eigenlijk niets te maken had met het nieuwe bisdom Pamiers en het graafschap Foix. Want de bisschoppen van Pamiers zelf hadden lange tijd maar bitter weinig gedaan tegen de onder hun kudde heersende ketterij. Bisschop Pelfort de Rabastens was te zeer verwikkeld in gekissebis met zijn kanunniken om nog over de rechtzinnigheid in zijn gebied te kunnen waken. Met de komst van Jacques Fournier die hem in 1317 opvolgde zouden de zaken een andere wending gaan nemen. De nieuwbakken bisschop maakte gebruik van een besluit dat het concilie van Vienne in 1312 genomen had. Vanaf dat moment was de inquisitie niet meer uitsluitend een zaak van de dominicanen.

Jacques Fournier kon al snel in 1318 zijn eigen inquisitierechtbank organiseren, die hij zou leiden in nauwe samenwerking met broeder Gaillard de Pomiès, een afgevaardigde van Jean de Beaune, het hoofd van de dominicaanse inquisitie in Carcassonne. Zolang de oprichter ter plaatse aan de macht bleef zou de nieuwe rechtbank een actief bestaan leiden. Toen Jacques Fournier benoemd werd in Mirepoix raakte het tribunaal van Pamiers evenwel al snel op dood spoor, omdat zijn opvolges zich hielden aan de leefregel 'liever lui dan moe'. Vanaf dat moment werd de bevolking van het graafschap Foix weer met rust gelaten. Zoveel te beter voor die bevolking. Wij danken onze beste gegevens echter juist aan de activiteiten die de rechtbank ondernam in de periode dat Fournier bisschop was.

Zolang Jacques Fournier aan het hoofd van het tribunaal van Pamiers stond konden smeekbeden noch smeergelden hem vermurwen. Hij was even doortastend als Maigret en het werk waarin hij zich vastbeet werd voor hem een obsessie. Bovenal had hij de gave de waarheid aan het licht te brengen, of *de lammetjes te voorschijn te laten komen*, zoals zijn slachtoffers zeiden. In een paar minuten kon hij een ketter van een 'goed' katholiek onderscheiden. De gedaagden, wier zieleleven hij moeiteloos doorgrondde, vonden hem een ware inquisitieduivel. Het succes van zijn werkwijze was vooral te danken aan zijn demonische vasthoudendheid tijdens de verhoren. Hij had een maniakale interesse voor details en woonde in eigen persoon vrijwel alle zittingen van zijn tribunaal bij. Zo weigerde hij ook om verantwoordelijke taken over te dragen aan zijn klerken en griffiers. Het hele inquisitiedossier van Pamiers draagt dus zijn stempel. Dit is een van de redenen waarom het document zo'n hoge kwaliteit heeft.

De dominicaan Gaillard de Pomiès vervulde slechts de rol van *assistent* of *vicaris*, want de sterke persoonlijkheid van de bisschop deed hem op de tweede plaats belanden. Een paar vooraanstaande inquisiteurs van buiten het bisdom kwamen af en toe de meest belangrijke zittingen van het tribunaal van Pamiers met hun aanwezigheid vereren. De rechtbank werd verder bevolkt door allerlei plaatselijke en regionale grootheden, die nu eens een actieve rol speelden, dan weer alleen maar een decoratieve functie vervulden. Het ging hier om kanunniken, monniken van iedere denkbare orde, rechters en juristen uit Pamiers. Op een nog lager niveau komen we zo'n vijftiental klerken en griffiers tegen die belast waren met redigerende werkzaamheden (maar nooit zelfstandig beslissingen konden nemen). Zij stonden onder leiding van de priester-griffier Guillaume Barthe, die in de hiërarchie gevolgd werd door Jean Strabaud en heer Bataille de la Penne, en vervolgens door nog een hele serie pennelikkers. Het laagste niveau van het beëdigde personeel bestond uit wachters ('knechten' genoemd), boodschappers en gevangenbewaarders, geflankeerd door hun onvermijdelijke echtgenotes die dienst deden als gevangenbewaarsters. Te midden van dit gekrioel van ondergeschikten treffen we ook de spionnen, aanbrengers en verklikkers aan, die soms, zoals Arnaud Sicre, van betere komaf waren.

Statistische gegevens over de activiteiten van deze rechtbanken zijn al in 1910 opgesteld en uitgegeven door J.M. Vidal. Ik noem hier een paar van deze gegevens, die goed laten zien hoe het dossier tot stand is gekomen. De inquisitierechtbank van Pamiers heeft tussen 1318 en 1325 welgeteld 370 dagen zitting gehouden. Tijdens die 370 dagen werden in totaal 578 verhoren afgenomen. In 418 gevallen ging het om beklaagden, in 160 gevallen om getuigen. Deze honderden zittingen hadden betrekking op 98 afzonderlijke zaken. De arbeid van het hof bereikte een hoogtepunt in het jaar 1320 toen er in totaal 160 dagen zitting gehouden werd (ter vergelijking: er waren 93 zittingsdagen in 1321, 55 in 1323, 43 in 1322, 42 in 1324 en slechts 22 in 1325). Het tribunaal zetelde meestentijds in Pamiers, soms ook elders, al naar gelang de verblijfplaats van de bisschop.

De 114 gedagvaarden op wie die 98 zaken betrekking hadden waren overwegend Albigenzen. Van die 114 gedagvaarden (waaronder 48 vrouwen) zijn er uiteindelijk 94 ook werkelijk voor de rechtbank verschenen. Deze groep omvatte een paar edelen, verscheidene priesters, maar de overgrote meerderheid bestond toch uit gewone mensen (boeren, herders, handwerkslieden, eenvoudige handelaren). Het merendeel van deze mensen was afkomstig uit de Sabarthès, in totaal 92 van de 114 gedaagden. Alleen al het dorp Montaillou leverde 25 verdachten en bovendien nog een paar getuigen. Nog eens 3 gedaagden kwamen uit het nabij gelegen Prades. Uit het Land van Aillon dat niet meer omvatte dan deze twee dorpen en waar dit boek voornamelijk over gaat, kwamen dus in totaal 28 gedaagden die ieder een – vaak zeer gedetailleerde – verklaring hebben afgelegd.

Een kerkrechtelijke procedure werd in het algemeen op gang gebracht door één of meer aangiften. Daarop volgde dan een dagvaarding om voor het tribunaal in Pamiers te verschijnen. Die dagvaarding werd overgebracht door de plaatselijke pastoor (direct aan huis én vanaf de preekstoel). Indien de gedaagde niet uit eigen beweging naar Pamiers reisde kwam de baljuw (de vertegenwoordiger van de graaf of heer) in actie als wereldlijke arm van het kerkelijk gezag. Hij hield de gedaagde aan en bracht hem zo nodig op naar Pamiers. Wanneer een beschuldigde ter zitting verscheen moest hij beginnen met het afleggen van een eed op de evangeliën. Vervolgens begon er een weinig gelijkwaardig gesprek. Jacques Fournier stelde een aantal vragen en probeerde steeds bepaalde punten of details opgehelderd te krijgen. De beschuldigde antwoordde blijkbaar vaak met een stortvloed van woorden; één verklaring kon gemakkelijk tien à twintig (of zelfs meer) grote foliobladzijden van het dossier in beslag nemen. De zaak nam vervolgens zijn loop, zonder dat de beschuldigde noodzakelijkerwijs permanent in hechtenis werd gehouden. Hij kon tussen de verhoren opgesloten worden in een van de gevangenissen die de bisschop in Pamiers tot zijn beschikking had. Maar hij kon ook voor langere of kortere tijd in voorlopige vrijheid gesteld worden en moest dan alleen binnen de grenzen van zijn parochie of bisdom blijven. Degene die wel in preventieve hechtenis werd genomen, kon met behulp van verschillende middelen in de richting van een bekentenis gedwongen worden. Die middelen waren waarschijnlijk niet zozeer folteringen, als wel excommunicatie, en strenge tot zeer strenge opsluiting (in een nauwe cel, met de voeten in de ijzers, op water en roggebrood). Alleen toen vertegenwoordigers van de Franse kroon hem dwongen een schijnproces tegen de leprozen te voeren liet Jacques Fournier zijn slachtoffers wél folteren om ze tot absurde bekentenissen te dwingen, zoals vergiftiging van bronnen met paddenpoeder.

In de gevallen die in dit boek aan de orde komen, beperkte de bisschop zich tot de daadwerkelijke dwalingen (al gaat het voor ons gevoel vaak om zeer onbeduidende punten). De bekentenissen gingen gepaard met vrij uitvoerige beschrijvingen die de beschuldigden van hun dagelijkse beslommeringen gaven. Wanneer verklaringen met elkaar in tegenspraak kwamen trachtte Jacques Fournier de zaak op te helderen door de diverse gedaagden om beurten om nadere toelichting te vragen. Het achterhalen van de waarheid was het grote ideaal waar onze bisschop door gedreven werd (hoe verwerpelijk de achtergrond van dat ideaal in dit geval ook was). Zijn streven was om eerst de afwijkende religieuze gedragingen op te sporen en daarna te trachten de ziel van de zondaar te redden. Om deze doelstellingen te bereiken zocht hij heel wat spijkers op laag water en deinsde hij er niet voor terug zich in eindeloze discussies te storten. Zo trok hij er bijvoorbeeld vijftien dagen van zijn kostbare tijd voor uit om de jood Baruch een goed begrip bij te brengen van het mysterie van de Heilige Drieëenheid.* Acht dagen had hij er voor nodig om hem te overtuigen van de hypostatische vereniging van goddelijke en menselijke natuur in Christus. De komst van de Messias vereiste ten slotte drie volle weken commentaar. Om zo overstelpend veel aandacht had de arme Baruch beslist niet gevraagd.

Als deze procedures eenmaal achter de rug waren kregen de beklaagden hun straffen opgelegd zoals strenge tot zeer strenge opsluiting, het dragen van gele kruisen, bedevaarten, of het verbeurd verklaren van bezit. Slechts vijf ketters vonden hun einde op de brandstapel: vier Waldenzen uit Pamiers, en de afvallige Kathaar Guillaume Fort uit Montaillou. Guillaume Bélibaste, een *perfectus* die in dit boek een grote rol speelt, belandde buiten het bisdom Pamiers op de brandstapel.

Rechtsgang en verhoren zijn opgetekend in een aantal boekdelen. Twee delen zijn helaas verloren gegaan. Een daarvan bevatte de uiteindelijke vonnissen, die we echter dank zij de uitgave van Limborch nog wel kennen. Wat we wel over hebben is een dik perkamenten boekdeel op folioformaat. Voor het document deze vorm kreeg waren daar drie stadia aan vooraf gegaan. Tijdens het eigenlijke verhoor maakte een klerk haastig een eerste kladversie van de verklaring op. Die klerk was niemand minder dan Guillaume Barthe, de griffier van de bisschop, die zich slechts bij uitzondering door een van zijn collega's liet vervangen. Daarna moest Barthe op basis van die haastig neergekrabbelde aantekeningen een *minuut* schrijven 'op een register van papier'. Deze *minuut* werd dan voorgelezen aan de beklaagde die er nog wijzigingen in mocht aanbrengen. Daarna schreef een aantal klerken deze *minuten* op hun gemak over op perkament.

---

* Baruch had zich tijdens de felle jodenvervolgingen van de *pastoureaux* laten dopen, en moest voor de inquisitie verschijnen omdat hij ervan verdacht werd daarna toch weer teruggekeerd te zijn tot de joodse gebruiken, 'zoals een hond zijn eigen kots weer opzoekt', een door de rechtbank geciteerde zinsnede uit de brieven van Petrus (II Petrus, 2, 22). Zie hiervoor: *Le Registre d'Inquisition de Jacques Fournier*, éd. Jean Duvernoy 1978 deel I, 222 (noot vertaler).

Deze gang van zaken bracht echter een aantal vertaalproblemen met zich mee. De beklaagden spraken meestal Occitaans (heel soms Gascons). Op een bepaald moment moeten hun woorden dus vertaald zijn in het Latijn. Het is mogelijk dat meteen tijdens het verhoor een simultaanvertaling werd gemaakt, maar het kan ook zijn dat de tekst pas bij het redigeren van de *minuten* in het Latijn werd vertaald. Die *minuut* week al niet veel meer af van de definitieve versie (in het Latijn), en moest tijdens het voorlezen aan de beklaagde weer simultaan vertaald worden in de volkstaal.

Het is opvallend dat de definitieve versie van het deel dat we nog over hebben pas voltooid werd na de benoeming van Jacques Fournier in Mirepoix (1326). Dit geeft aan hoeveel waarde hij er aan hechtte dit bewijsstuk van zijn activiteiten als inquisiteur te bewaren. Toen Jacques Fournier paus Benedictus XII werd verhuisde het dossier met hem mee naar zijn residentie in Avignon. Vandaar kwam het terecht in de bibliotheek van het Vaticaan, waar het zich nog steeds bevindt.

Al een eeuw lang hebben historici en andere geleerden zich met dit document beziggehouden. J.M. Vidal is degene die het meest gedegen en uitvoerig over het manuscript heeft geschreven. In 1965 werd de Latijnse tekst integraal gepubliceerd door J. Duvernoy. In 1978 verscheen van zijn hand een Franse vertaling.

Het toeval heeft gewild dat vijfentwintig van Fourniers verdachten uit Montaillou afkomstig waren. Voor de toenmalige dorpsbewoners was dat een ramp, voor hedendaagse historici is het een buitenkansje. Met zijn maniakale interesse voor details bracht Fournier zoals gezegd veel meer aan het licht dan louter religieuze dwalingen. Vandaar dat in dit boek vele facetten van het dorpsleven behandeld kunnen worden.

In *Deel I*, dat vooral sociaal-economisch van aard is, worden de hoofdrollen vertolkt door de rondtrekkende herder Pierre Maury en door pastoor Pierre Clergue, wiens positie in het dorp lange tijd onaantastbaar was aangezien hij de leiding had van de belangrijkste *domus* (een begrip dat huis én familie aanduidt).

Deel II geeft een overzicht van de mentaliteit en het wereldbeeld van de boeren, waarbij aan de orde komt hoe zij dachten over zaken als liefde en huwelijk, dood en hiernamaals, ruimte en tijd, geloof en magie, natuur en noodlot.

Ik doe er nu verder het zwijgen toe; het woord is aan de inwoners van Montaillou.

DEEL I: ECOLOGIE VAN MONTAILLOU: HET HUIS EN DE HERDER

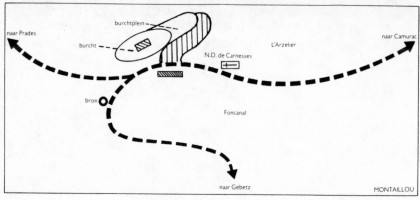

naar Prades

burchtplein

burcht

naar Camurac

L'Arzelier

N.D. de Carnesses

bron

Foncanal

naar Gebetz

MONTAILLOU

HOOFDSTUK I

OMGEVING EN GEZAG

Montaillou was geen grote parochie. Ten tijde van de gebeurtenissen die Fournier tot zijn onderzoek brachten telde de lokale bevolking tussen de 200 en 250 inwoners. Aan het einde van de veertiende eeuw, na de Zwarte Dood en na de eerste directe en indirecte gevolgen van de Honderdjarige Oorlog, vermelden de haardstedentellingen en de cijnsboeken van het graafschap Foix niet meer dan een honderdtal zielen in dezelfde gemeenschap, verspreid over 23 haardsteden.[1] Deze terugval van de bevolking met meer dan de helft verschilde niet van wat in vrijwel heel Zuid-Frankrijk viel waar te nemen als gevolg van de rampen die in de tweede helft van de veertiende eeuw plaatsvonden. Maar zover was het nog niet in de tijd van de Katharenvervolging.

Bij de bronnen van de Hers ligt een mooie hoogvlakte omgeven door weidegronden en bossen, het Land van Aillon dat gevormd wordt door de dicht bij elkaar gelegen dorpen Montaillou en Prades. Montaillou dat over deze hoogvlakte uitziet bestaat uit meerdere terrassen. Boven op de heuvel torent de burcht waarvan nu nog slechts een indrukwekkende ruïne rest. In 1320 kleefden de huizen nog vlak daaronder tegen de helling aan. Vaak aaneengesloten, soms ook gescheiden door kleine moestuinen waar varkens ongeoorloofd vertier zochten, of door binnenplaatsen en dorsvloeren. Het dorp zelf was niet versterkt. In tijden van gevaar kon men altijd hogerop vluchten binnen de muren van de vesting. Maar de huizen die helemaal onderaan lagen waren zo dicht opeen gebouwd dat, vanuit het dorp gezien, de buitenste muren een natuurlijke wal vormden waarin een opening was die dan ook 'de poort' genoemd werd. In latere tijden is het dorp steeds verder van de burcht af komen te liggen. Het bevindt zich nu wat lager, dichter bij de voet van de heuvel.

Net als in de veertiende eeuw daalt de kronkelige dorpsstraat ook nu nog af naar de parochiekerk, die toen lager dan het dorp lag. Nog lager ligt de Mariakapel, op een plek waaraan ook een of ander volksgeloof verbonden is dat te maken heeft met rotsen die daar vlak boven de grond uitsteken. Daarnaast ligt de begraafplaats. Kerk en kapel zijn beide, voor een deel althans, in Romaanse stijl gebouwd en dateren van vóór 1300.

In de tijd waar het hier om gaat zag de onmiddellijke omgeving van

Montaillou er uit als een dambord van min of meer rechthoekige, in ieder geval korte en brede percelen. Zij strekten zich uit over de secundaire kalksteen van de hoogvlakte en waar maar mogelijk reikten ze tot aan de primaire steenlagen van de hellingen van het omliggend gebergte. Ze waren niet groter dan zo'n 20 à 30 aren. Elke boer bezat er, her en der verspreid, een aantal van die percelen, zowel akkerland als weiden, en bewerkte die met een schuifploeg, getrokken door ossen, koeien, muildieren of ezels. Deze veldjes werden van elkaar gescheiden door richels van opgehoopte aarde die bij sneeuwval in de winter nu ook nog scherp afsteken. Lagen de veldjes tegen een helling aan en dat was meestal zo, dan vormden deze richels trapsgewijs de voor het mediterrane gebied zo karakteristieke terrassen. Er was een onderscheid tussen *versaines*, percelen met min of meer permanente bebouwing die men om de zoveel tijd voor een beperkte periode braak liet liggen, en *bouzigues*, woeste grond die zo nu en dan voor tijdelijk gebruik door platbranden of schoonkappen ontgonnen werd.

Net als nu kende het gebied van Montaillou ook in de tijd van Jacques Fournier geen wijnbouw. Het lag te hoog en het was er te koud. Wel werd er graan verbouwd: haver en tarwe meer dan gerst en rogge. De dorpelingen kwamen er maar net mee toe want het barre klimaat leverde weinig op en er waren zelfs jaren dat men te kort kwam. Rond 1300 verbouwden de boeren in al hun onschuld ook al rapen, lang voordat de Engelse agronomen deze in de achttiende eeuw weer introduceerden op het vasteland van Europa onder de naam 'turneps'. Misschien kende men ook voedergranen, graan dat onrijp geoogst moest worden en aan het vee gevoerd werd. In ieder geval werd hennep verbouwd die 's winters door de vrouwen geschild en gehekeld werd. Gelet op de plaatsnamen van die tijd is het waarschijnlijk dat men zelfs op deze hoogte vlas kende. De levende have bestond, buiten de al genoemde trek- en lastdieren (ossen, koeien, ezels, muildieren), uit varkens, pluimvee (kippen en ganzen) en natuurlijk honderden schapen. Daarbij komen nog de duizenden schapen waarmee in de jaren rond 1310 de inwoners van Montaillou, als ervaren herders van de 'transhumance', in voor- en tegenspoed telkens weer naar de winterweiden van de Lauraguais en van Catalonië trokken. Het wiel als transport- en tractiemiddel kende men nog niet: er waren schuifploegen, maar geen karploegen en ook geen karren. Deze werden alleen in het laagland of in het dal van de Ariège gebruikt.

De hooilanden en weidegronden van het dorp vielen onder de zorg van de *messier*, een soort oogstbewaker die door de heer of de ingezetenen zelf benoemd werd. Op welke wijze dat gebeurde weten we niet. De braak was soms één maal in de drie jaar, omdat men op deze hoogte na de oogst van het voorjaarsgraan ook nog wintergraan inzaaide, dat de grond gedurende een vol jaar, van september tot september, in beslag nam. Maar vaker was de braak om het jaar; schrale grond kon zelfs een aantal jaren achtereen braak liggen. Naar het schijnt was er geen sprake van dat het bouwland verdeeld werd in twee of drie grote velden.

De arbeid werd verdeeld naar leeftijd en geslacht: de man hanteerde de ploeg, maaide het graan en oogstte de rapen. Hij ging jagen en uit vissen, in bergstromen die boordevol forel zaten en in bossen waar het wemelde van eekhoorns en korhanen. Zodra ze oud genoeg waren, moesten kinderen de kudde van hun vader hoeden. De vrouw droeg zorg voor het water, het vuur, de moestuin, het sprokkelhout en de keuken. Zij sneed de kolen, wiedde de korenvelden, bond de schoven, herstelde de wan, spoelde het vaatwerk bij de bron en ging terwijl ze een brood op haar hoofd meedroeg, samen met de rondtrekkende arbeiders naar de velden om te oogsten. Vooral in haar jeugd moest ze hard aanpakken.

Middelpunt van het boerenbedrijf was het huis waarvan een deel was afgescheiden door een schot en dienst deed als stal voor het vee. Schapen die niet met de kudde meetrokken, ossen, varkens en muildieren werden er 's winters opeen gepakt, tussen vier muren dicht bij de slaapvertrekken en de keuken van hun meesters. Rijkere boeren hadden soms een apart gebouw dat als schaapskooi of stal diende en door een binnenplaats afgezonderd was van het woonverblijf van de mensen. Maar buiten de bebouwing van Montaillou zelf, in het open veld eromheen, waren geen boerenschuren te vinden, uitgezonderd een paar herdershutten waarover we nog zullen spreken.

Naar alle windstreken was de open plek waarin Montaillou lag omzoomd door bossen, schuilplaatsen voor de *perfecti*, de volmaakten die ook wel Goede Mensen genoemd werden en de kleine elite der reinen vormden binnen de kathaarse geloofsgemeenschap. Van tijd tot tijd kon men er bijlslagen en het geluid van zagen horen. Het vee liep er los rond en men maakte er dakspanen om de huizen mee af te dekken. Vooral naar het zuiden verder de Pyreneeën in vormden de hoger gelegen weiden de wereld van de herders, die door eigen wetten geregeerd werd: ideeën, mensen, kudden en geld gingen over lange afstanden van hut tot hut rond. Deze wereld stond in scherpe tegenstelling met de kleine nering die in het dorp zelf de overhand had en die berustte op ruilen, lenen en uitwisseling van geschenken. Er was in het dorp weinig geld in omloop, buren leenden elkaar koren, groenvoer, hooi, hout, vuur, muildieren, bijlen, ketels, kolen en rapen. Wie rijk was of daarvoor doorging leende aan de arme en gaf hem eventueel met Allerheiligen brood als aalmoes. De moeder leende huisraad of een dier dat bij het werk nodig was aan haar volwassen dochter, wanneer die getrouwd was of weduwe, en haar huishouden armer was dan de *domus** van haar moeder. Ook verschillende vormen van krediet, met verpanden van voorwerpen, overdracht van schulden enzovoort, moeten bij de dorpelingen bekend zijn geweest.

Er was voortdurend gebrek aan geld. '*Mijn man Arnaud Vital was schoenmaker in Montaillou,*' vertelt Raymonde Vital. '*Hij moest wachten tot de vrouwen met Pinksteren hun kippen en ganzen verkocht hadden om door hen betaald te worden voor de reparaties die hij aan de schoenen van hun man verricht had* (1,346).'

Behalve deze schoenmaker waren er, in vergelijking met de lager gelegen dorpen, weinig handwerkslieden in Montaillou. Het spreekt vanzelf dat de vrouwen 's avonds thuis of bij anderen zaten te spinnen, en zelfs in de gevangenis, wanneer de inquisiteur hen daar had opgesloten. Maar wat in het dorp geweven werd was klaarblijkelijk alleen bestemd om de inwoners te kleden. Er was in Montaillou welgeteld één wever te vinden, Raymond Maury. Zijn weefgetouw, dat ongetwijfeld een zekere mate van vochtigheid nodig had, stond in de ronde, halfonderaardse kelder, een diep, met hout betimmerd vertrek, dat speciaal voor dit doel in zijn huis was ingericht. Maar hij hield ook schapen en zijn kinderen zouden herders worden. Om een wever in goeden doen tegen te komen moest men buiten Montaillou kijken en naar het naburige Prades d'Aillon gaan, dat meer inwoners telde en daarom dan ook als textielmarkt meer rendabel bleek. De wever daar ter plaatse, Prades Tavernier, die met de plaatsnaam van zijn dorp als voornaam opgezadeld was, verdiende heel behoorlijk de kost. De verkoop van zijn werktuigen stelde hem zelfs in staat om in het gezelschap van een ketterse edelvrouwe een godvruchtig uitstapje naar Catalonië te bekostigen.

Het beroep van kleermaker werd in Montaillou alleen door *perfecti* op doortocht uitgeoefend. Als goede Katharen verdienden zij hun brood en zaligheid met het verstellen van kledingstukken en het maken van handschoenen. Wanneer de ketters bezig waren met naaien en verstellen, kwamen de vrouwen van het dorp erbij zitten, zogenaamd om hen behulpzaam te zijn bij het repareren van een hemd, maar in werkelijkheid om een praatje te maken. Er was in Montaillou ook een vrouw die zaken deed als wijnsteekster, Fabrisse Rives; de klanten kwamen niet naar háár toe voor een glas of een kletspraatje maar ze tapte en verkocht de wijn, die per muilezel vanuit het laagland naar boven werd gebracht, huis aan huis. Erg praktisch was ze niet, herhaaldelijk zat ze zonder wijn-

---

* domus: huis, familie, zie voor dit begrip hoofdstuk 2.

maten. Het moet gezegd dat tussen handwerksman en boer, handwerksman en burger of zelfs tussen handwerksman en edelman het onderscheid maar betrekkelijk was. In deze streek was iedereen een beetje een doe-het-zelver, vaak zelfs een zeer handige. Een notaris kon kleermaker worden, een notariszoon schoenmaker, een boerenzoon eerst herder en daarna kaardenmaker. Alleen het beroep van marskramer waarbij zware lasten gedragen werden was te moeilijk voor de tere schouders van een voormalige notabele, die zich daarvóór in zijn comfortabel bestaan niet het ontbeerlijke uithoudingsvermogen had verworven.

Dat er geen karren waren kwam al ter sprake. Ze bestonden wel, maar elders, in het laagland en in de buurt van de steden, in het echt, of in spookverhalen waarin de dodenkar rondwaarde. Afgezien van het verplaatsen van de schaapskudden (in zekere zin toch koopwaar op poten) was de hoeveelheid goederen die door handel of vervoer in omloop was zeer gering. Vrouwen haalden het water in een kruik die ze op hun hoofd droegen. Veel goederen werden door de mensen zelf op de rug vervoerd. Reizigers hadden hun bundeltje met kleren aan een stok over de schouder hangen. Houthakkers droegen de bijl achter op de nek, samen met een enorme takkenbos. Ook werd gebruik gemaakt van mand en buidel. Marskramers brachten komijn en naalden mee naar het dorp en zorgden voor de 'uitvoer' van lamshuiden en eekhoornvellen. Het economisch verkeer werd hier eerder geremd door de grenzen van het draagvermogen dan door de grenzen van het cultuurareaal. Met ezels en muildieren werd vanuit Tarascon en Pamiers wijn aangevoerd, daarnaast ook zeezout en uit de Roussillon olijfolie, die gebruikt werd wanneer op zondag het gastmaal met zorg bereid werd. Gereedschap van ijzer was schaars en werd onder de families geleend en zelfs verhuurd. Het kwam uit het nabij gelegen dal van de Vicdessos, want in Montaillou was geen smid. Ook een molen ontbrak: die zou pas in later tijd gebouwd worden. Tegelijk met de kippen en eieren waarmee de vrouwen hun speldengeld verdienden, bracht men het koren naar Ax-les-Thermes om het te laten malen in de molen van de graaf. Een kostbare onderneming en nauwelijks de moeite waard! In magere jaren werd graan vanuit Pamiers per ezel aangevoerd. In ruil daarvoor werd uit Montaillou en het gebied van de bovenloop van de Hers en de Ariège per muildier of over water naar het laagland hout uitgevoerd, dat meer geschikt was als brandhout dan als timmerhout. De dichtstbijzijnde markten werden gehouden in Ax-les-Thermes, waar in het voorbijgaan de prostituées van het Bassin des Ladres (het leprozenbad) met een bezoek vereerd werden. En verder waren er ook nog graan- en schapenmarkten in Tarascon-sur-Ariège, in Pamiers en in Laroque d'Olmes. Een beperkt aantal levensmiddelen werd dus in kleine hoeveelheden ingevoerd, maar het merendeel werd ter plaatse geproduceerd. Van al de biologische omstandigheden weten we over de voeding nog het meest, of het nu gaat om de bewoners van Montaillou, van het land van Aillon of van de hele Sabarthès.[2] Voedselschaarste kwam er in de dertiende eeuw zelden voor. Sinds het begin van de veertiende eeuw echter steeds vaker, want in het zuiden van Frankrijk was de bevolking bijna absurd toegenomen. Ze was even talrijk als in de negentiende eeuw, maar toen waren de mogelijkheden om in leven te blijven en werk te vinden aanzienlijk groter dan in de tijd van Filips de Schone. De bevolking van Montaillou zelf was binnen redelijke grenzen gebleven, maar toen er van tijd tot tijd gebrek aan koren kwam kreeg ze te lijden van de toegenomen vraag dank zij de hongerlijders in het laagland. De emigratie was volstrekt ontoereikend om de telkens terugkerende bevolkingsdruk duurzaam te verlichten. Hongersnood werd dan ook voor het eerst sinds lange tijd in de buurt van Montaillou waargenomen in 1310 en 1322. In Noord-Frankrijk kwam de grote hongersnood op een ander tijdstip, namelijk rond 1316, omdat de gevolgen van het klimaat voor het koren in het noorden verschilden van die in het zuiden. In de streek rond Parijs liep het graan vooral gevaar door de zware regenval die de aren te velde deed rotten. In het zuiden had men eerder te vrezen van de droogte en het verschroeien van het gewas. Bovendien verschilde in noord en zuid ook het moment waarop de oogst gevaar liep door slechte weersomstandigheden.

Toch was voedselschaarste maar een tijdelijk leed dat men wel weer te boven kwam. In normale tijden at men redelijk. Brood van tarwe en soms van gierst vormde in Montaillou het hoofdbestanddeel van het plantaardige voedsel. Zoals we zagen werd het graan per ezel of muildier naar de molen van de graaf in het lager gelegen Ax-les-Thermes gebracht. Daarna sukkelde men weer de berg op, terug naar het dorp om het meel dáár door een buil te zeven. Het brood werd *thuis* door de vrouwen gebakken en niet in de ban-oven die van de heer was. Hierin verschilde het heerlijke stelsel in de Sabarthès van de 'klassieke' modellen van het Ile de France. Maar dat wil nog niet zeggen dat elk huis in Montaillou over een eigen oven beschikte. Het bezit van een oven was voor een *domus* een teken van welstand. Als men er zelf geen had, dan ging men met het deeg, dat waarschijnlijk thuis al gekneed was, naar een bevriende buurvrouw die beter toegerust was. Dat deed in Montaillou bij voorbeeld Brune Pourcel, een arme vrouw, onecht kind en ex-dienstmeid die ook nog weduwe was geworden. Zij maakte gebruik van de 'bakgelegenheid' die Alazaïs Rives haar bood. Daarbij komt dat de oven van een welgestelde boer in Montaillou voor meerdere doeleinden benut werd. Als het vuur niet aan was werd hij gebruikt als 'koelruimte' om er de voorraden vis of de slakkenoogst in op te slaan.

Soms schapevlees, maar vaker gepekeld of vooral gerookt varkens-vlees vulden het brood aan. De handwerkslieden uit het uiterste Occitaanse zuiden van Frankrijk die in ballingschap leefden in kleine steden in Catalonië kochten tweemaal per week vlees. In Montaillou zelf werd varkensvlees vermoedelijk vrij veel gegeten, maar hoe vaak kunnen we niet precies zeggen. Na de varkensslacht in de winter hielpen de buren elkaar bij het roken van het spek. In een huis waar een grotere haard en meer hout voor het vuur was werden ook de zijden varkensspek van een armere familie te roken gehangen. Raymonde Belot, die het rond 1308 niet erg breed had, al zou haar familienaam anders doen vermoeden, vertelde in 1323: '*Ongeveer vijftien jaar geleden bracht ik op een dag in de vastentijd, tegen het uur van de vespers, twee zijden gepekeld varkensvlees naar het huis van Guillaume Benet in Montaillou om ze te laten roken. Daar trof ik Guillemette Benet* (vrouw van Guillaume) *aan die zich in een hoek bij het vuur zat te warmen, en nog een andere vrouw; ik legde het gepekelde vlees in de keuken en ging weer weg* (III, 67).'

Andere dierlijke eiwitten kwamen uit melk, waarvan men iemand uit de familie graag wat aanbood om elkaar als goede vrienden toe te drinken; maar vooral ook uit de kaas, die door de herders op de bergweiden gemaakt werd. Over het algemeen was in dit bergland dat rijk aan weidegrond was en waar kaas gemaakt werd, geen gebrek aan eiwitrijk voedsel, zelfs al was de dagelijkse kost matig. Voedseltekorten, met name van brood, stelden Montaillou dan ook niet voor onoplosbare problemen, zoals dat in de veertiende en zeventiende eeuw wel gebeurde op het platteland rond Parijs, waar vrijwel uitsluitend graan verbouwd werd.

In de Ariège deed men spek en brood in de soep en in die tijd hoorden er ook kool en prei in. De moestuinen van het oude Montaillou kenden, vanwege hun hoge ligging en hun gebrek aan verfijning, nog niet de vruchten van de Arabieren en de kruistochten die men in de veertiende eeuw in Catalonië en Comtat (Vaucluse) begon te kweken. Artisjokken, meloenen en perziken waren in Montaillou onbekend of men kende ze slechts van horen zeggen. Rapen die gewoon op het veld verbouwd werden, en bonen, dienden naast kool en prei als soepgroenten. Noten, hazelnoten, champignons en slakken werden veelal in overvloed door moeder Natuur geschonken en vormden aanvullingen op het rantsoen.

Naast wild at men ook forel uit de bergstromen en misschien wat gezouten vis die van de kust werd aangevoerd en per muilezel naar boven werd gebracht. Veel wijn was er niet, omdat wijngaarden ontbraken. Het werd slechts gedronken bij bijzondere gelegenheden, wanneer 's avonds bij het samenzijn de bekers rondgingen. In ieder geval kwam dronkenschap in deze periode, zoals eigenlijk altijd, weinig voor bij Zuidfransen. Suiker was zeer moeilijk te krijgen. Het werd oorspronkelijk uit islamitische streken ingevoerd en wie het zich kon veroorloven zond af en toe een brokje suiker aan de dame die hij liefhad.

Taboes met betrekking tot voedsel hadden te maken met de kathaarse ethiek die in Montaillou, althans in theorie, in zwang was. Het eten van vis was toegestaan, maar spek en vlees van de slacht waren verboden. Het eten van dierlijk vlees zou in de ogen van de Albigenzen, die in de zielsverhuizing geloofden, de oneindig grote kringloop van zielen verstoren die zich tussen vogels, zoogdieren en mensen voltrok. Maar dit afwijzen van vlees werd in werkelijkheid nauwelijks ernstig genomen door de Katharen of zogenaamde Katharen van Montaillou. De eenvoudige 'gelovigen' van de ketterse leer lieten aan de zeer kleine elite van *perfecti* de zorg of het voorrecht om het vlees van viervoetige en tweevoetige dieren, van schapen en fazanten af te wijzen.

Over andere aspecten van de 'biologische' levensomstandigheden van de doorsnee inwoner van Montaillou weten we weinig. Ziekten zoals tuberculose (met opspuwen van bloed), epilepsie en oogziekten worden genoemd of er wordt herhaaldelijk op gezinspeeld. Echter onvoldoende om op grond daarvan vast te stellen hoe algemeen ze waren of een schatting te maken van het sterftecijfer. We kunnen slechts zeggen dat dit hoog was, met name de zuigelingensterfte, en vaak een gevolg van epidemieën. Als was het de gewoonste zaak van de wereld, droegen de mensen van het dorp een hele fauna van vlooien en luizen met zich mee. Men krabde zich, en van hoog tot laag op de sociale ladder ontluisde men elkaar (zoals nu alleen de mensapen nog liefdevol doen) onder vrienden en familie. De pink werd dan ook de luizendoder, *tue-poux* genoemd. De maîtresse ontluisde haar minnaar, de dienares haar meester, de dochter haar moeder. Het was de gelegenheid voor eindeloos gebabbel over van alles en nog wat, over vrouwen, over theologie of over de laatste ogenblikken van *perfecti*, vlak voor hun dood op de brandstapel. Er waren jaren dat er bijzonder veel vlooien, vliegen, luizen of muggen waren en dat men als bezetenen elkaar onder handen nam. Andere jaren waren daarentegen weer kalmer en werd er minder aan de huidparasieten en meer aan de gevaren van de inquisitie gedacht. Over deze letterlijk 'vitale' kanten van het bestaan in Montaillou zal verderop nog gesproken worden.

Tot zover enkele opmerkingen over het materiële bestaan en over de biologische omgeving, zoals die in de flora en fauna gestalte kreeg. Om de sociale en politieke aspecten van het oude Montaillou te belichten, zal ik eerst trachten iets te zeggen over de verdeling van de macht. In beginsel waren machten van buitenaf beslissend. Vanuit *bestuurscentra* van de omringende maatschappij werd Montaillou onder controle gehouden en ingesloten. Terecht of ten onrechte hadden deze centra, die over het algemeen meer naar het noorden en in de steden lagen, de neiging zich zelf te zien als werkelijke *beslissingscentra*.

Op de voorgrond tekenden zich natuurlijk eerst en vooral de politieke en feodale machten af en in beginsel oefenden zij het belangrijkste toezicht uit. In het geval van Montaillou waren deze twee vormen van heerschappij verenigd in de handen van een en dezelfde, adellijke en nogal ver verwijderde persoon van de graaf van Foix, die soeverein was over het geheel van het Pyreneese vorstendom, het graafschap Foix, waaronder Montaillou viel. Bovendien bezat hij binnen dit geheel nog eens in het bijzonder de heerlijke rechten over Montaillou (terwijl andere dichtbij gelegen dorpen hun eigen heer hadden die niet dezelfde persoon was als de graaf van Foix). In deze hoedanigheden had het huis van Foix ter plaatse twee vertegenwoordigers, de burchtheer (*châtelain*) en de baljuw (*bayle*). De burchtheer was een militaire figuur die door de graaf tijdelijk of voor het leven benoemd werd en die de orde moest handhaven, desnoods met geweld. Hij verleende de baljuw bijstand in diens rechtshandhaving, wanneer deze tot diep in de bergen en de bossen de achtervolging van een vermeende wetsovertreder inzette. Hij had ook de taak van oppercipier en was verantwoordelijk voor de kerkers onder de burcht en voor de gevangenen die daar in de ketenen lagen. Tegen het eind van de jaren negentig van de dertiende eeuw was Bérenger de Roquefort de heer van de burcht die boven Montaillou uittorende. We weten niet veel van hem, behalve dat zijn vrouw jong en mooi was, en dat ze een rentmeester hadden, Raymond Roussel. Deze laatste beheerde waarschijnlijk de paar landerijen van het heerlijk goed dat bij het kasteel hoorde en dat niet groter geweest zal zijn dan zo'n dertig hectaren akkers en weilanden (bossen niet inbegrepen), misschien was het oppervlak zelfs heel wat minder. Na de dood van Bérenger werd zijn plaats ingenomen door een waarnemer, een kleurloze figuur, die geen familie was van zijn voorganger, het ambt was immers hooguit voor het leven. Deze waarnemer scheen niets dringenders te doen te hebben dan zich van tijd tot tijd ten dienste te stellen van de rijke boeren van de streek, wanneer ze het oor van de bisschop van Pamiers hadden.

De baljuw moest er voor de heer op toezien dat de cijnzen of andere verplichtingen die de pachters aan de heer verschuldigd waren geregeld voldaan werden. Hij controleerde en inde de belastingen. Uit naam van de graaf oefende hij de rechtspraak uit, ja zelfs de hogere rechtspraak. Montesquieu zou verrukt geweest zijn over deze scheiding van machten tussen een slotvoogd met militaire bevoegdheden en een ambtsdrager die uit naam van de heer recht sprak. Maar het belang daarvan mag niet overdreven worden. In onze gegevens komen echter niet uitsluitend de zuiver juridische functies van de baljuw, maar ook de repressieve en de beschermende het sterkst naar voren. De baljuws van de dorpen die wij kennen uit de dossiers van Fournier moesten, indien nodig, ketters in hechtenis nemen. Samen met de dienaren van het kasteel achtervolgden ze in de bergen wetsovertreders van allerlei slag. Zij probeerden gestolen voorwerpen terug te vinden en ze inden de cijnzen en zelfs de tienden! Zij hoorden de klachten aan van een herder die het slachtoffer van laster was geworden. Een baljuw was niet altijd in staat de geschillen op te lossen die voorgelegd werden aan zijn bescheiden 'rechtbank' wanneer die zitting hield op het dorpsplein. Soms kon een officieuze scheidsrechter de zaak nog beter regelen: '*Toen ik als herder bij Jean Baragnon, van Mérens, woonde,*' vertelt Guillaume Baille van Montaillou, '*noemde diens vrouw, Brune Baragnon, mij vaak "ketter". Op een dag, toen we op de weiden waren, maakte Jean, de zoon van mijn baas Jean Baragnon, mij ook uit voor "ketter". Ik beklaagde mij daarover bij de baljuw van het dorp. Naderhand stichtte Pons Malet, uit Ax-les-Thermes, weer vrede tussen mij en deze Jean Baragnon de jongere* (II, 380).'

De *tweede macht* had in theorie niets te maken met de heer en de baljuw. Ze ging uit van de dominicaner inquisitie van Carcassonne die haar eigen verklikkers, haar eigen officieuze politie en haar eigen gevreesde knokploegen had, die bescheiden 'dienaren' genoemd werden, maar als de situatie dat met zich meebracht op de vuist gingen met de dorpelingen van het Land van Aillon, wanneer zij een bevel tot dagvaarding kwamen overhandigen. De inquisitie beschikte over eigen cipiers die tevens dienst deden als klerk, en over eigen wachters die, tegen het einde van de zomer van 1308, de razzia's en invallen tegen het kathaarse Montaillou leidden. Ze had eigen vertegenwoordigers onder de wereldgeestelijken, zoals Jean Strabaud die tegelijk dorpspastoor, klerk van de inquisitie en notaris was, en Pierre Clergue, pastoor van Montaillou, broer van de baljuw en dubbelagent, die nog vaak ter sprake zal komen. Bovendien had de inquisitie van Carcassonne een afgevaardigde bij de bisschop van Pamiers: de dominicaner monnik broeder Gaillard de Pomiès, een machtige en sinistere figuur die nauwgezet deelnam aan alle ondervraging en daden van onderdrukking die Jacques Fournier gelastte.

De *derde macht* was het bisdom van Pamiers dat in theorie van bovenaf door de paus werd gecontroleerd en op zijn beurt weer het lokale kerkelijke gezag in Montaillou bestuurde: de pastoor en soms als plaatsvervanger een kapelaan, die zelf deel uitmaakten van de synodale organisatie. Bisschop Fournier was overigens niet alleen de bekwame verdediger van de roomse orthodoxie. Hij droeg ook zorg voor aardse zaken en probeerde aan de dorpelingen van de Boven-Ariège de heffing van tienden op lammeren op te leggen, hetgeen een voortdurende bron van conflicten met de boeren was. De oude graaf van Foix, Roger Bernard, wilde zijn onderdanen beschermen en stond lange tijd dit belasting-offensief in de weg. Nadat hij in 1302 gestorven was kreeg het bisdom vrij spel en werd met name vanaf het begin van de jaren 1310 en later opnieuw, vanaf 1317, tijdens het episcopaat van Fournier de tiendschroef aangedraaid. In de jaren tussen 1320 en 1324 wierp het inquisitietribunaal van de bisschop van Pamiers, bijgestaan door broeder Gaillard de Pomiès als afgezant van Carcassonne, een donkere schaduw over Montaillou. Samen voerden Carcassonne en Pamiers een inquisitoriale dubbelheerschappij over het dorp, die gepaard ging met voortdurende rivaliteit aan de top.

De *vierde macht*, het koninkrijk Frankrijk, was ver weg maar bezat een meer dan afschrikwekkende kracht. Inderdaad bevond de graaf van Foix zich tegenover deze grote macht in een afhankelijke positie en was hij onderworpen aan wisselende druk van die kant. Het was immers altijd mogelijk dat een leger, door de koning in Parijs op de been gebracht, de 'ware godsdienst' te hulp kwam. Heel wat mensen uit de Pyreneeën koesterden dan ook haat jegens het machtige en grote koninkrijk in het noorden, hoewel ze nooit een noorderling in levenden lijve ontmoet hadden. '*Denk je dat je kunt vechten tegen de kerk en de koning van Frankrijk?*' schreeuwde de vader van de dorpspastoor de vogelvrij verklaarde Guillaume Maurs toe, die vroeger boer was geweest in Montaillou maar nu herder was geworden (II, 171). De *perfectus* Bélibaste stelde het nog veel scherper: '*Er zijn vier grote duivels die de wereld regeren: de paus, de grootste duivel, die ik Satan noem; de koning van Frankrijk is de tweede duivel; de bisschop van Pamiers de derde en de inquisiteur van Carcassonne is de vierde duivel* (II, 78-79).'

Rond 1320 ontstond een eigenaardige situatie in Montaillou: in 'normale' tijden trof men er in zakformaat een nogal arme samenleving van bergbewoners aan die over het algemeen weinig geld, weinig invloed en weinig macht bezaten. Daar stond dan tegenover dat deze mensen zonder al te veel moeite door de mazen van het net der verschillende externe of omringende machten konden glippen. Maar tijdens de onderzoeken van Fournier vormden de vier genoemde machten één blok, ook al vertoonde dat hier en daar een barst. Natuurlijk gingen de feodale heren door met het uitvechten van hun privé-oorlogjes op de zuidhellingen van de Pyreneeën, waar de herders uit Montaillou met hun kudden plachten te komen, maar op de noordelijke hellingen maakten de politieke en klerikale machten gemene zaak: de jonge graaf van Foix en de invloedrijke vrouwen die aan zijn hof de boventoon voerden, gingen door de knieën voor de vertegenwoordigers van de Franse koning en van de inquisitie. De oude graaf daarentegen had de boeren nog gesterkt in hun weigering om de tienden te betalen en geprobeerd om zo goed en zo kwaad als het ging weerstand te bieden aan de aanmatigingen van de Kerk en het Koninkrijk. Maar de inquisitie van Carcassonne en de bisschop van Pamiers gingen hand in hand met het noordelijke Frankrijk, dat op zijn beurt wist hoe het de zuidelijke clerus voor zijn medewerking kon belonen. Met de steun van Parijs zou het pausdom in Avignon vanaf 1334 opgeluisterd worden door Jacques Fournier onder de naam van Benedictus XII en zou het een bron van ontelbare prelaatschappen en sinecures worden voor priesters die uit het zuiden afkomstig waren. Deze eendracht der verschillende machten resulteerde voor de boeren van Montaillou in onderdrukking, die voelbaar werd telkens wanneer ze als ketters de godsdienst of als schatplichtigen de tiende betwistten. In deze tijd waagden mensen in de streek zich vaak alleen maar 's nachts buiten omdat ze het gevoel hadden gevolgd te worden. Men paste op zijn woorden, zowel in de stad als in het dorp was men bang om loslippig te zijn en zijn mond voorbij te praten (*capi gula*). Men liep rond met getrokken zwaard. Er werd zachtjes gefloten om de aandacht van een 'kennis' te trekken, en om in een bevriend huis binnengelaten te worden wierp men een steentje op het dak of tegen het vensterluik. Het machtsapparaat was dan wel geen politieapparaat in de moderne betekenis van het woord, maar al met al leefde men in een kafkaiaanse wereld van verklikkerij zodra men even buiten het rechte spoor trad. Zelfs in de bergen, laatste toevluchtsoord van vrije meningsuiting, kon men elk ogenblik wegens een onvoorzichtige uitlating in het nauw gebracht worden door de pastoor, de baljuw, de kapelaan, een buurman of een klappei. Eén kletspraatje kon al de gevangenis betekenen of het gele dubbelkruis op de kleding. Dit laatste was een onterende, lichtere vorm van straf. Toch bestonden de betrekkingen tussen de boeren van Montaillou en de verschillende machten niet louter en alleen uit bruutheid of onderdrukking. Tussen de twee niveaus van heersers en overheersten was er ruimte voor bemiddeling en voorspraak door invloedrijke en welgestelde heren en edelen. Toen de baljuw van Montaillou, Bernard Clergue, probeerde zijn broer, de pastoor, uit de bisschoppelijke gevangenis vrij te krijgen, wendde hij zich tot verschillende mensen van wie hij dacht dat ze invloed konden uitoefenen op de beslissingen van Jacques Fournier. Bernard spekte daarom de beurs van de wereldlijke heer van Mirepoix. Kosten: 300 pond. Aan de vrouwe van Mirepoix, Madame Constance, bood hij een muildier aan, en aan Loup de Foix, de bastaard uit de verhouding van Louve met Raymond-Roger, gaf hij een grote som geld. De proost van het dorp Rabat die plaatselijk vertegenwoordiger was van de abdij van Lagrasse en de aartsdiaken van Pamiers, Germain de Castelnau, 'huisvriend van de bisschop', werden eveneens met fikse smeergelden bedacht. *'Alles bij elkaar,'* zei Bernard Clergue, *'heb ik 14000 sous in een jaar uitgegeven voor de vrijlating van mijn broer* (II, 282).' Zelfs voor de rijkste familie van Montaillou was dat een reusachtig bedrag. In dit geval werkte de bemiddeling slecht: Pierre Clergue bleef in de gevangenis en zou daar ook sterven. Jacques Fournier bleek onomkoopbaar.

Binnen de dorpsgemeenschap zelf leek de belangrijkste sociale kloof niet direct tussen adel en gewone volk te liggen. Dat kwam in de eerste plaats eenvoudigweg door de geringe omvang van de bevolking van het dorp. De 'drie standen' – kerk, adel en de gemeenschappen van dorpen en steden – bestonden wel degelijk in de Boven-Ariège als geheel, ook wel de Sabarthès genoemd, maar het inwonertal van Montaillou was te klein om deze driedeling ook binnen de parochie te laten bestaan. De enige vertegenwoordiger daar ter plekke van de geestelijke stand was de pastoor en bovendien was dat in die tijd iemand die uit de streek zelf geboortig was en van boerenafkomst. De boerenstand, in het dorp rijkelijk aanwezig, moest het hier vrijwel zonder een adellijke kaste stellen die al dan niet op hen neerkeek. In de periode waar het hier over gaat woonde slechts één adellijke familie tijdelijk in Montaillou. Dat waren de burchtheer van de graaf, Bérenger de Roquefort, en zijn vrouw, Béatrice de Planissoles. Van Bérenger, die vroeg stierf, weten we vrijwel niets. Maar zijn echtgenote kennen we goed. Door geboorte en haar twee huwelijken behoorde zij tot de adel: dit voorbeeld en nog vele andere herinneren eraan dat het onderscheid tussen adel en niet-adel zich het duidelijkst manifesteerde bij het sluiten van huwelijken, al waren er uitzonderingen op deze regel mogelijk. Maar in andere opzichten paste Béatrice zich toch geheel in het dorpsleven in, al was het maar kort, omdat ze eerst naar het naburige Prades d'Aillon vertrok, en later, enkele jaren na de dood van haar eerste echtgenoot, naar het laagland. Ze hoorde er bij door haar vrijages, door haar vrienden en kennissen, door haar dagelijkse omgang met de mensen en door haar religieuze praktijken. Niet alleen in Montaillou maar in heel deze arme streek van de Pyreneeën rond Foix ging het starre onderscheid tussen adel en niet-adel, zoals dat in verscheidene gebieden van het Franse koninkrijk bestond, niet op of in ieder geval niet in die mate. Dat gold ook voor het ontzaglijke, bijna raciale antagonisme tussen adel en niet-adel dat tot uiting kwam rond Parijs tijdens de Jacquerie van 1358. In de Boven-Ariège lagen de verhoudingen anders: dáár speelden de belangrijkste conflicten veeleer tussen de Kerk enerzijds en de boeren en adel anderzijds, die tegen de geestelijkheid min of meer samengingen. Heel wat edelen in dit kleine gebied in de Pyreneeën waren arm. Ze gingen daar overigens niet prat op, in tegenstelling tot de berooide maar niettemin verwaande edelen die, aan het eind van het Ancien Régime, in Bretagne en in Puisaye (streek in het westen van Bourgondië) huishielden. In het graafschap Foix had adel zonder geld weinig aanzien. 'In het algemeen word ik vanwege mijn armoede geminacht,' verklaarde Arnaud de Bédeillac, een edelman uit het dorp Bédeillac, zonder dat het hem veel kon schelen. Edelen zoals de de Luzenacs uit het gelijknamige dorp, aten net als de herders hoofdzakelijk brood, zure wijn, melk en kaas. Hun zoon Pierre volgde de rechtenstudie in Toulouse om later in zijn levensonderhoud te kunnen voorzien. Hij werd ten slotte een wat verlopen advocaat, belast met onbelangrijke zaken van de inquisitie. Behalve dat een bepaald deel van de adel in het bergland in diepe armoede leefde en er eigenlijk niet bij hoorde, was ook de afstand tussen adel enerzijds en magistraten, advocaten of notarissen anderzijds vrij gering. Over het algemeen was de grens tussen adel en niet-adel dus vaag. Een tekst uit 1311, over de tienden van de Boven-Ariège, spreekt van *edelen, niet-edelen* en van *hen die voorwenden of voorgewend hebben edelen te zijn.* Deze derde groep werd uitdrukkelijk vermeld, om er zeker van te zijn dat ze in het tiendenbesluit van 1311 opgenomen werd. Zou er dan een groep onechte edelen geweest zijn, met huizen en landerijen, die volledig geaccepteerd werd en wellicht geacht werd? In het leven van alledag en in de betrekkingen tussen mannen, tussen vrouwen onderling vooral, maar ook tussen mannen en vrouwen, was de omgang van adel met niet-adel vriendelijk en ontspannen. Natuurlijk was er een spoor van eerbied. Maar eigenlijk gaven de betrekkingen als zodanig nauwelijks problemen. Standsbesef speelde bij de adel slechts een rol in het geval van echtverbintenissen en zelfs dan hing het er nog van af. Stéphanie de Chateauverdun was gehuwd met een ridder, maar later vertrok ze naar Catalonië met een wever die Kathaar was en broer van een ganzenhoedster. Naar het schijnt leidde Stéphanie met deze wever in alle eer en deugd een leven van volmaakte ketterij en van niet minder volmaakte geestelijke vriendschap. De burchtvrouwe van Montaillou, Béatrice de Planissoles huwde slechts mannen met blauw bloed, maar het scheelde weinig of ze had haar gunsten ook verleend aan haar rentmeester. Later werd ze de minnares van een bastaard en van twee priesters die niet van adel waren. Weliswaar verzon ze bij de eerste toenaderingen duizend-en-één uitvluchten om niet te hoeven toegeven aan de eerste van haar twee priesters, maar tot die uitvluchten behoorde nooit het feit dat hij niet van adel was. Per slot van rekening deelde zij zijn kathaarse denkbeelden en kon ketterij al met al onvermoede bedgenoten maken, waarbij met gemak over alle standsverschillen werd heengestapt. Maar de tweede priester had niet het excuus een ketter te zijn. Toch weerhield zijn nederige afkomst hem er niet van Béatrice te bezitten en zelfs met haar in concubinaat te leven. Bij de meer gewone omgang van alledag zien we dat wanneer burchtvrouwen en boerenvrouwen elkaar tegenkwamen, zij niet aarzelden om uitgebreid met elkaar te kletsen. In zo'n geval was het de gewoonste zaak van de wereld dat ze elkaar omarmden en kusten. En laten we nu niet de fout maken onze moderne ideeën toe te passen op deze in alle onschuld gemaakte gebaren, en laten we ook niet proberen daarin een of ander paternalisme of liever gezegd hyprocriet maternalisme te betrappen, dat voor het oog zou doen alsof het heen stapt over de onoverbrugbare kloof die volgens ons de kasten of zelfs de klassen scheidt. In werkelijkheid is de eerste indruk de beste. Die kloof bestond nauwelijks, althans niet op het niveau van de gewone omgang. Die onderscheidde zich hier door het sympathieke gebrek aan standsbesef en standsverschil.

Dit ontbreken van afstand wordt ook bevestigd door het feit dat in het uitvoerige verslag van Jacques Fournier tegenstellingen tussen adel en niet-adel geen rol van betekenis spelen. Toch kwamen ze wel voor en konden ze zelfs zeer diep gaan. Ten minste twee edelen maakten zich schuldig aan moord op boeren uit hun omgeving: dat was in Junac de burchtheer zelf, die bang was als ketter te worden aangegeven, en in Caussou de jonker Raymond de Planissoles. Simon Barra, de burchtheer van Ax-les-Thermes liet in Tignac zijn baljuw door verdrinking om het leven brengen. Toen in 1322 in de parochie van datzelfde Caussou, mogelijk ten bate van de Kerk, een grondbelasting (*taille*) werd geheven, probeerde Guillaume de Planissoles zich als edelman te beroepen op een zogenaamd fiscaal privilege dat hém persoonlijk zou vrijstellen de genoemde heffingen te betalen. Zoals te verwachten leidde dit tot gemor onder het gewone volk.

In Montaillou zelf ben ik geen enkel conflict van deze aard tegengekomen. De tegenstellingen die er ongetwijfeld waren tussen de boerenfamilie van de Clergues, van wie er één baljuw van de heer was, en een deel van de dorpelingen had zeker niets te maken met verzet tegen de adel. In de Boven-Ariège was over het algemeen de strijd tussen adel en niet-adel in deze tijd niet meer dan een sporadisch verschijnsel, dat gerangschikt moet worden te midden van een groot aantal andere conflicten die even belangrijk of belangrijker waren en waarbij een bepaald deel van de bevolking zich keerde tegen de een of ander categorie van reële of denkbeeldige tegenstanders. Dat konden de ene keer de leprozen, een andere keer de joden, dan weer de Katharen zijn... of de woekeraars, de priesters, de prelaten, de minderbroeders, de Fransen, de inquisiteurs, de vrouwen, de rijken en nog vele anderen. Deze weinig oorlogszuchtige houding van de boeren tegenover de adel hield waarschijnlijk verband met een aantal specifieke kenmerken van het Occitaanse cultuurgebied in sociaal-economisch opzicht. Zo was de omvang van de heerlijke bezittingen er naar verhouding vrij klein en werden ze doorgaans door de adel ook zelf beheerd. Daarbij kon de Zuidfranse adel ook prat gaan op een aantal werkelijk goede eigenschappen die deze adel in de ogen van de bevolking eerder sympathiek dan afstotend maakte. We mogen dan ook wel aannemen dat in Montaillou de verstandhouding tussen adel en niet-adel betrekkelijk goed was. Maar die adel speelde er dan ook nauwelijks een rol in het dagelijkse leven. In andere dorpen, waar de aanwezigheid van heer en edelman van blijvende aard was, ging het anders toe.

Af en toe krijgt men de indruk dat de strijd tussen adel en niet-adel in deze kleine uithoek van de Pyreneeën bijna even onbeduidend was als in onze dagen een conflict tussen niet-gedecoreerden en wel-gedecoreerden van het Legioen van Eer kan zijn. Hoe anachronistisch en overdreven deze vergelijking ook mag klinken, zij heeft niet alleen maar suggestieve waarde. De adellijke titel was al met al nauwelijks meer dan een soort onderscheiding of medaille die door welgestelde of voorheen welgestelde families van generatie op generatie werd doorgegeven en waarbij endogamie onder gedecoreerden veelvuldig voorkwam. Overbodig te zeggen dat op 1300 meter hoogte en in dorpen waar de edelen bijna net zoveel luizen hadden als de niet-edelen, het om niet veel méér ging dan een medaille van chocola. Men snoepte en genoot ervan, maar het bezit van dit bescheiden ereteken kon geen diepe sociale afgunst wekken. Wat een verschil met het platteland van de Seinevallei. Veertig jaar later zou de strijd tegen de adel daar de grimmige trekken van een rassenoorlog krijgen...

De afwezigheid van scherpe grenzen tussen groepen, zonder dat verschil of eerbied geheel ontbraken is te verklaren uit de betrekkelijke armoede van de adel in het bergland. De Boven-Ariège lag ver verwijderd van het grootgrondbezit van de edelen in de streken rond Parijs of Bordeaux met hun uitgestrekte landerijen en wijngaarden die heel wat opbrachten. Voor zover bekend overtroffen de landerijen van de burchtheer van Montaillou nauwelijks die van de rijke boeren van het dorp. De rentmeester was er vooral manusje-van-alles in de huishouding en werd geacht om als dat zo uitkwam werkzaamheden op het domein te verrichten of zijn meesteres op te vrijen. Hij had nauwelijks de rol van een belangrijk opzichter zoals op de domeinen in de streek van Béziers of rond Beauvais. Het lijkt wel alsof de verre afstand van grote steden er ook toe bijdroeg dat de situatie ontspannen bleef en dat mogelijke conflicten tussen edelen en boeren van het Land van Aillon niet tot uitbarsting kwamen. De edelen waren er te armetierig en platzak, de boeren, als stoere veehouders, in te goeden doen op hun bescheiden landerijen en in hun *domus*. Daardoor kon tussen hen het beruchte verschil in kracht, dat op den duur tot open strijd zou leiden, niet ontstaan. Uiteindelijk waren het de meest marktgerichte landbouwgebieden, ver van de Ariège en de Pyreneeën, zoals de streek rond Parijs of ten zuiden van Beauvais en in Vlaanderen, waar de botsing plaatsvond of zou gaan plaatsvinden. Daar stond een adel met veel geld omdat afzetmarkten in de steden hun domeinen winstgevend maakten, tegenover boeren die zelf ook wel eens meer te verdelen wilden hebben dan enkel de kruimels van de koek.

Maar het zou verkeerd zijn deze betrekkelijk vreedzame situatie zonder meer uit te leggen als onmacht van de edelen. Als de edelen van het Occitaanse bergland op goede voet stonden met de boeren, in wier gezelschap zij zich over het algemeen op hun gemak voelden, ook al brachten ze er af en toe een om, dan was dat niet alleen omdat ze arm en vervuild waren. Arm waren ze inderdaad, maar niet over de gehele linie en niet op elk vlak. Want vanaf de kruistochten, vanaf de opkomst van de kathaarse ketterij, die goeddeels het werk van de adel was, en sinds de troubadours heeft de lagere Occitaanse adel duidelijk een toonaangevende culturele rol gespeeld... ook als het ging om het verleiden van vrouwen. Dichters en minnaars uit alle lagen der bevolking wisten met name dit laatste zeer op prijs te stellen. Het voorbeeld dat de adel gaf in het uitgaansleven en de manier waarop men in het dorp met elkaar omging werd gewillig aanvaard door een bevolking die geen duidelijk motief had om zich over zulk leiderschap te beklagen. De adel in het bergland van de Ariège was niet duur; in een streek waar lijfeigenschap bijna niet voorkwam werd de boerenbevolking door de adel weinig onderdrukt. In Montaillou zelf liet de adel zich slechts af en toe zien, en dan nog alleen wanneer er vertier was. Kortom, de adel viel in de smaak zonder veel te kosten.

Andere problemen die verband houden met het voorgaande zijn de grondheerlijkheid en de rechtspositie van de mensen die er eventueel van afhankelijk waren. Deze konden de oorzaak zijn van spanningen en wrijvingen. In dit verband spreken de bronnen vooral over het openbaar gezag en de lokale heerlijkheid die beide in handen waren van de graaf van Foix en zijn vertegenwoordigers ter plaatse: de burchtheer voor het militair gezag en de baljuw in principe voor de rechterlijke macht. Maar de bronnen zwijgen in alle talen over de heerlijke rechten in Montaillou. Om deze lacune te compenseren moeten we kijken naar gegevens uit een latere periode. Een zorgvuldig onderzoek uit 1672 gaf aan dat de koning van Frankrijk, als wettige erfgenaam van de rechten van de vroegere graven van Foix, heer van Montaillou was.[3] Deze heer oefende zelf of door middel van een vertegenwoordiger, die een verre opvolger was van de baljuw, de hogere en de lagere rechtspraak uit. Hij inde de *lods* en *ventes* (successierechten en overdrachtsbelasting) die 8,5% bedroegen van de waarde van de betrokken goederen. Hij inde ook de rechten die geheven werden op het gebruik van gemene gronden en bossen en die in 1672 al met al tussen de 16 en 20 Tournooise ponden opbrachten. In ruil voor betaling van dit recht konden de inwoners hun kudden min of meer vrijelijk laten rondlopen in de 250 hectaren bos en op de 450 hectaren braakland en heide, die in naam aan de heer toebehoorden maar waarvan hij het gebruik tegen betaling aan de boeren overliet.[4] Er bestond ook nog een *droit de quête* (een soort hoofdgeld), 'dat door de heer jaarlijks werd opgelegd aan elk hoofd van een familie die haard en huis in Montaillou had' en waarvan de opbrengst voor het jaar 1672 40 ponden bedroeg. Vroeger was de heer krachtens het recht van *intestorie* (versterf of erfwinning) gemachtigd beslag te leggen op de nalatenschap van hen die stierven zonder directe of indirecte erfgenamen. In 1672 werd dat afgekocht voor de spotprijs van totaal 5 ponden jaarlijks. Ten slotte was er nog een *albergue* of het recht van logies, en een heffing die voldaan moest worden in haver. Beide waren vroeger bedoeld om onderdak voor de graaf of zijn burchtheer en voer voor hun paarden te verzekeren. Al deze verschillende heffingen waren zeer oud en kwamen nauwkeurig overeen met die welke al bestonden in de nabije Catalaanse Pyreneeën in de eeuwen rond het jaar 1000. We weten niet precies wanneer, maar waarschijnlijk ná de tijd waarover het in dit boek gaat, ging men het merendeel van deze heffingen voldoen in geld. Gelukkig genoeg, voor de bevolking, zouden ze door de geldontwaarding een zachte dood sterven. De 200 à 300 hectaren grond die de boeren van Montaillou rond 1672 gebruikten als akkerland en als weiden brachten dan ook zonder al te veel moeite genoeg op om te kunnen voldoen aan het geheel van heerlijke rechten. Maar aan het begin van de veertiende eeuw drukten deze verplichtingen waarschijnlijk nog als een zware last, zwaarder dan in 1672 na de inflatoire erosie. Toch was het heerlijke stelsel rond 1300 niet of niet meer te vergelijken met een echte staat van horigheid van de bevolking in Montaillou. Ze konden met reden boos worden over de schanddaden en rechtskrenkingen begaan door de familie van de baljuw die daartoe vooral aangezet werd door de inquisitie, maar deze mensen waren geen lijfeigenen en werden evenmin gekneveld door een strikte afhankelijkheid ten opzichte van hun wereldlijke heer. In ieder geval waren ze geen lijfeigenen meer in 1300. De boerenfamilies in Montaillou bezaten, vermaakten en verkochten vrijelijk hun grond. Verkocht werd er natuurlijk zelden want grondtransacties kwamen in dit afgelegen gebied nauwelijks voor. De dorpelingen genoten tegenover de heer en zijn plaatsvervangers, de baljuw en de burchtheer, een zeer grote geografische bewegingsvrijheid. Dit hield noodzakelijkerwijs in dat een persoonlijke afhankelijkheid van de heer vrijwel niet bestond, zelfs al is het aannemelijk dat de genoemde heerlijke rechten resten waren van een dergelijke afhankelijkheid in vroeger tijden. Toch ging deze feitelijke *niet-afhankelijkheid* gepaard met niet te verwaarlozen lasten en met respectvolle eerbied tegenover de verre graaf en zijn plaatsvervangers. In deze tijd kwam de werkelijke onderdrukking dan ook niet van de graaf zelf, aan wie de plattelandsbevolking zich soms zelfs op een sentimentele en welhaast aandoenlijke wijze kon vastklampen. De onderdrukkers kwamen uit een andere hoek. De inquisiteurs deinsden er niet voor terug om juist de vertegenwoordiger van de wereldlijke heer, de baljuw, tegen de dorpelingen te gebruiken.

In Montaillou en in de Sabarthès was er over het algemeen meer verzet tegen de eerste van de drie standen (de clerus) dan tegen de tweede (de adel, met of zonder heerlijke rechten). De boeren van de Boven-Ariège waren vooral gekant tegen de rijken van de Kerk en niet zozeer tegen de adellijke heren. Het is bekend dat in Occitaans Frankrijk, van de Alpen tot de Pyreneeën, de clerus zich in de dertiende en de veertiende eeuw gedroeg als een wereldlijke macht, waarbij juist de tienden de belangrijkste wrijving teweegbrachten. Eind zomer 1308 liet de inquisitie van Carcassonne alle inwoners van Montaillou die ouder waren dan 12 of 13 jaar, zowel mannen als vrouwen, in hechtenis nemen. Bij deze razzia werden ook de herders opgepakt die juist vanuit de hoge bergweiden afgedaald waren ter gelegenheid van de feesten en het einde van het zomerseizoen. De vangst die de inquisiteur zo deed was het voorspel tot de herinvoering in de jaren tussen 1311 en 1323 door de bisschoppen van Pamiers van alle tienden die in het bergland op het vee geheven werden en die tot dan toe met weinig harde hand geënd waren. Jacques Fournier, wiens voorganger de ban had uitgesproken over hen die niet wilden betalen, zou voortaan deze zeer zware cijnzen met dezelfde zachte doch onverbiddelijke dwang vorderen waarmee hij ook de ketters vervolgde. De overeenkomst van 1311 werd hernieuwd en aangevuld in 1323 en bepaalde dat in alle dorpen van het 'aartspriesterschap van de Sabarthès', waar Montaillou, Ax, Tarascon en Foix toe hoorden, de tienden op produkten van de levende have ingevorderd werden in geld en in natura. Bovendien was er een tiendheffing op het graan die neerkwam op een achtste deel. Deze buitensporige aanslag veroorzaakte grote ophef, want de priesters begonnen deze al aan het begin van de veertiende eeuw daadwerkelijk op te eisen. Uiteindelijk raakte men er toch aan gewend, maar niet zonder morren. Nog in de achttiende eeuw zou aan waarnemers de onmatige maar niettemin gebruikelijke tiendheffing in de Pyreneeën opvallen. Met een heffing van een achtste deel van het geoogste graan namen de tienden in de Sabarthès in de jaren 1311-1323 bijna de plaats in van de *champart* (het feodale recht waarbij de heer een deel van de oogst van zijn pachters kon opeisen). Het was begrijpelijk dat ze protest uitlokten.

Ook in het Land van Aillon wekten ze verzet. Tijdens een lange tocht in de bergen in gezelschap van Guillaume Escaunier (uit Arques) zette de wever Prades Tavernier, uit Prades d'Aillon, zijn haat tegen de tienden uiteen samen met ander ketterse beweringen als was het een geloofsartikel: '*Priesters en klerken zijn slecht; het zijn afpersers die het volk de eerstelingen en de tienden van produkten ontnemen waarvoor zij niet de minste arbeid verricht hebben (II,16).*' Voor Prades Tavernier waren de tienden even schandelijk als het doopsel, de eucharistie, de mis, het huwelijk en de onthouding van vlees op vrijdag. In Montaillou zelf waren het de gebroeders Clergue, als baljuw en pastoor, die voor zichzelf en voor hun superieuren de taak op zich namen de tienden te innen.

Net als later in de tijd van de Reformatie, rond 1560, was in de Sabarthès omstreeks 1320 ketterij ten aanzien van de tienden soms nauwelijks te onderscheiden van ketterij ten aanzien van de godsdienst. Krachtens een onweerlegbare logica draaide de Kerk de schroef van de tiendheffing in het zelfde tempo aan als de geestelijke tucht. Omstreeks 1313-1314 deed de koning in het verre noorden dan ook een poging om op dit punt de honger van de priesters in het land van Foix te matigen: immers door de bevolking tegen de haren in te strijken konden ze de openbare orde, en daarmee het Franse gezag of de vertegenwoordiging ervan, in gevaar brengen.[5] Maar deze berispingen uit Parijs waren ternauwernood hoorbaar en konden weinig uitrichten tegen de roofzucht van de lokale Kerk die daarbij werd aangemoedigd door de conjunctuur. De vrijdom van tienden in de bergen, ook al was die maar ten dele en betrekkelijk, kon niet voortduren. Evenals elders viel in de Boven-Ariège een snelle toename van bevolking, weidegrond en geldverkeer waar te nemen in de loop van de lange middeleeuwse periode van groei. Deze schiep mogelijkheden van belastingheffing, waar de lokale clerus, gesterkt door de antiketterse beweging tuk op was. Dit offensief van de priesters in het zuiden van Occitaans Frankrijk paste in de algemene politiek die de Kerk in de middeleeuwen en in later tijden voerde ten aanzien van de tienden. Lang ,voor de psychoanalyse en de sterrenrestaurants besefte de Kerk dat haar prestige des te groter zou zijn naarmate zij zich, in de vorm van tiendheffing, zeer duur liet betalen voor de diensten die zij haar gelovigen bewees.

Maar veel mensen in het Land van Aillon en elders keken er anders tegen aan. Tijdens de lange avonden in Montaillou, in Varilhes, in Dalou maakten de grappen over de door de priesters vergaarde rijkdom de toehoorders altijd weer aan het lachen... De processen die door Jacques Fournier geleid werden toonden zonneklaar dat van alle materiële grieven tegen de clerus juist de tiende in het bergland het meeste verzet wekte. Van 89 dossiers, die door deze bisschop bijeen gebracht werden en die alle mogelijke vormen van overgevoeligheid voor katholieke macht en orthodoxie bevatten, waren er minstens zes waarin als hoofd- of als nevenbeschuldiging sprake was van weigering om de tienden te voldoen. De beschuldigden drukten zich in zeer krachtige bewoordingen uit, vooral als het ging om de *carnelage*, de tiende die geheven werd op de schaapskudden. Met name de schapenhouders en de herders waren er ontevreden over.

Grieven op het materiële vlak waren vooral gericht tegen de bedelmonniken in de steden. Ondanks de gelofte van armoede waaraan zij in theorie gebonden waren, werden deze figuren de handlangers van de bisschop bij zijn politiek om de betaling van de tienden krachtiger af te dwingen. Aan boeren die geëxcommuniceerd waren wegens het niet betalen van de tienden, weigerden zij de toegang tot de kerken.

De antiklerikale houding bleek duidelijk bij Guillaume Austatz, baljuw van Ornolac in de Sabarthès en typerend vertegenwoordiger van een bepaald soort dorpselite die met ketterse denkbeelden besmet was. *'Mijn enige vijanden in Ornolac zijn de pastoor en de kapelaan. Andere ken ik niet* (I, 200),' zei hij. Tegenover de dorpelingen sprak hij zich uit over de verbranding van een aanhanger van de sekte der Waldenzen en verklaarde: *'In plaats van deze volgeling van Valdes had de bisschop van Pamiers zelf moeten branden. Want deze bisschop eist van ons de* carnelages *en laat ons voor wat wij bezitten veel betalen. De tienden die door de bisschop geëist worden zijn ongetwijfeld in overeenstemming met het algemeen recht, maar de bevolking van de Sabarthès heeft gelijk als ze zich er tegen verzet, want ze zijn in strijd met hun eigen gewoonten* (I, 209).' De schapenhouders en de herders vormden een wereld apart·die niet over zich liet lopen. Dit verzet tegen clerus en tiendrecht was van lange duur en wijdverbreid in de Languedoc, met name in de Pyreneeën, de kust van de Middellandse Zee en de Cevennes. In de zeer lange geschiedenis van de Occitaanse ketterijen, van de dertiende tot de zeventiende eeuw, speelde het conflict over de tienden steeds op de achtergrond en keerde telkens weer terug. Het liep als een rode draad door de boerenopstanden. Vanaf de Katharen tot het calvinisme vormde het een gemeenschappelijke noemer die meer voor de hand lag dan de dogmatische continuïteit, die vaak afwezig was en slechts in enkele boeiende doch geïsoleerde gevallen prikkelde tot verzet.

In elk geval was de onderdrukking die van buitenaf aan de boeren van Montaillou, het Land van Aillon en de Sabarthès werd opgelegd niet zozeer het werk van leken of van de adel. De onderdrukking kwam allereerst voort uit de ambities van een totalitaire Kerk, die de verscheidenheid van mening wilde uitroeien en tienden wilde innen. De haat die dit opriep was zowel tegen het geestelijk als tegen het wereldlijk gezag van de Kerk gericht.

HOOFDSTUK 2
DE FAMILIE EN HET HUIS: DOMUS, OSTAL

De adel, de heerlijkheid, de Kerk, of ze nu vriend waren of onderdrukker, bevonden zich buiten het dorp Montaillou. Afgezien van Béatrice de Planissoles en de *vice-châtelain*, die haar overleden echtgenoot verving als bevelvoerder over de plaatselijke burcht en van wie we weinig weten, behoorden alle inwoners van het dorp, met inbegrip van de pastoor, tot lokale boerenfamilies. Zelfs de weinige handwerkslieden in het dorp bleven, zowel in hun bezigheden als in hun betrekkingen, behoren tot de boeren. Het onderscheid tussen boer en dagloner, dat aan een dorp op het platteland van Noord-Frankrijk zo'n karakteristieke indeling gaf, nam hier eigen vormen aan. Dat twee of drie naar verhouding rijke of minder arme families boven de rest uitstaken – en dat waren in de eerste plaats de Clergues, dan de Belots en de Benets – nam niet weg dat hier, in de Pyreneeën, bepaalde factoren de ongelijkheid wat minder groot maakten. In de streek rond Parijs bleven de arme jonge mensen ter plaatse hangen, opeengehoopt in een proletariaat of bijna-proletariaat van dagloners. Maar in Montaillou werden ze bij wijze van spreken uit de sociale structuur van het dorp gestoten om herder te worden in de bergen in de omgeving of ver weg in Catalonië.

Daarom is het voor een goed begrip beter om – zij het tijdelijk en om er later uitgebreider op terug te komen – de problemen van sociale stratificatie binnen het dorp te laten rusten en de meest elementaire vorm, de basiscel, in ogenschouw te nemen die, enkele tientallen keren vermenigvuldigd, Montaillou vormde. Deze basiscel was niets anders dan de boerenfamilie, die belichaamd werd in het voortbestaan van een *huis* en in het dagelijks leven van een groep mensen die samen onder hetzelfde dak leefden. In de taal van de streek werd deze eenheid *ostal* genoemd; in het Latijn van de inquisitiedossiers *hospicium* en vooral *domus*. Opmerkelijk is dat de betekenis van de woorden *ostal*, *domus* en *hospicium* steeds familie én huis is, zonder enig onderscheid. De uitdrukking *familia* wordt vrijwel nooit gebezigd in de dossiers van Fournier. De mensen van Montaillou, voor wie familie van vlees en bloed, en huis van hout, steen of leem één en hetzelfde was, namen het woord niet in de mond. Het onderscheid tussen familie en huisgenoten spreekt in onze tijd vanzelf, maar werd door de mensen die Fournier ondervroeg nog niet gemaakt.

Uit vele teksten komt onverbloemd naar voren hoeveel huis en familie betekenden voor de doorsnee inwoner van het Land van Aillon, zowel in economisch en emotioneel opzicht als bij de afstamming. De beste illustratie hiervan is een gesprek dat gevoerd werd door Gauzia Clergue en Pierre Azéma uit Montaillou naar aanleiding van het onderzoek door de inquisitie. Gauzia, de vrouw van Bernard Clergue, naamgenoot van de baljuw, wilde bisschop Fournier bepaalde ketterse handelingen opbiechten waarvan ze getuige geweest was en waaraan ze zelfs had meegedaan (III, 366, 367). Pierre Azéma waarschuwt haar: *'Dom en ijdel mens. Als je al die dingen bekent, zul je al je bezittingen kwijtraken en het vuur van je huis uitdoven. Je kinderen zullen met verbeten woede wegtrekken om van aalmoezen te leven... Maak geen slapende hond wakker, want hij zal je handen met zijn poten verwonden. Maar ga er in een wijde boog omheen om hem niet wakker te maken... Ik weet een betere manier om je huis overeind te houden. Zolang de heer bisschop* (Jacques Fournier) *leeft, zal ik tot zijn huis behoren; en ik zal veel goed kunnen doen; en ik zal mijn dochter als vrouw aan een van jouw zonen kunnen geven. Op die manier zal ons huis in goede staat zijn en welgesteld* (I, 367). *Maar als je bekent dat je je hebt ingelaten met ketterij, dan zullen je huis, je zonen en jijzelf vernietigd worden.'*

'Deze woorden,' voegde Gauzia Clergue er aan toe, 'werden tussen Pierre Azéma en mij gewisseld, zonder dat er getuigen bij waren. En daarom zag ik er van af om wat dan ook te bekennen (tegenover de inquisitie).'

In dit gesprek wijst alles er op dat als hoogste goed de voorspoed van de huizen gold, al dan niet aan elkaar gelieerd door huwelijken. Hun welbegrepen eigenbelang eiste dat de wet van het zwijgen in acht genomen werd. De *domus* of groep van mensen die onder één dak samenwoonden, was het essentiële begrip dat de regeling van tal van bijkomstige en centrale zaken bepaalde, zoals het vuur in de keuken, de goederen en de landerijen, de kinderen, het sluiten van huwelijken. Het was een broze werkelijkheid, die in elke generatie opnieuw bedreigd werd en soms vernietigd door epidemieën, weduwschap en hertrouwen, maar ook door de inquisiteurs. Niettemin was het voor de gewone mensen in Montaillou het referentiekader bij uitstek.

In hetzelfde gesprek gebruikt Pierre Azéma het woord *domus* in de afgeleide en wat misleidende betekenis van bloedverwantschap (*parentela*). Wanneer Azéma beweert dat hij tot het huis van de bisschop behoort, wil hij daarmee niet zeggen dat hij als eenvoudige boer uit Montaillou, woonachtig is in het bisschoppelijk paleis van Pamiers, maar doet hij zich gelden als verre verwant van Fournier.

Niets toont beter hoezeer de *domus* het leven in het dorp in sociaal, familiaal en cultureel opzicht tot een eenheid maakte dan de plaats die zij innam, in de Boven-Ariège en in Montaillou zelf, als hoeksteen van de kathaarse ketterij. Zo vertelde Mengarde Buscailh uit Prades d'Aillon, een dorp dicht in de buurt van Montaillou: '*Op een dag kwam ik mijn zwager Guillaume Buscailh tegen toen ik op weg was naar de kerk in mijn parochie* (I, 499). *"Waar ga je heen?" vroeg Guillaume me. "Ik ga naar de kerk." "Wel, wel," sneerde Guillaume, "je bent zowaar goed 'kerks'! Je kan evengoed tot God bidden in je eigen huis als in de kerk." Ik antwoordde hem dat de kerk een meer geschikte plaats was om tot God te bidden dan het huis. Toen mompelde hij alleen nog: "Je bent niet van het geloof."'*

Voor Guillaume Buscailh, die zo'n vurig aanhanger van kathaarse ideeën was dat hij op zekere dag probeerde zijn schoonzuster over te halen haar kind niet meer de borst te geven, zodat het als ketters gedoopte baby in *endura* zou sterven, was het albigenzisch geloof dus iets dat binnenshuis beleefd en beleden werd, in tegenstelling tot de roomse leer die in het heiligdom van de parochie thuishoorde. Overigens was dit een algemene opvatting; zo verklaarde een boer tegenover Jacques Fournier dat het met de ketterij net zo ging als met de lepra; was een *domus* eenmaal besmet, dan bleef dat vier generaties lang of voor altijd hangen. De zenuwzieke Aude Fauré uit Merviel verloor het geloof in de eucharistie en vertrouwde haar twijfels toe aan haar buurvrouw en bloedverwante Ermengarde Garaudy. Geschrokken waarschuwde deze de ongelovige dame voor de heilloze gevolgen die zo'n scepticisme kon hebben voor het huis waarin ze woonde en voor het dorp waar ze thuis hoorde: '*Verraadster die je bent, dit dorp en deze ostal (huis) zijn altijd vrij gebleven van alle kwaad en alle ketterij. Pas op dat je het kwaad uit een ander dorp niet op ons overbrengt en zo doem brengt over ons dorp* (II, 87).' In de ogen van Ermengarde Garaudy zijn de wegen van de ketterij volmaakt duidelijk: één besmet huis is al genoeg om het hele dorp aan te steken. Omgekeerd werd het geweld van de inquisitie door haar slachtoffers in de eerste plaats gezien als agressie tegen een ketterse *domus*, méér dan als inbreuk op de vrijheid of het leven van een individu: '*Die twee verraders hebben over ons huis en mijn broer de pastoor ongeluk gebracht,*' zei Bernard Clergue, toen hij verwees naar de arrestatie van de zielenherder van Montaillou, die door twee verklikkers was aangegeven (II, 281).

Ook bekering tot de ketterij ging groepsgewijs, huis na huis en niet per se individu na individu. Voor Pierre Authié, kathaars zendeling in de Sabarthès, was een huis een stel zielen dat en bloc overging tot het een of andere *credo*. '*God heeft gewild dat ik in jullie huis kom om de zielen van de mensen in dit huis te kunnen redden,*' waren zijn woorden tot de verzamelde familie van Raymond Pierre (II, 406). Pierre Maury, uit Montaillou, haalt inderdaad het geval aan van een *domus* in Arques, die zich 'als één man' bekeerd had: '*Ik geloof dat Gaillarde, zuster van Guillaume Escaunier en vrouw van Michel Leth, en Esclarmonde, Guillaumes andere zuster die toen een jaar of twaalf was, aanhangers waren van de ketterse leer; en volgens mij gold hetzelfde ook voor de broer van Guillaume, Arnaud. Deze mensen hadden zich en bloc bekeerd, de hele huishouding in één keer, samen met Gaillarde, de moeder van Guillaume Escaunier, en met Marquise, haar zuster* (III, 143).' In Montaillou zelf werd het zendingswerk van de Authiés ondersteund door de celsgewijze opbouw van huizen die tot het geloof bekeerd waren: '*In de tijd dat ik in Montaillou en in Prades d'Aillon woonde,*' vertelt Béatrice de Planissoles, '*ging het gerucht onder de gelovigen van de ketterij dat de ketters* (en met name de Authiés) *vaak de huizen van de broers Raymond en Bernard Belot bezochten, die in die tijd samenwoonden; evenals het huis van Alazaïs Rives, de zuster van de ketter Prades Tavernier, en het huis van Guillaume Benet, de broer van Arnaud Benet uit Ax* (die zelf de schoonvader was van Guillaume Authié): *de mensen van deze verschillende huizen kwamen allen uit Montaillou* (I, 233).'[1] Béatrice was een bijdehandje en had goed begrepen wat een van de geheimen was van het succes dat de ketterij in haar dorp had: de gevaarlijke ideeën sprongen als vlooien van de ene *domus* of huishouding over op de andere. Een *domus* waar de ketterij zich eenmaal genesteld had, werd een in zichzelf opgesloten molecule, die compromitterende contacten met niet-ketterse huizen zoveel mogelijk beperkte. Het geheim van het nieuwe geloof werd het best bewaard als het onder de deur van de *domus* door werd gefluisterd, of, wat nog beter was, zelfs nooit buiten de bedompte beslotenheid van de vier muren van de *ostal* kwam. In Montaillou zelf sprak Alazaïs Azéma alleen in haar eigen huis met haar zoon Raymond over het ketterse geloof. Ook sprak ze erover met de leden van het huis Belot, in dit geval de drie broers Belot, Raymond, Bernard en Guillaume en met hun moeder Guillemette; en verder nog met de leden van het huis Benet, dat gelieerd was aan de Belots: dat waren Guillaume Benet, zijn zoon Raymond, en Guillemette, de vrouw van Guillaume. Opvallend is dat in deze opsomming van Alazaïs Azéma de mannen, oud of jong, in de regel voorrang krijgen, zelfs op de oudere vrouwen. Ook Raymonde Lizier, die later hertrouwde en Raymonde Belot werd en haar dagen zou eindigen in de gevangenis, wegens ketterij, '*was eveneens zeer vertrouwd met Guillemette Belot en met Raymond, Bernard en Arnaud Belot: zij kwam vaak bij hen in huis en sprak veel met hen in het geheim* (Arnaud was Raymonde Liziers toekomstige echtgenoot) (II, 223).' Men zou voor Montaillou en de andere dorpen bijna tot in het oneindige kunnen doorgaan met dit soort voorbeelden van de specifieke sociale omgang tussen de huizen, die heimelijk geschiedde maar grote gevolgen had.

Het netwerk van huizen, die met elkaar in verbinding stonden maar tegelijk ook van elkaar afgeschermd waren, diende als logistieke ondersteuning voor de kathaarse illegaliteit. Deze rol vloeide voort uit al bestaande omgangspatronen tussen de verschillende *domūs*: de ketterij maakte er gebruik van, maar had ze niet in het leven geroepen. Juist doordat ze niet kathaars waren, dienden bepaalde *domūs* op hun beurt als sociaal gestructureerde uitweg voor de paar mensen in Montaillou die, zij het min of meer weifelend, nog goed katholiek waren. Jean Pellissier, een herder in het dorp, verzekert dat hij, althans in zijn jeugd, geen ketter was: '*Er waren vier huizen in Montaillou waar ik vaak kwam en geen ervan was ketters,*' voegt hij er aan toe om zijn betuiging van rechtzinnigheid te schragen (III, 75).

Misschien bestond er in Montaillou zoiets als de vergadering van de hoofden der families, maar deze vergadering, aangenomen dat ze functioneerde, lijkt een wat schimmig bestaan te hebben geleid. Zonder twijfel was ze verlamd door de kloof binnen het dorp tussen religieuze facties en antagonistische clans. Zo de broederschappen, de genootschappen van boetelingen en andere bestanddelen van het Occitaanse sociale leven in deze tijd al bestonden, dan kwamen ze in elk geval niet voor in de bergdorpen waarmee we hier te maken hebben. Zo gezien lijkt Montaillou dan ook eerst en vooral een archipel van *domūs* die positief of negatief tegenover heterodoxe stromingen stonden.

De boeren en de herders van Montaillou waren zich van deze situatie bewust. De landbouwer Guillaume Belot en de broers Pierre en Guillaume Maury, allebei herders, maakten tijdens een wandeling voor de vuist weg een balans op van hun dorp dat te verdelen was in een aantal gelovige huizen en een aantal niet-gelovige, waarbij de ketterij natuurlijk 'het geloof' was. Tot de huizen die door de beide Guillaumes (Belot en Maury) nadrukkelijk als 'gelovig' aangemerkt werden, hoorden het huis Maurs, het huis Guilhabert, het huis Benet, en die van Bernard Rives, Raymond Rives, Maury, Ferrier, Bayle, Marty, Fauré en Belot. (Overigens vergaten ze het belangrijke huis van de Clergues te noemen.) De elf 'gelovige' huizen waren merendeels gezinshuishoudingen, elk bestaande uit één ouderpaar en hun kinderen. Eén van de elf ketterse *domūs* week echter af van dit 'gezinsmodel', want het 'omvatte' een bejaarde moeder, Guillemette 'Belote', en haar vier volwassen zonen, die op dat moment nog vrijgezel waren. Tot de elf 'gelovige' huizen hoorden, volgens deze opsomming, in totaal zesendertig ketters. Toch moet dit totaal als onvolledig worden gezien, want van verscheidene huishoudens die vermeld werden, noemden Belot en de gebroeders Maury alleen maar de namen van de echtgenoot en zijn vrouw en lieten ze de namen van de kinderen weg, die vermoedelijk door deze drie getuigen als te verwaarlozen beschouwd werden.

Dat men het binnen één *domus* niet altijd eens was, bewijst wel het vervolg van deze opsomming: Belot en de beide Maury's maakten namelijk melding van een aantal 'ongebonden' ketters in Montaillou. Deze 'eenlingen' hadden geen binding met een *domus*, die als zodanig als 'gelovig' beschouwd zou kunnen worden. Er waren negen van die 'thuisloze' ketters, waaronder twee echtparen, de Vitals en de Forts, die waarschijnlijk in huizen woonden die aan anderen toebehoorden; twee gehuwde vrouwen, die mogelijk van mening verschilden met hun man; een onechte dochter en nog twee mannen die wel tot bepaalde families behoorden, maar los ervan genoemd werden.

Andere huizen in Montaillou werden niet als 'gelovig' beschouwd, maar namen als geheel tegenover het katharisme een houding aan van welwillende neutraliteit, zoals bij voorbeeld de *domus* van de Liziers. Volgens Belot en de broers Maury had men er niets van te vrezen sinds de moord op Arnaud Lizier die wél anti-Kathaar was. Na diens dood kwam dit huis Lizier binnen de invloedssfeer van de Clergues en zelfs in de persoonlijke harem van de pastoor, toen Pierre Clergue Grazide Lizier tot zijn liefje maakte.

Ook het katholicisme ging in Montaillou 'per huis'. Volgens Jean Pellissier, een boerenknecht en herder, waren er in het dorp vijf huizen die niet ketters waren, en wel het huis Pellissier zelf, waarschijnlijk geen gezinshuishouding, want het telde vijf broers van wie er minstens een paar al volwassen waren; het huis van *Na Carminagua*, letterlijk 'Madame' Carminagua, moeder van de gebroeders Azéma, die wel eens meer dan alleen maar terughoudendheid tegenover de ketterij hadden laten blijken; verder nog het huis van Julien Pellissier en dat van Pierre Ferrier, dat volgens Maury en Belot later zou omslaan naar sympathie voor de Albigenzen; en als laatste dat van een vrouw die *Na Longua* werd genoemd en de moeder was van Gauzia Clergue en zelf ook gelieerd was aan de Clergues, maar niet, zoals zij, ketters was.

Van het totaal van opgesomde huizen waren dus elf *domūs* ketters en vijf katholiek; enkele huizen wisselden van kamp, zoals bij voorbeeld dat van de Clergues en verder waren nog een paar huizen gemengd, neutraal of intern verdeeld of telden onder haar leden mensen die dubbelhartig, wankelmoedig en licht tot verraad geneigd waren. De opsomming is onvolledig, want rond 1300-1310 telde Montaillou waarschijnlijk meer dan tweehonderd inwoners, dus op zijn minst zo'n veertig huizen. Maar van deze veertig huizen had het merendeel ooit wel eens een zwak gehad voor de ketterij. Volgens twee welingelichte getuigen, Guillaume Mathei en Pons Rives, waren er al met al in Montaillou slechts twee huizen '*die niet door de ketterij beroerd waren* (I, 292).' Ook de kathaarse zendeling Guillaume Authié die Montaillou, pastoor Clergue en het huis der Clergues een warm hart toedroeg ('*Nee,*' zei hij ooit, '*ik heb niets te vrezen van pastoor Clergue, noch van het huis der Clergues. Ach, als alle pastoors ter wereld toch zo konden zijn als die van Montaillou...*'), bevestigde wat Mathei en Rives al eerder zeiden over de 'twee enige anti-kathaarse huizen', toen hij uitriep: '*In Montaillou wonen slechts twee mensen voor wie we op onze hoede moeten zijn.* (Dat waren Pierre Azéma en een andere, niet nader genoemde persoon.) (I, 279).' Rives en Mathei hebben het over twee anti-kathaarse huizen, dat wil zeggen één anti-Kathaar per huis.

Iedereen in Montaillou beaamde met overtuiging de mystiek-religieuze invloed van de *domus* op de vorming van ieders standpunt. En omgekeerd, '*zoals een gortig varken het hele hok besmet,*' zo stak een enkeling die door dogmatische dwaling was aangetast, al snel zijn hele *domus* aan. Er waren natuurlijk uitzonderingen, maar die bevestigen de regel die ik voor de gelegenheid heb aangepast: *cujus domus, ejus religio*, zeg me welk huis het uwe is, en ik zal u zeggen wat uw geloof is. Er was onderdrukking op grote schaal door de inquisitie voor nodig, zoals die vanaf 1308 ook plaatsvond, om het hechte netwerk van kathaarse *domūs* uiteindelijk kapot te maken en om het dorp in een tragische rattenval te veranderen, waarin iedereen uit was op de ondergang van zijn buurman, in de valse hoop zelf de dans te ontspringen.

Wat deze dramatische ontknoping ook geweest moge zijn, vaststaat dat voor de mensen in Montaillou het huis (*ostal*) een strategische plaats innam in het bezit van aardse goederen. Luister maar naar wat Jacques Authié daarover zegt, wanneer hij ter wille van de herders van Arques en van Montaillou de kathaarse mythe van de zondeval aanpast: '*Satan trad binnen in het Koninkrijk van de Vader en gaf de Geesten van dat Koninkrijk te verstaan dat hij, de duivel, een veel mooier paradijs bezat... Geesten, ik zal jullie binnenleiden in mijn wereld, voegde Satan er aan toe, en ik zal jullie ossen geven en koeien, rijkdommen, een vrouw als gezellin en jullie zullen je eigen* ostal *hebben en kinderen... en jullie zullen meer vreugde beleven aan het kind, als jullie er een hebben, dan aan al de rust die jullie hier in het Paradijs genieten* (III, 130; II, 25).' In de hiërarchie van voornaamste bezittingen komt de *ostal* dus ná de koe en de vrouw, maar vóór het kind.

Etnografisch gezien reikte de juridisch-magische betekenis van de *ostal* in de Ariège, net als de *casa* in Andorra, verder dan de som van vergankelijke individuen die te zamen de huishouding vormden. Het Pyreneese huis was een rechtspersoon met ondeelbare goederen en in het bezit van een zeker aantal rechten, zoals tot uitdrukking kwam in het eigendom van land, gebruiksrechten van bossen en van gemeenschappelijke weidegronden in de bergen.[2] De *ostal* of *casa* was dus een eenheid, 'in wie de persoon van de overleden heer des huizes voortleefde'; zij werd gezien als 'de ware meesteres van alle bezittingen die te zamen het erfdeel vormden'. En dit gold te meer voor Montaillou, waar de boeren, klein of groot, hun bezit stevig in handen hadden; ze waren zelfs de facto eigenaren van hun akkers en hooilanden, die afgezien van bossen en gemene weidegronden, het merendeel uitmaakten van de in cultuur gebrachte grond.

In Montaillou had het huis zijn *gesternte*, zijn *geluk* 'waaraan de gestorvenen nog deel hadden' (I, 313-314), en dit werd beschermd door in huis stukjes nagel en haarplukken van het overleden hoofd van de familie te bewaren. Haren en nagels, die na de dood nog bleven doorgroeien, waren dragers van bijzonder intense levenskracht. Dank zij dit ritueel gebruik werd het huis 'doortrokken van bepaalde eigenschappen van deze persoon' en bleek het in staat deze daarna weer over te doen gaan op andere personen van het geslacht. Alazaïs Azéma vertelde daarover: '*Toen Pons Clergue, de vader van de pastoor van Montaillou, stierf, vroeg zijn vrouw Mengarde Clergue aan mij en ook aan Brune Pourcel om bij het lijk wat haarlokken rond het voorhoofd en ook stukjes van al zijn nagels aan handen en voeten weg te knippen; dat moest opdat het huis van de gestorvene gelukkig zou blijven. De deur van het huis van de Clergues waar het dode lichaam rustte, wordt daarom gesloten en wij knipten toen zijn haren en nagels en gaven ze aan Guillemette, de dienstmeid van het huis, die ze op haar beurt aan Mengarde Clergue gaf. Dit afknippen van haren en nagels vond plaats nadat men water over het gezicht van de dode had gesprenkeld (want in Montaillou werd niet het hele lijk gewassen)* (I, 313-314).'

Een boerin uit Montaillou, Brune Vital, had tot deze praktijken aangezet; zij had Mengarde Clergue, de weduwe, op het hart gedrukt dit volksgebruik in acht te nemen: *'Madame,'* had ze gezegd, *'ik heb horen zeggen dat als men bij een lijk wat haarlokken en stukjes nagel van handen en voeten wegneemt, dat lijk dan niet het gesternte of het geluk van het huis met zich wegvoert* (1, 313-314).' Een andere vrouw in Montaillou, Fabrisse Rives, gaf over dezelfde gebeurtenis nog wat aanvullende details: *'Bij het overlijden van de vader van de pastoor, Pons Clergue, kwamen veel mensen uit het land van Aillon naar het huis van de pastoor, de zoon van Pons. Het lichaam werd neergelegd in het "huis in het huis" dat fohanga heet (de keuken); het was nog niet in een lijkwade gewikkeld; de pastoor stuurde toen iedereen het huis uit, uitgezonderd Alazaïs Azéma en Brune Pourcel, de onwettige dochter van Prades Tavernier. Deze vrouwen bleven alleen achter met de dode en de pastoor en samen namen ze de haarlokken en stukjes nagel bij het lijk weg… Later ging het gerucht dat de pastoor hetzelfde ook had gedaan met het lijk van zijn moeder* (1, 328).' Deze verhalen beklemtonen de voorzorgen die door de erfgenamen getroffen werden om te voorkomen dat de dode het geluk van de *domus* met zich mee zou voeren. De talrijke bezoekers, die hun rouwbeklag kwamen betuigen, werden het huis uitgewerkt, de deur werd gesloten en men verschanste zich in de keuken, het *huis in het huis*. Het lijk werd niet gewassen uit vrees dat met het waswater ook enkele kostbare bijzonderheden, die zich op de huid of de vuillaag gehecht hadden, verloren zouden gaan. Deze voorzorgsmaatregelen zijn te vergelijken met die welke door Pierre Bourdieu genoemd worden in zijn studie over de Kabylen in Algerije. Ook daar worden alle mogelijke maatregelen getroffen opdat de dode niet de *baraka* van het huis met zich meeneemt, op het moment dat hij gewassen wordt en daarna, wanneer hij ten grave wordt gedragen.[3] Ook de Basken, om in het gebied van de Pyreneeën en het Iberisch schiereiland te blijven, leggen een directe en duurzame band tussen de doden en het huis: 'In plaats van aan hun nabestaanden toe te behoren, blijven de doden deel uitmaken van het huis en worden ze gescheiden van de nabestaanden als deze hun huis verlaten,' aldus Colas in zijn studie over het Baskische graf.[4] Ook wijst hij erop dat het bezit van de familiegraven op het kerkhof berust bij het huis. De bewoners van Montaillou waren zich bewust van die zeer sterke band die bleef bestaan tussen de dode en zijn *domus*; het woord *domus* moet hier dan ook verstaan worden in de dubbele en niet van elkaar te scheiden betekenis van woning en familie. Alazaïs Fauré, uit Montaillou, kwam op een dag haar dorpsgenoot Bernard Benet tegen op de burchtwal, terwijl ze een lege zak op het hoofd droeg (1, 404). Deze Bernard was van plan de ketterdoop die de broer van Alazaïs, wijlen Guillaume Guilhabert, vlak voor zijn dood ontvangen had, bij de inquisiteur van Carcassonne aan te geven. De schrik sloeg haar om het hart en ze verklaarde zich terstond tot alles bereid om de nagedachtenis van haar broer te beschermen. En inderdaad werd die, net als zijn *domus*, met terugwerkende kracht bedreigd: *'Ik zei tegen Bernard Benet,'* vertelt Alazaïs, *'dat ik hem een half dozijn schapen zou geven, of een dozijn schapen of wat hij verder maar wilde, om deze vloek te ontlopen, die zou uitdraaien op schade en onheil voor mijn overleden broer en voor zijn* domus.'

Het gebruik van stukjes van het menselijk lichaam om tegelijkertijd het voortbestaan van het geslacht en dat van het huis te beschermen, sluit aan bij andere soortgelijke magische riten, die gebruik zijn in de Occitaanse volkscultuur. Béatrice de Planissoles bewaarde het bloed van haar dochters eerste menstruatie als liefdedrank om een toekomstige schoonzoon te betoveren; en de navelstrengen van haar kleinzoons bewaarde ze als talisman om haar eigen proces te winnen. In beide gevallen bezaten deze organische stukjes vruchtbare kracht, net als de nagels en haren van Pons Clergue. Ze waren van belang voor de voorspoed van het geslacht – de liefde van de schoonzoon voor de dochter – en voor het welzijn van degeen die ze in haar bezit had – het winnen van het proces. Nog niet zo lang geleden werd door jonge meisjes in de Languedoc een druppel van hun bloed of wat schaafsel van hun nagels in een koek gestopt of in een brouwseltje, in de hoop dat daardoor een jongen op haar verliefd zou worden.

De nagels en haren die bij het lijk van een familiehoofd in Montaillou werden weggenomen, waren op dezelfde wijze verbonden met de *domus* waarin ze naderhand bewaard zouden worden, als de relieken van een heilige met het heiligdom waarin ze rusten: 'daar waar een stukje van zijn stoffelijk overschot is, daar is de heilige nog steeds aanwezig'.[5] De theorieën over de stoffelijke onvergankelijkheid van de koningen[6] en de daarmee samenhangende continuïteit van het koningshuis zijn evengoed van toepassing op het lijk van een familiehoofd in Montaillou. Slechts enkele stukjes daarvan waren voldoende om het fysieke voortbestaan van het geslacht en het bewaren van het heilige vuur van de *domus* te verzekeren: *Pons Clergue is dood, leve de Clergues!* Beide voorstellingen, de koninklijke en de boerse, de aristocratische en de niet-adellijke, moeten in een ons onbekende tijd ontsproten zijn aan eenzelfde ondergrond van magisch denken.

Nog een laatste opmerking: volgens Fabrisse Rives bewaarde pastoor Pierre Clergue haarlokken en stukjes nagel, die afkomstig waren van zijn vader, *én later ook van zijn moeder.* Zijn genegenheid voor haar ging bovendien zó ver, dat hij haar liet begraven onder het altaar van de H. Maagd in de kerk van Montaillou.

De zorg om de *domus* was dus niet 'patrilokaal' of 'matrilokaal', maar ambivalent. De dorpelingen van Montaillou en elders spraken in aandoenlijke bewoordingen over de *ostal* of de *domus* van hun ouders: *'Het is beter,'* zei pastoor Clergue, die daarbij heel nadrukkelijk aan het huis van zijn eigen vader dacht, *'dat de broer zijn zuster huwt, dan een vreemde als echtgenote binnen te halen, en evenzo is het beter dat de zuster haar broer huwt, dan dat ze, voorzien van een grote som als bruidsschat, het ouderlijk huis verlaat om met een vreemde man te trouwen: met een dergelijk systeem is het ouderlijk huis eigenlijk te gronde gericht* (I, 255).' Het ouderlijk huis was ook het huis waar het meisje uit Montaillou, dat elders was ingehuwd en vervolgens door een ongeneeslijke ziekte werd getroffen, naar terugkeerde om te sterven: *'Esclarmonde, dochter van Bernard Clergue (de zoon van Arnaud en Gauzia Clergue) was gehuwd met een man uit Comus* (dat vlakbij ligt); *zij werd dodelijk ziek en men bracht haar terug naar het huis van haar vader, waar zij nog drie jaren bedlegerig doorbracht voordat ze stierf. Toen ze op sterven lag haalde de andere Bernard Clergue – broer van de pastoor – de ketter in huis die Esclarmonde de geestesdoop gaf* (I, 416).' En uiteindelijk kon op het ouderlijk huis ook de verdenking rusten de ketterij te hebben overgebracht op de dochter die uit huis was gegaan om elders te trouwen: *'Weet de getuige of de* ostal *van de ouders van de vrouw, genaamd Fauré, in Lafage* (nu Aude), *vroeger ooit onteerd is geweest door de ketterij?'* luidde de vraag van Jacques Fournier aan een verklikker (II, 92). In het Baskenland werd aan de *ostal* van de moeder groot gewicht toegekend; door toevalligheden die te maken hadden met overdracht van erfgoed kon ze ook in het bergland van de Ariège een aanzienlijke rol spelen. Het was met name om de *ostal* van zijn moeder terug te krijgen, die door de autoriteiten van Foix verbeurd verklaard was wegens haar ketterse gedragingen, waarvoor ze ook op de brandstapel stierf, dat Arnaud Sicre begon aan zijn grote carrière als verklikker.

Als zodanig schiep de *ostal* van moederszijde matriarchale structuren: als een zoon de *ostal* erfde en erin bleef wonen, was hij eerder geneigd de naam van zijn moeder, die aan het betrokken huis verbonden was, aan te nemen dan de naam van zijn vader. En de schoonzoon die introk in het huis van zijn jonge vrouw, nam vaak de naam van zijn echtgenote aan en niet omgekeerd.

Of het nu van moederszijde stamde of – wat vaker voorkwam – van vaderszijde, het huis in Montaillou had, net als elke *domus* in de Pyreneeën die zichzelf respecteerde, een hoofd: *cap de casa* in het gebied van Andorra, *dominus domus* in het Latijn van de klerken die zich bezighielden met de Boven-Ariège. Deze *dominus domus* had rechtsmacht over zijn vrouw en kinderen, maar in sommige gevallen ook over zijn moeder. Alazaïs Azéma geeft dat duidelijk aan: '*Mijn zoon Raymond bracht vroeger levensmiddelen in een knapzak of in een mand naar de goede mensen* (perfecti); *en nooit vroeg hij mij daarvoor toestemming omdat hij de meester van mijn huis was* (I, 308).' Alazaïs Azéma voelde zich daarbij geenszins door haar zoon gepasseerd: zij mocht de 'goede mensen' graag. Toch kwam het zowel bij de boerenbevolking als bij de adel voor dat de heer des huizes zijn moeder tiranniseerde: '*Ik ben geruïneerd, ik heb mijn bezittingen verkocht en mijn ondergeschikten in pand gegeven, ik leid een schamel en erbarmelijk bestaan in het huis van mijn zoon; en ik durf niet weg te gaan,*' zei Stéphanie de Chateauverdun, toen ze haar oude vriend de schapenfokker Raymond Pierre, die ook een ketter was, om de hals viel (II, 417-418).

Het hoofd van een *domus* kon tegelijkertijd zijn vrouw en zijn oude vader tiranniseren: Pons Rives uit Montaillou maakte op autoritaire wijze de dienst uit in zijn *ostal*. Zijn vrouw Fabrisse had hij het huis uit gezet, want naar zijn zeggen had de duivel haar gestuurd: sinds zij in huis was, was het niet meer mogelijk *perfecti* te ontvangen. De oude vader van Pons, Bernard Rives, had ook niet veel meer in te brengen in het huis waar hij wel nog woonde maar waar nu zijn zoon het roer had overgenomen. Op een dag kwam zijn dochter Guillemette, die getrouwd was met de andere Pierre Clergue (dus niet te verwarren met pastoor Pierre Clergue), bij hem om een muildier te lenen. Ze kwam graan tekort en wilde dat in Tarascon gaan halen. Maar Bernard Rives kon haar niet anders antwoorden dan: '*Ik durf niets te doen zonder toestemming van mijn zoon. Kom morgen maar terug, dan zal hij je het muildier lenen.*' Alazaïs Rives, vrouw van Bernard en moeder van Pons, werd evengoed geterroriseerd door haar zoon, die van 'baasje' tot ware huistiran was opgegroeid; maar zij was gedwee.

Als de heer des huizes een persoonlijkheid bezat die krachtig, aantrekkelijk en duivels genoeg was, dan kon de onderwerping aan zijn gezag doorslaan naar een persoonlijkheidscultus. Toen Bernard Clergue in de gevangenis hoorde van de dood van zijn broer, de pastoor, die al vóór het overlijden van de oude Pons Clergue de werkelijke heer des huizes van de broeder-*domus* was geworden, stortte hij voor het oog van vier getuigen in elkaar en kreunde: '*Dood is mijn God. Dood is mijn leidsman. De verraders Pierre Azéma en Pierre de Gaillac hebben mijn God gedood* (II, 285).'

Toch moet gezegd worden dat, ondanks het onloochenbaar mannelijk overwicht, de vrouw des huizes in Montaillou, wanneer haar *ostal* van enig belang was, recht had op de titel van 'Madame' (*domina*). Een eenvoudige boerenvrouw als Alazaïs Azéma werd door een kaasventster aangesproken als *Madame*. Toegegeven, de koopvrouw hoopte daarmee haar waar beter te slijten. Maar ook Mengarde Clergue, vrouw van een rijke boer die zelfs tot de notabelen gerekend kon worden, werd door de minder gegoede vrouwen van haar dorp aangesproken als *Madame*.

Als sterfelijk leider van een mogelijkerwijs onsterfelijke eenheid was elk hoofd van een *domus* bekleed met het recht zijn opvolger aan te wijzen, ten nadele van andere nakomelingen of rechthebbenden. De Occitaans-Romeinse tradities van de eerstbegunstiging (*preciput*) en het recht van bevoordeling leken hierbij in zekere mate een rol te spelen. Op dit punt was de macht van de heer des huizes in de Ariège onbetwistbaar en stond lijnrecht tegenover de egalitaire tradities van het gewoonterecht in Normandië en Anjou, waar tot het uiterste de hand werd gehouden aan een rechtvaardige en gelijke verdeling van het erfgoed tussen alle broers, of zoals in Anjou zelfs tussen broers en zusters.[7] In de Boven-Ariège was de opperste wil van de vader naar alle waarschijnlijkheid beslissend: '*In Tarascon woonden twee broers, d'Aniaux of de Niaux geheten, en een van hen was bevriend met ketters. Hij had twee zonen, en een van deze zonen sympathiseerde met de ketterij. Zijn vader heeft hem een groot deel van zijn bezittingen nagelaten en liet hem trouwen met de dochter van Bertrand Mercier, omdat haar moeder ketters was* (II, 427).'

De gebruiken in de Ariège en in Andorra waren gebaseerd op de vrijheid die het hoofd van de familie bezat in testamentaire beschikkingen, met de bedoeling de *domus* zo goed mogelijk te vrijwaren voor verbrokkeling. Maar de boventallige kinderen, die niet voorbestemd waren om binnen de *domus* het hoofd van de familie op te volgen, zorgden voor een ergerlijk probleem, doodgewoon omdat ze bij hun vertrek uit het ouderlijk huis een bruidsschat of wettig erfdeel meenamen. Die bruidsschat was bij uitstek persoonsgebonden en werd vrijgemaakt uit de *domus* van het meisje bij haar huwelijk, maar ging niet verloren in ongedeelde bezittingen van de nieuwe huishouding. Indien de echtgenoot als eerste overleed, bleef de bruidsschat het eigendom van de weduwe en niet van de erfgenamen van een van beiden. Zo vertelde Béatrice de Planissoles, nadat ze voor de eerste maal weduwe was geworden (I, 233): '*Pastoor Pierre Clergue liet mij door een bode een akte brengen die betrekking had op mijn eerste huwelijk en waarin mijn bruidsschat aan mij werd toegekend: indertijd had ik deze akte aan de pastoor in bewaring gegeven. Maar het maakte me niets uit dat hij me die teruggaf, want*

ik had de erfgenamen van mijn eerste echtgenoot al verlaten!' (met me-
deneming van haar bruidsschat, bedoelde ze stilzwijgend).

Hoe dan ook, in een nogal arme samenleving was het probleem van
de bruidsschat van wezenlijk belang. De betrekkelijke economische stil-·
stand maakte elk huwelijk van een dochter tot een drama voor de *domus*
want deze werd bedreigd met een aanzienlijk verlies, omdat de jonge
bruid haar deel van het bezit in haar boedel met zich meenam. Pierre
Clergue had er slapeloze nachten van en hij hechtte zo sterk aan de on-
deelbaarheid van de *ostal*, dat hij ten slotte zelfs incest kon rechtvaardigen: *'Kijk,'* sprak de pastoor tot zijn bekoorlijke minnares in een ogenblik van tedere overgave en ideologische gisting, *'wij zijn met vier
broers. Ik zelf ben priester en wil geen echtgenote. Als mijn broers Guillaume en Bernard onze zusters Esclarmonde en Guillemette gehuwd
hadden, dan zou ons huis niet geschaad zijn door het verlies aan kapitaal
(averium) dat door die zusters als bruidsschat is meegenomen; maar onze ostal zou dan in elk geval ongeschonden zijn gebleven, en als slechts
één vrouw in ons huis zou zijn binnengehaald voor onze broer Bernard,
dan zouden we genoeg vrouwen hebben gehad en zou onze ostal heel
wat rijker zijn dan nu het geval is* (I, 225).' Deze merkwaardige apologie
voor de incest geeft tevens een verklaring voor het, overigens niet kuise,
celibaat van de geestelijken en ook voor het concubinaat dat in Montaillou veel voorkwam. Ze kwam voort uit de vrees die elke zelfbewuste en
georganiseerde *domus* ondervond bij de gedachte 'zich losmakende on-
derdelen' te verliezen. Daaronder werden gerekend bruidsschatten, die
door dochters werden meegenomen, maar ook de *fratrisia*, het deel dat
toekwam aan elk van de broers die niet de oudste was of om een heel
andere reden niet heer des huizes werd. Voor het leeuwedeel van het
vermogen bleek hij dus onterfd, op deze *fratrisia* na die hem door de
domus of het hoofd van de *domus* werd uitgekeerd bij wijze van schade-
loosstelling: *'Ik ben mijn broederlijk erfdeel* (fratrisia) *dat ik in Montaillou bezat kwijtgeraakt en ik was te bang* (vanwege de inquisitie) *om naar
het dorp terug te gaan om het te halen,'* beweerde Pierre Maury in een
gesprek met Arnaud Sicre, toen hij in Catalonië zat (II, 30).

Het primaat van de *domus* was zeer kenmerkend voor de vrijheid in
de Occitaanse bergstreken. In de dertiende eeuw bestonden er in de Languedoc hier en daar nog wel resten van lijfeigenschap, maar het is bekend dat in Mas d'Azil, zoals ook zeker in vele andere vestingstadjes
(bastides), de horigen automatisch vrij werden zodra ze hun eigen huis
gebouwd hadden.

Hoe centraal de *domus* ook stond in de cultuur van de Sabarthès, ze
bezat toch meer gebruiks- en gevoelswaarde dan marktwaarde: een huis

in een dorp of gehucht was veertig Tournooise ponden waard, dat is slechts twee maal de prijs van een complete bijbel, twee maal méér dan het loon voor een bende huurmoordenaars en bijna twintig maal minder dan de bedragen die Bernard Clergue neertelde om zijn broer, de pastoor, uit de klauwen van de inquisitie los te krijgen. Gerekend naar de gevoelens van de mensen die tot het geslacht van een bepaalde *domus* hoorden, was die *domus* veel waard, maar bij verkoop bracht ze niet bijster veel op. Door de bruidsschatten en de *fratrisiae*, hoe gering ook, die er van losgemaakt werden en ondanks de compensaties in de vorm van ingebrachte bruidsschatten, bestond steeds het gevaar de *domus* te verarmen of zelfs geheel te ruïneren. Bovendien liepen de huizen van ketters het risico door de onderdrukker, die de etnografische structuren van het Land van Aillon heel wel begreep, met de grond gelijk gemaakt of in brand gestoken te worden. Er was niet méér voor nodig dan de té lange tong van een klappei, die door een kier van de deur had opgevangen hoe Pierre Authié bezig was een zieke in huis de ketterdoop toe te dienen of de *domus* van vaders- of moederszijde in Prades d'Aillon werd al door de inquisitie gesloopt. Daarom werd in Montaillou zoveel mogelijk de wet van het zwijgen in acht genomen: '*Hou je mond, als je niet wil dat de muren van je huis gesloopt worden,*' was eensgezind de waarschuwing van Raymond Roques en de oude Guillemette 'Belote' aan een stel loslippige vrouwen (I, 310). In het gunstigste geval (zoals hier dat van Arnaud Sicre!) werd het huis van een ketter die schuldig bevonden was, niet in de as gelegd, maar verbeurd verklaard door de grafelijke autoriteiten van Foix, die geheel en al naar de pijpen van de inquisitie dansten.

Hoewel het huis een duurzaam begrip vormde, was het een schamel en gammel bouwsel. Het centrale en meest belangrijke deel van de *domus* was de keuken of *fohanga*, waar de dwarsbalken volhingen met hammen, buiten het bereik van de katten. Hier kwamen de buren, onder wie ook Alazaïs Azéma, een simpele ziel hoewel ze met 'madame' werd aangesproken, om van het kostbare vuur te 'lenen', dat men 's avonds inrekende om ongelukken te voorkomen waarbij de *ostal* in de as gelegd zou kunnen worden. Waarschijnlijk brandde het vuur niet in een schouw maar was er een stookplaats midden in het vertrek, de *laré*. Men kan zich afvragen of er dan ook een rookgat in het dak was. Dat vuur werd bewaakt door de huisvrouw of *focaria*, de 'vrouw bij de haard' zoals de bijzitten van de pastoors in het diocees van Palhars genoemd werden. Toch liet de man de taak om voor het vuur te zorgen niet helemaal aan de vrouw over. Hij moest zélf het aanmaakhout breken, *fran-*

gere teza. Rondom de stookplaats stond het keukengerei van aarden stoofpotten, pannen, ketels, kruiken en, soms beschilderde, kommen. Er was altijd tekort aan keukengerei, vooral aan metalen spullen, maar dat was gemakkelijk aan te vullen op de in Montaillou klassieke wijze van leentjebuur. Een grote tafel en banken om te kunnen zitten tijdens de maaltijden en 's avonds als men bij elkaar zat te praten, stonden dicht bij de stookplaats: bij het gebruik van deze meubels werd vaak, maar niet altijd, een nogal strenge scheiding naar geslacht en leeftijd in acht genomen, zoals die tot voor kort nog bestond in het laagland van de Languedoc en op Corsica. In dit verband vertelde de herder Jean Maury, zoon van een boer in Montaillou, over een avondmaal in de *fohanga* van zijn ouderlijk huis, overigens wel een maaltijd die anders dan andere was, omdat de *perfectus* Philippe d'Alayrac als gast aanzat: '*Het was winter. Montaillou lag onder een dik pak sneeuw. Mijn vader Raymond Maury, mijn broer Guillaume, de ketter Philippe d'Alayrac, en Guillaume Belot* (die was komen buurten) *zaten aan tafel te eten. Ikzelf, de rest van mijn broers, mijn moeder en mijn zusters zaten rond het vuur te eten* (II, 471).' De keuken was, zoals onze bronnen het met nadruk noemen, *het huis in het huis*, de *domus* in de *ostal*, waar men at, stierf, de ketterdoop werd toegediend en waar men elkaar inwijdde in de geheimenissen des geloofs en de roddels van het dorp: '*In die tijd,*' vertelt Raymonde Arsen, een dienstmeid van het huis Belot, '*kwam Bernard Clergue, de baljuw en broer van de pastoor, in het huis van Raymond Belot en sprak met zijn schoonmoeder Guillemette Belot in het huis dat keuken genoemd wordt* (in domo vocata la fohanga) *en ze stuurden mij voor een poosje weg, opdat ik hun gesprek niet zou horen* (I, 372).' Het meest intieme deel van het huis, de *fohanga*, paste dus in het grotere huis, de *ostal*, als het ene Russische poppetje in het andere.

Het kon gebeuren dat men in de keuken sliep, maar meestal werd geslapen in vertrekken waar een aantal bedden stonden en die gelegen waren naast de keuken of op de eerste verdieping (*solier*). Waren de huizen in Montaillou, met zoveel plaats om zich heen in de bergen, ruim gebouwd? Ze lijken in ieder geval wat ruimer dan de vergelijkbare huizen in Bourgondië, die bij opgravingen zo krap bleken te zijn.

Het lijkt niet moeilijk om door gerichte opgravingen de plattegrond bloot te leggen van middeleeuwse huizen in Montaillou, waarvan de resten nog vaag zichtbaar zijn aan de voet van de burcht. Zolang een dergelijk onderzoek ontbreekt, zijn er enkele passages die ons kunnen vertellen hoe de vertrekken lagen. In Prades d'Aillon, een dorp dat geheel overeen kwam met Montaillou, gezien de aan elkaar grenzende bouwlanden en de vergelijkbare levenswijze, wordt het huis van Pierre

Michel door zijn dochter Raymonde als volgt beschreven: *'In de kelder van ons huis waren twee bedden, één waarin mijn vader en moeder sliepen en het andere voor als een ketter op doorreis bleef overnachten. Naast de kelder lag de keuken die via een deur er mee in verbinding stond. Op de verdieping boven de kelder sliep niemand. Mijn broers en ik sliepen in een vertrek aan de andere kant van de keuken, zodat de keuken zich bevond tussen het vertrek van de kinderen en de kelder waar de ouders sliepen. De kelder had een deur naar buiten toe die uitkwam op de dorsvloer* (I, 401).' Rijkere huizen, zoals dat van de Clergues en misschien zelfs dat van de Belots, hadden een of meerdere kamers op de eerste verdieping of *solier*.

Het was in zo'n soort 'kelder' (*sotulum*), waar naast de tonnen ook nog wat bedden stonden, dat Béatrice de Planissoles, die in die dagen bij haar tweede echtgenoot Othon de Lagleize woonde, voor de laatste maal de liefde bedreef met de pastoor van Montaillou. Clergue was bij haar aan huis gekomen onder een valse naam, en terwijl haar dienstmeisje Sybille Teisseire, dorpsgenote en handlangster van haar meesteres, op de uitkijk stond bij de deur van die kelder, *verenigde Béatrice*, verscholen tussen twee fusten, *haar lichaam met dat van de priester*.

In veel bronnen vinden we bevestiging dat naast de keuken een kelder lag en dat er vertrekken waren waarin bedden en banken stonden en die afgesloten konden worden. Elk van die vertrekken was bestemd voor meerdere personen, die te zamen in één bed sliepen of apart. In het huis van de Maury's, een eenvoudige familie van boeren, wevers en herders, had de oudste broer Guillaume zijn eigen kamer; dat was ook het geval in het huis van de Belots met de oude weduwe Guillemette 'Belote' die bij haar zoons inwoonde. Ook pastoor Clergue had een eigen vertrek in het grote huis van zijn familie, dat ruim genoeg was om er ook een soort voorruimte op de eerste verdieping op na te houden. Deze vertrekken hadden vensters zonder glas die gesloten konden worden met houten luiken. Wilde iemand 's nachts, zonder gerucht, de aandacht trekken van de bewoners, dan gooide hij een steentje tegen het luik. Belangrijkere personen en mensen met een meer intellectueel beroep zoals notarissen en artsen – maar die waren er in Montaillou niet – beschikten bovendien over een schrijfvertrek (*scriptorium*) in hun huis, waar ze ook sliepen.

Over het algemeen was het bezit van een *solier*, de eerste verdieping boven de keuken, die vanaf de begane grond met een ladder te bereiken was, een uiterlijk teken van rijkdom. Het optrekken van een *solier*, zoals de schoenmaker Arnaud Vital deed, was een teken van sociale stijging of op zijn minst van de wil om sociale opgang en vertoon te veinzen. Voor zover we weten bezaten in Montaillou alleen de Clergues, de Vitals (die overigens helemaal niet zó rijk waren) en de Belots een huis met *solier*. De *fohanga*, het hart van de *domus*, was van gemetselde steen; de *solier* en ook de aanbouwsels op de begane grond waren van een lichtere constructie in hout met leem en stro.

Maar met de keuken, *solier*, slaapvertrekken en kelderruimte zijn we er nog niet. Bij de boeren van Montaillou was een deel van het huis gereserveerd voor de beesten. *'Achttien jaar geleden,'* zo vertelt Alazaïs Azéma, *'ontmoette ik, net toen ik mijn varkens uit mijn huis naar buiten had gebracht, Raymond Belot, leunend op zijn stok, op het plein van de burcht* (van Montaillou). *Hij zei tegen mij: "Kom binnen in mijn huis." Maar ik antwoordde: "Nee, want ik heb de deur van mijn huis open laten staan."* (1, 311).'

Uit dit citaat blijkt dat mensen en varkens dus één en hetzelfde huis deelden; misschien was er zelfs maar één deur naar buiten, voor de mensen én voor de mest. Ook Pons Rives, de zoon van Bernard Rives, stalde zijn muildier of zijn ezel in zijn huis, en als de avond was gevallen, sloot Guillemette Benet haar ossen op in haar huis, nadat ze van het ploegen waren teruggebracht. Guillaume Bélibaste was van plan een lam groot te brengen in zijn huis, *in domo sua*, en Jean Pellissier, een herder in Montaillou, bracht elke ochtend zijn paar schapen uit zijn huis naar buiten. Zelfs zieke mensen sliepen bij de dieren (misschien wel om te profiteren van de warmte die deze 'natuurlijke warmtebronnen' uitstraalden?), zoals uit de woorden van Bernard Benet blijkt: *'Guillaume Belot bracht Guillaume Authié, de ketter, naar de plek waar mijn vader Guillaume Benet ziek lag; dat was in het deel van ons huis waar 's nachts het vee lag* (1, 401).'

Bij het huis hoorden nog verscheidene opstallen en wat grond: zoals aangrenzend een erf of hoenderhof waar men tussen de kippen in de zon kon zitten en die meestal opgeluisterd werd door een mestvaalt. Het kon voorkomen dat een nieuwsgierige dienstmeid er bovenop klauterde om zo te kunnen spieden wat haar bazen en de *perfecti* elkaar boven in de *solier* te vertellen hadden. Het erf ging over in een dorsvloer voor het graan. De grootste boerenhuizen, zoals die van de Marty's in Junac en van nog enkele anderen, hadden een erf en moestuin, een *boal* (ossestal), een duivenkot, varkenshok vlak bij de moestuin, schuren of *bordes* voor het stro aan de andere kant van het erf of vlak bij een put; een schaapskooi of *cortal*, grenzend aan de *domus* of er wat van afgelegen. Maar zulke omvangrijke boerderijen waren er nauwelijks in Montaillou. Buiten aan de straatzijde stond vaak, net als tegenwoordig, een bank of een tafel naast de deur van het huis om te zitten en zich in de zon te warmen of wat met de buren te keuvelen. Vaak was het niet mogelijk de huizen afdoende af te sluiten: was de woning niet meer dan gelijkvloers (wat vaak het geval was), dan kon men met zijn hoofd de rand van het dak, dat van houten spanen was gemaakt, wat oplichten en indiscreet gluren naar wat zich in de keuken afspeelde. (Het dak was plat en kon daarom gebruikt worden als opslagplaats voor korenschoven of door de klappeien als tribune voor hun gekijf: de hellende vorm van tegenwoordig komt in de Catalaanse Pyreneeën pas vanaf de zestiende eeuw voor.) Om het huis binnen te komen hoefde men soms alleen maar een plank of lat opzij te schuiven, en de tussenschotten waren zo dun dat in het ene vertrek alles uit het andere ernaast te horen was, óók de gesprekken over ketterij tussen een dame en haar minnaar. Wanneer twee huizen aan elkaar grensden kon men indien nodig via een gat in de muur van de ene woning in de andere komen. *'Guillemette Benet moet goed op de hoogte zijn als het om ketters gaat,'* verklapt Raymond Testanière, *'want in de dagen dat de mensen van Montaillou opgepakt werden door de inquisitie van Carcassonne, was er een opening tussen het huis van Bernard Rives (waar de ketters hun gebedsplaats hadden) en dat van Guillaume Benet. Door dat gat gingen genoemde ketters van het ene huis naar het andere* (I, 463).' In dat opzicht was Montaillou een ware termietenheuvel: er was nog een andere directe doorgang, waardoor het voor de *perfecti* mogelijk was om, zonder gezien te worden, van het huis van Bernard Rives in dat van Raymond Belot te komen. Tot slot valt over de materiële aspecten van deze huizen nog op te merken dat ze geen 'privaat' bezaten: er werd op straat geürineerd, voor ontlasting werden de rotsen opgezocht.

Meer dan deze niet altijd oogstrelende materiële vormen, interesseert me bovenal hoeveel mensen of zielen de *ostal* omvatte. De populatie van de *domus* overschreed vaak en op verschillende manieren het strikte kader van het gezin bestaande uit ouderpaar en kinderen. Allereerst waren er knechts en meiden in huis: Jean Pellissier, herder en uit Montaillou afkomstig, ging buiten zijn dorp op verscheidene plaatsen in de leer om zich in zijn beroep te bekwamen. Daarna keerde hij weer naar zijn streek terug, maar in plaats van weer in zijn geboortehuis te gaan wonen, trok hij voor drie jaar als herder in bij het echtpaar Bernard en Guillemette Maurs. We weten niet wat hij als loon ontving. In deze *domus* woonde ook de broer van Jean, Bernard, die geen herder maar ploegknecht (*laborator vel arator*) was. Verder woonden er bij Bernard Maurs in huis zijn twee kinderen en zijn eigen moeder, de oude weduwe Guillemette Maurs. Dit was dus geen strikt kerngezin, want het omvatte een echtpaar, twee kinderen, een grootmoeder en twee knechten. Het op die wijze gemengd samengestelde huishouden was daarmee nog niet compleet: naast het huis van Bernard Maurs stond dat van zijn broer Pierre, dat ook de ketterij was toegedaan en in staat van open oorlog verkeerde met pastoor Clergue (de vrouw van Pierre, Mengarde Maurs, zou de tong uitgesneden worden omdat zij kwaad had gesproken van haar pastoor). Deze huizen van de beide Maurs, broers en buren tegelijk, vormden een eenheid in sociale omgang: *'Destijds toen ik bij Bernard Maurs woonde, kwam ik ook vaak in het huis van Pierre Maurs,'* zei de herder en knecht Jean Pellissier daarover (III, 76).

Behalve het echtpaar, de kinderen, andere nakomelingen, grootouders, ooms, tantes en knechten konden ook een of meerder meiden tot de huishouding behoren. Sommige van deze meiden waren doodgewoon buitenechtelijke kinderen, waarover bijvoorbeeld de *domus* Clergue regelmatig kon beschikken: zo was de bastaard Brune Pourcel verwekt door Prades Tavernier, een ketterse wever die *perfectus* werd en die zich bij tijd en wijle niet ontzag om zich door haar te laten aanbidden volgens de kathaarse rite. Na haar diensttijd in het huis van de Clergues, waarover zij nog enkele pikante details zou doorbrieven aan de inquisitie, trouwde Brune Pourcel en werd naderhand weduwe; voormalige dienstmeid en arm als ze was, bleef ze toen onder zeer behoeftige omstandigheden in haar eigen *ostal* wonen en wist haar tijd door te komen met bedelen, sjacheren, stelen of lenen van hooi, hout, rapen of een zeef om het meel te builen. Brune Pourcel was zeer bijgelovig: bij de Clergues nam ze van de lijken van haar werkgevers wat haar en stukjes nagel weg; ze was bang voor uilen en andere nachtvogels, want dat waren duivels die over het dak van het huis vlogen om de ziel van de nog maar pas overleden *Na Roqua* ('Madame' Roques) weg te halen. Maar dit bijgeloof was niet alleen kenmerkend voor een bastaard en dienstmeid als Brune; vele andere inwoners van het dorp waren er ook mee behept.

Een andere dienstmeid, die ook getekend werd door onwettige afkomst, was Mengarde, de natuurlijke dochter van Bernard Clergue. In de huishouding van haar vader, bij wie ze ook woonde, was ze belast met het bakken van brood en het bij de beek wassen van de linnen hemden van de *perfecti*, omdat die van fijner linnen waren dan de hemden die de eenvoudige boeren van Montaillou droegen. Later zou ze met een boer trouwen.

Over de dienstmeiden die in het huis van de Belots werkten en die geen buitenbeentjes waren, weten we meer dan over die van de *domus* Clergue: een goed voorbeeld is Raymonde Arsen, die in 1324 veroordeeld zou worden tot het dragen van dubbele gele kruisen wegens haar omgang met ketters. Raymonde kwam van een arme, maar niet behoeftige *ostal* in Prades d'Aillon bij Montaillou en was de zuster van Arnaud Vital, schoenlapper in Montaillou en dorpswaker over de oogsten (*messier*). In haar vroege jeugd, omstreeks 1306, kreeg ze in de stad een plaatsje als dienstmeid in het huis van Bonet de la Coste in Pamiers. Bij deze heer ontmoette zij op een dag Raymond Belot, een volle neef van haar uit Montaillou, die naar de markt was gekomen om er een lading graan te kopen. Raymond stelde Raymonde voor om bij hem in huis te komen werken. Het huis Belot, dat voor zeer rijk gehouden werd, omvatte Raymond zelf, zijn broer Guillaume, zijn zuster Raymonde en nog een andere broer, Bernard, die op het punt van trouwen stond met Guillemette, geboren Benet. Deze Guillemette was de dochter van Guillaume Benet, wiens huis op enkele meters van dat van de Belots stond: voor de zoveelste keer versterkten banden van nabuurschap, huwelijk, verwantschap en huishouding elkaar over en weer. In het huis van de Belots woonde ook nog de moeder van Raymond, die Guillemette heette en weduwe was. In totaal omvatte dit huis dan een getrouwd paar, hun kinderen, de volwassen broers en zusters van de echtgenoot die ongehuwd waren, de oude weduwe en een dienstmeid. Verder nog enkele anderen die later ter sprake zullen komen.

Raymonde Arsen legde Jacques Fournier ook uit waarom de Belots haar als meid in dienst namen: '*Raymond en zijn broers wilden hun zuster Raymonde uithuwelijken aan Bernard Clergue, de broer van de pastoor* (I, 370).' De verbinding van de gebroeders Belot met de gebroeders Clergue, dank zij het uitwisselen van een zuster, betekende het aaneensmeden van twee van de meest invloedrijke en tot dan toe gescheiden groepen broers in Montaillou. Zo werd de al genoemde as Belot-Benet, die overigens pas vaste vorm kreeg in een huwelijk kort na de indiensttreding van Raymonde Arsen, aangevuld tot een drievoudig verbond van de Benets, de Belots en de Clergues. Daarmee werden naast de oude vriendschapsbanden nog hechtere huwelijksbanden aangeknoopt. Want Mengarde Clergue, moeder van Bernard, en Guillemette Belot, moeder van Raymonde, waren al lang voordat hun kinderen met elkaar trouwden goede vriendinnen. En nogmaals, net als in het geval van de koppeling Belot-Benet, vloeide een huwelijk voort uit nabuurschap: tussen het huis van de Belots en dat van de Clergues lag immers niet méér dan de breedte van de straat. Ondanks deze gunstige voorwaarden en combinaties zou het drievoudig verbond van de Belots, Benets en Clergues, dat eigenlijk ook een viervoudig verbond was... met de ketterij, omdat de Benets weer gelieerd waren aan de Authiés, slecht bestand zijn tegen de mokerslagen van de inquisitie. Toch zegt het wel iets meer over de opvatting van het huwelijk in deze streek.

De Belots namen dus een meid in dienst, Raymonde Arsen, om het vertrek van een zuster, Raymonde Belot, goed te maken. De taken die deze zuster voor haar vertrek in de *domus* van haar broers vervulde, moeten sterk overeen gekomen zijn met die van een 'meid alleen'. Raymonde Arsen werd dus op een speciaal punt in de familiecyclus – het vertrek van een zuster – aangenomen; zo vond ook de opname van een ploegknecht en van een herder, Jean Pellissier, in het huis van de Maurs plaats op een ander kenmerkend punt van die cyclus, namelijk toen de kinderen van het jonge boerenechtpaar, dat onder één dak woonde met de moeder van de man, nog te jong waren om op het land te werken.

Het voorstel dat Raymond Belot in het huis van Bonet de la Coste in Pamiers deed aan Raymonde Arsen lag dus op het snijpunt van verscheidene strategieën die betrekking hadden op familie, huwelijk en bedrijf. Op dat voorstel gaf het jonge dienstmeisje een ontwijkend antwoord: '*Voor het ogenblik kan ik dit aanbod niet aannemen, want ik heb een overeenkomst met mijn meester Bonet tot het feest van Johannes de Doper* (24 juni) *en het is nu pas Pasen...; met het feest van Sint Jan zal ik dus bekijken of ik wel of niet bij jullie in huis kom* (I, 370).'

Dit korte gesprek laat zien hoe modern contractuele verbintenissen in de Boven-Ariège waren: lijfeigenschap bestond er niet of had er in elk geval geen betekenis en afhankelijkheid van de heer was er weinig dwingend. Eind juni nam Raymonde Arsen een besluit: ze zei op bij haar meester Bonet en ging haar natuurlijke dochtertje Alazaïs halen, dat ze bij een voedster in Saint-Victor had gedaan. Daarna trok ze met haar bundeltje over haar schouder of op haar hoofd en haar baby op de arm de bergen in ten zuiden van Pamiers. Aangekomen in Prades, bij Montaillou, vertrouwde ze haar dochtertje toe aan een andere min, die ook Alazaïs heette en die het kind meenam naar het dorp Aston (in de Ariège). Vervolgens daalde Raymonde Arsen weer af naar het gebied van het huidige departement van de Aude, om in het dal van Arques te helpen bij het binnenhalen van de oogst. Toen dat achter de rug was, ging ze terug naar Prades d'Aillon, dat hoger ligt en waar de graanoogst later valt vanwege het klimaat. (Arques en Montaillou plus Prades vulden elkaar aan in seizoenswerk bij het oogsten, in de transhumance... en in de uitwisseling van kathaarse ideeën.) Zo leidde Raymonde Arsen dus gedurende één korte zomer een marginaal en niet aan een huis gebonden leven als kind-moedertje en oogstarbeidster. Ze zei dit ronddolend bestaan pas vaarwel toen ze zich weer opnieuw als dienstmeid verbond, ditmaal in het huis 'van Raymond Belot en zijn broers' waar Raymonde Belot net vertrokken was, vóór de oogst, zoals afgesproken, om met Bernard Clergue te trouwen.

Bij de Belots, waar zij één jaar, de gebruikelijke duur voor een werk-overeenkomst, bleef werd Raymonde Arsen letterlijk uit huis gebannen. Elke avond moest zij haar 'bed' opmaken in het stro van de kleine schuur (*borda*) die helemaal achter aan het erf stond en dienst deed als haar hoogst primitieve kamertje. Haar dagelijks werk was vooral te letten op het brood in de oven en de was doen. Maar ook de oude moeder Guillemette 'Belote' nam een deel van deze huishoudelijke taken voor haar rekening; zij bakte eigenhandig het speciale brood voor *perfecti* die op doorreis waren, zoals ze deed ter ere van Guillaume Authié, trouwe stamgast van het huis Belot die zich nu en dan voor langere tijd ophield in de *solier*, gekleed in onbestemd blauw en somber groen.

Guillaume Authiés aanwezigheid in de *ostal* van de Belots levert ons zelfs een echt 'familiekiekje' op, waar ook Raymonde Arsen bij hoorde als lid van de huishouding. De samenkomst vond plaats ter gelegenheid van het huwelijk tussen Bernard Belot en Guillemette Benet. Dat huwelijk was de bekroning van een heel netwerk van al bestaande relaties, want Guillaume Benet, vader van de aanstaande bruid en buurman van de Belots, was ook al sinds heel lang de peetoom van Guillaume Belot, broer van de bruidegom. Guillaume Authié was voor de gelegenheid van zijn kippenhemel in de *solier* afgedaald naar de keuken waar iedereen bij elkaar zat. De broers Belot zaten op een bank, de vrouwen van de *domus* zaten apart op een ander, lager bankje. Raymonde Arsen zat wat achteraf bij het vuur en hield in haar armen de baby van de jonge Alazaïs, een andere zuster van Raymond Belot die getrouwd was en elders woonde, maar nu voor de plechtigheid aanwezig was.

Enige tijd daarna zou Raymonde Arsen huize Belot verlaten en trouwen met Prades den Arsen, onder wiens familienaam wij haar kennen. Ze nam haar intrek in het huis van haar man in Prades d'Aillon. Zo sloot zij de cirkel en keerde via deze verbintenis naar haar geboortedorp terug. Het feit dat ze uit een voorgaande episode van haar leven een onwettig kind had overgehouden, was kennelijk geen sta-in-de-weg om een echtgenoot te vinden.

Met het vertrek van Raymonde Arsen zijn we nog niet af van al het 'vrouwelijke huispersoneel' dat de Belots er op na hielden. Er zijn nog sporen van een andere meid, die net als zij ook dienst deed als bijzit: Raymonde Testanière, bijgenaamd Vuissane, uit Montaillou, die drie jaren, ongeveer van 1304 tot 1307, in het huis van de Belots bleef. Zij was de maîtresse van haar baas, Bernard Belot, van wie zij minstens twee kinderen had waarvan één een zoon was die ook Bernard genoemd werd. Deze sociaal ongelijke verhouding, die door samenwonen bekrachtigd werd, scheen voor niemand in de *domus* of in het dorp, moeder noch broer, zuster noch klappei, aanstootgevend. Dat hij de minnaar van Vuissane was, belette Bernard Belot niet ook anderszins zeer ondernemend te zijn: had hij niet geprobeerd de vrouw van zijn dorpsgenoot Guillaume Authié te verkrachten? Reden om dit brute manspersoon op te sluiten en pas na betaling van twintig pond boete (de prijs voor veertig schapen, of half de prijs van een huis) aan de ambtenaren van het graafschap Foix weer uit het gevang vrij te laten. Reden bovenal voor een alleszins begrijpelijke en duurzame kilte tussen Bernard Belot en Guillaume Authié.

Vuissane had het zeker niet getroffen met haar minnaar, kostbaas en werkgever Bernard Belot. Ze schonk hem kinderen en ze werkte zich letterlijk kapot voor haar huisgenoten in de hoop dat de heer des huizes haar zou trouwen. Maar Bernard wilde alleen trouwen met een ketterse vrouw uit het dorp, zoals de dochter Benet, die hij vertrouwen kon. En Vuissane zelf kon zich in die tijd, jammer genoeg, niet tot de ketters rekenen... Het hoeft nauwelijks nog gezegd dat de Testanières in heel wat minder goeden doen waren dan de Benets.

Er waren huizen in Montaillou, met name de rijke, waar naast knechten en meiden ook nog een kostganger woonde, die doorgaans ongehuwd was. Zo herbergde het beslist ruime en volle huis van de Belots op een gegeven moment ook nog de broer van Raymonde Arsen, Arnaud Vital, die de schoenlapper van het dorp was. Arnaud was een ketter die vaak, voor de gelegenheid gehuld in een blauw overkleed, de *perfecti* de weg wees in de bergen. Tegen betaling van huur of in ruil voor wat karweitjes beschikte hij bij de Belots over een kamer of alleen maar over een bed, dat hij misschien ook nog met iemand deelde. Zijn werkplaats had hij in een ander huis van het dorp. Zoals vaak met schoenlappers gedroeg Arnaud zich als de Don Juan van het dorp. Hij was de minnaar van Alazaïs Fauré, die van hem hield en die door hem onderricht werd in het geloof van de ketters, waarop Alazaïs op haar beurt weer stappen ondernam om ook haar vader en haar broer tot dit geloof te bekeren. Op een dag haalde Arnaud Vital in het huis van de Belots, waar hij dus als kostganger woonde, een streek uit met zijn huisgenote, het dienstmeisje Vuissane Testanière. Hij gaf haar een kip die ze moest doden, iets dat voor Katharen, die in de zielsverhuizing geloofden, als misdaad gold. Vuissane probeerde de kip de nek om te draaien, maar bleek niet bij machte het dier af te maken. Toen hij op die manier zijn overwicht bewezen had, maakte Arnaud aanstalten om Vuissane ter plekke, in het huis van de Belots te verkrachten. Het kostte haar niet veel moeite die pogingen in de kiem te smoren door tegen te werpen dat hun omgang incest zou zijn: '*Schaam je je niet?*' beet ze Vital op hoge toon toe, '*Je vergeet dat ik de minnares ben van Bernard Belot, een volle neef van jou en de man die jou onderdak verschaft, en dat ik kinderen van hem heb* (I, 457-458).' Voor deze redenering gaf Arnaud zich gewonnen en zag hij van verdere pogingen af. Ook hierna bleef hij nog bij de Belots in huis en zou hij zelfs trouwen met een andere dienstmeid van de *domus*, ook al weer Raymonde geheten. Maar het was geen gelukkig huwelijk. Volgens een oude traditie van bepaalde getrouwde mannen in de Pyreneeën zou Arnaud ongewoon zwijgzaam zijn tegenover zijn jonge vrouw. Wel zou hij, bedrijvig als hij was, hele nachten van huis blijven om nieuwe maîtresses als Raymonde Rives en Alazaïs Gavela op te zoeken... In ieder geval betekende dit huwelijk het einde van Arnauds inwoning als kostganger of huurder bij de Belots. Twee maanden na de bruiloft verliet het nieuwbakken echtpaar Vital het huis van de Belots en ging wonen in een eigen *domus*, die voor het overige zou gedijen. Een van de ongeschreven regels die van toepassing was op de *ostal* in Montaillou, was dan ook dat die *ostal* volwassenen van allerlei aard kon herbergen, maar dat op de lange duur er over het algemeen slechts één getrouwd koppel woonde. Het was de chronologische opbouw van de familiecyclus zelf, die deze algemene, doch niet absolute regel stelde.

In weerwil van deze ene beperking was de *ostal* van de Belots een zoete inval: dienstmeiden, kostgangers en *perfecti* stonden op vertrouwelijke voet met de familie des huizes; sommigen pleegden er ontucht of legden het aan op een verkrachting; anderen probeerden om het hardst, van de schuur tot de keuken, van de kelder tot de zolder, zieltjes te winnen voor hun ketterij. Deze *domus* was rijk en complex. Net als de andere aanzienlijke *domūs* in Montaillou, waaronder ook die van de Maury's, onderscheidde deze zich door gulle gastvrijheid. Dat hield wel in dat er aan beide kanten verplichtingen waren. Dreigementen uiten aan het adres van degeen die jou in huis ontving, was onbeschoft: *'Durf jij mij in mijn eigen* domus *te bedreigen,'* krijste Guillemette Maury tegen haar jonge neef Jean Maury uit Montaillou, die eerst door haar onthaald was, maar haar nu na enkele ruzies dreigde te zullen laten opsluiten (II, 384-385). Later zou Guillemette nog proberen zich voor deze onwellevendheid te wreken door haar neef met kwikzout te vergiftigen: het haalde niets uit.

De omvang van de *domus* werd niet alleen bepaald door de aanwezigheid van knechten, dienstmeiden, gasten of kostgangers. Vraag is ook welke samenstelling de overhand had. Het uitgebreide familiehuishouden of het beperkte gezinshuishouden, waarvan de 'kern' slechts bestond uit het echtpaar zelf met, in de regel, jonge kinderen? In Montaillou waren er onvolledige 'kernen' van weduwen die alleen leefden of met een kind; kerngezinnen van een echtpaar met kinderen; echtparen belast met meerdere kinderen en een van de grootouders die als weduwnaar of vaker als weduwe was achtergebleven. Daarnaast waren er fratrieën, groepen van broers en/of zusters, die meer dan eens te zamen met een oude moeder of soms met beide oude ouders één huishouden vormden, en waarvan dan een van de samenwonende broers getrouwd was en de overige broers en zusters, zelfs als ze volwassen waren, ongehuwd bleven zolang ze bij elkaar woonden. Dat was bij voorbeeld het geval met de Belots. Het kerngezin was als woonvorm wel in de meerderheid, maar had zeker geen plaatselijk monopolie.

In feite werd de samenstelling van het huishouden door de chronologie bepaald. Dezelfde familie was achtereenvolgens uitgebreid, beperkt, weer uitgebreid enzovoort. Laten we een denkbeeldige familie nemen, die we Vidal noemen en die zoveel mogelijk lijkt op de Clergues, Belots, Benets, Rives en andere huizen die we in Montaillou kennen. In het begin hebben we te doen met een heel normaal kerngezin, bestaande uit het ouderpaar Vidal en hun kinderen. Dan ontstaat, met het overlijden van de vader, een onvolledig gezin, dat al snel een fratrie wordt doordat de overlevende ouder, Guillemette, in verhouding tot de anderen op de achtergrond raakt en een wat teruggetrokken leven gaat leiden als gerespecteerde weduwe en matriarche in een apart voor haar bestemde kamer. Wel houdt ze nog een oogje op de huishouding, maar een van haar volwassen zonen krijgt de positie van heer des huizes (*chef d'ostal*).

Vervolgens wordt het gezin weer met mate 'uitgebreid': een van de broers Vidal, Bernard, trouwt en het jonge echtpaar woont een tijdje in bij de overige broers en de oude moeder. En ten slotte wordt de *domus* opnieuw 'beperkt' tot een kerngezin: de oude Guillemette sterft en alle broers, behalve Bernard, verlaten het ouderlijk huis. Hetzij om elders een eigen *ostal* te bouwen, hetzij om door huwelijk opgenomen te worden in een ander huishouden. Zo komen zij dan in verschillende *domūs* terecht. Wat óók nog kan is dat ze herder worden... óf in de handen van de inquisitie vallen. Bernard Vidal, zijn vrouw en hun kinderen blijven dus alleen over en vormen te zamen een enkel en volledig kerngezin.

Het aannemen en ontslaan van knechten en dienstmeiden viel samen met de karakteristieke momenten en stadia in deze familiecyclus, zoals bij voorbeeld met de fase waarin de zonen nog klein waren, met de volgende fase wanneer ze in staat bleken zware lichamelijke arbeid te verrichten, of met het vertrek uit huis van een dochter omdat ze in een andere *domus* introuwde. Slechts in een paar gevallen treft men een familiehuishouding in de meest uitgebreide betekenis, bestaande uit meerdere generaties, waarbij de vader en de moeder en de opvolgende zoon met zijn vrouw bij elkaar wonen. In Montaillou voldeed alleen de familie Rives, met twee voltallige generaties echtelieden, aan deze definitie. Overigens zou een twist dit vierspan uiteen drijven, toen de schoondochter ten slotte wegens onverenigbaarheid van karakter uit huis werd gezet.

Een andere vorm van familiehuishouding in de meest uitgebreide zin was de *frérèche* (broederhuishouding), waarbij twee broers, of een broer en een zuster, met hun echtgenoten en kinderen samenwoonden. Hiervan is mij geen enkel geval bekend in Montaillou zelf, maar daarbuiten op andere plaatsen in de Boven-Ariège, ben ik wel enkele echte *frérèches* tegengekomen in het tijdvak waar het hier over gaat.

Over het geheel genomen waren deze meest uitgebreide vormen van familiehuishouding, meerdere generaties of meerdere broers of zusters omvattend, in theorie wel mogelijk, maar kwamen ze in Montaillou niet veel voor. De oudere volwassenen, vooral de mannen, stierven te vroeg, zodat deze echtparen de tijd ontbrak om met het jonge echtpaar van hun zoon of dochter een vierspan onder één dak te vormen. Van de andere kant lieten noch de zeden, noch de beperkte omvang van het landbouwbedrijf grote *frérèches* zonder meer toe. Later zouden ze meer voorkomen, in de vijftiende eeuw, op de domeinen in het zuiden, die door de ontvolking in omvang toenamen, en ook al in het begin van de renaissance in de uitgestrekte deelbouwgebieden van Toscane en de Bourbonnais.*

De *domus* is niet te begrijpen zonder de netwerken van bloedverwantschap en afstamming (*parentela*), die haar verbinden met andere *domūs*. Zo'n netwerk bezit ook een verleden. Dat verleden is de *genus* of het geslacht, wat niets anders is dan de *domus* gezien tegen de achtergrond van een eeuw of van ten hoogste vier voorafgaande generaties.

De continuïteit van het geslacht is soms beschouwd als een van de meest wezenlijke waarden van samenlevingen uit vroeger tijden. Voor de adel gaat dat zeker op. Maar wat Montaillou aangaat gold continuïteit van het geslacht als een lokale en rurale waarde van ondergeschikt belang in vergelijking met de waarde die in de *domus* belichaamd werd en als het belangrijkste gold. Dat was dan de *domus* in zijn beperkte betekenis van een groep levende personen die onder een en hetzelfde dak wonen en te zamen een familie en huishouden vormen. Toch was men zich in Montaillou en in de Boven-Ariège vrij scherp bewust van de *genus*: de

* Oude provincie in Midden-Frankrijk.

boeren zeiden al gauw van deze of gene dat hij van een pastoorsras was, van een bedriegersras, van een ras van ketters, van deugnieten of van lepralijders. (*Genus* is hier vertaald door het meer gangbare woord 'ras', maar het zou juister en meer wetenschappelijk zijn om dit Latijnse woord te vertalen met geslacht van pastoors enz.) De landzaten van het graafschap Foix zagen in een ziekte als lepra, die door besmetting van ouders op kleine kinderen werd overgebracht, een voorbeeld van de over vier generaties uitgestrekte continuïteit in erfelijkheid of geslacht. In werkelijkheid ging het bij lepra om de pseudo-genetische continuïteit, die immers aan infectie te danken was; maar dát wisten ze toen nog niet… Ook de minder aanzienlijken waren zich bewust van de *genus*. De schaapherder Pierre Maury uit Montaillou gaf impliciet te kennen dat een geslacht óf helemaal deugde óf helemaal fout was – of van louter ketters of louter verklikkers was. Maar een aanzienlijk man als de *perfectus* Raymond Issaura uit Larnat gaf hem een filosofisch antwoord toen hij over de *genus* Baille-Sicre, die een verklikker van groot formaat had voortgebracht, zei: '*In elk geslacht heb je goede mensen en slechte mensen.*'

Over het algemeen was de *genus*, of zoals de dorpelingen het soms uitdrukten, de *domus* in de zin van duurzaam geslacht, de drager van de familienaam, die in de mannelijke lijn, óf bij gebrek daaraan, in de vrouwelijke lijn werd overgedragen.

Tastbaarder en van groter gewicht dan de *genus* was de bloedverwantschap, of *parentela*, gevormd door neven, nichten en verwanten van allerlei aard, die thuis hoorden in andere *domūs* in het dorp zelf of in andere plaatsen in de buurt of ver weg. Op zekere dag ontvoerde de schaapherder Pierre Maury uit Montaillou zijn zuster Guillemette. Hij deed dat met haar instemming omdat zij tot moes geslagen was door haar man die bovendien de onhebbelijkheid had geen ketter te zijn. Na de geslaagde ontvoering vroeg Pierre Maury zich al direct ongerust af: '*En als de verwanten van de man ons volgen om Guillemette terug te halen, wat moeten we dan?* (III, 149-151)'

Kortom, de *domus* lag op een snijpunt van betrekkingen van verschillend belang: bloedverwantschap, maar ook aanverwantschap door huwelijk tussen twee *domūs* viel eronder én vriendschap op grond van gemeenschappelijke vijandschap en eventueel bezegeld met een petekind. Daar viel ten slotte ook, *last but not least*, de nabuurschap onder.

Dit alles bracht verschillende gevoelens van saamhorigheid met zich mee. Buren konden zich te zamen richten op de ondergang van een hunner: '*Vier van mijn buren, waaronder een vrouw en een pastoor, spanden tegen mij samen, opdat ik mijn bezittingen zou kwijtraken en om me bij de inquisitie aan te geven als ketter,'* vertelt Arnaud de Savignan, een pleisterwerker uit Tarascon (III, 432). Net als de saamhorigheid tussen buren moet de saamhorigheid binnen de familie, die daarvan dikwijls niet te scheiden was, heel sterk zijn geweest. Wat gebeurt er als de kathaarse missionarissen Pierre en Guillaume Authié verraden dreigen te worden omdat Pierre Casal hen beschuldigt van de diefstal van een koe? De hele clan van Belots en Benets, die door huwelijk onderling en met de Authiés verbonden zijn, staat dan in vuur en vlam en dreigt elke mogelijke verklikker met de dood, onder wie ook Alazaïs Azéma uit Montaillou. *'Pas jij maar op. Als je ze aangeeft, ben je dood,'* dreigt Guillaume Benet haar. Raymond Belot is nog duidelijker en schreeuwt de vrouw toe: *'Een dezer dagen zullen ze je lichaam vinden, met afgeslagen hoofd* (I, 318; II, 64).'

Typerend voor deze familieband is de vendetta van Guillaume Maurs uit Montaillou. De Clergues hadden gezworen de *domus*, waarvan hij een zoon was, te gronde te richten. Guillaume Maurs, zijn vader en zijn broer werden in augustus 1308 met heel de rest van Montaillou door de inquisitie opgepakt. Dat gebeurde nadat inlichtingen waren overgebriefd, waaraan ook pastoor Clergue had bijgedragen en waarmee hij, om het tij te keren, zijn kathaarse vriendenkring verloochende. Guillaume werd daarop weer vrijgelaten, terwijl twee andere leden van zijn familie in de gevangenis moesten blijven. Toen hij dan ook, niet ver van het dorp, oog in oog kwam te staan met de pastoor, maakte hij van de gelegenheid gebruik hem zijn handelwijze heftig te verwijten. Pierre Clergue antwoordde, met goed begrip voor de eenheid die de *domus* vormde, op dezelfde heftige toon: *'Ik zal er voor zorgen dat jullie allemaal wegrotten in het gevang van Carcassonne, alle Maurs, jij, je vader, je broer en al de anderen van jouw* domus (II, 171).'

Pierre Clergue zou zijn woord zelfs méér dan gestand doen: dank zij zijn broer de baljuw kreeg hij het gedaan dat Mengarde Maurs, de moeder van Guillaume, de tong werd uitgesneden wegens 'valse getuigenis'. Samen met de overige Clergues joeg hij als een bloedhond overal achter Guillaume Maurs aan om hem te laten oppakken. Hij voerde zijn vendetta tegen de héle *ostal* van de Maurs: een vendetta die meer gericht was tegen de *domus* dan, zoals later bij de echte Corsicaanse vendetta, tegen bloedverwanten.

Tot slot van hun woordenwisseling betaalde Guillaume Maurs Pierre Clergue met gelijke munt terug door van zijn kant eveneens de vendetta te verklaren. *'Ik zal me wreken,'* schreeuwde hij de pastoor toe, *'wacht je voor mij en voor al degenen die met mij zijn.'* Na die woorden gingen ze uiteen; al wat Guillaume nog te doen stond was steun zoeken bij zijn fratrie, bij zijn vrienden en de aanhang van zijn vrienden.

In 1309 nam Guillaume Maurs de wijk naar Ax-les-Thermes. Zijn broer Raymond Maurs en Jean Benet, telg van een andere *domus* die, hoewel door huwelijk verbonden met de Clergue-aanhang, toch ook zwaar van hen te lijden had gehad, voegden zich bij hem. Alle drie sloten, bij brood en wijn, een onvervalst pact van verbroedering waarbij ze zwoeren elkaar te wreken: ze zouden de pastoor doden en hun schamele bezittingen bijeen leggen om het hen bij de uitvoering van hun plan aan niets te laten ontbreken. In de jaren tussen 1309 en 1317 werden door de samenzweerders zelf of door ingehuurde sluipmoordenaars verscheidene pogingen ondernomen om Pierre Clergue te vermoorden. De vogelvrij verklaarde herder Guillaume Maurs was zo belust op wraak dat priesters die hem de biecht afnamen, weigerden hem de communie uit te reiken omdat hij in zijn hart nog zo'n haat koesterde jegens Pierre Clergue. De wraaklust stond hem op het gezicht te lezen en mocht hij het toch vergeten, dan zouden zijn vrienden en medeherders hem er wel aan herinneren. Toen Guillaume op zekere dag woorden kreeg met Pierre Maury, wond deze er geen doekjes om en herinnerde hem aan zijn bijzondere roeping de vendetta te voeren: '*Vecht liever tegen de pastoor van Montaillou en niet tegen ons, want met hem heb je nog een lelijke noot te kraken* (II, 178).' Ook de laatste poging om Pierre Clergue te vermoorden faalde, omdat een van de samenzweerders, Pierre Maurs, niet uit Corsicaans hout gesneden bleek en de moed liet zakken én omdat de juiste gelegenheid zich niet voordeed. Ze hadden het anders wel degelijk geprobeerd: voor deze allerlaatste poging had Guillaume Maurs twee Catalaanse huurmoordenaars geworven, die hij speciaal uit Gerona liet komen, tegen betaling van 500 sous, alles inbegrepen, als ze zouden slagen.

De vendetta van de Maurs is een extreem voorbeeld. Maar de saamhorigheid van een familie deed zich ook gelden in meer prozaïsche gevallen: een aangehuwde verwant ging bij de autoriteiten van het graafschap Foix een goed woordje doen en maakte gebruik van vrienden ten behoeve van een van de zijnen, die beschuldigd werd van verkrachting: *right or wrong, my family*. Toen Pierre Maury honderd schapen wilde kopen, maar ze niet terstond wilde betalen, bood hij zijn eigen broer Jean als borg aan.

De *domus* kon, eventueel bijgestaan door verwanten, al haar krachten bundelen om te strijden tegen een persoon, een zaak of een andere *domus*, maar er konden evengoed interne conflicten en spanningen bestaan. Die waren dan bijzonder ernstig wanneer ketterij de scheidsmuur vormde tussen moeder en zoon, of moeder en dochter... Zo eerde Arnaud Baille-Sicre de nagedachtenis van zijn moeder Sybille niet, want haar ketterij was er de oorzaak van dat haar *ostal* door de inquisitie verbeurd verklaard was. Emersende, de ketterse zuster van Guillemette Maury, daarentegen wenste haar goed katholieke dochter Jeanne Befayt naar de duivel en sloot zich zelfs aan bij een samenzwering die er toe zou leiden dat toegewijde vrienden van de moeder de dochter uit de weg ruimden door haar van bovenaf de steile brug van de *Mala Mohler* in de afgrond te storten.

Deze beide gevallen van tweedracht binnen *domūs* werden veroorzaakt door verstrooiing van families als gevolg van de uittocht van ketters naar Catalonië. Want Jeanne Befayt was voor de grote uittocht naar het zuiden, toen ze nog in de bergen van de Ariège woonde, een gedwee meisje dat samen met vader en moeder de ketterij beleed. In Montaillou kon de inquisitie er min of meer in slagen de ene *domus* tegen de andere op te zetten, zelfs als ze door een reeks huwelijken gelieerd waren: zo lukte het Jacques Fournier om tweedracht te zaaien tussen de Clergues en de Benets. Maar bloedverwantschap bood meer weerstand dan aanverwantschap. De autoriteiten van Carcassonne en Pamiers slaagden er niet in de leden van een en dezelfde *domus* in broederstrijd tegen elkaar op te zetten. In de dorpsgemeenschappen van het Land van Aillon waren de families te hecht om zo'n opzet te doen slagen. Het uiteenvallen van een *domus* in Montaillou was dan ook hoogst onwaarschijnlijk en louter ter lering en vermaak van zijn mooie lief, Béatrice de Planissoles, speelde Pierre Clergue wat met deze gedachte tijdens een van hun gesprekken bij het haardvuur: *'In het begin van de wereld hadden broers vleselijke omgang met hun zusters, maar wanneer vele broers een of twee mooie zusters hadden, dan wilde elke broer haar of hen bezitten. Daarvan kwam moord en doodslag. En daarom,'* besloot de Jean-Jacques Rousseau van Montaillou op belerende toon met zijn eigen versie van het *contrat primitif, 'heeft men de seksuele omgang tussen broer en zus moeten verbieden (1, 225).'* Weliswaar sprak de pastoor zichzelf tegen – daarvoor had hij immers nog beweerd dat incest de *domus* kon versterken – maar wat dit aangaat, kon hij rustig slapen: het drijven van bisschop Fournier mocht dan de *domūs* in Montaillou met de ondergang bedreigen, ze liepen niet het gevaar van binnen uit ontbonden of ontwricht te worden.

HOOFDSTUK 3

EEN DOMINEREND HUIS:
DE CLERGUES

In sociaal-economisch opzicht waren niet alle *domūs* in Montaillou gelijkwaardig. Er waren betrekkelijk welgestelde of zelfs rijke huizen zoals de Benets, de Belots en de Clergues, en huizen die arm waren of voor arm gehouden werden, zoals de Maury's, de Bailles, de Testanières, de Pellissiers en sommige Marty's. De tweede groep vormde waarschijnlijk een belangrijke minderheid in het dorp. Zonder kadaster is het moeilijk om tot een statistische weergave te komen, maar toch doen verscheidene bronnen vermoeden dat het vermogen van de meest rijke (niet adellijke) *ostal* in het kerkdorp, namelijk die van de gebroeders Clergue, vijftig maal zo groot was als het schamele bezit van een arm man. De welgestelden – wat heet – konden per *domus* zo'n acht à tien hectaren grond en weilanden bezitten, de armen slechts een of twee hectaren, of zelfs minder. Het sociaal verkeer werd door deze verschillen niet belemmerd, maar af en toe wel wat verzuurd, ook al bestond er binnen de dorpsgemeenschap geen echte klassenstrijd.

De lokale verschillen in rijkdom kwamen op allerlei manieren tot uiting. Zo kon men weinig, erg weinig of helemaal geen baar geld bezitten. Maar vooral grond en schapen waren belangrijke indicaties: enkele tientallen schapen betekende al een zekere welstand, en vrijwel alle families, uitgezonderd die van de allerarmste weduwen, bezaten op zijn minst enkele schapen, hetgeen de huishouding zekerheid gaf en de *domus* een minimum aan waardigheid. Andere beslissende criteria waren of er ossen op stal stonden, of althans één muildier of ezel voor het ploegen en als lastdier; voorts de aanwezigheid van inwonende knechts en meiden, het ontbreken van de noodzaak om kinderen buitenshuis in de leer te moeten doen als schaapherder, knecht of meid.

Nog andere criteria van welstand waren het optrekken van een *solier* of bovenverdieping en het beschikken over een aanzienlijke hoeveelheid keukengerei, hooi, zaad of gereedschap. Bastaarden en kinderen die niet zouden erven, gleden stuk voor stuk af naar de status van dienstpersoneel of herder, en maakten kans om na een proces van sociale neergang te eindigen aan het hoofd van een arme *domus*. Het onderscheid tussen rijk en arm was hier complexer en meer omvattend dan de latere tegenstelling in het noorden van Frankrijk tussen pachtboeren en dagloners, die gebaseerd was op het al dan niet bezitten van ploegpaarden. Er zijn twee eenvoudige redenen voor dit geografisch verschil: in Montaillou kwamen grote pachthoeven als zodanig niet voor en de landbouw was er niet belangrijker dan de schapenteelt. Bovendien werd bij het ploegen niet gebruik gemaakt van paarden, maar van ossen, muildieren en ezels, zoals meestal het geval was bij meer bescheiden bedrijfjes.

Aan de top van deze sociaal-economische piramide stond de *ostal* van de Clergues die als een spin in haar web in het middelpunt van het *domus*-systeem zat. Ook puur getalsmatig hadden de Clergues in het dorp de overhand. Volgens de stellig onvolledige cijfers, die uit de verslagen van Jacques Fournier zijn op te maken, waren er toen in Montaillou minstens tweeëntwintig personen die deze naam droegen. Met heel wat minder volgden dan de Maurs (dertien), de Marty's (elf), de Bailles (ook elf), de Belots, Benets, Azéma's en Maury's (met elk tien), de Pellissiers (acht), de Rives en Argelliers (elk zeven), de Authiés en Forts (elk zes), en ten slotte de Bars en Vitals (met elk vier). Maar deze getallen zeggen op zichzelf nog niets. Wat de almacht van een *domus* uitmaakte, waren rijkdom, invloed, connecties met hooggeplaatste beschermheren en bruikbare vrienden. En al deze troeven hield de *domus* der Clergues vast in handen...

Het zou aardig zijn om deze *domus* eens van wat dichterbij te bekijken, maar in afwachting van opgravingen in Montaillou, zo die er ooit mogen komen, moeten we ons tevreden stellen met wat Fabrisse Rives zag. Zij was wijnsteekster in het dorp en toen ze op een keer zonder schenkmaat zat om de wijn mee af te meten, besloot ze er een bij haar buren, de Clergues, te lenen. Om te beginnen trof ze bij de buitendeur van hun *ostal* drie oude matrones uit het dorp aan, standvastige beschermvrouwen van het katharisme als Mengarde Clergue, de moeder van de pastoor, en haar vriendinnen Guillemette Belot en *Na Roqua*, die zich daar in de zon zaten te warmen. Fabrisse liep het huis in en ging naar boven, naar de *aula* of overloop vóór de bovenverdieping, de *solier*, die zelf boven de *sotulum*, een halfondergrondse bergruimte lag. In de *aula* liep ze Pierre Clergue tegen het lijf en in diens kamer ontwaarde ze niet alleen op een tafel de gezochte wijnmaat, maar ook de *perfectus* Guillaume Authié, die zich daar verborgen hield, al moet gezegd dat hij het daarmee niet zo nauw nam.

Met zijn *aula, solier, portique* (galerijtje) en afzonderlijke vertrekken, was het huis van de Clergues een van de meest ruime van het dorp. De baljuw Bernard Clergue, broer en huisgenoot van de pastoor, beheerde de aanzienlijke landerijen van de *domus* en de percelen, die van ketterse boeren in Montaillou waren geweest en door de graaf van Foix verbeurd verklaard waren. Die percelen werden dan *ipso facto* onder beheer van de baljuw gesteld, die ze wel ten eigen bate wist te exploiteren. Bernard was werkelijk verknocht aan zijn Land van Aillon, de heerlijkheid die hij uit naam van de graaf bestierde. Het was 'zijn' grond, waar hij later nog met weemoed naar stond te turen, als hij zich in de zon warmde op de toren van de burcht Les Allemans nabij Pamiers, waar de inquisitie hem gevangen had gezet. Pastoor Clergue van zijn kant hield oog op alle landerijen van zijn bloedverwanten en híj was het die optrad als gevolmachtigde voor zijn nicht, toen haar echtgenoot Bernard Malet uit Prades een stuk land kocht dat voordien eigendom was geweest van Raymond Malet, schoonzoon van Raymond Pierre. De *domus* Clergue bezat ongetwijfeld ook varkens- en schaapskudden, want Bernard Clergue moest zijn moestuin afschutten tegen zijn eigen varkens die er anders lelijk konden huishouden en toen hij eenmaal in de gevangenis zat '*gaf hij vier wollen vachten aan Carnot, de gevangenisbewaker; nadien deed deze tuchtmeester al wat Bernard wenste in de gevangenis; en Honors, de vrouw van de gevangenisbewaker, vertrouwde Bernard de sleutels toe van de vertrekken der gevangenen (III,289; 274).*' Bovendien beschikten de Clergues over geld of over krediet: om zijn beminde broer Pierre vrij te krijgen, aarzelde de baljuw niet om in totaal 14000 sous aan steekpenningen uit te delen aan verschillende zeer hooggeplaatste lieden: 14000 sous, dat was 28 maal de beloning voor een bende huurmoordenaars, 7 maal het vermogen van een herder als Pierre Maury, die zichzelf rijk vond wanneer hij 2000 sous had verdiend, 36 maal de prijs van een huis, of de waarde van 1400 schapen.

Maar geld was niet alles. Ook al waren het boeren, in het geval van de Clergues ging het gepaard met een zekere mate van macht en ook nog met de juiste relaties. Zo kende Bernard Clergue invloedrijke lieden, verbonden aan het hof van de graaf van Foix, wier handen hij zonder veel omhaal zalfde. De macht van de Clergue-familie speelde op drie terreinen: het grafelijk hof, de regionale Kerk en natuurlijk het dorp met zijn naaste omgeving. De arm van pastoor Clergue reikte heel ver, daar kon Guillaume Maurs over meepraten: '*Hij heeft veel macht aan het hof van de graaf van Foix en in de Kerk; eerstdaags kan hij ons laten oppakken en ons te gronde richten; dáárom heb ik het koninkrijk Frankrijk verlaten en ben ik naar Puigcerda gegaan (II, 171-172).*' Door deze macht konden de Clergues invloed uitoefenen tot over de grenzen van het graafschap Foix, dat een satelliet was van het Franse koninkrijk, en zelfs tot in Carcassonne, waar de inquisitie graag van hen gebruik maakte en soms ook wel naar hen luisterde: '*Als je aan de inquisiteur van Carcas-*

sonne de (verzonnen) *misdrijven gaat bekennen die ik je heb ingefluisterd,'* stelde Bernard Clergue aan Bernard Benet voor, *'dan zal ik de kosten van je reis betalen en zal ik trachten bij die inquisiteur gedaan te krijgen dat hij je vroegere veroordeling tot het dragen van gele kruisen herroept* (1, 404).' Ook op lokaal niveau was de invloed van de Clergues aanzienlijk: op het toppunt van zijn macht gaf men Pierre Clergue de bijnaam van de 'kleine bisschop' van het Land van Aillon. *'De Clergues zijn zeer rijk en beschikken in het Land van Aillon over grote macht* (III, 193),' verzekerde Pierre Maury. En inderdaad was de pastoor gedurende lange tijd de rechtschapen bemiddelaar tussen Carcassonne en Montaillou en wist hij goed gebruik te maken van zijn relaties 'daar beneden' om zijn cliënten 'daar boven' de hand boven het hoofd te houden. Op die manier kon hij zijn macht naar beide kanten doen gelden en versterken: *'Het is nu ongeveer twaalf jaar geleden,'* vertelt Guillemette Benet in 1321, *'dat Arnaud Clergue, bastaard van Guillaume Clergue, de broer van de pastoor, mij kwam opzoeken in mijn huis, uit naam van de pastoor. Hij zei tegen mij: "Morgen zal de pastoor bij je komen om je te vertellen dat je bent opgeroepen om naar Carcassonne te komen, waar de inquisiteur je op de hoogte zal brengen van je veroordeling tot gevangenisstraf. Maar ik moet je van de pastoor zeggen dat je een excuus moet vinden om niet naar Carcassonne te gaan; blijf dus morgen in bed en doe alsof je ziek bent; zeg maar dat je in huis van de ladder bent gevallen en doe alsof aan alle kanten je botten gebroken zijn. Anders wordt het de gevangenis voor jou." Toen de pastoor de volgende dag met de getuigen kwam, lag ik inderdaad in bed en ik zei hem: "Ik ben van mijn ladder gevallen. Ik heb aan alle kanten mijn botten gebroken!" En op die manier vond hij een excuus voor mij!* (1, 467)'

Toch konden deze vriendendiensten van Pierre Clergue niet verhinderen dat Guillemette Benet veel later alsnog veroordeeld werd tot levenslange gevangenisstraf en in de boeien werd geslagen en op water en brood gezet. Maar voor het ogenblik leverde deze goedgunstigheid nog twaalf jaren van vrijheid op voor deze vrouw, die gelieerd was aan de Belots, die op hun beurt weer door huwelijk verbonden waren met de Clergues. Zo gaf de pastoor af en toe ten bate van deze of gene familie onder zijn parochianen een eigen draai aan de wetten van de inquisitie, die hij eigenlijk geacht werd in het dorp te vertegenwoordigen. Was dit niet voor hem de beste methode, om tegelijk beschermheer te zijn en zijn eigen macht te handhaven? De schaapherder Pierre Maury, sinds jaar en dag vogelvrij verklaard en door allerhande gerechtsdienaren nagezeten, laat daarover geen twijfel bestaan als hij zegt: *'Als de pastoor van Montaillou mij had willen grijpen, dan had hij dat al lang geleden gedaan!*

Toen hij op een keer de tienden kwam ophalen in het huis van mijn vader, heeft hij mij daar gezien en met mij gesproken, en toch heeft hij mij toen niet laten aanhouden (II, 187).' Overigens is het ook mogelijk dat Maury Pierre Clergue chanteerde in verband met betrekkingen met Katharen die ze er beiden vroeger op na hielden.

Ofschoon ze zich dus vroeger hadden ingelaten met de ketterij, behoorden de Clergues wel tot die *domūs* 'met vette ezels' (II, 58) en dikke beurs, die jarenlang kans hadden gezien hun belang en dat van hun vrienden veilig te stellen, al trokken zij in dit gevaarlijk spel uiteindelijk aan het kortste eind.

De lokale macht die het huis Clergue bezat betekende wel dat hun betrekkingen met de boeren uit het dorp complex en ambivalent waren: ze wensten hun *domus* duidelijk boven die van de boeren te stellen en zouden dan ook op den duur met hen in onmin raken, zoals wel blijkt uit wat Béatrice de Planissoles vertelde: '*Toen ik ziek lag in Varilhes, kwam de pastoor mij opzoeken en zei: "Die lui van Montaillou heb ik stevig onder de duim, dank zij de inquisitie." Toen merkte ik op: "Hoe komt het dat u de goede christenen* (de ketters) *nu vervolgt, terwijl u ze vroeger toch graag mocht?" "Ik ben niet veranderd," antwoordde de pastoor mij. "Ik mag de goede christenen nog steeds erg graag. Maar ik wil mij wreken op de boeren van Montaillou die mij onrecht gedaan hebben en ik zal dan ook op alle mogelijke manieren wraak nemen. Daarna zal ik het wel met God in orde maken."* (I, 239)'

Hoewel Montaillou voornamelijk door landbouwers en herders bevolkt werd, gold het woord boer of plattelander (*rustice*) er als een scheldwoord. Juist om te beledigen, noemde een man uit het Land van Aillon die op sterven lag, de priester die hem de eucharistie kwam brengen '*stinkende, vuige boer* (I, 231)'. Door aldus, in een gesprek met Béatrice, zijn dorpsgenoten van Montaillou uit te maken voor boeren (*rustres*), wilde de pastoor hen kleineren en tegelijkertijd zijn eigen familie van hen onderscheiden...

Tevergeefs! De *domus* van de Clergues was door eigen vlees en bloed verbonden met de andere *domūs* van het kerkdorp. Door huwelijk of via neven en nichten waren de Clergues nauw verwant aan de Benets, de Belots, de Rives, de Marty's, de Liziers en de Forts. En dan mogen we ook de talrijke 'tijdelijke verbintenissen' niet vergeten, die aangegaan werden door de diverse, zeer doortastende mannelijke leden van de Clergue-familie. Zoals overal spande Pierre, de pastoor, ook op dit terrein weer de kroon. Geen van de vrouwen van Montaillou, van de armste tot de burchtvrouwe, ontkwam er aan: allen hebben ze de Clergues bemind, ontluisd en tegen hen opgekeken. Deze banden door bloedver-

wantschap, huwelijk of concubinaat verschaften de familie, in haar gouden tijd en later bij haar neergang, de onmisbare steun en medeplichtigheid. Maar ze sloten ook niet uit dat er later hevige vijandschap of conflicten ontstonden met bepaalde *domūs*, zoals bij voorbeeld de Benets,
hoewel die toch via een reeks van huwelijken indirect verbonden waren
met de Clergues.

Een andere band van wezenlijk belang tussen de diverse invloedrijke
domūs was medeplichtigheid aan de ketterij. Vóór zijn uiteindelijke verraad, dat ingegeven werd door wraak en niet door inkeer, was Pierre
Clergue een betrouwbare pijler van de ketterij. '*Ach, waren alle pastoors
ter wereld maar als die van Montaillou* (I, 279),' verzuchtte Guillaume
Authié in 1301 en hij zei er nog bij dat men zich op alle leden van de
domus Clergue ten volle kon verlaten. Inderdaad hadden Pierre en Bernard Clergue in hun onstuimige jeugdjaren onversaagde blijken van
trouw aan de ketterij gegeven. De getuigenis van Guillaume Maurs is op
dit punt heel stellig: '*Guillaume Maury heeft mij het volgende verteld:
op een keer, toen men* (de inquisitie) '*s nachts in Montaillou het huis van
Arnaud Fort in vlammen deed opgaan, liet de pastoor twee ketters uit
het huis van de Belots wegglippen en hielp hij ze vluchten naar een plek
met kreupelhout* (barta) *die A la Cot genoemd wordt* (II, 173).' Een
andere keer, als we de woorden van Alazaïs Fauré mogen geloven, hield
Pierre Clergue bij een plek die bekend stond als La Paredeta de wacht om
te voorkomen dat er iets mis zou gaan, terwijl Prades Tavernier, vermomd als venter van leer en wol, bezig was een stervende inwoner van
Montaillou de ketterdoop toe te dienen. En Alazaïs Azéma deed op haar
beurt aangifte van Bernard Clergues vroegere verwikkelingen met de
ketterij: '*Deze Bernard had graan voor de tienden opgehaald. Een bepaalde hoeveelheid van dat graan had hij op het lage dak van Raymond
Belots huis gelegd en tegen Raymond had hij gezegd dit graan aan de
ketters te geven* (I, 317).' Rijkdom, familiebanden, ketterij, macht: dat
waren de vier pijlers waarop de invloed van de Clergues in Montaillou
rustte. Hun lokale macht vloeide voort uit de ambten die zij bekleedden:
Pierre Clergue was de pastoor van het dorp, maar zijn verrichtingen in
dat opzicht waren nogal beperkt doordat hij voortdurend buitenkerke-
lijk in de weer was. Tijdverslindende maîtresses slokten een deel van de
zorg en de tijd op die Pierre normaliter had moeten besteden aan het
stichten van zijn kerkvolk. Toch was hij, zo voor het oog, een tamelijk
gewetensvol priester. Hij nam de biecht af en bleef zelfs toen hij in staat
van doodzonde verkeerde, op zon- en feestdagen de mis lezen; hij woonde de kerkvergaderingen van het bisdom bij en haalde de tienden op...
Hij was een van de zeldzame personen in het dorp die min of meer

geletterd waren en een van de weinigen die er boeken op na hielden: hadden de Authiés hem niet een tijd de kathaarse almanak uitgeleend, waarin tal van praktische wetenswaardigheden stonden over liturgie en volkswijsheid? Af en toe fungeerde hij ook als notaris en nam hij belangrijke documenten in bewaring, bij voorbeeld met betrekking tot de bruidsschat van zijn vriendin Béatrice. Daarenboven was hij de officiële vertegenwoordiger van de inquisitie van Carcassonne en bediende hij zich zo goed en zo kwaad als dat ging van deze positie om mensen te beschermen of te onderdrukken. Zijn lokale waardering was op geen stukken na louter negatief. Na heel wat jaren bewaarde Béatrice nog steeds de herinnering aan hem als 'een man die goed was en bekwaam en in de streek ook (lange tijd) daarvoor doorging (I, 253)'.

In Montaillou hadden de twee voornaamste Clergues, Pierre en Bernard, zich meester weten te maken van de beide zwaarden: de geestelijke en de wereldlijke macht. Pastoor Pierre en baljuw Bernard werkten nauw samen. Zo namen beiden bij verschillende gelegenheden op zich de tienden in te zamelen. Als baljuw moest Bernard ook optreden als rechter en als ontvanger van de grafelijke inkomsten (voor zover de graaf van Foix, naast politieke machthebber, ook nog in zekere mate grondheer van het dorp was). Pierre was de facto deurwaarder van de inquisitie, Bernard vrederechter en sterke arm van de graaf. Zijn taak was het lieden die zich aan een of ander misdrijf schuldig gemaakt hadden, in de kraag te vatten en, zo nodig, beslag te leggen op hun vee. Onnodig te zeggen dat de gebroeders Clergue, Pierre, Bernard en ook Raymond elkaar hierin geregeld een handje hielpen: alle drie maakten ze gebruik van de grondheerlijkheid of zelfs van de gerechtsheerlijkheid voor eigen doeleinden. Zo nam Raymond Clergue Jacques Alsen, de plaatsvervanger van de burchtheer van Montaillou, met zich mee om in de Pyreneeën van Puymorens, op de Pedorrespas, jacht te maken op Guillaume Maurs, met wie hij een persoonlijke vete had en die daardoor ook een vijand van de familie was geworden. De missie van beide mannen liep op niets uit. Het enige wild dat ze bij Pedorres aantroffen, was de vogelvrij verklaarde herder Pierre Maury. Maar die lieten ze welwillend ontsnappen, nadat ze wat mondvoorraad van hem 'geleend' hadden. En toen de inquisitie in augustus 1308 haar grote slag sloeg, hielp Pierre Clergue bij het opsluiten van al zijn parochianen boven de twaalf of dertien jaar in de burcht, om vervolgens op selectieve wijze weer sommige van hen in vrijheid te laten stellen. In zijn parochie was hij 'de man van de burcht'. De burcht die hij arglistig voor persoonlijke doeleinden wist te gebruiken, totdat, door een billijke omkering van zaken, de burchtvrouwe of liever ex-burchtvrouwe op haar beurt de 'vrouw van

Pierre' werd, althans voor de beperkte duur van hun clandestiene verhouding.

Om beurten benutten de Clergues en hun rivalen in het dorp het lokale gezag dat in deze boerensamenleving voortvloeide uit heerlijkheid, baljuwschap en kastelenij. Beide partijen waren er op uit deze ambten vast in handen te krijgen om eigen oogmerken na te streven. Toen de ster van de Clergues na 1320 begon te verbleken, probeerden hun vijanden, waaronder de neef van bisschop Fournier, Pierre Azéma uit Montaillou en Raymond Trihl, vicaris van Montaillou en van Prades, en Bernard Marty, die consul van Montaillou was, op hun beurt weer de wereldlijke macht van de kastelenij tegen de Clergues en tegen hun vrienden of aanhang op te zetten. Zo kon het gebeuren dat een eenvoudige boer als Pierre Azéma aan de plaatsvervanger van des graven burchtheer order gaf om Bernard Benet in de onderaardse kerkers van de burcht te laten werpen, terwijl die slechts kortstondig en onder dwang een handlanger van de Clergues was geweest.

De plaatsvervanger van de burchtheer gedroeg zich bij dit alles als een kruiperig type. Pierre Azéma schreef hem ongegeneerd de wet voor en vroeg hem al helemaal niet om toestemming toen hij uit naam van de graaf beslag liet leggen op het vee van Benet.

Deze details zijn niet onbelangrijk. Beter dan enig theoretisch manifest werpen ze een licht op bepaalde aspecten van de 'klassenstrijd' of beter gezegd van de 'groepenstrijd' die in Montaillou gevoerd werd. Voor de verschillende boerenclans, waartoe óók de *domus* Clergue behoorde, ging het niet zozeer om de strijd tegen de onderdrukking van de kant van heerlijkheid en kastelenij als zodanig, maar eerder om het zich (soms bij toerbeurt) toeëigenen van het lokale gezag van heerlijkheid, baljuwschap en kastelenij om daarmee de rivaliserende clan in het dorp te gronde te richten. Onder deze omstandigheden werd de machtsuitoefening uit naam van de graaf dan ook niet zozeer gezien als vorm van onderdrukking maar juist als inzet van strijd: door er naar te streven in het dorp die macht in handen te krijgen, kon de eigen groep zegevieren.

Nu ik het huis Clergue beschreven heb en aangegeven heb welke plaats het innam in het 'systeem van *domūs*' in Montaillou, rest mij nog een paar woorden te wijden aan zijn bewoners. Om te beginnen is er het probleem hoe het huis in het dorp genoemd werd en wie er als de leider van werd gezien. Na de dood van de patriarch Pons noemde Alazaïs Azéma de *domus* van de Clergues 'het huis van de zonen van Pons Clergue (I, 315)'. De wijnsteekster Fabrisse Rives had het over 'het huis van de pastoor en van zijn broers (I, 327)'. En Alazaïs Fauré, zuster van

de ketter Guilhabert, noemde het '*het huis van Bernard Clergue* (1, 413)'.
De dienstmeid van de Belots, Raymonde Arsen, is een van onze beste
zegsvrouwen; zij maakte geen onderscheid tussen '*het huis van Bernard
Clergue en van zijn broers*' en '*de mensen van het huis van de pastoor*'.
De leiding van de *domus* Clergue was dus tweekoppig en in theorie
waren de broers Pierre en Bernard aan elkaar gelijk, maar toch was de
een een beetje meer 'gelijk' dan de ander. Want noemde Bernard Clergue
zijn net overleden broer Pierre, van wie hij hield en in wie hij graag zijn
meerdere erkende, niet '*mijn God, mijn leidsman, mijn capdelador* (II,
87)'?

De sterke samenhang tussen de leden van het huis Clergue betekende
nog niet dat ze het onderling altijd eens waren en elkaar zelfs vertrouw-
den. De patriarch Pons Clergue, zelf een oude kathaarse femelaar, begon
zich ten langen leste hevig zorgen te maken over het ontaarde gedrag en
de verklikkerijen van zijn zoon Pierre: de pastoor had namelijk Raymond Maury op het idee gebracht zijn zoon Pierre Maury naar Montaillou terug te halen, hoewel deze al sinds lang vogelvrij verklaard was
wegens ketterse praktijken en andere 'misdrijven'. Toen de oude Pons
hiervan de lucht kreeg, raakte hij in lichterlaaie en waarschuwde hij Raymond Maury in bewoordingen die voor zijn eigen nageslacht weinig
vleiend waren: '*Stel geen enkel vertrouwen in de woorden van die verrader van een pastoor, en zeg maar tegen Pierre Maury: als je op de pas van
de Zeven Broers bent* (dicht bij Montaillou) *vlucht dan naar de Marmarapas; en als je bij de Marmarapas bent, vlucht dan naar de pas van Puymorens, waar de grens van het bisdom van Pamiers ligt; en blijf daar niet
hangen maar vlucht nog verder weg!* (II, 285; 289)' Wist Pierre Clergue
van deze woedende uitval van zijn vader? Zo ja, dan liet hij toch geen
wrok blijken; hij bleef de overtuiging toegedaan dat het geluk van zijn
domus in het lijk van zijn vader verblijf hield, aangezien hij, zoals we al
zagen, stukjes haar en nagel liet afknippen om 'het gesternte of geluk van
zijn *domus*' in huis te houden. En voor zijn moeder Mengarde bleef
Pierre Clergue steeds een liefdevolle genegenheid koesteren, die hij zowel op kathaarse als op katholieke wijze tot uitdrukking bracht! Toen de
klappeien van het dorp – Alazaïs Azéma, Guillemette 'Belote' en Alazaïs
Rives – terugkeerden van de begrafenis van Mengarde, konden ze dan
wel vinden dat Mengarde een *slecht nest met jongen* had geworpen en
dat géén van haar zoons deugde, maar Pierre trok zich daar niets van aan.
Tegen Béatrice zei hij: '*Mijn moeder was een goed mens. Haar ziel is in
de hemel, want zij deed veel goeds voor de "goede christenen" en stuurde voedsel aan de ketters van Montaillou, die in de gevangenis opgesloten zaten, zoals bij voorbeeld aan de oude* Na Roqua *en aan haar zoon*

Raymond Roques (I, 229).' Pierre mocht dan de kathaarse nagedachtenis aan zijn moeder eren, dat belette hem niet op beide kaarten in te zetten en Mengarde te laten begraven bij het altaar van de H. Maagd in de bedevaartkapel van Onze Lieve Vrouwe van Carnesses in Montaillou. Hij was er dan zeker van dat de ziel van Mengarde van heel nabij kon profiteren van de genadestroom die onafgebroken van dit altaar vloeide. '*Het is een schande dat die vrouw daar begraven ligt,*' vond Pierre Maury, die met sympathie verwees naar Mengardes ketterse verleden. En een andere ketterse vrouw uit Montaillou, Emersende Marty, deed er op paradoxale wijze nog een schepje bovenop: '*Als de bisschop van Pamiers weet zou hebben van het* (ketterse) *verleden van de rechtschapen moeder van de pastoor, dan zou hij het lijk laten opgraven en haar uit de kerk laten gooien waar zij begraven ligt* (III, 182).' Pierre Clergue was een goede zoon en een slecht priester. Vóór alles bekommerde hij zich om de voorspraak van Maria bij het graf van zijn moeder, om theologische tegenstrijdigheden kon hij zich nauwelijks druk maken. Natuurlijk was hij er trots op dat hij Mengarde had laten begraven bij het altaar van de H. Maagd, maar tegelijkertijd kon hij tegenover Béatrice beweren: '*Maria is niet de moeder Gods; zij is het vat van vlees waarin Jezus Christus zich schuil hield* (I, 230).'

Overigens zou Pierre in zijn liefdevolle trouw aan de nagedachtenis van zijn moeder zo ver gaan, dat hij Raymonde Guilhou, die vroeger gewoon was Mengarde te ontluizen en die zich ook door haar tot het geloof van de Katharen had laten bekeren, nu tot zijn eigen vertrouwelinge maakte, die hem regelmatig ontluisde en nu en dan zijn maîtresse was.

Met vader en moeder mochten ze dan op goede voet staan, een enkele twist nu en dan ten spijt, maar was het tussen de gebroeders Clergue onderling wel allemaal koek en ei? Af en toe werden er tekenen van lichte spanning merkbaar. Toen Bernard Clergue aan de ketters graan wilde geven, hield hij dat voor zijn vier broers of voor sommige van hen verborgen. Maar dit was slechts een bijzaak en niet iets dat de fundamentele eenheid van de *domus* in gevaar kon brengen. Die werd geschraagd door de mannen van deze *domus* en door enkele trouwe familieleden, onder wie Bernard Gary uit Laroque d'Olmes. Deze toegewijde neef en man uit één stuk zag kans de Clergues hulp te bieden in de moeilijke omstandigheden die met hun val gepaard gingen.

Deze ondergang kwam onverwacht na een lange periode van macht. Aanvankelijk, zo omstreeks 1300, zaten Pierre en Bernard Clergue in hun functies van pastoor en baljuw stevig in het zadel. In het dorp waren zij degenen die het contact onderhielden met de gebroeders Authié. Samen met de twee andere broers, die zich wat op de achtergrond hielden, waren ze de lokale beschermheren van een door de ketterij aangevreten dorp. Zelf waren Pierre en Bernard min of meer ketter, maar tegelijkertijd hadden ze goede connecties met de katholieke Kerk in het laagland. Beide troeven speelden ze op meesterlijke wijze uit. Bernard haalde de tienden op voor de Kerk van Rome en droeg een deel ervan over aan de Katharen: zijn rechterhand wist niet wat zijn linkerhand deed. Pierre, op zijn beurt, had een eigen stek in de parochiekerk én in de ketterse *domūs*. Ook zijn verhouding met de voormalige burchtvrouwe verzekerde hem van een sterke positie in het dorp. Zijn intellectuele prestige werd gewaarborgd door zijn geleerde contacten met de Authiés en door de aanwezigheid van een pupil, die hij geacht werd les te geven. Deze jonge man, die Jean heette, sympathiseerde met de ketterij en werd door Clergue gebruikt als loopjongen voor minnebrieven en zogenaamd als chaperonne wanneer Pierre afspraakjes had met Béatrice de Planissoles.

Maar deze veilige en dominante positie bleek op den duur niet houdbaar. De inquisitie van Carcassonne hield Montaillou scherp in het oog en het huis der Clergues stond voor de keuze om, niet alleen ogenschijnlijk maar ook daadwerkelijk, met de ketterij te breken of met haar ten onder te gaan. Pierre en Bernard besloten dan ook de opvattingen van de Albigenzen, waarin ze misschien nog maar half geloofden, te verzaken. In zo'n geval is men voor de overige sekteleden altijd de afvallige en voor zichzelf de blinde die het licht weer heeft gezien. Het is mogelijk dat Pierre Clergue zich al vanaf 1300 de verfoeilijke gewoonte had eigen gemaakt om inlichtingen over te brieven. In de tijd dat zijn moeder stierf en nog voordat er een einde kwam aan zijn affaire met Béatrice, beschuldigden de kathaarse en goed van de tongriem gesneden klappeien in Montaillou hun pastoor er al van 'de hele streek te gronde te richten'. In ieder geval werd men er zich, kort na 1300, in de kleine gemeenschap van boeren en ketters van bewust een slang aan de borst gekoesterd te hebben. Een nieuwe Clergue ontpopte zich: het indringende portret dat de griffiers van Pamiers van hem schilderden toont nauwkeurig tot op de kleinste wrat, het gelaat van een wat rijpere man, opgeblazen van hoogmoed, liederlijk, wraakzuchtig en met de voor zijn landstreek typerende ruwheid.

Er zijn twee versies van Pierre Clergues grote verraad: één van hemzelf, waarover we later nog zullen spreken, en één van de mensen die door hem verraden werden. Deze slachtoffers waren door huwelijk met hem verwant en sommigen van hen lange tijd zijn vrienden, zoals de Maury's, de Benets, de Belots en zelfs de Maurs. De overlevenden van dit trotse bergvolk, wier *domūs* door de repressie te gronde gericht waren, waren eenstemmig in hun beschuldiging: de pastoor en heel zijn *domus* waren overgelopen en geheel en al het lokale werktuig geworden van de inquisiteurs. Op een dag, tijdens een van hun ontmoetingen bij de plek die La Calm genoemd werd, sprak Guillaume Belot zonder omhaal daarover met Raymonde Arsen: '*Die van het huis van de pastoor en de pastoor zelf zijn er de oorzaak van dat talrijke inwoners van Montaillou door de inquisiteur van Carcassonne gedagvaard worden. Het wordt tijd dat die lui van het huis van de pastoor* (als voormalige ketters) *zelf in de gevangenis opgeborgen worden, en dan net zo diep als de andere inwoners van Montaillou* (1, 375).' Inderdaad had Clergue, nu hij zelf ex-Kathaar was, maar in de grond van zijn hart nog half Albigens bleef, zijn parochianen niet gespaard: de leden van het huis Maurs, vijanden van de Clergues, zaten dank zij de goede diensten van de pastoor weg te rotten in de gevangenis of waren naar Catalonië verbannen... En Pons Clergue trachtte de houding van zijn zoon nog te rechtvaardigen door de gedwongen samenwerking met Frankrijk. Pierre Clergue gedroeg zich dan ook in de volle betekenis van het woord als een collaborateur, die gehoond werd door een deel van de zijnen. Terecht of ten onrechte had hij zich in het hoofd gehaald de schade te kunnen beperken door zijn vrienden en beschermelingen buiten bereik te houden van de koloniserende macht en van de inquisitie van Carcassonne.

Tegen deze achtergrond speelde zich de tragedie van augustus 1308 af waarbij Clergue als handlanger toekeek hoe de gerechtsdienaren van de inquisitie zijn schapen inrekenden. Alle inwoners van Montaillou, zowel mannen als vrouwen en ouder dan zo'n jaar of twaalf, dertien, werden in hechtenis genomen. Het is mogelijk dat bekentenissen van Gaillarde Authié, vrouw van de ketter Guillaume Authié, die al in de vastenmaand van 1308 door de inquisitie ondervraagd werd, tot dit drama hebben geleid. De beschuldigingen die door neven van Pierre Authié waren geformuleerd, speelden in elk geval een rol: '*Deze neven waren afkomstig uit Tarascon, maar noemden zich de Rodès.** *Een van hen was dominicaan in Pamiers.*' De razzia zelf was hartverscheurend. De mannen van de inquisitie van Carcassonne werden aangevoerd door de gevreesde Poloniac. Het kostte hem geen moeite om alle inwoners van Montaillou boven de gestelde leeftijd 'wegens ketterij' in te rekenen: ze waren immers allemaal bijeengekomen ter gelegenheid van een of ander feest van de H. Maagd dat in deze parochie populair was en waarbij zonder bedenkingen tegelijkertijd de Maagd Maria en de God der Katharen vereerd

* Klein stadje in het achterland van Perpignan.

werden. De meeste herders uit de streek waren, met het einde van de zomer, weer afgedaald naar Montaillou. Maar door een gelukkig toeval was Pierre Maury bij de Quériupas gebleven. Daar kwam hem een man die meel vervoerde, vertellen dat het dorp achter slot en grendel zat. Een paar vrouwen uit Montaillou zagen kans te ontsnappen door zich, met een brood op het hoofd, voor te doen als rondtrekkende landarbeidsters die van elders kwamen.

Voortvluchtigen en degenen die geluk hadden, trokken weg om zich in Spanje te vestigen, in de Catalaanse of Saraceense grensstreken. Van de ene dag op de andere hadden de kinderen en de schapen in het dorp het rijk alleen. De volwassenen en jongeren van Montaillou werden aanvankelijk in de burcht opgesloten en later weggevoerd naar de gevangenis van Carcassonne. Enkelen stierven de vuurdood op de brandstapel, anderen zaten lange tijd vast, in de voor mannen en vrouwen gescheiden verblijven van de gevangenis, waar ze wel voedselpakketjes (*victualia*) van familieleden mochten ontvangen.

De overige gevangenen werden ten slotte na niet al te lange tijd weer vrijgelaten. De inquisitie stond hun toe naar Montaillou terug te keren, waar ze voortaan onder de tegelijk beschermende en gevaarlijke plak van de Clergue-clan moesten leven. Het dorp of wat er van overbleef, sloot zich goedschiks of kwaadschiks hecht aaneen rond zijn pastoor, die zijn ouderdom sleet in liederlijkheid en verklikkerij. Het verminkte Montaillou was van nu af aan een parochie in de ban van de gele kruisen. Dat waren de beruchte kruisen van stof die voormalige ketters, net als de joden de ster, op hun kleding moesten dragen. Pierre Clergue profiteerde van de omstandigheden om opnieuw enkele oude rekeningen te vereffenen met de Maurs, die zijn vijanden en slachtoffers van de razzia waren. Op een keer gaf Mengarde Maurs in bedekte termen te verstaan dat het verleden van de pastoor niet vrij was van ketterse smetten: we weten inmiddels wat er toen met haar gebeurde.

Pierre Clergue schetste van zichzelf natuurlijk een minder rampzalig beeld dan zijn slachtoffers deden. Hij zag zichzelf niet als een afvallige, maar eerder als iemand die het om bloedwraak te doen was of die, ter verdediging van zijn eigen zaak, zelf het recht in handen had genomen. In datzelfde jaar 1308, toen Béatrice, voor de tweede maal weduwe, ernstig ziek lag in Varilhes, kwam Pierre, die op doorreis was naar een bisschoppelijke kerkvergadering, zijn vroegere maîtresse voor de laatste keer opzoeken: ze was voor hem nog steeds een dierbare vriendin. Hij ging op haar bed zitten en vroeg hoe het met haar (slechte) gezondheid was en hoe ze zich verder voelde; hij nam haar hand in de zijne en betastte haar arm. Daarop vertelde Béatrice over de angst die haar niet meer los liet, vanwege de gesprekken over de ketterij die ze in het verleden samen gevoerd hadden. Ze bekende dat ze altijd te bang was geweest om deze gesprekken uit de goede oude tijd aan een priester op te biechten. Vervolgens vatte ze moed en vroeg de pastoor waarom hij nu de ketters vervolgde terwijl die vroeger toch zijn vrienden waren geweest. Zoals we hiervoor al zagen kwam zijn antwoord hier op neer dat hij de *goede christenen* (ketters) nog steeds welgezind was, maar dat hij zich slechts wilde wreken op de boeren van Montaillou, die hem onrecht hadden gedaan.

En om nog duidelijker blijk te geven van zijn volharding in het kathaarse geloof, dat zelfs door zijn klikkerijen in Carcassonne onaangetast was gebleven, gaf hij nogmaals voor Béatrice een uiteenzetting over een van de theorieën, die hij ook al placht te verkondigen in de tijd dat ze nog elkaars gelieven waren. '*God alleen,*' zei hij tot de jonge vrouw, '*kan vergiffenis schenken voor je zonden en het is dus niet nodig dat je gaat biechten* (1, 234, 239; 1, 226).'

Acht jaar daarvoor, toen hij nog Kathaar was en geen erkend verklikker, had hij zich tegenover dezelfde Béatrice in wat meer details uitgesproken: '*De enige biecht die geldigheid heeft, is de biecht die men ten overstaan van God aflegt. Hij kent de zonde al vóór dat hij bedreven wordt en Hij alleen kan hem vergeven.*' Een vergelijking van deze twee teksten, waar acht jaar tussen ligt, laat geen twijfel: in 1308 was Clergue meer dan ooit dubbelagent, maar in zijn hart bleef hij ketter.

Als altijd wilde Pierre ook nu dé leider en beschermheer blijven te midden van zijn aanhang in dorp en streek. Daarin was zijn houding zowel vóór als ná 1308 onveranderd, ondanks de deuken die zijn reputatie in deze harde tijden onvermijdelijk had opgelopen. Kosteloos of tegen betaling, al naar gelang de omstandigheden, beschermde hij bepaalde mensen in zíjn dorp tegen de machthebbers in Carcassonne. Toen de pastoor zich op een dag bij de deur van zijn kerk in de zon zat te warmen, kwam Fabrisse Rives naar hem toe om te melden of te verraden dat Alazaïs Benet zojuist op haar sterfbed de ketterdoop had ontvangen (1, 324).

Pierre sprong overeind: '*Hou je mond, zwijg,*' beet hij haar toe, '*je weet niet wat je zegt; er zijn geen ketters in deze streek, en als ze er waren, zou men ze wel weten te vinden.*'

Van haar stuk gebracht, ging Fabrisse, als we haar mogen geloven, biechten bij een minderbroeder, die op zijn beurt deed alsof hij verbaasd was en het niet begreep: '*En wat doet uw pastoor er dan aan?*' hoorde hij Fabrisse uit.

De minderbroeders ondernamen direct stappen bij Pierre Clergue: '*In heel uw district wemelt het van de ketters,*' wierpen ze hem voor de voeten.

'*Ik ken er geen één,*' antwoordde de pastoor zonder een spier te vertrekken, terwijl op hetzelfde moment een af andere *perfectus*, die als de bonte hond bekend was, met hoge borst door Montaillou rondstapte!

Daarmee was de zaak afgedaan. Pierre Clergue wist de inquisitie van Carcassonne handig te bespelen. Alleen de persoonlijke vijanden van zijn clan bracht hij aan en voor de rest liet hij haar in onwetendheid. De inquisitie kwam niet op de gedachte om Fabrisse Rives te dagvaarden.

Na de razzia van 1308 werd het voor Pierre Clergue moeilijk om door te gaan in zijn rol van schild of redder voor diegenen onder zijn vrienden, vriends vrienden en cliënten, die tot hun nek in de ketterij zaten. Toch gaf hij die rol niet helemaal op. Tot twee keer toe lieten Pierre Clergue en de mannen van zijn *domus* de vogelvrij verklaarde Pierre Maury er vandoor gaan, of gaven hem zelfs een voorschot! In 1320 nog, toen zijn ondergang nabij was, zorgde Pierre, tegen betaling van honderd zilveren Tournooise penningen, er voor dat Guillaume Mondon uit Ax vrijgesteld werd van het dragen van de gele kruisen. Ketters die het geld konden laten rollen, vonden bij de pastoor een immer gewillig oor.

Maar de inquisitie verslond haar eigen kinderen, zelfs en vooral als ze dubbelhartig waren, zoals Clergue. In 1320 sloeg Jacques Fournier voor de laatste maal en onverwachts met zijn bisschopsstaf toe. Dit keer werden ook voormalige ketters in Montaillou, zelfs als ze zich vermomd hadden als verdedigers van de Kerk, uit hun laatste schuilplaatsen gedreven. Nu leerde ook de Clergue-bende het lot kennen van hen die zij vroeger aangebracht hadden om vrienden te dekken en eigen belangen veilig te stellen. Twee clans verscheurden elkaar in doodsstrijd en dreven Montaillou uiteen in twee kampen: de clan Azéma-Guilhabert zette in de persoon van Alazaïs Fauré, geboren Guilhabert, alles op alles om de Clergue-clan uit te schakelen. Alazaïs beschuldigde Raymond Clergues vrouw Esclarmonde er dan ook van dat zij er bij was geweest toen Guillaume Guilhabert de ketterdoop ontving. Ook de Clergues gingen er van hun kant hard tegen aan: vanuit de gevangenis, waar Jacques Fournier hem ten slotte had laten opsluiten, probeerde Pierre, de pastoor, zijn nog steeds geldende invloed bij de inquisitie van Carcassonne aan te wenden. Door zijn naaste verwanten die in het dorp waren achtergebleven liet hij de ongelukkige Bernard Benet bewerken om valse getuigenis af te leggen tegen de Guilhabert-Azéma's. '*Leg een valse getuigenis af, of je zult verbrand worden. Leg een valse getuigenis af, of je zult met touwen gekneveld naar Carcassonne gebracht worden,*' dreigden de Clergues tegen Bernard Benet, op wie ook de tegenovergestelde partij der

Azéma's sterke druk uitoefende. Gedurende deze slotfase bleef voor de familie van de pastoor het devies: Alles voor de *domus* en de *domus* voor allen...; '*beter het kwaad aan anderen gedaan dan aan ons* (I, 399).' Het was alles tevergeefs: ook de gebroeders Clergue zouden op hun beurt in de gevangenis wegrotten en sterven. Maar in ieder geval bewaarde Pierre Clergue, om redenen die wij niet kennen, tot het einde het stilzwijgen. Deze man die te veel wist, stierf zonder dat hij gesproken had... óf zonder dat door schrijvers op schrift was gesteld wat hij tegenover de bisschop verklaard had. Terecht of ten onrechte zou men geneigd zijn te denken dat de pastoor niet doorsloeg, in tegenstelling tot zoveel andere ongelukkige slachtoffers van de inquisitie. De latere paus had in deze dorpspastoor een waardig tegenstander gevonden, die op de keper beschouwd moreel niet veel slechter was dan hijzelf.

Deze beschrijving van de praktijken van het huis der Clergues en van de kliek rondom hen, voert ons tot enkele meer algemene beschouwingen over de aard en de uitoefening van de macht in Montaillou. Begrippen als feodaliteit en heerlijkheid hebben hierbij een zekere waarde omdat het dorp en zijn inwoners geheel en al ingekapseld waren in een netwerk van kerkelijke tiendheffingen en verplichtingen tegenover heer en graaf. Maar voor het leven zoals zich dat in het dorp afspeelde zijn deze begrippen te ruim: de tastbare uitoefening van de macht en de overdracht ervan naar de 'basis' speelden zich in Montaillou beneden het niveau van feodaliteit en heerlijkheid af. De officiële verhoudingen werden natuurlijk weergegeven door de hiërarchische betrekkingen tussen de baljuw, als vertegenwoordiger van de graaf, en diens nederige onderhorigen; zoals ze ook bestonden tussen de pastoor en zijn parochianen. Maar deze banden met heerlijkheid en clerus konden weinig betekenen, als ze niet geschraagd werden door banden van vriendschap, clientèle en verwantschap, die op hun beurt weer gepaard gingen met tegenstellingen door bloedwraak en vijandschap. De *domus* van de Clergues vormde het centrum van al deze netwerken: hoewel ze niet van adel waren en geen heerlijke rechten bezaten, verenigden de mannen van dit huis de functies van baljuw en van pastoor. Tegelijkertijd vervulden ze jegens een groot aantal mensen in het dorp de rol van vriend, minnaar, beschermheer, doopvader en invloedrijk familielid en tegenover een ander deel van de inwoners de rol van onderdrukker en vijand. Lange tijd zouden Bernard Clergue en vooral Pierre Clergue over Montaillou heersen dank zij de *domūs* die door bloed of door huwelijk met hen verbonden waren. Maar toen de vervolging eenmaal in Montaillou begon, hielden afbrokkeling en ontaarding van de macht gelijke tred. De vijanden die de clan zich in het dorp had gemaakt en die ze lange tijd had weten uit te schakelen, zouden ten slotte op hun beurt ᴄ Clergues te grazen nemen. Maar in zijn gloriedagen had de pastoor in zijn parochie en zelfs in heel het Land van Aillon en in de Sabarthès, een ware maffia op touw gezet van vrienden, verwanten, doopouders en maîtresses. Zo deelde hij met Béatrice de Planissoles het bed én het ouderschap, als peetoom van haar kinderen.

Pierre Clergue kon de mensen van het dorp dus een dienst bewijzen door, als handlanger van de inquisitie van Carcassonne, ze bescherming te bieden tegen diezelfde inquisitie. Dat kon ook in passieve zin: in enkele gevallen volstond hij met bepaalde personen alleen maar *niet* aan te geven bij de inquisitie. Het buiten schot blijven kon in zulke tijden dan even kostbaar blijken als een daadwerkelijke gunst. In ruil voor steekpenningen zorgde de pastoor er voor dat een voormalige ketter de gele kruisen mocht afdoen. Soms stelde hij ook zomaar een vrouw voor de keus: '*Of je gaat met me naar bed, of ik geef je aan bij de inquisitie van Carcassonne* (I, 279; III, 391).'

De Clergues die dus zo als bemiddelaars tussen de dorpsgemeenschap en de omringende maatschappij fungeerden, hadden op hun beurt weer middelaars en beschermheren nodig die hoger geplaatst waren dan zij en die toegang hadden tot bij de hoogste gezagsdragers aan het grafelijke hof in Foix, het bisschoppelijk paleis in Pamiers en de inquisitie van Carcassonne. Slechts enkelen zijn ons bekend: in de meeste gevallen, maar niet altijd, waren het priesters of lokale edelen of ook wel magistraten en provoosten in dienst van de heer. Een dergelijke keten van hooggeplaatste beschermheren hoopte Bernard Clergue – overigens tevergeefs – door smeergeld in werking te zetten toen zijn broer, de pastoor, in de gevangenis werd geworpen. En Pierre Maury's vrijlating, zoals we nog zullen zien, werd op dezelfde wijze verkregen. Zo'n beetje overal in het Occitaanse gebied, zowel in de Pyreneeën als in de lager gelegen streken, werd op dergelijke wijze en soms met succes door maffia's van pastoors, baljuwen, kleine lokale grondheren, welgestelde boeren en vrienden van vrienden geprobeerd tegenstand te bieden aan de inquisitie en aan de onderdrukking door het Franse koninkrijk en de Kerk.

Zij slaagden daar slechts ten dele in: tussen het systeem van vriendschap, verwantschap en clientèle dat in Montaillou de overhand had, en het systeem dat er vanuit de omringende maatschappij doordrong en waarbij de clientèle-verhoudingen gebaseerd waren op politieke macht en onderdrukking door de Kerk, waren de betrekkingen uiterst gespannen. De waarden die golden op het platteland en bij Katharen, verschilden hemelsbreed van de waarden waar men onder katholieken en in de stad aan vasthield. Tegelijkertijd lagen geografisch gezien de tegengestelde werelden van Carcassonne en Pamiers enerzijds en Montaillou en de Sabarthès anderzijds zó dicht bij elkaar, dat het gevaar voor een grote uitbarsting des te groter was. Montaillou, dat toch al geen hechte eenheid vormde, moest zich dus omgeven met alle hulpmiddelen van geheimhouding en leugenpraat, die onder het vaandel van de confabulerende en bedrieglijke Clergue-clan in stelling gebracht werden, om de slagen van buitenaf te weren: ten langen leste stortte het systeem of liever de verbinding tussen beide systemen ineen.

Soms kon de middelaar tussen een dorpsgemeenschap en de externe gezagdragers iemand van adel zijn. Maar vaker misschien, of zelfs in het algemeen (wat dit betreft levert de kwantitatieve geschiedenis nog geen statistische gegevens op en bovendien hing er veel van af of de heer van het dorp al dan niet ter plekke woonde) lijkt het dat deze functies van leider en beschermheer werden uitgeoefend door tussenpersonen die qua sociale status direct onder de adellijke heren stonden. Het milieu van dorpspastoors, die niet altijd even onstuimig waren als Pierre Clergue, en de groep van ambtsdragers die in dienst van de heer waren, zoals provoosten in Noord-Frankrijk en baljuwen in het zuiden, hebben onmiskenbaar heel wat lokale leiders en beschermheren opgeleverd van het soort waar ik zoëven over sprak. De boerenopstanden van de zeventiende eeuw zouden dan ook met name losbranden wanneer deze lokale leiders zich van hun verantwoordelijkheid bewust werden en braken met de hen omringende maatschappij: met hun invloed en wapens stapten ze dan samen met hun aanhang onder de boeren over naar het kamp van de rebellen.

Wat Montaillou betreft, waren noch de adel, noch de heerlijkheid als zodanig werkelijk in tel als het er om ging de onmisbare rol van middelaar en leider in het bergdorp te spelen. Hoogstens was de functie van burchtheer inzet van lokale strijd en was de voormalige burchtvrouwe voor de pastoor het object waarmee hij snoevend zijn lusten kon bevredigen en waaraan hij naast genot ook prestige ontleende. De rest van de adel in de streek zat óf te ver weg, óf was te onverschillig of te onbelangrijk om als leidsman voor de dorpsgemeenschap op te treden bij haar hachelijke confrontaties met de omringende maatschappij.

In de gespannen situatie die in Montaillou heerste, maakte de strijd om de leidersrol of de positie van middelaar tussen diverse *domūs* dat onder de kandidaten grote wedijver heerste, die gepaard ging met vormen van openlijke en heimelijke agressie, en dat de vorming en ontbinding van concentraties van macht en rijkdom elkaar snel opvolgden.[1]

De weerstaanbare opkomst en de uiteindelijke ineenstorting van het huis Clergue bieden een zeer goede illustratie van dit soort gedrag. De strijd om de macht in Montaillou of om de sleutels tot die macht werd stellig niet beslecht door burgerlijke waarden als spaarzin en ascese in arbeid, noch door die macht stukje bij beetje te verwerven. Deze strijd vroeg veeleer om geneigdheid tot agressie, verraad en trouweloosheid ten opzichte van bondgenoten. Voor wie zich in Montaillou van de macht meester had weten te maken, bleven nog heel wat kostelijke, maar ongewisse zaken aan de strijkstok hangen. Ongetwijfeld was het beter de baas te zijn in het dorp, dan als onderknuppel in een stad of belangrijk streekdorp een heer te dienen, en beter de eerste te zijn in Montaillou dan de tweede in Pamiers of de derde in Tarascon-sur-Ariè-ge. Maar voor het kleine kerkdorp in het Land van Aillon gold nog sterker dan elders dat het Capitool naast de Tarpeïsche Rots lag, of zo men wil het Binnenhof vlak bij de Gevangenpoort. En al spoedig, om-streeks 1321, zou de macht in andere handen overgaan.

HOOFDSTUK 4
DE HERDERS

Al deze *domūs*, zoals hiervoor in ogenschouw genomen, behoren goeddeels tot een traditionele wereld van boeren die al van generatie op generatie op deze grond leefden en werkten. Maar deze agrarische samenleving vormt niet de enige werkelijkheid van Montaillou. Er waren ook houthakkers in dit Pyreneeëndorp, en zij hadden een leven als een hond; ook zij werkten een deel van hun tijd als boer of zelfs als herder. Maar als groep waren ze door de ketterij nauwelijks besmet en daardoor was de inquisitie weinig in hen geïnteresseerd, zodat we over hen niet veel te weten komen.

Des te meer weten we daarentegen over de herders. Zij waren naar verhouding taltijk in Montaillou: een tiental mannen, afkomstig uit ten minste acht verschillende families in het dorp werd aangeduid als herder.

Dat waren onder anderen Guillaume Pellissier, Guillaume Belot, Guillaume Guilhabert, Jean Marty, Pierre en Guillaume Baille, Pierre en Jean Maury, Guillaume Maurs en een van de Benets. Herder was in Montaillou het meest voorkomende beroep dat niet 'agrarisch' was in de strikte zin des woords.

Het woord 'schaapherder' zelf is al vaag. In de dorpen van de Boven-Ariège zoals Montaillou of Ornalac was in zekere zin iedereen herder, omdat iedereen er wel wat schapen op na hield. De baljuw van Ornolac, Guillaume Austatz, was er zich ten volle van bewust toen hij de mannen van zijn dorp toesprak, die zich onder de olm op het plein verzameld hadden: '*In plaats van ketters te verbranden,*' voer hij uit, '*zou men bisschop Fournier zelf moeten verbranden, omdat hij van ons de krijtende tienden over de pasgeboren lammeren opeist* (1, 208-209).' Met deze godslasterlijke woorden maakte Guillame Austatz zich tot de ware spreekbuis van een gemeenschap van boeren en schapenhouders, mensen die naast grond en *domus* ook kuddes bezaten. Vaak hoedden deze mensen hun eigen schapen zelf en lieten ze zich daarbij helpen door hun kinderen.

Waar ik het in dit hoofdstuk echter over wil hebben, is niet de samenleving van schapenhouders in het algemeen. Deze groep hebben we immers al van meer nabij in hun *domūs* bekeken. Hier gaat het me om de groep van rondtrekkende schaapherders, die in groepjes de wereld door-kruisten. Zij vormden een ruraal en zwervend semi-proletariaat, zonder huis of haard, maar met eigen tradities, een eigen trots en eigensoortige opvattingen over het vrije leven in de bergen en over hun lotsbestem-ming. Zij maakten voor enige tijd of blijvend deel uit van de grote en geleidelijke emigratiestroom vanuit de Pyreneeën naar het laagland en vooral in de richting van Spaans grondgebied. Door deze uittocht van jonge mannen, van wie velen het dorp verlieten om herder en daarmee voor lange duur celibatair te worden, is het niet uitgesloten dat in Mon-taillou onder de achterblijvers de vrouwen in de meerderheid waren. Het numerieke overwicht aan weduwen, dat ontstond doordat de man-nen eerder dood gingen, kon deze tendens alleen maar versterken.

Deze herders bewogen zich binnen de bestaande machtsverhoudin-gen. Bij hun omzwervingen van dorp naar dorp behielden zij hun plaats in het netwerk van *domūs*, waar ze welwillende medestanders vonden: Pierre Maury uit Montaillou was een herder die rondtrok door Catalo-nië en het gebied dat nu het departement van de Aude is, maar onder-hield niettemin zekere banden met de Clergues en genoot zelfs een zeke-re bescherming van hun kant. Maar het omgekeerde is ook waar: privé-oorlogjes, waarbij lokale heren aan de Spaanse kant van de Pyreneeën met elkaar slaags raakten, konden het werk voor de schaapherders in het hoge bergland moeilijk maken. Dit soort aasgieren van blauwen bloede zat hier in de Pyreneeën altijd klaar om elkaar aan stukken te rijten, net als op het hoogtepunt van het feodale tijdperk. Dat zou op zich geen ramp geweest zijn, als de herders, die met hun schapen naar de zomer-weiden in de nabijgelegen bergen trokken, niet het gelag moesten beta-len van de strijd die zich tussen de machtigen afspeelde. Er hoefde maar zo'n privé-oorlogje uit te breken tussen Guillaume d'Entensa, heer van Castelldáns, en een andere heer, over wie niets bekend is behalve dat hij Nartès of En Artès heette, of de gebroeders Maury waren al gedwongen met hun kuddes weg te trekken uit het grondgebied van Castelldáns.

Een aantal van deze rondtrekkende herders kwam uit Montaillou en enkelen ervan zijn ons bekend. Soms werden ze ergens van verdacht of waren het gewoon maar labiele figuren, die het pad van de transhuman-ce hadden gekozen, of zelfs hadden moeten onderduiken als gevolg van een handgemeen of een scheldpartij. Een van hen, Jean Maury, was be-trokken geweest bij een vechtpartij met andere herders, en in alle een-voud legt hij uit hoe dit voorval hem had gestaafd in zijn diepgewortelde zwerflust: '*Ik was betrokken bij een handgemeen met een stel herders uit de Razès en raakte daarbij gewond. Een zekere Vézian, die in die tijd bij Raymond Lizier in Montaillou woonde, had in deze twist mijn partij gekozen. Vanwege mijn verwondingen diende ik een aanklacht in bij Bernard Clergue, die toen als baljuw van Montaillou optrad voor de graaf van Foix, en ik deed ook mijn beklag bij de burchtheer van Montaillou. Maar deze wilde mij niet schadeloos laten stellen voor het letsel dat mij door deze herders uit de Razès was toegebracht. Vanwege dit onrecht dat mij was aangedaan, verliet ik Montaillou en ging naar Puigcerda, waar ik mij als herder verhuurde aan vrouwe Brunissende de Cervello. Bij deze Brunissende en haar schapen bleef ik vier jaar en twee en een halve maand...* (II, 476).' Ook Guillaume Bélibaste had voor het pad van de transhumance gekozen na een uit de hand gelopen knokpartij. Hij was schuldig want hij had bij deze ruzie een andere herder gedood. Daarom had hij zijn welvarende boerderij en de *domus* van zijn vader in Cubières verlaten. Hij werd schaapherder en vervolgens *perfectus*... Pas later zou hij zich in Catalonië vestigen als profeet van een kleine kolonie van Albigenzen en zou hij er zijn beroep van herder verruilen voor dat van mandenvlechter of kaardenmaker.

Ook Bernard Benet was, in ietwat andere stijl, het slachtoffer van een proces van sociale neergang. Hij kwam uit een alom geacht en welgesteld huis van boeren en schapenfokkers in Montaillou. Maar zijn familie was door de inquisitie geruïneerd, de grond van de *domus* was verbeurd verklaard en werd voortaan als eigendom van de graaf van Foix geëxploiteerd door de baljuw Bernard Clergue. Het meest in het oog springende resultaat van deze operatie was de verrijking van het huis Clergue ten koste van het huis Benet, en dat terwijl ze vroeger indirect met elkaar gelieerd waren. Bernard Benet belandde op slag in het herdersproletariaat. Zijn materiële en morele toestand was niet erg rooskleurig; in de tijd waarin de inquisiteurs van Pamiers nogal belang stelden in zijn persoon, moest hij zien rond te komen van de wol die zijn schapen opbrachten. En in Montaillou zelf zat hij tussen twee vuren: de clan van de Clergues wilde de ongelukkige Benet dwingen om tegenover de inquisitie van Carcassonne een valse getuigenis af te leggen, en de vijanden van de Clergues, de clan der Azéma's, wilden hem zover krijgen dat hij de verklaring weer herriep. Op instructie van zijn broer, de pastoor, beloofde Bernard Clergue dan ook aan Bernard Benet dat hij hem een van zijn verbeurd verklaarde weilanden zou teruggeven in ruil voor samenwerking. Pierre Azéma ging daarentegen minder subtiel te werk en legde beslag op de schapen die voor Bernard Benet zo waardevol waren en diens laatste rijkdom vormden. Ten slotte werd hij opgepakt, maar wist vervolgens weer te ontsnappen uit het stadje Mas-Saint-Antonin, waar hij onder bewaking was gesteld. Na een omweg door de Cerdagne werd hij opnieuw ingerekend in Ax-les-Thermes: Pierre Roussel uit Ax-les-

Thermes en zijn vrouw Alissende hadden hem verraden. Deze Alissende was niemand minder dan de zuster van Gaillarde Benet, vrouw van Pierre Benet, die zelf weer een broer was van onze Bernard. Hij was dus aangegeven door de zuster van zijn eigen schoonzuster. Dat was niet erg aardig... maar laat zich wel verklaren: Alissende en Gaillarde waren allebei, in verschillende tijden, de maîtresse geweest van pastoor Pierre Clergue. Zij hadden hun legitieme banden met het huis Benet verloochend om, in meerdere betekenissen van het woord, de werken van de Clergues uit te voeren. Na de liefde hadden ze ook het verraad omhelsd. Op deze wijze vormde de harem van Pierre Clergue een bijdrage tot de voorspoed van zijn *domus*. En wat Bernard Benet aangaat, die was onherroepelijk afgegleden: als zoon van goeden huize wachtte hem aanvankelijk een toekomst als boer en grondeigenaar, maar uiteindelijk was hij niet meer dan een eenvoudige schaapherder, die de speelbal werd van de verschillende clans in zijn dorp en, onder deze omstandigheden, maar al te gelukkig was dat hij zich ongedeerd uit de klauwen van de inquisiteurs wist te redden.

Guillaume Maurs was ook zo'n herder, die net als Bernard Benet aan lager wal was geraakt en zelfs nog dieper was gevallen. Ook hij kwam van een respectabele *domus* van boeren in Montaillou, die geruïneerd was door de inquisitie, zoals gewoonlijk daarbij gesteund door de goede diensten van het huis Clergue. De vader en broers van Guillaume Maurs waren opgepakt. Zijn moeder Mengarde kon haar mond niet houden en was zo onvoorzichtig geweest om de ketterse jeugd van de Clergues ter sprake te brengen. Die hadden haar toen de tong laten uitsnijden, gebruik makend van het feit dat Bernard Clergue als baljuw de lagere rechtsmacht namens de graaf van Foix uitoefende. Guillaume Maurs zelf zag kans de gevangenis en lijfstraffen te ontlopen. Op zijn vlucht dwaalde hij van bergpas naar bergpas, van het graafschap Foix naar Catalonië en weer terug, eerder gedreven door wraakzucht dan door een ketterse overtuiging. Zijn gebrek aan ijver voor de kathaarse zaak komt tot uiting in zijn weinig vriendelijke woorden tot de *perfectus* Guillaume Bélibaste: 'Ik eet nog liever pens dan tot jullie gezelschap te horen! (II, 187)' Daar was niets vreemds aan: de zwervende Guillaume Maurs was erop uit de Clergues, die zijn *domus* geruïneerd hadden, te doden en in de grond maalde hij niet om het Albigenzendom, dat evenwel voor de inquisitie de reden was geweest om zijn familie gevangen te zetten. Nu hij tegen zijn zin herder was, dacht hij voortdurend terug aan de vergane glorie van zijn familie. Die glorie was in werkelijkheid nogal bescheiden geweest, maar won aan glans naarmate de tijd verstreek. Zijn leven als rondtrekkende herder voerde Guillaume geregeld naar verschillende plaatsen in de bergen, waar de herders in kleine gemeenschappen bij elkaar bivakkeerden en waar ook kaas gemaakt werd. Dat leven zou voor hem nogal slecht aflopen: hij zou ten slotte in Puigcerda gepakt worden en vandaar zou de vicaris van de koning van Majorca hem laten overbrengen naar de kerkers van bisschop Fournier.

De schaapherders Bélibaste, Maurs en Benet zijn voorbeelden van sociale neergang. Ook buiten Montaillou waren er van dit soort gevallen, zoals bij voorbeeld de lange, fascinerende en trieste levensgeschiedenis van de herder Bernard Marty uit Junac: afkomstig uit een rijke familie van smeden, die door de inquisitie en haar bloedhonden te gronde gericht zou worden, zou Bernard Marty geen andere keus blijven dan af en toe schapen te hoeden voor deze of gene, dan weer hier en dan weer daar, maar vaker nog zonder werk te zijn.

En toch waren er ook schaapherders die altijd al voorbestemd waren geweest om herder te worden. Omdat ze het jongste kind waren of uit arme families kwamen, hadden zij het er niet moeilijk mee om terecht te komen in de onderste laag van de rurale maatschappij. Ze hadden zich min of meer in hun lot geschikt en konden zelfs, in enkele gevallen die we goed kennen, gelukkig zijn en trots dat ze schaapherders waren... Tot deze categorie hoorden Jean Pellissier en Pierre Maury.

Jean Pellissier, zoon van Bernard Pellissier, uit Montaillou begon met het houden van kuddes als beroep toen hij twaalf of veertien jaar oud was. (Vroeger werd inderdaad al aan boerenkinderen vanaf twaalf jaar de verantwoording over de schapen gegeven.) Om hun zoon deze eerste en bescheiden stappen in het vak te laten zetten hadden de ouders van de jonge Pellissier hem in de leer gedaan in Tournon, een gehucht ver van huis, nabij Castelreng in het huidige departement van de Aude. De eerste werkgeefster van de herdersjongen was een vrouw die Thomassia heette en vermoedelijk weduwe was.

Al vroeg in zijn bestaan bleek Pellissier junior geen groot licht te zijn. In ieder geval sloeg hij een pover figuur naast een scherpe geest als zijn collega Pierre Maury. Van zijn eerste bazin kende hij alleen de voornaam Thomassia en niet haar familienaam; ook was hij niet in staat aan te geven hoe oud hij precies was toen hij voor het eerst werk kreeg en hij was al even onduidelijk toen hem gevraagd werd hoe lang hij daar in dienst was gebleven: '*Ik ben vijf of zes jaar bij Thomassia gebleven,*' was al wat hij wist te antwoorden.

Toen hij ongeveer achttien jaar was, kon Jean Pellissier zich volleerd herder noemen en keerde hij terug naar het ouderlijk huis, waar hij voor onbepaalde tijd bleef wonen bij zijn moeder Alazaïs en zijn broers Raymond, Guillaume, Bernard en Pierre. Buiten de contacten binnen zijn eigen *domus*, kwam hij in die tijd bij vier andere huizen van buren of verwanten regelmatig over de vloer. '*Ik heb in die huizen nooit een vreemdeling of ketter aangetroffen,*' kon hij getuigen. Tegelijkertijd schetste hij daarmee het nogal beperkte karakter van zijn sociale contacten.

Die sociale contacten van de jonge herder mogen dan beperkt zijn geweest, zijn zwerflust was er niet minder om. Nadat hij het huis van zijn moeder wederom had verlaten, werd Jean Pellissier voor twee jaar als herder aangenomen door Guillaume Castellan in Niort (nu Aude), en daarna voor een jaar in Mompret bij Raymond Jean. De duur van de dienstbetrekkingen was kort: tussen werkgevers en loonarbeiders in de Occitaanse boerensamenleving kwam het regelmatig voor dat ze het met elkaar eens werden over een dienstverband en vervolgens weer binnen korte tijd uit elkaar gingen. Hier was in hun onderlinge verhoudingen geen spoor van lijfeigenschap te vinden. Integendeel.

Het leek gewoonte te worden, maar na zijn diensttijd bij Raymond Jean in Mompret zette Jean Pellissier nogmaals koers naar Montaillou. Ditmaal kwam hij als schaapherder in dienst bij het huis van Bernard Maurs.

De Maurs waren min of meer familie van hem en het kwam door de propaganda die zijn tante hem daar influisterde, dat Jean Pellissier zich voor een tijdje bekeerde tot de kathaarse beginselen. De afstand tussen de boer en de herder die bij hem in loondienst was, was vaak in sociaal opzicht gering en dikwijls waren ze ook nog familie.

Maar de furie van de inquisitie zou het huis Maurs weten te treffen, tot ontzetting van de herder die bij hen in dienst was: '*Mijn baas Bernard Maurs en zijn moeder Guillemette* (niet te verwarren met de gelijknamige vrouw van Bernard),' aldus het verslag van Jean Pellissier, '*werden ter zelfder tijd in de gevangenis geworpen wegens ketterij. Pierre Maurs, zijn broer en buurman, en de andere Pierre Maurs, zoon van de eerstgenoemde, werden voor enige tijd in de gevangenis van Carcassonne gesloten. De overige zonen van Pierre Maurs senior, namelijk Bernard en Guillaume, werden ook wegens ketterij in Carcassonne gevangen gezet. Een andere Pierre Maurs, zoon van Bernard Maurs, vluchtte* (in 1308) *uit Montaillou, na de overval van de inquisitie op de ketters in het dorp, en hij ging in Catalonië wonen. Nu twee jaar geleden* (in 1321) *kwam hij naar Montaillou terug om er een van de dochters van Guillaume Authié uit Montaillou, dezelfde die nu wegens ketterij gevangen zit in Carcassonne, tot vrouw te nemen. Deze Pierre Maurs heeft, voordat hij zeer onlangs weer naar Catalonië vertrok, tot het begin van deze winter in het dorp rondgehangen, maar ik heb zorgvuldig vermeden met hem te spreken* (III, 76).' Deze arrestaties en onderdrukking (waaronder ook het uitsnijden van de tong bij Mengarde Maurs) gaven de familie Maurs de nekslag en maakten sommigen van hen tot gevangenen of ballingen, bracht anderen aan lager wal of tot wanhoop. De getuigenverklaring die de herder van de familie Maurs, Jean Pellissier, aflegde, spreekt voor zich en laat zien hoe in de jaren tussen 1305 en 1320 de tragedie van Montaillou zich geruisloos en steeds smartelijker voltrok. Overal om zich heen zag Jean Pellissier hoe door de slagen van de inquisitie de familie van zijn broodheren gedecimeerd werd. Hij besloot dan ook zijn biezen te pakken, zoals zijn natuurlijke bestemming van herder hem ingaf. Hij ging naar Prades d'Aillon, een dorp op ongeveer vier kilometer afstand, dat bijna net zo besmet was met ketterij als Montaillou en sloeg daar zijn bescheiden penaten op: '*Nadat ik bij Bernard Maurs was weggegaan, vond ik werk in het dorp Prades d'Aillon, bij Bernard Malet en diens zonen Bernard, Raymond en André* (III, 76).' Maar hij had helaas niet veel geluk: '*Ongeveer twee maanden nadat ik was aangenomen door Bernard Malet senior, werd deze door de inquisitie van Carcassonne gedagvaard, die hem daarop gevangen liet zetten. Deze Bernard zou uiteindelijk in de gevangenis sterven.*' Van dit nieuwe onheil dat zijn broodheren wederom trof (eerst de Maurs, en nu weer de Malets), trachtte Jean Pellissier nog zo veel mogelijk de goede kant te zien, toen hij Jacques Fournier er op wees dat hoe dan ook '*geen van de drie voornoemde zonen van Bernard Malet senior ooit in aanraking met de inquisitie was gekomen in verband met de ketterij*'.

Een schrale troost! Door van Montaillou naar Prades d'Aillon te verhuizen, was Jean Pellissier eigenlijk nooit weggekomen uit het netwerk van verwantschap en kathaarse lotsverbondenheid dat tussen de Maurs, Clergues en Malets bestond en dat ondanks vreselijke onderlinge twisten van dorp tot dorp een web van medeplichtigheid spon tussen ketters en magen: Bernard Malet junior uit Prades, zoon van Bernard Malet senior (de gevangen genomen werkgever van Jean Pellissier), was getrouwd met een nicht van pastoor Pierre Clergue, die zich toen meteen had opgeworpen als beschermheer van het jonge stel. In het Land van Aillon kruisten vroeg of laat alle wegen, zelfs die welke de herders volgden op zoek naar werk, het pad van pastoor Clergue...

Na heel wat jaren zwerven keerde Jean Pellissier ten slotte voorgoed terug naar zijn geboortedorp Montaillou. Hij bezat er zijn eigen huis en nam deel aan het leven van de dorpsgemeenschap. Hij had een zwakke gezondheid en zo nu en dan kon men hem voor zijn deur in de zon zien liggen slapen, wanneer een of andere ziekte hem weer een keer aan huis kluisterde.

Maar meestal was hij gewoon op de been, in de lente, voordat het weideverbod voor de hooilanden van kracht werd, of in de zomer, na het maaien. Hij was nu in goeden doen en bezat zijn eigen schapen, maar de weiden waarop hij ze liet grazen waren van een ander en dat geeft dan meteen de grenzen aan van zijn bescheiden welvaart. Uit een klein voorval dat zich afspeelde toen Jean Pellissier op de weiden was en dat karakteristiek is voor de mensen in Montaillou, blijkt hoe opvallend scherp het visuele vermogen van de herder was en hoe gebrekkig zijn besef van tijd. Zoals gebruikelijk begon hij weer met de nodige vage tijdsbepalingen: '*Was het het jaar (1308) waarin alle mannen van Montaillou werden opgepakt door de inquisitie van Carcassonne, of het jaar ervoor? Ik kan het me niet zo best herinneren. Was het tijdens de zomer na het maaien of in de lente nog voordat het weideverbod voor de hooilanden inging? Ik herinner me dat ook niet zo best meer. Ik was toen met mijn eigen schapen in de kleine vallei die de Combe del Gazel genoemd wordt, op het weiland van Guillaume Fort en zijn broers. (Guillame Fort zou als kathaars relaps in 1321 de vuurdood sterven.) Zelf bevond ik mij aan de linkerkant van het hooiland, naast het pad dat naar de bergweiden van Montaillou leidt. Aan de rechterkant van genoemd pad stond Pierre Baille, zoon van Raymond Baille uit Montaillou: deze Pierre Baille liet schapen grazen op het hooiland van Bernard Marty (bijgenaamd 'de Geit'); Jean Marty uit Montaillou was er ook bij; hij weidde zijn schapen op het land dat hem zelf toebehoorde en dat naast dat van Raymond Marty ligt. Het kan omstreeks het middaguur geweest zijn toen op voornoemd pad, komend vanaf Montaillou, Arnaud Vital uit Montaillou opdoemde en met hem nog twee andere mannen. Arnaud droeg over zijn tuniek een blauw bovenkleed en had een bijl op zijn nek waarmee hij een dikke takkenbos beukehout, die hij ook op zijn nek zeulde, in evenwicht hield. De twee mannen waren elk gekleed in een bruine mantel met kap over een blauw of groenkleurig kleed; en ook zij droegen een bijl op de schouders. Arnaud en zijn metgezellen kwamen naderbij gelopen door het veld van de Belots. Toen ze ter plekke kwamen, kregen ze mij en mijn kameraden Pierre Baille en Jean Marty in de gaten. Arnaud ging op Pierre Baille af, groette hem en deze groette op zijn beurt weer terug... En omdat Arnaud op dat moment messier (oogstbewaker) van Montaillou was, gaf hij Pierre Baille en Jean Marty een uitbrander omdat zij hun schapen lieten loslopen door de al ingezaaide velden. Als grap vroeg Jean toen aan Arnaud: "Die twee houthakkers daar, komen die uit Lavelanet...?"* (III, 84)' Dit voorval laat enigszins zien hoe in de veertiende eeuw het wereldje van de herders van Montaillou in elkaar stak: tussen het ingezaaide *infield* rond het dorp en het verre *outfield* van de bergweiden lagen de afzonderlijke graslanden die door de herders benut werden voor hooi of als weiland. Er bestond ook zoiets als een sociale stratificatie tussen (A) herders die hun eigen schapen en die van anderen lieten grazen op andermans weiden, en (B) herders die tevens grondeigenaar en boer waren en schapen hielden op de weidegrond die rechtmatig bezit van hun familie was. Maar deze min of meer subtiele verschillen waren geen belemmering bij de vorming van groepen of informele coöperaties van aaneengesloten herders (*socii*) die uit de verschillende lagen van deze sociale stratificatie afkomstig waren. Behalve deze kleine groepjes van *socii* is er in deze tekst ook sprake van collectieve verplichtingen die voor iedereen in het dorp golden: het weiden werd namelijk bepaald door het tijdstip waarop het verbod om schapen op de hooilanden te laten grazen van kracht werd. De ingezaaide velden werden bewaakt door de *messier* van het dorp, die dat voor de helft van zijn tijd deed en voor het overige schoenen lapte en achter de meisjes aanzat. De tijd in deze dorpswereld verstreek zonder vaste chronologie; het ritme werd bepaald door de slagen die de inquisitie toebracht of het werk dat het weiden van het vee met zich meebracht: de overval van 1308, het weideverbod op hooilanden en het maaien ervan vormden, zonder overigens veel houvast te bieden, de tijdsaanduidingen van de schaapherder Jean Pellissier. Tegenover deze onnauwkeurigheid wat betreft tijdsbesef stond een opvallende precisie van het ruimtelijk besef.* Door de ogen van de herder vangen we ook even een glimp op van een wereld die we nauwelijks kennen: die van de houthakkers, bijl op de rug en rijsbos op de nek. Toegegeven, van hier af zat er wel een luchtje aan. Want de twee houthakkers die Pellissier ter sprake bracht, waren geen lieden die echt in de bossen werkten, maar *perfecti*! Ze stonden op het punt onder te duiken, nadat ze zich korte tijd hadden schuil gehouden in het huis van de Belots: de ene was Prades Tavernier, die men vaak kon aantreffen langs de kronkelende wegen van het Land van Aillon; de andere was Guillaume Authié, de roemruchte en kordate notaris uit Ax-les-Thermes, die door zijn huwelijk en via familie nauw met Montaillou verbonden was. Zijn vrouw Gaillarde was namelijk de dochter van Arnaud Benet, die zelf weer een volwaardig lid was van de Benet-clan.

De lotgevallen van de onbeduidende herder Jean Pellissier waren op die manier telkens weer verweven met de diverse families in zijn dorp. Het bestaan van de schaapherder Pierre Maury stond daarentegen geheel

---

* Zie over deze problemen hoofdstuk 18.

in het teken van verre reizen, avonturen, vluchtige vrijages en vooral van vriendschap. Het is de moeite waard dit levensverhaal van nabij te bezien omdat het geheel parallel loopt met de grote trek van schapen en herders van zomer- naar winterweide en omgekeerd (transhumance) die in deze tijd de basis vormde van de Pyreneese economie.[1]

PIERRE MAURY

Pierre Maury werd omstreeks 1282-1283 geboren en was de zoon van een wever in Montaillou Raymond Maury en diens vrouw Alazaïs. Het huis Maury was een klassieke *domus*, zoals er wel meer te vinden waren in het dorp. Raymond en Alazaïs hadden zes zonen: Guillaume, Pierre, Jean, Arnaud, Raymond en Bernard. Daarbij kwamen op zijn minst nog twee dochters die beiden zouden trouwen toen ze een jaar of achttien waren of nog jonger: Guillemette, die een slecht huwelijk had met de timmerman Bertrand Piquier van Laroque d'Olmes, en Raymonde, die zou trouwen met Guillaume Marty uit Montaillou.

De documenten over Montaillou ademen, net als die over andere plaatsen, chauvinisme ten aanzien van de man en van volwassenen. Van het bestaan van sommige dochters wordt dan ook niet gerept, laat staan de aanwezigheid van baby's of het overlijden van kinderen op heel jonge leeftijd. Het aantal van acht geboorten in het gezin van de Maury's moet dan ook als minimum beschouwd worden. Ondanks het beroep van wever dat Raymond Maury uitoefende en dat in theorie niet-agrarisch was, leefde het gezin gelijktijdig van wat vee, landbouw en handwerk. Toen hij de leeftijd van achttien jaar bereikte, was Pierre Maury nog maar een beginnend herder uit Montaillou. Zijn broer Guillaume Maury had werk als houthakker: '*Het is drieëntwintig jaar geleden,*' aldus Pierre Maury in de getuigenis die hij in 1324 aflegde, '*dat ik de schapen van Arnaud Fauré uit Montaillou en van Raymond Maulen uit Arques hoedde op het grondgebied van Montaillou. Mijn broer Guillaume Maury en Guillaume Belot, ook uit Montaillou, die nu beiden dood zijn, gingen naar het bos van Ausa om er dakspanen te maken* (III, 120).' In die tijd legde Pierre Maury zijn eerste contacten met de ketterij, met name via zijn broer Guillaume en via de Belot-clan, die steeds een beslissende factor was in de verspreiding van kathaarse ideeën in het dorp. Deze contacten kwamen tot stand in de vorm van een soort preek, deels naar het evangelie, deels Kantiaans 'avant la lettre', die Pierre van de twee houthakkers te horen kreeg: '*Guillaume Belot en Guillaume Maury,*' vertelt Pierre verder, '*kwamen mij tegemoet en zeiden tegen mij: "De goede christenen zijn hier naar deze streek gekomen; zij gaan de weg die de H. Petrus en Paulus en de andere apostelen zijn gegaan; zij volgen de Heer, zij liegen niet; zij doen aan een ander niet wat ze niet willen dat hun geschiedt."* '

Pierre Maury was nog maar een jonge man die vroom zijn heiligen eerde, toen hij deze onverbloemde uiteenzetting over de ketterij over zich heen kreeg. Gewetensvol legde hij verder getuigenis af over zijn gedrag van nog niet zo lang geleden: '*Ik had net mijn schapen geschoren en had van mijn wol al een vacht aan Sint Antonius gegeven en een andere aan de Maagd Maria van Montaillou. Ik had nog wat wol over om kleren voor mijzelf van te maken. Toen zeiden mijn broer en Guillaume Belot tegen mij: "De goede mensen (de ketters) zijn maar schamel gekleed. Geef ze wat van jouw wol. Ze kunnen het goed gebruiken om er hun kleren van te maken. Daarmee geef je ze dan een grote aalmoes, groter dan die je schonk aan Sint Antonius, want veel mensen geven al aan Sint Antonius en maar weinig mensen bedenken de goede mensen. Toch bidden de goede mensen voor hun weldoeners en zij worden verhoord! Want zij zijn standvastig in gerechtigheid en waarheid."*'

Diep geroerd door het idee dat de heilige mannen voor hem zouden bidden, liet de jonge Maury zich ten slotte vermurwen: '*Ze hielden zolang aan dat ik hun een héle vacht gaf om aan de ketters te brengen.*' De jonge schaapherder, die nu al wat minder zuiver in de leer was, verdeelde dus zijn deel van de wol die de kudde opbracht, in drieën: een deel voor de heiligen van het paradijs en voor de H. Maagd van Montaillou (waarbij zij opgemerkt dat men dus gemakkelijker een deel van de opbrengst van land en vee aan het heiligdom ter plaatse gaf dan aan de verre bisschop die tienden hief). Een tweede deel hield de schaapherder zelf om er zijn kleding van te weven. Het derde deel was dan voor de Goede Mensen of heilige mannen, als middelaren van Gods genade.

Kort na deze eerste contacten met de ketterij, zo rond 1300-1302 toen hij achttien jaar was, ontvluchtte Pierre Maury zijn ouderlijk huis. Niet omdat hij op slechte voet stond met zijn ouders, maar omdat toen al een lucht van zwavel rond de *domus* Maury hing, die door de inquisitie van ketterij verdacht werd. Het was dus verstandiger zijn biezen te pakken. Voor de winter die er op volgde, daalde Pierre Maury af naar het gebied van de Aude waar hij schapen wilde laten overwinteren in het warmere dal van Arques, gelegen tussen de Razès en de Fenouillèdes.* (Overigens vinden we in de transhumance van de herders tussen het laagland van de Aude en de bergweiden van de Ariège voor een deel de verklaring voor de spreiding van kathaarse kernen over zowel hoogland als laagland van

---

* De Razès is een heuvelgebied ten zuidwesten van Carcassonne; de Fenouillèdes is een langgerekte vallei van oost naar west tussen de Corbières en de Pyreneeën.

Aude en Foix.) In Arques kwam Pierre Maury als schaapherder in loondienst van zijn volle neef Raymond Maulen. Niet lang daarna, toen hij een jaar of twintig was, werd Pierre Maury verliefd (III, 110, 121): '*De winter daarop bracht ik met mijn kudde door in het dal van Arques. Ik woonde in het huis van mijn volle neef, Raymond Maulen te Arques. Daar werd ik tot over mijn oren verliefd op een meisje uit het dorp, Bernadette den Esquinath. En twee jaar lang begon niemand met mij over ketterij, omdat men wel zag dat ik alleen nog maar oog voor dat meisje had.*' Naar het schijnt was de schone Bernadette niet ongenaakbaar voor Pierre Maury, want Raymond Pierre, die kort daarop de nieuwe werkgever van onze herder zou worden, maakte zijn aanstaande knecht, toen hij hem op een dag in zijn schaapskooi sprak, hevige verwijten over deze omgang. In zijn ergernis over deze verhouding zou Raymond zelfs zó ver gaan om Bernadette voor hoer uit te maken: '*Jij Pierre, jij die zo veel gaf om de Goede Mensen, bekommert je helemaal niet meer om ze. In plaats daarvan heb je je verlaagd tot hoererij. Zoek je een echtgenote? Welnu, wij zullen je er een bezorgen, een echtgenote. Eentje die het ware begrip zal hebben van het (ketters) geloof. En als je zo'n vrouw hebt, is dat beter voor je dan een die niet dezelfde overtuiging is toegedaan als wij (met andere woorden eentje zoals Bernadette). Want als je een echtgenote hebt die ons geloof heeft, kun je de Goede Mensen in je eigen huis ontvangen en zul je hun goed kunnen doen. En zelfs zul je zonder enig gevaar met je vrouw kunnen praten over zulke zaken als het ware begrip van het goede en nog veel meer* (III, 121).'

Het vooruitzicht om op die manier over een en ander met je vrouw te kunnen praten, kon zeer prikkelend zijn, te meer omdat het in sommige Occitaanse huishoudens nogal eens schortte aan gesprekstof en er de tijd in ongemakkelijke zwijgzaamheid vergleed... Het klonk dus op zijn minst verleidelijk.

Nadien was er dan ook geen sprake meer van deze Bernadette den Esquinath, op wie Pierre Maury toch zielsverliefd was geweest. Daarentegen verscheen een andere Bernadette – Bernadette Pierre – ten tonele. Ze was pas zes jaar, maar er was al volop sprake van haar voor later te reserveren als toekomstige bruid voor Pierre Maury, die nog maar net als herder in loondienst was getreden van de vader van het meisje, de schapenhouder Raymond Pierre. De kandidaat-schoonvader zat er warmpjes bij en Pierre Maury sloeg van zijn kant ook geen slecht figuur als aanstaande schoonzoon, want met behulp van wat spaarcenten en een kleine handelswinst die hij als herder had weten te maken, had hij genoeg geld bijeengeschraapt om zich wat land bij Arques te kopen. Bernard Bélibaste, een andere schapenhouder uit de streek, die zich had opgeworpen tot onderhandelaar van dit huwelijk, kon Pierre Maury dan ook in smeuïge bewoordingen voorhouden welke schitterende partij hij voor hem had opgedoken: '*Als je echt een bruid wil vinden die het ware begrip van het goede heeft, dan ken ik een klein meisje dat voor later precies is wat je zoekt. Zij is zó rijk dat met wat haar vader je zal geven (als bruidsschat) en met wat je zelf al bezit in Arques, waar je land hebt gekocht, je welgesteld genoeg zult zijn om niet meer met je handen te hoeven werken... Want Raymond Pierre die in dat geval je aanstaande schoonvader zal worden, zal jou dan als zoon adopteren; en hij zal je zijn dochter Bernadette Pierre als bruid geven, die nu nog een jaar of zes is; en je zult voorgoed in de* domus *van Raymond Pierre blijven wonen, die van het ware geloof is* (III, 121).' Dit betoog van Bernard Bélibaste is daarom interessant omdat er en passant duidelijk uit blijkt welke waarden binnen het Occitaanse milieu van schapenhouders als fundamenteel golden: nauwe banden tussen *domus* en ketterij; grote betekenis van de *domus* zelf, met mogelijkerwijs een hele reeks van bijbehorende instituties als adoptie van de aanstaande schoonzoon, samenwonen en het geven van bruidsschatten; dit was het gebruik waarbij de vader van het gezin een schoonzoon als adoptiefzoon koos om de continuïteit van zijn geslacht en van zijn *domus* zeker te stellen en in een heus contract liet vastleggen dat zijn nog jonge dochter, zodra ze huwbaar was, mét bruidsschat, zou worden overgedragen aan de jonge man die al bij hen inwoonde en die hij als zijn opvolger had aangewezen. De drijfveren achter deze onderhandelingspolitiek waren heel simpel: Raymond Pierre had alleen maar drie dochters, Bernadette, Jacotte en Marquise, en geen zoon. Hij was dus wel genoodzaakt een man te vinden die bij hem wilde komen wonen om voor schoonzoon te spelen. Toch verloor Pierre Maury zijn hoofd niet toen hem deze wonderschone toekomst werd voorgespiegeld, waarbij hoofdzakelijk luchtkastelen in de Fenouillèdes beloofd werden. Zijn antwoord aan Bernard Bélibaste was dan ook een nuchtere vraag: '*En hoe kunt u, Bernard, nu van tevoren weten of Bernadette, eenmaal huwbaar, het ware begrip van het goede zal omhelzen?* (III, 122)' Dit was bepaald geen stomme vraag van Pierre Maury. Het dossier van Jacques Fournier laat inderdaad gevallen zien van zo'n voorgekookt huwelijk waarbij een belijdend Kathaar blijmoedig trouwde met een meisje waarvan hij meende dat ze ketters was. Hij koesterde de hoop zijn hele huwelijksleven lang met haar gelijkgestemde gesprekken te mogen voeren over het kathaarse geloof, wanneer ze knus bij het vuur zaten. In plaats daarvan merkte de ongelukkige dan later dat hij door zijn schoonvader schaamteloos bedrogen was en getrouwd bleek te zijn met een roomse helleveeg, in wier gezelschap hij nog gedurende bijna een kwart eeuw moest voortleven én zwijgen als het graf vanwege het gevaar voor de inquisitie.

Maar Bernard Bélibaste wist op alles een antwoord, de vraag van de herder kon hem niet in verlegenheid brengen: '*Raymond Pierre zal zijn dochter Bernadette zó goed opvoeden dat zij, met Gods hulp, het ware begrip van het goede zal hebben. En mocht ze bijgeval niet het ware begrip van het goede hebben wanneer ze de huwbare leeftijd bereikt, dan, Pierre, hoef je in dat geval alleen maar weg te gaan uit het huis van Raymond Pierre en je eigen bezittingen met je mee te nemen. Al wat je dan te doen staat is bij dat meisje weg te gaan, want het is voor jou, Pierre, volstrekt uit den boze om iemand die niet het ware begrip van het goede heeft tot vrouw te nemen* (III, 122).' Opmerkelijk punt bij deze uiteenzetting over huwelijkspolitiek is dat in de veertiende eeuw in de Pyreneeën en in het lagere bergland ten noorden daarvan, net als in de vijftiende en zestiende eeuw in de Cevennes, een jonge man, wanneer hij beschouwd werd als aanstaande schoonzoon en al woonde onder hetzelfde dak, hij dan ook zijn eigen bezittingen inbracht in het huis waar hij zijn intree deed én ze weer met zich meenam als het voorgenomen huwelijk niet doorging.

De welbespraakte Bélibaste had de trouwplannen nu zo weten in te kleden dat Pierre Maury wel in de verleiding moest komen en besloot om de Goede Mensen te leren kennen. Zij vormden het middelpunt van de huwelijkssamenzwering, waarmee Raymond Maulen en Raymond Pierre, die samen onder één hoedje speelden, Pierre in het kamp van het 'ware begrip van het goede' wilden lokken. Derhalve stelde Pierre Maury aan Raymond Pierre en ook aan Bernard Bélibaste, wiens belangrijke connecties met de ketterij weldra duidelijk zullen worden, de beslissende vraag: '*Wat voor soort mensen zijn die Goede Mensen dan wel, waarover ik zo veel hoor praten?*'

Het stichtelijk antwoord van Bernard en Raymond was: '*Het zijn mensen als ieder ander! Hun vlees, botten, gestalte, hun gezicht zijn precies als die van andere mensen! Maar zij zijn de enigen die de paden van gerechtigheid en waarheid volgen, die ook de apostelen volgden. Ze liegen niet, ze nemen niet wat anderen toebehoort. Zelfs als zij op hun weg goud of zilver zouden vinden, zouden ze het niet oprapen, tenzij iemand het hun ten geschenke gaf. Men zal meer heil vinden in het geloof van deze mensen, die men ketters noemt, dan in welk ander geloof ook* (III, 122).'

Die Goede Mensen, die niet stalen maar wel wat graag kleine attenties aannamen, waren dus de middelaren van genade en de waarborgen voor individueel zieleheil. Deze moeiteloze redding was voor Pierre Maury al even aanlokkelijk als het vooruitzicht op een rijke verbintenis met Raymond Pierres dochtertje. Twee weken na dit onderhoud zou onze herder zijn eerste en beslissende ontmoeting hebben met een *perfectus*. Het was het eerste contact, althans voor zover opgetekend werd, waarmee dat lange 'zoeken naar de Goede Mens' begon, dat heel het leven van de schaapherder Maury zou bepalen. We schrijven dan 1302 en Pierre moet zo'n twintig jaar oud zijn geweest.

Deze eerste ontmoeting vond plaats tijdens een uitgebreid avondmaal ten huize van Raymond Pierre. Zoals gezegd was deze Raymond Pierre een welgesteld schapenhouder en boer in Arques, die zijn kudde liet trekken tussen het dal van Arques en de zomerweiden van Aillon. Zijn huis bezat een *solier* en in de tijd dat deze bewuste ontmoeting plaats had, had hij minstens twee knechts in vaste dienst. Waarschijnlijk omdat hij alleen maar dochters had en geen volwassen zoons. Een van deze knechts, in die tijd Pierre Maury zelf, was schaapherder; de ander was muildierdrijver, een taak die eerst in handen was van een zekere Arnaud, afkomstig uit het Land van Sault, maar die zonder pardon de laan werd uitgestuurd omdat hij geen Kathaar was. Daarna werd het werk door Pierre Catalan uit Coustaussa gedaan, die wél een belijdend ketter was.

Dat bewuste avondmaal bij Raymond Pierre had natuurlijk plaats in de keuken, want ook bij de rijke boeren in het Occitaanse zuiden van die dagen werd, op een enkele uitzondering na, volstrekt geen onderscheid gemaakt tussen keuken en eetvertrek. Naast de baas zelf, Raymond Pierre uit Arques, die naar zijn oorspronkelijke woonplaats ook wel Raymond Pierre du Sabarthès werd genoemd, waren ook zijn vrouw Sybille en haar moeder aanwezig. Deze moeder woonde bij haar schoonzoon in en maakte dus deel uit van een min of meer uitgebreid gezin. De twee vrouwen hielden zich bezig met het bereiden van de maaltijd. Andere schapenhouders uit de streek waren ook gekomen omdat ze buren waren of genodigden. Veelal kwamen ze oorspronkelijk uit het Land van Aillon of uit de omgeving van Ax-les-Thermes, streken die door de transhumance verbonden waren met het dal van Arques: zo waren er onder de genodigden van die dag Raymond Maulen, neef en eerste werkgever van Pierre Maury in Arques, en Bernard Vital die ook in het dal van Arques woonde maar afkomstig was uit Montaillou (en een neef van Arnaud Vital was, de inmiddels welbekende schoenlapper-*messier*, rokkenjager en erkend Kathaar). Verder waren er nog Guillaume Escaunier, een schapenhouder uit Ax-les-Thermes die voor zaken in verband met de transhumance naar Arques was gereisd, en Marquise Escaunier, de zuster van Guillaume. Broer en zus Escaunier waren weer vrienden van de Authiés: bij Marquise thuis had Guillaume tevoren nog gelegenheid gehad om Pierre Authié te ontmoeten, die daar op dat moment doodgemoedereerd bezig was voor zichzelf wat visjes te bakken.

Het sprak vanzelf dat ook Pierre Maury bij dit avondmaal aanzat, want als knecht en herder van Raymond Pierre gold hij als volwaardig lid van de huishouding, net als alle boerenpersoneel in die tijd.

Hij was zo eigen dat hij, wanneer het zover was, niet aarzelde zijn bazin te beledigen door zijn baas bij te vallen: '*Slechte moeder, duivelin,*' schreeuwde hij dan tegen Sybille Pierre (11,415).

Al met al waren, naast Pierre Maury, bij deze grote maaltijd in de keuken van een *domus* in de streek van de Aude, verder nog aanwezig de leden van vier vooraanstaande families van ketters en boeren, die diep geworteld waren zowel in het dal van Arques als in het Land van Aillon en de Sabarthès; dat waren dan de Vitals, de Maulens, de Pierres en de Escauniers. '*In de kamer naast de keuken*' zaten Pierre Authié, de 'heer' onder de ketters, en twee mannen uit Limoux, eveneens ketters, vis te eten, waarvan ze af en toe wat smakelijke hapjes aan Raymond Pierre in zijn *fohanga* lieten doorgeven. In de loop van de avond werd Pierre Maury het slachtoffer van de genoeglijke stemming die er heerste. Hoewel hij graag mocht luisteren naar de katholieke preken van de minderbroeders, waarvan hij een paar dagen tevoren nog een mooie proeve had gehoord in de kerk van Arques, raakte hij die avond in de ban van de gloedvolle gesprekken aan tafel en voelde hij hoe zijn roomse geloof aan het wankelen werd gebracht. Pierre Authié bekeerde hem tot 'gelovig ketter' en tutoyeerde hem bij deze gelegenheid, terwijl Maury 'u' bleef zeggen tegen de kathaarse missionaris. De rest van de avond, na het feestmaal, liep uit op een vrolijk doorzakken rond het vuur, waarbij gedronken werd op de toetreding van een nieuwe geestverwant.

Pierre Maury zou Pierre Authié nooit meer terugzien. Maar elke week daalde hij weer af vanuit de hoger gelegen weiden in de omgeving, waar hij op zijn eigen schapen en op die van zijn werkgever paste, om zijn voorraad brood aan te vullen bij Raymond Pierre thuis in Arques. Daar ontmoette hij dan vaak de een of andere ketter. Toen hij op een dag in de keuken zat, waar de schoonmoeder van zijn baas bezig was eieren met spek voor hem te bakken, hoorde hij dat zich in het vertrek ernaast en voorzichtigheidshalve achter gesloten deur, Prades Tavernier bevond, ooit een wever uit het Land van Aillon maar nu als ketter welbekend en overal kind aan huis. Tavernier zat daar achter zijn kathaarse maaltijd van brood, vis en wijn. Toen hij hoorde dat de herder er was, liet hij hem vragen binnen te komen, stond ter zijner ere op, ging weer zitten en gaf hem een stuk brood dat hij speciaal voor hem gezegend had. Voor Pierre

Maury, wiens verzameling van door verschillende *perfecti* gezegende stukjes brood overal in de Pyreneeën snel vermaard zou worden, was dit een buitenkansje.* '*Daarna,*' aldus Maury, '*nam ik afscheid en keerde ik weer terug naar mijn schapen, voorzien van mijn voorraad brood, zowel het gezegende als het ongezegende* (II,75).'

Een week later daalde Pierre, die tussentijds naar zijn bergweiden was gegaan, maar net als de herders een geducht broodeter was, weer af naar Arques om er nogmaals een voorraad brood te halen. Bij zijn baas ontmoette onze herder Guillaume Bélibaste, een rijke boer, en grondeigenaar uit Cubières (in de Aude); hij was de vader van Guillaume Bélibaste de jongere, de *perfectus* of pseudo-*perfectus* voor wie Maury later een niet te temperen en bestendige genegenheid zou opvatten. Guillaume Bélibaste senior en onze herder verlieten daarop het huis van Raymond Pierre en begaven zich naar dat van Raymond Maulen. Daar zagen ze Prades Tavernier weer terug, die net díe week ondergedoken zat bij Maulen, waar hij zich schuil hield achter de tonnen in de kelderruimte. De verschillende gesprekken met betrekking tot deze samenkomst, waarbij Guillaume Bélibaste het *melioramentum*** verrichtte tegenover Prades Tavernier, geven een levendig beeld van wat de omstandigheden en gewoonten waren in de *domus* van Raymond Maulen, die zoals gezegd de eerste werkgever van Pierre Maury was na diens vertrek uit Montaillou.

Zijn eerste en enige ontmoeting met de notaris en ketter Pierre Authié, die kort daarna verbrand zou worden, was voor Pierre Maury zeer beslissend en bracht hem voorgoed op het pad van de ketterij. Daarop volgde een andere, eveneens belangrijke ontmoeting, ditmaal met de zoon van Pierre Authié, Jacques Authié die ook notaris en *perfectus* was. Dat was in mei toen alles al in bloei stond. Maury verbleef op dat moment met zijn schapen op de weiden rond Arques, toen Raymond Pierre een haveloos kind stuurde om hem te halen. Pierre deed wat hem gezegd werd en ging voor de zoveelste maal naar de *domus* van Raymond Pierre. Daar trof hij twee bekende ketters aan die zich bij het vuur zaten te warmen: het waren Jacques Authié en Pierre Montanié uit Coustaussa (nu Aude) en bij hen zaten Raymond Pierre met zijn vrouw en zijn schoonmoeder.

* Sommige kruimels van deze 'collectie' zouden door Pierre Maury tweeëntwintig jaar lang bewaard worden! De moeder van Guillaume Austatz in Ornolac bezat een soortgelijke collectie van gezegende broodkorsten, die ze in een hol ergens in haar huis bewaarde.

** Het *melioramentum* was een rituele kathaarse groet aan een *perfectus*, waarbij men op de knieën om zijn zegen en absolutie vroeg.

Nadat ze nog een poosje bij het vuur hadden gezeten, gingen Pierre Maury, Jacques Authié en Pierre Montanié naar buiten en begaven ze zich in het donker op weg naar het dorp Rieux-en-Val (nu Aude). Authié, als man van aanzien, legde de weg op de rug van een muildier af, terwijl zijn twee metgezellen te voet gingen. De als steeds hulpvaardige Raymond Pierre had het muildier aan de prediker geleend en het voor hem toegerust. Overigens was Jacques Authié een predikant in de volle zin des woords, want de hele reis lang zat hij vanaf zijn muildier te preken terwijl Pierre Maury de rol van toehoorder en klankbord speelde en Pierre Montanié die van stomme figurant. Deze 'muildier-rede' van Jacques Authié was een fraai staaltje van onvervalst kathaarse volksprediking, zoals die door militante Albigenzen was uitgewerkt ter stichting van het herdersvolk. Over de inhoud van de kathaarse mythen, die op deze wijze verspreid werden door de prediker die zijn muildier als kansel gebruikte, zullen we het later nog hebben.

Toen ze na de lange tocht van Arques naar Rieux-en-Val op hun plaats van bestemming aankwamen, hield meester Jacques Authié op met preken. Overspoeld door deze vloedgolf van welsprekendheid, leek Pierre Maury nu voorgoed bekeerd tot de dogmata van de Albigenzen. Nou ja, bekeerd, voor zover deze naïeve en toch sluwe herder dat kon zijn, want zijn hele leven lang zorgde hij er voor dat hij meer dan één pijl op zijn boog had: een kathaarse én een roomse. Na afscheid te hebben genomen van Jacques Authié keerde Pierre Maury weer terug naar Arques. Daar trof hij in het huis van Raymond Pierre drie mannen aan die uit Limoux waren gekomen om deze *perfectus* en zoon van een notaris te begroeten. Maar ze waren te laat gekomen.

Teleurgesteld dat ze hem waren misgelopen, bleven ze nu overnachten bij Raymond Pierre, die nog probeerde hun wat compensatie te bieden door als een heer des huizes van het betere soort zijn gastvrijheid te bekronen door hun bij dageraad gebakken eieren met spek voor te zetten. Daarna keerden ze naar Limoux terug. '*En ik,*' besloot Pierre Maury onverstoorbaar zijn relaas, '*ik keerde terug naar mijn schapen* (III,135).'

In de loop van diezelfde gedenkwaardige zomer bracht Pierre Maury zijn schapen naar een plek die La Rabassole werd genoemd en in het grondgebied van Arques lag. Bij hem waren nog zeven andere schaapherders, waaronder twee verwanten – broer en schoonvader – van zijn vroegere werkgever Raymond Maulen, verder twee leden van de familie Garaudy uit de omgeving van Arques en nog drie andere herders die ook uit Arques kwamen, maar voor zover we weten geen familie waren van de rest, noch van elkaar. Deze groep herders vormde te zamen een *cabane,* een tijdelijk soort woon- en werkgemeenschap. *'Ik was de "cabanier" of hoofd van de hut,'* vertelde Pierre Maury daarover, *'ik was belast met de kaasbereiding..., ik gaf gekookt vlees, kaas, melk en brood aan gelovige ketters die op doorreis waren* ('gelovigen' of 'belijders' mochten in tegenstelling tot de *perfecti* wél vlees eten).' Als we in het dossier van Jacques Fournier lezen dat 'Guillaume Maurs veel waardering had voor Pierre Maury en wilde dat hij de leiding had over de andere herders' dan hoeft het niet meer te verbazen dat juist Pierre Maury, wiens vakmanschap door allen erkend werd, de 'leidersrol' had. De *cabane* was van fundamenteel belang in het bestaan van de herders en te vergelijken met de *domus* in de wereld van de sedentairen. In hoofdstuk 6 komt de *cabane* nog uitgebreid aan de orde. Hier wil ik over het leven van onze herder in de *cabane* slechts opmerken, dat hij in deze tijd een ontmoeting van beslissende aard had waarbij hij zijn banden met de Bélibaste-clan weer aanknoopte. Raymond Bélibaste die een gelovig ketter was en de *perfectus* Amélien de Perles waren net in de tijd van de kaasbereiding naar de *cabane* gekomen en kregen daar door Pierre Maury stukken gekookt vlees en melkspijzen voorgezet. De *perfectus,* die natuurlijk vegetariër was, weigerde het vlees. Maar de twee mannen namen Pierre Maury wel eventjes apart achter de *cabane* en vroegen hem om een gift. Daarop gaf Pierre een zilveren Tournooise penning voor Amélien de Perles, die heel erkentelijk was en meteen datgene zei wat Pierre in ruil voor zijn weldaad van hem terugverwachtte: *'Ik zal voor je bidden* (III,136).'

Tegen het eind van dat jaar liet Pierre Maury zijn schapen nog steeds in het dal van Arques overwinteren, maar nu op andere weiden. Zijn neef Raymond Marty, die een broer of misschien een halfbroer van Raymond Maulen was, hield hem gezelschap. Op een zondag begaven Pierre en Raymond, die ondanks hun gebrek aan rechtzinnigheid toch nog trouw waren aan hun vaste gewoonte om de katholieke eredienst bij te wonen, zich naar de mis in Arques. Na afloop gingen ze naar het huis van Raymond Maulen, waar ze in de kelder of *cellier* de ketter Prades Tavernier aantroffen, die zich daar weer eens in alle waardigheid verschool achter een ton. Maury groette de *perfectus* en ging vervolgens naar boven, naar de *solier,* om brood te halen. (In dit huis, dat typisch een woning was van boeren die aan wijnbouw én aan veehouderij deden, was de keuken op de bovenverdieping of *solier,* boven de kelder, die weer grensde aan de schapestal: de indeling was dus nogal verschillend van die van de *domus* in het Land van Aillon, waar de keuken op de begane grond lag.) Op de *solier* trof de schaapherder een aantal mensen aan die bij het vuur zaten te eten: onder hen was ook een man met grijs-groene ogen en een klein postuur. Deze in het bruin gehulde vreemde-ling woonde in het dorp, maar kwam oorspronkelijk uit Coustaussa of uit Cassagnes (beide plaatsen liggen in het tegenwoordige departement van de Aude). Hij trad op als gids voor Prades Tavernier. Naast deze gids zat de heer des huizes Raymond Maulen, geflankeerd door zijn schoonmoeder Bérengère en zijn vrouw Églantine. In totaal zaten dus vijf mensen bij het vuur te eten. Nadat hij zijn brood had gekregen, daalde Pierre Maury weer af naar de kelder, waar hij zich bij Marty en Tavernier voegde. Zonder veel drukte zetten ze gedrieën achter de ton-nen een 'tafel' op, eigenlijk een plank op schragen en begonnen aan hun maal. Voor Maury en Marty schafte de pot spek of vlees dat hun voor rekening van het huis werd verstrekt, en voor Prades Tavernier, die geen vlees mocht eten, linzen, olie, wijn en noten. Van tafel tot tafel, van kelder tot *solier* wisselde men over en weer beleefdheden uit: zo kreeg Maury op een gegeven moment opdracht een stuk brood of koek dat speciaal door de ketter Tavernier was gezegend, naar de vijf eters in de keuken te brengen. Toen hij dat zag wilde Raymond Maulen niet achter-blijven en dus bracht hij zijn drie gasten in de kelder een lekker stuk spek. Maar dat strookte niet met de strengheid waarmee Prades Tavernier vegetariër was. De gulle gever kreeg stank voor dank. '*Jij daar, pak dat gore stuk vlees weg,*' beet Prades Pierre Maury toe, waarbij hij hem met een koel en autoritair 'jij' bejegende. Op dreef geraakt door dit voorval met het 'gore stuk vlees' en zijn woedeuitbarsting alweer vergeten, stak Prades Tavernier het volgende moment van wal met een van die niet te stuiten preken vol mythologisch krachtvoer. Voor *perfecti* die door-gaans goede redenaarstalenten bezaten, was dit niet ongebruikelijk. Omdat de boeren zonder uitzondering ongeletterd waren en er ook geen boeken of handschriften waren om hun uit voor te lezen, was het voor de *perfecti* heel gewoon om onder de meest uiteenlopende omstandighe-den te preken. Of dat nu te voet was of te paard of op de rug van een muildier of wanneer ze zaten te eten, net als Christus vanaf zijn ezelin of bij het laatste avondmaal, namen ze elke gelegenheid waar en oreerden zonder ophouden. Prades begon zijn 'kelderrede' met enkele variaties op het thema van de onthouding van vlees en wist daarbij spreuken te cite-ren die hij soms terecht, maar vaker ten onrechte toeschreef aan Jezus Christus in eigen persoon: '*Mijn kinderen,*' zou de Messias volgens Ta-verniers lezing van het apocrief en kathaars gekleurde evangelie gezegd hebben, '*eet van geen enkele soort vlees, noch dat van de mensen, noch dat van dieren, maar louter dat van vissen die in het water leven, want alleen dat vlees is rein* (III,137).' Daarna volgde in het verloop van Prades

Taverniers speech een nauwelijks verbloemde aanslag op de beurs van zijn toehoorders. Wat Pierre Maury betrof was dat beroep niet aan dovemansoren gericht. Op het laatst liet Prades zich door zijn onderwerp zo meeslepen dat hij over de mythe van de zielsverhuizing en het paard begon te vertellen. In het hoofdstuk over de volkscultuur kom ik daar nog op terug.

Na dit vertoon van voordrachtskunst restte onze herder slechts afscheid te nemen van Prades en zich terug te trekken. Hij zou hem nooit meer terug zien, maar om hem te danken voor deze stichtelijke leerrede stuurde hij hem enige tijd daarna door tussenkomst van zijn broer Guillaume Maury nog een Tourse groot, een zilveren obool en vier zilveren penningen. Het is natuurlijk een vraag of Prades Tavernier tot dan toe barrevoets liep, maar van dit geld kon hij zich in elk geval wel een paar schoenen veroorloven.

Bij de daaropvolgende Pasen werd Pierre Maury door zijn baas Raymond Pierre met een vertrouwensmissie belast. De schaapherder moest naar Guillaume Bélibaste senior gaan, om er voor zijn meester een som gelds op te halen die de rijke boer en grondeigenaar in Cubières aan Raymond Pierre leende of teruggaf.

Bélibaste senior bezat een grote boerderij en hield er uitstekende relaties op na. Hij was de pater familias van de *domus* en vormde samen met zijn drie zoons, waarvan er twee getrouwd waren en kinderen hadden, een uitgebreid familiehuishouden. Een van zijn schoondochters werd Estelle genoemd. De familie Bélibaste bezat ook een aparte schuur voor het stro, die los van het woonhuis stond, en een schaapskooi die in het open veld lag.

De avond waarop Pierre Maury bij de Bélibastes verkeerde, verschilde niet veel van andere avonden die hij in gezelschap doorbracht en viel in twee delen uiteen. Eerst was er de maaltijd waarbij Pierre Maury, Guillaume Bélibaste, zijn drie zoons en de twee schoondochters aanzaten. (De Bélibastes moeten een zeer hechte familie geweest zijn. Het samen wonen onder hetzelfde dak, het met z'n allen eten aan dezelfde tafel, het gezamenlijke werk op het land van de familie én de ketterij die zowel de mannen als de vrouwen van de *domus* met elkaar gemeen hadden, smeedden een sterke band.) De kinderen van de beide echtparen waren er aan tafel niet bij en lagen op dat moment waarschijnlijk al in bed. Eregast was Pierre Girard, de gevolmachtigde van de aartsbisschop van Narbonne, een man van gewicht die door zijn aanwezigheid het gezelschap enige luister bijzette. Maar in het Occitaanse zuiden tilde men nu eenmaal niet zo zwaar aan plichtplegingen en was de maatschappelijke afstand niet zo groot dat de aanwezigheid van deze hoogmogende gast in het huis van een rijke veehouder als Guillaume Bélibaste als iets ongebruikelijks werd beschouwd. In weerwil van zijn ambt, dat hem in theorie in het kamp van de gevestigde Kerk plaatste, sympathiseerde Girard in zijn opvattingen of uit vriendschap – wellicht – vagelijk met de Katharen. Of was hij alleen maar tolerant? In ieder geval wist hij de ogen te sluiten voor die zaken waarvan men liever had dat hij ze niet zag en nam hij tijdens de maaltijd dan ook maar geen notitie van wat zich in huis afspeelde, zoals het komen en gaan van allerlei verdachte figuren wier hoofdkwartier zich kennelijk in de nabijgelegen schuur bevond. (Deze lankmoedigheid van Pierre Girard zou enige tijd later nog waardevol blijken voor Pierre Maury, toen hij op beschuldiging van medeplichtigheid aan ketterij in de Fenouillèdes berecht werd.) Ondanks de rijkdom van de heer des huizes en het prestige van een der genodigden, was het avondmaal sober en de antieke oudheid waardig: vlees, melk en kaas, een herdersmaal als door Vergilius gedicht. Toen ze klaar waren met eten, ging Pierre Girard naar bed. Pierre Maury daarentegen sloop samen met nog enkele leden van de Bélibaste-clan, op zijn tenen naar de nabije schuur om er, zoals Raymond Pierre hem had aangeraden, *alle vrienden* te begroeten, met andere woorden de ketters die Guillaume Bélibaste die avond liet overnachten tussen zijn strovoorraad. Daarna ging ook de schaapherder slapen. De volgende dag zette hij weer koers naar Arques.

Enkele maanden later, in augustus, liet Pierre Maury de schapen van Raymond Pierre nog steeds bij Arques weiden, op een plek die Pars Sors genoemd werd. Hij werd daarbij geholpen door figuren die kenmerkend waren voor de herdersploeg die hij vroeger in de Aude en de Sabarthès aanvoerde, zoals Jean Maulen, broer of schoonbroer van zijn vroegere baas Raymond Maulen, en vader en zoon Guillaume Marty, elkaars naamgenoten en uit Montaillou afkomstig. Op een avond, toen ze al in hun eerste slaap lagen, kwamen twee mannen onze held opzoeken in zijn weiden. Het waren Raymond Bélibaste, zoon van Guillaume Bélibaste senior, en de *perfectus* Philippe d'Alayrac die afkomstig was uit Coustaussa. De *perfectus* was net vanuit Limoux aangekomen. Zoals we weten kende Pierre Maury Raymond Bélibaste al sinds lange tijd. Hij bood de beide mannen een maaltijd aan van produkten die de kudde en het land opbrachten, als vlees, geitemelk, kaas, brood en wijn. Raymond at ervan, maar Philippe d'Alayrac, als perfect *perfectus*, weigerde het vlees en nam genoegen met de wijn, die hij uit zijn eigen beker dronk. Hij was allergisch voor de bekers van de herder, want die waren in aanraking geweest met de bezoedelde mond van menig herder in de streek die wei vlees at. Na deze 'maaltijd' begeleidde onze herder zijn gasten, op hun verzoek, door donkere nacht en langs steile en glibberige paden de hele vijftien kilometer lange tocht naar de schaapskooi of *courral* van de Bélibastes in Cubières, die op enige afstand van hun *domus* lag. Door de hobbels en klimpartijen struikelde en viel Philippe steeds onderweg, zodat hem de lust tot preken wel verging. Al wat hij uitbracht, was bij elke val een '*Heilige Geest, sta mij bij*'.

Na al deze gebeurtenissen en bezoeken over en weer aarzelde Pierre niet lang meer om met Arques en de inwoners van het dorp te breken. In 1305 was Jacques Authié namelijk door de inquisitie opgepakt. De ketters van Arques die in nogal wat lokale families te vinden waren, kregen op slag de schrik te pakken en getroostten zich hoge kosten om bij de paus te gaan biechten en hun heterodoxie en dwalingen af te zweren. Uit vrees dat de reis heel zijn vermogen zou opslokken of om enige andere reden, had Pierre Maury geen zin om met deze boetvaardige pelgrims mee te gaan. Wel bewees hij hun een dienst door zolang ze weg waren op hun vee te passen. Toen ze weer terugkwamen, besloot hij zijn biezen te pakken, bang als hij was dat zijn vriendschap met de Authiés, die hij verzuimd had met een pauselijke absolutie af te kopen, hem duur te staan zou komen. Hij nam zijn voorraad graan als ook het laken dat hij van zijn wol had laten vervaardigen bij een wever die Catala heette, en ging weg. Kerstmis 1305 vierde hij thuis in Montaillou samen met zijn broers en zijn vader. Maar ook zijn geboortegrond werd hem te heet onder de voeten, en zijn dorpsgenoten meden hem zelfs omdat hij te verdacht was. Daarom ging hij weer weg om zich als herder te verhuren bij een zekere Barthélemy Borrel, een schapenhouder in Ax-les-Thermes, die ook weer de zwager was van iemand in Montaillou, Arnaud Baille senior. Dat was niet de enige band die Borrel met Montaillou had; zijn dienstmeid Mondinette en nu ook zijn schaapherder Maury waren uit dit dorp afkomstig...

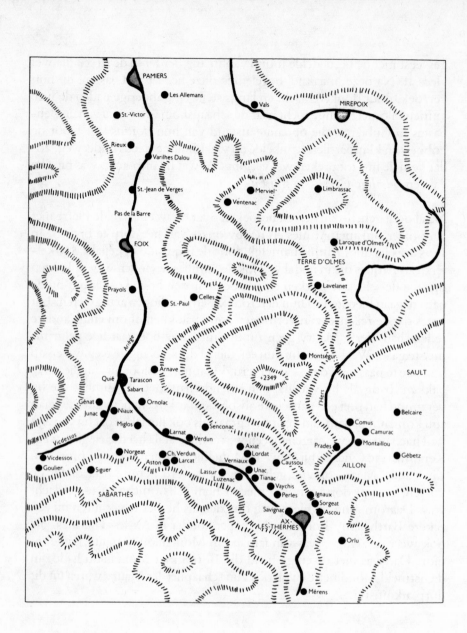

De streek van Foix

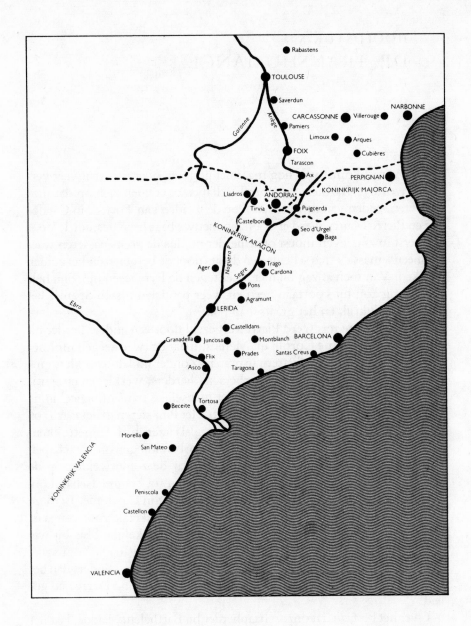

Plaatsen die Pierre Maury met de transhumance bezocht

HOOFDSTUK 5

DE TRANSHUMANCE

...De overeenkomst was nog maar net gesloten of er moest alweer verhuisd worden. Barthélemy Borrels schapen bevonden zich op dat moment ten zuiden van de Pyreneeën op de weiden van Tortosa in Catalonië en Pierre Maury werd er door zijn nieuwe baas heen gestuurd. Voor het eerst in zijn leven moest onze herder nu dus de grens passeren waar de sneeuwmassa's zich scheiden en dwars door de bergen naar het zuiden trekken. Van toen af zag hij niet meer tegen de Pyreneeën op. Zijn hele leven lang zou hij voortaan heen en weer pendelen tussen Spanje, het Franse koninkrijk en het graafschap Foix.

Op deze eerste reis werd Pierre vergezeld door een andere herder uit de Ariège, Guillaume Cortilh uit Mérens, maar de twee kregen nimmer de gelegenheid om over ketterij te praten. Zonder nodeloos geklets gingen ze op in de stroom van trekarbeiders, herders, werklozen en *gavaches** die gestaag met het getij van de 'menselijke transhumance' in de richting van de Iberische contreien dreef. Met Pinksteren in het jaar 1306 was Pierre, die nu kennelijk de zevenmijlslaarzen had aangetrokken, weer terug in de Sabarthès. Daar trof hij voorbereidingen om de schapen van Barthélemy Borrel over te brengen naar de zomerweiden op de noordzijde van de Pyreneeën, in het gebied dat tot het graafschap Foix hoorde, nadat ze de winter hadden doorgebracht in Catalonië. Bij deze gelegenheid verlengde Pierre, zoals te doen gebruikelijk voor een jaar, zijn contract bij Barthélemy, overigens een gemakkelijke baas bij wie men geen gevaar liep; noch met hem, noch met een van zijn zoons viel over ketterij te praten. Dat was voor Maury weer eens iets anders dan het opwindende, maar gevaarlijke leven dat hij bij Raymond Pierre had geleid.

Over het bestaan dat onze schaapherder bij Barthélemy leidde, laat het dossier van Jacques Fournier ons enkele details zien. In de omvangrijke huishouding van de Borrels had Pierre Maury natuurlijk de rol van herder, maar naar het schijnt ook die van klusjesman; hij moest het hout kloven, en hij hielp de heer des huizes als deze gasten moest ontvangen.

* Pejoratieve naam voor Pyreneese bergbewoners, door laaglanders gebezigd.

Ook scharrelde hij wat, maar niet meer dan dat, met de dienstmeid Mondinette, die eigenlijk Raymonde heette. Ze was de dochter van Bernard Isarn en was net als Pierre uit Montaillou afkomstig. In een paar woorden wordt het tafereel geschetst waarin Pierre Maury Mondinette op een avond mee uit neemt naar een kroeg. Later op de avond loopt de dienstmeid op straat luidkeels zingend achter hem aan, maar al kon Pierre bij andere gelegenheden nog zo'n rokkenjager zijn, die avond was hij in een kuise stemming. Mondinette en hij brachten de rest van de nacht niet samen door. In plaats daarvan sliep hij in gezelschap van Bernard Baille, de zoon van Sybille Baille uit Ax-les-Thermes. Lokaal gebruik en schaarste aan beddegoed noodzaakten de mensen om in alle eer en deugd het bed te delen.

Juist in die tijd kwam Pierre veel aan huis bij Sybille Baille, een schapenhoudster uit Ax die van haar man, een notaris, gescheiden leefde en een van haar ooien aan de zorg van Maury had toevertrouwd. De *domus* van de Bailles was een grote *ostal* in Ax, waarvan de keuken op de bovenverdieping lag. De vele slaapvertrekken zaten meestal vol mensen en de bedden lagen stampvol met gasten, vrienden, knechts en meiden, zonen des huizes en *perfecti* op doorreis. Het was zelfs zo'n begerenswaardig huis dat Sybilles zoon Arnaud zich verlaagde tot verklikkerijen aan de inquisitie, om deze *ostal* weer terug te krijgen nadat de autoriteiten er beslag op hadden gelegd wegens de ketterij van zijn moeder, die hoe dan ook gedoemd was tot de brandstapel.

Naast zijn werk en zijn omgang met de Borrels en de Bailles vond Pierre nu en dan gelegenheid om zich als schaapherder ook steeds weer een goede gids te betonen en ook nog – zoals uit het verdere verloop van zijn leven zou blijken – een Joris Goedbloed. Vanuit Ax-les-Thermes leidde hij Goede Mensen over een steil en moeilijk begaanbaar pad, dat zelfs de meest preekzieke *perfectus* naar adem deed snakken, naar het Land van Aillon tot in Montaillou. De lust tot preken mocht hen dan onderweg vergaan, maar Goede Mensen en herders namen wél de tijd om tussendoor de inwendige mens te versterken: met de liturgische voorschriften namen ze het dan wat minder nauw en ze lieten zich de forelpâté, vlees, brood, wijn en kaas goed smaken.

Zolang de vangarmen van de inquisitie nog niet tot een hoogte van 1300 meter reikten, was dit een gelegenheid om eens echt als Katharen onder elkaar te zijn. Wanneer hij in Montaillou aankwam, ging Pierre zijn vader, zijn oude moeder en zijn vijf broers begroeten, die hem met open armen ontvingen. Hij sliep dan thuis maar vertrok alweer in de ochtend, nadat hij eerst de Goede Mensen die hij de dag tevoren begeleid had, in bed bij wijze van afscheid omhelsd had. Terug in Ax zocht Pierre zijn baas Barthélemy weer op, die in de tussentijd van het ene moment op het andere zijn eigen kudde had moeten gaan hoeden, omdat zijn loonknecht naliet het werk te doen waar hij voor betaald werd. De breuk tussen werkgever en werknemer werd door dit soort grieven versneld en kreeg haar beslag na de grote jaarmarkt van Laroque d'Olmes in juni.

In Laroque d'Olmes, dat in noordelijke richting een stuk lager ligt dan Montaillou, werden lakense stoffen vervaardigd. Die werden dan samen met hout, vis, schapen, aardewerk en uit de Couserans aangevoerde dekens verkocht op de lokale jaarmarkt die in de veertiende eeuw werd gehouden op 16 juni. Jaarmarkten waren in alle opzichten geschikte ontmoetingsplaatsen voor ketters en de *perfecti* gingen er dan ook graag heen. Ook Pierre Maury daalde in het tweede jaar dat hij bij Borrel in dienst was, af naar Laroque d'Olmes om er op de marktdagen van 16 en 17 juni schapen te kopen. Hij bleef overnachten bij zijn schoonbroer Bertrand Piquier, de echtgenoot van zijn zuster Guillemette Maury. Deze Bertrand was timmerman (*fustier*) in Laroque d'Olmes. Het zou een roerige nacht worden. Terwijl Pierre zich al ter ruste had begeven in het huis van de *fustier*, nam deze de gelegenheid te baat om zijn gade tot moes te slaan. Guillemette, een deerne van pas achttien jaar, was nog niet zo lang daarvoor al een keer voor korte tijd de echtelijke woning ontvlucht. Ze kon met haar man absoluut niet overweg. Hoe gebruikelijk dit gedrag bij mediterrane echtgenoten ook mocht zijn, toch raakte onze herder danig van streek door dit brute optreden van Bertrand Piquier. De volgende ochtend, toen hij als een rusteloze ziel en diepbedroefd over het lot van Guillemette maar wat rondzwierf, kwam hij op het marktterrein twee oude bekenden tegen: de *perfectus* Philippe d'Alayrac en de ketter Bernard Bélibaste. Samen met hen maakte hij een lange wandeling langs de rivier en nam hen in vertrouwen over zijn familiezorgen. Het oordeel van de Katharen stond vast: Pierre moest zijn zuster schaken en haar zo onttrekken aan de mishandelingen van een gewelddadige maar bovendien ook nog ongeneeslijk katholieke echtgenoot. 'Maar,' voegde Philippe d'Alayrac er nog aan toe, '*tot alle prijs moet voorkomen worden dat Guillemette, wanneer ze eenmaal bevrijd is uit de tirannie van haar huwelijk, een hoer wordt die overal en voor ieder te koop is!* (III, 148)' De drie samenzweerders Pierre, Philippe en Bernard spraken dan ook af Guillemette in dienst te doen bij een of andere vrome ketter. Zo gezegd, zo gedaan. Pierre handelde op de markt zijn zaken af, bracht een bliksembezoek aan Montaillou (wellicht om ook binnen de kring van zijn eigen *domus* raad te vragen), keerde daarop weer terug naar Laroque en ontvoerde zijn zuster. Hij ging met haar mee tot aan Rabastens, waar hij haar toevertrouwde aan de broers Bélibaste die, toen al als ketters op de vlucht, zijn beste vrienden waren geworden. En vervolgens, zonder te talmen, '*keerde ik terug naar mijn schapen... want het seizoen om kaas te maken naderde al*'. Pierre zou zijn zuster Guillemette van wie hij veel hield niet meer terug zien, want kort daarna zou zij door de inquisitie gevangen genomen worden.

Toen Pierre na de jaarmarkt weer naar zijn baas terugkeerde, bleek dat zijn plaats door een ander was ingenomen: Barthélemy Borrel had zich dermate geërgerd aan zijn 'uithuizigheid' dat hij op staande voet een opvolger had gezocht en gevonden. Het deerde Pierre niet: hij was een bekwaam herder en het kostte hem geen moeite ander werk te krijgen. Eerst bij een schapenhouder in de Fenouillèdes, Pierre André geheten, en vervolgens bij een bloedverwant van deze Pierre, Guillaume André. Bij deze Guillaume maakte Pierre Maury deel uit van een ploeg van acht of tien herders ('s zomers kwamen daar nog een paar bij) waaronder de beide zoons van de baas en andere groepjes van broers uit de streek van Foix of uit de Cerdagne. Bij Guillaume André sleet Pierre drie rustige jaren, trekkend van de winterweiden in de Aude naar de zomerweiden van de Boven-Ariège en weer terug. Deze drie jaren waren voor Maury zoiets als een lange ideologische braakperiode, een tijd van rust en eigenlijk een beetje verveling, zonder een spoor van de kathaarse strijdlust, die hem vroeger in Montaillou, Arques en soms ook in Ax-les-Thermes tot een activist had gemaakt aan wie al de lucht van de brandstapel hing.

Maar 'braak' of geen 'braak', toch bleef de inquisitie of tenminste de gevestigde Kerk onze herder in het oog houden. Op een dag, zo tegen het einde van zijn verblijf bij Guillaume André, liet de gevolmachtigde van de aartsbisschop van Narbonne, Pierre Girard, hem naar het grote plein van Saint-Paul-de-Fenouillèdes komen en beschuldigde hem er van een ontmoeting met twee ketters te hebben gehad waarvan er een een zekere Bélibaste was. We weten niet wie dit Girard had ingefluisterd, maar de tenlastelegging had in elk geval wel iets pikants, want juist bij de maaltijd, waarbij Pierre Maury voor het eerst Bélibaste ontmoet had, zat Pierre Girard als eregast aan. Pierre Girard was dus evengoed medeplichtige als aanklager en voelde dus wel dat hij de zaak behoedzaam moest aanpakken. Bovendien was Pierre zo gelukkig dat hij vrienden in dit tribunaal had, zoals de heer van Saint Paul, Othon de Corbolh, die de herder graag mocht, terwijl Maury zelfs nog peetoom was van een van de kinderen van de baljuw van het plaatsje.

Onder deze omstandigheden kostte het hem dan ook geen moeite zijn rechters een ijzersterk alibi op te dissen: '*Op het moment, waarop ik* geacht word *Bélibaste gezien te hebben, was ik in werkelijkheid mijlen ver daar vandaan: ik was bezig de wijngaarden van de familie André om te spitten* (III, 160).' (Zo ongeloofwaardig klonk dat nu ook weer niet, want inderdaad kwam het voor dat herders en trekarbeiders, *perfecti* incluis, voor enkele weken de schapen de schapen lieten en zich bezighielden met meer lonende seizoensarbeid als het omspitten van wijngaarden.) Het tribunaal had geen gerust geweten en slikte zonder protest deze grove leugen. Pierre Maury werd vrijgelaten. Deze gang van zaken geeft een fraai voorbeeld van de wijze waarop die netwerken van clientèle, vriendschappen, medeplichtigheid en doopouderschap in het Occitaanse Frankrijk de inquisitoriale repressie vaak konden verlammen.

In 1308 trok Pierre Maury via Ax-les-Thermes weer het bergland van de Boven-Ariège in. In dit stadje ontmoette hij vlak bij het Bassin des Ladres (het Leprozenbad) zijn broer Guillaume Maury en Guillaume Belot uit Montaillou, met wie hij in een verhitte discussie raakte over het lot (waarover meer in hoofdstuk 7). Daarop trok hij weer verder naar de Quié-pas (in de huidige Ariège) waar hij samen met vijf andere herders de schapen van de Andrés hoedde, zijn werkgevers op dat moment. Bernard Tort, die meel voor de herdersploeg bij de pas kwam brengen, was de eerste die Pierre Maury verwittigde van de grote en dit keer afdoende razzia, waarmee de inquisitie van Carcassonne zojuist in Montaillou had huisgehouden. Pierre kon zich dus in stilte gelukkig prijzen, want eens te meer had het lot hem gespaard, hoewel hij besefte dat vroeg of laat ook zijn beurt zou komen.

Weer volgden nu enkele 'a-politieke' of liever gezegd, ketterloze jaren. Vroeg in het jaar 1309 gaf hij voor de zoveelste keer blijk van de niet te temmen zucht naar onafhankelijkheid, die zo kenmerkend was voor zijn slag. Hij zegde op bij zijn baas Guillaume André en verhuurde zich als schaapherder aan Pierre Constant in Rasiguières (huidige Pyrénées Orientales). De zomer bracht hij door op de bergweiden van Mérens, ten zuiden van Ax-les-Thermes, te zamen met nog vijf andere herders, waarvan er twee uit de Fenouillèdes kwamen en in elk geval twee andere uit Mérens zelf. Een van hen had als naam of bijnaam Guillot en was een bastaard van de pastoor van Mérens. Deze Guillot had in het bijzonder de hoede over een kudde geiten die eigendom was van Madame Ferriola (*Na Ferriola*) in Mérens.

Nog in datzelfde jaar 1309, met het feest van St. Michael op 29 september, kreeg Pierre Maury weer een nieuwe opwelling van vrijheidsdrang en zegde op bij zijn baas Pierre Constant. Voortaan zou het steeds lijken of de knecht de baas de laan uitstuurde en niet omgekeerd. Behept met een onvervalste zwerflust verhuurde hij zich daarop andermaal aan een nieuwe werkgever, ditmaal Raymond Boursier uit Puigcerda in de Cerdagne. Twee jaren, tot 1311, hield hij het uit in de herdersploeg van Raymond Boursier, waarvan naast de baas zelf en Pierre Maury, ook diens broer Arnaud en nog een andere herder uit de Cerdagne, Albert de Béna, deel uitmaakten. Arnaud Maury uitgezonderd, viel er verder met deze mensen niet over de ketterij te praten.

Na verloop van twee jaar, misschien was het eind 1311, verlieten de broers Maury deze ploeg: Arnaud ging weer terug naar Montaillou, Pierre trok zonder omwegen zuidwaarts, naar Catalonië, dat voor hem een tweede thuishaven zou worden. In Bagá, niet ver van Barcelona, verhuurde hij zich als herder bij een Catalaanse baas, Barthélemy Companho, en kwam er terecht in een herdersploeg van acht man, waarvan Pierre en nog een ander uit de Ariège kwamen en de overige zes uit Catalonië zelf.

Het eerste jaar, 1311 of 1312, verscheen er geen ene ketter aan de horizon. Maar in het jaar daarop raakte Pierre door toedoen van een Catalaan in het huis van een bevriende schaapherder, de moslem Moferret, in contact met een marskramer die in komijn en naalden deed en niemand anders was dan de Kathaar Raymond de Toulouse. Tijdens de daaropvolgende vastenmaand (1313?) deed Pierre zijn intrede in de kleine kathaarse kolonie van San Mateo en Morella in de streek van Tarragona (in de bergen ten zuiden van Tortosa en iets landinwaarts). Dáár had zich een klein aantal ketters, voor een deel afkomstig uit Montaillou, verzameld rond Guillaume Bélibaste junior, die daar ter plekke zijn tabernakel had opgeslagen. In hun ogen was hij een profeet en zij vereenzelvigden hem met Christus of de H. Geest. Dit inzicht bleef echter beperkt tot de profeet zelf en de kleine schare van uitverkorenen... Bélibaste stelde zichzelf gewoonlijk op een lijn met Gods Zoon en binnen de kleine groep van zijn getrouwen zei men dat hij de H. Geest was. Af en toe, wanneer hij krap bij kas zat of om een andere reden, hielp Guillaume Bélibaste de herdersploeg waarvan Maury de leider was. Ook de gebroeders Maurs, die uit Montaillou gevlucht waren, sloten zich als herders bij de ploeg van Maury aan, zodat vanaf 1315 al deze vroegere relaties weer hersteld waren.

Tijdens de winter van 1315-1316 kwam Pierre Maury inderdaad voor het eerst weer aan gene zijde van de Pyreneeën in contact met andere leden van zijn familie die deel uitmaakten van de Catalaanse diaspora uit

Montaillou. Van een vrouw uit Tortosa, die hem meel verkocht, vernam Pierre dat een vrouwelijk familielid met hem in contact probeerde te komen. Het bloed kruipt altijd waar het niet gaan kan en de gedachte aan een hernieuwde band met een bloedverwante deed een man als onze herder, verknocht aan zijn *domus* en geslacht, dan ook op onderzoek uitgaan. In Orta, een dorp in de buurt van Tortosa, zag Pierre Maury zijn dorpsgenote Guillemette Maury weer terug. Ze was een verstandige en hartelijke vrouw, maar ook wel gewiekst, want kort daarna schroomde ze niet om, als beloning voor het weerzien, haar goedige neef zakelijk te tillen.

Haar man Bernard Marty uit Montaillou was nog niet zo lang dood, toen ze Pierre op een zondag ontving in Orta, waar ze toen nog woonde. Kort daarop verhuisde Guillemette, vergezeld van haar twee zoons Jean en Arnaud, naar San Mateo, dat voor de bannelinge uit Montaillou het onschatbare voordeel bood dichter bij Morella te liggen waar Bélibaste woonde. Sommige uitgewekenen uit de Ariège kwamen in Catalonië heel goed terecht, met name geschoolde handwerkslieden als schoenmakers, smeden etc., die er goed de kost konden verdienen.

Hoe dan ook, je kon er beter aan de kost komen en dat was een argument waar mensen uit de bergen die het werk niet schuwden en gehard waren zoals Guillemette en haar familie wel gevoelig voor waren. Inderdaad ging het de bannelinge voor de wind in San Mateo, waar Pierre, die nimmer wrok koesterde, haar tot het eind toe bleef bezoeken. Ze had in dit kleine stadje een huis gekocht dat als 'des Cerdans' bekend stond en aan de rue des Laboureurs lag in een aparte, voor boeren bestemde wijk. Dit huis had een erf en meerdere vertrekken. Guillemettes welvaart kwam ook doordat ze dank zij haar familie beschikte over drie arbeidskrachten in haar bedrijf. (Over het algemeen echter waren weduwen onder de emigranten ten zuiden van de Pyreneeën, wanneer ze geen volwassen kinderen hadden om hen te onderhouden, gedoemd hun oude dag in armoe te slijten.) Naast dit kleine boerenbedrijf bezat ze ook nog een wijngaard, een ezelin en een kudde schapen. Ook richtte ze in haar huis een werkplaats in om wol te kaarden en, om haar huishoudboekje sluitend te maken, verhuurde ze zich tegelijk met haar kinderen als seizoenskracht bij de graanoogst en de druivenpluk. Gastvrij als ze was, had ze altijd reizigers of vrienden over de vloer: de ene keer was dat Pierre Maury, een andere keer een arme ziel Gods of een Baskische priester die met zijn bijzit op drift geraakt was... Zij was een typisch voorbeeld van een bepaald slag emigranten uit de Ariège, zowel Katharen als niet-Katharen: zonder sporen van heimwee naar hun geboortestreek in de bergen, geëmancipeerd en snel aangepast aan de vrijheid in de steden van het Iberisch schiereiland, werd binnen deze groep van uitgewekenen de vrouw een belangrijkere rol toebedeeld en kregen de jongeren een grotere vrijheid in huwelijkskeuze dan hun aanvankelijk werd toegestaan in de hooggelegen en naar strenge normen levende dorpsgemeenschap in het Land van Aillon.

De betrekkingen tussen Pierre en Guillemette Maury zouden een tijdlang verzuurd worden door een onverkwikkelijke zaak die te maken had met veepacht. Vlak voordat hij weer voor zijn werk met de kudde van zijn baas naar de zomerweiden in de bergen vertrok, gaf Pierre zijn eigen schapen aan Guillemette in pacht: blijkbaar behelsde het contract dat voor vijf jaar gold niet meer dan een mondelinge afspraak over het gelijk verdelen van winst en verlies. De lasten waren billijk, maar toch haperde er wat aan: Pierre leverde de schapen, Guillemette nam de kosten van exploitatie voor haar rekening. Het was een verstandige afspraak, mits Guillemette Pierre niet bestal, en aan déze voorwaarde zou ze jammer genoeg niet voldoen… De nieuwbakken pachteres van San Mateo kon het niet laten om van de afwezigheid van haar partner te profiteren en verdonkeremaande de opbrengst van huiden en wol van 150 schapen die waren dood gegaan en die normaliter hém had moeten toekomen. Ze beweerde dat ze die huiden en de wol uitsluitend gebruikt had voor wat in haar huishouden nodig was én om haar kinderen, haar vrienden en zichzelf te kleden. Bij zijn terugkeer uit de Cerdagne viel dit slechte nieuws Pierre Maury natuurlijk rauw op de maag. Onder druk gezet door zijn vragen moest Guillemette toen wel bekennen dat zij een deel van de kostbare resten van de betreurde 150 schapen aan de godzalige Bélibaste ten geschenke had gegeven… Pierre, die zich nu meer dan ooit getild voelde, was zó razend over deze dieverij, dat toen hij op een dag weer afscheid nam van Bélibaste, hij in plaats van de verplichte rituele groet te brengen hem uitmaakte voor *minudier* (vrek). Het leven van de herders kende veel van dit soort indicenten, vooral wanneer weinig scrupuleuze figuren als Bélibaste ten tonele verschenen en zich op hun status van *perfectus* beriepen om een nog te vereffenen schuld om te dopen tot een geschenk dat hun toekwam. Dat was ook het geval toen Pierre Maury en Guillaume Bélibaste op een dag zes schapen in gemeenschappelijk eigendom kochten. Pierre, die natuurlijk zijn eigen deel betaalde, schoot ook het geld voor Bélibastes helft voor en bovendien leende hij hem de vorstelijke som van 5 sous. Plotseling echter besloot Bélibaste, zonder zich bezwaard te voelen over deze dubbele schuld, om zíjn aandeel van drie schapen uit het gemeenschappelijk bezit terug te trekken. '*Wat maakt jou dat uit,*' zei hij tegen Pierre, '*je hebt me dat geld immers niet geleend, maar gegeven uit liefde tot God* (III, 167).' Maury was wel goed maar niet gek, al kon hij soms naïef zijn. Hij liet dit niet over zijn kant gaan en gedurende een paar dagen bejegende hij zijn kameraad uitermate koel.

Het vervolg van Pierre Maury's carrière laat een tijd lang weinig nieuws zien en kan kort samengevat worden. Rond Pasen 1315 of 1316 verhuurde Pierre zich voor vijf à zeven weken als schaapherder aan Arnaud Fauré in Puigcerda. Dat gaf hem de gelegenheid om met de schapen van zijn nieuwe meester en misschien ook die van hemzelf, verder noordwaarts naar de Cerdagne te trekken, in het grensgebied tussen Catalonië en de Roussillon.

Eenmaal terug in zijn geliefde Pyreneeën, ging Pierre voor enkele maanden weg bij Arnaud Fauré en nam weer dienst bij zijn vroegere werkgeefster, vrouwe Brunissende de Cervello. Deze Catalaanse edelvrouwe was eigenaresse van een omvangrijke kudde en geassocieerd met een andere oude kennis van onze herder, Raymond Boursier uit Puigcerda. Als herder van deze Raymond Boursier had Pierre namelijk al enkele jaren tevoren twee jaar in de Cerdagne doorgebracht. Inmiddels had hij zo'n goede naam als herder, dat hij voortaan zijn meesters kon kiezen uit een groot aantal werkgevers in Noord- en Zuid-Catalonië, in de Cerdagne en in de Boven-Ariège. Die zomer bracht Pierre de schapen van vrouwe Brunissende naar de bergweiden van de Ariège. Buiten Pierre zelf en zijn broer Jean bestond zijn ploeg uit het al bekende Pyreneese viertal (drie uit de Cerdagne en een uit Andorra), plus één herder die afkomstig was uit de streek van Teruel in Aragon. Toen Pierre na het verstrijken van de zomer klaar was met zijn werk voor Brunissende, besloot hij meteen weer naar het zuiden van Catalonië terug te keren om daar de winter door te brengen, maar méér nog om er Bélibaste terug te zien voor wie hij nog steeds grote genegenheid koesterde. Derhalve trad hij weer in dienst bij Arnaud Fauré, bij wie hij die lente was weggegaan en nam hij op zich om met diens schapen vanuit de bergen weer af te zakken naar de winterweiden van de Plana de Cenia, niet ver van Tarragona. Op die manier kon hij in de buurt van Morella en San Mateo komen, waar zich de kleine kolonie rond Bélibaste gevestigd had. De daarop volgende jaren was Pierre wat honkvaster en werd hij geheel in beslag genomen door zijn meer of minder vriendschappelijke verwikkelingen met de Bélibaste-clan. Maar tegen het zomerseizoen van 1319 zette hij weer koers naar het noorden: we komen hem dan tegen bij Hospitalet in de buurt van de Puymorenspas met zijn vroegere ploeg van herders uit Montaillou, waaronder de gebroeders Maurs, een herder uit Prades d'Aillon en nog iemand uit de Cerdagne. Tijdens de gesprekken rond het kampvuur viel die zomer vaak de naam van Jacques Fournier, van wie met huivering werd gezegd dat hij de 'lammeren wist te halen', met andere woorden de waarheid aan het licht wist te brengen wanneer hij de verdachten ondervroeg. Ook hadden ze het vaak over pastoor Pierre Clergue: '*Ze noemen hem tegenwoordig de kleine bisschop van de Sabarthès, vanwege de macht die hij uitoefent; en er wordt gezegd dat hij de ondergang van het land teweegbrengt door zijn geheul met de inquisitie* (III, 181).' Overigens konden deze mannen toen nog niet weten dat velen van hen, Pierre Clergue incluis, spoedig aan hun eind zouden komen in de klauwen van de bisschop van Pamiers.

De natuur verloochent zich nu eenmaal niet: op het feest van St. Jan, datzelfde jaar, kon Pierre niet langer weerstand bieden aan zijn oude en winstgevende gewoonte om telkenmale van baas te wisselen. Dus nam hij ontslag bij zijn werkgever van dat moment, Raymond de Barri, een schapenhouder die in de Cerdagne thuis hoorde, om weer dienst te nemen bij zijn dierbare meesteres Brunissende de Cervello, die we voortaan bij al zijn omzwervingen telkens zullen terugzien. Voor de resterende zomermaanden begaf Pierre zich met de kudde van zijn nieuwe werkgeefster naar het grondgebied van Cabaillère en Fontargente, niet ver (ten westen) van l'Hospitalet. De herders van zijn ploeg, waaronder ook zijn broer Jean Maury, kwamen uit de Cerdagne, Catalonië, Andorra én uit Montségur en Montaillou in de Ariège.

Die zomer verstreek zonder dat hij verder iets met ketters van doen had. Maar toch voelde Pierre nog de schrik van een paar onaangename herinneringen en bleef hij op zijn hoede. Daarom vond hij het verkieslijker om niet van zijn arendshorst hoog in de Pyreneeën af te dalen naar de lager gelegen vlakten van de Sabarthès, die in zijn geval wel eens naar de brandstapel zouden kunnen gaan ruiken. Zelfs het bergachtige deel van de Sabarthès kwam deze vrijbuiter op het laatst ongezond voor. Toen de winter van 1319-1320 nabij was, aarzelde Pierre niet langer: met zijn kudde trok hij weer zuidwaarts, naar de streek van Tarragona, om in de buurt van Querol en het klooster van Santas Creus de winterweiden op te zoeken. Van toen af deelde hij het lot van Bélibastes vrienden en zou zijn arrestatie, zoals we nog zullen zien, niet veel langer op zich laten wachten.

Het moet ongeveer in 1319 zijn geweest, zo tegen het feest van Pasen, dat Pierre Maury tijdens een bezoek aan Guillaume Bélibaste een heus huwelijk in het vooruitzicht werd gesteld. Na wat heen en weer gepraat over Pierres al te langdurige afwezigheid en over de morele onmogelijkheid voor Christus om werkelijk aanwezig te zijn in de eucharisatie, aangezien hij dan de onuitspreekbare delen van het menselijk lichaam moest passeren, sneed Bélibaste het cruciale punt aan: Pierre Maury laten trouwen. Hij begon wat schijnheilig met een vriendschappelijk verwijt: '*Pierre, u bent weer tot hoererij vervallen. Twee jaar lang heeft u in de tijd dat u met de kudde op de weide was, er een maîtresse op na gehouden* (III, 185).'* Daarna kwam Bélibaste ter zake en maande Pierre dat het nu tijd werd zich metterwoon te vestigen in plaats van van bergweide naar bergweide en van maîtresse naar maîtresse te zwerven. En aangezien Pierre het toch niet zonder vrouw kon stellen zou hij, Bélibaste, proberen er een voor hem te vinden die het ware begrip van het goede had, met andere woorden ketters was: '*Zij zal oog houden op uw bezittingen. Bovendien zal zij u misschien kinderen schenken, die u tot hulp kunnen zijn en voor u kunnen zorgen wanneer u oud bent. In ieder geval zou het voor u toch eerzamer zijn om met één enkele vrouw te verkeren dan met tal van meisjes omgang te hebben, die u hart en lever, wortel en tak uitrukken.*'

Maar Pierre had zijn antwoord al klaar: '*Ik wil geen echtgenote. Ik kan haar niet onderhouden. En ik durf mij niet te vestigen omdat ik dan niet veilig ben* (met andere woorden omdat ik bang ben voor de inquisitie).'

Bélibastes eerste offensief om Pierre tot een passend huwelijk over te halen, liep dus uit op een mislukking. Guillemette Maury, die haar dorpsgenoot goed kende, had snel door wat de oorzaak van deze mislukking was: Pierre had nu eenmaal zwerversbloed. Ze sloeg de spijker op de kop. En haar broer, die óók Pierre Maury heette, deed er nog een schepje boven op: '*Pierre, je hebt last van heimwee. Je wilt per se terugkeren naar je rampzalige en gevaarlijke geboortestreek* (in de Boven-Ariège), *maar eerstdaags draait het er nog op uit dat je je laat pakken.*'

Tegenover zoveel halstarrigheid van Pierre om terug te keren naar de Sabarthès, hoewel hij daar persona non grata was, bleef Bélibaste niets anders over dan net als Guillemettes broer de armen ten hemel te heffen en te verzuchten: '*Laat hij dan maar gaan, die stijfkop, als hij dan zo*

---

* Op Bélibastes vraag of Pierre van plan was terug te gaan naar Brunissende, antwoordde deze bevestigend. Daarop zei Bélibaste dat hij een goede vrouw voor Pierre wist te vinden, aangezien hij toch niet van de vrouwen wilde afblijven. Hiermee suggereerde Bélibaste dus dat de adellijke Brunissende die maîtresse zou zijn. Maar dat is onwaarschijnlijk. Hoe ruim de opvattingen van vrouwen uit de adel ook waren wat betreft de sociale status van hun minnaars, tussen deze twee was de maatschappelijke afstand toch wel erg groot. Er was méér voor nodig dan Pierres rijkdom en goede omgang om zo'n afstand zó volkomen te overbruggen.

nodig moet. Hoe dan ook, het maakt toch niet uit wat ik hem zeg. Hij wil niet blijven.'

Pierre Maury bezweek niet voor de verleidingen van een geregeld bestaan en een vaste woonplaats en had voorlopig het laatste woord: '*Ik keerde terug naar de schapen van Brunissende!* (III, 187)'

Eenmaal terug bij zijn kudde, ging alles weer als vanouds: samen met herders uit Catalonië, de Cerdagne, Ariège en Aragon bracht hij eerst de winter door in Catalonië en vervolgens de zomer in de Pyreneeën. Het jaar daarop was Pierre, trouw aan zijn (ketterse) religieuze neigingen, weer terug bij de kleine kolonie van Bélibaste. In Morella sliep Pierre tijdens een novembernacht in hetzelfde bed als Guillaume Bélibaste. De volgende dag vertrokken de beide mannen te voet naar San Mateo en stopten onderweg bij de herberg van vrouwe Gargaille (*Na Gargalha*). Na de maaltijd zetten ze hun tocht weer voort. Bélibaste wilde er nu niet langer omheen draaien, en begon na meer dan een jaar opnieuw tegen zijn vriend over trouwen te praten. Maar dít maal kwam hij ook met een naam op de proppen: '*Eén ding moet me toch van het hart,*' begon hij tegen Pierre, '*u kunt niet voor altijd blijven vlinderen. Ik ben van mening dat u een echtgenote moet nemen, een die het ware begrip van het goede heeft* (ketters is), *bij wie u dan moet blijven. Een vrouw die ook voor u zal zorgen wanneer u oud bent, die u misschien zonen en dochters zal baren, die u genoegen zal schenken en u zal bijstaan in dagen van ziekte, zoals u haar zult bijstaan. En voor wie u niet* (in tegenstelling tot een maîtresse) *op uw hoede hoeft te zijn* (III, 188).'

Toch leek de gedachte aan een 'liefhebbende wederhelft', die hem op zijn jichtige oude dag zou kunnen verplegen, Maury niet erg in vervoering te brengen. Hij verweerde zich weer met zijn gebruikelijke argument: '*Ik wil geen echtgenote, ik heb al genoeg moeite om zelf rond te komen.*'

Nu besloot Bélibaste open kaart te spelen: '*Ik heb een echtgenote voor u, Raymonde, degene die bij mij woont. Zij is precies wat u zoekt.*' '*Maar haar man, Piquier, leeft misschien nog,*' bracht Pierre onmiddellijk hier tegen in. '*Welnee,*' suste de heilige man, '*ik geloof niet dat hij nog van deze wereld is. En dan nog, of hij nu dood of levend is, het ziet er niet naar uit dat hij u hier in dit land kan lastig vallen. Ondertussen zullen Raymonde en u kunnen doen wat u te doen staat, als u er in slaagt het samen eens te worden.*'

Pierre was aan het wankelen gebracht, misschien zelfs in verleiding, en trok zich nu terug. Zijn aanvankelijk afwijzende houding werd er nu een van afwachten: '*Raymonde is geen vrouw voor mij,*' zei hij nu tegen Guillaume. Ze was namelijk de dochter van een welgestelde smid en haar maatschappelijke positie was beter dan die van een herder uit Montaillou, zoals Pierre Maury. *'Praat er maar met Raymonde over, zo u wilt. Ik heb geen bezwaar, maar er is geen sprake van dat ik haar hierover aanspreek.'*

Inmiddels waren de twee mannen aangekomen in San Mateo waar Guillemette Maury woonde. Als altijd zat het huis van deze gastvrije vrouw vol met mensen; behalve Guillemette zelf waren er de gebrekkige zoon van de vrouw des huizes, Arnaud Maury, haar broer, bovendien een vrouw van buiten de familie die ingehuurd was om wol te kaarden en dan nog een arme man die Guillemette aan haar tafel had genood 'ter wille van de liefde Gods'. Men liet zich het eten goed smaken. Onderwijl was Pierre Maury, eerst heen en weer geslingerd gelijk Panurge tussen trouwen en niet trouwen, nu toch bijna zover gekomen dat hij, moegestreden, zich gewonnen gaf voor de huwelijksvoorstellen van Bélibaste: *'Als u het een goede zaak acht dat ik met Raymonde trouw, spreek er dan met haar over. En als zij akkoord gaat, dan zal ik dat ook doen. En spreek er morgen, wanneer u daar bent, ook met mijn oom Pierre Maury over.'*

Om de capitulatie van deze eens zo verstokte vrijgezel te begrijpen moet er wel bij verteld worden dat hij werkelijk van alle kanten bestookt werd. Na de maaltijd bij Guillemette, was de beurt aan de vrouw des huizes om ook van haar kant Maury onder druk te zetten: *'Ach heer Bélibaste,'* verzuchtte ze, *'wat bezorgt die Pierre ons toch een last. Het lukt ons maar niet om hem hier te houden. Wanneer hij eenmaal bij ons weg is gegaan* (om met de schapen naar de zomerweiden te trekken) *weten we niet of we hem ooit nog terug zullen zien, want hij gaat dan naar het gebied waar onze vijanden zitten* (de Boven-Ariège). *En als ze hem daarginds herkennen, wordt hij gepakt, en is het met ons ook meteen afgelopen* (III, 189).' (Guillemette ging er dus van uit dat Pierre Maury zou doorslaan, als hij door de inquisitie gepakt werd. Want geheel in overeenstemming met hun afkeer van leugens gebeurde dat meestál bij de eenvoudige 'gelovigen' en in elk geval bij de *perfecti,* die door de Kerk van Rome werden opgesloten.)

Na deze hartige woorden was het tijd om naar bed te gaan. Maar Guillemettes huis was niet berekend op zoveel slapers: dus sliepen de beide Pierre Maury's – Guillemettes broer en onze herder – , Guillaume Bélibaste en Arnaud Maury alle vier in één en hetzelfde bed... De volgende ochtend waren Guillaume en Pierre al weer op de terugweg naar Morella en deden ze, gewoontegetrouw, ook weer de herberg van vrouwe Gargaille aan, waar Pierre ten slotte volledig capituleerde: *'Aangezien u zo graag ziet dat ik met Raymonde trouw, zal ik me naar uw wil schikken.'*

Diezelfde avond nog waren ze al in Morella, en zonder er om heen te draaien vroeg Bélibaste aan zijn huisgenote Raymonde Piquier: '*Stem je er in toe de vrouw van Pierre Maury te worden?*' '*Ja, dat is goed,*' klonk het antwoord.

Hierop begon Bélibaste vergenoegd te lachen. Zo dadelijk zullen we begrijpen waarom. Misschien was deze lach ook een manier om het jonge paar duidelijk te maken dat het hiermee in de echt verbonden was. Na deze ceremonie verorberde het drietal een eenvoudig avondmaal van zeeaal en brood dat door Bélibaste was gezegend. En als we het korte en zakelijke verslag dat Pierre Maury tegenover de inquisitie deed, mogen geloven, dan hadden Raymonde en hij die nacht gemeenschap.

Zoveel tijd als het had gevergd om dit huwelijk voor elkaar te krijgen, zo snel werd het nu weer ongedaan gemaakt. De ochtend na de huwelijks- voltrekking zat de anders zo opgewekte Bélibaste er bedrukt bij. Hij was zelfs zo terneergeslagen dat hij in *endura* ging en drie dagen en nachten bleef vasten. Nadat hij zo een halve week lang boete had gedaan, nam de heilige man Pierre Maury apart... en vroeg hem op de man af zijn kers- verse huwelijk weer te ontbinden. Pierre kon zijn vriend niets weigeren en misschien wist hij ook wel wat er aan de hand was. Hoe dan ook, hij willigde het bizarre verzoek in en nadat Bélibaste Raymonde van een en ander op de hoogte had gesteld, pakte Pierre zijn vrijgezellenbestaan weer op, dat hij nog geen week geleden vaarwel had gezegd. Niet lang daarna keerde hij terug naar zijn schapen en beviel Raymonde van een kind.

Wiens kind was het nu? Van Pierre? Of van Bélibaste? Moeilijk te zeggen, maar waarschijnlijk toch van de godzalige die al sinds lang met Raymonde in Morella woonde. Aan al wie het horen wilde placht Béli- baste te verzekeren dat hij nimmer het naakte lijf van een vrouw aanraak- te. Natuurlijk gebeurde het wel eens dat hij openlijk met Raymonde in één en hetzelfde bed sliep, met name in de herbergen wanneer ze samen op reis waren, maar, zo beweerde hij bij hoog en bij laag tegenover zijn discipelen, dat was alleen voor de vorm, met de bedoeling de roomsen om de tuin te leiden en te doen geloven dat hij een getrouwd man was en zeker geen *perfectus*. En om verder elke verdenking van daadwerkelijke cohabitatie weg te nemen, beweerde hij dan ook nog dat hij nimmer vergat zijn onderkleed aan te houden voordat hij met zijn huisgenote in bed kroop. Maar dit vrome gescharrel met ondergoed kon de vuile was niet eindeloos binnen houden. Raymonde was wel degelijk en al sinds lang de concubine van Guillaume en alleen Pierre Maury kon zo naïef zijn om dat niet in de gaten te hebben. Misschien kwam dat nog meer door zijn grootmoedigheid en door zijn broederlijke vriendschap voor Guillaume, die even vurig en liefdevol was als de vriendschap tussen Bernard Clergue en zijn broer Pierre, de pastoor. Een vriendschap tussen mannen die men bijna bedenkelijk zou gaan vinden... In ieder geval zou Pierre Maury later besluiten om de losbandigheid van de *perfectus* met de mantel der liefde te bedekken tegenover de inquisitie en tegenover zijn eigen naaste verwanten en zou hij dus bij hoog en bij laag volhouden nergens van geweten te hebben. Toen zijn broer Jean Maury hem zijn malle 'huwelijk' verweet, kreeg deze van Pierre als verklaring te horen: '*Ik kon niet anders, omdat ik nu eenmaal zoveel van Bélibaste hield** (III, 194).' Bélibaste was Pierre zó aan het hart gebakken, dat de herder zonder een spier te vertrekken alle streken van de heilige man slikte.

Maar Pierres omgeving had minder reden het stilzwijgen te bewaren. Emersende Marty, uit Montaillou, en de zuster van Raymonde Piquier, Blanche Marty uit Junac, die ook beiden naar Spanje waren uitgeweken, spraken er schande van en wezen Pierre kort na het gebeurde meedogenloos op zijn afgang: '*Ik kan geen waardering hebben voor de wijze waarop heer Bélibaste zich tegenover jou heeft gedragen,*' was het oordeel van Emersende, '*hij heeft je er toe gebracht te trouwen met Raymonde en vervolgens liet hij jullie weer van elkaar scheiden. En na dat huwelijk heeft hij in zijn huis de boel zo op zijn kop gezet, dat hij je er toe dwong om hartje winter je biezen te pakken, terwijl het dermate koud was dat je op de bergpas bijna doodvroor* (III, 198).'

Blanche Marty was nog duidelijker toen ze onze herder onomwonden de waarheid vertelde over de vrouw die hij drie dagen lang zijn echtgenote mocht noemen: '*Guillaume Bélibaste, Raymonde en ik woonden vroeger bij elkaar in het dorp Prades.*** *Op een dag kwam ik onverwacht de kamer binnen waar Guillaume en Raymonde sliepen. Ik vond het stel in bed, Guillaume op zijn knieën alsof hij op het punt stond Raymonde vleselijk te bekennen of haar net bekend had. Toen Guillaume, op heter-*

---

* Omgekeerd was de heilige man er eigenlijk alleen maar op uit om de niet beantwoorde vriendschap die de herder hem toedroeg en diens financiële vrijgevigheid ten eigen voordele uit te baten. Toen Pierre na zijn 'korte samenzijn' weer van Raymonde gescheiden was, zou een oprechte ziel uit Montaillou het hem eens een keer ronduit zeggen: '*Guillaume Bélibaste en Raymonde waren er niet op gesteld wanneer je nog bij hen was blijven wonen in Morella. Want dan zou de heilige man geen rust meer gehad hebben bij de gedachte dat jij zou kunnen proberen met Raymonde te slapen. Al wat Raymonde en Bélibaste interesseert, voor zover het jou aangaat, is jou je bezittingen te ontfutselen. Ze hebben er niet de minste behoefte aan je weer te zien of bij zich te hebben* (III, 195).'

** Prades nabij Tarragona en niet te verwarren met Prades in het Land van Aillon.

daad betrapt, mij zag, schreeuwde hij: "Hoerenmeid, nu heb je de han-
delingen van de Heilige Kerk verstoord." (III, 198)'

Maar Blanche liet zich niet zomaar iets wijsmaken: '*Of ik kan mijn*
eigen ogen niet meer geloven, óf Guillaume was met Raymonde wel
degelijk bezig met je weet wel...' Het moest Pierre nu toch wel duidelijk
zijn: Guillaume had zijn maîtresse zwanger gemaakt en om zijn eer als
kuise *perfectus* te redden had hij haar voor een dag of wat uitgehuwelijkt
aan onze herder die zo met het vaderschap van de aanstaande baby werd
opgezadeld. De herder uit Montaillou toonde zich evenwel een grootmoedig vriend en besloot er zand over te strooien. Hij bleef Bélibaste
toegewijd, terwijl deze van zijn kant op Pierres zak bleef teren. De herder ging zelfs met de heilige man en de zijnen mee op hun lange voettocht naar het noorden, waartoe ze door de verklikker Arnaud Sicre
waren aangezet. Als een worm in het fruit had deze Arnaud zich weten
in te dringen bij de aanhang van Bélibaste met de opzet die uit te roeien.
Niet lang na de gevangenname van Guillaume zou ook Pierre, na nog
wat omzwervingen, door de inquisiteur gepakt worden. In 1324 werd
hij veroordeeld tot de gevangenis en vanaf dat moment verdwijnt zijn
spoor uit onze archieven.

HOOFDSTUK 6

HET LEVEN VAN DE HERDERS IN DE PYRENEEËN

De levensverhalen van Pierre en Jean Maury, van Pellissier, Benet, Maurs en nog wat anderen lijken samen met een aantal meer verspreide opmerkingen in Fourniers dossier over de levenswijze van de herders voldoende grond te bieden voor een etnografie van de schapenhouderij in de Pyreneeën tijdens het eerste kwart van de veertiende eeuw.

Om te beginnen het economische aspect: de herders waren soms heel vasthoudende zakenlui, en dit gold zowel de mannen als de vrouwen die in dit beroep werkzaam waren. *Borias** zijn *borias* (zaken zijn zaken), zoals Pierre Maury tot zijn schade moest leren toen hij met zijn tante Guillemette Maury een transactie was aangegaan over de wol, lammeren en schapehuiden. Het ruilverkeer op de bergweiden ging gepaard met baar geld, hoe zou het ook anders kunnen, maar zodra er een tijdelijk tekort aan was, werd er weer volop geruild en verpand in natura. *'Pierre Maury zat zonder geld, dus gaf hij dertig schapen, al wat hij bezat, aan Raymond Barry in onderpand als deel van de prijs die hij normaliter had moeten betalen om honderd schapen te kopen van deze Raymond Barry* (III, 186).' Deze wijze van handelen kwam tamelijk veel voor. Alazaïs Fauré uit Montaillou bood haar dorpsgenoot Bernard Benet een half dozijn *of zelfs een dozijn* schapen, als hij maar bereid was om de ketterdoop van Guillaume Guilhabert, de broer van Alazaïs, voor de inquisiteurs geheim te houden. En of het nu was om een cipier om te kopen of om zich in de goedgunstigheid van de *perfecti* aan te bevelen, het parool was onder alle omstandigheden: *geef wol*. Een beter geschenk om vriendschappen te sluiten of in stand te houden was er niet. De aanwezigheid van ruilhandel sloot het bestaan van een geldeconomie echter niet uit en waarschijnlijk was die laatste in het bergland, waar schapenhouderij het overwicht had, levendiger dan in het laagland, waar voornamelijk graan verbouwd werd. Wanneer er lammeren werden gekocht gebeurde dat met het geld dat de verkoop van wol had opgebracht. Wol en lammeren werden niet rechtstreeks geruild: *'Pierre Maury vroeg Guillemette naar de penningen die ze had opgestreken voor de wol die*

---

* *Boria* betekent zowel *schuur* als *zaak*.

afkomstig was van de kudde die hij haar het jaar daarvóór had toevertrouwd. Waarop zij antwoordde: "Van dat geld heb ik lammeren gekocht..." (III, 172)'

Je kon de 'hulpvaardige' Guillemette niet altijd op haar woord geloven, maar het is wel waar dat wol door zijn hoge verkoopsprijs aanzienlijke sommen geld opbracht die tijdens het verdere verloop van de economische cyclus weer omgezet werden in schapen: '*De ketter Arnaud Marty uit Junac had heel dringend geld nodig; dus verkocht hij twintig schapen voor tien Tournooise ponden en de wol van deze schapen voor zes Tournooise ponden (III, 287).'* De wol op zich was dus al meer dan een derde van de totale waarde van een kudde (zes pond van de zestien). Geen wonder dat de herders zich soms in het hoofd haalden dat ze rijk konden worden of althans betrekkelijk rijk, zozeer zelfs dat hun ogen groter waren dan hun beurs. Zo kon het gebeuren dat Pierre Maury zich tot de nek in de schulden stak, omdat hij honderd schapen in één keer wilde kopen voor duizend sous uit Barcelona.

Over de territoriale organisatie van deze pastorale economie hebben we redelijk wat gegevens, zowel uit die tijd zelf, als aan de hand van vergelijkingen met latere tijden.[1] De rondtrekkende herders kwamen nu weer eens in botsing met de rechten van grote dorpsgemeenschappen, over wier territorium de kudden trokken, dan weer met de rechten van adellijke heren, die hun heerschappij hadden weten te vestigen over een deel van de bergweiden in Noord-Spanje en de Pyreneeën. Met beide vormen van gezag hadden de rondtrekkende herders uit Montaillou óók al rekening te houden.

Toen Pierre Maury bij voorbeeld zijn vee liet grazen bij de Flixpas in de streek van Tarragona op een uitgestrekte weide waar de bisschop van Lérida recht op deed gelden, kwamen twaalf wapenknechten van de bisschop, in alle staten over deze schending van het weiderecht, speciaal van Bisbal de Falset naar de weide om Pierres schapen in beslag te nemen. Pierre wist zich slechts uit de nesten te werken door voor de twaalf wapenknechten van de bisschop een enorme koek te bakken die zij, bijgestaan door een paar van Pierres kameraden, soldaat maakten. De greep die de adellijke heren op de schapenhouderij hadden was op twee manieren voelbaar: natuurlijk wat betreft de weidegrond, maar ook ten aanzien van de schapen zelf die eigendom konden zijn van machtige lieden als edelen, kerkelijke heren of hospitaalridders. Tot deze invloedrijke schapenhouders, met wie de herder uit de Ariège als loontrekker of als concurrent te maken had, behoorden bij voorbeeld een adellijke dame als Brunissende de Cervello of een klooster als het Hospital de San Juan de Jerusalén dat in de buurt van San Mateo lag.[2]

Maar naast de heerlijke rechten die geestelijken, edelen en hospitaal-ridders konden doen gelden, hadden ook dorpen of stadjes een recht van toezicht, maar dat betrof dan meer het land waarop de schapen graasden dan de kudden zelf. Zo vertelde Guillaume Maurs daarover dat: '*Pierre Maury zijn schapen gedurende twee zomers liet grazen bij de Pal-pas, binnen de grenzen van het grondgebied van Bagá, en... gedurende een andere zomer bij de Cadi-pas, binnen de grenzen van het grondgebied van Josa* (II, 183).' Beide passen en de dorpen Josa en Bagá liggen aan de Spaanse kant van de Pyreneeën in de Sierra del Cadi, respectievelijk ten zuiden van Andorra en Puigcerda. Het noemen van de territoriale gren-zen kan er op duiden dat de Catalaanse dorpen Bagá en Josa zeggenschap hadden over wat er aan rondtrekkende kudden op hun gemene weiden kwam. De buitenste begrenzing van deze gemene weidegrond was te-vens die van het territorium van het dorp. Naar binnen toe werd ze begrensd door een zone waarop het weideverbod rustte ter bescherming van de moestuinen en vruchtengaarden die direct rondom de dorpskern lagen: '*Jeanne Befayt* (uit Montaillou) *die in Beceite woonde, hielp Pier-re en Arnaud Maurs hun kudde buiten de dorpskern van Beceite te bren-gen en lette er op dat deze schapen niet binnendrongen in de moestuinen en wijngaarden van genoemd dorp* (II, 390).'

De afbakening tussen de al dan niet gemene weidegronden en de graanvelden gaf extra problemen en de *messiers* die in Montaillou en elders belast waren met het toezicht op de oogst en dus ook op de schei-ding tussen de velden en de weidegrond hadden de grootste moeite te voorkomen dat het gewas te velde door de kudden vertrapt werd. Het gevaar dat zoiets zou gebeuren was immers steeds groot want roofdieren waagden zich, in bepaalde streken althans, nauwelijks meer in de nabij-heid van huizen, korenvelden en wijngaarden, zodat de herders het er geregeld van namen en hun schapen zonder toezicht achterlieten... met alle gevolgen van dien: '*Guillaume Bélibaste en Pierre Maury konden gaan waar ze wilden wanneer ze hun schapen hier lieten grazen, want in de weiden* (gelegen naast de korenvelden) *waar ze zich bevonden, durf-den de wolven zich niet te wagen. Alleen bestond er het gevaar dat het gewas vertrapt werd. Zo konden deze herders hun kudden 's nachts in de weiden laten grazen en zelf tot aan het krieken van de dag weggaan waarheen ze maar wilden* (II, 182).'

Het deel van de weidegronden dat het dichtst bij het bouwland lag of het meest vruchtbaar was, was meestal in particuliere handen van lokale schapenhouders beland, zoals bij voorbeeld in Montaillou het geval was. Andere stukken waren voor gemeenschappelijk gebruik van de dorpe-lingen, al vielen ze uiteindelijk wel vaak onder nominaal eigendom van een of andere heer. Over de criteria die gehanteerd werden bij de toewijzing van weidepercelen aan rondtrekkende herders kunnen we slechts gissen: in elk geval speelde het lot daarbij een rol, zoals in het geval van de herders uit Montaillou die hun eigen of andermans kudden kwamen laten grazen op het grondgebied van Arques in de streek van de Aude. In andere contreien, op de Catalaanse berghellingen, werden aan de zwalkende herders uit de Ariège nog drastischer voorwaarden opgelegd. Hier was de doortocht van rondtrekkende kudden over het territorium nagenoeg verboden en kon men pas het recht verkrijgen zijn schapen op de gemene weiden te laten grazen als men ter plekke 'ingeburgerd' was door een huwelijk met een meisje uit de streek. Op die manier kwam bij voorbeeld na een eerste vruchteloze poging het huwelijk van Jean Maury uit Montaillou tot stand, dat overigens niet op louter zakelijke overwegingen gebaseerd was. '*Toen Jean Maury in Castelldáns* (in de streek van Lérida) *verbleef, kreeg hij van de baljuwen daar het bevel ter plekke met een vrouw te trouwen of het veld te ruimen, om te voorkomen dat zijn schapen de weilanden daar kaalvraten. Het lukte Jean echter niet om een vrouw uit Castelldáns op te duikelen die er in toestemde zijn echtgenote te worden. Toen trok hij maar naar... Juncosa* (in de streek van Tarragona), *en vond er onderdak in het huis van Esperte Cervel en haar dochter Mathena. Door tussenkomst van de pastoor van Juncosa kreeg hij zijn huwelijk met deze Mathena, die hij wel aardig vond, voor elkaar* (II, 487).'

De dorpsgemeenschap mocht dan scherp waken over haar weidegronden, bij de samenstelling van de schaapskudden zelf lijkt ze niet meer dan een geringe rol te hebben gespeeld. In de negentiende eeuw was er in de Boven-Ariège een sterke toename van de *ramados*, de gemeenschappelijke schaapskudden van één dorp of van een aantal dorpen te zamen. Maar in de veertiende eeuw zien we nog niets dat daarop lijkt. In het gebied zelf en bij de herders die er vandaan kwamen, treft men slechts individueel beheerde kudden of op zijn best samenwerkingsverbanden, die later *orrys* zouden worden genoemd. Gemeenschapszin is dus bepaald geen overblijfsel uit een ik weet niet hoe ver prehistorisch verleden, maar heeft zich, althans in de Boven-Ariège, veeleer ontwikkeld tussen de veertiende en de achttiende eeuw, in samenhang met de groei van de dorpsgemeente tot volwaardig overheidsorgaan en tot fiscale en politieke eenheid.

In Montaillou in het Land van Aillon en eigenlijk in heel de Sabarthès was er rond 1300-1325 nog geen sprake van dat de dorpsgemeenschap één gezamenlijke kudde had. Maar niet ver daar vandaan, in streken waar men op grotere schaal koeien hield, bestond dit soort kudden wél en zou er belangrijk blijven tot in de negentiende eeuw. Zoals rond 1850 in de streek van Tarascon en Montségur sommige dorpen of groepen dorpen grote gezamenlijke kudden of bacados hadden. Afgezien van een paar ploegossen was er in de tijd rond 1320 in Montaillou echter nauwelijks rundvee en van een gemeenschappelijke dorpskudde, bacado, was dus al helemaal geen sprake. Maar wat meer naar het zuiden vlak bij Ax-les-Thermes in het dorp Ascou, dat tot in de twintigste eeuw een van de belangrijkste centra van collectieve rundveehouderij zou blijven, wijst alles er op dat deze traditie teruggaat tot in de veertiende of zelfs tot in de dertiende eeuw. '*Op een zondag in mei* (in het jaar 1322),' vertelt Raymond Sicre uit Ascou, '*bracht ik een vaars die van mij was, naar de berg Gavarsal, dicht bij Ascou; maar toen ik zag dat het begon te sneeuwen, dreef ik mijn vaars weer terug naar de gemeenschappelijke kudde van het dorp en keerde ik zelf terug naar Ascou* (II, 362).'

De dorpsgemeenschap speelde dus inderdaad een rol in het leven van de herders, zij het in beperkte mate. De sociale eenheid bij uitstek, die de herders onderling bond en die niet onderworpen was aan de wetten van het dorp, was de *cabane*. We hebben gezien hoe Jean Maury al in zijn jeugd in het zomerseizoen de leiding had over een *cabane* bij La Rabassole op het grondgebied van Arques: hij was belast met de kaasbereiding en had de verantwoording over een ploeg van acht herders. In het dossier van Fournier wordt vaak verwezen naar dit systeem van *cabanes*, waarvan de uit Montaillou afkomstige herders geregeld deel uitmaakten: zo is er bij voorbeeld de opmerking van Guillaume Baille over een *cabane* voor herders bij de Riucaut-pas, gelegen in de Pyreneeën tussen Andorra en L'Hospitalet (misschien is hier wel de tegenwoordige Envalira-pas bedoeld, dicht bij de pas van Mérens): '*Die zomer vormden twee herders uit de Cerdagne, bijgestaan door Guillaume Maurs uit Montaillou, samen een* cabane *bij de Riucaut-pas. Arnaud Maurs, de broer van Guillaume Maurs was* cabanier *(hoofd van de* cabane*) en maakte de kaas* (II, 381).' (Uit dit citaat blijkt wel dat met het woord *cabane* niet zozeer het onderdak zelf, de hut bedoeld werd, als wel de groep die er tijdelijk gehuisvest was.)

Na de zomer-*cabane* op de bergweiden hoog in de Pyreneeën, volgde de winter-*cabane* in Catalonië: '*De winter daarop,*' vertelde Guillaume Maurs, '*ging ik samen met mijn broer en met onze kudden overwinteren in de vlakte van Peñiscola... En samen hadden wij al zoveel schapen dat wij onze eigen* cabane *konden vormen* (II, 186).' Deze winter- of vasten-*cabane* bezat een zeker minimum aan comfort; er was een hoek om te koken, een hoek om kleding op te bergen en een plek om te slapen. De herders konden er hun vrienden ontvangen. Het was inderdaad deze *cabane* bij Peñiscola waar Pierre Maury en zijn neef Arnaud de gebroeders Maurs kwamen opzoeken en waar de vier mannen met leedvermaak de recente gevangenneming van pastoor Pierre Clergue door Jacques Fournier bespraken. De *cabane* was dus niet alleen maar de plaats waar zuivel bereid werd, maar in het geval van de Maurs, Maury's en hun collega's was het onder de dekmantel van de kaas tevens het punt waar zij elkaars wegen kruisten en nieuwtjes uit het verre geboortedorp uitwisselden. De gebroeders Maurs hadden, alvorens een *cabane* te vormen in Catalonië, de voorafgaande seizoenen doorgebracht in de Boven-Ariège en in Aragon. Pierre Maury had de twee jaren hiervoor door Aragon, de Cerdagne, het graafschap Foix en het zuiden van Catalonië rondgezworven. Maar waarover spraken deze mannen, die men toch niet kon verdenken van een bekrompen dorpsgeest en zelfs niet van provincialisme, wanneer ze bij elkaar in de *cabane* zaten? Nadat ze elk voor zich naar allè windstreken hun sporen hadden getrokken, zaten ze heel gewoontjes wat te keuvelen over hún dorp, hún streek, over Montaillou dat dan wel uit het oog was maar zeker niet uit het hart...

Dan was er ook nog de *cabane* die de herder Guillaume Gargalhet, die mogelijk een Saraceen was, korte tijd deelde met zijn compaan Guillaume Bélibaste, die voor een week of twee als tijdelijke kracht was aangenomen door de schapenhouder Pierre de Capdeville. Deze *cabane* stond in de voorjaars- en zomerweiden op de Mont Vézian bij Flix in Catalonië. '*Gargalhet en Bélibaste lieten er hun schapen gedurende twee weken tot aan Pasen grazen; zij zaten alleen in de* cabane *en maakten er hun eigen vuur, afgezonderd van de anderen* (III, 165, 166).' Niet ver van deze *cabane* bevonden zich ook *cortals* of schaapskooien, waar de rondtrekkende herders tijdelijk hun kudden konden insluiten, nadat ze er eerst hekken om heen gezet hadden, en waar onder leiding van Pierre Maury, die voor de gelegenheid tot chef-kok was gebombardeerd, koeken en knoflooksaus werden klaargemaakt. Katholieke, kathaarse en Saraceense herders troffen elkaar daar en gingen, ongeacht ieders opvattingen, broederlijk met elkaar om.

De *cabane* was dus voor de rondtrekkende herder uit Montaillou wat thuis in het land van herkomst de *domus* was voor zijn familie. Die *cabanes* met al wat ze aan relaties tussen mensen met zich meebrachten, kwamen voor in de Ariège, de Cerdagne, in Catalonië en het Moorse deel van Spanje tot in het diepste zuiden van Andalusië. In het Andalusische systeem van de *cabañera* waren de herders die in de *sierra* werkten ondergebracht in *cabanes* en ontvingen zij van hun werkgever een bescheiden loon in geld dat werd aangevuld met een nader overeengekomen hoeveelheid voedsel.[3] *Cabane* en *cabañera* behoorden dus tot een en dezelfde cultuurgemeenschap die zich uitstrekte van het Moorse Andalusië tot in het Occitaanse zuiden van Frankrijk.

In negentiende-eeuwse beschrijvingen van de *cabanes*, zoals ze in de Aude en Ariège te vinden waren, wordt net als in de dossiers van Fournier onderscheid gemaakt tussen de *cabane* als huisvesting voor de mensen en de *jas*, *courral* of *cortal*, een omheinde ruimte waar de dieren bijeengedreven werden, gemolken werden en voor de nacht bleven. De *cabane* zelf kon gebouwd zijn als een soort primitieve tent met een muurtje van gedroogde brik waarop een balk, de *pal* rustte. Het andere uiteinde van die balk stak in de grond. Stukken hout vormden het dakbeschot dat op de balk rustte en waarop een dakbedekking van plaggen lag. Een opening in het muurtje deed dienst als ingang en tevens als rookgat voor de vuurplaats of *laré*. Soms was er grenzend aan de *cabane* een kleine keet waar de kaas gemaakt werd. Hoger in de bergen, waar geen bossen meer waren en waar men moeilijk aan timmerhout kon komen, waren de *cabanes* opgetrokken uit louter gedroogde brikken en van een archaïsche architectuur die men in tal van streken in het westelijke Middellandse-Zeegebied aantreft, zoals bijvoorbeeld op Sardinië, in de Vaucluse, het graafschap Foix en in Catalonië.

Voor de schapen was er de *courral* of *cortal*, de schaapskooi die niet meer was dan een ruimte met nauwelijks een dak als beschutting; de vloer was van aarde of aangestampte mest en een omheining van takken en stenen moest bescherming bieden tegen wolven, beren en lynxen. De omheining eindigde in een lange smalle ingang, die niet meer dan één schaap tegelijk doorliet. Zowel voor de veertiende als voor de negentiende eeuw gold dat dit hekwerk het meest essentiële onderdeel van de *cortal* was. Pierre Maury, die in de *cortal* even gul en gastvrij was voor rondtrekkende seizoenarbeiders en ketters als in de *domus*, verzuimde bij dat alles toch nimmer ook voor de hekken te zorgen: '*Aan het begin van de vasten, kwamen Pierre Bélibaste, de ketter Raymond de Toulouse en een aanhanger van de ketterij Raymond Issaura uit Larnat naar mijn* cortal *op de weiden van Fleys; ik was net brood aan het maken en gelastte een van de herders, een Saraceen die bij mij werkte, om de ketters wat te eten te geven... En de ketters zelf vroeg ik, alle drie, om hekken te maken en daar zijn ze toen de hele dag in de* cortal *mee bezig geweest... Zelf trok ik er met mijn schapen op uit... 's Avonds in de* cortal *aten we een gerecht met knoflook bereid, brood en wijn. Een der ketters zegende heimelijk het brood op de wijze waarop ketters dat plegen te doen. (De nacht brachten we in de* cortal *door.) De volgende dag maakte ik twee*

*flinke koeken, één voor de ketters en één voor mij en mijn kameraden
van de herdersploeg. Daarna gingen die ketters op weg naar Lérida,
waar ze Bernard Cervel kenden, een smid uit Tarascon, die een geloofs-
genoot van hen was; ze waren van plan zich te verhuren voor het omspitten van wijngaarden in de streek van Lérida* (III, 165).' Deze passage
laat goed zien wat de functies waren van de *cortal* als aanvullend onderdeel én vervanging van de *cabane*. Een trekarbeider die er langs kwam
(en in het geval van Pierre Maury was dat iemand die behoorde tot zijn
vriendenkring van ketters), werkte er eerst aan de onontbeerlijke hekken
die de roofdieren op afstand moesten houden, voordat hij weer afdaalde
naar het laagland om er andere seizoenarbeid te verrichten, in dit geval in
de wijnbouw. De *cortal* deed niet alleen dienst als schaapskooi, maar
tevens als keuken en broodbakkerij voor de telkens wisselende werk-
krachten die er huisden. En tot slot was het voor de lagere klassen in de
samenleving een kruispunt van cultuurinvloeden die zich over grote afstanden en over alle windstreken uitstrekten en die in dit bijzondere geval heterodox waren, met name kathaars en mohammedaans.

De wijze waarop in de tijd van Pierre Maury het werk in de *cabanes* en
cortals geregeld was, lijkt niet veel te verschillen van hoe het vijfhonderd
jaar later zou zijn. Elke *cabane* bood onderdak aan een ploeg van zes tot
tien herders, die daar tijdelijk, hooguit voor een seizoen verbleef, om
vervolgens plaats te maken voor een andere ploeg van gelijke omvang
maar totaal verschillend qua geografische herkomst of althans qua identiteit. Er waren ook nog kleinere *cabanes* waarin niet meer dan twee of
drie herders verbleven.

Ook de omvang van de kuddes die bij een *cabane* hoorden was in de
negentiende eeuw niet groter dan in de middeleeuwen: zo'n 200 tot 300
schapen en soms niet meer dan 100 tot 150. Bewijzen dat dorpen er
gemeenschappelijke kuddes op na hielden, zijn er in de jaren rond 1300,
de tijd van Jacques Fournier, alleen voor wat betreft de rundveehouderij.
De herders van een *cabane* voegden meestal ieder een aantal eigen schapen met die van hun werkgevers samen tot één tijdelijke kudde. Zo
konden bij voorbeeld van de totale kudde die Pierre Maury als voorman
van de herdersploeg (*cabanier, fromager, majoral*) onder zijn hoede had,
30 à 50 schapen van hem persoonlijk zijn. Pierre was dus tegelijkertijd
compagnon, loonarbeider en opzichter over de andere werknemers die
zijn kameraden waren. Ik zal hierna nog op deze functies terugkomen.

Het leven dat onze herders van dag tot dag of liever van maand tot
maand op de winter- en zomerweiden leidden, werd bepaald door het
lammeren en het melken. Met Kerstmis werden de lammeren geboren,
geheel in overeenstemming met het verhaal van de kerststal en met de

afbeeldingen ervan die al in de veertiende en vijftiende eeuw zeer geliefd waren. Begin mei werden de lammeren gespeend en vanaf diezelfde maand begon men ook de ooien te melken. Omstreeks die tijd ook werden afspraken gemaakt voor samenwerking tussen herders onderling, en eventueel tussen herders en werkgevers. In juni trok men naar de bergweiden, naar de *cabanes*. Gewapend met pollepels en houten vaten hield de *majoral* of voorman van de herders toezicht op de kaasbereiding. Die kaas werd dan naderhand in Ax-les-Thermes verkocht aan mensen uit de omliggende dorpen, waaronder ook die van Montaillou.

De *cabane* zoals die in Spanje en de Pyreneeën voorkwam, was, anders dan de *domus* in de Sabarthès of in Montaillou, een wereld van louter mannen. Slechts af en toe werd de rust in de *cabane* 'verstoord' doordat een of andere lichtekooi of vriendin kwam aanwippen om wat te stoeien met een herder die rijker was of aantrekkelijker dan de rest. Ondanks een zekere mate van arbeidsverdeling waarbij zaken buitenshuis aan de man en bezigheden binnenshuis aan de vrouw waren toegewezen, bestond er in de *domus* een wisselwerking tussen mannelijke en vrouwelijke rolpatronen. In de *cabane* daarentegen was uitsluitend plaats voor volwassen mannen.* Op vijftiende-eeuwse schilderijen van de Aanbidding door de herders is de aanwezigheid van de H. Maagd en haar kind in de schaapskooi op de weiden dan ook een onverwacht element dat des te sterker uitdrukt welk buitengewoon wonder is geschied. Hoewel de *cabane* een mannengemeenschap was en samengesteld werd op grond van coöperatie en niet door opvolging van vader op zoon, werden er toch de allervroegste tradities bewaard van een der oudste middelen van bestaan, namelijk het houden van schapen. Niet zo lang daarna zouden deze wijsheden, op schrift gesteld in de herdersalmanakken, hun weg vinden naar een wijder publiek. De zomer-*cabanes* op de bergweiden waren derhalve dé aangewezen plaatsen waar resten van een cultuur bewaard bleven; de kathaarse leer bleef er het langst buiten bereik van de gerechtsdienaren uit het laagland en werd door de herders in stand gehouden via mondelinge overlevering van oud op jong. Nog op het eind van de zestiende eeuw stuitte een bisschop in de bergen rondom Albi waarschijnlijk op sporen van dit soort kathaarse cultuuroverdracht door overlevering. In de enige tekst van na de renaissance waarin nog op grond van een getuigenverklaring melding gemaakt wordt van iets wat

---

* Elders in dit boek wijs ik er op dat het beroep van herder een typisch mannenberoep was en dat de Boven-Ariège geen eigen versie kende van Jeanne d'Arc, noch van lieftallige herderinnetjes. Wel kan het af en toe voorkomen dat een vrouw, met name een weduwe, haar vee zelf naar de weide dreef.

wel eens zou kunnen wijzen op het voortleven van het katharisme, ten-minste in volksverhalen, vertelt La Roche-Flavin daarover[4]: '*Een vrome bisschop ging naar Rome om de kardinaalshoed te ontvangen, en ont-moette onderweg in de bergen rond Albi een oude boer op het veld, met wie hij over de wetenswaardigheden van de streek praatte en die hem vertelde dat er een groot aantal arme mensen waren, die zich hulden in zakken en met as overdekt waren, en die zich in de verlatenheid van deze bergen net als de wilde dieren met wortels in leven hielden; en dat die mensen Albigenzen genoemd werden en dat de oorlog die vijftig tot zestig jaar onafgebroken tegen hen gevoerd was én de moord op meer dan vijftigduizend mensen er slechts toe gediend hadden hen in aantal te doen groeien en dat er geen middel was om hen van deze dwaling af te brengen dan de preek van een of ander voortreffelijk man.*'

Tot nu toe hadden we het over een zeer lange historische periode, van de veertiende tot de negentiende eeuw, waarin de *cabane* als instelling ongewijzigd bleef voortbestaan. Maar van fundamenteel belang voor deze vorm van schapenhouderij waren de grote trektochten van herder en kudde van en naar zomer- en winterweiden, de transhumance, zoals ook de herders van Montaillou eeuwenlang deden. Naar analogie van de schapenhouderij in de Provence kunnen we ook over die van de Ariège enkele algemene opmerkingen maken.[5] In de eerste plaats was de trek van de bergen naar de vlakte, van het hoogland naar het laagland, van zomerweide naar winterweide omvangrijker dan de trek in tegengestel-de richting. De mensen in de vlakte waren nu eenmaal honkvaster, meer op hun gemak gesteld dan die van het bergland. De grote herdersploe-gen, zowel in de Provence als in de Pyreneeën en Catalonië, werden vooral gerecruteerd in de bergdorpen van de Boven-Ariège en de Cer-dagne. Opvallend is ook de omvang van deze rondtrekkende kuddes; in de Provence bevonden zich binnen het rechtsgebied van een drietal bal-juws zo'n honderdduizend schapen. Hoewel we voor het moment geen bronnen hebben om de aantallen schapen voor het grondgebied van het graafschap Foix met enige zekerheid vast te stellen, moeten we toch wel in dezelfde orde van grootte denken. Tot slot vereiste de migratoire schapenhouderij een zekere mate van organisatie voor het leggen van de contacten, al hoefden zomer- en winterweiden niet noodzakelijkerwijs deel uit te maken van hetzelfde staatsverband. Wat wel nodig was waren markten en jaarmarkten. Immers zulke grote verplaatsingen konden geen bestaansgrond vinden in de eenvoudige behoeften van een op zelf-voorziening gerichte economie. Zo was bij voorbeeld het aandeel van bepaalde streken ten noorden van de Pyreneeën en in de Pyreneeën zelf van fundamenteel belang voor de toevoer van schapevlees naar Toulouse.[6] En veehouders en herders uit Montaillou, zoals de Clergues en de Maurs, bezochten regelmatig de schapenmarkten in Ax-les-Thermes en vooral Laroque d'Olmes, waar ze dan wol en vee verhandelden.

De rondtrekkende herders die uit Montaillou afkomstig waren, zoals de Maurs en Maury's, brachten de zomer met hun kuddes veelal door in het land van herkomst, op de hooggelegen bergweiden vlak bij dorpen als Ax-les-Thermes, Orlu en Mérens. Voor de winter daalden ze dan gewoontegetrouw af in de richting van de oostelijke randgebieden van de Pyreneeën, naar Rasiguières en Planèze in het dal van de Maury en Agly, dat tussen het noorden van de Roussillon en de uiterste zuidoosthoek van het huidige departement van de Aude ligt. Of ze trokken wat noordelijker naar de Fenouillèdes en verderop naar Arques, of helemaal naar de Razès, vlak ten zuiden van Carcassonne. Wat is er dan nog vreemd aan de vriendschap tussen een herder uit de Boven-Ariège en de zoon van een schapenhouder uit de Fenouillèdes? Pierre Maury leerde de Bélibastes kennen, toen hij met zijn schapen, na een zomer in de Boven-Ariège, de winter doorbracht in het zachtere klimaat van het dal van Arques, niet ver van Cubières in de Fenouillèdes. Ook later, toen hij voor de winter voortaan de Spaanse weidegronden opzocht, zou het zo blijven: Bélibaste was er voorgoed neergestreken in Morella, vlak bij de winterweiden ten zuiden van de Ebro, en Pierre bleef hardnekkig de zwerver, die er geregeld met zijn kudde vanuit de Pyreneeën heen trok.

De kathaarse route naar het noordoosten waarover de herders uit de Boven-Ariège via de bovenloop van de Aude naar hun winterweiden in het dal van de Agly trokken, werd na de jaren 1305-1308 voorgoed door de inquisitie afgesneden. Toch betekende dat geenszins het einde van de transhumance. De herders zochten nu 's winters het zuidelijk deel van Catalonië op, waar ze al sinds lang steunpunten hadden en waar bovendien de horizon verder reikte.

De thuisbases van waaruit onze herders vertrokken naar die winterweiden in Catalonië, konden van jaar tot jaar verschillen al naar gelang de werkgever bij wie ze in loondienst waren. Ruwweg lagen die thuisbases over een breedte van zo'n 200 kilometer ergens tussen Venasque in het westen (aan de voet van de Maladeta en bij de bronnen van de Garonne) en in het oosten de Col del Pal (westelijk van Prats-de-Mollo). Ze waren te vinden in de Boven-Ariège, zoals Prades d'Aillon, Mérens en Orlu, maar ook in het noordoosten van Aragon, in de Cerdagne, in de Catalaanse Pyreneeën en de randgebergten ten zuiden er van, bij Bagá, Josa en La Losa.

De winterweiden die door de Maurs, de Maury's en zovele anderen werden opgezocht in Spanje, lagen merendeels in Catalonië maar ook nog zuidelijker bij Valencia tot zo'n 200 kilometer ten zuiden van de Pyreneese thuisbases. Dat waren dan de streek rond Querol en de weidegronden van het klooster van Santas Creus, die op 900 meter hoogte lagen, ten noorden van Tarragona; de gordel Castelldáns-Flix-Ascó-Camposines, op beide oevers van de Ebro ten zuiden van de samenloop van Ebro en Segre, op ongeveer 400 meter hoogte; de streek van La Cenia, niet ver van Tortosa, aan de kust bij de monding van de Ebro; en tot slot ten zuiden van de Ebro de heilige driehoek San Mateo-Peñiscola-Morella, voor de kathaarse herders het Mekka van Bélibaste.

Een aanschouwelijk beeld van wat het rondtrekkend bestaan van deze herders in de jaren tussen 1310 en 1320 inhield, wordt ons geschetst door Guillaume Baille, een herder uit Montaillou (II, 381-382): '*Dat jaar vormden we samen met de gebroeders Maurs en met twee herders uit de Cerdagne een zomer-cabane bij de Port de Riucaut (in de buurt van de Mérens-pas in de Boven-Ariège).*' Rond het feest van St. Michael op 29 september daalden Baille, de gebroeders Maurs, de twee herders uit de Cerdagne en Pierre Maury, die er ook nog bij gekomen was, met hun schapen af uit de bergen en trokken over een lange afstand van zo'n 120 kilometer zuidwaarts, dwars door heel Catalonië. '*We gingen met onze schapen de winter doorbrengen op de weiden van Peñiscola en in de vlakte van San Mateo, daar waar de territoria (de meest noordelijke) van het koninkrijk Valencia beginnen.*' Pierre Maury maakte een omweg over Tortosa '*waar hij nog twee herders recruteerde,*' beiden van Occitaanse herkomst. Een van hen, Raymond Baralher, kwam uit de Aude, de andere was afkomstig uit Mérens in de Boven-Ariège. Toen de ploeg eenmaal voltallig was en zijn plaats bij de schapen op de winterweide had ingenomen, werd de indeling van de tijd weer als vanouds: '*Tot Kerstmis bleef de hele ploeg min of meer bij elkaar. De twee maaltijden overdag,* prandium (aan het begin van of midden op de dag) *en cena (avondmaal), gebruikten we gezamenlijk. Na elke maaltijd gingen we uiteen, zowel 's avonds als overdag, om onze schapen te laten grazen.*' Die schapen werden in meerdere kuddes of deelkuddes onderverdeeld, zoals dat toen en nu nog gebruik is. Guillaume Maurs vertelde daarover: '*Raymond uit Gébetz en Guillaume Bélibaste (die op dat moment met Pierre Maury samen het toezicht hadden over een en dezelfde kudde) hadden gemakkelijk met elkaar kunnen praten, ook zelfs over ketterse zaken, toen ze op de weiden van Tortosa waren, want de schapen waar elk van hen op moest letten, waren vlak bij elkaar aan het grazen (II, 188).*'

Tegen het einde van december werden de zaken wat ingewikkelder voor de ploeg van Guillaume Baille. Rond Kerstmis, wanneer de lammeren geboren werden, kreeg elk van de mannen heel duidelijk een eigen taak en plaats toegewezen, meer dan in de maanden daarvoor. *'Ik zelf, Guillaume Baille, bleef de hamels (gecastreerde schapen) hoeden. Niet ver daar vandaan bemoeide Pierre Maury zich met de lammeren en "marranes", dus de pasgeboren lammeren en die van vorig jaar. Maury en ik waren dus door ons werk zowel overdag als 's nachts van elkaar gescheiden, maar 's middags en 's avonds (prandium en cena) aten we gezamenlijk met Raymond Baralher, die ons onze mondvoorraad kwam brengen. De overige leden van de ploeg, Guillaume Maurs, Jacques d'Antelo, Guillaume de Via en Arnaud Moyshard zaten wat verderop in het dorp Calig. Vanaf het begin al hadden zij daar de zorg voor de eerst nog drachtige en vervolgens zogende ooien.'* Binnen de ploeg waren de taken niet zo verdeeld dat vrienden steeds met elkaar werkten: *'Pierre Maury ging in die tijd heel wat vertrouwelijker om met Guillaume Maurs en Raymond Baralher dan met de overige herders waarmee hij samen het werk deed (II, 382).'* Daarnaast hadden de mannen van de ploeg ook contacten naar buiten met de mensen van de meest nabijgelegen Spaanse stadjes en dorpen, zoals Calig en San Mateo, waar veel emigranten uit de streek van Narbonne en uit de Cerdagne zaten. Ze gingen er te voet of per ezel heen om proviand te halen. In de taveerne, waar men zijn eigen voedsel placht mee te brengen, konden ze dan in de dagen rond Kerst herders ontmoeten die in dezelfde streek werkten, maar voor andere schapenhouders. Als altijd boden deze ontmoetingen ook de gelegenheid om met deze of gene *perfectus* op doorreis in contact te komen, zoals Pierre Maury overkwam: *'Die winter was ik teruggekomen om op de weiden van Camposines, in het territorium van Ascó (niet ver van Tarragona), de winter door te brengen. Daar zag ik omstreeks het kerstfeest twee kameraden terug: Raymond, die voor Pierre Marie werkte* (waarschijnlijk een schapenhouder in de Ariège), *en Pierre, die voor Narteleu, uit Villefranche-de-Conflent* (in de Roussillon) *werkte; we waren gedrieën een taveerne in Camposines binnengegaan toen ik plotseling de ketter Raymond de Toulouse met zijn baal vol venterswaar op mij af zag komen. Ik ben hem toen tegemoet gegaan om hem buiten te spreken, terwijl mijn beide kameraden het vlees en de eieren kookten, die ze hadden meegebracht (III, 171).'*

Pierre Maury placht 's winters nog andere ontmoetingen te hebben, buiten het wereldje van de herders om: vaker dan de anderen liet hij het werk op de weiden voor wat het was, onder voorwendsel dat hij in San Mateo bij de apotheker jeneverbesolie ging kopen, maar in werkelijkheid reisde Pierre dan niet verder dan Morella om Bélibaste op te zoeken. Het zat zijn medeherders niet lekker dat ze hierdoor geregeld een vakbekwame kracht misten, want dan moesten zij opeens al het werk voor elkaar zien te krijgen, dat ze gewoonlijk op hun dooie akkertje konden doen.

Over het werk in de zomer, die over het algemeen op de weiden in of nabij de Pyreneeën werd doorgebracht, hebben we minder gedetailleerde gegevens dan over alles wat er in de winter moest gebeuren. Maar een getuigenis van Pierre Maury werpt toch enig licht op de momenten waarop 's zomers werkovereenkomsten werden gesloten en beëindigd: '*Nadat ik bij mijn vorige baas, Guillaume André, had opgezegd, heb ik mij als herder verhuurd aan Pierre Constant, uit Rasiguières in de Fenouillèdes. Vanaf het paasfeest tot aan St. Michael in september van hetzelfde jaar ben ik bij hem gebleven en heb ik de zomer doorgebracht op de passen van La Lauze en Mérens* (in de Boven-Ariège). *Ik had... vijf herders bij mij. Die zomer heb ik noch een ketter, noch iemand die gelooft wat ketters zeggen gezien. En vervolgens heb ik omstreeks St. Michael opgezegd bij Pierre Constant en heb ik mij als herder verhuurd aan Raymond Boursier in Puigcerda, bij wie ik twee jaar ben gebleven* (III, 163).'

Toch zijn er verspreid in het dossier ook nog wat gegevens te vinden over het werk in de zomermaanden, met name over het scheren van de vachten, dat in mei gebeurde vlak na aankomst op de bergweiden, zoals Guillaume Maurs ook vertelde: '*Vanuit San Mateo zijn we weer vertrokken in de richting van de bergen en Riucaut-pas. Toen we op die pas aankwamen, niet ver van de Mérens-pas, hebben we onze schapen geschoren* (II, 185).' De scheertijd en de verkoop van de wol die daarop volgde waren het moment om enkele dringende schulden te vereffenen. Ook bood het de herders uit Montaillou de gelegenheid om met mensen van elders het contact te zoeken waar zij zo gesteld op waren. '*Ik was met mijn broer, Pierre Maury, bij de pas van Lalata* (in de Cerdagne),' vertelde Jean Maury. '*Wij waren bezig onze schapen te scheren. En daar is Pierre Maurs ons toen komen opzoeken met een muildier dat van hem was, en hebben we allen te zamen gegeten: dat waren ikzelf, mijn broer Pierre Maury, de drie broers Pierre, Guillaume en Arnaud Maurs, hun neef Pierre Maurs en Guillaume Baille* (allen uit Montaillou). *Ook de scheerders, wier namen ik vergeten ben, aten met ons. We hadden schapevlees en varkensvlees te eten. En na afloop daarvan heeft Pierre Maurs de wol van Arnaud Maurs op zijn muildier geladen om naar Puigcerda te brengen* (II, 505).' Dit elkaar opzoeken in de tijd dat de schapen geschoren werden, kon natuurlijk ook leiden tot 'verkeerde contacten' met de in de bergen alom verbreide ketterij. Daarover vertelde Arnaud Cogul uit Lordat in 1320: '*Zestien jaar geleden of daaromtrent – zo precies herinner ik me het jaar niet meer – was ik naar boven gegaan naar Prades d'Aillon (dat grensde aan Montaillou) om er mijn schapen te scheren, die bij Pierre Jean in Prades (in pacht?) waren. En na aankomst bracht ik er de nacht door. Die nacht werd ik ernstig ziek en had veel pijn. De volgende dag stond ik op en toen ik mij op het erf bij het huis van Pierre Jean begaf, omdat ik wilde vertrekken, zei Gaillarde, de vrouw van Pierre Jean, tegen mij: "Wil je met de Goede Mensen praten?" Maar ik antwoordde haar: "Hou je maar met je eigen gespuis bezig, met die Goede Mensen van je." Ik had heel goed door dat de Goede Mensen waarover ze sprak, ketters waren en dat die Gaillarde er op uit was om mij door hen de ketterdoop te laten toedienen in geval ik door mijn ziekte zou sterven* (I, 380).'

Na het scheren van de schapen in mei werd in de maanden juni en juli in de *cabane* op de hooggelegen zomerweide de kaas gemaakt. '*Het is tijd dat ik je ga verlaten,*' zei Pierre Maury omstreeks St. Jan tegen zijn zuster Guillemette, die hij nog maar net uit de klauwen van haar katholieke echtgenoot had bevrijd, '*want ik maak me zorgen over de schapen van mijn huidige baas en bovendien vangt binnenkort het seizoen om kaas te maken aan* (III, 155).' Of ze nu op de zomerweiden waren of op de winterweide, er was steeds een groot onderscheid tussen enerzijds de omgang binnen de herdersploeg, die natuurlijk wel werd gevormd door herders uit verschillende streken (Ariège, Cerdagne, Catalonië...) en anderzijds de externe sociale contacten. Die zocht de zwervende herder zo vaak hij maar kon in de dorpen van de exodus, waar hij los van de herdersploeg vrienden uit het land van herkomst terugzag en waar hij kon vertoeven onder de diaspora van het Montaillou van weleer. '*Ik bracht mijn schapen van de winterweide (in Catalonië) weer terug naar de zomerweiden (in de Pyreneeën),*' vertelt Pierre Maury, '*de herders van mijn ploeg kwamen allen uit de Cerdagne, behalve de gebroeders Maurs uit Montaillou en Charles Rouch uit Prades d'Aillon...; toen we onze reis onderbraken bij het dorp Juncosa, dat in het bisdom Lérida ligt, zag ik daar Emersende, de vrouw van Pierre Marty uit Montaillou terug en Guillemette Maury, de vrouw van Bernard Marty, haar echtgenoot Bernard Marty zelf, en Arnaud, hun zoon, allen uit Montaillou en allen aanhangers van de ketterij, behalve Bernard Marty* (III, 168).' Waar zeven mensen uit Montaillou bijeen waren, daar was Montaillou. Wanneer en waar ze maar konden schiepen de herders en uitgewekenen zich een eigen Montaillou, maar dan tegen een Catalaans decor of dat van de Pyreneeën.

De wereld van de herders werd enerzijds bepaald door de natuurlijke omstandigheden en de tijdsindeling van de transhumance en anderzijds door de betrekkingen die voortvloeien uit loondienst en samenwerking, maar van lijfeigenschap was beslist nooit sprake en zelfs niet van enigerlei afhankelijkheid van een adellijke heer; de herder uit Ariège of Cerdagne was in de veertiende eeuw vrij als de berglucht die hij inademde, althans vrij van verplichtingen aan de heerlijkheid want met de inquisitie was het heel anders gesteld.

De jonge jaren waarin de toekomstige herder, dan nog maar twaalf jaar oud, het beroep leerde waarmee hij later in zijn levensonderhoud moest voorzien, kunnen we hier ter zijde laten ('*toen de ketters bij ons thuis kwamen,*' herinnert Jean Maury zich, die naderhand een van de meest bekwame herders van Montaillou werd, '*was ik niet thuis; ik was buiten, de schapen van mijn vader aan het hoeden. Ik moet toen zo'n jaar of twaalf geweest zijn* (II, 470)'). Maar de volwassen schaapherder was in wezen een loonarbeider. In streken waar schapenhouderij de overhand had nam hij een plaats in die overeenkwam met die van een landarbeider in graanbouwstreken, maar vergeleken met deze landarbeider had hij meer en betere kansen om rijk te worden en zijn talenten uit te buiten. Daar stond dan wel tegenover dat het risico van een ongeval in de bergen heel wat groter was. Het herdersbestaan kende geen vastigheid, net zomin als dat van alle loonarbeiders op het Occitaanse platteland, zoals Olivier de Serres in zijn in 1600 in Parijs verschenen handboek voor landgoedeigenaren *Théâtre d'agriculture* (dl. 1, hfdst. VI) nog laat zien: '*Wissel elk jaar van knechts, maak schoon schip. De nieuwelingen zullen meer hart voor hun werk hebben.*' Deze onvastheid werd door de herders echter niet als een vorm van onderdrukking of van vervreemding ervaren, integendeel, de herders wisselden vaker van meester dan van hemd. Wat dit aangaat was Pierre Maury typerend voor zijn gilde en vond hij het net zo gewoon om door de ene baas ontslagen te worden als bij de volgende zélf op te zeggen (*dimittere*) en zich te verhuren (*se conducere*) aan een derde. Het feit dat de herder de eigenaar van de kudde bij wie hij in dienst was zijn heer, *dominus* noemde net zoals een adellijke heer ook *dominus* genoemd werd, voegde verder niets toe aan de aard van het contract dat eigenaar en herder verbond. Zoals we al zagen werd het waar en wanneer van een werkovereenkomst bepaald door de trek naar zomer- of winterweiden en was de duur ervan vaak niet langer dan één seizoen. Zo vertelt Pierre Maury dat toen hij zich in Catalonië bevond, in de buurt van Tarragona, '*ik mij met Pasen als herder verhuurde aan Arnaud Fauré uit Puigcerda en ongeveer zo'n vijf tot zeven weken bij hem bleef; ik bracht zijn schapen naar Puigcerda (op de zomerweiden* in de Pyreneeën). *Toen ik eenmaal daar was, verhuurde ik mij als herder aan vrouwe Brunissende de Cervello, en aan Raymond Boursier uit Puigcerda; en gedurende de zomer bleef ik bij de Quériu-pas, op het grondgebied van Mérens* (Ariège). *Daarna, toen de zomer voorbij was en mijn werk op de zomerweide in dienst van vrouwe Brunissende en van Boursier beëindigd was, heb ik mij opnieuw verhuurd aan Arnaud Fauré uit Puigcerda! En met zijn schapen ben ik weer afgedaald om in de vlakte van Cenia* (in het zuiden van Catalonië) *de winter door te brengen* (III, 172).' In dit geval was Arnaud Fauré dus twee achtereenvolgende winters de baas van Pierre Maury, om precies te zijn voor de duur van de tocht van winterweide naar zomerweide en weer terug, terwijl vrouwe Brunissende Pierres werkgeefster was voor de periode die daartussen lag, toen hij op de zomerweide verbleef.

In sommige teksten is sprake van herders die nadrukkelijk voor een heel jaar in dienst worden genomen, na een proeftijd die door tussenkomst van een derde tot stand kwam. Dat kon dan een vriend, een familielid of een dorpsgenoot van de werkgever of van de werknemer zijn. Pierre Maury vertelt daarover: '*Arnaud Baille, de oudere, uit Montaillou, de schoonzoon van Barthélemy Borrel uit Ax-les-Thermes, zei mij: "Als jij je als herder wilt verhuren aan mijn schoonvader, dan zal ik mijn best doen dat hij je een goed loon betaalt." Ik nam het voorstel aan. Mijn nieuwe baas stuurde mij met zijn schapen naar de winterweiden bij Tortosa* (in Catalonië). *Toen ik weer terugkwam in de Sabarthès* (voor het zomerseizoen) *gaf diezelfde Barthélemy mij als herder een contract voor een jaar* (III, 148).'

Wel moet gezegd dat het veelvuldig wisselen van werkgever meer de herders gold die gespecialiseerd waren in de grote transhumance, zoals de gebroeders Maurs en Maury, dan bezadigder en betrekkelijk honkvaste herders die meer aan hun werkgever gebonden waren, zoals bij voorbeeld het geval was met Jean Pellissier.

De afstand tussen werkgever en herder was in de regel gering en daardoor kameraadschappelijk. De werkgever kon een familielid van de *Castell uit Bagá*,' vertelt Pierre Maury daarover, '*ik ben twee jaar bij hem gebleven, en het winterseizoen bracht ik dan door op de weiden van* baas, als hij dat nodig vond, eens goed de waarheid te zeggen. Deze vrijmoedigheid werd in de hand gewerkt doordat hij veelal met zijn meester onder één dak woonde, hetzij in diens huis voor zon- en feestdagen wanneer hij van de bergweiden was afgedaald, hetzij op de weiden zelf, wanneer die baas er enkele weken of maanden doorbracht met zijn werknemers: '*Ik had me verhuurd aan Pierre Constant uit Rasiguières*,' vertelt Pierre Maury, '*en van Pasen tot aan St. Michael in september ben ik bij hem gebleven op de zomerweide bij de Mérens-pas* (III, 163).' Bij andere gelegenheden verklaarde dezelfde Pierre Maury dat hij bij zijn meester Barthélemy Borrel in Ax verbleef of bij vrouwe Brunissende de Cervello, in de tijd dat hij toezicht hield op haar schapen.

De herder was dus een loonarbeider, maar een deel van zijn loon werd uitbetaald in natura, in voedsel. Wanneer hij in de omgeving van Arques vertoefde, liet Pierre Maury regelmatig zijn kudde achter om bij zijn baas thuis brood te gaan halen: '*Op een morgen daalde ik van de weide af, naar het huis van Raymond Pierre om mijn voorraad brood te halen* (III, 127).' Maar in de streek van Tarragona, waar de herders te ver weg zaten van hun broodheren, moest Pierre Maury het zelf bakken in de oven van de *cabane* of van de *cortal*: '*Die lui kwamen mij opzoeken in de cortal waar ik mij toen bevond, op de weiden van Fleys. Ik was daar net brood aan het bakken* (III, 165).'

De rest van het loon, een bescheiden som, werd in geld uitbetaald, eventueel per maand: '*Toen Pierre Maury en Guillaume Bélibaste in dienst waren van Pierre Castell uit Bagá* (in het bisdom Urgel),' vertelt Guillaume Maurs, '*nam Pierre Maury het maandloon in ontvangst dat Guillaume van Pierre Castell te goed had; en met dit geld kocht hij erwten en prei voor die Guillaume* (II, 176, 181).'

Ten slotte voorzag het contract tussen werkgever en herder vaak ook nog, naast het loon, in een deling voor wat betreft de aanwas van de kudde, de kaasproduktie en zelfs van de wol. De scheidslijn tussen loondienst zonder meer en pacht was dan ook dikwijls vaag.

Een herder in loondienst was het manusje-van-alles dat met de meest uiteenlopende taken werd opgezadeld. Dan eens bakker, dan weer eens postbode... In een wereld waar men doorgaans lezen noch schrijven kon en verstoken was van een postdienst, kon die herder in loondienst met zijn zevenmijlslaarzen aan prima als boodschapper fungeren. In opdracht van zijn baas bracht hij dan mondelinge berichten over schapen over of kathaarse berichten en die waren dan topgeheim. '*Pierre Maury bleef als herder en bode een jaar lang bij Barthélemy Borrel uit Ax*,' vertelde Guillaume Maurs, '*en met de schapen van deze Borrel trok hij eerst naar Tortosa en daarna bracht hij ze weer terug naar het graafschap Foix. Gedurende de tijd dat hij zo bij Borrel in dienst was, bracht hij diverse malen boodschappen over naar verschillende plaatsen, maar toch heeft hij mij nooit verklapt wat hij moest berichten en ook nooit aan wie* (II, 175).'

Het kon voorkomen dat een herder die voordien in loondienst was geweest, voorgoed of voor een tijdje zelfstandig ondernemer werd, zoals bij voorbeeld Pierre Maury wanneer hij goed bij kas was. Maar over het algemeen duurde dat niet lang. Wederom hebben we hiervoor een informant in Guillaume Maurs: '*Mijn broer Arnaud en ik werkten toen als herders voor Raymond Barry uit Puigcerda; en met zijn schapen brachten wij de winter door in de vlakte van Peñiscola. Diezelfde winter bleef ook Pierre Maury bij ons daar in die vlakte, maar hij was onafhan-kelijk, zonder baas boven zich, want hij had honderd schapen gekocht van Raymond Barry; terwijl ik en mijn broer als herders in dienst waren van Raymond Barry, leefde Pierre Maury weliswaar bij ons maar op eigen kosten* (II, 183).'

Ten slotte was het ook nog mogelijk dat een herder, ook al bleef hij in loondienst en verwierf hij zelfs niet voor een korte tijd de status van zelfstandig ondernemer, het toch nog tot werkgever bracht door zelf weer een ondergeschikte herder bij wijze van spreken in dienst te nemen. Het is waar dat in het enige ons bekende geval waarin deze paradoxale combinatie van werknemer en werkgever in één persoon zich voordeed, deze persoon in feite gevormd werd door een collectief, een ploeg van herders die allen uit Montaillou afkomstig waren en door familiebanden hecht aaneengesloten waren: '*Ik had mij als herder verhuurd aan Pierre Castell uit Bagá,*' vertelt Pierre Maury daarover, '*ik ben twee jaar bij hem gebleven, en het winterseizoen bracht ik dan door op de weiden van Tortosa. Als herders waren verder bij mij Guillaume Maurs en Pierre Maurs (deze Pierre Maurs was de volle neef van Guillaume en de zoon van Raymond Maurs uit Montaillou). In het eerste jaar kwam Guillau-me Bélibaste omstreeks de vastentijd ons opzoeken op de weide; hij bleef daar drie maanden bij ons, want wij hadden hem als herder aangenomen* (III, 166).' Wanneer een baas of zijn herders anderszins mensen in dienst of in onderhuur namen, was dat louter voor seizoenarbeid, zoals bij-voorbeeld voor het scheren van de schapen tegen het einde van de lente.

Naast verticale betrekkingen tussen schapenhouder en herder, tot op zekere hoogte vergelijkbaar met de huidige verhoudingen tussen werk-gevers en arbeiders in de landbouw en veeteelt, kenden de herders, die zelfs wanneer ze in loondienst waren, vaak nog een stuk of wat schapen bezaten, ook horizontale verhoudingen, vormen van samenwerking met vakbroeders of met werkgevers van andere herders, eigenaren van andere kuddes. '*Ik zelf en mijn gezellen Guillaume, Pierre en Arnaud Maurs,*' vertelt Guillaume Baille, '*zijn naar de weidegronden van Calig (in de buurt van Tarragona) gegaan om er de winter door te brengen. Wij hadden maar weinig schapen bij ons en om die reden hebben we ons aangesloten bij de groep herders die de kudde van Pierre Vila uit Puig-cerda hoedde; die groep omvatte vier herders en een muildierdrijver, allen uit de Cerdagne afkomstig* (III, 390).' Bij een andere gelegenheid sloten Pierre Maury, de gebroeders Maurs en hun aller werkgever, op dat moment niemand minder dan de Catalaan Pierre Castell uit Bagá, zich aaneen met een stel herders uit de Cerdagne: '*De volgende zomer,*' vertelt Pierre Maury, '*brachten we onze schapen weer naar de Pal-pas* (in het tegenwoordige departement van de Pyrénées-Orientales) *en sloten we ons aan bij de herders en kudde van Arnaud Fauré (uit Puigcerda) wiens hele herdersploeg uit de Cerdagne kwam* (III, 167).'

Soms, wanneer het geluk hem toelachte en zijn zwoegen beloond werd, slaagde Pierre Maury erin om voor enkele seizoenen eigen baas te worden. In zo'n geval probeerde hij zijn zaken op uiteenlopende wijzen voor elkaar te krijgen, bij voorbeeld door het inschakelen van broers, door herders in loondienst te nemen of ook nog samen te gaan met een andere baas... wiens werknemer hij dan in feite werd! Tot combinaties van deze uiteenlopende vormen van aanpak kwam het vooral wanneer de omstandigheden in het bergland weer benard werden vanwege de privé-oorlogjes tussen op elkaar azende feodale gieren. Pierre Maury kon hierover vertellen: '*Die zomer ben ik naar de Isavena-pas gegaan, dicht bij Venasque* (in de Pyreneeën). *Ik ben er met mijn broer Jean gedurende het hele zomerseizoen gebleven; Jean en ik hadden toen ook Bernard de Baiuls in dienst genomen om ons te helpen bij het hoeden van de schapen... vervolgens zijn we omstreeks St. Michael van de pas afgedaald en zijn we op weg gegaan naar Lérida; we moesten daarbij het grondgebied van Castelldáns vermijden vanwege de oorlog die daar woedde tussen Nartès en Guillaume den Tensa. Bijgevolg hebben we toen onze schapen gevoegd bij die van Macharon en van Guillaume Mourier, twee schapenhouders uit Ulldecona* (in de streek van Tarragona). *Met de kuddes van deze twee schapenhouders* (van wie zij nu compagnons én werknemers tegelijk waren geworden) *zijn we de winter gaan doorbrengen op de weidegronden van San Mateo, ik zelf, mijn broer en nog twee andere herders, waarvan er een uit de Cerdagne en de ander uit Venasque kwam* (III, 195).' Deze verschillende vormen van samenwerking werden overigens bijna even gemakkelijk weer ontbonden als aangegaan, zoals blijkt uit de woorden van Guillaume Maurs: '*Pierre Maury besloot de schapen die van hemzelf waren te scheiden van die van zijn toenmalige baas Pierre Castell... Dus vertrok hij met zijn beesten en beweerde bij terugkomst dat hij ze verkocht had aan een handelaar in San Mateo* (II, 182).'

Naast loondienst en wat als 'eenvoudige associatie' aangeduid zou kunnen worden, bestond er nog een hele categorie van overeenkomsten die betrekking hadden op schapenpacht. Tussen mensen die uit Montaillou afkomstig waren – en daarbij maakte het niet uit of ze er nog woonden of uitgeweken waren – nam dit pachten van vee de vorm van de *parsaria* (deelpacht) aan: het contract tussen Pierre Maury en de schapen-houdster Guillemette Maury, zijn bloedverwante en streekgenote die hij weer terugzag in de buurt van Tarragona, was een eigenaardige variant hiervan, waarbij winst en verlies weliswaar gedeeld werden, maar de uitgaven voor het onderhoud van de herders en de kudde voor rekening van Guillemette kwamen. Ondanks nogal scherpe woordenwisselingen tussen de partners zou deze associatie tussen de herder en de schapen-houdster lang standhouden. Korte tijd daarna investeerde Guillemette zelfs naast haar geld nog eens twintig schapen in haar associatie op basis van *parsaria* met Pierre Maury. '*De volgende ochtend,*' vertelde deze, '*kreeg ik twintig schapen van Guillemette erbij en keerde ik met deze terug naar de weiden van Calig* (III, 181).'

Ook in Montaillou kende men de *parsaria*. Guillemette Benet, wier echtgenoot in het dorp het aanzien van een min of meer zelfstandige boer genoot (omdat hij ploegossen bezat die hij 's avonds na het werk op het land op stal moest zetten), had rond 1303 haar schapen in *parsaria* toever-trouwd aan de mensen van het belangrijke huis der Belots, dat gespecia-liseerd leek in de schapenhouderij: '*Ongeveer achttien jaar geleden,*' ver-telt Guillemette in 1321, '*hadden mijn man en ik schapen in* parsaria *bij het huis Belot. Op een avond tijdens het zomerseizoen, bracht ik tegen zonsondergang brood naar het huis van de Belots, zodat zij dat brood weer konden bezorgen aan Guillaume Belot en aan Raymond Benet, mijn zoon, die de "pachtschapen" aan het hoeden waren* (I, 477).' Krach-tens een contract dat waarschijnlijk niet meer dan een mondelinge af-spraak was, zonder tussenkomst van een notaris, leverden de Benets dus niet alleen een deel van het vee aan de Belots maar ook een deel van de arbeidskracht en een deel van het zelfgebakken brood, bestemd voor de herdersploeg, zoals volgens de deelpacht overeengekomen was.

HOOFDSTUK 7

DE MENTALITEIT VAN DE HERDERS

Het is echter niet mijn bedoeling om het nu te laten bij een beschrijving van de economische aspecten van het herdersberoep; misschien lukt het om aan de hand van de boeiende figuur van Pierre Maury zicht te krijgen op de sociale positie en de mentaliteit van een rondtrekkende herder uit Montaillou in de eerste decennia van de veertiende eeuw.

Zo op het eerste gezicht lijken Pierre Maury en zijn soortgenoten zich helemaal onder aan de sociale ladder te bevinden: hun situatie is enigszins vergelijkbaar met die van de dagloners in het noorden van Frankrijk gedurende de laatste eeuwen van het Ancien Régime. Hun leven was vol ongemakken en hun beroep bracht zelfs grote gevaren met zich mee: *'Je was gedwongen Bélibastes huis op een winterdag te verlaten terwijl het dermate koud was dat je op de bergpas bijna doodvroor,'* zei Emersende Marty op een keer tegen Pierre Maury om hem te herinneren aan de kwalijke streken die de heilige man hem geleverd had en tegelijk ook aan de ontberingen van het herdersvak (III, 198)! Ook Bélibaste zelf maakte zijn kameraad opmerkzaam op het zeer harde bestaan dat hij als herder moest leiden: *'Pierre, je leven bestaat uit niets dan beroerde dagen en beroerde nachten* (II, 177).' Zo gezien was het leven van alledag voor een herder als Pierre Maury vooral 's winters bijna even hard en soms ook even gevaarlijk als dat van een houthakker, zoals Bernard Befayt die zelf het slachtoffer van een beroepsongeval werd: *'Bernard Befayt* (de man van Jeanne Marty uit Montaillou) *kwam om in het woud van Benifaxa* (in Spanje). *Hij was bezig de stronk en de wortels van een boom te rooien, toen die wortels en de rotsblokken die er over heen lagen los raakten en op hem vielen. Hij werd op slag gedood* (II, 190).'

Hoewel hij nu en dan een korte periode van voorspoed kende, zag Pierre Maury zichzelf toch wel als een arm man en vond hij zich daardoor niet geschikt om een gezin te stichten. Maar al te vaak moest hij met drie of vier mannen opeengepakt in één enkel bed slapen, zonder vrouw. Meer dan eens maakt Pierre melding van dit soort goedkope nachten naast zulke kuise bijslapers als herders, profeten en verklikkers, zoals bij voorbeeld: *'Die nacht sliepen wij, ik zelf, de ketter Bélibaste en Arnaud Sicre, alle drie in hetzelfde bed (III, 202).'*

Toch was armoede voor Pierre Maury niet alleen een regelmatig terugkerende realiteit en een gelaten aanvaarde metgezel, maar ze beantwoordde tevens aan een ideaal en een waardensysteem. Natuurlijk werd
dit ideaal vooral overgebracht door de neo-evangelische beweging, die
door pleitbezorgers van vrijwillige armoede, waaronder zowel franciscanen als Katharen, over het Occitaanse zuiden van Frankrijk verspreid
werd. Maar Pierre en menig ander kathaars herder uit Montaillou was
wel heel ontvankelijk voor dit ideaal. Pierre was nu eenmaal democraat
in hart en nieren, tenminste voor zover je dat al in de veertiende eeuw
kon zijn! Hij voelde slechts haat en verachting voor overdaad in eten en
opsmuk, althans wanneer het de moederkerk was die deze overdaad
uitstalde. Tegenover veelvraten en welgestelden die geen priesterkleed
droegen was Pierre daarentegen wat toegeeflijker, hoewel hij bij gelegenheid ook tegenover hen scherp kon zijn. Hij nam geen blad voor de
mond toen hij de minderbroeders verweet dat ze zich tegen alle regels in
na een begrafenis aan tafel zetten en zich te goed deden: dit schransen en
brassen, merkte onze herder streng op, zou de ziel van de overledene
schade berokkenen en beletten in het paradijs te komen (III, 30). Daarbij
haalde hij de letterlijke woorden van Mattheüs aan: '*Het is lichter, dat
een kemel ga door het oog van eene naald, dan dat een rijke inga in het
koninkrijk Gods* (Matth. 19, 24).' Een zekere mate van bijbelkennis was
Pierre in ieder geval niet vreemd, dank zij de Goede Mensen en ook wel
dank zij de preken van de monniken, naar wie hij toch luisterde ondanks
de schimpscheuten waarmee hij ze overlaadde. Dat Pierre de *perfecti* zo
graag mocht kwam onder meer doordat zij het ideaal van de arbeidzame
armoede in praktijk brachten, terwijl de bedelmonniken, die dat ideaal
niet zonder geveinsde ijver gepreekt hadden, het verzaakten...
    Maar ook die leken die men gewoonlijk als hoge omes of hoge pieten
bestempelde, werden door Pierre aan de kaak gesteld; hij placht dat soort
lieden in het herdersjargon van Montaillou '*berijders van vette muildieren*' (II, 58) te noemen. Het waren de dubbelhartigen die deden alsof ze
hun ketters verleden vergeten waren en die na een halfslachtige verloo-
chening van hun oude ketterse sympathieën door invloedrijke relaties uit
de gevangenis werden gehouden: '*Ik ken er heel wat in de Sabarthès die
op vette muildieren rijden; zíj worden niet lastig gevallen, ze zijn onaantastbaar en niettemin hebben ook zíj zich met de ketterij afgegeven.*'
Tegenover dit aardse onrecht stelde Pierre het ideaal van een democra-
tisch en kathaars paradijs *waar machtigen en kleine luiden met elkaar
omgaan* en zonder problemen in elkaars nabijheid verkeren (II, 179).
    Dit ideaal van gelijkheid staat mijlen ver af van de roofzucht van men-
sen als Pierre Clergue of Arnaud Sicre die tot elke prijs hun *domus* wil-

den verrijken of terugwinnen. Het was juist deze roofzucht waar Pierre Maury de draak mee stak, want zelf had hij geen huis en woonde hij overal en nergens, onthecht van aardse bezittingen. Als zwervend herder had hij wat dat betreft een heel andere kijk op het leven dan de al dan niet welgestelde thuisblijvers in Montaillou die zich gezapig in hun *domus* en op hun grond verschanst hadden in afwachting van het moment waarop de inquisitie hen kwam uitroken.

Een van de redenen voor deze bewust gekozen armoede was het nomadenbestaan van de herders. Ze beschikten zo nu en dan wel over een muildier met voerman om wol en proviand te vervoeren en wat bepakking te dragen als ze met de kuddes aan het trekken waren, maar vaak kwam dat niet voor: de herder placht zijn gehele hebben en houden zélf op de rug te dragen, en zijn fysieke kracht en uithoudingsvermogen waren zó groot dat hij op die manier soms aanzienlijke lasten kon vervoeren. Pierre Maury kon een brede rivier doorwaden met achtereenvolgens eerst Arnaud Sicre en daarna Bélibaste op zijn schouders. Hij was dus ook heel wel in staat om zijn volledige bagage van de Pyreneeën tot in Catalonië op zijn rug mee te zeulen. Toch was de grens van zijn draagvermogen snel bereikt: het bundeltje kleren en de bijl lieten maar weinig plaats over voor andere vracht. Het was al een hele heisa om een herder een nieuw en schoon hemd te laten meebrengen voor een collega.

Wilde de herder net als de vaste inwoners van Montaillou enige rijkdom vergaren, dan was het zonder meer nodig een eigen *domus* te bezitten. En dat was niet het geval: in de zomer en vooral tijdens de winterbeweiding vond hij onderdak bij anderen, hetzij bij zijn baas, een vriend, een van de ouders van een petekind of bij een huiseigenaar die hem liet betalen als tijdelijke huurder die voor het merendeel van de tijd op de weide verbleef. Desnoods hadden ze zich bij gebrek aan beter kunnen behelpen met een soort woonwagen, maar een dergelijk mobiel onderdak ben ik niet tegengekomen bij mijn veertiende-eeuwse herders in de Pyreneeën, waar de paden nog onbegaanbaar waren voor vervoer op wielen. En ook in de loop van latere eeuwen zouden die mobiele behuizingen meer in Noord-Frankrijk in gebruik komen dan in het zuiden.

Behoudens de korte bezoekjes aan zijn bejaarde ouders thuis bleef de rondtrekkende herder uit Montaillou verstoken van een eigen *domus*, en hij had zich dan ook een heel andere opvatting van rijkdom gevormd dan zijn wél honkvast gehuisveste tijdgenoten. En ook al had die herder een zeker vermogen in de vorm van kuddes of zelfs geld, dan nog was hij noodzakelijkerwijs arm wat betreft voorwerpen, kleding, vaatwerk, meubels, graanvoorraad en dergelijke.

Ongetwijfeld was dat een reden, maar niet de enige, voor de verre-

gaande onverschilligheid ten aanzien van aardse goederen die Pierre Maury aan de dag legde wanneer in zijn bijzijn het probleem van de rijkdom ter sprake kwam. Hij kon rijkdom best waarderen en wist ervan te genieten maar raakte er beslist nimmer aan gehecht. De schoenmaker en nog niet als verklikker ontmaskerde Arnaud Sicre beklaagde zich er op een dag in Spanje tegenover de kring van uitgewekenen uit Montaillou over dat hij door de ketterij van zijn moeder tot armoede was vervallen. Ze was door de inquisitie op de brandstapel gebracht, nadat eerst haar bezittingen en haar *domus* in beslag genomen waren. Maar Pierre Maury gaf hem lik op stuk: '*Maak je toch niet zo druk over je armoede... Er is geen ziekte die gemakkelijker te genezen is. Kijk nou naar mij: tot drie keer toe zat ik helemaal aan de grond en toch ben ik nu rijker dan ooit. De eerste keer was in het dal van Arques, toen Raymond Maulen en vele anderen naar de paus gingen om* (als voormalige Katharen) *hun berouw te betonen; en ik, ik had misschien wel zo'n 2000 sous alles bij elkaar en dat was ik toen allemaal kwijt. Vervolgens verloor ik mijn* fratrisia *of erfdeel dat ik in Montaillou bezat en waar ik als broer recht op had; want* (uit vrees voor de inquisitie) *durfde ik er niet naar toe te gaan om het te halen. Daarna heb ik mij als herder verhuurd aan mensen in Ax en in Puigcerda. Bij hen had ik 300 sous verdiend en die heb ik toen toevertrouwd aan de vader van een van mijn petekinderen in de streek van Urgel; die heeft naderhand geweigerd mij dat terug te geven. En toch ben ik nu rijk want, zoals God ons heeft opgedragen, is ons gebruik als volgt: al hadden we slechts een enkele penning, dan zouden we hem nog moeten delen met onze behoeftige broeders* (II, 30).'
Bezit om te delen, dat was rijkdom voor Pierre Maury, wiens fortuin zo vaak aan schommelingen onderhevig was. Bij herhaling had Pierre zo'n honderd schapen en wat ezels tot zijn bezit kunnen rekenen, één keer zo'n 300 sous en een andere keer zelfs rond 2000 sous. Al met al een aardige som, maar toch bij lange na niet wat een rijke lokale grondeigenaar bezat, zoals Bernard Clergue die er zelfs 14000 sous voor uit kon trekken om zijn broer uit de klauwen van de inquisitie los te krijgen. Hoe dan ook, zelfs wanneer Pierre Maury zich 'rijk' noemde, was hij zich er heel goed van bewust hoe betrekkelijk dat was. De echte rijken waren niet zoals hij in loondienst; echt rijk waren namelijk boeren die zo welgesteld waren dat ze niet zelf hun eigen grond hoefden te bewerken. Overigens wist Pierre heel goed – en hij zei dat ook meermalen tegen Bélibaste – dat hij in weerwil van zijn vermeende rijkdom te arm was, aangezien hij geen geld, spullen of huis bezat om naar behoren een echtgenote en eventuele kinderen te kunnen onderhouden. Pierre zou de leerrijke woorden waarmee zijn meester Jacques Authié hem in het dal van Ar-

ques had toegesproken niet vergeten: *'De rijkdommen die Satan zal geven zullen nimmer genoeg zijn, hoeveel u er ook van zult bezitten. Wie daarvan bezit zal ook steeds meer willen bezitten. En u zult rust noch duur kennen want in dit ondermaanse is niets bestendig; en al wat van Satan komt is vergankelijk en tot ondergang gedoemd* (III, 130-131).'

Deze kritische woorden golden vooral grondeigenaren als Pierre Clergue of Arnaud Sicre voor wie de *domus* een obsessie dan wel een frustratie was, ook al waren ze Kathaar. Gemeten naar de woorden van Pierre Authié kon Pierre Maury er van verzekerd zijn dat hij de genade deelachtig zou worden, zozeer had hij zich namelijk door zijn herdersmentaliteit weten te onttrekken aan de wetten van de zwaartekracht die in het dorp golden.

Toch was Pierre rijk. Niet in de zin van tastbare goederen die hij toch niet begeerde omdat ze niet of lastig te vervoeren waren; maar wel in de zin van genoegens die hem overkwamen en waarvan hij duidelijk blijk gaf. Zijn bestaan was rijk aan ervaringen, interessant en opwindend. Zijn kuddes kon hij laten grazen op weidegronden die nog niet uitgeput waren door overbeweiding. De hemden, de lakense stof, de kleding die hij nodig had kon hij laten weven en maken van zijn eigen wol. Sociaal en economisch gezien bleef hij net als zijn collega's van de transhumance vrijwel geheel buiten bereik van de feodale of heerlijke onderdrukking. Het kon voorkomen dat hij tol moest betalen aan een lokale heer, wiens passen of weidegronden hij met zijn kudde moest passeren. Maar in hoofdzaak waren de 'produktieverhoudingen' waarmee hij te maken had bepaald door contract en konden derhalve van keer op keer verschillen, van loonarbeider tot compagnon.

Zonder nu direct het woord modern toe te passen (we moeten niet vergeten dat deze herderswereld terug gaat tot de vroegste tijden van het neolithicum, dat in elk geval de grondtrekken ervan al ruim voor de veertiende eeuw waren vastgelegd) kunnen we toch vaststellen dat Pierre en zijn soortgenoten, in tegenstelling tot de gezeten inwoners van Montaillou, zich buiten de enge grenzen bevonden van een economie die net genoeg opbracht voor eigen gebruik. Juist door de uiteindelijke bestemming van de kuddes die hij als herder onder zijn hoede had, was Maury in hoge mate betrokken bij de markteconomie van de migratoire schapenhouderij die zich tot over de Pyreneeën uitstrekte. Dat hij daarom nog niet onderworpen was aan het meedogenloze arbeidsritme van een kapitalistische organisatie spreekt vanzelf. In de eeuw die vooraf ging aan de Zwarte Dood stelden de normen in dat opzicht nog weinig eisen. Menigeen die studie maakte van het dagelijks leven van de mensen van Montaillou, zowel van die er woonden als van de uitgewekenen, werd getroffen door het ontspannen en bedaarde ritme van hun werkzaamheden en de vele onderbrekingen en rustpauzes.¹ Dat gold zowel de herders en boeren als handwerkslieden... En net als alle anderen had ook Pierre, als hij met zijn kudde op stap was, geregeld vrijaf. Zo nodig liet hij een van zijn kameraden onderwijl op zijn schapen passen, terwijl hij zelf afdaalde naar een nabijgelegen marktstadje om er geld af te leveren of op te halen. Soms kneep hij er zonder tekst of uitleg zomaar tussen uit om ver van de kudde een bezoek te gaan brengen aan vrienden of liefjes (voor zover die al niet zelf naar boven kwamen om hem in zijn *cabane* op te zoeken), of aan de ouders van zijn petekinderen, vrienden die hij al sinds jaar en dag kende of die hij zich, zoals we straks zullen zien, nog van tijd tot tijd bij doopfeesten verwierf. Pierre Maury's horizon reikte verder dan zijn dorp en zijn geboortestreek. Net als de gebroeders Maurs en andere herders uit de Cerdagne of de Ariège vormde hij een van de schakels in het netwerk van *cabanes* en *cortals* dat van bergpas naar bergpas informaties doorgaf over wat zich afspeelde in Catalonië, in de Pyreneeën of in zijn eigen geboortestreek waar hij bovendien – ondanks het gevaar van de inquisitie – geregeld naar terug ging.

Pierre Maury was een loonarbeider die zijn werk zonder tegenzin deed. Hij was een vrijbuiter die van alles goed op de hoogte was en kon genieten van een feest, van vrolijkheid of zomaar van een goed vleesmaal met vrienden onder elkaar. Zijn gewone voedsel van alledag was niet veel bijzonders, maar de keren zijn niet te tellen dat hij goede eiwitrijke maaltijden naar binnen werkte, die dan konden bestaan uit geitelever, varkens- en schapevlees, eieren, vis, kaas en melk. Dat kon gebeuren bij familiebijeenkomsten, in de taveerne of buiten in de open lucht, in gezelschap van broers, verwanten, vrienden, kameraden, vijanden of van gerechtsdienaren die op hem afgestuurd werden om beslag te leggen op zijn kudde en die hij wist te paaien door een grote koek voor hen te bakken die ze dan gezamenlijk soldaat maakten. Pierre Maury was een van de stamgasten aan de eettafel van Guillemette Maury, de kleine maar dappere boerin uit Montaillou die in San Mateo in ballingschap leefde en zich met haar gezin gevestigd had in de rue des Laboureurs: men verdrong elkaar, Maury voorop, om 's middags of 's avonds aan te schuiven bij de geanimeerde maaltijden van deze keukenprinses, ook al was haar hand van koken niet altijd even gelukkig: '*In het huis van Guillemette Maury in San Mateo heb ik in de paastijd Pierre Maury, Guillemette Maury zelf, haar zonen Jean en Arnaud en haar broer die ook Pierre Maury heette en Arnaud Sicre uit Ax (de verklikker) en nog vele anderen gezien. Al met al bijna zo'n twaalf tot vijftien personen, die te zamen in dat huis aan het middagmaal zaten. Er werd vis gegeten, maar*

ik hou niet van vis en bovendien was het niet het seizoen om vis te eten.
Ik vond dat dus verwonderlijk en stuurde een van de zonen van Guille-
mette er op uit om een geitelever te kopen. Daar heb ik toen van gegeten
en ik heb er ook wat van gegeven aan de overige gasten die die dag bij
ons aan tafel zaten (II, 183-184).' Zelfs in tijden van schaarste of hongersnood, zoals rond 1310, wist Pierre Maury aan voldoende meel te komen
om niet alleen zichzelf te kunnen voeden maar ook de herders van zijn
ploeg en zijn vriend Bélibaste, om precies te zijn een kwart centenaar
meel per week per persoon. Op hoogtijdagen droeg hij samen met zijn
vriend en latere vijand Arnaud Sicre voor zover zijn bescheiden middelen het toelieten, in ruime mate bij aan het feestmaal van Guillaume
Bélibaste en van Raymonde, de concubine van deze heilige man. *'Pierre*
Maury en ik,' wist Arnaud zich te herinneren, *'kwamen overeen om elk*
de helft van de kosten voor het kerstfeest te betalen (kosten van de maaltijden etc.): *ik moest betalen voor mijzelf en voor Bélibaste; Pierre voor*
zichzelf en voor Raymonde (II, 69).'

Pierre Maury bezat dus niet veel 'roerende' of 'onroerende' goederen,
maar wél veel vrienden, en dat was tenslotte wat telde. Deze vriendschappen vertoonden veel overeenkomst met familierelaties. Want al
had Pierre dan geen huis dat zijn persoonlijk eigendom was, toch betekenden de *domus* van zijn vader, familie en afkomst voor hem waarden
van kardinaal belang, waar hij trouw aan bleef. Niet voor niets kwam hij
uit Montaillou! Ook in religieus opzicht bleef hij trouw aan zijn oorsprong: *'Tot drie maal toe werd het huis van mijn vader en moeder*
verwoest wegens ketterij,' vertelde Pierre Maury aan Guillaume Maurs,
'maar toch kan ik me niet van de ketterij losmaken want ik moet vast-
houden aan het geloof dat mijn vader aanhing (II, 174).' Uit deze en
andere fragmenten blijkt wel dat in Montaillou de ketterij volstrekt niet
ervaren werd als een vorm van verzet van zonen tegen hun vaders of van
nieuwlichters tegen behoudzuchtigen.

Pierre was een goede zoon, maar bovenal was hij een fidele broer.
Zoals we nog zullen zien was zijn sterk ontwikkelde gevoel voor vriendschap eigenlijk een uiting van broederlijke verbondenheid buiten de
bloedverwantschap om. Dat die broederlijke genegenheid ver kon gaan
ligt wel voor de hand in een samenleving die in sterke mate op verwantschap gebouwd was, zoals in Montaillou. Pierre liet dat al vroeg blijken
toen hij zijn zuster, met haar instemming, ontvoerde uit de heerschappij
van een echtgenoot die haar sloeg. Ook verloochende Pierre Maury
nimmer zijn genegenheid voor zijn broer en metgezel Jean, die net als hij
schaapherder was, ondanks wat hatelijkheden zo nu en dan, zoals tijdens
hun zomerverblijf op de pas van Isavena, toen Jean zijn broer Pierre voor

'*smerige ketter*' uitmaakte. '*Daarop gaf ik Jean als antwoord,* ' aldus Pierre, '*zelf ben je ook niet zo afkerig van ketterij!*' (III, 195)'

Deze woordenwisseling had niet veel te betekenen en enige tijd daarna kreeg Pierre de gelegenheid om te bewijzen hoezeer hij aan Jean gehecht was: Jean had zich nooit met heel zijn hart en ziel bij de ketterij aangesloten en toen hij op een dag ziek was en ijlde van koorts, leek hij te dreigen dat hij alle ketters zou laten oppakken. Guillemette Maury die de zieke verpleegde, raakte in paniek en zei: '*We moeten hem doden want anders, als hij geneest, brengt hij ons allemaal in de gevangenis of op de brandstapel* (III, 206).' Pierre reageerde onmiddellijk heftig: '*Als u mijn broer laat doden, zal ik u met mijn tanden rauw verscheuren, wanneer ik me niet anders kan wreken.*' En op slag begon Guillemette over iets anders te praten!

De liefde van broer tot broer kon nog zuiverder en onbaatzuchtiger vorm aannemen in het geval van een innige vriendschap met iemand waarmee men geen bloedband had en die dan werd aangeduid als de hartsvriend. Pierre kenschetste zijn eenzijdige vriendschap met Guillaume Bélibaste als volgt: '*Ik hou meer van Guillaume dan van wie ook van mijn broers; ofschoon ik vier echte broeders heb. Want zij die van het geloof zijn* (de ketters) *gaan in alles eendrachtig te werk; zij zijn dus meer met elkaar verbroederd dan broers die uit dezelfde vader en dezelfde moeder geboren zijn: want zulke broers maken voortdurend ruzie met elkaar. Maar ik zal Guillaume nimmer te kort doen, want alles wat we bezitten, leggen we bij elkaar en verdelen we gelijkelijk* (II, 182).'

Ongetwijfeld maakte Pierre zichzelf wat wijs of sloot hij willens en wetens de ogen voor Bélibastes ware gevoelens jegens hem. Dat samen gelijkelijk delen was in ieder geval eenrichtingsverkeer en Pierre hield wel van Bélibaste maar niet omgekeerd. Hoe het ook zij, deze vriendschap zonder tegenprestatie moet niet gezien worden als uitzonderlijk gedrag van een al te nobel mens, maar paste in die speciale opvatting van kunstmatige verwantschap die eigen was aan de Occitaanse cultuur. Deze algehele broederschap tussen niet-verwante vrienden die zonder schipperen alles gelijkelijk deelden, vond haar rituele bekrachtiging in de *affrèrement*, waarvan sprake is vanaf het begin van de veertiende eeuw.

Maar de herders hadden rond 1300 ook nog te maken met een andere vorm van kunstmatige verwantschap die in de Pyreneeën gangbaar was: bij de doop van een zuigeling werden de peetooms, peettantes en de ouders van de dopeling elkaars wederzijdse *compères* en *commères* (letterlijk: medevader of gevader en medemoeder of gemoeder) en namen zij de gemeenschappelijke verantwoordelijkheid op zich voor de opvoeding en toekomst van het kind. Vele van Pierre Maury's vriendschappen waren niet zomaar een kwestie van genegenheid, zoals dat tegenwoordig bij ons het geval zou zijn, maar kwamen voort uit de formele band van mede-ouderschap of doopverwantschap. Door een boze uitval van Bélibaste aan het adres van Pierre wordt dat op aardige wijze toegelicht: Bélibaste viel erover dat Pierre zich een vriendenkring trachtte op te bouwen door bij doopfeesten peet te staan en dat het hem daarbij niet enkel ging om zorg voor de dopeling, maar veeleer om de blote zorg zelf talrijke vrienden te verwerven onder de mannen en vrouwen wier *compère* hij werd: '*Je verwerft je zelf veel* compères *en* commères, *want je staat peet bij de doop van heel wat kinderen; je hele vermogen geef je uit aan dit soort feestelijkheden; en toch zijn deze doopfeesten en dit doopouderschap nergens goed voor dan voor het sluiten van vriendschappen tussen allerlei mensen* (III, 185).' Pierre reageerde fel op deze opmerkingen en maakte in zijn weerwoord meteen duidelijk wat zijn opvatting van vriendschap was: '*Ik verdien mijn geld en mijn rijkdom zelf; ik maak dus zelf wel uit hoe ik het uitgeef; noch voor jou, noch voor iemand anders zal ik daar vanaf zien, want op die wijze* (door compères *en* commères *te maken) verwerf ik mij de vriendschap van een hoop mensen.*' Hij wist zijn opvatting van vriendschap ook nog te onderbouwen met een eigen bespiegeling over de weldaad: '*Als ik probeer om op die wijze zoveel vrienden te verwerven, dan doe ik dat omdat ik van mening ben dat ik aan elk mens goed moet doen; als die mens goed is* (d.w.z. ketter of gelovig) *zal ik hoe dan ook beloond worden; is die mens slecht* (anders gezegd, geen ketter) *dan zal hij op zijn minst proberen wat terug te doen voor de weldaden die hij van mij ondervond.*'

Vriendschap, doopverwantschap en weldaden over en weer bewezen waren voor Pierre dus onverbrekelijk met elkaar verbonden en uit zijn verklaringen blijkt dat vooral dat doopouderschap een essentiële factor was bij vriendschappen van mensen uit Montaillou: het was immers een *compère*, wiens naam we niet weten, aan wie Pierre Maury de opbrengst toevertrouwde toen hij uit vrees voor de inquisiteurs al zijn vee had verkocht. Zoals onder meer uit dit voorval valt op te maken speelde de *compère* dus de rol van vertrouwensman, ofschoon hij het vertrouwen niet altijd waard was: '*Op een gegeven moment,*' vertelt Pierre, '*had ik 300 sous bij elkaar verdiend, toen ik als herder bij bazen in Ax-les-Thermes en in Puigcerda werkte. Ik vertrouwde dat bedrag toe aan een* compère *van mij die in de streek van Urgel woonde. Hij heeft me dat geld nimmer terug gegeven* (II, 30).' Behalve geld kon men bij een *compère* bij voorbeeld ook een vrouw in bewaring geven, een aan- of bloedverwante wier deugd of leven men op die manier hoopte veilig te stellen. Zo'n *compère* kon ook van nut zijn als huisbaas, vooral als hij een groot huis had. Het was wel zaak van tevoren de juiste figuur uit te kiezen, en soms lukte dat Pierre Maury ook wel: *'Die winter brachten wij, ik en mijn broer Jean Maury, de winter door in Castelldáns. We hadden beiden onze intrek genomen in het huis van notaris Bérenger de Sagria, die niemand anders was dan de compère van Jean Maury... Later nam ik Blanche Marty mee naar Castelldáns en bracht haar onder in het huis van deze Bérenger* (III, 194-195).' (Blanche Marty was namelijk een beschermelinge van Pierre Maury; als zuster van Raymonde Piquier, de bijzit van Bélibaste en Pierres bruid voor een blauwe maandag, was ze korte tijd zijn schoonzuster geweest.) Tot slot kon de getuigenis van een *compère* als de baljuw van Saint-Paul-de-Fenouillèdes* waardevol blijken als alibi bij een inquisitieproces, wanneer men groot risico liep de rest van zijn leven in de gevangenis te moeten wegrotten.

Zijn bestaan als rondtrekkende herder stelde Pierre Maury vaak in de gelegenheid om bij doopfeesten uitgenodigd te worden en peet te staan; het kon voorkomen dat hij meerder *compères* in een en hetzelfde kerkdorp had en met name in het winterseizoen, wanneer hij in Catalonië was en niet ver van Bélibaste zat, was dit voor hem een excuus om ertussenuit te knijpen. *'Pierre Maury, ik en nog zeven andere herders,'* vertelde Guillaume Maurs, *'overwinterden met de schapen van Pierre Castell op de weidegronden van Tortosa. En aan de vooravond van de vasten* (misschien wel vanwege de feestelijkheden van het carnaval) *nam Pierre Maury afscheid van mij, terwijl ik bij de schapen bleef, en zei me: "Ik wil een van mijn compères, Eyssalda geheten, gaan opzoeken in het dorp Flix* (in de buurt van Tarragona), *waar ik overigens nog vele andere compères heb, van wie er een met name Pierre Ioyer heet." En inderdaad was Pierre Maury om en nabij de drie weken weg en verbleef hij die tijd in Flix. Toen hij daarna weer op de weiden bij Tortosa terugkwam, had hij de ketter Guillaume Bélibaste bij zich en regelde hij dat Pierre Castell hem voor een maand als herder in dienst nam* (II, 177).'

Naast specifieke vriendschapsbanden die gekoppeld waren aan afstamming, broederschap of doopverwantschap kenden Pierre Maury en zijn medeherders nog een vorm van associatie, waarbij praktisch belang en emotionele binding nauw verweven waren. In de tijd dat hij in de Fenouillèdes werkte, waarbij hij de zomer doorbracht in de omgeving van de Orlupas (in de Pyreneeën ten zuidoosten van Ax-les-Thermes), was Pierre samen met zijn herdersploeg in dienst bij Pierre André, een schapenhouder uit Planèzes. De situatie was al tamelijk ingewikkeld omdat de twee zonen van de werkgever, Bernard en Guillot, deel uit-

* Zie hoofdstuk 5.

maakten van de ploeg, zodat naast de relatie werkgever-werknemer ook nog de band vader-zoon in het spel was. Maar bovendien besloot de herdersploeg, waarvan Pierre Maury dus de voorman was, naar het leek geheel eigenmachtig en zonder hun werkgever te raadplegen om samen te gaan met een andere herdersploeg die in dienst was van meester Roquefeuil uit Saint-Paul-de-Fenouillèdes. Gedurende twee zomers en op zijn minst een winter werkten al de herders van de ploeg van André en die van Roquefeuil met elkaar als compagnons of metgezellen (socii) samen, zonder dat hun werkgevers ook maar iets met de associatie van doen hadden. Het kon zelfs voorkomen dat socii elkaar een eed van wederzijdse trouw zwoeren op middeleeuwse wijze – en ook hier valt dus moeilijk onderscheid te maken tussen een opwelling van het hart en dat wat het werk voorschreef – zoals die drie rondtrekkende herders die van de noordkant van de Pyreneeën kwamen en waarover Bélibaste het had in een gesprek met Pierre Maury: '*Op de weg die van Servière naar Montblanch leidt, kwam ik drie mensen tegen, Raymond Maurs* (uit Montaillou), *Bernard Laufre* (uit Tignac) *en Raymond Batailler* (uit Gébetz); *ze hadden elkaar wederzijds trouw gezworen en waren op weg naar Montblanch om er de kost te verdienen* (III, 168).

Dit soort sociale relaties waren eigen aan het Land van Aillon en de Sabarthès, maar werden belangrijker naarmate ballingschap en zwervend bestaan de noodzaak van solidariteit sterker deden voelen, niet alleen bij herders maar ook bij de vrouwen die door de uittocht uit de Boven-Ariège in Catalonië beland waren en als weduwe of anderszins van hun man gescheiden moesten zien rond te komen. Pierre Maury kende zo'n geval: '*Blanche Marty* (dochter uit een familie van welvarende smeden in Junac) *had zich verbonden met de oude Esperte Cervel* (afkomstig uit Montaillou en weduwe van een smid in Tarascon); *ze woonden bij elkaar, samen met de dochter van Esperte, Mathena, in een huis aan de brug in Lérida* (III, 197).' In Montaillou en eigenlijk in de hele Sabarthès kon zo'n associatie wel eens uitlopen op een of andere vorm van bloedwraak. De mannen van de Maurs-familie die van wanten wisten op dit gebied, zwoeren elkaar trouw te zullen blijven in voorspoed (om samen de kost verdienen) en in tegenspoed (om elkaar wreken). Hiervóór zagen we al hoe Pierre Clergue het doelwit werd van een samenzwering: drie mannen uit Montaillou, waaronder twee herders uit de Maurs-familie, waren met elkaar een verbond aangegaan en hadden op brood en wijn gezworen de pastoor te doden.

Vriendschappen op grond van afstamming, doopverwantschap of associaties tussen *compères* of broers waren verweven met gewone vriendschappen en met ketterse of anti-ketterse saamhorigheidsgevoelens. En zo had elke inwoner van het dorp, elke *domus*, elke herder zijn eigen vriendenkring. '*Groet alle vrienden,*' maande Raymond Pierre van zijn kant Pierre Maury bij het afscheid, toen deze zich op weg begaf voor een lange tocht naar een huis dat met de ketterij sympathiseerde (III, 129). '*Maak dat je weg komt; door jou zou aan alle vrienden kwaad kunnen geschieden,*' kreeg Pierre Maury thuis in Montaillou te horen van Guillaume Belot, die ook namens Arnaud Fauré sprak, een oom van Pierre en een uitgesproken lafaard (II, 174). Toen hij dát hoorde, barstte Pierre Maury in snikken uit, want hij besefte nu dat de Belots en de Faurés, hoewel ze toch dorpsgenoten en bloedverwanten van hem waren, hem uit angst voor de inquisitie niet meer tot hun vriendenkring rekenden. Daarom weigerden ze hem ook gastvrijheid, al was dat een heilige plicht, en smeekten ze hem zijn tocht voort te zetten. Zo nodig wilden ze hem nog wel een stuk brood toewerpen, om daarmee zijn vertrek af te kopen. Zelfs wanneer haar wetten geschonden werden, bleef vriendschap het allerbelangrijkste voor de toenmalige herders uit de Aude en uit Montaillou, net als voor de huidige bevolking van Corsica of Andalusië. Vriendschap speelde toen een veel belangrijkere rol dan in onze moderne geïndustrialiseerde en individualistische samenleving.

Over het algemeen bleven de herders ongehuwd en dus zonder nakomelingen: want terecht of ten onrechte vonden zij zichzelf te arm om er een vrouw op na te houden. De uitzonderingen op deze regel waren zeldzaam genoeg om nadrukkelijk vermeld te worden: '*Ik werkte ooit als herder samen met Guillaume Ratfre uit Ax,*' vertelde Pierre Maury op een keer, en niet zonder enige verbazing voegde hij er nog aan toe: '*Die had zich een vrouw genomen in Caudiès* (III, 159).' Pierres eigen broer, Jean Maury, had een vrouw getrouwd in een Catalaans dorp, om er weiderecht te krijgen. Maar door dat huwelijk belandde hij eigenlijk al half en half in de categorie van gezeten boeren. Uitzonderingen dus daargelaten, werd er door de beroepsherders niet echt getrouwd, en hun groep moest dus van buitenaf, uit de gezeten boerenfamilies, aangevuld worden.

De houding van de herders tegenover de mensen buiten hun groep was veelal open en vriendschappelijk. Een enkeling, zoals bijvoorbeeld Guillaume Maurs, kon – overigens zonder succes – azen op meedogenloze en gerechte wraak tegen de Clergues: maar dat was dan omdat zijn familie door hen vervolgd en zelfs van huis en haard verdreven was. Onder het toch niet geringe aantal herders dat in Fourniers dossier voorkomt, was in elk geval geen enkele echte schurk te vinden. Onder de gezeten bevolking waren daarentegen smeerlappen te over, zoals de gewetenloze Pierre Clergue, of Arnaud Sicre, en toch ook Bélibaste, die, hoewel hij slechts af en toe als herder werkte, eigenlijk een vaste woonplaats had en niet rustte voordat hij uit de pure vriendschap van Pierre Maury de laatste kruimel winst gepeuterd had. Als groep maken deze ongebonden herders een sympathiekere indruk dan de wat bekrompen wereld van de dorpsbewoners voor wie alles om de *domus* draaide. En van die herders was Pierre Maury wel de sympathieke held bij uitstek, met zijn blijmoedige openheid tegenover de wereld en de medemens. Hij begroette iedereen met zijn ontwapenend gulle herderslach, ook al kende hij de desbetreffende persoon nauwelijks en had hij gegronde redenen tot wantrouwen. Zo ook Arnaud Sicre, voordat deze ontmaskerd werd als verklikker: '*Toen ik het huis van Guillemette Maury binnenkwam,*' aldus Arnaud, '*stond Pierre Maury op van de bank waar hij op zat, keek mij lachend aan en wij begroetten elkaar op de gebruikelijke wijze* (II, 28).'

Wanneer hij bij Sicre en de andere leden van Bélibastes gemeente was had hij het gevoel met vrienden onder elkaar te zijn, zoals hij liet blijken toen hij het had over een bijeenkomst die weldra bij Guillemette Maury thuis zou plaatsvinden: '*We zullen bij elkaar zitten en praten en we zullen het gezellig hebben want met vrienden onder elkaar moet het wel gezellig zijn* (II, 30).'

Maury was graag onder de mensen en zijn vrienden zagen hem met vreugde komen, maar soms werd die vreugde vertroebeld door tegenstrijdige gevoelens die voortkwamen uit de angst voor verklikkers en trammelant met de politie waarmee Bélibastes gemeente voortdurend te kampen had: '*Toen we jou weer terugzagen,*' zei Guillaume Bélibaste op een keer tegen Pierre, toen deze terugkeerde van zijn zomerweiden in de bergen, '*waren we tegelijkertijd blij en bevreesd. Blij omdat we je na zo lange tijd weer terugzagen, bevreesd omdat ik bang was dat de inquisitie je daarboven opgepakt had: in dat geval zou ze je gedwongen hebben alles te bekennen en zou de inquisitie je als spion bij ons hebben laten terugkomen om mij te kunnen pakken* (III, 183).' Bélibaste vergiste zich slechts in de identiteit van de verklikker, maar had het bij het juiste eind over de manier waarop de inquisitie te werk zou gaan: de figuur die er toe zou leiden dat hij, precies zoals hij voorzien had, opgepakt zou worden was niet Pierre Maury maar Arnaud Sicre.

Het is de vraag of de inquisiteurs vat hadden kunnen krijgen op iemand als Pierre Maury. Zijn lach was ronduit gul, zijn glimlach echter vol ironische distantie, in de trant van 'praat jij maar lekker'. De verre dreiging van de pijnbank en van een nietsontziende behandeling door de inquisitie, die de herder Guillaume Maurs hem voorhield toen ze samen op de weidegronden waren, werd door Pierre beantwoord met een fijn glimlachje: '*Je zult verraden, aangeklaagd en gevangen genomen worden, net als Bélibaste,*' waarschuwde Guillaume, '*en ze zullen je de vingernagels indrukken* (II, 181).' '*Nadat hij me dit had horen zeggen, begon Pierre Maury alleen maar te glimlachen,*' wist Guillaume Maurs zich nog te herinneren.

Dezelfde tegelijk neerbuigende en schertsende glimlach kreeg Guillaume Maurs ook weer als antwoord toen hij Pierre op een dag verwijten maakte over zijn contacten met ketters: '*Pierre, je spant je in voor de verkeerde dingen, en je gaat veel met verkeerde mensen om; er is ter wereld geen boosaardige duivel die jij niet kent.*'

'*Bij deze woorden,*' aldus Guillaume, '*glimlachte Pierre en zei geen woord* (II, 185).'

Ook Béatrice de Planissoles had zo'n 'glimlachje'. Tijdens een van de veelvuldige 'echtelijke' twisten tussen de al wat ouder wordende Béatrice en haar jonge minnaar Barthélemy Aurilhac dreigde deze haar aan te geven bij de inquisitie. '*Toen zei ik tegen Béatrice,*' vertelde Barthélemy naderhand, '*dat ik, als ik me ooit in het bisdom Pamiers zou bevinden of ergens anders waar ook een inquisiteur te spreken was, ik er voor zou zorgen dat ze opgepakt werd ...; toen glimlachte ze en zei me: de priesters die tot de goede christenen* (de ketters) *behoren, zijn beter dan jij bent* (I, 253).' Béatrices glimlach leek in dit geval niet op die van de Mona Lisa, maar kwam voort uit een geïrriteerde maar niettemin zelfverzekerde kalmte en verschilde niet veel van de tegelijk ironische en gelaten glimlach die over het gezicht van pastoor Pierre Clergue gleed toen hij moest ervaren dat Alazaïs Fauré hem het ontmaagden van haar nicht Raymonde onthield.

Natuurlijk kunnen de her en der over het dossier van Fournier verspreide opmerkingen over de psychologie en de mentaliteit van de herders en van Pierre Maury in het bijzonder geen allesomvattend beeld oproepen. Om dan toch zicht te krijgen op wat de levensbeschouwing van de herders en van de mensen in Montaillou was is het van belang dat we ons een voorstelling kunnen maken van wat deze herders dachten over de zin van het leven en hoe zij zichzelf zagen. Op die vragen heeft Pierre Maury zelf ons bij herhaling een duidelijk antwoord gegeven.

Zo was er om te beginnen die keer dat erover gesproken werd toen Pierre Maury naar Ax-les-Thermes was gekomen vanuit de Fenouillèdes, waar hij toen in de regel zijn verblijf had, om daar een muildier met een lading zout uit de Roussillon heen te brengen. Bij de baden van Ax, die met name voor de leprozen bestemd waren, kwam hij twee andere figuren uit Montaillou tegen: Guillaume Belot en zijn eigen broer Guillaume Maury. Dit weerzien bood de drie mannen een goede gelegenheid samen een eindje te wandelen en met elkaar over een en ander wat te filosoferen. In hun stemmen klonk een zekere bezorgdheid, omdat in die tijd het gerucht de ronde deed dat een groots opgezette razzia werd voorbereid tegen de in Montaillou en de Sabarthès talrijke aanwezige ketters. De twee inwoners van Montaillou, die wisten waarover ze spraken, vroegen dan ook aan Pierre: '*Hoe waag je het in de Fenouillèdes te blijven rondhangen, terwijl je wegens ketterij gezocht wordt?* (III, 161)'

Pierres antwoord had niet diepzinniger kunnen zijn: '*Ik kan net zo goed in de Fenouillèdes of in de Sabarthès blijven rondhangen; want niemand kan mijn lotsbestemming* (fatum) *veranderen. En of dat nu is hier of daar, mijn lot moet ik dragen.*'

Lotsbestemming: het hoge woord is er uit. Het was een woord dat vaak viel in de dagelijkse gesprekken die Pierre Maury voerde aan tafel, op de weiden of na wat gedronken te hebben. Dit besef van een onherroepelijke lotsbestemming liet hem niet meer los tijdens zijn latere zwerftochten, zelfs niet in Spanje. Hij beriep zich erop toen Bélibaste hem op een dag scherpe verwijten maakte over zijn zwerversbestaan en van plan bleek hem een vrouw te vinden: '*Je wendt je van ons af; doordat je geregeld naar het graafschap Foix teruggaat, om er met de kudden de zomerweiden op te zoeken, loop je het gevaar in handen van de inquisitie te vallen; en als je dan eenmaal buiten ons bereik bent, pas er dan voor op dat een ongeluk je ondergang teweeg kan brengen, zonder dat er nog gelegenheid voor je is om vlak voor je dood de ketterdoop te ontvangen, aangenomen of vertroost te worden* (III, 183).' Het antwoord van Pierre liet aan duidelijkheid niets te wensen over; hij was nu eenmaal geen tam konijn en het bestaan van rondtrekkende herder dat hem met de paplepel was ingegoten, verschafte hem de onontbeerlijke vreugde om minstens één maal per jaar de berglucht te kunnen ademen wanneer hij er 's zomers met zijn schapen rondzwierf. '*Ik kan niet anders leven dan zoals ik ben opgevoed. Als ik voorgoed in Morella* (de vaste plek voor overwintering in Spanje) *zou blijven wonen, zou ik 's zomers kapot gaan,*' en terugkomend op zijn gebruikelijke levensbeschouwing zei hij tot slot: '*Ik moet mijn lotsbestemming volgen. Als het mij gegeven is om nog vlak voor mijn dood de ketterdoop te mogen ontvangen, dan zal ik gedoopt worden. Zo niet, dan zal ik de weg volgen die voor mij is weggelegd.*' Eenzelfde soort antwoord kreeg ook Guillaume Maurs te horen op zijn verwijt aan Pierre dat hij het leven van een opgejaagd ketter moest leiden: '*Ik kan niet anders. Zo heb ik tot nu toe geleefd en zo zal het ook blijven* (II, 184).'

Waar had Maury dat idee van een lotsbestemming, dat hem zo dwars zat, vandaan? Van zijn vrienden, de Katharen? Ja en nee. Weliswaar geloofden ze rotsvast in de onafwendbare loop der dingen*... maar ze spraken zichzelf ook wel tegen! Bélibaste, wiens opvattingen vaak dubbelzinnig waren, herinnerde de herder zelfs af en toe aan de vrije wil: '*De mens is heel goed in staat zichzelf te helpen, om een goed of slecht doel te bereiken*,' zei hij dan (II, 183).

Naast kathaarse invloed vertoonde Pierre Maury's lotsbesef ook trekjes van andere culturen rond het westelijk deel van de Middellandse Zee. De volkeren van de Maghreb en de moslems van Afrika en Spanje hebben ook dat lotsbesef: we mogen dus wel aannemen dat de vele malen dat Pierre Maury in contact kwam met Saraceense herders, hij alleen maar in zijn ideeën hierover gesterkt kon worden. (De eerste keer immers dat Pierre het had over een bepaalde opvatting van het lot, dateert van na zijn eerste tocht naar Spanje.) Maar zover hoeven we het niet te zoeken, want het middeleeuwse christendom zelf ontleende aan de kerkvader Augustinus, die uit de Maghreb afkomstig was en leefde vóór de komst van de islam, een allesomvattende genadeleer, die in haar meest strenge versies alles had van een lotsbestemming. En laten we ten slotte niet vergeten dat Pierre Maury een herder uit het bergland was. Het waren nu juist dit soort herders, ervaren kenners van de natuur en de sterren, die al voor de renaissance in hun almanak de meest complete uitleg gaven van de onlosmakelijke eenheid van macrokosmos en microkosmos: in deze almanak werd aangegeven hoe de astrologie, door de twaalf tekenen van de dierenriem, haar wet oplegde aan de twaalf maanden van het agrarische jaar en aan de twaalf stadia waarin een mensenleven verdeeld was, en die alles bij elkaar tweeënzeventig jaar bedroegen.[2]

Pierres lotsbesef had ook volstrekt niets te maken met ongerijmd bijgeloof. Integendeel, hij weigerde te geloven in voortekenen die af te lezen zouden zijn uit de vlucht van vogels en ander soort beuzelpraat. Op een dag maakte Bélibaste zich grote zorgen over het feit dat een ekster vlak voor zijn voeten driemaal zijn pad had gekruist. Overigens was die zorg niet ongegrond, want voor hem was de dreiging van de brandstapel heel nabij. Maar Pierre stak de draak met hem: '*Guillaume, bekommer u toch niet om voortekenen van vogels en andere voorspellingen van dat soort. U dáár druk over maken is goed voor oude wijven* (III, 210).'

Het lotsbesef van Pierre Maury had dus niets van primitieve magie,

* Zie hiervoor hoofdstuk 19.

maar was een diepzinnige levensbeschouwing. Wellicht werkten bij hem de heel oude traditionele opvattingen door van agrarische samenlevingen zonder economische groei en zonder keuzemogelijkheden. Dit fatalisme leefde ook onder de mannen en vrouwen van de Clergue-*domus*: zoals we al zagen aarzelde pastoor Clergue geen moment om wat hoofdhaar en stukjes nagel van zijn vader Pons in de *ostal* te bewaren om zo het gesternte of geluk (*eufortunium*) voor zijn *domus* te bewaren. Toen Guillaume Maurs op een keer Pierre Maury op ernstige wijze toesprak over diens verkeerde contacten en gesjacher, viel letterlijk het woord 'geluk', althans in tegenovergestelde zin: '*Pierre, je laat je in met zaken die niet deugen; en daarmee zullen jullie je allemaal het ongeluk (infortunium) op de hals halen; en op een kwade dag zal de duivel alles komen halen* (II, 184).' Pierre antwoordde zoals hij wel moest antwoorden, door zich uitdrukkelijk te beroepen op zijn eigen lotsbestemming als zwerver zonder thuis: '*Ik kan er niets aan doen, ik kan niet anders, want zo heb ik voorheen geleefd en zo zal ik in de toekomst leven.*'

Pierre Clergue en Pierre Maury hadden dus eenzelfde voorstelling van het levenslot, als geluk of ongeluk, dat door de sterren bepaald werd. Beide mannen zijn representatief genoeg voor hun dorp om te kunnen te kunnen verplaatsen. Maury zorgde er steeds voor 'op de grens van het draagbare' te blijven[3] en koos er dus voor om weinig dingen te willen er ook verschil tussen de opvattingen van de priester inzake het lot en die van de herder. Voor een man als Pierre Clergue voor wie de *domus* als de hoeksteen van zijn bestaan gold, was met het gesternte en het geluk voor alles het *gemeenschappelijke* lot van het geslacht en van de hele huishouding gemoeid. Voor Pierre daarentegen gold het devies '*huis noch haard*'; lot en geluk hadden voor hem meer betrekking op het levensverhaal van één enkel *individu* dan op de toekomst van een hele *ostal*.

Pierre Maury's lotsbesef uitte zich ook in het diepgewortelde gevoel dat hij voor immer zijn plaats had binnen een bepaalde groep en in een bepaald beroep. Leven volgens zijn bestemming was in het gelid blijven en niet buiten zijn stand of beroep treden. Een beroep overigens dat ervaren werd als bron van eigenwaarde en levenskracht, en niet als oorzaak van ongeluk en vervreemding. Dit bleek ook duidelijk uit een gesprek dat Guillaume Maurs, Pierre Maury en Guillaume Bélibaste, ooit met elkaar hadden toen ze met z'n drieën op de weiden van Tortosa hun schapen aan het hoeden waren: '*Pierre,*' zei Bélibaste, '*zet toch een punt achter dat hondeleven; verkoop al je schapen en wij zullen dan het geld dat je voor je vee krijgt op andere wijze besteden. Ik zelf zal kaarden maken. Op die manier zullen we beiden rond kunnen komen...*'

Maar Pierre wierp onmiddellijk tegen: '*Nee, ik wil mijn schapen niet verkopen. Herder ben ik tot nu toe geweest en herder zal ik blijven zolang ik leef* (II, 177).'

De herder aanvaarde zijn lot dus als een roeping en de vrije berglucht was voor hem de gelukkige keerzijde van zijn nomadenbestaan, zelfs als hij onder de blote hemel moest slapen, 's winters bijna doodvroor en in de herfstregens doorweekt raakte tot op het bot... Dat lot was niet te scheiden van de opvoeding die hij als herdersknaap had gekregen, het was hem als het ware met de paplepel ingegeven. Toen Pierre Maury op een keer in Beceite was, in de buurt van Teruel, las Emersende Befayt uit Montaillou die toen in Beceite woonde, hem de les over zijn verre trektochten naar het bergland van de Ariège; ze liet hem daarbij weten hoe hij daarmee al zijn vrienden, zowel de gelovigen als de *perfecti*, dodelijk verontrust had. Pierre had als verweer: '*Ik kan niet anders, want ik kan geen ander leven leiden dan dat waarvoor ik ben (op)gevoed* (III, 182).' Het woord dat Pierre in de mond nam werd in het dossier vertaald als *nutritus*: gezien in het licht van zijn jeugdherinneringen sloot dit woord tegelijk de begrippen voeding en opvoeding in. Het huisbakken idee dat de mens de gevangene zou zijn van zijn jeugd en het produkt van de opvoeding die hij in zijn prille jaren ontving, kreeg door het woord dat Maury gebruikte de meer complexe betekenis van een fysieke band met het brood waarmee het lichaam was grootgebracht, en daardoor met de aarde die het graan voortbracht waarmee de mens gevoed werd en waarin hij ooit zou terugkeren: '*De ziel van de mens is van brood,*' luidde de visie van een materialistische boer uit de Boven-Ariège, wiens ketterse praatjes op een kwade dag de aandacht van Jacques Fournier zouden trekken. '*Wat men gekneed heeft, moet men ook bakken,*' waren de diepzinnige woorden van een van Pierre Maury's kameraden, die daarmee wilde rechtvaardigen dat Emersende Befayt haar dochter Jeanne niet het huis uitgooide, ondanks de onafgebroken aanvallen die deze ketterse moeder van haar roomse dochter te verduren kreeg (III, 174). Guillaume Fort uit Montaillou maakte de cirkel weer rond toen hij er aan herinnerder dat, in weerwil van alle leerstellingen over de opstanding, al wat uit de aarde kwam ook weer tot de aarde moest terugkeren: '*Na de dood valt het menselijk lichaam uiteen en verandert in aarde* (I, 447).' Zoals men er in Montaillou over dacht werd enerzijds de lotsbestemming van de mens bepaald door de sterren, maar was het bestaan anderzijds juist gebonden aan de aarde en de vormende krachten van jeugd en voedsel.

Maury was zich welbewust van deze fysieke relatie tussen het levenslot van de mensen en hun geboortegrond. Dat bleek toen de zorgzame

Emersende Marty hem op een dag verwijten maakte over zijn voortdurende tochten naar de zomerweiden in de Pyreneeën, waar hij geboren was: '*Zoon, je moet daar niet meer teruggaan. Blijf liever hier bij ons. Hoe dan ook, je hebt geen zoon of dochter of iemand anders tot je last behalve jezelf. Je zou hier kunnen leven zonder dat je je erg moe hoeft te maken. Als je daarginds gepakt wordt, ben je verloren.*'

In zijn verweer legde Pierre een duidelijk verband tussen zijn lotsbestemming en de bezoeken aan zijn geboortestreek: '*Nee, ik zou me hier* (in Catalonië) *niet voorgoed kunnen vestigen; en hoe dan ook, niemand kan mijn lot van mij wegnemen* (III, 183).'

Maury en zijn gelijken maakten verre reizen en konden vrouw, kind noch huishouding daarbij gebruiken. Ondanks hun betrekkelijke welstand in de zin van geld en kuddes – Bélibaste die zich door Pierre Maury liet onderhouden maakte eens de opmerking, om redenen die zeker niet ontbloot waren van eigenbelang, dat Maury 'rijk' was – was het deze herders niet mogelijk om veel waardevolle spullen bijeen te garen. Bezittingen die veel plaats innamen en waarmee mensen met een vaste woonplaats zich stelselmatig omringden, moesten zij zich ontzeggen om zich te kunnen verplaatsen. Maury zorgde er steeds voor 'op de grens van het draagbare' te blijven[3] en koos er dus voor om weinig dingen te willen hebben en zijn wensen te richten op andere vormen van rijkdom, die voor hem tegelijkertijd de vervanging van een gezin waren. Hij had kortstondige verhoudingen met liefjes die hem op de bergweide kwamen opzoeken of die hij in de taveerne opdook en hij beschikte over een wijdvertakt netwerk van relaties op grond van overeengekomen of natuurlijke broederschap, doopverwantschap, vriendschap zonder meer of samenwerking. Deze levensstijl, gebaseerd op een in alle vrijheid aanvaard lot – en is dát nu niet juist de definitie van de genade – beviel hem. Zijn lot was een roeping. Het schaap opende voor hem de deur naar de vrijheid. Pierre zou die vrijheid nooit verkwanselen voor het bord linzen met kiezelgruis dat hem herhaaldelijk werd voorgehouden door vrienden, werkgevers of klaplopers, wanneer ze druk op hem uitoefenden om toch maar eens te trouwen, zich te vestigen of te laten adopteren in een rijke familie. Maury's antwoord was dan steeds: '*Het is mijn lot over bergen en dalen te trekken, overal compères en telkens andere vriendinnen te hebben.*' Zoals hij het zelf onverbloemd uitdrukte, bezat hij 'welstand zonder overvloed'. Have en goed zouden voor hem een ware last zijn, in de meest letterlijke zin des woords: ze waren moeilijk mee te zeulen op zijn ononderbroken reizen tussen het gebied van Tarragona en de Pyreneeën. Hij was niet arm, maar vrij. Hij genoot van die vrije berglucht die het mogelijk maakte dat je het gele kruis waarmee de inquisitie je had toegetakeld, ergens op een hoge berghelling in de braamstruiken gooide. Pierre Maury kon tijd vrij maken, wat blijkt uit zijn talrijke uitstapjes; ondanks ziekte, kou, afmattende voettochten, die zijn hondeleven niet tot dat van een luis maakten, vond hij toch altijd voedsel voor zijn kuddes, voor zichzelf en voor zijn kameraden. Melk, vlees of kaas, eiwitten kwam hij dus niet tekort.

Het evenwicht in zijn bestaan bleef gehandhaafd door het meest straffe malthusianisme: wél liefjes maar geen echtgenote en vooral geen kinderen! Dat betekende dan ook afstand doen van onroerend goed: geen *domus* maar een tijdelijke *cabane*. Maury bezat dus weinig maar hij was niet arm. En wanneer hij dat weinige dat hij bezat verloor, glimlachte hij want hij wist dat hij met zijn beroep het weer gemakkelijk kon terugwinnen. Met als enige luxe een paar goede schoenen van Corduaans leer die zijn lange reizen lichter maakten, onthecht van aards bezit, zich geen zorgen makend over een arrestatie die de inquisitie vroeg of laat en vrijwel onvermijdelijk tegen hem zou uitvaardigen, was Pierre Maury een gelukkige herder met een rijk bestaan.

Bij het bestuderen van Fourniers oude dossiers heb ik dank zij Pierre Maury onder het gewone volk van die tijd toch een glimp opgevangen van een zeker levensgeluk.

DEEL II:
ARCHEOLOGIE VAN MONTAILLOU: VAN GEBAAR TOT MYTHE

HOOFDSTUK 8
GEBAREN EN SEKSUALITEIT

Voor de historische analyse van een gemeenschap als Montaillou zou een compleet beeld van het uiterlijke gedrag der inwoners van eminent belang zijn. Doch helaas kan ik juist op het gebied van de sociale betekenis der gebaren geen volledig overzicht verschaffen. Inzake dit onderwerp schieten de gegevens evenals de mogelijkheden om ze te interpreteren eenvoudigweg te kort. Mijn overzicht van de gebaren die in de Ariège gangbaar waren zal dan ook kort en onvolledig zijn; slechts een paar zullen de revue passeren. Sommige daarvan maakte men ogenschijnlijk onwillekeurig, andere daarentegen waren aangeleerd en droegen duidelijk het stempel van een bepaald cultuurpatroon. Een aantal van die gebaren heeft de tand des tijds doorstaan en wordt vandaag de dag nog steeds gemaakt, hetgeen laat zien hoe groot de duurzaamheid van menselijke gedragingen is. Andere gebaren zijn evenwel verdwenen of veranderd.

LACHEN EN HUILEN
Van de meest eenvoudige emoties zijn de lach en de glimlach al ter sprake gebracht naar aanleiding van Pierre Maury; nu komen de tranen aan bod. Hoewel er geen statistieken over bestaan is het waarschijnlijk dat de bewoners van Montaillou wat vaker huilden dan wij, zowel van vreugde als van verdriet.* Ze huilden bij rampspoed of dreigend onheil, en ook bij de dood van een dierbaar wezen, vooral als het een kind betrof, ook al was dat heel jong. Zowel mannen als vrouwen die vreesden aan de inquisitie verraden te worden, werden bleek, gingen dan sidderen van angst en konden uiteindelijk zelfs in tranen uitbarsten. Bij de herders kon ook het schenden van een vriendschaps- of vertrouwensband de tranen laten vloeien, vooral als dit gepaard ging met een dreigende arrestatie door de inquisiteurs. Dat was bijvoorbeeld de reactie van Pierre Maury, toen zijn oom Arnaud Fauré en zijn dorpsgenoot Guillaume Belot hem uit angst voor de inquisitie de deur wezen, onder het voorwendsel dat ze hun vrienden niet wilden compromitteren. Zo schonden ze echter de

* Alleen al het optreden van klaagvrouwen bij begrafenissen wijst er op dat tranen destijds eerder opwelden.

geheiligde waarden van gastvrijheid, verwantschap en gemeenschaps-besef, en dat was voor Pierre Maury reden genoeg om te gaan huilen.

De *perfectus* Guillaume Bélibaste reageerde op dezelfde manier en bleek veel kwetsbaarder te zijn dan men zou verwachten. Dank zij een veelbewogen leven met moord, ballingschap en maîtresses was hij be-paald geen koorknaapje meer, maar toch begon ook hij ploteling te hui-len toen Jean Maury (broer van Pierre) weigerde voor hem een knieval te maken en dreigde hem aan te geven bij de inquisitie – zonder dat dit overigens gevolgen had. '*Vraag me nog één keer een knieval te maken,*' zei Jean tegen hem, '*en ik zorg ervoor dat je wordt opgepakt. Op deze woorden liep de ketter huilend bij me vandaan* (II,483).

Daarentegen begon een vrouw uit de Ariège te huilen van *vreugde* toen ze een herder uit haar streek tegenkwam die haar nieuws kon vertel-len over mensen op wie ze gesteld was: '*Ik kwam Blanche Marty tegen op het marktplein van Prades*,' zo vertelde Pierre Maury. '*Ik groette haar en bracht haar de groeten over van haar zus Raymonde en van "heer" Bélibaste. Toen Blanche deze woorden hoorde, werd ze zo blij dat ze in tranen uitbarstte en me om de hals viel* (III,194).'

Tot zover de vreugde van het weerzien. Vreugde die uit wraak voort-kwam ging samen met een gebaar van dankzegging dat toen een andere betekenis had dan tegenwoordig: het ten hemel heffen van beide armen. '*Toen ik met mijn kudde door Beceite trok,*' vertelde Guillaume Maurs, '*kwam ik op straat Emersende Befayt tegen, die me vroeg of ik nieuws uit Montaillou had. Ik vertelde haar dat pastoor Pierre Clergue wegens ketterij was opgepakt. Daarop hief zij haar armen ten hemel en riep: "Deo gratias"* (I,189).' Bernard Clergue deed hetzelfde toen hij hoorde dat de verraders van zijn broer gearresteerd waren. '*Toen hij vernam dat die twee mannen waren opgepakt, hief Bernard Clergue zijn handen ten hemel, viel op zijn knieën en zei: "Wat ben ik blij dat die twee nu achter slot en grendel zitten."* (II, 281)'

BELEEFDHEID EN BEGROETING
De bronnen over Montaillou laten terloops zien dat bepaalde omgangs-vormen, die ook nu nog in zwang zijn, van heel lang geleden stammen en om zo te zeggen van boerenoorsprong zijn. In Montaillou was het nog vanzelfsprekender dan het voor ons is om ter begroeting van een vriend of bekende op te staan en het hoofddeksel af te nemen, of het nu

* Niet Prades d'Aillon, maar een gelijknamig plaatsje in de buurt van Taragona (Spanje).

ging om iemand die hoger dan wel lager in de sociale hiërarchie stond. Toen Guillaume Authié net via een ladder van de *solier* (bovenverdieping) was geklommen stond de hele familie Belot, die ter gelegenheid van een trouwpartij rond de haard was geschaard, als één man op om hem te begroeten. Pierre Maury, hoofd van een herdersploeg, stond op om een paar passerende ketters te begroeten en hun brood en melk aan te bieden, zoals omgekeerd Prades Tavernier, die een zeker prestige genoot als *perfectus*, opstond om een eenvoudige herder als genoemde Pierre Maury te begroeten, waarna hij weer ging zitten. Ook onder gelijken sprak het vanzelf om op te staan: Pierre Maury – alweer – stond met een brede lach op van zijn bankje om schoenlapper Arnaud Sicre te verwelkomen. Het is mogelijk dat men ook opstond om een vrouw te begroeten, maar zeker is dit allerminst, vooral als we denken aan het sterk masculiene karakter van de samenleving in Montaillou. De enige teksten waar deze situatie ter sprake komt hebben betrekking op een *perfectus* die uit angst voor bezoedeling opstond om een vrouw te ontlopen en op twee *perfecti* die zich haastig terugtrokken om ieder contact met de borsten van een boerenvrouw te vermijden.

Als teken van beleefdheid hadden de bewoners van Montaillou niet, zoals wij, de gewoonte om elkaar bij wijze van begroeting de hand te schudden of zelfs ook maar een stevige handdruk te geven. Na een periode van scheiding nam men elkaar eenvoudigweg bij de hand. '*Toen ik met mijn schapen de bergen introk op weg naar de zomerweiden,*' vertelde Pierre Maury, '*kwam ik bij La Palma* (in de buurt van Tarragona) *de ketter Raymond de Toulouse tegen, in het gezelschap van een vrouw. Hij was, naar goed ketters gebruik, onderweg aan het bidden, achter een steen. Toen hij me zag riep hij me. Meteen ging ik op hem af en begroette hem op de gebruikelijke manier, door hem bij de hand te nemen* (III, 170).' De woorden van Pierre Maury laten duidelijk zien dat het bij de hand nemen van iemand als teken van herkenning een algemeen aanvaard gebruik was en als zodanig verschilde van de typisch ketterse gebruiken op het gebied van gebed en begroeting.

Als teken van herkenning pakte men elkaar dus bij de hand. Voor dorpsvrouwen was het heel gewoon om daarna stevig gearmd verder te lopen, met als bijkomend voordeel dat men elkaar met kneepjes in de arm kon waarschuwen voor de gevaren die achter de praatjes van een derde verscholen zaten. Met een elleboogstoot beduidde men iemand te zwijgen, men legde de hand op de mond om iemand tot stilte en voorzichtigheid te manen, een moeder keek haar dochter recht in het gezicht om de waarheid over haar eerste menstruatie te weten te komen.

Na de ongangsvormen en de beleefdheid gaan we nu over tot de lichaamsverzorging, en ook dat was een sociaal gebeuren. Men schoor zich nauwelijks in Montaillou* en men waste zich zeer zelden. Baden of zwemmen deed men niet, ontluizen daarentegen des te meer. Die activiteit vormde zelfs een vast bestanddeel van iedere goede vriendschap, of die nu wel of niet gebaseerd was op een gemeenschappelijke (ketterse) geloofsovertuiging; Pierre Clergue liet zich bij voorbeeld ontluizen door zijn maîtresses, zoals Béatrice de Planissoles en Raymonde Guilhou. Die operatie kon zich in bed voltrekken, voor het vuur of bij het raam, maar ook wel op een schoenmakersbank. De pastoor maakte dan van de gelegenheid gebruik om zijn lieve vriendinnen te trakteren op geleerde verhandelingen over zijn persoonlijke opvattingen betreffende kathaarse theologie of donjuanerie. Raymonde Guilhou was trouwens de officiële luizepikster van de Clergue-*domus*. Behalve de pastoor ontluisde ze ook diens moeder, de vrouw van de oude Pons Clergue, een behandeling die plaats vond op de drempel van de *ostal*, zodat iedereen het kon zien. Tijdens haar gevecht met de parasieten vertelde ze op haar gemak nog even de laatste dorpsroddels. Als notabelen van het dorp hadden de Clergues geen moeite om aan behendige luizepiksters te komen die hen van hun fauna konden verlossen. Bernard Clergue kon terugvallen op de diensten van de oude Guilemette 'Belote', die hem, terwijl ze zijn hoofd afzocht naar luizen, en passant suggereerde om de *perfecti* van graan te voorzien. En aangezien Bernard tot over zijn oren verliefd was op haar dochter Raymonde haastte hij zich om aan de bevelen van zijn luizepikster gehoor te geven.

Ontluizing kon ook plaats vinden op de platte daken van de lage huizen, die naast of tegenover elkaar stonden. '*In de tijd toen de ketters in Montaillou de dienst uitmaakten,*' zo vertelde Vuissane Testanière, '*lieten Guillemette "Benete" en Alazaïs Rives zich in de zon ontluizen door hun dochters, te weten Alazaïs Benet en Raymonde Rives. Ze bevonden zich alle vier op de daken van hun huizen. Ik kwam er toevallig voorbij en hoorde ze tegen elkaar praten. Guillemette "Benete" zei tegen Alazaïs: "Hoe is het mogelijk om de vreselijke pijnen van de brandstapel te doorstaan?" Waarop Alazaïs antwoorde: "Stuk onbenul! Maar snap je dan niet dat God zélf die pijnen op zich neemt." (1,462,463)*'

Het blijkt dat het ontluizen altijd door een vrouw werd uitgevoerd, maar niet noodzakelijkerwijs door een vrouw die dienstmeid was of uit

---

* Het gebruik van een scheermes was waarschijnlijk alleen voor de notabelen weggelegd.

een lagere sociale klasse kwam. Zo deinsde de adellijke Béatrice de Planissoles er niet voor terug om deze activiteit te beoefenen op de schedel van een door haar beminde priester. Het ontluizen had kennelijk te maken met verwantschapsrelaties, huwelijk of concubinaat en verstevigde deze banden ook weer: de maîtresse ontluisde haar minnaar en diens moeder, de toekomstige schoonmoeder ontluisde haar schoonzoon in spe en moeders werden door hun dochters van de de luizen verlost. Wij kunnen ons nauwelijks meer voorstellen welke gevoelige rol deze parasieten, die wij zijn kwijtgeraakt, in het sociale verkeer speelden. Pas de hippiecultuur zou in onze tijd de luis weer in ere herstellen.

Maar het ging in de jaren 1300–1320 niet alleen om *luizen*. We moeten ons voorstellen dat de mensen in die tijd schuil gingen onder een hele fauna van kruipend en springend gedierte. In Montaillou was er sprake van een zogenaamde 'gemeenschapscultuur', zoals die ook door Elias wordt beschreven in zijn belangrijke boek *Über den Prozess der Zivilisation*, daar het in Montaillou heel gewoon was om met een aantal mensen in één bed te slapen, uit dezelfde beker te drinken en uit dezelfde pot te eten. Deze 'gemeenschapscultuur' die tegenwoordig vrijwel verdwenen is, had zijn eigen specifieke regels voor beleefdheid. Als men bijvoorbeeld met zijn allen uit één beker dronk, dan werd het een nijpende vraag wie de eerste slok nam.

In tegenstelling tot het frequente ontluizen was het contact met water in Montaillou vrijwel te verwaarlozen. Men stak met veel gevaar een rivier over op een doorwaadbare plaats – met of zonder een plank of bootje –, men verzoop erin, maar men ging er niet in baden of zwemmen. Rondhangen bij de baden van Ax-les-Thermes was een andere zaak, maar dan werden er schapen verkocht of hoeren bezocht. Die overigens zeer eenvoudige baden bleven vooral voorbehouden aan lijders van lepra en andere huidziekten.

Van 'toilet maken' in engere zin was sprake bij de *perfecti* en pseudo-*perfecti* wanneer ze hun rituele reinheid wilden herstellen. '*Als Guillaume Bélibaste met zijn handen vlees heeft aangeraakt wast hij ze drie keer voor hij weer gaat eten of drinken* (II, 31; I, 325).' Het probleem was voor Bélibaste niet of zijn hánden schoon waren, maar of zijn gezícht zuiver was, en dan vooral zijn mond, die hij zowel gebruikte om te zegenen als om 'verontreinigd' voedsel in zijn lichaam toe te laten. We stuiten hier op een opvatting die ons behulpzaam is bij het verklaren van de uitzonderlijke *uiterlijke* smerigheid van de bewoners van Montaillou. Het was niet zozeer de buitenkant van het lichaam die schoon gehouden moest worden, maar de binnenkant, niet zozeer de huid als wel de ingewanden. Is dit zo belachelijk? Nog in de achttiende eeuw waren genoeg mensen van mening dat het een teken van persoonlijke viriliteit was, althans voor de mannen, om een sterke lichaamsgeur te verspreiden.

Voor zover het 'toilet' in Montaillou bestond, bleven de anale en genitale zones buiten beschouwing. Het beperkte zich tot de gedeelten van het lichaam die er toe dienden te zegenen en voedsel aan te raken of op te nemen: handen, gezicht, mond. 'Water over iemands handen sprenkelen' was een teken van beleefdheid en vriendschap. Wat voor de levenden gold, gold ook voor de doden. '*In Montaillou,*' zei Alazaïs Azéma, '*worden de lichamen van de overledenen niet gewassen, maar er wordt wat water over hun gezicht gesprenkeld (1,314).*' Na deze reiniging werd er naar het schijnt een doek over het gezicht van de gestorvene gelegd (wellicht om mogelijke bezoedeling te voorkomen). Vanaf de eerste helft van de dertiende eeuw was het zo dat een ketterse vrouw die zich gereed maakte om de brandstapel te beklimmen zich eerst waste en haar gezicht ontdeed van cosmetica *om niet-opgemaakt voor God te verschijnen* (11,220–221). Over de wasgewoonten van de levenden kan nog opgemerkt worden dat alleen *perfecti* hun gezicht afdroogden met een fijn-linnen doek; het gewone volk had in het beste geval de beschikking over een grove lap.

Gewoonlijk kleedden de bewoners van Montaillou en het gehele Ariège- en Aude-gebied zich uit voor ze gingen slapen. Een voorbeeld: toen Bélibaste op een ochtend uit bed kroop werd hij door Jeanne Befayt overstelpt met zware dreigementen. Ze wenste hem toe dat *het vuur van de brandstapel goed door zijn ribbenkast heen zal branden* (111,175). Danig van slag door deze feeksentaal nam de heilige man de benen, dwars door de velden, '*twee stadiën ver, zonder schoenen aan. Een deel van zijn kleren liet hij achter in het bed waar hij de nacht had doorgebracht (11,33).*' Bélibaste had dus de moeite genomen zich uit te kleden voor hij naar bed was gegaan.

Als hij echter op reis was en in een herberg met zijn concubine in één bed moest slapen, dan hield hij ál zijn kleren aan. Zo vermeed hij het naakte lichaam van Raymonde aan te raken en bracht hij zijn volgelingen op een dwaalspoor aangaande zijn buitenechtelijke verhouding. Voor eenvoudige boeren en ambachtslui was dergelijk gedrag zinloos en zij kenden dit soort hypocriete scrupules dan ook niet. Men krijgt de indruk dat ze naakt sliepen. Arnaud Sicre vertelt dat hij op een nacht in San Mateo het bed deelde met Bélibaste. De getuige maakt er melding van dat de heilige man zijn hemd had uitgetrokken maar niet zijn ondergoed. Deze opmerking laat veronderstellen dat Arnaud zelf minder preuts te werk was gegaan en zich wél helemaal had uitgekleed.

De inwoners van Montaillou trokken dus 's nachts hun kleren uit.

Van tijd tot tijd trokken ze zelfs schóne kleren aan! Pierre Maury liet zich met zeer ruime tussenpozen door zijn broer Arnaud een schoon hemd brengen wanneer hij op de weidegronden was. De herder vond dit feit opmerkelijk genoeg om het in zijn verklaring op te nemen. De kleren werden dus verwisseld en zelfs schoongemaakt, maar over de frequentie van dit fenomeen valt niets te zeggen. Raymonde Arsen, de dienstmeid van de familie Belot, waste daar de kleding van deze of gene fijnbesnaarde *perfectus* en misschien ook die van haar werkgevers.

VROME EN OBSCENE GEBAREN

Na de normen op het gebied van hygiëne en omgang komen nu enkele standaardgebaren op het gebied van vroomheid, spot en obsceniteit die de eeuwen doorstaan hebben aan bod. In weerwil van hun ketterse sympathieën maakten de herders Pierre Maury en Guillaume Maurs een kruisteken over hun voedsel voor ze het opaten. (Veel Franse boeren maken nog steeds met de punt van hun mes een kruisteken op hun brood voor ze het aansnijden.) Maar niet iedereen in Montaillou deed dit. Bernard Clergue, de baljuw van het dorp, die sterk onder invloed van de ketterij stond, weigerde dit teken te maken. Ook Guillaume Bélibaste, die voor *perfectus* wilde doorgaan, liet na om de gebruikelijke christelijke gebaren te maken. Maar de gewoonte om het voedsel te zegenen alvorens het op te eten was bij deze boeren en herders zo diep geworteld dat Bélibaste het toch ook weer niet kon nalaten om als goed Kathaar in plaats van het traditionele kruisteken een cirkelvormig teken over zijn brood te maken.

Men sloeg ook een kruis voor men naar bed ging, en alleen wie door en door ongelovig was (of liever gezegd ketters), zoals ook weer Bernard Clergue, weigerde om, tenzij hij gedwongen werd, dit eenvoudige teken te maken.

Even tussendoor een gebaar dat diende om iets te ridiculiseren. Om een apocalyptische profetie belachelijk te maken die was uitgesproken op de brug van Tarascon, maakte de steenhouwer en vrijdenker Arnaud de Savignan een gebaar dat nog steeds in zwang is: *om zijn verachting uit te drukken draaide hij zijn pols om.* Mede op grond van dit gebaar werd hij wegens ketterij veroordeeld.

Tot slot nog een obsceen gebaar dat de tand des tijds heeft doorstaan. Het betreft hier het met de ene hand tegen de andere hand of vuist slaan om de seksuele daad te symboliseren. De scène in kwestie speelde zich af tussen twee boeren uit Tignac (aan de bovenloop van de Ariège) en hij wordt ons gerapporteerd door een van hen, Raymond Segui. ' *"Weet je hoe God geschapen is?" vroeg ik aan Raymond de l'Aire, uit Tignac.*

"God is geschapen met neuken en schijten," gaf hij me ten antwoord, terwijl hij zijn ene hand tegen de andere sloeg. *"Dat zijn slechte woorden,"* antwoordde ik hem hierop. *"Voor het zeggen van zulke dingen zouden ze je dood moeten maken."* (II, 120)'

GEVOELSLEVEN EN LIEFDE

Wat echter de grondslag vormt van al deze gebaren, van de tranen en de glimlach, van die ironische of obscene wendingen, dat is het gevoelsleven, en wat het gevoelsleven en de liefde betreft is het dossier niet karig met gegevens. Het celibataire bestaan van de herders werd alleen door tijdelijke verhoudingen onderbroken. Slechts af en toe konden ze er (in de stad of in de gebieden waar ze hun kuddes weidden) een vriendin op na houden die soms als hoer bekend stond. Bij de boeren in Montaillou zelf vertoonde het seksuele leven de normale verscheidenheid. Zoals het hoort waren alle varianten van huwelijk en concubinaat aanwezig. Er waren grote passies met troubadoursallure, huwelijken mét of zónder liefde, verhoudingen in afwachting van een huwelijk, verhoudingen uit sleur, uit geldelijke overwegingen of uit tederheid.

Alleen in de stad was het mogelijk dat jongens van goede komaf die het platteland verlaten hadden om scholen te bezoeken in contact kwamen met homoseksuele kringen, die in deze tijd eerder te vinden waren in de steden dan op het platteland, en eerder onder de geestelijkheid dan bij leken. Het dossier van Jacques Fournier neemt op dit punt het karakter van een psychologische biografie aan. Daarom acht ik het in het onderhavige geval geoorloofd even buiten het kader van Montaillou te treden. Daarbij is het liefdeleven in een dorp alleen te begrijpen als het vergeleken wordt met het liefdeleven in de grote stad. In het licht van de – overigens vrij betrekkelijke – onschuld die in Montaillou de toon aangaf, was Pamiers al de grote stad, het bijbelse Babylon, en zoniet Sodom dan toch wel Gomorra.

DE HOMOSEKSUEEL

De homoseksueel Arnaud de Verniolles was een uit Pamiers afkomstige onderdiaken die uit de orde van de franciscanen getreden was. Hij was met de homofilie in aanraking gebracht door een oudere medeleerling en toekomstig priester: *'Toentertijd was ik een jaar of tien, twaalf. Het gebeuren vond ongeveer twintig jaar geleden plaats. Om de grammatica te leren had mijn vader me naar meester Pons de Massabucu gestuurd, een schoolmeester die later dominicaan zou worden. Ik deelde een kamer met die meester Pons en met zijn andere leerlingen: Pierre de l'Isle* (uit Montaigu), *Bernard Balessa* (uit Pamiers) *en Arnaud Auriol, zoon van ridder Pierre Auriol. Arnaud kwam uit La Bastide-Sérou en schoor zich toen al. Later is hij priester geworden. Ook mijn broer Bernard de Verniolles was er en andere leerlingen waarvan ik de namen vergeten ben. In de kamer die mijn meester en zijn leerlingen samen bewoonden heb ik zes weken het bed gedeeld met Arnaud Auriol. De vierde of vijfde nacht dat we samen sliepen begon Arnaud die dacht dat ik in diepe slaap verzonken was me te kussen. Hij kroop tussen mijn dijen. ...en begon daar op en neer te schuiven alsof ik een vrouw was. En iedere nacht is hij zo blijven zondigen. Ik was nog een kind en het beviel me slecht. Uit schaamte echter heb ik deze zonde nooit tegen iemand durven bekennen* (III,39).'

Vervolgens verhuisde de school van meester Pons en Arnaud kreeg andere bedgenoten, waaronder zijn leraar, want om te bezuinigen op het beddegoed deelde deze het bed met twee van zijn leerlingen. Niemand probeerde nu nog de eerbaarheid van de jonge Verniolles te schenden, maar het kwaad was al geschied: een verborgen aanleg was door deze ervaringen tot volle ontplooiing gekomen en Arnaud was gedoemd om als slachtoffer van deze aanranding op jeugdige leeftijd, homoseksueel te worden. In Toulouse, de grote stad waar Arnaud zijn studie gedurende enige tijd voortzette, kreeg deze ontwikkeling definitief haar beslag. En dit als gevolg van een serie toevallige gebeurtenissen die door onze student waarschijnlijk stevig werden aangedikt terwijl hij er ook een foutieve uitleg aan gaf: '*In de tijd dat de leprozen verbrand werden woonde ik in Toulouse. Op een dag deed ik het met een prostituée. En nadat ik deze zonde had begaan begon mijn gezicht op te zwellen. Ik schrok hier enorm van en geloofde echt dat ik lepra had opgelopen. Ik heb toen meteen gezworen dat ik nooit meer met een vrouw zou slapen. En om deze eed gestand te doen ben ik jonge jongens gaan misbruiken* (III,31).'

Het is onbekend wat de werkelijke oorzaken van het opzwellen van Arnauds gezicht zijn geweest. Het kan een of andere allergie zijn geweest, of wellicht een insektebeet, en een streptokokkeninfectie is niet helemaal uit te sluiten. Eén ding is echter zeker: lepra had Arnaud niet opgelopen. Maar de hysterische volkswoede die in deze periode tegen de leprozen oplaaide was vermengd met seksuele angstgevoelens.

Na deze traumatische ervaringen keerde Arnaud zich af van de vrouwen. Als actief maar nog niet notoir pederast wist hij onbetwistbare successen bij het mannelijke geslacht te behalen. Zo verleidde hij jongens in de leeftijd van zestien tot achttien jaar, bij voorbeeld Guillaume Ros, de zoon van Pierre Ros uit Ribouisse (nu Aude) en Guillaume Bernard uit Gaudiès (nu Ariège). Deze meer of minder naïeve scholieren werden bezeten door een oud-leerling die zelf ooit op school was verleid: de school als doorgeefluik van culturele verworvenheden. Guillaume Ros en Guillaume Bernard waren afkomstig van het platteland maar woonden in de stad.

Af en toe nam Arnaud een van zijn veroveringen zonder veel poespas op een mesthoop. Een andere keer omgaf hij zijn hofmakerij met wat meer ceremonieel. Dan nam hij zijn jonge prooi mee naar een hutje ergens tussen de wijngaarden en wist daar aan zijn slachtoffer meer of minder enthousiaste geluiden van bijval te ontlokken: '*Arnaud bedreigde me met een mes, draaide mijn arm om en trok me met zich mee ondanks de tegenstand die ik bood. Vervolgens gooide hij me op de grond, omhelsde me, kuste me en stortte zijn zaad uit tussen mijn benen,*' zo vertelde Guillaume Ros (III, 19). Arnaud de Verniolles ontkende echter dat een dergelijke gewelddadige scène had plaatsgevonden tussen hem en de jongen: '*Het gebeurde met instemming van beiden (III, 43),*' vertelde hij naar aanleiding van dit voorval.

Uiteraard maakte Arnaud gebruik van verschillende standjes om sodomie te bedrijven: onder andere net als bij een vrouw of achterom. Soms trokken de geliefden tunieken aan en gingen in hun hutje worstelen en dansen alvorens de zonde van de sodomie te begaan. Soms kleedden ze zich ook helemaal uit. Na de liefde en de zoenen zwoeren Arnaud en zijn vriendje van dat moment op de vier evangeliën, of op een almanak of de refterbijbel van een klooster dat ze nooit aan iemand zouden vertellen wat er tussen hen was voorgevallen. Soms gaf de student zijn veroveringen kleine cadeautjes zoals een mes. Met dit soort feestjes vierde onze vriend de kerkelijke feestdagen. Bij de jongelui die zich ervoor leenden en bij de monniken en bedelmonniken die Arnauds sociale milieu vormden gingen deze gewoonten gepaard met duidelijke neiging~ tot masturbatie. Arnaud de Verniolles had, als we hem mogen geloven, geen duidelijk beeld van het misdadige karakter dat sodomie in de ogen van de Kerk van Rome bezat. '*Ik heb tegen Guillaume Ros gezegd, en dit in volledige onschuld, dat de zonde van de sodomie in orde van grootte niet verschilde van ontucht en masturbatie. Zelfs dacht ik, in de eenvoud van mijn hart, dat sodomie en gewone ontucht weliswaar doodzonden waren maar toch veel minder ernstig dan het onteren van maagden, overspel of incest (III, 42, 49).*' Bij het uitspreken van deze woorden werd Arnaud echter door twijfel overvallen. Zijn religieuze opleiding en zijn kennis van dogma en discipline kwamen plotseling weer boven. '*Ik wist eigenlijk wel dat de zonde van de sodomie,*' zo vervolgde hij, '*alleen door de bisschop kan worden kwijtgescholden, of door een gevolmachtigde van de bisschop (III, 43).*'

Uit het dossier blijkt dat de sociale groepen waar sodomie beoefend werd een tamelijk gedistingeerd milieu vormden, dat hoofdzakelijk in de stad te vinden was maar wel een aantal wortels op het platteland had. Er komt zelfs één individu ter sprake dat permanent op het platteland leefde. Het betreft hier echter allerminst een eenvoudige boer, maar een nobel ridder uit de buurt van Mirepoix die het latere speelkameraadje van Arnaud de Verniolles, Guillaume Ros, verleid had toen deze nog een kind was.

In het algemeen waren de jongelui aan wie Arnaud en de zijnen eer bewezen afkomstig van het platteland, uit families die welgesteld en gemotiveerd genoeg waren om ze voor hun studie naar de stad te sturen. Ze kwamen, kortom, voort uit de kleine landadel, of in ieder geval uit de rijkere bewoners van het platteland.

En van Arnauds 'mikpunten' kwam echter wel uit een volks milieu, maar ook hij was niet van boerenafkomst. De jongen in kwestie was een achttien jaar oude leerling-schoenmaker uit Mirepoix, die zijn leertijd doorbracht bij Bernard de Toulouse, schoenmaker in Pamiers. Dit schoenlappertje, dat beweerde een aantal knappe vrouwen te kennen, ging in zijn homoseksuele toenadering tot Arnaud niet erg ver. Het contact vond plaats op een mesthoop, zoals er een was op het erf van bijna ieder huis in Pamiers of Montaillou. Veel verder dan een wat uit de hand gelopen flirt kwam dit niet.

Op één punt is het dossier van Fournier erg stellig: al waren de betrokkenen afkomstig uit de meest afgelegen dorpen, voor sodomie moest men naar 'de stad'. '*In Pamiers zijn meer dan duizend mensen met sodomie besmet* (III, 32),' zei Arnaud, die de numerieke omvang van het fenomeen overdreef, maar het terecht in zijn stedelijke omgeving situeerde. Een tamelijk chique omgeving overigens, want homo's kwamen veel vaker uit de scholen voort dan uit de kringen van leerling-ambachtslieden. Op een ietwat hogere leeftijd kwam men ze ook bij de seculiere geestelijkheid tegen. Arnaud brengt vaak een kanunnik onder de aandacht die zich onder invloed van wijn de voeten liet masseren door zijn knecht of door een boekenbezorger die in zijn huis was ingetrokken. Als hij eenmaal opgewarmd was aarzelde de kanunnik niet om zijn voetenwrijver te kussen en te omhelzen, en misschien ging hij uiteindelijk nog wel verder.

De minderbroeders, waar Arnaud het losgeslagen produkt van was, werden er ook zelf van beschuldigd af te dwalen van de rechte weg der heteroseksualiteit. '*Een zekere minderbroeder uit Toulouse, zoon of neef van meester Raymond de Gaudiès, had zijn orde verlaten omdat de religieuzen van die orde zich, als we de beschuldigingen van voornoemde broeder mogen geloven, overgaven aan de zonde van de sodomie* (III, 31, 32).'

187

Arnaud de Verniolles is representatief voor de homoseksuelen die we in deze tijd in de Ariège en Toulouse aantreffen. Het waren doorgaans geestelijken die tot een tamelijk elitair stedelijk milieu behoorden en een niet erg honkvast leven leidden. Arnaud was verfijnd in de wereldse betekenis van het woord en zijn cultuur was een geletterde cultuur, en niet te vergelijken met de nog vrijwel volledig orale cultuur die we in Montaillou aantreffen. Daar was het bezit of zelfs maar het lenen van een boek een zeldzaamheid. Voor Arnaud de Verniolles daarentegen was het boek een gewoon gebruiksartikel, dat je kocht of leende, en weer aan deze of gene uitleende. Onder de geschriften waar Arnaud op deze manier mee omsprong, en die hij van tijd tot tijd in een opwelling van woede zijn vriendjes naar het hoofd slingerde, zijn bijbels te vinden, evangelies en een almanak. Maar ook, in dit allereerste begin van de renaissance, een Ovidius, de theoreticus en beoefenaar bij uitstek van de liefde in al zijn vormen. Arnaud bezocht de stad Toulouse regelmatig en is met zijn reizen tot Rome gekomen. Hij ontmoette in Pamiers de Waldenzer Raymond de la Côte. Kortom, hij had cultuur, relaties en levenservaring.

Toch zou het fout zijn om in Arnaud het symbool van een sociaal welslagen te zien. Hij was wellicht uit het volk afkomstig, maar bepaald niet van zins daarin terug te vallen en bleef een randfiguur in de verschillende betekenissen van het woord, om niet te zeggen gewoon een mislukkeling. Zijn seksuele leven speelde zich af in de marge, zoals ook zijn sociale integratie grotendeels misliep. Verder dan onderdiaken heeft onze kleine minderbroeder het nooit gebracht, terwijl het bereiken van het priesterschap zijn grote wensdroom was. Van die fascinatie voor het priesterschap hebben we al een paar voorbeelden gegeven. Wat dat betreft was Arnaud in zijn tijd geen buitenbeentje: zie bij voorbeeld de voorkeur van Béatrice de Planissoles voor priesterlijke minnaars.

En zo werd Arnaud dus een pseudo-priester, iets wat in de jaren twintig van de veertiende eeuw een veel voorkomende praktijk was. Hij liet zich niet het genoegen ontnemen om bij verschillende gelegenheden jonge mensen de biecht te horen. Diep ontroerd celebreerde hij zijn 'eerste mis', die per definitie geen enkele waarde had. Hij speelde op alle niveaus dubbel spel, als sodomiet achter de schermen en als namaakpriester. Maar ook als zondaar had hij een ambivalente relatie met de katholieke Kerk. Enerzijds kon hij wegwijmelen bij zijn onvervulde wensdroom priester te worden – graag zou hij rechtmatig de mis lezen en rechtmatig zonden kwijtschelden –, anderzijds verliet hij de orde van de minderbroeders en was hij een afvallige. Hij beging een doodzonde tegenover de sacramenten die hij zelf had willen toedienen, want jarenlang had hij niet gebiecht en was hij niet ter communie gegaan.

Uiteindelijk was het deze illegale priesterpraktijk die Arnaud te gronde zou richten, want zij vormde de aanleiding voor de eerste klacht die bij de bisschop werd ingediend en pas geleidelijk aan ontdekte Jacques Fournier achter de misdaad van de valse mis die van de homoseksualiteit. Dit laatste delict zou op zichzelf waarschijnlijk nooit ontdekt zijn, aangezien het kon rekenen op een zekere maatschappelijke tolerantie zolang het zich niet al te nadrukkelijk manifesteerde. Immers, sodomieten die minder onvoorzichtig waren dan Arnaud of domweg meer geluk hadden, zagen kans hun afwijkende levenswandel in Toulouse of Pamiers ongestoord voort te zetten.

Ondanks de betrekkelijke tolerantie die Arnaud lange tijd van de hem omringende samenleving ondervond, lijkt het er toch niet op dat hij zijn homoseksualiteit heeft beleefd op het niveau van een werkelijke liefde waar hij bewust vorm aan gaf. In de getuigenverklaringen van deze Ovidiuslezer zijn de woorden *amare* (beminnen), *adamare* (hartstochtelijk beminnen), *diligere* (dol zijn op) of *placere* (graag mogen) niet te vinden. Het staat buiten kijf dat Arnaud deze gevoelens wel heeft gekend tegenover deze of gene van zijn vrienden, maar hij heeft niet de moed of ook maar het idee gehad om deze gevoelens tijdens de verhoren van de bisschop over de drempel van de verbale expressie te brengen. Was het uit angst om onfatsoenlijk te lijken en op zo'n manier de inquisiteur te schokken? Het zou vreemd zijn, want Jacques Fournier had op dit gebied wel het een en ander opgevangen. Waarschijnlijker is het dat Arnaud dit niet onder woorden kon brengen vanwege het verbale vacuüm waarin hij vertoefde. Pamiers was niet het heidense Griekenland. Het zou geen betekenis hebben gehad om naar aanleiding van homoseksualiteit over liefde te praten, zelfs als het 'objectief' gesproken wél om liefde ging.

Homoseksualiteit wordt dus in de getuigenverklaring van Arnaud niet afgeschilderd als uiting van een authentiek gevoel, maar als een uitlaatklep voor wellust. Na een of twee weken onthouding voelde onze held naar zijn zeggen een onweerstaanbare aandrang om zich in de armen van een man te werpen, tenzij hij toevallig een vrouw tegenkwam om zijn verlangen te bevredigen, maar dat gebeurde niet vaak. Tegenover de jongens die hij het hof maakte beschreef Arnaud de mannenliefde als een heel leuk spel, of als onderricht: '*Ik zal je laten zien wat de kanunnik deed*' (het gaat hier om de kanunnik met homoseksuele neigingen die zich de voeten liet wrijven door zijn knecht). Ondanks zijn cultuur, zijn sensibiliteit en zijn ambitie kon hij zijn driften en zijn hartstochtelijke passies niet ten volle uitleven. De homoseksualiteit van de ijzertijd in de Languedoc heeft in hem noch haar troubadour noch haar filosoof gevonden.

Het Occitaanse dorp bood minder gedragsalternatieven dan de stad. Op het platteland vormde de homoseksualiteit geen probleem. Ze bestond niet of werd geacht niet te bestaan behalve dan bij een paar ridders of een handjevol rijkeluiskinderen, die als scholieren werden geëxporteerd naar de verleidingen van de stad, hetzij dichtbij in Pamiers, hetzij verder weg in Toulouse. Bij de boeren ging het om de verhouding tot de vrouw, het enige object van de mannelijke seksualiteit dat de plattelandscultuur normaal gesproken toestond. Het is beslist waar dat de vrouw op het Occitaanse platteland onderdrukt werd maar ze was toch niet veroordeeld tot totale slavernij en ze vond compensatie in de intimiteit van de *domus* en in de macht die ze zich op rijpere leeftijd verwierf.

Als ze jong was liep de vrouw in Montaillou de kans om verkracht te worden, zoals overal en altijd, maar hier misschien meer dan elders en in andere tijden. Guillaume Agulhan uit Laroque d'Olmes, wonende in Ax-les-Thermes, had een vrouw verkracht en was daarom opgesloten. Gelukkig was Raymond Vayssière door een huwelijk gelieerd aan de familie Agulhan, en was hij dus bereid ter wille van zijn aanverwant een goed woordje te doen bij de Authiés. Die hadden in deze tijd behoorlijk wat invloed bij de autoriteiten van het graafschap Foix, zodat Agulhan onmiddellijk vrijgelaten werd, ondanks het feit dat de heer van Mirepoix, onder wiens jurisdictie hij normaal gesproken viel, hem niet wilde laten gaan. Dit is niet het enige geval van verkrachting dat in Fourniers dossier vermeld wordt. We hebben al gezien dat in Montaillou zelf Bernard Belot geprobeerd had Raymonde te verkrachten, de vrouw van Guillaume Authié (een plaatselijke naamgenoot van de *perfectus*). Ook Bernard had zich zonder al te veel kleurscheuren uit deze affaire weten te redden. Het kostte hem een ruzie met de echtgenoot van het slachtoffer, en een boete van twintig ponden (een bedrag dat gelijk stond aan de helft van de prijs van een huis in het dorp). Béatrice de Planissoles zelf werd, al was ze honderd keer burchtvrouwe, als de eerste de beste boerendeerne verkracht door Pathau Clergue, een bastaardneef van de pastoor.

Erg streng werd verkrachting dus niet bestraft. Soms gaven de slachtoffers al dan niet van harte hun toestemming, maar tussen neef en nicht kwam het in Montaillou niet voor en het gebeurde ook niet ten koste van de concubine van een volle neef. In dit taboe werkten de krachten van verwantschap en verbintenis (zelfs onwettige) weer samen. Raymonde Testanière: '*Op een avond wilde de schoenlapper Arnaud Vital mij verkrachten, zonder er rekening mee te houden dat ik kinderen had van zijn volle neef Bernard Belot. Ik verhinderde dus dat Arnaud zijn zin kreeg, hoewel hij niet ophield mij te herhalen dat ik geen enkele zonde zou begaan als ik met hem zou slapen (1,458).*' Deze mislukte poging tot aanranding, gericht tegen de maîtresse van een neef, betekende een aanval op de regels die binnen het dicht ineengevlochten netwerk van verwantschap en buitenechtelijke relaties golden om incest te voorkomen. Het veroorzaakte bij Raymonde Testanière een dusdanig psychisch trauma dat ze terugkwam van haar kathaarse opvattingen: '*Ik heb geloof gehecht aan de dwalingen van de ketters tot Arnaud Vital* (zelf een Kathaar) *probeerde me te verkrachten. Van toen af aan ben ik vanwege deze incestueuze handeling opgehouden de dwalingen aan te hangen* (1,469).'

Wie terugschrok voor het extreme middel van de verkrachting kon zijn toevlucht zoeken bij de prostituées. In een dorp als Montaillou lagen die echter niet voor het oprapen, zo ze er al waren. Maar in de steden waarheen de boeren van tijd tot tijd ter markt togen waren dat soort mogelijkheden wél voorhanden: '*Ik heb ontucht bedreven met publieke vrouwen, ik heb fruit gestolen, en hooi en gras uit de weilanden,*' biechtte een berouwvolle zondaar op aan pseudo-priester Arnaud de Verniolles. Een andere boetvaardige legde een vrijwel gelijkluidende verklaring af: '*Ik heb ontucht bedreven met publieke vrouwen, ik heb oneerbare voorstellen gedaan aan getrouwde vrouwen en zelfs aan maagden, ik ben een paar keer dronken geweest, ik heb gelogen en ik heb fruit gestolen.*' Slechts een van de drie personen van wie Arnaud de Verniolles de biechtgeheimen vertelde, beschuldigde zichzelf niet van bezoek aan betaalde vrouwen: '*Ik heb fruit en andere veldvruchten gestolen, ik heb gevloekt,*' zijn alle zonden die de derde toegeeft (III,35,36,38).

Het bezoeken van prostituées was dus kennelijk vrij normaal en stuitte niet altijd op serieuze morele bezwaren. Pierre Vidal, een inwoner van Ax-les-Thermes, was van boerenafkomst en geboortig uit het dorp Pradières (in de Ariège). Zijn opvattingen over betaalde liefde waren opvallend soepel: '*Gisteren ging ik van Tarascon naar Ax-les-Thermes met twee met meel beladen muilezels. Ik kwam een priester tegen die ik niet kende en liep samen met hem op. Toen we de helling afliepen naar het dorp Lassur kwam het gesprek op prostituées. "Stel dat je een prostituée vindt,"* zei de priester tegen me, *"en het met haar eens wordt over de prijs en dat je daarna met haar slaapt, denk je dan dat je een zonde begaat?" Ik gaf hem uiteindelijk ten antwoord: "Nee, ik denk van niet."*'

Uit een aantal gelijksoortige gesprekken die deze Pierre Vidal met andere getuigen voerde, blijkt dat hij er van overtuigd was dat het hebben van seksuele gemeenschap met een prostituée (of met iedere andere vrouw) een onschuldig karakter droeg, mits er aan twee voorwaarden voldaan was: ten eerste moest de daad verricht zijn tegen betaling (uiteraard betaalde de man en ontving de vrouw), ten tweede moest de desbetreffende daad beide partijen genot verschaffen.

Pierre Vidal was van boerenafkomst en hij stond laag op de sociale ladder; hij was voerman van graan en zijn gesprekspartners (priesters en schoolmeesters) tutoyeerden hem altijd van begin af aan, of ze hem nu kenden of niet, en zonder dat het wederzijds was. In deze gesprekken werd de officiële leer van de Kerk verwoord door een aantal relatief ontwikkelde en welgestelde lieden, terwijl de eenvoudige waarheden van de muilezeldrijver rechtstreeks afkomstig waren uit een reservoir van oeroude boerenwijsheid. In Montaillou zelf werden de opvattingen van Vidal bevestigd door de onschuldige antwoorden die het boerenmeisje Grazide Lizier (een Jeanne d'Arc in de liefde, afkomstig uit een bastaardtak van de familie Clergue) gaf op de vragen die haar werden gesteld over de plezierige liaison die ze met de pastoor had gehad: '*In die tijd vond ik het fijn om vleselijke gemeenschap met de pastoor te hebben, en het genoegen was wederzijds. Ik had dus niet het idee dat ik een zonde beging. Nu vind ik het niet meer fijn met hem. En daarom geloof ik dat ik wél een zonde zou begaan als ik nú vleselijke gemeenschap met hem zou hebben* (1,302,303).'

Het keurslijf van de contrareformatie lag hier nog in een ver verschiet. Op het platteland, zowel in Montaillou als in Lassur, bestond er nog een zekere onschuld: genot op zich was volgens een groot aantal mensen niet zondig en tegen wat twee mensen fijn vonden, kon God geen bezwaar hebben, zoals ook het idee dat betaald genot niet zondig was in de Iberische sfeer waarvan Montaillou deel uitmaakte, nog lang opgeld bleef doen. Uit gedetailleerde inquisitierapporten blijkt dat deze opvatting ook in latere tijd nog bij een groot aantal Spaanse boeren voorkwam. De etnologie heeft ons vertrouwd gemaakt met het idee dat vrouwen ruilobjecten zijn, net als woorden of tekens. Is het niet nog 'normaler' om, net als onze muilezeldrijver uit Lassur, de seksuele daad als een ruilartikel te beschouwen, betaalbaar in liefde en genot, in geld en in natura? Jacques Fournier trad in ieder geval niet al te streng op tegen de theorieën van Pierre Vidal. Onze voerman ging slechts voor één jaar de nor in en werd veroordeeld tot het dragen van enkelvoudige gele kruisen.

HOOFDSTUK 9
DE LIBIDO VAN DE CLERGUES

Verkrachting bleef, naar alle waarschijnlijkheid, een tamelijk zeldzaam verschijnsel. De prostitutie tierde welig in de steden en stadjes, maar was in ons dorp volkomen afwezig. We gaan ons nu richten op de verschijnselen die het merendeel van het seksuele leven in het dorp uitmaakten: avontuurtjes, verhoudingen, concubinaten en, *last but not least*, het huwelijk.

We beginnen met de amoureuze activiteiten van één enkele *domus*. En dat zal dan, ere wie ere toekomt, de familie Clergue met haar aanhang zijn. Van geen enkel ander *domus* beschikken we namelijk op dit gebied over zoveel gegevens. Vervolgens zullen we, in een veel algemener kader, een systematische behandeling geven van de verschillende aspecten van concubinaat en huwelijk in het dorp.

We zijn heel goed op de hoogte van de amoureuze ondernemingen van de mannen van de *domus* Clergue, en van de voorbijgaande verhoudingen die ze aangingen. Een eerste zij het zijdelingse aanwijzing vormt de geboorte van natuurlijke kinderen in deze familie. De twee Guillaumes Clergue die er waren – respectievelijk een zoon en een broer van Pons Clergue die zelf aan het hoofd van de *domus* stond – waren allebei vader van een bastaard. De meest beruchte van deze natuurlijke zonen was Raymond Clergue, bijgenaamd Pathau, de zoon van Pons' broer. We hebben al gezien hoe deze Pathau Béatrice de Planissoles had verkracht terwijl haar echtgenoot nog leefde. Een jaar later werd Béatrice weduwe en de gewelddaad bleek bij haar geen spoor van rancune te hebben nagelaten. Zij werd Pathau's maîtresse en liet zich openlijk door de bastaard onderhouden. Ze brak met hem op de dag dat ze een verhouding met pastoor Clergue aanging. Teleurgesteld maar niet ontmoedigd stelde Pathau zich voor het verlies van de vrouw des huizes schadeloos met de dienstmeid en nam Sybille Teisseire tot concubine, die in Montaillou letterlijk het meisje-voor-alles-en-nog-wat van Béatrice was geweest.

Over het liefdeleven van Bernard Clergue, de baljuw van Montaillou, zijn we beter ingelicht. In zijn jonge jaren verwekte hij een natuurlijke dochter, Mengarde geheten. Zij zou als koerierster voor de ketters gaan fungeren en de voor hen bestemde etenswaren van de *domus* Clergue naar de *domus* Belot brengen. Later zou ze trouwen met Bernard Aymeric, een boer uit Prades.

Bernard Clergue was overigens een romantische natuur die overliep van hartstocht en genegenheid. Voor zijn broer Pierre koesterde hij een vurige broederliefde. Hartstochtelijk verliefd was hij op het meisje dat later zijn vrouw zou worden, Raymonde Belot, de dochter van Guillemette. En aangezien we in Montaillou zijn, richtte dit gevoel zich meteen op de hele *domus* van het meisje. De aandrift van het hart versmolt in zo'n geval probleemloos met de eisen die het strategische spel tussen de *domūs* stelde: '*Ik was toentertijd baljuw van Montaillou*,' vertelde Bernard met ontroerende naïviteit, '*en als gevolg van de liefde die ik voor mijn vrouw Raymonde koesterde, hield ik van alles wat tot de ostal van mijn schoonmoeder Belot hoorde. Voor niets ter wereld zou ik iets tegen de zin van mijn schoonmoeder hebben gedaan, of iets dat nadeel had kunnen berokkenen aan haar ostal. Ik zou liever in mijn persoon of in mijn bezit schade hebben willen lijden dan getuige te zijn van wat voor schade dan ook die aan de ostal van mijn schoonmoeder werd toegebracht (II, 269).*'

Naast zijn broer Pierre sloeg Bernard als verleider toch een vrij bleek figuur. De pastoor van Montaillou was de vrouwenkenner bij uitstek van de familie Clergue. Bernard was een romanticus, Pierre een rokkenjager. Woorden schieten te kort om deze op alle fronten geperverteerde figuur te beschrijven: ketter, verklikker, geilaard. Zoals we gezien hebben was zijn invloed in Montaillou enorm groot geweest in de periode dat de kathaarse ketterij er de overhand had. '*Op twee of drie na, zijn alle huizen in Montaillou met de ketterij besmet*,' vertelde Raymond Vayssière, '*omdat pastoor Pierre Clergue de mensen het boek van de ketterij heeft voorgelezen (I, 292).*'

De invloed van Pierre bleef echter niet beperkt tot dit bekeringswerk. Door zijn kudde even onpartijdig met zijn lusten te besprenkelen als met zijn zegen had Pierre een groot deel van zijn vrouwelijke parochianen een rozenregen van welgezindheid weten te ontlokken. Hij kon zich gerustgesteld voelen door de tolerantie die in de Pyreneeën over het algemeen gold ten opzichte van in concubinaat levende geestelijken. Op 1300 meter hoogte verloren de regels van het celibaat hun geldigheid...

De pastoor biedt ons het beeld van een energieke minnaar en onverbeterlijke Don Juan in volle actie – een zeldzaamheid in de bronnen met betrekking tot de agrarische geschiedenis van de middeleeuwse dorpen. Er was geen sprake van dat dit grote roofdier (al was Clergue klein van stuk) zijn verlangens tot één vrouw beperkt kon houden. Gezien het feit dat hij geestelijke was, zou deze vrouw noodzakelijkerwijs zijn officiële concubine zijn geworden. Hij wilde alle vrouwen, of ze nu wel of niet tot zijn kudde behoorden, in zijn eigen kerkdorp en in de naburige kerkdorpen. Tegenover Raymonde Guilhou, echtgenote van de schoenmaker Arnaud Vital, wond Clergue er overigens bepaald geen doekjes om: toen hij zich op een dag door haar liet ontluizen, op de bank in Arnauds werkplaats, maakte hij van de gelegenheid gebruik om naar de meisjes te lonken die over de dorpsstraat voorbij kwamen. Hij aanbad zijn moeder en werd verteerd door incestueuze gevoelens voor zijn zusters en schoonzusters, die soms in vervulling gingen. Hij was een narcistisch minnaar van zijn eigen *domus*. Ongeschikt voor het huwelijk als hij was bracht hij zijn verlangens over op een groot aantal voorbijgaande veroveringen.

Bij mijn weten leed Pierre slechts één amoureuze nederlaag. En dan ging het nog om een verleidingspoging via een tussenpersoon die zich niet voor het spel van de pastoor wilde lenen. '*Ik had een nicht die Raymonde heette,*' vertelt Alazaïs Fauré, '*het was de dochter van Jean Clément uit Gébetz*. Die Raymonde was getrouwd met Pierre Fauré uit Montaillou, die er niet in slaagde aan zijn echtelijke plichten te voldoen. Tenminste, dat was wat die nicht me vertelde, en wat in het dorp de ronde deed. Om die redenen wilde mijn nicht niet meer bij haar man wonen. Ze woonde bij mij. Ik ging op zekere dag naar de burcht van Montaillou en kwam daar toevallig de pastoor tegen, hij nodigde me uit bij hem te komen zitten en zei tegen me: "Wat zou ik eraan kunnen doen, tenzij je een goed woordje voor me doet bij je nicht en er voor zorgt dat ik haar kan bezitten. Daarna, als ik haar eenmaal een keer bezeten heb, zal ook haar man erin slagen met haar vleselijke gemeenschap te hebben." Ik gaf Pierre ten antwoord dat ik niet mee zou werken,*' zo vervolgde Alazaïs, ' "*Gaat u uw gang met mijn nicht als zij erin wil toestemmen,*" zei ik tegen hem. "Maar is het voor u dan nog niet voldoende om twee vrouwen uit mijn familie bezeten te hebben, te weten mij en mijn zus Raymonde; waarom is het nodig dat u ook nog onze nicht krijgt?" Mijn nicht,*' zo besloot Alazaïs, '*vertrok onmiddellijk uit Montaillou, ontdaan over de onfatsoenlijke opdringerigheid van de pastoor, en keerde terug naar het huis van haar vader in Gébetz* (I, 248).*'

Een vreemde gang van zaken. Alsof hij er recht op had eiste Pierre met zijn gebruikelijke lompheid de maagdelijkheid van Raymonde op, wier echtgenoot er niet in slaagde haar te bezitten. Speelde de pastoor hier

* Het dorp Gébetz (Aude) lag niet ver van Montaillou, vlak bij Camurac.

voor edelman, en eiste hij voor zichzelf een officieus en vaderlijk recht van ontmaagding op, dat hij zich voorbehield uit te oefenen als de gelegenheid zich voordeed? Een dergelijk despotisme is niet onvoorstelbaar: op vrijwel gelijke wijze ontmaagdde hij Grazide, een van zijn nichten, om haar daarna uit te huwelijken aan een boer uit het dorp.

Het dossier van Jacques Fournier biedt ons een min of meer diepgaande kennismaking met twaalf erkende maîtressen van Clergue; de lijst is zeker onvolledig. Drie ervan kwamen uit Ax-les-Thermes. De negen anderen woonden in Montaillou, de meesten permanent, sommigen tijdelijk. Het waren: Alazaïs Fauré en haar zus Raymonde, geboren Guilhabert, Béatrice de Planissoles, Grazide Lizier, Alazaïs Azéma, Gaillarde Benet, Alissende Roussel alias *Pradola* (zuster van Gaillarde Benet), Mengarde Buscailh, Na Maragda, Jacotte den Tort, Raymonde Guilhou en uiteindelijk Esclarmonde Clergue, die niemand anders was dan Pierres schoonzuster (de vrouw van zijn broer Raymond, wettige zoon van Pons Clergue). Is hier sprake van incest? Ja, volgens de oude definities. Nee, volgens de moderne opvattingen. In ieder geval verkondigde Pierre, zij het met enige aarzeling, behoorlijk verregaande theorieën over incest met een zus, en had hij zonder veel scrupules vleselijke gemeenschap met zijn schoonzuster.

Wat ook de onweerstaanbare charme van deze man geweest mag zijn, de macht en het prestige van zijn positie als pastoor vormen zeker deels de verklaring voor de gemakkelijke successen die hij bij de vrouwen uit zijn parochie boekte tijdens zijn carrière als verleider die hij op zijn werkterrein was begonnen. Wat de dames uit Ax-les-Thermes aangaat, die kwam hij tegen in de baden en hij nam ze vervolgens heimelijk mee naar een kamer in het stedelijk gasthuis; hij hoefde slechts te zinspelen op de dreiging van de inquisitie om de laatste weerstanden te breken.

Rijkdom en macht nemen dus een prominente plaats in onder de redenen die het succes van onze priester bij de vrouwen verklaren. Pierre Maury merkte eens tegen een andere herder op dat de geestelijken deel uitmaakten van een soort ridderklasse en als gelukkige minnaars of rijke ruiters uiteindelijk altijd dat wisten te berijden waarop ze hun zinnen hadden gezet. '*De pastoors*,' zo verklaarde Maury, '*slapen met vrouwen. Ze berijden paarden, muilezels en muildieren. Ze doen niets goeds* (II, 386).'

Het succes van de pastoor vormde omgekeerd weer een nieuwe bron van macht. Pierre Clergue wist dat vrijwel overal in het Land van Aillon en in de Sabarthès bevriende bedden gereed stonden om hem op te vangen. Met deze wetenschap in het hoofd deinsde hij er niet voor terug zijn maîtressen tegen zijn vijanden in te zetten als verkliksters bij de inquisitie van Carcassonne.

Met het afnemen van zijn jeugd ontwikkelde Pierre de kwalijke gewoonte om met zijn invloed bij de inquisitie kracht bij te zetten aan zijn veroveringsplannen. Maar hij was niet altijd het weerzinwekkende wezen geweest dat hij op het einde zou worden. Béatrice de Planissoles had hem in zijn jonge jaren gekend en zij herinnerde zich hem *als een man die goed was en bekwaam, en in de streek ook daarvoor doorging*. Zelfs van grote afstand beschouwde zij hem nog steeds als haar vriend en vertrouwensman. Kortom, nog vele jaren na de breuk bleef zij onder invloed van 's mans charme, een charme die nog niet geheel vervlogen was toen zij Barthélemy Amilhac tegenkwam, de kapelaan uit Dalou: vergeleken met de bruisende persoonlijkheid van Pierre Clergue maakt deze minnaar een wat bleke indruk.

Natuurlijk waren niet alle priesters in de Sabarthès en het Land van Aillon zulke bedreven of gedreven minnaars als hun collega Clergue. En het laat zich denken dat de Napoleontische strategie van de pastoor van Montaillou hem ook voor hij zich met de inquisitie inliet verpletterende successen opleverde. Hij verklaarde zijn liefde doorgaans met veel bravoure: '*Ik hou meer van je dan van welke vrouw ter wereld* (II, 224, 491),' en zonder dralen ging hij tot actie over. Hij sloeg genadeloos toe en bespaarde zijn veroveringen de inleidende plichtplegingen. Hij ging recht op zijn doel af, maar zonder iets of iemand ooit geweld aan te doen.

Macht sloot zachtheid ook geenszins uit: vergeleken met de ruwe boeren voelde de priester de vrouwen goed aan. Hoe onuitstaanbaar hij zich op andere terreinen ook betoonde, tijdens een liefdesavontuur maakte hij op de vrouwen de indruk aardig te zijn, tamelijk ontwikkeld en verfijnd, vurig in de liefde en onstuimig in het genot: '*Jullie priesters verlangen meer naar vrouwen dan de andere mannen*,' vond Béatrice de Planissoles, zowel verrukt als geschokt door haar twee priester-minnaars. De dame met het blauwe bloed wist waar ze het over had, want de edelen en de boeren waarmee ze getrouwd of gelieerd was geweest hadden haar op dit punt niet verwend. Als een Héloïse uit de bergen had Béatrice in de persoon van Pierre Clergue haar eigen dorpse Abélard gevonden. Geen leek die er aan dacht haar verleider te ontmoeten. Hier stond de lokale cultuur wél tolerant tegenover de seksualiteit van de geestelijke.*

---

* Twee eeuwen eerder had dat voor de echte Pierre Abélard wel anders gelegen. Toen deze professor in de theologie zijn veel jongere geliefde, de studente Héloïse, een kind had bezorgd, werd hij bij verrassing door de oom en voogd van het meisje in zijn slaap ontmand. (noot vertaler)

La Planissoles was niet de enige die zo bleef teren op haar gevoelens van nostalgie. Een andere maîtresse van de pastoor wist zich vol genoegen te herinneren dat Pierre Clergue, toen hij haar in het stro van de familieschuur ontmaagdde, haar op geen enkele manier geweld had aangedaan. In tegenstelling tot bepaalde boerenkinkels uit het dorp die er niet voor teruggeschrokken zouden zijn haar te verkrachten.

Clergue had meer dan één reden om de verleider te spelen. Achter de vrouwen aangaan betekende ook, vanuit zijn standpunt, trouw blijven aan de ideologie van de *domus*, die hem zo na aan het hart lag. '*Ik ben priester en ik wil geen echtgenote* (ofte wel ik wil alle vrouwen),' zegt hij op een dag tegen Béatrice. Door dit te zeggen legde Pierre de nadruk op zijn dubbelrol als priester en Don Juan, en nam hij (weliswaar op denkbeeldige wijze) afstand van zijn broers die door het sluiten van huwelijken met buitenstaanders het ouderlijk huis hadden verarmd; zij hadden niet aan een van hen de zorg toevertrouwd hun zuster te huwen en op die manier hadden ze haar bruidsschat laten verdwijnen. Pierres keuze voor een celibatair leven doorspekt met avontuurtjes maakte van hem de beste zoon ter wereld en de ware behoeder van de ouderlijke *domus*. Tegelijkertijd bleef een atavistisch verlangen naar incest als enige en ontoegankelijke weg om het bezit van de *ostal* intact te houden in het hart van deze priester verankerd. Hij sprak met spijt over het verbod om met moeder en zus te slapen. *Domus* en donjuanerie bleken in zijn geval complementair te zijn.

Over sommige van Pierres avontuurtjes zijn we minder slecht ingelicht dan over andere. Laten we zijn uitstapjes naar Ax-les-Thermes ter zijde laten, die evenveel met de baden uitstaande hadden als met de inquisitie... We weten dat de pastoor rond 1313-1314 de minnaar was van Gaillarde Benet; ook had hij haar zuster Alissende gehad. De goede vriend van beide zusters had weinig moeite gehad Gaillarde te verleiden, een arm meisje wier familie geruïneerd was door de inquisitie. Haar man Pierre Benet en haar zwager Bernard Benet waren ooit boeren geweest die hun eigen grond bewerkten. Noodgedwongen waren ze vervolgens teruggezakt tot de positie van rondtrekkende herders. Had Pierre Clergue gebruik gemaakt van een tocht van Pierre Benet naar de bergweiden om diens vrouw te verleiden? Deze hypothese is niet eens noodzakelijk: in het algemeen was de pastoor brutaal en invloedrijk genoeg om zichzelf tegenover een arme donder als Benet niet met dergelijke voorzorgsmaatregelen te kwellen. Het avontuurtje met Gaillarde heeft ons een pittige dialoog opgeleverd tussen Pierre Clergue en Fabrisse Rives: '*Je begaat een enorme zonde door met een getrouwde vrouw te slapen,*' zei ze tegen hem toen ze de dorpsroddels hierover ter sprake bracht. '*In het geheel niet,*' antwoordde de pastoor zonder een zweem van twijfel. '*De ene vrouw is de andere waard. De zonde blijft hetzelfde, of ze nu wel of niet getrouwd is. En er is trouwens helemaal geen sprake van zonde* (1, 329).'

Het vervolg van dit gesprek zou ons ongetwijfeld meer aan de weet hebben gebracht over Pierres opvattingen op liefdesgebied... als de stoofpot van Fabrisse niet aan de kook was geraakt en zodoende de spraakwaterval van de matrone voortijdig had drooggelegd door haar te verplichten haastig haar keuken weer in te duiken. Vervloekte pot. Desalniettemin weten we genoeg van Pierres opvattingen om zijn antwoord met zekerheid te reconstrueren: hij werkte het katharisme naar eigen goeddunken uit en begon met de stelling volgens welke 'iedere seksuele daad, zelfs binnen het huwelijk, slecht is'. Hij verbond hier expliciet de conclusie aan dat, omdat alles verboden was, alles was toegestaan. Alles kon en alles mocht. Nietzsche?

Wat Fabrisse betreft, zij had geen bijzondere reden de deugdzame dame uit te hangen. Kort voor het aangehaalde gesprek had zij namelijk de maagdelijkheid door haar dochter Grazide aan de pastoor uitgeleverd. Zij had in elk geval toegestaan dat Grazide in haar eigen *domus* met Pierre vleselijke gemeenschap had. Het gebeuren had zich afgespeeld rond 1313, ten tijde van de graanoogst. Fabrisse, een tamelijk arme vrouw, was in bastaardlijn verwant met de familie Clergue. Ze was min of meer onderworpen aan de overheersing door haar verwanten die uit het dominerende en wettige huis waren voortgekomen. Die dag was ze niet thuis, bezig haar eigen of andermans graan te oogsten. Pierre maakte van de gelegenheid gebruik om op de thuisgebleven Grazide de door hem verkondigde theorieën over incest uit te testen (al was de verwantschap in dit geval niet zo sterk: Grazide was de kleindochter in bastaardlijn van Guillaume Clergue, de broer van de vader van Pierre). De appel valt nooit ver van de boom. Grazide zou later een uitermate fris verslag van haar belevenissen uitbrengen: '*Ongeveer zeven jaar geleden kwam pastoor Pierre Clergue 's zomers naar het huis van mijn moeder, die toen aan het oogsten was,*' vertelde ze, '*en hij drong heel erg aan: "Sta me toe vleselijke gemeenschap met je te hebben," zei hij tegen me, en ik, ik zei tegen hem: "Dat is goed." In die tijd was ik nog maagd. Ik was geloof ik veertien of vijftien jaar oud. Hij ontmaagdde me in de schuur waar het stro lag. Toch ging het hier geenszins om een verkrachting. Hierna bleef hij vleselijke gemeenschap met mij hebben tot de daaropvolgende maand januari. Dat vond altijd plaats in de ostal van mijn moeder. Zij wist ervan en vond het goed. Het gebeuren speelde zich meestal overdag af. Daarna, in januari, gaf de pastoor mij als echtgenote aan mijn man,*

*Pierre Lizier, en nadat hij me zo aan de man gegeven had, ging hij door
veelvuldig vleselijke gemeenschap met mij te hebben, gedurende de vier
jaar die mijn echtgenoot nog te leven had. En ook hij wist ervan en
keurde het goed. Af en toe ondervroeg mijn man me: "Heeft de pastoor
het met je gedaan?" Ik gaf ten antwoord: "Ja." En mijn man zei tegen
me: "Wat de priester betreft prima, maar hoed je voor andere mannen."
Overigens veroorloofde de pastoor het zich niet om vleselijke gemeenschap met mij te hebben als mijn man thuis was. Het gebeurde uitsluitend in diens afwezigheid (I, 302-304).'*

In het vervolg van haar verklaring gaf Grazide een oordeel over haar
eigen gedrag en dat van haar minnaar. Toen ze het had over dit avontuur
dat ze zo aangenaam vond en dat ze als onschuldig beschouwde, kwam
de toon van het *Bréviaire d'amour* en de *Flamenca* bij haar boven: 'Een
vrouw die slaapt met haar ware liefde is vrij van elke zonde... de vreugde
van de liefde maakt de daad onschuldig, want zij komt voort uit een
zuiver hart." En Grazide voegde hier nog aan toe: '*Met Pierre Clergue
deed het me een genoegen. Dus kon het God geen ongenoegen doen.
Het was geen zonde* (I, 103).' De dichters had Grazide niet gelezen. Maar
ook zij betrok haar ingevingen uit de gemeenschappelijke bron van de
Occitaanse cultuur, zoals die in de Pyreneeën en in de Languedoc door-
voeld en doorleefd werd door paren die samen genoten. Het is waar dat
Pierres jeugdige vriendinnetje aan deze basis van de zuidelijke onschuld
die ze in haar dorp had opgedaan nog een laagje kathaarse cultuur toevoegde; dat vormde de specifieke bijdrage van haar minnaar. Grazide,
overtuigd als ze was van het niet-zondige karakter van haar verhouding
met Clergue, was daarom, zonder zich van de tegenspraak bewust te
zijn, nog niet minder overtuigd van het feit dat in het algemeen iedere
seksuele verbintenis, zelfs binnen het huwelijk, God onwelgevallig was.
De jonge vrouw was noch overtuigd van het bestaan van de hel, noch
van de feitelijkheid van de verrijzenis.

Na Grazide ontmaagd te hebben huwelijkte Pierre haar uit aan een
oude (?) kerel genaamd Pierre Lizier: tegenover de pastoor en diens
vriendin vervulde hij de rol van stroman en toegeeflijke echtgenoot.
Lizier maakte Grazide weduwe toen ze twintig was. Tijdens zijn leven
stond hij toe dat Pierre Clergue – maar hij alleen – doorging om zijn
jeugdige echtgenote te bezoeken. De priester-minnaar en de mannen
van zijn *domus* maakten in zijn dorp immers de dienst uit. Het was niet
aan te raden tegen hen in te gaan. Ook Grazide was daarvan overtuigd;
tegenover Jacques Fournier die haar verweet dat ze de ketterij van Clergue niet eerder had aangegeven, verklaarde ze: '*Als ik ze had aangegeven
zouden de pastoor en zijn broers me gedood of mishandeld hebben.*' En

Fabrisse, moeder van Grazide, voegde aan de woorden van haar dochter nog het volgende toe: *'Ik wilde niet bekennen dat ik op de hoogte was van de fouten van de pastoor en zijn broers, want ik vreesde in dat geval slecht door hen behandeld te worden* (I, 329; I, 305).'

Nog voor 1320 kwam er een dag dat Grazide en Pierre genoeg kregen van hun amoureuze betrekkingen. Geheel in overeenstemming met haar eigen logica verklaarde Grazide aan Jacques Fournier dat bij afwezigheid van verlangen van haar kant iedere seksuele daad met de pastoor zich zonder warmte zou voltrekken en daarom een zonde zou worden. Want uiteindelijk was het alleen het genoegen dat de onschuld van een verhouding garandeerde. Sancta simplicitas. Ten tijde van Grazide Lizier was Montaillou nog niet besmet met Augustiniaanse schuldgevoelens.

De verhouding die Pierre Clergue met Grazide onderhield was als het ware een verzwakte echo van de liaison die de pastoor met Béatrice had gehad. Dat was een hoogtepunt geweest in het 'mondaine' leven van Montaillou rond 1300. Omstreeks 1313 zou Grazide voor Pierre een tweede Béatrice zijn, wat boerser en wat eenvoudiger, maar vol jeugdige frisheid. En vice versa zou Barthélemy Amilhac, het priestertje uit Dalou, voor Béatrice een kopie vormen van Pierre Clergue, minder kleurrijk dan het origineel, maar toch voorzien van een onmiskenbare charme.

BÉATRICE DE PLANISSOLES

We zijn aangeland bij de voornaamste affaire van pastoor Clergue. Béatrice de Planissoles stamde uit de lage adel van de Ariège en bracht haar hele leven door op het platteland en in de bergen. Zij was de vrouw van de burchtheer van Montaillou. In die tijd was Pierre Clergue de jonge en geestdriftige pastoor van die parochie waar hij overigens ook zelf uit afkomstig was. Philippe de Planissoles, de vader van Béatrice, had een aantal banden met steden of hun directe omgeving. Planissoles is een buurtschap van de stad Foix, in het gebied van La Bargilière. Philippe droeg de titel ridder en hij was getuige van de bevestiging van de rechten en vrijheden van Tarascon-sur-Ariège in 1266. Zijn wortels had de vader van Béatrice echter in de boerendorpen van de Boven-Ariège: hij was heer van Caussou en huwelijkte zijn dochter uit aan Bérenger de Roquefort, burchtheer van Montaillou. Als vriend van het katharisme was Philippe in handen van de inquisitie gevallen die hem bij wijze van straf het dragen van de gele kruisen had opgelegd. Zijn dochter zou later tevergeefs proberen de gênante herinnering aan deze kruisen voor Jacques Fournier verborgen te houden. Tijdens haar kindertijd en haar jeugd schijnt Béatrice niet erg verzot op lezen geweest te zijn; er zijn zelfs een aantal indicaties die erop wijzen dat ze analfabeet was. Daarentegen zouden haar dochters in Dalou in ieder geval een minimale opvoeding genieten: de kapelaan zou zich daar lief laten aankijken door de moeders van de leerlingen en dienst doen als schoolmeester voor de paar schoolgaande kinderen die er in de parochie waren.

Béatrice had de ketterse boeken dus niet gelezen, maar ook buiten haar vader had ze al vanaf haar jeugd contact gehad met sympathisanten van de Albigenzen. Rond 1290 was er in Celles, een dorpje in de Midden-Ariège, ten zuidoosten van Foix, een metselaar genaamd Odin die in het bijzijn van de dochter van Philippe uitspraken deed die naar de mutsaard riekten. Proestend van het lachen vertelde ze die rond aan iedereen in haar omgeving. Geheel ten onrechte, want pastoors en klappeien hebben ze Jacques Fournier aan het oor gehangen. Wat Odin en degenen die koekjes van hetzelfde deeg bleven bakken zeiden, kwam in hoofdzaak hierop neer: '*Als de hostie werkelijk het lichaam van Christus was zou hij zich toch niet door de priesters laten opeten. En al was het lichaam van Christus net zo groot als de berg Margail die bij Dalou ligt, dan nog zouden de priesters hem allang in de vorm van deeg hebben opgegeten* (1, 215-216).'

Dit was slechts een kleine bloemlezing uit een hele folklore van anti-eucharistiegrappen die in de Pyreneeën de ronde deed: boeren hielden plakken knol in de lucht die ze aan het volk toonden om het heilige sacrament belachelijk te maken. Stervenden bestookten de priester die de hostie kwam brengen met vloeken en maakten hem uit voor lompe en stinkende boer. Heksen onteerden het lichaam van Christus.

Onder de ketterse kennissen van de jonge Béatrice komen we ook leden van de familie Authié tegen die later kathaarse missionarissen zouden worden: Guillaume Authié stortte zich in het dansgewoel tijdens de bruiloft van Béatrice en Bérenger de Roquefort. Wat Pierre Authié aangaat, hij was als notaris opgetreden bij de verkoop van een deel van het bezit van voornoemde Roquefort waar Béatrice op grond van haar bruidsschat een hypotheek op had.

De gele kruisen van haar vader, de blasfemie van de metselaar, de relaties met de familie Authié… Béatrice de Planissoles, later Roquefort, riekte al vanaf haar jonge jaren naar de mutsaard. En toch vereerde dit meisje de Heilige Maagd en zou ze later een mooie boetelinge vormen voor een minderbroeder die zin had om biecht te horen. Zij bleef zichzelf diep in haar hart altijd ergens in de katholieke traditie plaatsen.

Béatrice was dus getrouwd geweest met Bérenger de Roquefort. Daarna was ze weduwe geworden, vervolgens weer hertrouwd, daarna ten tweede male weduwe geworden. Ook haar tweede echtgenoot

Othon de Lagleize zou in haar gezelschap niet erg oud worden. Deze opeenvolgende weduwschappen waren in de demografie van het Ancien Régime overigens dagelijkse kost en zijn ook terug te vinden in de parochieregisters.

Over de beide echtgenoten van Béatrice valt weinig te zeggen, behalve dat ze alle twee uit de lage adel van de Ariège kwamen en dat zij bij de vrouw wier bed ze achtereenvolgens deelden niet meer dan een zekere onverschilligheid opriepen, wellicht enigszins gekleurd door vage gevoelens van genegenheid. Béatrice hield niet veel van haar levensgezellen maar ze was wel behoorlijk bang van ze. Haar ontsporingen hield ze voor hen verborgen en overigens bleven die tijdens hun respectievelijke leven erg beperkt. Ze was te bang dat zij zelf of haar minnaar gedood zou worden als haar overspel aan het licht zou komen.

Tot nog toe niets bijzonders. De troubadours, die ons een goed beeld geven van de erotiek in de Languedoc, hebben het thema van de ongelukkig getrouwde vrouw uitgebreid bespeeld. Zij schilderden de echtgenoot af als een 'jaloerse smeerlap', een gierige hoorndrager, die, in de woorden van Marcabru, *in andermans kont zat te krauwen* terwijl zijn vrouw, indien mogelijk, *er op haar beurt vandoor ging.*[2] Echtelijke liefde werd waar het gaat om gevoelens van de echtgenote voor haar wederhelft, door de Occitaanse dichters beschouwd als getuigend van slechte smaak; de vrouw was, als we hen mogen geloven, altijd bang door haar man geslagen of opgesloten te worden. Het lange inquisitiedossier van Pamiers bevestigt dat het hier niet enkel en alleen om een literair thema gaat: het Occitaanse huwelijk was ondanks een paar voorbeelden van het tegendeel in de periode vóór 1340 niet de plaats bij uitstek waar een gelukkig gevoelsleven bevloeid werd door de melk van de menselijke tederheid. Vanuit dit gezichtspunt was Béatrice bepaald geen uitzondering.

Binnen haar twee huwelijken richtte Béatrice haar genegenheid eerder op haar kinderen, op haar dochters, dan op haar respectievelijke echtgenoten. En zij werd hiervoor beloond: haar dochters Condors, Esclarmonde, Philippa en Ava koesterden voor hun moeder, die zich altijd op een liefdevolle en intelligente manier met hen had bezig gehouden, een ware verering, en toen zij met arrestatie werden bedreigd door bisschop Fournier barstten zij onder luid geweeklaag uit in een welgemeende tranenstroom.

Als jonge en vlotte bruid van de jaren negentig van de dertiende eeuw had Béatrice, nog tijdens het leven van haar eerste echtgenoot, een eerste verhouding, die echter niet tot het eind toe werd doorgezet. Even stupide als alle andere echtgenoten in die tijd had Bérenger de Roquefort niets in de gaten. De nogal beklagenswaardige held van deze voortijdig afgebroken idylle was een onbeduidende boer uit het Land van Aillon. Wanneer hij later weer in de stukken opduikt blijkt hij getrouwd te zijn en een lapje grond te bewerken.

In de burcht van Montaillou regelde Raymond Roussel het huishouden van de heer Roquefort en zijn vrouw Béatrice. Zoals goed Occitaanse huishoudkunde betaamt, was Raymond niet uitsluitend belast met de huishoudelijke beslommeringen van dit bescheiden adellijke verblijf; deze rentmeester had waarschijnlijk ook het toezicht op de agrarische bedrijfsvoering: hij zaaide het graan, gaf leiding aan de knechts en de landarbeiders en bracht de ploegscharen naar de smid om ze te laten aanscherpen of verstevigen.

Wat ik reeds gezegd heb over de kleine adel in de bergstreken is volledig van toepassing op de betrekkingen tussen Béatrice en de dorpelingen in het algemeen en haar rentmeester in het bijzonder. Tegenover deze burchtvrouwe van een blauwe maandag die, eenmaal weduwe, in een heel eenvoudig huis in Montaillou zou gaan wonen, was de sociale afstand niet erg groot. Om warm te worden schoof Béatrice gezellig aan bij de rond het vuur geschaarde dorpsvrouwen en wisselde zij haar laatste kathaarse roddels uit. Boerenvrouw Alazaïs Azéma kon de ex-burchtvrouwe zonder veel omhaal wat scherpe opmerkingen toevoegen: '*U steekt uw neus in de wind en doet uit de hoogte, ik ga u niet vertellen wat mijn zoon uitvoert.*' Dat was alleen maar woordenspel: een minuut later aarzelde Alazaïs – die zoals alle andere klappeien er op uit was dat men haar smeekte om te praten – niet om haar geheimpjes voor Béatrice te ontsluieren: '*Ja, het is waar, mijn zoon Raymond Azéma gaat voedsel naar de Goede Mensen brengen* (I, 237).'

Familiair als ze was wist vrouwe Roquefort al snel een min of meer amoureuze vriendschap met haar rentmeester te sluiten. Deze had net als iedereen sympathie voor het katharisme en stelde zijn meesteres voor om met hem naar Lombardije te gaan: Lombardije was in deze tijd de grote verzamelplaats van ketters; hele horden *perfecti* uit de Languedoc, die in hun eigen land vervolgd werden, begaven zich daarheen om in alle rust weer op adem te komen.

De vrouwe van Montaillou wees deze uitnodiging vriendelijk doch beslist van de hand. Ze maakte de rentmeester-verleider opmerkzaam op het feit dat hun gemeenschappelijk vertrek vergezeld zou gaan van heel wat bakerpraatjes: '*Ik ben nog jong. Als ik er met jou vandoor ga, Raymond, dan komen de tongen onmiddellijk los. De mensen zullen niet nalaten te zeggen dat we het land verlaten hebben om onze wellust te bevredigen* (I, 221).'

Maar op zich voelde de burchtvrouwe wel wat voor deze reis en zij bedacht een compromis. Ze wilde wel met Raymond vertrekken maar dan niet zonder de aanwezigheid van een aantal gezelschapsdames om haar reputatie van fatsoenlijke vrouw te beschermen. Raymond Roussel wees deze oplossing niet van de hand. Hij ging zelfs zover om twee vrouwen uit de streek contact met Béatrice op te laten nemen om haar voor te stellen met hen naar Lombardije te gaan. Vermeldenswaard is dat beide dames verbonden waren met *domus* Clergue: de een, Alazaïs Gonela, was de maîtresse van Guillaume Clergue, broer van de pastoor. De ander, Algaia de Martra, was de zuster van de oude Mengarde, de moeder van Pierre Clergue. Het initiatief van de beide potentiële chaperonnes – die overigens zelf bepaald niet lelieblank waren – bleef zonder resultaat. Maar het was de eerste keer dat de Clergue-clan in het leven van Béatrice opdook.

Raymond Roussel was, net als later Pierre Clergue, een goed van de tongriem gesneden boer. Hij doorspekte zijn toespelingen op een mogelijk vertrek met een wat scabreuze theorie over de zielsverhuizing. Hij legde de zwangere Béatrice, die geïnteresseerd toehoorde, uit *'hoe de toekomstige ziel van een kind dat op het punt stond geboren te worden, de foetus in de buik van die vrouw kon binnendringen via ieder lichaamsdeel van die vrouw* (I, 220)'.

'Maar als de zaak zo ligt, waarom praten kinderen dan niet als ze geboren worden, op deze manier erven ze immers oude zielen?' vroeg Béatrice in alle onschuld aan haar aanbidder.

'Omdat God dat niet wil!' zei Raymond Roussel, die nooit om een antwoord verlegen zat (I, 220).

Tot hier toe verliep alles zoals het hoorde en in de beste traditie van de troubadours, kenners bij uitstek van de regionale folklore. De schone jonkvrouwe van Montaillou had een minnaar die uit een lager sociaal milieu kwam. Raymond was een dorpeling en niet van adel. En zo nam Béatrice, zonder daar minder dan wie dan ook over na te denken, deel aan de democratisering van de liefde. En juist die liefde tussen 'petite grande dame' en een nederig persoon was een van de sleutelthema's in de Occitaanse poëzie. Tegenover een minnaar die 'geduldig, complimenteus en discreet' was en haar ter zijde stond met diensten die zowel respect betoonden als een uitdagende werking hadden, speelde Béatrice de rol van inspirerende muze, om op haar beurt weer door haar aanbidder onderwezen te worden. De ketterij verschafte Raymond een schitterende kans om haar het hof te maken en zich te laten gelden. In deze situatie had alles uitstekend kunnen verlopen, en zelfs echtgenoot Bérenger de Roquefort zou geen reden tot klagen hebben gehad, als Raymond maar die vastenminnaar was gebleven, *die minnaar uit smaragd en sardonyx*, die Marcabru iedere vrouw toewenste die werkelijk het hof gemaakt werd. (Volgens het *Bréviaire d'amour* symboliseerde de smaragd de onderdrukking van de seksuele instincten, en de sardonyx de nederige kuisheid.[3]) Ongelukkig genoeg voor hem zelf wilde Raymond echter te veel, hij wilde met de door hem beminde vrouw naar bed, een gegeven dat aan de Occitaanse lyriek een van haar essentiële thema's heeft geleverd. 'Ik zou haar,' zei Bernard de Ventadour, 'alleen willen aantreffen, *slapend of voorwendend te slapen, om haar een tedere kus te ontstelen, want ik ben onwaardig er haar een te vragen.*'[4]

'Op een avond,' zo vertelde Béatrice, '*hadden we samen gegeten, Raymond en ik. Vervolgens sloop hij steels mijn slaapkamer in en kroop onder mijn bed. Ik had ondertussen in huis orde op zaken gesteld en me ter ruste gelegd. Iedereen in mijn huis sliep, en ik ook. Toen sprong Raymond onder mijn bed vandaan en installeerde zich erin, slechts gekleed in zijn hemd. Hij begon aanstalten te maken om vleselijke gemeenschap met mij te hebben. En ik, ik riep uit: "Wat gebeurt hier?" Waarop Raymond me zei: "Houd je mond." Waarop ik antwoordde: "Wat, boerenpummel! Hoe zou ik mijn mond kunnen houden." En ik begon te schreeuwen en mijn dienstmeiden te roepen die bij mij sliepen, in andere bedden, in mijn kamer. En ik zei hun: "Er zit een man in mijn bed." Raymond sprong meteen uit mijn bed en verliet mijn kamer. Enige tijd later verliet hij de dienst van ons huis om terug te keren naar zijn ouderlijke ostal in Prades* (I, 222).'

Zo vond de burchtvrouwe op het allerlaatste moment haar klassebewustzijn terug, dat enigszins afgesleten was geraakt in de langdurige flirt die aan het stoutmoedige initiatief van de rentmeester vooraf was gegaan. Ze verdreef de boer uit haar bed. Ze had zich, in de woorden van Marcabru, niet willen gedragen 'als het hazewindteefje dat zich gaf aan een straatkeffertje'.[5] Dat had haar er echter niet van kunnen weerhouden om zich wekenlang door haar rentmeester het hof te laten maken, zonder overigens met hem de liefde te bedrijven.

Maar aan alles komt een eind, zelfs aan een tamelijk platonische verhouding tussen een boer en een burchtvrouwe. Af ging Raymond Roussel. Op kwam Pathau. Deze Pathau was wel een bastaard, maar ook een neef van Pierre Clergue. Hij kwam dus uit een familie die in het dorp in hoog aanzien stond, hoewel ze niet van adel was. Pathau liet er geen gras over groeien. Tegenover vrouwen ging hij ruiterlijk te werk, net als Willem van Aquitanië, zijn landgenoot uit vroeger tijden. In de ogen van de bastaard was Béatrice slechts een 'merrie'. *'Je bestijgt haar en laat haar de roskam voelen.'*[6] Schaamteloos verkrachtte Pathau Béatrice, terwijl

Bérenger zelfs nog in leven was. Blijkbaar kon de toorn van de burchtheer deze doortastende ruwe bonk weinig vrees inboezemen. Laten we hieraan toevoegen dat deze 'verkrachting' in laatste instantie bepaald geen traumatische ervaring was. Toen Bérenger stierf kwam Béatrice beschikbaar en, aangezien ze als weduwe automatisch een paar treden daalde op de sociale ladder, ging ze doodgemoedereerd in concubinaat wonen met de sater van Montaillou die haar kort tevoren in de burcht zo schaamteloos overmand had. '*Pathau onderhield me sinds dat moment openlijk als zijn maîtresse,*' bekende ze bisschop Fournier, toen die haar ondervroeg over haar privé-leven.

Deze Pathau was overigens niet meer dan een intermezzo. De echte grote affaire van Béatrices eerste periode als weduwe was Pathaus neef: pastoor Clergue. De liaison van Pierre met de ex-burchtvrouwe was een gebed zonder end, begonnen in de biechtstoel en geëindigd in de kerk, waar Pierre in zijn perversiteit op een donkere nacht het bed van zijn maîtresse liet neerzetten.

Aanvankelijk was Béatrice slechts een boetvaardige zondares, te midden van anderen. Sinds lange tijd bezocht ze regelmatig de leden van de Clergue-clan, om met hen de avonduren gezellig door te brengen rond het vuur. Op een dag ging ze ter biecht bij de pastoor van haar parochie, achter het altaar van de H. Maagd. Pierre gunde haar niet de tijd haar zonden op te biechten. Hij sprak zich uit: '*Je bevalt me meer dan welke vrouw ter wereld.*' Hij omhelsde haar heftig. Ze vertrok meteen weer, in gedachten verzonken, van haar stuk gebracht, maar niet verontwaardigd.

Het was slechts een begin. Voor deze mooie verovering nam Pierre rustig de tijd. Een verovering overigens waar het niet draaide om liefde uit hartstocht maar slechts om wederzijds verlangen en genegenheid. De gevoelens van Pierre en Béatrice voor elkaar werden uitgedrukt met het woord *diligere* (houden van); daarentegen bracht de wederzijdse passie die de ex-burchtvrouwe en Barthélemy Amilhac later voor elkaar zouden voelen, de klerken van Jacques Fourniers dossier tot het gebruik van de Latijnse woorden *adamare* en *adamari*, die gepassioneerde liefde uitdrukken.

Na een hofmakerij van standaardlengte (van de vasten tot begin juli) viel Béatrice uiteindelijk voor de charme en de welsprekendheid van de priester. Tijdens het octaaf van St. Petrus en St. Paulus, in een zomer op het allerlaatste eind van de dertiende eeuw, '*die mooie zomer vol mogelijkheden die de losbandigheid opwekt*'[7], gaf Béatrice zich aan Pierre. Zij werd een volgzame vriendin en zou om hem te behagen zelfs heiligschennis plegen; zij sliep met hem tijdens de kerstnacht, en ook, zoals we gezien hebben, in een dorpskerk. Ondanks haar natuurlijke gereserveerdheid was zij tot ieder waagstuk bereid, en ze ontpopte zich als rechtstreekse erfgename van de meest vermetele minnaressen in de Occitaanse literatuur: de vrouwe van de Serre, Brunissende, Flamenca, de dame met de papegaai, Floripar...[8]

Voor zover we er iets van weten was de verhouding tussen Pierre en Béatrice een wederzijds genoegen: gedurende twee jaar (1299-1301) ontmoetten de geliefden elkaar (in het geheim?) zo vaak als mogelijk was, twee of drie nachten per week, en zij bedreven per nacht de liefde 'tweemaal of vaker' (1, 226, 224). Béatrice ontluisde Pierre in bed, bij het vuur of voor het raam, en in deze behandeling ging een elementaire zorg voor hygiëne samen met een door de gewoonte geritualiseerde tederheid. Pierre onderhield Béatrice ondertussen met verhandelingen over afwisselend gezinssociologie, kathaarse theologie en magisch-praktische contraceptieleer.

En toch, na twee jaar, brak Béatrice: het werd tijd. De ex-burchtvrouwe voelde zich geestelijk omsingeld door de doordringende dialectiek van de kathaarse pastoor. Ze werd heen en weer geslingerd. Aan de ene kant trokken haar de ketterse berggebieden, met haar minnaars en haar vrienden, aan de andere kant voelde zij de zuigkracht van het gerekatholiseerde laagland. Ze bezweek voor de verleiding van de vlakte waar het aantrekkelijke vooruitzicht van een tweede huwelijk haar toelachte. Ze zou daar onder invloed geraken van de predikaties van de minderbroeders en van de doordringende woordenstroom van haar zuster Gentile, een bigotte katholiek... Béatrice moest dus kiezen: zij bleef vanuit een bepaalde gezichtshoek Pierre zien als een goed mens, achtenswaardig en bekwaam. Maar voor het vrome meisje dat in haar jeugd nog gekleurde kaarsen had ontstoken voor de Heilige Maagd, moest Pierre wel de duivel in eigen persoon schijnen. Deze duivel deelde haar bed, bestookte haar met kathaarse redeneringen en dank zij hem liep ze de kans ooit haar einde te vinden in de vlammen van de brandstapel, in afwachting van de vlammen van de hellemond. En dus kreeg de jonge weduwe genoeg van die strijd tegen de Satan, dij aan dij gevoerd. Ze besloot de pastoor te verlaten en af te dalen naar de vlakte om de edele Othon de Lagleize te huwen. En dit in weerwil van de waarschuwingen van haar vrienden uit het Land van Aillon, met Pierre aan het hoofd. Allen smeekten ze de ex-burchtvrouwe niet naar het laagland te gaan, ze zou slechts haar ziel kunnen verliezen tussen de wolven en de honden van de Roomse Kerk. 'We hebben u verloren, u wilt afdalen naar de wolven en de honden,' verzuchtte een delegatie uit Prades tegenover Béatrice die in de dorpen erg populair was (1, 231, 254).

Maar de jonge vrouw weigerde te zwichten voor de zachte aandrang van haar vrienden. Ze vestigde zich achtereenvolgens in Crampagna, Dalou en Varilhes; deze plaatsen lagen in het laagland zo'n vijftien à twintig kilometer ten noorden van het Land van Aillon, en kwamen overeen met de verschillende dorpen waar haar nieuwe echtgenoot Othon de Lagleize domicilie koos, wiens naam in het Frans overigens gewoon Othon de l'Eglise wordt. Onder deze omstandigheden werden de contacten tussen de kersverse 'Béatrice de l'Eglise' en Pierre Clergue sporadisch. Ze bleven op elkaar gesteld, en nog één keer kwam de pastoor, die zich voordeed als een priester uit Limoux, zijn oude maîtresse opzoeken in het huis in Dalou: daar 'versmolten hun lichamen' in de kelder terwijl een dienstmeisje voor de deur op wacht stond. In het vervolg zouden de gelieven echter slechts spirituele betrekkingen onderhouden. Toen Béatrice voor de tweede maal weduwe was geworden zou Pierre haar een kort en kuis bezoek brengen waarbij hij alleen maar vriendelijk informeerde hoe het met haar ging.

Uiteindelijk zou hij haar als allerlaatste cadeau een geëtst glas en suiker of *zacara* uit het land van de Saracenen sturen. Kleine cadeaus en kleine attenties die bewijzen dat de pastoor geen hart van steen had: hij had *uit hartstocht liefde weten te melken*.[9]

Na Béatrice verwijderde Clergue zich meer en meer van het romantische model: was het een middel tegen de melancholie of was het de groeiende geilheid van een ouder wordende priester? We zien hem in ieder geval wispelturiger en veranderlijker worden dan ooit en hem de liefde bedrijven 'om de broek bij te laten barsten'[10] met vrouwen uit Ax-les-Thermes en Montaillou. Hij verleidde hen door zijn charme en meer nog door zijn invloed en zijn dreigementen.

De twee jaar die Béatrice in het gezelschap van Clergue was riepen bij haar na afloop heel wat gevoelens van nostalgie op en verlangen om de dagen van weleer terug te vinden. Haar tweede huwelijk schonk haar in emotioneel opzicht even weinig voldoening als het eerste; zij raakte er niet door teleurgesteld want ze had van haar tweede huwelijk niet meer verwacht dan het verkrijgen van een maatschappelijke positie. Ze betoonde zich in ieder geval een trouw echtgenote van Othon de Lagleize, met uitzondering van die ene zijsprong, die vluchtige hereniging met Pierre in de kelder. Othon stierf korte tijd later, en Béatrice kwam opnieuw beschikbaar voor het grote avontuur. En zelfs, bij wijze van uitzondering, voor de grote hartstocht.

Ook de tweede minnaar van de ex-burchtvrouwe was een priester. Het betrof hier een bescheiden dorpskapelaan, die toch niet zo onbeduidend was als die positie zou doen verwachten. Bernard Clergue zou hem later in de gevangenis met respect aanspreken en hem de titel 'mijnheer pastoor' geven. En toch was Barthélemy Amilhac slechts een bleke afspiegeling van Pierre Clergue. Aan dat voorbeeld kon hij niet tippen. Bij gelegenheid was hij losbandig, maar hij was geen Kathaar. Hij zou pas verklikker worden toen hij daartoe werd gedwongen. Maar het zou zonder wroeging zijn.

Béatrice leerde Barthélemy kennen in het dorp Dalou; zij had haar dochters Ava en Philippa op school gedaan, waar de kleine kapelaan hun lesgaf. De al wat ouder wordende Béatrice ('*ik had het keerpunt van de middelbare leeftijd overschreden*') vatte een hartstochtelijke liefde op voor de jonge priester, omschreven met het woord *adamare*. Ze viel hem zonder meer om de hals. '*Zij was het die de eerste avances maakte,*' zou Barthélemy Amilhac later vertellen. '*Op een avond toen ik mijn leerlingen net had lesgegeven, onder wie ook Ava en Philippa, zei Béatrice tegen me: "Kom vanavond bij mij thuis." Hetgeen ik deed. Toen ik in haar huis was, trof ik alleen háár aan. Ik vroeg haar: "Wat wil je van me?" En ze zei tegen me: "Ik hou van je, ik wil met je naar bed." En ik antwoordde haar: "Goed." Meteen bedreef ik met haar de liefde in de voorruimte van de ostal. In het vervolg bezat ik haar vaak. Maar nooit 's nachts. Altijd overdag. We wachtten tot haar dochters en haar dienstmeisje van huis weggingen. En dan begingen we de zonde des vlezes* (I, 252).'

Béatrice hield hartstochtelijk van Barthélemy, hij hield hartstochtelijk van zijn maîtresse: *Béatrix Bartholomeum nimis adamabat et ipse dictam Beatricem adamabat* (I, 249, 256). Het is juist dat de jonge kapelaan een zwakkeling was. Hij was zelfs een lafaard, zijn vriendin onwaardig, hij zou haar uiteindelijk verlaten, enigszins omdat ze oud was, maar vooral omdat hij bang was met haar in een aanklacht wegens ketterij betrokken te raken. Wat zij in hem beminde – en wat wellicht voor wat betreft deze tweede minnaar grotendeels op illusie berustte – waren de zachtheid en de zinnelijkheid van de priester, die meer tederheid en verlangen kende dan de andere mannen en de eenvoudige leken. In het uur van de waarheid smeet zij Barthélemy deze opvatting in het gezicht: '*U priesters, priors, abten, bisschoppen, aartsbisschoppen en kardinalen, u bent het ergste. Meer dan andere mannen begaat u de zonde des vlezes en meer verlangt u naar de vrouwen dan de andere mannen doen* (I, 255).' '*Op een dergelijke manier,*' merkte Barthélemy filosofisch op, '*probeerde Béatrice zich te rechtvaardigen voor het feit dat ze met mij de zonde des vlezes bedreef.*' Inderdaad had Béatrice zich een bepaalde voorstelling van de priesters gemaakt. Ze had de priesteritis. Want ze hield zoveel van de jonge Amilhac dat ze hem ervan beschuldigde haar betoverd te hebben. '*De zonde van de hekserij heb ik nooit bedreven,*' verklaarde ze op een dag. '*Maar ik geloof wel dat die priester Barthélemy tegenover mij duivelskunsten gebruikt heeft, want ik hield veel te hartstochtelijk van hem; en toch was ik al voorbij de menopauze toen ik hem leerde kennen* (1, 249).'

Het ontbrak ook het vervolg van het met zoveel voortvarendheid ingezette avontuur niet aan kleur en beweging. Sinds Béatrice in Dalou de vriendin van de kapelaan was geworden werd ze geplaagd door roddel, eerloze achterklap en vreemde influisteringen die de *lauzengiers* of roddelaarsters, met de pastoor aan het hoofd, over haar de ronde lieten doen. En dezen schaamden zich er niet voor om haar zowel openlijk als in de rug aan te vallen. Ongelukkig genoeg werd ze ook nog eens het slachtoffer van de bemoeizucht van haar broers die zich, naar goed Occitaans gebruik, opwierpen als hoeders van de kwetsbare deugdzaamheid van hun zuster. Uit vrees dat die haar slecht zouden behandelen vatte Béatrice het plan op haar liefdeleven te verplaatsen naar het land van de Palhars.

Palhars was een afgelegen diocees in de Pyreneeën tussen Aragon en Comminges-Couserans. Rond 1300 hadden de priesters van dit diocees, nog naar goed pre-gregoriaanse en nicolaitische traditie, toestemming om de facto samen te wonen met hun huishoudsters, concubines of *focarias*. De toestemming om met iemand samen te wonen werd door de bisschop van voornoemd diocees nog probleemloos gegeven, op voorwaarde dat de liefhebbers hem een kleine vergoeding betaalden. Vanwege die situatie besloot Béatrice met haar garderobe en haar dertig Tournooise ponden naar Palhars te gaan. Ze begaf zich naar Vicdessos waar Barthélemy haar zou ontmoeten. Vandaar gingen ze samen naar het Land van Palhars; een priester-notaris 'huwde' hen daar, maar zonder de inzegening. Ze woonden een jaar lang samen in dezelfde *domus*, zonder dat ook maar iemand er aanstoot aan nam. Ze leefden van de dertig Tournooise ponden die de bruidsschat van de ex-burchtvrouwe uitmaakten. Geleidelijk aan ontdekte Barthélemy het met kathaarse smetten bezoedelde verleden van zijn maîtresse en hij werd bang. Er kwamen huiselijke twisten. '*Oud kreng, ketter,*' schreeuwde de kapelaan. Ten slotte gingen ze uit elkaar. Daarna zouden ze elkaar pas weer ontmoeten vlak voordat ze de gevangenis in werden gegooid. Barthélemy moest werken voor zijn brood. Hij bood hier en daar zijn diensten aan als dorpspriester of kapelaan, op het platteland of in de bergen. Béatrice zelf werd al op de huid gezeten door de inquisitie en zij zocht de steun van haar ex-minnaar weer op. Net als eerder met pastoor Clergue bedreef ze nog één maal de liefde met haar kleine kapelaan, ditmaal niet in de kelder maar in de wijngaard, terwijl haar trouwe dienstmeisje, dat dit keer Alazaïs heette, weer op wacht stond. Het vervolg van hun avontuur behoorde Jacques Fournier toe. Hij liet de ex-burchtvrouwe en de jonge priester in hechtenis nemen. Een jaar later liet hij ze op dezelfde dag (4 juli 1322) weer vrij. Zij met dubbele gele kruisen, hij zonder.

HOOFDSTUK 10
VOORBIJGAANDE VERHOUDINGEN

Béatrice en haar vrienden van het huis Clergue zijn niet de enigen die we ter sprake kunnen brengen in een beschrijving van het seksuele leven in het dorp. Ook buiten het losbandige gedrag van die ene grote *domus* heerste er in Montaillou en het graafschap Foix onmiskenbaar een *betrekkelijke* vrijheid op zedelijk gebied. Ik zeg met opzet betrekkelijk omdat er bepaald geen sprake was van zedenverwildering en normloosheid. Maar de zeden waren rond 1320 wel wat losser dan ze rond 1700 zouden zijn, toen de kuise strengheid van de contrareformatie in ieder dorp doordrong, actief begeleid door bisschopsstaf en vaderlijke oorvijgen, diocesane inspecties en politiële controle door pastoors.

Volgens de bronnen waren er tussen 1300 en 1320 in Montaillou ten minste zes ongehuwd samenlevende paren, de uitstapjes van de pastoor niet eens meegerekend. Dit aantal is niet uitputtend, en moet bovendien vergeleken worden met het aantal van ten hoogste een vijftigtal (al of niet wettige) paren die er in totaal geweest moeten zijn. Dat betekent dat *minstens* 10% ongehuwd samenwoonde. Van een dermate hoog percentage zou monseigneur Colbert, de jansenistische bisschop van Montpellier, wiens bisschoppelijke bezoeken ik enige tijd geleden bestudeerd heb, beslist gewalgd hebben. In de ogen van strikt rechtzinnige lieden was het vooral kwalijk dat het in 1320 ging om verhoudingen waar men schaamteloos mee te koop liep. In ons dorp '(onder)houdt men in het openbaar' een concubine (I, 238). Rond de jaren 1705 en 1710 zou men daarentegen met veel moeite proberen zoiets verborgen te houden, om de woede van de pastoor en de roddelpraatjes van de kwezels te ontlopen. Maar goed, in het Montaillou van rond 1300 was het juist de pastoor die het slechte voorbeeld gaf, en zonder daar schuldcomplexen aan over te houden!

Anderzijds hebben we gezien dat de herders, die zich niet konden veroorloven te trouwen, zich er niet voor schaamden om er als het enigszins mogelijk was een vriendin op na te houden, niet alleen in de stadjes, maar ook in de gebieden waar zij hun kuddes weidden. Een meer algemene opmerking: wanneer rond 1310 een stel openlijk samenleefde, dan waren de reacties niet erg verschillend van wat er vandaag de dag in een vergelijkbaar geval gezegd wordt. 'Zijn die mensen nu wettig getrouwd? Of doen ze het zonder boterbriefje?' Dat was de vraag die Guillaume Escaunier, afkomstig uit Ax-les-Thermes, zich stelde tijdens een reis naar Limoux, zonder zich er overigens verder druk om te maken: *'In het huis van Martin François in Limoux troffen we een vrouw aan die de echtgenote van Martin geweest zou kunnen zijn, als ze tenminste niet zijn concubine was: ze werd namelijk permanent door hem in zijn huis onderhouden* (II, 12).' Ik voeg hier aan toe dat ook niemand van Escauniers ondervragers zich bovenmatig bezorgd scheen te maken om de onzekerheid die er bestond over de wettelijke status van Martin François' levensgezellin.

Zonder geheel en al afwezig te zijn was het besef van de zonde des vlezes in het graafschap Foix beduidend minder sterk ontwikkeld dan later het geval zou zijn. We hebben gezien dat voor Arnaud de Verniolles sodomie niet erger was dan eenvoudige ontucht; voor Grazide Lizier uit Montaillou en voor Pierre Vidal uit Ax-les-Thermes was eenvoudige ontucht echter niet eens een zonde. Op voorwaarde dat de daad beide partijen genot verschafte, en voor Pierre Vidal ook op voorwaarde dat de mannelijke partij er een fatsoenlijk bedrag voor betaalde. Als we de logica van deze twee achtereenvolgende gelijkstellingen ad absurdum zouden doortrekken zouden we de volgende vergelijking krijgen: *sodomie = eenvoudige ontucht = niet zondig.*

Het is uiteraard niet de bedoeling zover te gaan... Maar deze wat lompe extrapolatie op basis van uitspraken van de bewoners zelf geeft aan dat de mate van de seksuele vrijheid in de veertiende eeuw nog aanzienlijk was. Na de middeleeuwen slonk die vrijheid om zich pas in de negentiende en twintigste eeuw weer langzaam uit te breiden met de, overigens relatieve, 'vrije moraal' van de huidige tijd.

In Montaillou was die tolerantie op seksueel gebied aan het begin van de veertiende eeuw een verschijnsel van bescheiden omvang, doch ontegenzeggelijk aanwezig. Toen Béatrice de Planissoles na haar eerste huwelijk een openlijke verhouding met de bastaard Pathau Clergue aanging, wekte dat niemands woede op. Het gaf hoogstens aanleiding tot wat geroddel. Gauzia Marty, die de vrouw van de andere Bernard Clergue (naamgenoot van de baljuw) zou worden, was enige tijd de concubine geweest van Raymond Ros uit Montaillou, *wiens ketters gebeente na zijn dood verbrand zou worden* (I, 459).

Raymonde Testanière, ook wel Vuissane genoemd, was de maîtresse van Bernard Belot. Van de kinderen die ze van hem had heette er een ook Bernard. Gemakkelijk had ze het niet in het huis van haar minnaarwerkgever; officieel was ze zijn vriendin, in werkelijkheid veeleer zijn dienstmeid. Deze verhouding vormde in haar ogen een proefhuwelijk. *'Ik had het idee,'* zo zou ze later aan de inquisitie vertellen, *'dat Bernard Belot me tot vrouw zou nemen en daarom spande ik me enorm in om in zijn huis alles te doen wat ik kon.'* Ze zou uiteindelijk in die hoop teleurgesteld worden. De schoenlapper-charmeur Arnaud Vital, die later als beloning voor de goede raad die hij aan Vuissane gaf zou proberen haar te verkrachten, liet niet na haar het waarom van deze echtelijke teleurstelling uit te leggen: *'Al was je even rijk als welke vrouw dan ook in het graafschap Foix, dan nog zou Bernard Belot je niet tot echtgenote nemen, omdat je niet van zijn geloof bent* (namelijk het geloof van de ketters), *en hij je dus niet kan vertrouwen* (1, 456).'

Deze uitspraak van Arnaud Vital, die een goed inzicht had in de sociale verhoudingen van het dorp, geeft overigens een van de sleutels om het veelvuldig voorkomen van het concubinaat te verklaren. Het huwelijk vormde in deze groep mensen een ingewikkelde operatie. Het ging soms gepaard met gevoelens van verliefdheid van de kant van de man, en altijd met de hoop die de vrouw koesterde om een bruidsschat mee te krijgen, hoe bescheiden die ook was. *Last but not least* moesten ook de beide geloofsovertuigingen nog met elkaar te verenigen zijn. Geconfronteerd met deze vrijwel onoverkomelijke problemen kozen heel wat inwoners van Montaillou in eerste instantie voor de mogelijkheden die een openlijk concubinaat bood.

Een ander stel dat een voorbijgaande verhouding had werd gevormd door Alazaïs Guilhabert (dochter van een schapenhouder uit Montaillou) en de bij *domus* Belot inwonende schoenlapper Arnaud Vital, wiens met avonturen bezaaide pad we zojuist al gekruist hebben. *'Ik was heel erg op Arnaud gesteld, met wie ik in onfatsoenlijke gemeenzaamheid leefde,'* verklaarde Alazaïs Guilhabert: *'Hij had me onderwezen in de ketterij en ik had hem beloofd mijn moeder op te zoeken opdat ze erin zou toestemmen dat mijn jongste broertje (die erg ziek was) de ketterdoop zou krijgen* (1, 413 en 410-413).'

De verhouding van Alazaïs is in moreel en psychologisch opzicht interessant. Naderhand gaf de ex-vriendin van de kathaarse schoenlapper toe dat haar avontuurtje met die man in moreel opzicht discutabel ('onfatsoenlijk') was. Maar op het moment zelf beschouwde Alazaïs deze onwettige verhouding noch als iets dat ze verborgen moest houden, noch als iets waar ze zich voor moest schamen. Zo bleef Arnaud vriendschappelijk omgaan met Allemande Fauré, de moeder van zijn maîtresse.

Anderzijds valt het op dat de liaison van Alazaïs voortkwam uit werkelijke liefde. Wel ging het hier eerder om liefde uit genegenheid dan liefde uit hartstocht, want de heldin gebruikte ter omschrijving uitsluitend het woord *diligere* (houden van) en nooit *adamare* (hartstochtelijk houden van). Uit andere gevallen blijkt echter dat in Montaillou juist buitenechtelijke verhoudingen de hartstocht het hoogst lieten oplaaien. Zo zou Béatrice de Planissoles toen ze voor de tweede keer weduwe was geworden een ware en soms zelfs zinderende hartstocht ontwikkelen voor de kleine kapelaan die haar passie beantwoordde en zo inhoud gaf aan haar lege weduwenbestaan.

De vier buitenechtelijke verhoudingen die tot nu toe behandeld zijn geven evenwel geen volledig beeld. We zouden er eigenlijk nog wat gevallen aan moeten toevoegen, alsmede een volledige lijst van de escapades van pastoor Clergue. Ten aanzien van de vier paren die we tot nu toe bespraken, wil ik alleen nog opmerken dat de wilde streken die de vrouwen in hun jeugd uithaalden geenszins een belemmering vormden om in hun verdere bestaan een echtgenoot en zelfs een goede echtgenoot te vinden. Béatrice de Planissoles zou na haar concubinaat met Pathau en haar adembenemende avontuur met pastoor Clergue trouwen met de in het laagland wonende Othon de Lagleize. Deze afdaling naar de vlakte betekende zeker geen sociale tuimeling voor de ex-burchtvrouwe die bepaald geen onschuldig gansje meer was, integendeel, het was eerder zo dat ze juist in aanzien steeg. Wat betreft Gauzia Marty, Alazaïs Guilhabert en Vuissane, wier meer of minder geslaagde dooltochten door het plaatselijke labyrint van de liefde zojuist beschreven zijn, zij zouden naderhand trouwen met drie heel achtenswaardige boeren uit het Land van Aillon, respectievelijk Bernard Clergue (naamgenoot van de baljuw), Arnaud Fauré en Bernard Testanière.

Het valt op dat de minnaars van deze vrouwen in meerderheid verstokte Katharen waren. Ook Martin François die naar alle waarschijnlijkheid in Limoux met een vrouw in concubinaat leefde, zou in zijn eigen huis getrakteerd worden op een preek van de gebroeders Authié over het thema: '*Het huwelijk is niets waard* (II, 12, 13).' Per slot van rekening stond het katharisme, tenminste zoals het in Montaillou geïnterpreteerd werd, behoorlijk tolerant tegenover onwettige verhoudingen. Het keerde zich fel tegen de wettige grondslag van het huwelijk en reserveerde de rigoureuze seksuele onthouding voor de *perfecti*. Het liet de facto, zo niet de jure de eenvoudige gelovigen de grootst mogelijke vrijheid op zedelijk gebied, en dat op grond van de bekende stelregel waar Pierre Clergue zo'n ruime betekenis aan gaf: '*Omdat alles verboden is, is alles toegestaan* (I, 224-225).'

Het zou onjuist zijn om op grond hiervan de seksuele gedragingen en gewoonten van de bewoners van de Boven-Ariège in de tijd van Jacques

Fournier te verklaren uit de plaatselijke verspreiding van een onrechtzinnige leer, hoe verleidelijk deze hypothese ook zou zijn. De priester Amilhac had niets van een ketter; toch was hij bijna evenzeer op ontucht en concubinaat gesteld als Pierre, die kathaars was en dubbelspion. Zeker, de ketterij heeft niets gedaan om de verspreiding van het concubinaat in Montaillou te beperken. Zij heeft het wellicht zelfs aangemoedigd, maar beslist niet in het leven geroepen. Het concubinaat gedijde er al sinds jaar en dag, en vond zijn rechtvaardiging in de kostbaarheid van de bruidsschatten. Het sluiten van een huwelijk was geen eenvoudige zaak en men ging gebukt onder de onverbiddelijke verplichting om de *domus* niet uit elkaar te laten vallen door ondoordachte en dure bruiloften. Bij de beslissing om te gaan 'hokken' speelde de ketterij slechts een bijkomende rol.

Deze praktijk kwam trouwens ook voor in menige andere streek van de Pyreneeën die in het geheel niet besmet was met de ideologie van de *perfecti* en waar men nauwelijks van het katharisme had gehoord. In het bisdom van Palhars bij voorbeeld werd door de pastoors al sinds lange tijd met de zegen van de plaatselijke bisschop een bruin leven geleid in het gezelschap van hun concubines. De eenvoudige boeren konden het concubinaat zonder enige moeite inpassen in de wijze waarop ze hun land bewerkten en hun huishouden voerden: een dienstmeid was tevens vriendin. Ze beulde zich er des te harder om af, aangezien ze warm gehouden werd met valse huwelijksbeloftes. Deze truc lukte altijd. De boer ploegde op zijn beurt met plezier de akker van zijn maîtresse. Hij deed dat uit liefde, of simpelweg uit de gewoonte om de grond van een huishouden gezamenlijk te gebruiken.

Het concubinaat ging in Montaillou gepaard met al dan niet fictieve anticonceptiemaatregelen. Er bestond destijds een duidelijke tweedeling op het gebied van de liefde: gelieven lieten zich om vanzelfsprekende redenen meer aan geboortenbeperking gelegen liggen dan gehuwden. Béatrice de Planissoles werd in de beginperiode van haar relatie met Pierre Clergue gekweld door het vooruitzicht van een buitenechtelijke zwangerschap: *'Wat moet ik doen als ik zwanger van u word?'* vroeg ze de priester. *'Ik zal wanhopig zijn en verloren* (I, 243-244).'

Clergue wist echter op alles een antwoord. Hij was niet alleen pervers, maar kende ook wat magische middeltjes, zoals trouwens opmerkelijk veel pastoors van voor de contrareformatie. Op slag stelde hij zijn lieve vriendin gerust, die zelf trouwens ook wel een paar toverkunstjes kende. Hij vertelde haar dat hij in het bezit was van een bijzonder kruid dat zowel op mannen als op vrouwen een contraceptieve werking had. (Merk op dat Pierre Clergue, hoewel hij een pastoor van onmiskenbaar dorpse komaf was, wel degelijk de beweegredenen en zelfs de – wellicht denkbeeldige – techniek bezat om aan geboortenbeperking te doen, iets wat door een aantal historici abusievelijk gezien wordt als een typisch kenmerk van de stedelijke elite.) Dat deze priester dermate familieziek was dat hij tot het uiterste ging om de *domus* intact te laten is zonder twijfel niet vreemd aan zijn neiging om het verwekken van nageslacht zoveel mogelijk te vermijden.

'Ik bezit een bepaald kruid,' zei Pierre tegen Béatrice. *'Als de man het draagt als hij in het lichaam van de vrouw komt kan hij zich niet voortplanten en zij niet zwanger worden.'* Ondanks haar edele afkomst suggereerde Béatrice als een echte boerendochter uit de kaasstallen haar minnaar direct daarop een toepasselijke vergelijking.

'Wat voor kruid is dat dan?' vroeg ze aan Pierre (I, 224). *'Is het hetzelfde kruid dat de koeherders op de pot met leb leggen om te voorkomen dat de melk stremt zolang als het kruid op de pot ligt?* (I, 244)'

De toespeling op leb is duidelijk: hazeleb, gedronken drie dagen voor de menstruatie werd sinds Dioskorides en zijn dertiende-eeuwse navolger Magnino van Milaan als een contraceptief middel beschouwd. Béatrice die zich op dit punt beriep op de traditionele gebruiken van de koeherders in de Ariège doet dus zonder het te weten niets anders dan het omkeren van de formules van Griekse en Milanese doktoren. De leb werd dus door haar niet meer gezien als contraceptief middel maar als het equivalent van hetgeen de melk van de koeien en het zaad van de man deed stremmen, en respectievelijk tot kaas en tot een foetus maakte. Het kruid van Pierre verhinderde dit klonteren van melk en sperma. Het was een antistremmingsmiddel en had dus een contraceptieve werking.

Over het desbetreffende 'kruid' gaf Béatrice vervolgens enige details: *'Als Pierre vleselijke gemeenschap met me wilde hebben, droeg hij* (het kruid)*, gewikkeld in een stukje linnen zo lang en breed als een gewichtje van een once (± 30 gram) en ongeveer even groot als het eerste kootje van mijn pink. En hij had een lange draad (of koordje) die hij om mijn hals hing als we de liefde bedreven; en dat kruidengevalletje aan het einde van de draad zakte tussen mijn borsten naar beneden tot het mondje van mijn maag. Als de priester uit bed wilde opstaan haalde ik het ding van mijn hals en gaf het hem terug. Het kwam voor dat hij tijdens een nacht tweemaal of vaker vleselijke gemeenschap met me wilde hebben. In dat geval vroeg de pastoor, alvorens zijn lichaam met het mijne te verenigen: "Waar is het kruid?"*

Ik vond het gemakkelijk terug, dank zij het koordje dat ik om mijn hals droeg. Ik gaf het hem in zijn hand en daarna plaatste hij het zelf bij het mondje van mijn maag, altijd met de draad tussen mijn borsten. En op deze wijze verenigde hij zich met mij en niet anders.'

Was het voorwerp waar de gelieven in hun vurige liefdesspel zo'n fijnzinnig gebruik van maakten niet meer dan een eenvoudig amulet, of was het inderdaad een soort pessarium, zoals de duistere zinswending 'mondje van de maag' zou kunnen aanduiden? Ik weet het niet. Maar het staat wel vast dat het kruid werkte, of op zijn minst, maar dat komt op hetzelfde neer, dat Béatrice overtuigd was van de doeltreffendheid van Clergues truc.

Clergue gebruikte de hevige angst van zijn vriendin voor een ongewenste zwangerschap om haar met de kwaliteit van zijn wonderbaarlijke voorbehoedmiddel sterker aan zich te binden: *'Op een dag,'* zo vervolgde Béatrice, *'deed ik de priester een verzoek: "Laat mij je kruid voortaan maar bewaren." "Neen," antwoordde hij, "dat zal ik niet doen, want dank zij het kruid dat ik je zou toevertrouwen, zou je je met een andere man in den vleze kunnen verenigen zonder het risico te lopen van hem zwanger te raken." De priester zei dat,'* aldus Béatrice, die geheel in haar verhaal opging, *'uit jaloezie voor Pathau, zijn volle neef, die hem als mijn minnaar was voorgegaan.'*

Pierre Clergue en zijn rivalen in Montaillou zagen de contraceptie, of het weinige dat men er van wist, als een middel om een vrouw, die men op deze wijze voor zwangerschap vrijwaarde, persoonlijk aan zich te binden en niet als een middel om de vrouw als zodanig te bevrijden. Béatrice kon zich overigens over deze mannelijke eigenwaan totaal niet boos maken. In de Pyreneeën van de veertiende eeuw leefde Eva nog midden in de *adamocratie*.

In de Occitaanse cultuur was de angst om het leven te schenken aan een buitenechtelijk kind voortdurend aanwezig, zeker bij de adel, waar Béatrice de Planissoles hoe dan ook toe behoorde. De bastaard werd automatisch *kleine schooier* of *schooierszoon* genoemd en onteerde de edele afkomst van de vrouwe aan wier schoot hij ontsproten was. Het voornaamste nadeel was echter dat de erfenis van de echtgenoot op deze wijze werd omgeleid naar een onwettige tak die uit het werk van de minnaar voortkwam. *'De echtgenoten vertroetelen de kleine schooiertjes en denken dat het hun eigen kinderen zijn die ze met zoveel liefdevolle aandacht omgeven.'* Op dit punt was Marcabru zeer uitgesproken en andere troubadours als Cercamon en Bernard Marti volgden hem hierin na.' Deze bezorgdheid was zeker een van de redenen dat de Occitaanse dichters soms een platonisch model van de buitenechtelijke liefde schetsten. Met theorieën die de kuise minnekozerij hoog boven het samen slapen stelden hoefde men niet bang te zijn voor een ongewenste zwangerschap.

In werkelijkheid wemelde het overigens ook onder de adel van het graafschap Foix van de bastaarden. Ondanks deze onvermijdelijke 'ongelukjes' stonden de edelen vanuit het gezichtspunt van hun cultuur en stamboom in principe vijandig tegenover onwettig nageslacht dat de toch al kwetsbare zuiverheid van hun bloed aantastte. Bij Béatrice zelf klonk een verre echo van deze opvatting door toen ze toegaf zich '*wanhopig en verloren*' te voelen bij het vooruitzicht dat ze als gevolg van de noeste arbeid van pastoor Clergue zwanger zou raken. Deze daarentegen was van dorpse komaf, en zeker niet van adel: hij ging te werk volgens al heel wat minder stringente opvattingen. Zeker, hij had begrip voor de redeneringen van zijn lieve vriendin en de problemen van haar stamlijn. Hij wist heel goed dat vader Planissoles rood zou aanlopen van schaamte bij het idee dat zijn dochter in weduwkleed een buitenechtelijke zwangerschap zou oplopen.

'*Ik wil je niet zwanger maken zolang je vader Philippe de Planissoles in leven is,*' beloofde Pierre aan Béatrice, '*want je vader zou zich te zeer schamen* (1, 244-245).' (De schaamte was toentertijd, zoals we nog zullen zien, een van de voornaamste grondslagen van de moraal in de Ariège.)

Maar deze hinderlijk in de weg staande vader had natuurlijk niet het eeuwige leven. Als de verdwijning van deze man eenmaal een voldongen feit zou zijn, dan was het maken van een kind bij zijn maîtresse een vooruitzicht dat Pierre zonder tegenzin onder ogen zag. '*Na de dood van Philippe wil ik je best zwanger maken,*' beloofde hij haar (1, 245). Pierre was dus van zins om zodra de controle over het adellijke geslacht zou zijn weggevallen door de (wellicht nabije) dood van de vader van zijn vriendin, terug te keren tot het waardenstelsel van zijn eigen boerenmilieu dat het voortbrengen van bastaarden tolereerde.

In Montaillou waren er, vergeleken met latere tijden, nogal wat bastaarden. Ten eerste werden er meer verwekt en ten tweede was men nog niet op het idee gekomen om ze vlak voor hun geboorte naar de stad te exporteren, een gewoonte die pas later in zwang kwam. Men nam slechts sporadisch zijn toevlucht tot een uitgestelde vorm van infanticide door het kind uit te besteden aan een min (zie echter het geval van Raymonde Arsen, die haar eigen bastaardje aan een min toevertrouwde om zelf dienstmeid te worden in de *ostal* van de Belots, waar ze ook af en toe de zorg op zich nam voor de in dat huis geboren baby).

De sociale en morele positie van de bastaarden in het dorp bracht voor de betrokkenen overigens een aantal niet geheel onoplosbare problemen met zich mee. In het algemeen gold de term ter aanduiding voor hun afstamming als een belediging: '*Oude bastaardteef,*' schreeuwde Bernard Clergue tegen Allemande Guilhabert, omdat ze weigerde zijn bevelen uit te voeren (ze wilde haar dochter niet dwingen een getuigenis in te trekken die in de ogen van de inquisitie belastend zou kunnen zijn voor de gebroeders Clergue). Van de ons bekende bastaarden was Pathau Clergue het type van de bruut en de verkrachter. Hoezeer de psychologische problemen van zijn situatie hem ook kwelden, ze weerhielden hem toch niet van de wijdvermaarde prestatie om gedurende enige tijd de officiële minnaar van de burchtvrouwe te worden nadat ze tevoren al een keer had moeten zwichten voor zijn gewelddadige aandrang.

De vrouwelijke bastaarden vormden naar het schijnt in het algemeen de allerlaagste maatschappelijke groep in Montaillou, en zij waren veroordeeld tot de bedelstaf of werden ergens dienstmeid. Brune Pourcel, die door haar natuurlijke vader Prades Tavernier zeer uit de hoogte werd behandeld, was zoals we gezien hebben een arm meisje, terwijl haar verwekker toch een tamelijk rijk man was, ex-wever en een roemrijke *perfectus*. Brune begon als dienstmeid in het huis van de Clergues en had daarna een eigen *ostal*, eerst als getrouwde vrouw en moeder, daarna als weduwe; maar altijd was ze bezig links en rechts te lenen of te bedelen.

De andere vrouwelijke bastaarden die we uit het dossier leren kennen, schijnen, ondanks hun lage positie, zonder al te veel moeite door huwelijken opgenomen te zijn in boerenfamilies uit de omgeving. Mengarde, natuurlijke dochter van Bernard Clergue, verbleef lange tijd in het grote huis van haar vader, waar ze als dienstmeid belast was met de zorg voor het brood en het linnengoed; later trouwde ze met Raymond Aymeric die in het naburige Prades d'Aillon woonde. Over het lot dat Montaillou in petto had voor de rest van de bastaarden die in het dossier genoemd worden weten we niet veel: wat is er geworden van de natuurlijke kinderen van Bernard Belot en zijn vriendin Vuissane? Een raadsel! Vroeg gestorven wellicht...

Van Arnaud Clergue weten we alleen dat hij ingetrouwd is in een plaatselijke boerenfamilie (in dit geval die van de Liziers, boeren in Montaillou). Hij vormde eens te meer een bewijs voor de wellustige aanleg van de familie Clergue die vlug bereid was tot het concubinaat, maar, met het oog op de *domus*, bij het sluiten van huwelijken bedachtzaam te werk ging. We hebben ook gezien dat Pierre Clergues volle nicht Fabrisse Rives, de vrouw van Pons Rives, een bastaard was. Zowel van deze smet als deze verwantschap maakte Pierre Clergue gebruik om zich het recht toe te eigenen haar dochter Grazide te ontmaagden. Ook Grazide wist hij uit te huwelijken aan de familie Lizier, een ware beerput voor de uitwerpselen van *domus* Clergue.

Hoewel de seksuele vrijheid in Montaillou tamelijk groot was en een bron van bastaards vormde, was er toch geen sprake van ongebreidelde promiscuïteit. De bewoners van Montaillou gingen niet tekeer als konijnen. Ik zal me opnieuw bedienen van de getuigenverklaringen van Arnaud de Verniolles. Tot de allerzwaarste zonden – zondiger nog dan sodomie – rekende hij incest, overspel en het onteren van maagden. Incest, waaronder ook verkeer met de concubine van een volle neef werd begrepen, verstoorde de geheiligde banden van de bloedverwantschap: het was dus normaal dat men deze activiteit scherp veroordeelde, hoewel men zich er bij tijd en wijle zelf aan overgaf. Ook het onteren van maagden was een serieuze zaak, beladen met verantwoordelijkheden, en dus met zonde. In een dorp waar wel veel kon maar waar het onbekommerde laat-maar-waaien toch uit den boze was, kon de maagdenschenner gedwongen worden zijn verantwoordelijkheden op zich te nemen (in de Boven-Ariège viel de maagdelijkheid soms onder de jurisdictie van de *matrones* (vroedvrouwen) die na inspectie een rapport konden opmaken). Wie met een maagd een dergelijke misstap had begaan moest zich er dus toe verbinden voor langere of kortere duur met zijn 'slachtoffer' in concubinaat te gaan leven, of hij moest haar een 'houvast' kunnen bieden, anders gezegd een echtgenoot. Ook kon hij beide wegen achtereenvolgens bewandelen, of ze combineren, op voorwaarde dat de verleider ter plaatse genoeg macht had om de familie van de ex-maagd en haar opgeduikelde echtgenoot te intimideren.

In zo'n soort situatie had de echtgenoot van Grazide zich inschikkelijk opgesteld. Maar juist deze inschikkelijkheid biedt ons de kans om te laten zien hoe smal de marges van de relatieve 'ruimdenkendheid' in Montaillou waren. Men kan zich bovendien de vraag stellen of die 'ruimdenkendheid' ook buiten dit ene dorp wel bestond. Afgaande op een spreekwoord dat in de Boven-Ariège gangbaar was zou hierop bevestigend moeten worden geantwoord. Het desbetreffende spreekwoord was nogal stellig:

Tout temps et tout temps sera
qu' homme avec femme d'autrui couchera
(het zal altijd en eeuwig voorkomen dat een man slaapt met andermans vrouw).

Maar aan spreekwoorden dient men niet al te veel waarde te hechten. Pierre Clergue heeft Pierre Lizier en ook Pierre Benet openlijk kunnen beduvelen, omdat zijn macht als rijke pastoor voor deze arme mannen en hun volgzame vrouwen ongenaakbaar was. Maar voor de eenvoudige stervelingen lagen de zaken niet zo eenvoudig. In een adamocratische samenleving waar de echtgenoot zijn harde hand altijd klaar had (zo nodig tot de dood erop volgde), moest een echtgenote voorzichtig te werk gaan en kon ze niet genieten van vrijheden die ze zich als meisje of als weduwe achteloos had kunnen permitteren. Die vrijheid waar men in Montaillou zoveel om gaf verdween dus heel vaak op de trappen van het altaar waar men in de echt werd verbonden, om pas aan het doodsbed van de wettige echtgenoot weer in beeld te verschijnen. Karakteristiek is vanuit dit oogpunt de houding die Béatrice de Planissoles aannam tegenover de avances waarmee ze door haar rentmeester Raymond Roussel overladen werd: '*Laten we vluchten en vertrekken naar de "goede christenen"*,' stelde de onbesuisde Roussel voor aan Béatrice, daarbij de geheime hoop koesterend dat hij van deze gezamenlijk ondernomen vlucht zou kunnen profiteren om haar te verleiden.

'*Maar als mijn echtgenoot hoort dat we vertrokken zijn, dan zal hij ons achtervolgen en dan zal hij me doden,*' antwoordde Béatrice (1, 219).

Want hoe hartstochtelijk en doortastend deze schoonheid uit Montaillou zich ook gedroeg wanneer ze weduwe was, zolang haar wettige mannen in leven waren toonde zij zich een ontroerend trouwe echtgenote. Alles bij elkaar wierp zij slechts twee onbeduidende smetten op haar huwelijksleven. Bij leven en welzijn van haar eerste echtgenoot werd ze verkracht door Pathau Clergue. Haar tweede echtgenoot bedroog ze slechts één keer, namelijk toen ze zich vluchtig met Pierre Clergue verenigde in een kelder.

Voor zover na te gaan in het gedeelte van het dossier dat over Montaillou handelt lijkt me in het algemeen de terughoudendheid van de getrouwde vrouwen opvallend, vooral in vergelijking met het weinig kuise gedrag dat jonge meisjes, weduwen en ongetrouwde dienstmeiden er vaak op na hielden. Alleen in het Catalaanse toevluchtsoord verloor dit deugdzame gedrag zijn greep op de getrouwde vrouwen. Daar bleven de huismoeders door de wisselvalligheden van de uittocht vaak voor langere tijd van hun echtgenoten gescheiden en kregen zij dus de gelegenheid om nieuwe en buitenechtelijke verhoudingen aan te knopen, ook al wisten ze nog niet helemaal zeker of hun mannen overleden waren. Uit het oog, uit het hart. Of zoals Bélibaste opmerkte naar aanleiding van ene Arnaud Piquier, de afwezige echtgenoot van zijn minnares Raymonde: '*Of Arnaud nu dood is of levend, er bestaat niet veel kans dat hij ons in deze contreien lastig komt vallen* (III, 188).'

In Catalonië ging het om gezinnen die uiteengevallen waren ten gevolge van de ballingschap. Maar in Montaillou zelf bleven de echtgenotes wél deugdzaam, in ieder geval totdat ze weduwe werden. Grazide Lizier was dank zij Pierre Clergue slechts de uitzondering die de regel bevestigde. In mindere mate ging deze regel echter ook op voor de mannen. De Don Juans van Montaillou waren, voor zover we ze kennen, vrijgezel. Alleen schoenmaker Arnaud Vital bleef ook na zijn huwelijk onverbeterlijk achter de meisjes aanzitten. Pierre Authié, die de Boven-Ariège kende als zijn broekzak, meende dat het huwelijk aldaar nog steeds de voornaamste arena van seksuele activiteit vormde: *'Het is nog steeds daar dat men het meest de liefde bedrijft,'* beweerde hij tegen de schapenhoudster Sybille Pierre.

HOOFDSTUK II

SPEL VAN LIEFDE EN HUWELIJK

Ondanks de duidelijke gebreken die aan het systeem kleefden, bleef het huwelijk – altijd vergezeld van zijn onontkoombare schaduw het concubinaat – de hoeksteen van het demografische bestel in Montaillou. Geen enkele vrouw kreeg in dit dorp de kans een oude vrijster te worden.

De in de Boven-Ariège gangbare opvattingen over het huwelijk werden op meesterlijke wijze verwoord door Guillaume Bélibaste voor zijn kleine schare volgelingen. Door deze Katharen werd hij vereerd als was hij de heilige man van Morella en hij had dus geen enkele reden om stug vast te houden aan de eigenlijke katholieke leer die de instelling van het huwelijk boven alles stelde. Anderzijds wist hij dat er weinig hoop was dat de eenvoudige kathaarse gelovigen op een goede dag het ideaal van de absolute kuisheid zouden overnemen zoals de ketters dat in theorie aanprezen. Ook moest hij niets hebben van de bijna nietzscheaanse normloosheid die sommige Katharen, pastoor Clergue voorop, propageerden. In zijn leerrede over het huwelijk bevond Bélibaste zich ergens halverwege tussen de katholieke orthodoxie en de meest extreme ketterse opvattingen, zodat de vaste grond van religieuze bespiegeling waar zijn gedachten gewoonlijk aan ontsproten, hem nu ontbrak. Uiteindelijk moest Bélibaste, die zich als altijd weer opstelde als een extreem aanhanger van het gulden midden, zich voor wat zijn theorie over het huwelijk betrof, tevreden stellen met prozaïsche rechtvaardigingen uit de lekenwereld. Die geven overigens een goed voorbeeld van de dagelijkse beslommeringen rond het huwelijk in die streek. Het lijkt bijna of uitgerekend Bélibaste ons voor één keer een lesje toegepaste sociologie over de echtverbintenis heeft willen geven.

'Het maakt niet uit,' zei hij, 'en de zonde blijft even groot, of men vleselijke gemeenschap heeft met zijn echtgenote of met een concubine. Onder die omstandigheden is het beter voor een man om zich aan één bepaalde vrouw te verbinden dan als een vette hommel rond te vliegen tussen de bloemen en zijn honing nu eens bij de een, dan weer bij ander te halen: het gevolg zou dan zijn dat hij bastaarden verwekt; daar komt bij dat zodra men verschillende vrouwen bezoekt, elk van hen probeert een graantje mee te pikken en samen weten ze dan een man te verarmen. Als *een man zich daarentegen slechts aan één vrouw bindt, dan helpt deze hem er een goede ostal op na te houden. Wat betreft incest met vrouwen die bloedverwanten of aanverwanten zijn, dat is een beschamende daad die ik de gelovigen geenszins kan aanraden (III, 241).'*

'Willen jullie tweeën trouwen? Als jullie allebei naar elkaar verlangen is het goed. Beloof elkaar dan trouw en wederzijdse bijstand, in tijden van gezondheid en in tijden van ziekte. Omhels elkaar. Ik verklaar jullie verbonden door het huwelijk. En ziedaar! Onnodig nog naar de kerk te gaan! (II, 59)'

De monogame verbintenis – dat wil zeggen uiteindelijk het huwelijk – op basis van trouw, dienstbaarheid en wederzijds verlangen, werd door Bélibaste afgeschilderd als de sleutel tot behoud en voorspoed van de *ostal*: want vriendinnen kostten alleen maar geld, terwijl een echtgenote haar bruidsschat inbracht. Het huwelijk werd dus expliciet in verband gebracht met het *huis*, dat voor de mensen in de Pyreneeën de grondslag vormde van hun samenleving. In de Boven-Ariège voerden alle wegen naar de *domus*. Een huwelijk dat gedijde was een *ostal* die gedijde.

Het spreekt vanzelf dat onder deze omstandigheden het huwelijk in Montaillou veel meer inhield dan een overeenstemming tussen twee individuen. Het is altijd een andere man – zo heeft Lévi-Strauss eens opgemerkt – die een vrouw aan haar toekomstige echtgenoot geeft. In ons dorp gebeurde dat geven niet door één man maar door een groep mannen waarbij zich dan ook nog een enkele vrouw aansloot. Opmerkelijk in dit verband is de verklaring van Raymonde d'Argelliers, die hertrouwde met Arnaud Belot nadat ze weduwe geworden was van haar eerste man. Toen deze nieuwe verbintenis werd voorbereid was Raymonde bepaald geen klein meisje meer, en toch werd haar tweede huwelijk geregeld door verwanten en vrienden, ter zijde gestaan door de plaatselijke clerus. De betrokkene zelf was niet meer dan een speelbal in dit gebeuren en werd nauwelijks in staat geacht zelfstandig beslissingen te nemen: *'Na de moord op mijn eerste man Arnaud Lizier uit Montaillou,'* vertelde Raymonde, *'was ik bijna drie jaar weduwe gebleven. Als resultaat van onderhandelingen die gevoerd werden door de gebroeders Guillaume, Bernard en Jean Barbès uit Niort, de gebroeders Bernard en Arnaud Marty uit Montaillou, Pierre-Raymond Barbès, priester, uit Freychenet, Bernadette Taverne en Guillemette Barbès uit Niort, huwde ik Arnaud Belot uit Montaillou, destijds ongeveer dertig jaar oud; hij was een broer van Bernard, Raymond en Guillaume Belot uit Montaillou (III, 63).'**

---

* Niort: nu Aude – Freychenet: nu Ariège.

Hoewel Raymonde d'Argelliers dus al een hele tijd in Montaillou woonde door haar huwelijk met wijlen Lizier, bleek ze niet van plan te hertrouwen zonder de tussenkomst van een aantal groepen broers: om redenen van verwantschap of vriendschap waren zij de aangewezen personen om het contract te sluiten.

Huwelijksonderhandelingen brachten in Montaillou niet altijd zo'n overvloed aan tussenpersonen met zich mee. Maar van trouwen onder vier ogen was nauwelijks sprake. Heel vaak waren er bemiddelaars: vader, moeder, broers, vrienden, minnaars, verwanten, tantes, pastoors. Pierre Azéma presenteerde zijn dochter op een zilveren blaadje aan Gauzia Clergue voor een huwelijk met een van haar zoons: dit alles om hun huis te consolideren, of het gemeenschappelijke huis dat uit het huwelijk zou voortkomen. Rixende Cortil, weduwe van Pierre Cortil uit Ascou, suggereerde haar dochter Guillemette als mogelijke echtgenote voor de herder Jean Maury uit Montaillou. Deze reageerde geïnteresseerd op het voorstel, omdat, zo zei hij, beide families hun ketterse geloofsovertuiging gemeen hadden, Jean via zijn vader en Guillemette via haar moeder. Brak Rixende door zo te handelen met de eerder genoemde regel dat een vrouw altijd aan een man werd gegeven door een andere man? Ja en nee. Rixende was niet de enige moeder die zo'n aanbod deed, maar ze sneed dit onderwerp aan tijdens een familie-etentje ten huize van haar vader en behalve die vader waren ook diens vrouw en Rixendes zoon en getrouwde dochter van de partij, en uiteraard Jean Maury. De desbetreffende maaltijd was dus door de hele familie op touw gezet om de herder, die zich dit zachtzinnige geweld liet welgevallen, te strikken voor een huwelijk dat uiteindelijk niet plaats zou vinden.

Er zijn nog veel meer voorbeelden van het optreden van tussenpersonen. Bélibaste gaf Raymonde ten huwelijk aan Pierre Maury. Pastoor Pierre Clergue deed hetzelfde met Grazide ten behoeve van Pierre Lizier. De pastoor van Albi (een Catalaans dorp) onderhandelde met Esperte Cervel, de moeder van Mathena, over het huwelijk van dit jonge meisje met Jean Maury. De gebroeders Belot huwelijkten hun zuster uit. Zelfs als de ceremonie zeer bescheiden was moest men de afwezigen, voor zover ze tot de familie behoorden, niet vergeten. 'Vergeet niet met mijn oom, de andere Pierre Maury, over mijn huwelijk te praten,' zei de herder tegen Bélibaste, alvorens hij voor korte tijd met Raymonde 'huwde'. Arme dienstmeisjes hadden daarentegen de neiging buiten de invloedssfeer van hun oorspronkelijke *domus* te geraken en waren misschien wat vrijer in hun bewegingen en in hun beslissing om te trouwen dan de dochters van beter gesitueerde boeren.

Maar die arme dienstmeisjes vormden een geval apart en kunnen hier beter buiten beschouwing blijven. Een normaal huwelijk kon een hele volksverhuizing rechtvaardigen, zoals bij voorbeeld het huwelijk tussen de zuster van Arnaud Sicre en Arnaud Maury, de zoon van Guillemette uit Montaillou. Dit huwelijk vloeide voort uit het streven van de ballingen in Catalonië om bij voorkeur te trouwen met ketters uit de Boven-Ariège. Het bracht een deel van Bélibastes kleine schare in beweging voor een uittocht naar het noorden. Hun lange reis zou overigens een triest einde vinden in een valstrik die de inquisitie voor hen had gespannen.

Bruiloften werden in Montaillou voorafgegaan door een verlovingstijd. De jongeman voor wie er veel aan gelegen was om bij de *domus* van zijn aanstaande in de smaak te vallen, overlaadde in die periode – als hij welgesteld was – zijn schoonmoeder met attenties. Om de datum van het huwelijk vast te stellen raadpleegde men een *perfectus* (wiens taak het was te weten welke stand van de maan het meest geschikt was voor het vieren van de huwelijksinzegening).

Een uitnodiging voor de bruiloft vormde een gewichtige handeling. Of de uitnodiging nu werd aangenomen of afgeslagen, in beide gevallen was het antwoord geladen met betekenis: '*Als we onze zoon Jean laten trouwen met de vrouw van wie hij houdt, zullen we u laten halen voor de dag van de bruiloft,*' zei Guillemette Maury tegen Bélibaste (III, 189). Waarop de heilige man die nooit om een antwoord verlegen zat, deze wereldse aangelegenheden van de hand wees. En niet zonder reden: '*Nee,*' zei hij, '*ik zal niet bij het huwelijk aanwezig zijn van hen die het "begrip van het goede" niet hebben.*'

Sommige verwanten en vrienden die bruiloft bijwoonden, werden op een meer officiële wijze uitgenodigd dan andere. Dat waren dan de getuigen: zes vrouwen, zusters, schoonmoeder, vriendinnen, echtgenotes van vrienden of dienstmeisjes waren zo de getuigen van Raymond Belot en Guillemette Benet. Deze zes dames waren vermaarde verschijningen, die overwicht hadden in het vrouwenwereldje van het Land van Aillon. Ik kom nog op hen terug.

Een voorname bruiloftsgast kon zich ook onderscheiden door zijn kwaliteiten als danser: Guillaume Authié kwam in eigen persoon dansen ter gelegenheid van het huwelijk van Béatrice de Planissoles met haar eerste man Bérenger de Roquefort.

In het leven van de boerenvrouwen in Montaillou was het huwelijk de gelegenheid bij uitstek om zorg aan de kleding te besteden, omringd als ze dan waren door een schare van vrienden en getuigen. Ze bewaarden hun trouwkleed zorgvuldig, tot aan hun dood toe. Toen Guillemette

Piquier, zuster van Pierre Maury, de echtelijke woning ontvluchtte nam ze ook haar huwelijkskleed en een laken mee.

Het huwelijk was in Montaillou een serieuze handeling die verplichtingen met zich meebracht. Het betekende een grote investering, maar werd geacht later z'n geld weer op te brengen. Trouwen en kinderen krijgen stond, zeker in het begin, gelijk met het risico zich te verarmen. Emersende Marty ontvouwde dit idee zonder omwegen aan Pierre Maury: '*Mijn zoon,*' zei ze tegen onze goede herder, die jonger was dan zij en nog vrijgezel, '*jij hebt zoon noch dochter, noch iemand om voor te zorgen behalve jezelf; je zou dus in deze streek kunnen leven zonder veel te werken en zonder je moe te maken* (III, 182).' We hebben gezien dat Pierre Maury deze woorden met instemming begroette (hoewel hij zich op andere momenten rijk noemde, volgens zijn zeer persoonlijke waardering van rijkdom): '*Ik wil geen vrouw omdat ik niets heb om haar van te laten leven en haar te onderhouden... Ik wil geen echtgenote want ik heb al genoeg te doen met niets anders dan in mijn levensonderhoud te voorzien* (III, 186, 188).'

Op korte termijn impliceerde het huwelijk dus een dreigende verarming. Maar op middellange termijn, dat wil zeggen na verloop van vijftien jaar of zelfs meer, betekende het de belofte van rijkdom, zekerheid en geluk. En dit dank zij de – soms ijdele – hoop die door het verloop van de gezinscyclus bij de mensen werd opgewekt: het parasitaire jonge kind veranderde immers vanzelf in een volwassen arbeidskracht. Laten we ook niet vergeten dat de echtgenote een bruidsschat meebracht en dat ze op de oude dag van de echtgenoot dienst zou doen als verpleegster. Die ouderdom greep een versleten lichaam eerder aan en kon zich toen dus vanzelfsprekend vroegtijdiger manifesteren dan vandaag de dag. '*Een wettige echtgenote,*' zo stelde Bélibaste tegen Maury, '*zal uw bezit in stand houden; ze zal u bijstaan op uw oude dag, zij zal u helpen bij uw gebreken, zij zal u zoons en dochters geven die u in uw ouderdom van nut zullen zijn. Houdt u dus op wispelturig te zijn en trouwt u* (III, 188, 189).'

De echtgenotes hadden dus het onschatbare voordeel dat ze tot het einde toe waakten over de ouderdomsgebreken of ziektes van hun echtgenoten. Bélibaste in eigen persoon kwam ertoe zich hierover te beklagen. Meer dan eens, zo zei hij, weigerde de echtgenote van een man die op sterven lag de sponde van haar bedlegerige levensgezel te verlaten. Onder die omstandigheden kon zelfs de *perfectus* zijn taak niet meer volbrengen: de onreinheid die de aanwezigheid van elke vrouw ipso facto veroorzaakte, maakte het hem onmogelijk het ledikant van de zieke man te naderen (III, 189).

Ondanks de drukkende aanloopkosten werd het huwelijk op lange termijn toch een immer vloeiende bron van zegeningen, zowel voor het echtpaar als voor hun wederzijdse familie. Samen met het doopsel gaf het huwelijk de mogelijkheid een dicht netwerk van vrienden, (aan)verwanten en peetouders te creëren en de banden tussen de diverse families te versterken. Wie trouwde koos voor verarming op korte termijn in de hoop zich op lange termijn te verrijken. Wel liep men de kans dat de bruidsschat van de vrouw later het huis weer zou verlaten in de armen van een uitgehuwelijkte dochter, een vooruitzicht dat iemand als Pierre Clergue veel geween en tandengeknars ontlokte. Maar zo was het leven nu eenmaal: wat men eens uit handen van een echtgenote had ontvangen, moest men zelf weer doorgeven aan een schoonzoon. De kring moest weer gesloten worden om het voortbestaan van de *domus* zeker te stellen.

De mannelijke en vrouwelijke inwoners van Montaillou trouwden gewoonlijk onder elkaar, zoals tijdens het Ancien Régime niet ongebruikelijk was. In de eerste plaats waren er in dit hooggelegen dorp weinig immigranten. Mensen daalden wel af uit Montaillou om hun geboortestreek te verlaten, of om te overwinteren, maar slechts weinigen klommen er naar toe om zich permanent te vestigen. Nu beschikken we weliswaar niet over parochieregisters die het ons mogelijk zouden maken de de precieze omvang van de endogamie nauwkeurig in cijfers uit te drukken, maar de statistieken die met veel moeite uit de dossiers van Jacques Fournier zijn opgemaakt spreken toch duidelijke taal: 'Van de 63 vrouwen in Montaillou,' aldus F. Giraud, 'zijn er slechts zeven buiten de dorpsgemeenschap getrouwd; slechts één is uit eeen ander dorp afkomstig... Op de vijftig paren die we kennen worden er 43 gevormd door een man en een vrouw die alle twee uit Montaillou afkomstig zijn en slechts in zeven gevallen is een van beiden afkomstig uit een ander dorp.'[1] Als we hier nog enkele verbintenissen aan toevoegen die in genoemde studie niet werden geteld (met name die van de mannen van de familie Maury in Catalonië), kunnen we stellen dat de bewoners van Montaillou voor 80% endogaam waren binnen hun eigen parochie. Volgens die studie blijkt ook dat vijf van de zeven exogame dorpen die aan onze dorpsgemeenschap enkele echtelieden leverden, op minder dan tien kilometer afstand lagen. Kort gezegd, Montaillou was wellicht een adderkluwen, maar het kuit schieten gebeurde onder elkaar.

Het dorp kan dus beschouwd worden als een *connubium*, anders gezegd, als een endogame eenheid met een wijdvertakt netwerk van verwantschappen. En dit vormt dan tevens een van de verklaringen voor het eigensoortige karakter dat deze gemeenschap vertoonde op het gebied van taal en ketterij. De taal die in Montaillou en in het Land van Aillon gesproken werd was inderdaad Occitaans, maar zat, zoals Arnaud Sicre een keer opmerkte, vol eigenaardigheden.

Ondanks het grote percentage inwoners dat om redenen van ketterij of transhumance wegtrok, bleef exogamie een verschijnsel van geringe omvang. Ten eerste omdat veel herders zich te arm of te onafhankelijk vonden om een vrouw te nemen en dus vrijgezel bleven. Ten tweede probeerden veel ballingen met een vrouw uit Montaillou te trouwen, of bij gebrek daaraan, met een vrouw uit het bergland van de Ariège. Neem bij voorbeeld drie mannen van de familie Maury die met hun dorp gebroken hadden en ten zuiden van de Pyreneeën woonden: slechts een van hen trouwde, uit liefde, met een Catalaans meisje. De twee anderen, Pierre en Jean, trouwden met een meisje en een vrouw die respectievelijk uit Tarascon-sur-Ariège en uit Junac (eveneens Ariège) afkomstig waren. De *gavaches* die uit de Sabarthès waren afgedaald voelden zich tussen de Ebro en de Segre niet altijd op hun gemak: '*De mensen uit die streek zijn te hooghartig,*' aldus Bélibaste (III, 189). En als we hem mogen geloven, dan betekende trouwen met hun dochters breken met de verwanten uit de Ariège. Die Catalaanse hooghartigheid kwam neer op een subtiele vorm van discriminatie tegenover de uit het graafschap Foix afkomstige 'gastarbeiders', voor wie dit een van de redenen was om bij voorkeur een vrouw te kiezen uit hun eigen volk.

Dit zoeken kon tot een lange voettocht naar het geboorteland leiden waarna men terugkeerde naar Catalonië in het gezelschap van de uitverkoren vrouw: '*Pierre Maurs,*' zo vertelt Jean Pellissier in 1323, '*vluchtte weg uit Montaillou na de eerste razzia's die de inquisitie daar hield* (rond 1308). *Hij vestigde zich in Catalonië, waar hij vanaf die tijd gebleven is. Maar twee jaar geleden is hij teruggekomen naar Montaillou om er een vrouw uit te kiezen en hij is toen getrouwd met de dochter van Guillaume Authié uit Montaillou die nu wegens ketterij in de gevangenis van Carcassonne zit. Hij heeft in het dorp gewoond tot begin deze winter. Toen is hij, heel onlangs pas, weer vertrokken naar Catalonië* (III, 76).' Op vergelijkbare wijze waren Bélibaste en de zijnen teruggegaan naar het noorden om een vrouw voor een van hen te zoeken. Maar ze vielen in handen van de bloedhonden van de Kerk en zouden van deze reis niet meer terugkeren.

Het ging in Montaillou overigens niet uitsluitend om de lokale endogamie. Ook het geweten kon endogamie opleggen: kathaarse boeren trouwden immers gewoonlijk onder elkaar. '*Het is beter,*' zo stelde men in kringen rond Bélibaste, '*om een ketterse vrouw te trouwen die niets anders dan haar hemd bezit dan een met een grote bruidsschat die niet gelovig zou zijn!* (II, 66)' Arnaud Vital wond er geen doekjes om toen hij Vuissane Testanière met haar neus op de feiten drukte: '*Je slaapt al sinds lange tijd met Bernard Belot, je hebt hem kinderen gegeven, je werkt je uit de naad voor zijn huishouden; ondanks dat alles zal hij niet met je trouwen, al was je zo rijk als een vrouw dat in het graafschap Foix maar kan zijn. Want jij deelt zijn geloof van de "goede christenen" niet* (I, 456).' Dezelfde houding vinden we terug bij het huwelijk van Raymonde d'Argelliers met Arnaud Belot: Raymonde werd ervan verdacht betrokken te zijn geweest bij de moord op haar eerste echtgenoot Arnaud Lizier. Zijn dorpsgenoten in Montaillou verweten hem namelijk dat hij streng katholiek was en een afkeer had van ketters. Raymonde werd dus hevig verdacht van kathaarse sympathieën.

Haar tweede huwelijk met Arnaud Belot vormde overigens een waar mysterie: Arnaud was zo arm als Job (zijn bezit was alles inbegrepen nauwelijks vijftien Tournooise ponden waard), hij had geen beroep, bovendien voelde ze voor hem geen enkele hartstocht, *en ze wist niet eens of hij een Kathaar was* (III, 64). Het bleef voor haar een raadsel waarom ze in hemelsnaam met hem getrouwd was.

Onderlinge huwelijken tussen Katharen waren in Montaillou niet slechts een cultureel ideaal maar ook een bestaande praktijk. De grote kathaarse boerenfamilies huwelijkten hun jonge meisjes en mannen, stuk voor stuk overtuigde aanhangers van de ketterij, aan elkaar uit.

We moeten hierbij wel opmerken dat deze endogamie naar het geweten niet mag worden beschouwd als een nog verdere aantasting van de toch al krappe huwelijksmarkt. In werkelijkheid vielen lokale en kathaarse endogamie min of meer samen en vormden zij voor Montaillou een *connubium* dat niet noodzakelijkerwijs aan bloedarmoede leed. Vrijwel alle lokale boerenfamilies vielen er onder met uitzondering natuurlijk van de hele Azéma-clan en een enkel schurftig schaap als de al te katholieke Arnaud Lizier.

Dit scherp omlijnde *connubium* kende overigens ook een sociale bovengrens: een edele vrouwe als Béatrice de Planissoles kon onder de dorpelingen van Montaillou en elders wel een of twee vrijers opscharrelen. Ze kon er een vriendschappelijke verstandhouding met het gewone volk op na houden. Het sociale verkeer overschreed immers ruimschoots de grenzen van de groep waaruit echtgenoten gekozen konden worden, wat sommige historici daar ook van gezegd mogen hebben. Maar wanneer in het vuur van de waarheid de bruidsklok luidde, dan huwde Béatrice beslist geen boerenkinkel; trouwen deed ze met edelen of desnoods met een priester.

Buiten het onderscheid tussen boerenbevolking en adel konden nog andere socio-culturele barrières een huwelijk in de weg staan. Een herder uit Montaillou als Pierre Maury aarzelde om te trouwen met Raymonde Piquier, dochter van een rijke smid. Ondanks het feit dat Bélibaste al zijn overtuigingskracht aanwendde om de herder voor dit huwelijk met een meisje boven zijn stand te winnen, stak Pierre deze Rubicon pas na veel aarzeling over. En hij keerde trouwens al heel snel weer op zijn schreden terug.

Juist het feit dat de huwelijksmarkt in Montaillou, net als elders in de Pyreneeën, zo krap was, brengt ons op het probleem van de incest en het huwelijk tussen bloedverwanten. Het katharisme werd door sommigen ruim geïnterpreteerd volgens de stelregel *'omdat alles verboden is, is niets ongeoorloofd'* (of ook wel *'wanneer de grenzen overschreden zijn, zijn er geen beperkingen meer!'*).

Voor een aantal gelovigen was dat voldoende reden zich van de gebruikelijke keurslijven te ontdoen en in incestueuze huwelijken (of liever nog in incestueuze concubinaten) compensatie te zoeken voor het tekort aan beschikbare echtgenoten, want in een dorp als Montaillou met slechts 250 inwoners waren de keuzemogelijkheden beperkt. Hoewel Bélibaste niets van een asceet had, betreurde hij toch de verspreiding van dit soort praktijken onder zijn broeders in het 'geloof': *'Veel gelovigen menen dat het geen schande is om vleselijke gemeenschap te hebben met vrouwen waarmee men door bloedverwantschap of aanverwantschap verbonden is. Ze denken dat ze daarmee niets schandelijks doen omdat ze in de overtuiging verkeren dat ze op het einde van hun leven wel door de Goede Mensen opgenomen zullen worden, en dat op die manier hun zonden kwijtgescholden worden en hun zieleheil zeker gesteld. Ik voor mij,'* zo besloot Bélibaste, *'vind dit soort incest slecht en schandelijk* (III, 241).'

Zowel binnen het dorp als daarbuiten vielen volle neven en volle nichten nog onder het incesttaboe. Met achterneven en achternichten mocht men echter wél in het huwelijk treden. *'Slapen met je moeder, zuster of volle nicht is weliswaar geen zonde,'* verklaarde boer Raymond de l'Áire, een materialistische godloochenaar uit Tignac, *'maar het is wel een schande. Maar wat achternichten en andere vrouwen betreft geloof ik dat het zonde noch schanddaad is. En daar blijf ik bij, want in de Sabarthès kent men een zegswijze die luidt: Bij een achternicht mag je hem er helemaal instoten* (II, 130).'

Ook voor Pierre Maury rustte er wel een incesttaboe op geslachtsverkeer tussen moeder en zoon, broer en zus, neef en nicht (kortom degenen wier lichamen in 'natuurlijke aanraking' stonden), maar was het niet verboden om achterneven en achternichten 'in den vleze' aan te raken. De beslissende grens werd in Montaillou en de rest van de Sabarthès dus niet al te ruim getrokken. Volle neven mochten niet, achterneven wel. Maar heel wat zeventiende-eeuwse bisschoppen zouden deze opvatting dat men zich vrijelijk onder zijn achternichten een echtgenote mocht uitzoeken als al te ruimdenkend van de hand hebben gewezen.

Trouwens ook op de regel met betrekking tot de volle nichten werd wel eens inbreuk gemaakt, al betrof dat dan vaker concubinaat dan huwelijk, en ging dat vaker indirect dan rechtstreeks. Fabrisse Rives, volle nicht van de pastoor, betreurde (maar niet meer dan dat!) het feit dat de pastoor vleselijke gemeenschap had met haar dochter Grazide. Op een toon die niet altijd even overtuigend was bleef ze maar tegen haar dochter herhalen: '*Bedrijf geen zonde met de pastoor, want je hebt een goede echtgenoot, en de pastoor is mijn volle neef* (1, 326).'

Maar het blijft een feit dat dit verbod op seksuele betrekkingen (en dus ook een huwelijk) tussen neef en nicht in Montaillou sterk genoeg leefde om ook een vluchtige affaire met de maîtresse van een volle neef een kwalijke reuk te verschaffen. Toen Arnaud Vital poogde Vuissane Testanière te verkrachten hoefde zij maar één zin uit te spreken om de geilaard iedere lust tot actie te ontnemen: '*Ik ben de maîtresse van uw volle neef* (1, 458).' En zo beweerden de roddeltantes van Montaillou zelfs ook dat de pastoor Pierre Clergue '*incest bedreven had*' met Béatrice de Planissoles. Daarmee brachten ze in herinnering dat Béatrice de bijzit was geweest van de bastaard Pathau, een volle neef van de pastoor. Om die reden had hij er zich van moeten onthouden een vrouw aan te raken die voor hem onrein was. Pierre Clergue was er overigens beslist de man niet naar om zich door dit soort argumenten te laten tegenhouden. Maar de uitzondering bevestigde hier alleen maar de regel: '*Je mag het lichaam van een volle neef of nicht niet in den vleze aanraken, zelfs al geschiedt dat slechts door tussenkomst van het lichaam van een gemeenschappelijke maîtresse, want met dat lichaam verkeer je al in natuurlijke aanraking* (1, 302).' Het verbod op incest vond zijn oorsprong in de angst voor ontsporingen. Een bloedverwant aanraken, dat is bijna jezelf aanraken.

Maar voordat iemand rekening kan houden met het incestverbod moet hij weten wie zijn bloedverwanten zijn. Als A niet weet dat B zijn volle nicht is, of de volle nicht van zijn moeder, dan zal A in alle onschuld met haar slapen of argeloos met haar in het huwelijk treden. Het komt in schriftloze samenlevingen veelvuldig voor dat men niet van zijn stamboom op de hoogte is, en dit feit kan een heleboel mooie constructies van antropologen op losse schroeven zetten.

Zo moest Grazide Lizier ervaren dat Jacques Fournier haar verweet incest bedreven te hebben met pastoor Pierre Clergue. '*Wist u,*' vroeg de bisschop haar, '*dat die priester de volle neef was – weliswaar in onwettige lijn – van uw moeder Fabrisse Rives?*' '*Nee, dat wist ik niet,*' antwoordde Grazide al dan niet te goeder trouw, '*en als ik het geweten had, dan zou ik die priester verboden hebben met mij vleselijke gemeenschap te hebben* (I, 302).'

In het Catalaanse ballingsoord was de kennis van de afstamming nog minder ontwikkeld. Sommige uit Montaillou afkomstige meisjes wisten niet eens wie hun neef was. Op een dag vroeg Pierre Maury in San Mateo zijn nicht Jeanne Befayt, dochter van zijn tante Emersende Maury, wat eieren voor hem klaar te maken. Zij had een slecht humeur en beet hem toe: '*Wat mij betreft krijg je eerder etterbulten dan eieren!*' '*Nicht,*' antwoordde Pierre Maury, '*doe niet zo lelijk.*' '*Wat,*' vroeg Jeanne nogal overdonderd, '*hoe is het mogelijk dat u mijn neef bent?*' '*Ik ben de zoon van Raymond Maury, uit Montaillou.*' '*En hoe komt het dan dat mijn goede oude moeder dat feit verzwegen heeft, de laatste keer dat...* (III, 173, 174).'

Op slag draaide Jeanne bij en ging wat eieren en wijn voor Pierre kopen. Haar aanvankelijke onwetendheid had in dit geval slechts wat onbeleefdheid tot gevolg, maar had in andere omstandigheden tot incest kunnen leiden.

Liefde en huwelijk zaten in Montaillou dus stevig ingesnoerd in een keurslijf van taboes, uitsluitingen en normen van endogamie, al vertoonde dat kledingstuk wel enige scheurtjes.

Was het in die omstandigheden mogelijk een huwelijk uit liefde te sluiten? Waren jonge mensen door dit geheel van verbodsbepalingen niet gedoemd tot verstandshuwelijken? Gold ook in ons dorp de stelregel van de troubadours dat hartstocht buiten het huwelijk thuis hoorde? Men zou geneigd zijn op alle drie die vragen met een volmondig ja te antwoorden. Ten onrechte. Pierre Bourdieu heeft de gang van zaken bestudeerd in een dorp in de Béarn tussen 1900 en 1960. Het kiezen van een echtgenoot was daar aan evenveel beperkingen onderhevig als in Montaillou. In Lesquire (het dorp dat Bourdieu bestudeerde) was de gelukkige liefde, dat wil zeggen de maatschappelijk goedgekeurde liefde, niets anders dan *amor fati*, de voorliefde voor zijn eigen sociale lotsbestemming, waardoor twee in sociaal opzicht voor elkaar bestemde partners verbonden werden via de ogenschijnlijk zo grillige en riskante weg van de vrije keuze.[2] Kort gezegd, de wegen van het hart sloten een verbond met de listen van de rede: het was destijds in Montaillou net als vandaag de dag in Lesquire mogelijk om elkaar hartstochtelijk te beminnen binnen het kader van de ogenschijnlijk zo strakke regels die de keuze van een levensgezel bepaalden.

Eerlijk gezegd kregen de boeren buiten het dorp zelf meer kans om uit liefde te trouwen. Dat gold dan vooral voor de mannen die naar Catalonië uitgeweken waren. Daar waren de zeden wat vrijer en stonden de kinderen zelfstandiger tegenover hun ouders. Zo gebeurde het dat Jean Maury, zoon van Guillemette Maury uit Montaillou die haar toevlucht had gezocht in San Mateo, hartstochtelijk verliefd werd (*adamat*) op een meisje uit die plaats, Marie geheten. Die Marie was echter verre van ketters. Toch zouden Guillemette en zelfs de *perfectus* Bélibaste er uiteindelijk in toestemmen dat Jean trouwde met het meisje waar hij van hield, en wel op grond van de stelregel van Paulus: 'Beter is het te trouwen dan van begeerte te branden.' Dit huwelijk werd overigens een doorslaand succes wat de verhouding tussen schoonmoeder en schoondochter betrof: '*Marie,*' zo zei Guillemette, '*is een schoondochter naar ons hart. Alles wat wij willen, dat wil Marie ook, en dat doet ze dan ook* (II, 188, 189).'

Ondanks deze goedkeurende woorden aan het adres van een oppassende schoondochter hield Guillemette onverkort vast aan de oude stelregel van de boeren in Montaillou dat de keuze van het hart in overeenstemming moest zijn met het familiebelang. Op dezelfde dag dat de boerenvrouw uit de Ariège haar schoondochter zo prees om haar voorkomendheid, wees ze een klein donker pastoortje van zo'n dertig jaar oud dat ze aan haar tafel had genood, hardhandig zijn plaats toen hij haar argeloos vroeg: '*Waarom geven we uw zoon Arnaud geen vrouw?*' Haar antwoord zette een domper op de vrolijke stemming: '*Nee! Wij zullen hem dit jaar géén vrouw geven! Tot we mensen of een vrouw gevonden hebben in wie we vertrouwen kunnen stellen. Want we kennen de mensen hier niet* (II, 188).' Gedoeld werd op de familieleden van Guillemettes tweede en toekomstige schoondochter. Een noodzakelijke voorwaarde voor dat huwelijk was dat men vertrouwen kon stellen in die familie en dus in die schoondochter. Het was bijzaak of Arnaud wel zou houden van het geschikte meisje dat men hoopte voor hem op te duikelen.

Het huwelijk van de andere Jean Maury, een broer van Pierre, toont ons nog een geval waarin de liefde zich moest verzoenen met de onweerstaanbare krachten van de lotsbestemming. Jean was uit een bepaalde plaats verdreven: de plaatselijke baljuws eisten namelijk van hem dat hij ter plekke zou trouwen alvorens zijn kudde op de gemeenschappelijke weidegronden van die plaats zou worden toegelaten. Kortom, Jean werd door de baljuws verordonneerd zelf de echtelijke wei te betreden om zijn schapen op de gemeenschappelijke weidegronden te mogen laten grazen. Jean was niet bij machte aan dit bevel gehoor te geven en pakte dus samen met de schapen zijn biezen. Hij ging naar Albi (in de buurt van Tarragona) om daar de monnik op te zoeken aan wie hij zijn eigendommen in bewaring had gegeven. In Albi kreeg de herder te horen dat die monnik in het naburige Juncosa vertoefde. En dus vervolgde Jean zijn tocht naar die plaats. En daar, o wonder, vond hij bij het zoeken naar die monnik het meisje Mathena Cervel. De liefde die hij voor haar opvatte had weliswaar geen hartstochtelijke allure, maar was toch zeker niet ontbloot van genegenheid, '*zij beviel hem* (II, 487)'.

Hij liet een pastoor als bemiddelaar optreden (aan beide zijden van de Pyreneeën speelden pastoors volgaarne de rol van huwelijksmakelaar, en ze schrokken er daarbij af en toe niet voor terug een beloning in natura aan te nemen). Het werk van de priester verliep succesvol en Jean trouwde met Mathena. Bij het sluiten van dit huwelijk was rekening gehouden met de gunstige omstandigheden inzake endogamie. De beide jonge mensen waren vanuit het bergachtige deel van het graafschap Foix naar Catalonië gevlucht; hij uit Montaillou, zij uit Tarascon. Ze hadden alle twee een kathaarse achtergrond, die zij echter aanvaardde, terwijl hij er min of meer afstand van nam. De liefde van Jean Maury kwam dus tot bloei onder tamelijk gunstige geografische, sociale en culturele omstandigheden.

In Montaillou en de andere endogame dorpen van de Boven-Ariège was het ongetwijfeld moeilijker om liefde en huwelijk met elkaar te verenigen dan in het Catalaanse toevluchtsoord. Daar zorgde de mobiliteit van de ballingen ervoor dat zich vaker gelegenheden voor ontmoeting en hofmakerij voordeden. Anderzijds hebben we gezien hoe Bernard Clergue, de dorpsbaljuw, in Montaillou zelf een hartstochtelijke liefde opvatte voor zijn latere echtgenote Raymonde Belot. Bernard was echter heel gevoelig voor spot en was dan ook beducht voor de sarcastische opmerkingen van zijn broer de pastoor. Zelf was die namelijk een weinig romantisch aangelegde Don Juan en hield hij vooral van elkaar snel opvolgende avontuurtjes. Inderdaad maakte hij de hartstochtelijke gevoelens die de jonge baljuw voor zijn Raymonde koesterde belachelijk: '*Meer dan twaalf jaar geleden,*' vertelde Bernard Clergue in 1321, '*was ik gedurende de zomer waanzinnig verliefd op Raymonde* (de dochter van Guillemette Belot), *die tegenwoordig mijn vrouw is: ik wilde het huis van de Belots binnengaan... maar ik zag in de portiek van mijn eigen huis* (dat naast dat van de Belots lag) *mijn broer de pastoor staan. Toen* durfde ik opeens het huis van de Belots niet meer binnen te gaan want mijn broer dreef de spot met me, omdat ik stapelverliefd was op Raymonde "Belote" (i, 273-274).'

De zaak is eens te meer duidelijk: de hevige gevoelens die Bernard voor Raymonde koesterde, vielen samen met de ideologische gegevens (beiden waren Kathaar) en met het functioneren van het *domus*-systeem, want we hebben al gezien hoezeer de hartstocht van de baljuw voor zijn aanstaande afstraalde op de gehele *ostal* van de Belots. Die liefde concentreerde zich vooral op de schoonmoeder, de oude Guillemette, die door Bernard overladen werd met geschenken. Deze afgeleide genegenheid van schoonzoon voor schoonmoeder zou duren zolang de oude Guillemette leefde. Toen ze stierf lieten de dorpsvrouwen niet na de herinnering aan deze gedenkwaardige genegenheid weer op te halen: '*Het is niet nodig om over die daar tranen te laten,*' zei Guillemette Benet tegen Alazaïs Azéma, '*Guillemette "Belote" kreeg alles wat haar hartje begeerde. Dank zij haar schoonzoon, die zoveel voor haar heeft gedaan, heeft het haar nooit aan iets ontbroken* (i, 462).'

Bernard hield zoveel van de oude Guillemette dat hij haar, toen het einde naderde, ertoe bracht om in *endura* te gaan (het vasten tot de dood erop volgde, door de Katharen beoefend na het ontvangen van het *consolamentum*), om zo de redding van haar ziel zeker te stellen. Wellicht met gebruik van enige dwang spoorde Bernard zijn schoonmoeder er dus toe aan de hongerdood te sterven. Zo zou haar ziel des te sneller in het hiernamaals komen, alwaar zij de oneindige vreugden deelachtig zou worden die ons in dit ondermaanse ontzegd blijven. Zorgzamer kon het niet; de broer van de pastoor was een schoonzoon van het type dat tegenwoordig niet meer voorkomt.

Om nog even op het huwelijk van Bernard terug te komen, het is zeker dat hij door zijn rijkdom en zijn positie als baljuw een van de meest aantrekkelijke partijen in het dorp was. Hij kon het zich dus gemakkelijk veroorloven een huwelijk uit liefde te sluiten, aangezien de beste families in het dorp klaar stonden om hem hun dochters aan te bieden. De kans dat de hartstocht zou ontvlammen werd vergroot door het feit dat hij kon *kiezen* en dat de meisjes door een huwelijk met hem hun positie konden verbeteren. Dit soort situaties was niet zeldzaam in het rijke boerenmilieu dat we door het dossier van Jacques Fournier leren kennen. Raymond Pierre bij voorbeeld, een rijke schapenhouder uit het dorp Arques, hield van (*diligit*) zijn vrouw Sybille. Die liefde verdween tijdelijk als gevolg van een huiselijke twist: tussen de echtelieden was verschil van mening ontstaan over de ketterdoop van hun zieke baby. Toen men het ten slotte over die kwestie eens was geworden, begon Raymond opnieuw van zijn vrouw te houden.

Liefde en huwelijk hoefden elkaar dus niet uit te sluiten als aan bepaalde voorwaarden was voldaan. Maar het kwam vaak voor dat huwelijken werden bekokstoofd door vrienden of familie, zonder dat al te veel rekening werd gehouden met de gevoelens van de betrokkenen. Pierre Maury was twee keer het doelwit van zulke huwelijksplannetjes. De eerste keer betrof het een meisje van zes jaar, een wissel op de verre toekomst dus. De tweede keer ging het om de maîtresse van een vriend. In beide gevallen had men zich nauwelijks afgevraagd wat de werkelijke gevoelens waren van de herder, die overigens bepaald geen stomkop was en zowel met verliefdheid als met vluchtige avontuurtjes ervaring had opgedaan. Het is overigens óók waar dat beide pogingen in dit geval op een mislukking uitliepen.

Het arrangeren van huwelijken was iets dat ook in de hogere sociale klassen veelvuldig voorkwam: men krijgt het vermoeden dat bij de eerste twee huwelijken van Béatrice de Planissoles minder rekening werd gehouden met haar gevoelens dan met het belang van haar adellijke familiegeslacht. Onder de elite van Pamiers werden ook huwelijken gesloten waarbij de toekomstige echtelieden elkaar van tevoren nog nooit gezien hadden. Dat blijkt uit de tegenvaller die ridder Bertrand de Taix moest incasseren: '*Ik was zeer teleurgesteld in mijn echtgenote,*' zo vertelde hij, '*want ik leefde in de veronderstelling dat ik met de dochter van Pons Issaura uit Larnat zou trouwen; in werkelijkheid echter was zij de dochter van meester Issaura uit Larcat* (III, 322).' Dat was een pijnlijke vergissing, aangezien de Issaura uit Larcat goed katholiek was, terwijl de Issaura uit Larnat sympathiseerde met de ketterij. Bertrand had de gerechtvaardigde hoop gekoesterd dat hij door met de dochter van de Issaura uit Larnat te trouwen zich zou kunnen wijden aan zijn favoriete tijdverdrijf, en dat was het vullen van de lange winteravonden met eindeloze gesprekken over het katharisme, waarvan hij een aanhanger was. Het moet voor Bertrand een bittere teleurstelling zijn geweest dat hij zich in zijn verloofde vergist had. Toen hij gedwongen werd zijn leven te delen met een roomse echtgenote trok hij zich terug in een echtelijk stilzwijgen dat meer dan twintig jaar duurde. In Montaillou zelf kon dit soort vergissingen niet voorkomen aangezien iedereen elkaar kende. Toch was het ook in ons dorp zo dat men in de eerste plaats trouwde met een *domus*, en pas daarna met een partner. Niet alle jonge mannen konden dus uit liefde trouwen. Maar het kwam voor en niet eens zo zelden.

Belangrijk is echter dat dit alleen gold voor de mannen. Wat betreft de gevoelens die de jonge meisjes al dan niet koesterden voor de vrijer die naar hun hand dong, is het beeld veel minder rooskleurig. Slechts in zeer zeldzame gevallen maakt het dossier melding van jonge vrouwen die bewust een wettig huwelijk sloten met de keuze van hun hart, terwijl het bepaald scheutig is met gegevens over jonge mannen die dat doel wisten te bereiken. Voorlopig kunnen we hieruit opmaken dat het huwelijk toentertijd een instelling was waarin de vrouw de rol van lijdend voorwerp vervulde, een voorwerp dat bemind kon worden, of geslagen. De man speelde de almachtige rol van handelende persoon en kon zijn wettige echtgenote naar believen slaan of beminnen. Misschien staat de historicus hier oog in oog met een door de cultuur opgelegd zwijgen, een blinde vlek in de toenmalige belevingswereld. Het is namelijk heel goed mogelijk dat de jonge aanbidders die in ons dossier voorkomen bij de meisjes die ze het hof maakten vergelijkbare gevoelens opriepen. Soms is dat zelfs zeker. Maar het dossier gaat er niet op in. De oorzaak van deze leemte laat zich raden: in de Boven-Ariège werd de man geacht het initiatief te nemen in ondernemingen op het gebied van liefde en genegenheid. Inzake activiteiten ter voorbereiding van een huwelijk had hij vrijwel het monopolie. *Wees mooi en zwijg*, gebood de Occitaanse cultuur de jonge meisjes die verloofd of getrouwd waren.

Slechts zelden kwam het voor dat vrouwen hun gevoelens ten aanzien van mannen weergaven met de woorden 'houden van', noch in de betekenis van hartstochtelijk beminnen (*adamare*), noch in de betekenis van genegenheid koesteren (*diligere*). Als ze die woorden al eens gebruikten – en dat gebeurde af en toe – dan hadden ze het – behoudens uitzonderingsgevallen – niet over een huwelijk en ook niet over een liefde die in een huwelijk zou moeten uitmonden. Alleen in die gevallen komen we namelijk bij hen de opvattingen van de troubadours tegen, die het wettige huwelijk weerden uit het gebied van de ware liefde. '*Ik hield hartstochtelijk (adamabam) van Barthélemy Amilhac, ik geloof dat hij mij betoverd had,*' zei Béatrice de Planissoles over haar tweede priester-minnaar. Terwijl Béatrice zich in haar twee huwelijken tamelijk koel had getoond, kon ze soms branden van hartstocht toen ze met die Barthélemy in concubinaat leefde. '*Ik hield bijzonder veel van Arnaud Vital, uit genegenheid (diligebam),*' bekende Alazaïs Guilhabert, '*ik onderhield met hem een onfatsoenlijke gemeenzaamheid, en ik leefde met hem samen in een niet minder onfatsoenlijke verhouding* (1, 413).' Alazaïs gebruikte dus de uitdrukking 'houden van', maar het ging hier dan ook om Arnaud Vital, wiens concubine ze enige tijd was geweest. Daarmee vergeleken waren de gevoelens die ze voor haar latere echtgenoot Arnaud Fauré koesterde als het berekenende verstand tegenover het verliefde hart. Uit hartstocht of uit genegenheid van een man houden bleef in

Montaillou het voorrecht van rijpere of ongebonden vrouwen. Dit voorrecht kwam echter nauwelijks of niet tot tot ontplooiing in het huwelijk maar wél – en vooral – in voorbijgaande verhoudingen.

De man diende dus het initiatief te nemen als het in de bedoeling lag dat de hofmakerij zou uitlopen op een huwelijk. Overigens vond iedereen dat de gewoonste zaak van de wereld. Toen Béatrice de Planissoles het eerste menstruatiebloed van haar dochter Philippa opving, deed zij dat met de bedoeling er een talisman van te maken die er voor moest zorgen dat de toekomstige echtgenoot van het meisje zijn hele leven zo dol verliefd zou blijven op zijn bruid dat hij zich nooit meer om enige andere vrouw zou bekommeren. Over de eventuele gevoelens van Philippa voor die man bewaarde Béatrice het stilzwijgen. Zij had zich trouwens ook nooit erg druk gemaakt over haar eigen gevoelens ten aanzien van haar twee achtereenvolgende echtgenoten.

Het is trouwens de vraag of de jonge meisjes in Montaillou wel zoveel betekenis hechtten aan voorechtelijke hofmakerij, daar het vaak voorkwam dat vrouwen op zeer jeugdige leeftijd in het huwelijk traden. Bernard Clergue had goed begrepen dat het er vooral op aankwam de toekomstige schoonmoeder het hof te maken.

In de veertiende eeuw kregen de meeste meisjes in Montaillou gewoonweg niet de tijd voor dat jarenlange geflirt zoals dat volgens Nicolas Rétif op het platteland van de achttiende eeuw gebruikelijk was en men op latere leeftijd trouwde. Lang voor ze achttien was, werd Guillemette Maury uit Montaillou, de jongere zus van Pierre Maury, al door haar vader uitgehuwelijkt aan de timmerman Bertrand Piquier uit Laroque d'Olmes. Dat bekokstoofde huwelijk zou niet erg gelukkig worden, te meer omdat beide echtelieden uiteenlopende religieuze opvattingen hadden: zij had sympathie voor het katharisme, hij was streng katholiek. Guillemette zou twee keer de benen nemen. De eerste keer ging ze tijdelijk terug naar haar vader in Montaillou, de tweede keer verliet ze haar echtgenoot voorgoed.

Evenzo werd Grazide Lizier uitgehuwelijkt toen ze vijftien of zestien was. Een meisje van zes jaar werd aan Pierre Maury beloofd, die volgens afspraak bezit van haar mocht nemen vanaf het moment dat ze de huwbare leeftijd bereikt zou hebben. Vanaf haar allereerste menstruatie werden er voor Philippa, de dochter van Béatrice de Planissoles, serieuze trouwplannen gemaakt: in een overigens wat onduidelijke tekst is er sprake van haar verloving en van een echtgenoot, maar het huwelijk werd niet voltrokken en de bruiloft niet gevierd. Ook Béatrice de Planissoles zelf trouwde vrij jong, toen ze twintig was, of nog eerder. Raymonde Maury, de tweede zus van Pierre Maury, trouwde waarschijnlijk voor haar achttiende met Guillaume Marty, eveneens uit Montaillou. Esclarmonde Clergue, geboren Fort, trouwde misschien al op haar veertiende.

Al met al is het dus niet uitgesloten dat het demografische patroon van Montaillou, wat de gemiddelde huwelijksleeftijd van de vrouw betrof, duidelijk anders was dan het patroon dat we in de zeventiende- en achttiende-eeuwse dorpen tegenkomen. In die tijd trouwden de vrouwen laat en namen ze vóór het huwelijk de kuisheid behoorlijk in acht, al gingen die jaren van kuisheid wel gepaard met veel rituele hofmakerij en geflirt.

In Montaillou daarentegen trouwden veel vrouwen juist jong en verliepen de voorechtelijke jaren zonder veel franje en poespas. De seksuele vrijheid was relatief gesproken ruim, vooral voor de weduwen (in weerwil van wat taboes waar de hand mee werd gelicht) en arme meisjes die op de huwelijksmarkt overbleven. De laatste categorie ging celibatair op weg naar de middelbare leeftijd en was bestemd om als dienstmeid te gaan functioneren. Voor hen bleef de mogelijkheid zich in het concubinaat te storten, en onderweg mochten ze proberen een echtgenoot op te scharrelen.

Naar het schijnt was het daarentegen uitgesloten dat mannen op zeer jonge leeftijd trouwden. Alle jongens tussen de vijftien en twintig uit Montaillou die in het dossier genoemd worden waren nog vrijgezel. Voor de mannen leek het huwelijk een zeer serieuze zaak te zijn waar pas aan gedacht werd als men ouder dan vijfentwintig was, of liever gezegd, als men al een maatschappelijke positie had verworven. Bernard Clergue was al dorpsbaljuw en vader van een buitenbeentje toen hij rond 1308 een grote liefde opvatte voor Raymonde Belot met wie hij later zou trouwen. Bernard Belot had al een hele horde bastaardjes verwekt toen hij eindelijk besloot een degelijk huwelijk aan te gaan met een meisje dat níet de moeder was van die kinderen. De huwelijken die men voor Pierre Maury op het oog had konden in het gunstigste geval pas plaatsvinden na zijn dertigste levensjaar. De charmante schoenlapper Arnaud Vital had er al een tijd vrolijk op los geleefd voordat hij met Raymonde Guilhou trouwde. Raymond Roussel zou pas met de zuster van Pierre Clergue (naamgenoot van de pastoor) trouwen nadat hij zijn wilde haren was kwijtgeraakt in de periode dat hij als rentmeester op het kasteel van Montaillou de platonische minnaar van Béatrice de Planissoles was geweest. Arnaud Belot was al over de dertig toen hij met Raymonde d'Argelliers trouwde. Jean Maury sloot pas een verbintenis met Mathena Cervel toen hij al jarenlang als herder aan beide zijden van de Pyreneeën actief was geweest en ten minste vijfentwintig jaar oud was.

Kortom, de echtgenoten in Montaillou waren vaak rijpe mannen die met onschuldige gansjes trouwden. Voor de laatsten was het huwelijk een startpunt, voor de eersten een eindstation. In een tijd waarin men vaak jong stierf zorgde dit leeftijdsverschil al gauw voor veel jonge weduwen. Wanneer de mannen al op het kerkhof lagen als mest voor het onkruid, dan gingen de vaak nog zeer jonge weduwen vrolijk verder met het verslijten van een of meer volgende echtgenoten. Dat keren van de kansen was niet meer dan rechtvaardig, zoals we nog zullen zien.

HOOFDSTUK 12

HET HUWELIJK EN DE POSITIE VAN DE VROUW

Het leeftijdsverschil dat meestal tussen de echtelieden bestond ging gepaard met een evident verschil in sociale positie. En de positie van de jonge getrouwde vrouw was in Montaillou en de naburige dorpen niet al te rooskleurig. Zo moest iedere vrouw die trouwde er rekening mee houden dat ze op een goede dag een stevige dosis slaag te verwerken zou krijgen. Er bestond rond 1320 een populair en dubbelzinnig Occitaans spreekwoord dat men ook in het graafschap Foix met veel genoegen citeerde: *Wie zijn vrouw slaat met een kussen denkt haar te raken maar haar raakt het niet* (III, 243). Dit spreekwoord weerspiegelt de betrekkelijke grofheid van de mannen en de behendigheid van de vrouwen. Andere teksten laten zonneklaar zien dat de mannen in Montaillou, die toch al het initiatief hadden in zaken van huwelijk en hartstocht, zich ook het recht voorbehielden echtelijke ranselpartijen te beginnen. Neem nu het ietwat uitzonderlijke geval van de houthakker Bernard Befayt: als galante schoonzoon gaf hij zijn eigen vrouw er flink van langs om zijn schoonmoeder te beschermen tegen de agressie van haar dochter. Ook het blauwe oog van Guillemette Clergue vormt een aanwijzing voor het soort gedrag waartoe men echtgenoten in staat achtte. Nu had Guillemette dat blauwe oog in werkelijkheid te danken aan een onschuldig ongelukje of een infectie en ging ze een natuurgenezeres opzoeken die gespecialiseerd was in middeltjes tegen oogziekten. Onderweg kwam ze Prades Tavernier tegen, de *perfectus* en wever uit Prades d'Aillon, die haar als vanzelfsprekend vroeg: *'Hé Guillemette, wat is er aan de hand? Heeft je man je geslagen?' 'Nee hoor,'* antwoordde de vrouw, *'ik heb alleen maar wat last van mijn oog* (I, 337).'

Vals alarm dus, ditmaal. Maar Guillemette was ongetwijfeld bang voor haar echtgenoot. Op een dag was ze met haar moeder Alazaïs graan aan het oogsten op een akker die toebehoorde aan Bernard Rives, de vader van Guillemette en de echtgenoot van Alazaïs. Het gesprek kwam op de *perfecti*. *'Ze redden de zielen, ze eten geen vlees, ze raken geen vrouw aan,'* zei Alazaïs die al in vervoering raakte als ze alleen maar dacht aan de levensstijl van die heilige mannen. Maar Guillemette zette haar moeder razendsnel weer met beide benen op de grond: *'Verklap* nooit aan mijn echtgenoot dat we daarover gepraat hebben,' zei ze, 'want hij zou me doden als hij het te weten kwam. Hij verafschuwt de ketters (I, 334-335).'

Ook in aanwezigheid van Jacques Fournier liet Guillemette niet na te vertellen hoe bang ze was voor haar echtgenoot. 'Heeft u aan uw man verteld dat u de ketter Prades Tavernier van dichtbij of van verre gezien heeft?' vroeg de bisschop aan de boerenvrouw. 'Nee, ik was te bang dat mijn man me zou mishandelen als ik het tegen hem zou zeggen,' antwoordde ze (I, 341).

Het bleef niet altijd bij dreigen. Toen Pierre Maury overnachtte bij zijn zus Guillemette in Laroque d'Olmes hoorde hij klappen vallen; het was zijn zwager die Guillemette er van langs gaf. De herder respecteerde de waardigheid van het huwelijk en deed geen pogingen om tussenbeiden te komen. Maar een paar dagen later zou hij zijn zuster ontvoeren om haar te vrijwaren van die slechte behandeling.

Overigens waren dames uit adel en burgerij bepaald niet beter af dan boerenvrouwen. Ook echtgenoten van adel hadden harde handen. Zo was Béatrice de Planissoles er beducht voor dat haar eerste echtgenoot haar zou doden als ze overspel bedreef met haar rentmeester. Bang was ze trouwens ook voor haar broers die haar tijdens haar affaire met Barthélemy Amilhac hardhandig aanpakten. Als voorbeeld van hoe het bij de burgerij toeging vermeld ik de wederwaardigheden van de dochter en schoonzoon van Pierre Authié in eigen persoon.

'Arnaud,' zei Pierre Authié tegen zijn schoonzoon Arnaud Teisseire terwijl hij met hem over het marktplein van Ax-les-Thermes wandelde, 'u heeft geen goede verstandhouding met mijn dochter Guillemette die uw vrouw is. U behandelt haar hard en wreed en daarmee handelt u tegen de Heilige Schrift die voorschrijft dat een man vredelievend, zachtaardig en teder moet zijn.'

'Het ligt aan uw dochter,' antwoordde Arnaud die inderdaad de afkeurenswaardige gewoonte had ontwikkeld zijn vrouw te slaan. 'Ze is boosaardig en babbelziek. En u moet trouwens zelf ook goed opletten dat u niet bij de kladden gegrepen wordt vanwege die al te gladde kettertong van u,' besloot de schoonzoon die zijn ketterse schoonvader weinig hoffelijk bejegende. Meestal bleef het bij bedreigingen of klappen. Een echtgenoot kon zijn vrouw wel dreigen met de dood – nooit omgekeerd want het gaat hier om een mediterrane samenleving – maar juist dat werd niet in daden omgezet. Opvallend is overigens dat het slaan van kinderen in het dossier veel minder vaak voorkomt dan het slaan van echtgenotes.

Ook de toon die echtelieden tegen elkaar aansloegen was niet altijd even voorbeeldig. *'Jij dikke zeug,'* zei Guillaume d'Ascou, een goed katholiek uit het dorp Ascou tegen zijn vrouw Florence die hij verdacht van illegale contacten met de Katharen. *'Stuk zeug, jij en Rixende, die hartsvriendin van je, de vrouw van Pierre Amiel uit Ascou, dat ketterse stuk lepralijdster. Ze zouden jullie alle twee moeten verbranden... En ik zou er geen moeite mee hebben om zo'n ouwe zeug de lever en de ingewanden uit te rukken.'* 'En geheel in razernij,' zo vervolgde Raymond Sicre, die getuige was van deze echtelijke twist *'dook Guillaume d'Ascou op het bed en verborg zijn gezicht, terwijl hij zijn echtgenote bedreigingen toeriep. Toen zij dit hoorde verliet genoemde echtgenote het huis door een deur in het vertrek en ging weg (II, 365).'*

Het blijft een feit dat een aantal zeer verlichte Katharen die enige bijbelkennis bezaten zoals Pierre Authié een menselijker behandeling van de vrouw voorstonden. Doch hoeveel troost uit dit gegeven ook geput kan worden, men mag de ogen niet sluiten voor de diepgewortelde vrouwenhaat die inherent was aan deze boerencultuur en die zich in het huwelijk manifesteerde. Ondanks zijn genegenheid voor zijn dochter beschouwde ook Pierre Authié de vrouw over het algemeen als een minderwaardig wezen. Ook de manier waarop Bélibaste omsprong met zijn maîtresse wijst niet op veel achting voor de tweede sekse: hij voltrok haar huwelijk met Pierre Maury, maar scheurde haar een paar dagen later weer van hem los; ofwel omdat het idee van dat huwelijk hem niet meer aanstond, ofwel omdat hij uit jaloezie in een emotionele crisis was beland, of wel – en deze laatste hypothese is het minst gunstig voor de reputatie van de heilige man – omdat hij meende dat zijn opzet om de goede herder op te zadelen met het vaderschap van het door hem zelf verwekte kind geslaagd was.

Overigens stak Bélibaste zijn mannelijk chauvinisme niet onder stoelen of banken. In tegenstelling tot Raymond de la Coste, een aanhanger van de Waldenzen uit Pamiers, die stelde dat ieder *weer op zou staan in zijn eigen sekse*, meende Bélibaste dat de ziel van een vrouw niet onmiddellijk tot het paradijs kon worden toegelaten. Voor dat kon geschieden moest die ziel eerst – desnoods gedurende heel korte tijd – gereïncarneerd worden in het lichaam van een man! En die opvatting wierp in dit ondermaanse zijn gruwelijke schaduw. *'Een man is niets waard,'* zo zei hij op een goede dag tegen Pierre en Raymonde, *'als hij geen meester is over zijn vrouw* (II, 441-442).' Aan dit uitgangspunt ontleende hij eveneens het uitdrukkelijke recht zijn gezellin te 'mishandelen'.

Pierre Maury – een getrouw vertolker van de mentaliteit van Montaillou – bleef in het kleineren van de dames niet achter. *'De vrouwen zijn demonen,'* zo zei hij tegen zijn werkgeefster Sybille Pierre die het gewaagd had haar baby de borst te geven hoewel het wicht het *consola-mentum* had ontvangen (II, 415).

'*De ziel van een vrouw, en de ziel van een zeug, dat is lood om oud ijzer, oftewel niet veel soeps,*' beweerde Arnaud Laufre uit Tignac toen hij een inwoonster van dat dorp beledigde, onderwijl een blik werpend op zijn zeug die over de dorsvloer rondscharrelde (II, 131).

Een nog concreter punt is dat de vrouw, wanneer de boeren onder elkaar een glas dronken, geweerd werd uit de kring van de drinkers.

Men kon ze slaan, die duivelinnen, die 'zeugen', die waterdrinksters. Men kon zich er ook toe beperken om tegenover hen een diep stilzwijgen te bewaren, dat overigens met eenzelfde stilzwijgen werd beantwoord. De diepe stilte gaf trouwens in Montaillou vaak de toon aan in de omgang tussen de echtelieden, niet alleen in de slechte huwelijken, ook in de minder slechte. Neem bij voorbeeld de stilte die Guillemette Clergue, Raymonde Mary, Béatrice de Planissoles en Raymonde Guilhou tegenover hun echtgenoten bewaarden. Ideologische meningsverschillen waren niet de enige reden voor deze echtelijke stilte. Is het ten onrechte dat sommige antropologen de traditionele wereld van het huwelijk hebben gedefinieerd als het domein bij uitstek van de non-communicatie? De vrouwen uit deze ketterse bergstreken cultiveerden met zorg een verborgen tuintje; ze spraken daarover onder elkaar, maar buiten het gehoor van hun echtgenoten. Want voor hun echtgenoten waren ze namelijk bang, zelfs als ze van hen hielden. Wat ze voor hen voelden was een mengeling van liefde en angst.

De vrouwen in Montaillou hadden gevoel voor tactiek. Ze verloren de oorlog, maar ze wonnen menigmaal een slag. Hun eerste succes moet op rekening worden geschreven van het 'matriarchaat', een verschijnsel dat onmiskenbaar voorkwam, al had het bepaald niet de overhand. Er ontstond een situatie met een matriarchaal karakter als het een vrouw was die – voorlopig – het mannelijke familiehoofd opvolgde. Dat kon gebeuren als dat familiehoofd overleed of terugtrad zonder een mannelijke opvolger na te laten die geschikt genoeg werd geacht. Normaal gesproken zou de dochter die de lijn voortzette trouwen met een schoonzoon die eventueel door zijn schoonvader geadopteerd kon worden. Daarmee werd die schoonzoon geïntegreerd in de nieuwe *domus* waarin hij was ingetrouwd. Maar de positie van die schoonzoon tegenover de naam en de persoon van zijn vrouw bleef delicaat. De wederwaardigheden van Guillaume de l'Aire uit Tignac geven een goede illustratie van deze situatie: '*Hij trouwde een vrouw in Lordat en werd, vanwege de familie van zijn vrouw, in het huis waar hij introk voortaan Guillaume de Corneillan genoemd. Voor zover men weet leeft die Guillaume nog en woont hij nog steeds in Lordat* (II, 129).'

De soevereine macht van de *domus* treedt hier eens te meer duidelijk naar voren. Voor de *domus* was het matriarchaat slechts een tijdelijk hulpmiddel, geen doel op zich. Wanneer de *ostal* overging in handen van een dochter, deed ogenblikkelijk haar echtgenoot zijn intrede als schoonzoon. Maar die schoonzoon had geen sterke positie en raakte verstrikt in de netten van een *domus*-syteem dat voor deze gelegenheid een matriarchaal karakter had aangenomen. Vanaf dat moment was hij gedwongen zijn naam te veranderen van De l'Aire in Corneillan. Hij nam dus de naam van zijn vrouw over die in feite niets anders was dan de naam van de *domus*. Als de vrouw ook maar een beetje pit had dan sprong de macht nu over op de andere sekse.

Een voorbeeld van zo'n vrouw die de touwtjes in handen had was Sybille Baille uit Ax-les-Thermes. Dank zij een erfenis van haar voorouders was zij de eigenares van een huis in Ax. Haar kinderen spraken over dat huis als hun *ostal maternel* (*ostal* van moeders kant). Als hoofd van een *domus* trouwde Sybille met Arnaud Sicre, een notaris uit Tarascon. Zij nam niet die nederige en onderdanige houding tegenover hem aan die echtgenoten in het graafschap meestal konden verwachten van hun echtgenotes, die vreemdelingen bleven in het huis dat ze door hun huwelijk waren binnengegaan. Notaris Arnaud Sicre was een anti-Kathaar in hart en nieren en had het ongeluk bij de autoritaire Sybille niet in de smaak te vallen. Ze was nog jong en verjoeg hem zonder veel plichtplegingen weer uit haar huis waar hij als echtgenoot was ingetrokken. Voor Arnaud zat er dus niets anders op dan zijn notarispraktijk in Tarascon weer op te nemen. Ondanks het feit dat ze zich zo abrupt van hem ontdaan had, schaamde ze zich er niet voor om hun zevenjarige zoon, eveneens Arnaud geheten, naar Tarascon te sturen. Vader Arnaud werd dus vriendelijk verzocht de opvoeding van zoon Arnaud te verzorgen, terwijl 'mevrouw' zich op militante wijze in het katharisme stortte.

Het is dan ook logisch dat de zoons van Sybille nu eens de achternaam van hun vader gebruikten (Sicre), dan weer de achternaam van hun moeder (Baille). Arnaud Sicre junior en zijn broer Pons Sicre stonden dus ook bekend als Arnaud Baille en Pons Baille. In het laatste geval voegden zij zich dus naar het matriarchaat. Die Arnaud Baille-Sicre zou in het vervolg overigens laten zien hoezeer hij zich in de eerste plaats beschouwde als een telg uit de *ostal* van moeder Sybille. Zijn onvoorstelbare carrière als verklikker was volledig gericht op het heroveren van zijn moeders *domus*. Eens te meer was het dus uiteindelijk het huis dat de lakens uitdeelde. En aangezien de hoofden van dat huis meestal mannen waren had die macht meestal een patriarchaal karakter. Soms kon die macht echter een matriarchaal karakter hebben, en dat gebeurde als genealogisch toeval de rollen had omgekeerd door de erfenis in handen van een vrouw te spelen.

Ook het weduwschap kon voor de vrouwen uit Montaillou de poorten van het matriarchaat openen. Een goed voorbeeld hiervan vormen de lotgevallen van Guillemette Maury – een naaste verwante van Pierre Maury, maar niet te verwarren met diens gelijknamige zuster die getrouwd was met Bernard Piquier. Deze Guillemette was getrouwd met Bernard Marty uit Montaillou die aldaar net als ieder ander een huis bezat. Guillemette werd moeder van ten minste twee zonen en was aanvankelijk slechts een van buiten aangevoerd onderdeel in de *ostal* van haar echtgenoot. Ze vormde slechts het minst beduidende deel van een huishouden waar Bernard Marty het meest beduidende deel van uitmaakte.

Toen kwam de vervolging van 1308 en de grote exodus. De Marty's sloegen op de vlucht en zwierven door Catalonië, van dorp naar dorp, zonder zich ergens permanent te vestigen. Tussen twee verhuizingen stierf Bernard Marty. Guillemette had nog steeds haar twee zoons bij zich, die inmiddels vrijwel volwassen waren, en trok met hen naar San Mateo, een wat aantrekkelijker dorp. Het drietal wist goed aan de kost te komen en kon een *ostal* kopen, een boerenbedrijfje met erf, moestuin, graanakker, wijngaard, weidegronden, een ezel, een muildier en wat schapen. Centrum van dit alles was een *domus* die een aantal kamers omvatte. De meesteres des huizes kon er gemakkelijk zo'n twaalf tot vijftien personen ontvangen. Aanvullende bijverdiensten naast de opbrengsten van dit boerenbedrijf kwamen uit wolbewerking en seizoenarbeid, wanneer men anderen met de oogst hielp. Daarentegen nam men zelf van tijd tot tijd ook mensen in loondienst.

De nieuwe *ostal* had niets meer te maken met wijlen Bernard Marty, die in het vergeetboek was geraakt. Guillemette werd *Hare Genade, Madame Guillemette*. Ze noemde zich weer Maury, de naam Marty was volledig in onbruik geraakt. Haar zoons hielden zich aan de matriarchale afstammingslijn en noemden zich Jean en Pierre Maury (en niet Marty). En net als in ieder ander matriarchaal systeem nam de broer van de moeder (of anders gezegd, de oom van moederszijde), Pierre Maury (oom en naamgenoot van de goede herder), een belangrijke plaats in in het huishouden. Maar Guillemette bleef de baas. Zij was het die de huwelijksplannen van haar volwassen zoons goed- of afkeurde. Ze zwaaide de scepter over haar enige ontvangstruimte, die tegelijk dienst deed als salon, eetkamer en keuken. Ze trad tegen Pierre Maury op als een doortastende en mondaine salonhoudster – haar zusters in later eeuwen waardig –, Pierre Maury was dol op het salonleven. Bij gebrek aan een mannelijk familiehoofd ontwikkelde de nieuwe *domus* van de emigrantenfamilie zich dus langs de lijnen van het matriarchaat.

Meer voorbeelden van dominante vrouwen en weduwen vinden we in Montaillou, Prades d'Aillon, Mérens en Belcaire, bergdorpen in het hoger gelegen gedeelte van het graafschap Foix en in het Land van Sault. Deze vrouwen hadden een huis geërfd dat uit hun eigen familie afkomstig was, zo'n huis aangeschaft, of gewoonweg overgenomen van een overleden echtgenoot. Dank zij het toeval van de genealogie, hun eigen sterke persoonlijkheid, of de innerlijke logica van de *ostal* hadden deze dames de macht overgenomen in een *domus* die zijn mannelijke hoofd was kwijtgeraakt. Deze matriarches waren te herkennen aan het feit dat hun naam de vrouwelijke uitgang a had gekregen en voorafgegaan werd door het voorvoegsel *Na* (anders gezegd *Domina*, dat madame of meesteres betekent). In Montaillou was de oude *Na Roqua* een van de 'kerkmoeders' van het katharisme. Haar prestige als raadgeefster van de familiehoofden in het dorp bleef onaangetast. Ook *Na Carminagua* was hoofd van een huis in Montaillou. In Mérens bezat *Na Ferriola* een huis en een geitenkudde. Ze was ketters en had herders in dienst. In Prades d'Aillon was *Na Ferreria* actief als genezeres van oogkwalen. In Belcaire stamde de smid Bernard den Alazaïs (of de *Na Alazaïs*) waarschijnlijk af van zo'n soort matriarche, die zijn moeder of grootmoeder was. Net als *Na Ferreria* was hij ingewijd in een aantal boeiende geheimen van de volkscultuur, die in zijn geval betrekking hadden op het lot van de zielen na de dood. Kwam hij aan die geheimen via zijn moeder of grootmoeder? Zou het matriarchaat in onze westerse samenleving de beste bewaarplaats zijn van het 'wilde' en traditionele denken? We moeten in ieder geval constateren dat de vrouw won aan achting en respect naarmate ze met het klimmen der jaren minder en minder een seksueel object werd. De komst van de menopauze vermenigvuldigde haar macht.

Naast het matriarchaat werd een andere beperkte maar reële mogelijkheid voor emancipatie van het zwakke geslacht gevormd door het feit dat een aantal beroepen open stond voor vrouwen (zonder dat die daar altijd het monopolie op hadden). In Montaillou oefende Fabrisse Rives het beroep van wijnsteekster uit, dat ter plaatse weinig winstgevend was vanwege het kleine inwonertal. Alazaïs Azéma was kaasverkoopster. De herbergen in Laroque d'Olmes en aan gene zijde van de Pyreneeën, die langs routes of bij marktplaatsen lagen waar veelvuldig mensen uit Montaillou kwamen, werden geleid door vrouwen.

Het matriarchaat en de beroepsuitoefening van de vrouwen zorgden in sommige gevallen voor een tegenwicht tegen de discriminatie door de mannen. Maar meestal stond het 'zwakkere geslacht' ook werkelijk zwak tegenover de machtsmiddelen die het mannenvolk zich toeëigende. De onmacht van de vrouwen moet echter ook weer niet overtrokken worden. Ze stonden niet volledig ongewapend tegenover de fallocraten en ze waren niet alleen maar degenen die door het systeem vertrapt en vernederd werden.

Goed, binnenshuis was de vrouw het sloofje. Zij was de kleine lijfeigene die zich bezighield met het vuur en het water halen, met hout, hooi, koken en spinnen. Maar alleen al het feit dat zij al die klusjes opknapte, bezorgde haar een klein brokje macht binnen het intieme kader van het huishouden. Als ze ouder werd vond ze ook compensatie in de andere leden van haar familie, haar echtgenoot even buiten beschouwing gelaten. Een echtgenoot wiens vleselijke lusten waren afgenomen beroofde zich inderdaad niet van het genoegen zijn gezellin uit te maken voor *oude vrouw, oude ketter* of *oude zeug*. En de tijdgenoten beseften ook wel dat de vrouw in een voornamelijk patriarchaal systeem slechts op tijdelijke basis verbleef in het huis van haar echtgenoot (dat geenszins werkelijk het hare was). Maar de voormalige huisslavin werd door haar kinderen en neven hogelijk in ere gehouden. De vrouw werd als echtgenote naar believen getrapt, maar als moeder op een voetstuk gezet. Geen enkele vorm van protestantisme zou ooit in dit Latijnse Middellandse-Zeegebied deze moedercultus rond Maria de kop in kunnen drukken.

De kathaarse boeren konden de Moeder-Maagd dan wel uitmaken voor de ton van vlees waar Jezus Christus zich in verscholen had gehouden, zij bleven in hun eigen familie liefhebbende en toegewijde zoons. Ouder worden betekende voor een vrouw moeder worden van zeer produktieve volwassen kinderen. Pierre Clergue had voor niets en niemand respect, maar hij hield de nagedachtenis van zijn moeder hoog in ere. Hij achtte haar een rechtschapen vrouw die goed werk had verricht voor de ketters en zorgde ervoor dat de oude Mengarde begraven werd onder het lokale bedevaartsaltaar van de Maagd Maria. Zowel in de ogen van de Katharen in het dorp als in die van de bisschop van Pamiers was dit een schandaal. Dit altaar droeg in het vervolg bij tot het goede gesternte waar de pastoor onder stond. Ook Guillaume Austatz, de boer en baljuw uit Ornolac, had respect voor zijn moeder die hij met 'u' aansprak. Vroom luisterde hij naar haar onderrricht en van haar had hij ook zijn half ketterse, half materialistische (of naturalistische) opvattingen, die van moeder op zoon werden overgedragen tijdens de eindeloze wandelingen en kletspartijen die ze samen hielden.

Maar we moeten er nu ook weer geen zoetgekleurd bidprentje van maken; er liepen in de Boven-Ariège ook slechte zonen rond, die er geen been in zagen de tanden te zetten in de borst die hen gevoed had. Zo werd Stéphanie de Chateauverdun bij voorbeeld op hoge leeftijd door haar zoon getiranniseerd. Er zijn echter teksten te over om aan te tonen dat tussen 1300 en 1320 de positie van de vrouw in Montaillou overeenkwam met wat in het Middellandse-Zeegebied de normale gang van zaken was. Dat wil zeggen dat ze als jonge vrouw werd onderdrukt door haar oudere echtgenoot en als oude moeder gerespecteerd of zelfs vereerd werd door haar zoons. Dochters omgaven hun moeder trouwens ook met dochterliefde. Zo begonnen de dochters van Béatrice de Planissoles, Ava, Philippa, Esclarmonde en Condors, te huilen toen ze hoorden dat de ex-burchtvrouwe bedreigd werd met arrestatie. Dat was de beloning die Béatrice kreeg voor de vertroetelende moederliefde waarmee ze haar kroost altijd omgeven had.

Boerendochters bejegenden hun moeder met eerbiedige achting. Dat was overigens terecht, want die moeders bleven hen steunen met allerlei vormen van materiële dienstverlening, ook al waren de dochters al lang getrouwd. *'Op een dag,'* zo vertelde Guillemette Clergue, die toen in handen was van een gewelddadige echtgenoot, *'moest ik hekels lenen om hennep te hekelen, en ik ging daarom naar het huis van mijn vader. Toen ik bij de deur van dat huis was kwam ik mijn broer tegen die mest uit het huis bracht. En ik, ik vroeg aan mijn broer: "Waar is madame mijn moeder?" "En wat wilt u dan wel van haar,"* was al wat hij me antwoordde. *"Ik wil hekels," zei ik. "Onze moeder is niet hier,"zei mijn broer ten slotte. "Ze is water gaan halen en zal lang wegblijven." Ik weigerde mijn broer te geloven en probeerde het huis binnen te gaan. Toen versperde mijn broer met zijn arm de deur en belette mij binnen te gaan* (I, 337).'

Die deur was dus smal, want hij kon al door één enkele arm gebarricadeerd worden. Het huis rook naar mest. Moeder Alazaïs Rives was waterdraagster voor de *domus* van haar man, gelijk de eerste de beste. Dat verhinderde niet dat die heel gewone moeder door haar volwassen dochter Guillemette Clergue werd aangesproken met *madame* (mijn 'gebiedster'). Die familie was trouwens een nest van schorpioenen, maar de verhoudingen waren er geformaliseerd. De broer sprak zijn zuster aan met 'u', doch dat vormde voor hem geen beletsel haar grof te behandelen. De oom van moederszijde eiste van zijn natuurlijke dochter Brune Pourcel nog meer vertoon van respect dan Alazaïs moeiteloos van Guillemette kreeg. De *perfectus* Prades Tavernier eiste namelijk dat Brune op de knieën ging om hem eer te bewijzen.

Een andere moeder die overladen werd met eerbewijzen was die van Vuissane Testanière. Als jonge minnares van Bernard Belot nam Vuissane afstand van het katharisme ten gevolge van de zenuwinzinking die ze opliep toen Arnaud Vital haar probeerde te verkrachten. Maar Vuissane haastte zich hieraan toe te voegen dat haar terugkeer in de schoot van het rechtzinnige katholicisme ook te danken was aan de aanzienlijke en heilzame invloed die haar moeder daarop had uitgeoefend. De tirades van haar moeder tegen de *perfecti* stonden met vurige letters in haar geheugen gegrift.

Tantes konden hun neven even overtuigend toespreken als moeders hun liefhebbende dochters. Jean Pellissier bij voorbeeld werd een aanhanger van de kathaarse ideeën vanwege de allesoverheersende invloed die Maura, een tante van moederskant, op het brein van de kleine herder uitoefende. Het waren de ketterse vertogen geweest die zij in het bijzijn van Jean in een met haver gevulde hut had gehouden, zo zei hij, die zijn tot dan toe zuivere roomse geweten aan het wankelen hadden gebracht.

Natuurlijk kwam het ook wel voor dat oudere of rijkere dames het mikpunt werden van jongere vrouwen, soms zelfs van hun eigen dochters. Jeanne Befayt en haar moeder Emersende Marty raakten verwikkeld in een welhaast homerisch strijdgewoel, dat in lijf-aan-lijf-gevechten op het blanke mes uitliep. Maar dit hellevegenduel tussen de oude en kathaarse Emersende en de jonge en goed-katholieke Jeanne valt te verklaren uit het klimaat van culturele desintegratie waarin de emigranten uit Montaillou terecht waren gekomen. Hun Catalaanse wijkplaats was namelijk voor vrijwel honderd procent katholiek gebleven. Voor de uittocht uit Montaillou had Emersende zich juist wel in het respect van haar dochter Jeanne mogen verheugen. En bovendien, al werd deze oude dame in eigen huis niet meer als profetes geëerd, zij behield wel een groot prestige bij de overige leden van Bélibastes kleine gemeenschap. Bélibaste zelf hield haar trouwens ook in hoge achting, vanwege haar grote levenservaring als oude vrouw. *'Ze heeft meer dan twintig ketters ontmoet,'* zei de heilige man over de moeder van Jeanne Befayt. *'Beter dan wij kent en ziet zij het goede (ii, 64, 75).'* In Montaillou werd een oude vrouw als Guillemette 'Belote', die vergrijsd was in het harnas van de ketterse traditie, zeer gewaardeerd door haar geloofsgenoten en hun sympathisanten, en trouwens eigenlijk door alle dorpelingen, zonder onderscheid naar geslacht of leeftijd.

De oudere en rijpere vrouwen waren niet de enigen die over de muur van de discriminatie wisten te klimmen. Ook de jonge boerenvrouwen hadden een paar troefkaarten tegen agressieve neigingen van hun echtgenoten. Meer dan een van hen stond bekend als twistziek (*rixosa*) en beschikte zo al over een eerste verdedigingslinie tegenover mogelijke aanvallen. Zo ontvluchtte de zuster van Pierre Maury twee maal de echtelijke woning, de laatste keer voorgoed. Naar het oordeel van de ketters die zij daarna in het vervolg geregeld zou ontmoeten blaakte zij van strijdlust, en hield zij haar bijtende tong altijd in de aanslag. Ze waren er door geschokt, hoewel zij zich voor hen toch dienstbaar maakte en een ideologische voorkeur had voor hun partij. In het dorp Bouan (in de huidige Ariège) begon meester Salacrou *te razen, te tieren en te schelden* toen er ketters in zijn huis waren. Wellicht hoorde dit gebulder bij het extroverte gedragspatroon van de mediterrane wereld en van de Ariège in het bijzonder. Noch de echtgenote, noch de dochter van de heer des huizes raakten er ook maar enigszins van onder de indruk. Deze vrouwen waren goede Katharen en gingen ondanks de luide kreten van de heer des huizes rustig door met het ontvangen van de *perfecti* in hun *ostal*.

Over het algemeen stonden vrouwen toentertijd in het graafschap Foix bekend als ruziezoeksters. 'Vrouwenruzie' werd door mensen als Bélibaste en Pierre Maury gebruikt als een staande uitdrukking en dan bedoelden ze daar niet het onderlinge geruzie tussen vrouwen mee maar juist het ruzie maken met de mannen. Ook aan die onderlinge ruzies was men trouwens gewend. Luister maar naar Fabrisse Rives, de wijnsteekster uit Montaillou. *'Met Alazaïs Rives had ik indertijd ook vaak ruzie. We stopten pas met redetwisten toen we elkaar onze kleine ketterse geheimpjes hadden ontfutseld, zodat we elkaar alle twee bij de inquisiteur tot een bekentenis konden dwingen. Toen zijn we gestopt met ruziemaken* (1, 325).'

De indruk ontstaat dat de cultuur de vrouwen tot lijdzaamheid wilde dwingen, vanwege de eisen die het overheersende patriarchale *domus*systeem stelde, maar dat de vrouwen er in een groot aantal gevallen voor pasten om te zwichten voor die eisen van het systeem. Men kon het geruzie van die vrouwen betreuren en de betekenis ervan bagatelliseren. Maar men moest er wel mee leren leven.

Het dociele gedrag van de echtgenotes was dus niet onbeperkt en er liepen in het graafschap Foix zelfs ook mannen rond, die een speelbal waren van hun vrouw en/of moeder. En voor zover de vrouwen wél onderdanig waren, was dat echt niet uitsluitend te wijten aan hun angst voor dreigementen. Dwang alleen vormt geen afdoende verklaring voor een gedisciplineerd huwelijksleven.

Sociologen als Bourdieu, die zich hebben beziggehouden met de familieverhoudingen in traditionele samenlevingen in het westelijke gedeelte van het Middellandse-Zeegebied, beklemtonen hoe belangrijk erecodes zijn als regulatieve principes van menselijk gedrag. Voor wat betreft Andalusië heeft Pitt-Rivers de sleutelrol onderstreept die gespeeld wordt door het begrip *vergüenza* dat schaamte, kuisheid, zorg om de reputatie en een specifiek vrouwelijk eergevoel omvat. Dit samenstel van begrippen beschermde de eerbaarheid van de vrouw, in de ogen van de man het belangrijkste dat zij bezat. Een vrouw bezat, zo stelt Pitt-Rivers, 'slechts een beperkte hoeveelheid *vergüenza*'. Wie dat kwijtraakte, kreeg het niet meer terug. De hoeveelheid *vergüenza* die een vrouw bezat kon namelijk alleen maar afnemen, nooit groeien.[1]

De vrouwen uit de lage adel die we in Montaillou tegenkomen hadden een sterk ontwikkeld *vergüenza*-gevoel, dat evenveel bijdroeg aan de moeizame instandhouding van de huwelijkstrouw als de angst voor de stok van de echtgenoot. Béatrice de Planissoles wilde iedere indruk vermijden dat ze een avontuurtje met haar rentmeester gehad zou hebben, uit angst dat haar echtgenoot zou gaan denken dat ze iets oneerbaars (*inhoneste*) had gedaan. Het ging hier eerder om eerbaarheid naar het oordeel van de buitenwereld (echtgenoot, familie, dorp) dan om eerbaarheid naar het oordeel van het eigen geweten. 'Als ik met u naar Lombardije ga,' zo zei ze tegen haar rentmeester, 'zullen de mensen zeggen dat we de streek verlaten hebben om onze wellust te bevredigen.' Elders verklaarde Béatrice dat elk van haar beide mogelijke minnaars haar *door het slijk zou sleuren* als hij merkte dat ze haar gunsten nu ze weduwe was over meer dan één man verdeelde. In de Occitaanse cultuur bleef namelijk eens en voor altijd gelden dat een vrouw die er *twee* minnaars tegelijk op na hield niet meer was dan een hoer.

Toen ze weduwe was kon de ex-burchtvrouwe er geen genoeg van krijgen om in het bijzijn van haar minnaar een beeld op te roepen van de schande die over haar familie zou komen (en met name over haar vader Philippe Planissoles) als zij getroffen werd door een buitenechtelijke zwangerschap. Laakbaar gedrag van één vrouw kon inderdaad een hele familie treffen. Het betrof niet uitsluitend de verhouding vader-dochter. Ook een broer kon zich opwerpen als de behoeder van zijn zusters reputatie, aangezien die zuster er op eigen kracht nooit in zou kunnen slagen een toonbeeld van deugdzaamheid te worden. Het zijn dan ook de broers van Béatrice die haar op haar verplichtingen wezen toen zij omgang had met Barthélemy Amilhac. En dat ging zover dat zij uit hun woonplaats moest vertrekken waar zij tijdelijk was neergestreken. In Montaillou namen ook in de lagere klassen de broers die corrigerende taak op zich. Pierre Maury liet Guillaume en Bernard Bélibaste garant staan voor de eerbaarheid van zijn zuster Guillemette.

'Na het eten zeiden Bernard en Guillaume tegen Pierre: "We zullen

even goed op je zuster passen als op onszelf. Zij zelf zal er voor zorgen
dat wij haar met genegenheid en fatsoen omringen." En de zuster be-
loofde op haar beurt: "Ik zal doen wat mij te doen staat." (III, 155)'

Verlies van die reputatie van vrouwelijke eerbaarheid speelde bij de
boeren een minder grote rol dan bij de adellijke families. Maar ook bij de
boeren leek het besef te bestaan dat de eerbaarheid van een vrouw grenzen had, die zij door het aanknopen van buitenechtelijke verhoudingen
kon overschrijden. *'Ik had een oneerbare verhouding met Arnaud Vi-*
tal,' zei Alazaïs Guilhabert, een boerenvrouw uit Montaillou (I, 410-
413). In hoofdstuk 24 kom ik nog uitgebreid op de begrippen schaamte
en oneerbaarheid terug.

Ten slotte komen we nu toe aan de vraag hoe huwelijken aan hun eind
kwamen. Heel vaak, maar niet altijd, gebeurde dat door de dood van een
van beide echtelieden. In de meeste gevallen was dat de man. Bijna iedere traditionele samenleving telt trouwens meer weduwen dan we-
duwnaars. In Montaillou en Prades d'Aillon hadden de weduwen in elk
geval heel duidelijk een overwicht. En de verklaring daarvoor moeten
we ook zoeken in het leeftijdsverschil tussen de echtelieden. De echtgenote was meestal jonger en maakte per definitie dus al meer kans om
hem ten grave te mogen dragen dan omgekeerd. Voor zijn ondervragingen had Jacques Fournier in totaal negentien vrouwen uit Montaillou en
Prades d'Aillon opgeroepen. Zeven van hen waren getrouwd en hadden
een nog levende echtgenoot, twaalf waren weduwe. In beide dorpen
bestond er dus een vrij grote groep weduwen, die zich bepaald niet allemaal in ellendige omstandigheden bevonden; meer dan een van hen
woonde onder één dak met haar nog ongehuwde zoons en/of met een
reeds getrouwde zoon. Dat was bij voorbeeld het geval met 'moeder
Maurs' en 'moeder Belote' oftewel Guillemette Maurs en Guillemette
'Belote'. Sommige van die weduwen vervulden in de kathaarse boerenfamilies ter plaatse zelfs de rol van geestelijke leidsvrouwen. Dat gold
voor de drie schikgodinnen van Montaillou die dik met elkaar bevriend
waren: *Na Roqua*, Guillemette Clergue en Guillemette 'Belote'. Zij
hadden hun echtgenoten verloren en gaven bij gelegenheid leiding aan
het geweten van deze of gene dorpeling. Hun coterie vormde de spil
waarom de omgang tussen de vrouwen in het dorp draaide. En in hun
Catalaanse wijkplaats hadden weduwen als Emersende Marty en Guillemette Maury ook juist op ideologisch gebied veel invloed.

Er zijn gevallen bekend van weduwen die hertrouwden. Béatrice de
Planissoles vormde een mooie adellijke partij en hertrouwde al snel met
een landedelman; Raymonde Lizier, wier man door een moord voortij-

dig uit de weg was geruimd hertrouwde ook snel, maar met een arme boer. In andere gevallen lag de zaak moeilijker. Voor vrouwen uit Montaillou die hun wettige man hadden verloren lokte het concubinaat als een verleidelijke oplossing, al was die niet volledig bevredigend en wellicht ook 'onfatsoenlijk'. En dan nog moest men eerst maar eens een minnaar opduikelen en dat was een zeldzame diersoort.

Dat hertrouwen van weduwen bracht wat problemen met zich mee. In veel traditionele gemeenschappen betekende het dat er obstakels uit de weg geruimd moesten worden en dat er een taboe moest worden overwonnen. Een weduwe die hertrouwde onttrok namelijk een man aan de voorraad huwbare mannen waar de jonge meisjes over beschikten. Vaak was er een *charivari* nodig om deze roof te sanctioneren en te vergeven. In Montaillou echter was van zo'n ketelmuziek niets te merken. Wel vielen de weduwen onder een soort seksueel taboe waar de brutalen zich overigens niets van aantrokken. Mengarde Buscailh, weduwe te Prades d'Aillon, reageerde verontwaardigd op de oneerbare voorstellen die Pierre Clergue haar deed. *'Ik ben het er niet mee eens. Het zou een grote zonde zijn. Vergeet niet dat ik weduwe ben!* (1, 491)'

Jean Duvernoy beschouwt 'dit teken van afkeer voor het tweede huwelijk' als een 'primitief-christelijke trek'. Moeten we er niet eerder een element uit de nog oudere volkscultuur in zien dat wel qua betekenis maar niet qua vorm te vergelijken is met de charivari's, die er immers niet voorkwamen?

De echtelijke sponde viel dus in de onderhavige periode meestal pas uit elkaar als een van de echtgenoten kwam te overlijden. Maar scheiding was zeker in theorie een andere mogelijkheid. In Montaillou zelf waren vrouwen te bedeesd om hun heer en meester de laan uit te sturen, vooral omdat ze aan alle kanten door het rigide *domus*-systeem aan banden werden gelegd. Mannen daarentegen hadden er geen moeite mee hun vrouwen met verdrijving te bedreigen, een dreigement dat ze soms ook in daden omzetten. Ze konden dat doen omdat ze dank zij het erfrecht heer en meester van de *ostal* waren.

Fabrisse Rives was een voorbeeld van een vrouw die het huis werd uitgezet. Aanvankelijk woonde ze samen met haar echtgenoot de boer Pons Rives en, opmerkelijk genoeg, ook met diens ouders, Bernard en Alazaïs Rives. Bernard Rives was een onbeduidende figuur die volledig gedomineerd werd door zijn zoon, die de jure of de facto hoofd van de *domus* was. Het bewind over de *ostal* werd gevoerd door die Pons, samen met zijn eigenzinnige en autoritaire moeder Alazaïs. Het duo was kathaars, en hoe! Maar het aanschuiven van Fabrisse in Pons' bed bracht het huis in de problemen, want zíj was niet ketters. Ze ging zelfs aan pastoor Clergue verklikken dat er *perfecti* in het dorp waren, doch dat kon hém uiteraard geen sikkepit schelen. Echtgenoot en schoonmoeder ontdekten al snel dat de jonge vrouw hun belette naar believen het katharisme te belijden. *'Het is de duivel die je ons huis heeft binnen gevoerd,'* zei Pons tegen Fabrisse.

En dus verdreef hij haar uit de *ostal*. De versmade echtgenote was echter geenszins uit het veld geslagen. Zij ging door als onafhankelijke vrouw en werd wijnsteekster. Ze voedde haar dochter Grazide op naar beste kunnen, maar beide vrouwen raakten toch al snel in de invloedssfeer van de *domus* Clergue. Fabrisse werd afhankelijk van de *ostal* van Bernard Clergue en verleende hem tal van diensten terwijl Grazide het vriendinnetje van de pastoor werd.

Fabrisse was dus uit de echtelijke woning verdreven omdat ze niet ketters was. Haar schoonzuster overkwam om de tegengestelde reden bijna hetzelfde. Guillemette Rives was een dochter van Bernard Rives en een zus van Pons Rives. Ze was getrouwd met Pierre Clergue, naamgenoot en familielid van de pastoor. Het huishouden van deze Pierre Clergue was, zoals Pierre Maury opmerkte, in zichzelf verdeeld. Guillemette was een vriendin van de ketters, Pierre Clergue een vijand. Daarom hoedde ze zich er wel voor haar kathaarse kennissen thuis ter sprake te brengen. Deed ze dat wel, dan zou haar echtgenoot haar tot sterven of scheiden dwingen.

'Als je de huizen bezoekt van mensen die de Goede Mensen ontvangen zal ik je doden of ver van mij wegjagen (1, 346).'

En zo werd Fabrisse Rives door haar echtgenoot het huis uitgezet omdat ze níet kathaars was, en overkwam haar schoonzus Guillemette Clergue bijna hetzelfde omdat ze té kathaars was.

Alles bij elkaar hebben we dus anderhalve echtscheidingszaak in Montaillou. Erg vaak kwam dat dus niet voor in deze berggebieden met hun strakke familieverhoudingen en alleen de vlijmende scherpte van de religieuze geschillen kon tot deze extreme gebeurtenis aanleiding geven. Per slot van rekening vermelden onze bronnen op vijftig echtparen slechts twee gevallen van scheiding, waarbij het dan nog maar in één geval ook werkelijk zover kwam, terwijl het in het andere geval bij dreigementen bleef. We moeten hier nog het bijzondere geval van Raymonde Clément aan toevoegen. Zij verliet het huis van haar echtgenoot die met impotentie geslagen was en keerde terug naar de *domus* van haar ouders.

In Montaillou was het dus altijd de man die de vrouw uit huis zette. Liet een vrouw in extreme gevallen haar echtgenoot in de steek, dan verliet zij daarmee tevens de echtelijke *domus*.

Buiten Montaillou lag de situatie anders, bij voorbeeld in de kleine

Ariège-stadjes waar een begin van stedelijke of ambachtelijke vrijheid ontlook, eventueel nog versterkt door sporen van het matriarchaat. Daar en ook in het voor emancipatie open staande Catalonië ontmoeten we vrouwen uit de Ariège die tegen de zin van hun man het initiatief tot een scheiding namen. Ook in deze gevallen waren het geschillen van ideologisch-religieuze aard die tot de breuk leidden. Maar de lijnen waarlangs die breuk zich ontwikkelde vertoonden toch een tamelijk modern karakter, heel anders dan in een bergdorp als Montaillou het geval was. In Ax-les-Thermes verjoeg de kathaarse Sybille Baille haar katholieke echtgenoot notaris Arnaud Sicre sr. In Laroque d'Olmes, een dorp waar markten en jaarmarkten gehouden werden, ondernam Guillemette Maury (zuster van Pierre) twee pogingen om het huis te ontvluchten van haar echtgenoot, timmerman Bertrand Piquier. In een derde geval waarin een vrouw haar man verliet was er niet echt sprake van een doelbewuste handeling. Eenmaal in Catalonië beland kwam Raymonde Marty, de dochter van een smid uit Junac, tot de conclusie dat haar wegen definitief gescheiden waren van die van haar echtgenoot Arnaud Piquier, forelvisser uit Tarascon. Dus koos zij in het geheim voor de 'perfecte' liefde van Bélibaste.

In ieder geval behield de *domus* ook in de meest extreme gevallen zijn greep op het gebeuren. Leed een echtgenoot aan impotentie, dan verliet zijn vrouw de gemeenschappelijke *ostal*. Raymonde Maury gebruikte de *domus* van haar vader en broers in Montaillou als tegenwicht voor de ondraaglijke onderdrukking die ze in haar eigen huishouden in Laroque d'Olmes ondervond. Sybille Baille had haar man er nooit uit kunnen zetten als ze niet het voordeel had gehad een matriarchale *domus* te bezitten. Pons Rives in Montaillou kon zich veroorloven zijn echtgenote Fabrisse de deur uit te jagen omdat zijn hele *domus* achter hem stond, aangezien zijn inwonende ouders op zijn hand waren. In de Boven-Ariège bleef het daadwerkelijk uit elkaar gaan van een echtpaar een zeer zeldzame gebeurtenis (en nooit werd er een officiële scheiding uitgesproken). Dat het voorkwam had met individualisme weinig te maken. Eerder blijkt uit het verloop van die scheidingsgevallen hoe onaantastbaar het overwicht van de *ostal* was. Echtscheiding speelde zich dus af binnen heel smalle marges.

HOOFDSTUK 13

KINDEREN, VOLWASSENEN EN OUDEN VAN DAGEN

Een huwelijk liep in Montaillou destijds normaal gesproken uit op kinderen, en die kinderen waren talrijk, zoals gebruikelijk was voor een boerenfamilie van het Ancien Régime. Mengarde en Pons Clergue hadden vier zonen en twee dochters. Guillemette Belot had vier zonen en twee dochters. Guillaume en Guillemette Benet hadden ten minste twee zonen en drie dochters. Raymond Baille had vier zonen (over een dochter wordt niet gerept). Pierre en Mengarde Maurs hadden vier zoons. De gebroeders Marty waren met zijn vieren. Alazaïs en Raymond Maury hadden zes zonen en ten minste twee dochters.

Er waren ook gezinnen waar het niet zo'n gekrioel was. Bernard en Gauzia Clergue hadden, voor zover bekend, slechts twee kinderen, een jongen en een meisje. Guillemette en Raymond Maurs hadden twee zonen, net als Bernard en Guillemette Maurs. Beide echtparen hadden misschien ook nog dochters, wier namen ons echter even onbekend zijn als hun aantal.

Van 18 echtparen zijn de gegevens betrouwbaar genoeg om cijfermatig te verwerken; deze echtparen, waarvan we mogen aannemen dat ze genoeg tijd hebben gehad om hun nageslacht voort te brengen, hebben in de periode 1280–1324 aan ten minste 42 jongens en 20 meisjes het leven geschonken. Duidelijk is dat het aantal meisjes in de bronnen onderschat wordt. En ook wat de jongens betreft is zeker geen rekening gehouden met kinderen die nog in hun eerste levensjaar gestorven zijn, terwijl een onbekend aantal ontbreekt van degenen die tussen hun eerste en hun vijfde verjaardag zijn overleden. Desalniettemin komen we toch uit op een gemiddelde van 2,3 jongens per echtpaar. Met inachtneming van de onbekende factoren is het dus redelijk om aan te nemen dat er per gezin gemiddeld 4,6 wettige kinderen geboren werden. Het vruchtbaarheidscijfer in Montaillou in de veertiende eeuw blijkt dus even hoog te zijn als dat in de Beauvaisis in een recentere periode, maar wel is het zo dat het percentage onwettige kinderen in Montaillou groter is.

Gedeeltelijk is dit hoge vruchtbaarheidscijfer te verklaren uit de jonge huwelijksleeftijd van de meisjes. Dit geldt vooral voor de kring van vooraanstaande kathaarse boerenfamilies, die onder elkaar trouwden en samen Montaillou rond 1300 beheersten. Ik denk dan aan de families Clergue, Maury, Marty, Baille, Benot en Belot, die tientallen kinderen voortbrachten, die weer bestemd waren om met elkaar te trouwen. Om wellicht puur toevallige redenen zijn veel minder kinderen bekend van de paar families in het dorp die katholiek zijn gebleven, zoals de familie Azéma. Dit is een van de oorzaken van het feit dat de minderheid in Montaillou die trouw bleef aan het geloof van Rome, tijdelijk zo weinig te betekenen had.

De vruchtbaarheid werd echter door een aantal factoren ook ingedamd. Zo legde de rijkste familie, de Clergues, in de generatie van Bernard en Pierre een zekere belangstelling aan de dag voor methodes tot geboortenbeperking (magische kruiden, wellicht ook coïtus interruptus). De vele zoons van Pons Clergue hebben wel wat bastaarden nagelaten maar geen enkel wettig kind, al bleven er wel wat andere Clergues over die de naam doorgaven. De herders, die de onderste laag van de bevolking uitmaakten, hadden de neiging het huwelijk te ontlopen, en gaven als reden daarvoor op dat ze te arm waren, hetgeen vaak ook zo was.

In het algemeen werd de generatie die trouwde tussen de razzia van 1308 en de ondervragingen van 1320–1325 hevig in zijn normale ontplooiingskansen gestoord. Het verblijf in de gevangenis nam toe en een aantal ontmoedigde echtparen zocht wellicht zijn toevlucht tot seksuele onthouding of anticonceptie. De vruchtbaarheid bereikte een dieptepunt in de jaren tussen 1310 en 1320, voor Montaillou ook in economisch opzicht een ongunstige periode.

Maar het beeld wordt toch vooral bepaald door de geboortengolf die in de jaren van 1280 tot 1305 het dorp overspoelde. Ook in de andere dorpen die in geografisch en cultureel opzicht met Montaillou vergelijkbaar waren, kwamen aantallen van twee tot vier broers heel geregeld voor. Het hoge geboortencijfer gold als vanzelfsprekend. Voor iedereen was het een uitgemaakte zaak dat men er kinderen bij kon maken als men er eentje verloor, mits men nog niet te oud was. En deze nieuwe kinderen konden hun moeder wellicht de weggevlogen zieltjes van hun verdwenen broertjes en zusjes terugbezorgen, dank zij een wat ongewone uitleg van de kathaarse leer van de zielsverhuizing.

'Alazaïs Munier, de moeder van mijn petekind, was bedroefd,' zo vertelde Guillaume Austatz, baljuw van Ornolac, 'in korte tijd had ze haar vier zonen verloren. Ik zag haar wanhoop en vroeg haar wat er de oorzaak van was. "Hoe zou ik niet bedroefd zijn," antwoordde ze mij, "nu ik in zo'n korte tijd vier lieve kinderen kwijt ben geraakt?" "Trek het je niet aan, moedertje," zei ik haar, "je zult ze terugvinden." "Ja, in de *hemel.'' ''Neen, je zult ze in dit ondermaanse terugvinden, vast en zeker. Want je bent nog jong. Je zult opnieuw zwanger raken. De ziel van een van je overleden kinderen zal weer belichaamd worden in de nieuwe foetus. En zo maar door.''* (1,203)'

We zien dat Guillaume Austatz die hier spontaan als spreekbuis van zijn tijd optrad er geen been in zag vrouw Munier in totaal acht zwangerschappen toe te delen (vier in het verleden, vier in de toekomst).

In het algemeen waren de boeren uit deze tijd, zoals Guillaume Austatz uit Ornolac of Jean en Pierre Maury uit Montaillou, zich zeer goed bewust van de bevolkingsdruk in de jaren na 1300, die onder andere een gevolg was van de hoge vruchtbaarheid. Bij verschillende gelegenheden vroegen zij zich af '*waar er plaats zou zijn voor al die zo talrijke zielen, van alle mensen die dood zijn en alle die nog leven. Met dat aantal zou de hele wereld vol zielen zijn. Het hele gebied tussen Toulouse en de pas van Mérens zou ze nog niet kunnen bevatten. Gelukkig heeft God,*' aldus Guillaume Austatz, '*een vrij eenvoudige oplossing gevonden voor dit overschot aan zielen. Iedere ziel doet een aantal keren dienst. Zij verlaat het gestorven lichaam van een mens en keert bijna meteen daarop terug in een ander. En zo maar door* (1,191).' In zekere zin was de zielsverhuizing dus het bijprodukt in de verbeeldingswereld van het hoge vruchtbaarheidscijfer in de berggebieden. En dat vruchtbaarheidscijfer werd in stand gehouden door de sleutelpositie die de *domus* innam.

Het is overigens waar dat het katharisme, dat door veel inwoners van Montaillou verkondigd werd zonder dat ze er tot in details mee bekend waren, in theorie vijandig stond tegenover het huwelijk en dus ook tegenover de voortplanting. De kathaarse boeren die de meeste ontwikkeling hadden opgedaan en opgeklommen waren tot de rang van *perfectus* of pseudo-*perfectus*, zoals Bélibaste, was dit punt van de leer niet ontgaan. De heilige man die de wens koesterde 'om het zaad van ons leven over te brengen naar het andere leven, door middel van de kuisheid'', zei het volgende: '*Ik wil dat geen enkele man zich in den vleze verenigt met een vrouw; ik wil evenmin dat uit hen zoons of dochters geboren worden. Want als men zich houdt aan de onthouding, dan zullen alle schepselen Gods over korte tijd bij elkaar gebracht zijn* (in de hemel). *En ik voor mij vind dat een goed vooruitzicht* (11,48).' We hebben al gezien hoe Pierre Clergue zich bezighield met anticonceptie, zij het in een wat ander kader.

Maar voor hoevelen in Montaillou waren zulke verfijningen weggelegd? De eis van seksuele onthouding betrof in ieder geval slechts de *perfecti* en niet de eenvoudige gelovigen. De boerenbevolking bleef dus veel kinderen voortbrengen, zelfs als ze sympathie had voor de ketterij.

Het ontbrak de hooggelegen dorpen niet aan grond, vooral niet aan weidegrond, om al die kinderen later van werk te voorzien. En als er eens jongeren overschoten, dan werden ze met open armen ontvangen in Catalonië, waar het volgens Bélibaste noch aan weidegrond, noch aan bergen voor de schapen ontbrak, zodat ze er maar naar toe hoefden te gaan om daar als herder of muilezeldrijver in dienst te kunnen treden.

In die omstandigheden bestond er geen reden tot bezorgdheid. Een *domus*, rijk aan snel opgroeiende kinderen was een *domus*, rijk aan arbeidskracht, en dus rijk zonder meer. En zo is het grote aantal zonen van de vooraanstaande families in Montaillou te verklaren, van Belot, Maury, Marty en de andere. Alleen de jongste generatie van de Clergues was rijk genoeg om zelf geen landarbeid meer te hoeven verrichten en had als *domus* dus geen belang bij een overvloed aan handen in de familie. Door deze uitzonderingspositie konden zij zich hun ongebruikelijke bedenkingen tegen het huwelijk veroorloven, en hun al even ongebruikelijke voorkeur voor anticonceptiemaatregelen.

De vele kinderen die op deze wijze in de meeste families van Montaillou werden gemaakt waren niet direct inzetbaar. Ze moesten eerst opgevoed worden en gevoed. Om te beginnen moesten ze van melk voorzien worden. Bij de boerenfamilies die in Montaillou de dienst uitmaakten was het vrij uitzonderlijk om een kind uit te besteden aan een min of voedster. Dit slag werkneemsters was namelijk uitsluitend te vinden bij het beter gefortuneerde deel van de adel: een vrouwe van Chateauverdun vertrouwde haar kind aan een min toe toen ze zich bij de ketters ging voegen, maar het kostte de dame alle mogelijke moeite om afscheid te nemen van haar baby. Voedster van adellijke kinderen was een beroep dat zich met ijzeren logica liet inpassen in de levensloop van een boerenvrouw. Rousse Gonaud, dochter van een bergbewoner, kwam eerst in dienst bij een edelman en werd vervolgens min bij de echtgenote van een andere edelman. In de tussentijd moet ze dus zwanger zijn geraakt. Daarna werd ze de inwonende maîtresse van een dorpsbaljuw, en ze eindigde als wettige echtgenote van een boer. Overigens speelde haar hele levensloop zich af in ketterse kringen.

In Montaillou daarentegen werden, voor zover bekend, voedsters alleen gebruikt door arme meisjes die zich van hun baby moesten ontdoen om een betrekking als dienstmeid te kunnen vervullen. Raymonde Arsen bracht haar kindje van de ene voedster naar de andere, voordat ze haar plaats als 'meid alleen' ging innemen bij de familie Belot; daar zou ze zich af en toe ontfermen over een van de kinderen van een dochter des huizes. Erg levendig was de handel in moedermelk in ieder geval niet in

Montaillou, en de vraag werd soms zelfs overtroffen door het aanbod.

Op een dag rond Pasen, omstreeks het jaar 1302, kreeg de arme en ietwat onnozele bastaard Brune Pourcel bezoek van haar buurvrouw Alazaïs Rives. 'Alazaïs,' zo vertelde Brune, 'vroeg me om mijn zoon Raymond die ik toen aan de borst had en die misschien een half jaar oud was, naar haar huis te brengen. "Er is namelijk een vrouw uit de Razès in mijn ostal die te veel melk heeft," voegde Alazaïs daaraan toe. "Nooit van mijn leven," antwoordde ik haar, "de melk van die vrouw zou slecht zijn voor mijn zoon." Uiteindelijk gaf ik toe aan de aandrang van mijn buurvrouw en bracht mijn zoon naar haar huis; ik trof daar inderdaad een vrouw uit de Razès aan die zich aan het warmen was bij de haard (1,382).'

In Montaillou en vergelijkbare dorpen werden de kinderen in de regel dus door hun eigen moeder aan de borst genomen. En dit gold ook voor de rijkste boerenfamilies. De enige uitzondering werd gevormd door vrouwen die ziek waren of een betrekking als dienstmeid hadden. Die borstvoeding kon een hele tijd duren. De zoon van Sybille Pierre, echtgenote van een rijke boer en schapenhouder, was 'een of twee jaar oud' en werd nog aan de moederborst gevoed.

Het is bekend dat langdurige borstvoeding de tijdsspanne tussen de verschillende geboortes verlengde, of deze tijdelijke onvruchtbaarheid nu het gevolg was van fysiologische processen of van het bestaan van seksuele taboes tijdens de lactatieperiode.

Over de gevoelens die men tijdens het Ancien Régime voor kinderen koesterde, hebben Philippe Ariès en François Lebrun belangwekkende historische studies geschreven.[2] Uit hun werk komen twee centrale gedachten naar voren.

1 De liefde die wij gewend zijn kinderen en speciaal jonge kinderen toe te dragen is een tamelijk recent fenomeen dat aan het eind van de middeleeuwen en in het begin van het moderne tijdvak ontstaan zou zijn in de maatschappelijke bovenlaag (hof, adel, burgerij). Deze houding ten aanzien van jonge kinderen zou pas heel langzaam ook in de lagere klassen van de bevolking zijn doorgedrongen; de dood van een jong kind of een baby zou bij voorbeeld bij de boeren lange tijd geen enkele emotionele reactie hebben opgeroepen.

2 Pas geleidelijk aan zou er een specifieke voorstelling en een specifiek gedragspatroon van kinderen en jongeren ontstaan zijn, door het toegenomen schoolbezoek, door het ontstaan van kleding speciaal voor meisjes en jongetjes etc. Voor de grote massa van de middeleeuwers zou het kind altijd een verkleinde uitgave van de volwassene zijn gebleven.[3]

Deze stellingen geven mij aanleiding tot het volgende commentaar.

a Het tweede gedeelte van Ariès' voorstelling van zaken lijkt me beter gefundeerd dan het eerste. Het gedragspatroon van kinderen en jongeren wordt uiteraard in hoge mate bepaald door de cultuur van een bepaalde periode. Het gedrag dat wij kennen kan dus heel goed van recente datum zijn. Daarentegen is de wereld van de intieme gevoelens tussen moeder en baby of tussen vader en kind omgeven door een waas van geheimzinnigheid en bijna altijd gesitueerd buiten bereik van de geschreven cultuur. Slechts onder veel voorbehoud kunnen we enige waarde hechten aan een handvol teksten en een paar prenten die lijken te suggereren dat deze gevoelens destijds erg koud zijn geweest.

b Het bronnenmateriaal van Ariès bestaat vrijwel volledig uit citaten die uit het werk van toenmalige auteurs zijn gelicht en uit de grandioze collectie *schilderijen* en prenten, door deze historicus en kunstkenner opgehangen in zijn denkbeeldige 'museum van het kind'. Maar hoe verleidelijk deze aanpak ook moge zijn, blijft men op deze wijze wel helemaal buiten bereik van historische fata morgana's? Kan het verschijnen van een zekere gevoeligheid voor het kind in literatuur en schilderkunst wel gelijkgesteld worden met het ontstaan van deze gevoelens in de schriftloze wereld van de lagere bevolkingsklasse? Men kan met evenveel recht aannemen dat die gevoelens ook al eerder bij de boeren en ambachtslieden voorkwamen, maar dat de *cultuur* zich om wat voor redenen dan ook pas later voor die gevoelens ging interesseren.

Zo is het bij voorbeeld sinds Denis de Rougemont een goede gewoonte om te beweren dat hartstochtelijke verliefdheid, zoals ieder van ons die wel eens voelt, in het Occitaanse cultuurgebied pas laat ontstond, onder invloed van het pionierswerk van de hoofse poëzie.[4] Een blik op de Boven-Ariège volstaat om deze al te 'geletterde' overtuiging aan het wankelen te brengen. De boeren en herders uit de Sabarthès hadden de werken van de troubadours nooit gelezen; de directe invloed daarvan bleef beperkt tot de gecultiveerde adel in Pamiers en de kastelen van het omliggende berggebied. Ondanks deze onwetendheid wisten de dorpelingen van Montaillou zich af en toe echt wel als geraffineerde spelers van het liefdesspel te gedragen; zij maakten een onderscheid tussen de hartstochtelijke passie, omschreven met *adamare*, en liefdevolle genegenheid waarbij het woord *diligere* kon volstaan.

Dat ze dit onderscheid maakten was evenmin te danken aan een indirecte beïnvloeding door de literatuur, via mondelinge overdracht. Die twee vormen van liefde waren beide afkomstig uit hun eigen fijnbesnaarde boerencultuur. Als er al sprake van beïnvloeding is geweest, dan ging dat eerder in omgekeerde richting. Het is eigenlijk heel waarschijnlijk dat de troubadours die hartstochtelijke liefde niet ter plekke verzonnen, maar dat een onderscheid, dat in de Occitaanse volkscultuur al lange tijd bestond, via de troubadours in geschreven of gezongen teksten doordrong.

We moeten constateren dat kinderen en zelfs heel jonge kinderen in de volksziel van de Sabarthès uitgesproken spontane en warme gevoelens opriepen, gevoelens die een essentieel bestanddeel vormden van de regionale cultuur. Niets maar dan ook niets wijst er op dat deze gevoelens in een latere periode als een vreemde loot in deze berggebieden neergeplant zijn. De bewijslast komt geheel voor rekening van historici die deze opvatting tot het uiterste willen aanhangen.

Laten we bij het begin beginnen: de bevruchting. Binnen het huwelijk gold zwangerschap als vanzelfsprekend en natuurlijk, om niet te zeggen als gewenst. Buiten het huwelijk waren de gevoelens ten aanzien van een mogelijk natuurlijk kind ambivalent, maar niet bij voorbaat ontbloot van genegenheid. '*Ik ben een priester en ik wil geen kind,*' liet Pierre bij een eerste gelegenheid horen. '*Wat moet ik doen als ik zwanger word, ik zou onteerd zijn,*' zo viel Béatrice hem bij. Heel langzaam aan begon de gedachte aan een tastbaar resultaat de gelieven echter meer en meer aan te staan, en uiteindelijk gooide de pastoor het over een heel andere boeg: '*Na de dood van je vader nemen we een kind* (1,225,243,244,245).'

In Montaillou begon het kind in veel families als een 'kathaarse' foetus. En deze foetus werd heel snel van een ziel voorzien en kreeg daarmee ook in emotioneel opzicht een aanzienlijke waarde. Want de wereld *is vol met oude zielen die als bezetenen rondwaren*, heette het volgens de kathaarse boeren van het Land van Aillon. Zielen die afkomstig waren uit lichamen van overleden zondaars doken onmiddellijk door de opening *de buik van een of ander vrouwelijk dier in, een teef, een konijn of een merrie, waar zich een net verwekt embryo bevond, dat nog niet van een ziel voorzien was* (II,35). Indien de dwalende ziel daarentegen afkomstig was uit het stoffelijk omhulsel van een dode wiens leven smetteloos was geweest, dan bezat zij het vermogen om de buik van een zwangere vrouw binnen te gaan om de jonge foetus te bezielen.

In het kathaarse Montaillou was een foetus dus gegarandeerd goed, omdat hij al snel voorzien werd van een zuivere ziel. Een reden te meer om reeds in de buik door de moeder bemind te worden. '*Maar ik ben zwanger. Wat zou ik moeten aanvangen met de vrucht die ik draag, als ik met u naar de ketters vlucht?* (1,219)' zei Béatrice de Planissoles tegen haar rentmeester, die zich haastte haar een oplossing voor te stellen. Sommige lezers zullen mij tegenwerpen dat deze zeer moederlijke bezorgdheid van de vrouwe van Montaillou voor haar nog ongeboren kind ontsproot aan het hart van een adellijke vrouw die meer tedere gevoelens kende dan een ruwe boerendeerne. Ten onrechte. Een dergelijke tegenwerping zou slechts de weerspiegeling zijn van een klassevooroordeel. Even warme gevoelens van bezorgdheid zijn te vinden bij Alazaïs Bordes, een eenvoudige boerenvrouw uit Ornolac. '*Moet u luisteren,*' zei deze Alazaïs, '*onlangs staken we in een bootje de Ariège over, die buiten haar oevers was getreden. We waren erg bang schipbreuk te lijden en te verdrinken. Vooral ik, want ik was zwanger op dat moment* (I,193).' Het vervolg van het gesprek laat duidelijk zien dat deze angst om te verdrinken niet zozeer op Alazaïs zelf betrekking had, maar op het kind dat ze verwachtte en dat de kans liep in haar gezelschap om te komen. Mag het overigens toeval heten dat de dossiers van Jacques Fournier wel melding maken van anticonceptie maar niet van abortus provocatus?

De geboorte van een kind kon in deze omstandigheden bij herhaling gevoelens van angst en bezorgdheid oproepen, maar werd daarom nog niet minder beleefd als een diepe vreugde: '*Jullie zullen kinderen krijgen,*' legde Jacques Authié de duivel in de mond, in een ter ere van Pierre Maury afgestoken zedepreek, '*en jullie zullen meer vreugde scheppen in één enkel kind, als jullie het eenmaal gekregen hebben, dan in alle rust die jullie nu in het paradijs genieten* (II,130).'

De kathaarse missionaris was bezig een mythe te verhalen en legde deze woorden in de mond van Satan die tot vallen gedoemde engelen aan het toespreken was. Toch vormden ze een goede weerspiegeling van de welwillende houding die dorpsbewoners uit eigen beweging aannamen tegenover geboorte en baby's, iets waar de officiële kathaarse leer vergeefs tegen tekeerging. Pierre Maury was zeker niet de enige die wist hoezeer de doop een bron van feestvreugde was die omgezet kon worden in solide vriendschapsbanden tussen de ouders en de doopouders.

'*U houdt veel kinderen ten doop, u besteedt daar uw vermogen aan, u knoopt vriendschapsbanden aan met de ouders van uw petekinderen* (III,185),' zei Bélibaste op verwijtende toon tegen Pierre Maury. De heilige man kon zoveel kritiek spuien als hij wilde en de pasgeborene kòn zoveel balken en brullen als hij wilde wanneer hij door de priester met water werd besprenkeld, dat kon allemaal niet verhinderen dat de doop aanleiding gaf tot algehele feestvreugde. Al in de eerste levensmaanden werden de pasgeborenen door hun moeders vertroeteld en geknuffeld, iets wat Philippe Ariès ons te gemakkelijk presenteert als een typisch kenmerk van de nieuwe tijd, of op zijn vroegst de late middeleeuwen. Laten we het woord geven aan Raymond Roussel, een rentmeester die een nauwkeurige beschrijving geeft van gedragingen die al sinds de eerste helft van de dertiende eeuw niet meer als nieuw golden. '*Alicia en Serena waren vrouwen van adel uit Chateauverdun. Een van beide dames had een kind in de wieg en ze wilde het kind nog zien voor ze vertrok (ze ging zich bij de ketters voegen). Toen ze het kind zag omhelsde ze het. Het kind begon toen te lachen. Juist toen zij aanstalten aan het maken was om zich terug te trekken uit de kamer waar het kind lag, ging ze er weer naar terug. En weer begon het kind te lachen. Zo ging het nog een aantal keren. Met het gevolg dat ze er zich niet toe kon brengen van het kind te scheiden. Toen ze dit besefte zei ze tegen haar dienstmeisje: "Breng het kind naar buiten."* (1,221)'

Zo kreeg zij de kans zich op haar beurt te verwijderen. Maar het was het vertrek voor een reis naar het einde van de nacht, een reis die voor deze liefhebbende jonge moeder op de brandstapel zou eindigen.

Een jong kind werd dus onmiskenbaar omringd met genegenheid en het overlijden of ziek worden van zo'n kind (of zelfs een tijdelijke scheiding ervan) vormde voor de ouders vaak een bron van innig leed, vooral natuurlijk voor de moeder. En dit in weerwil van alles wat historici in onze tijd nog bij elkaar zullen schrijven om het tegendeel te bewijzen. '*In ons dorp,*' zo vertelde Pierre Austatz, baljuw van Ornolac, '*woonde er in haar huis een vrouw genaamd Bartholomette d'Urs (zij was de echtgenote van Arnaud d'Urs afkomstig uit Vicdessos). Ze had een jonge zoon, die ze in haar eigen bed liet slapen. Toen ze op een ochtend wakker werd vond ze hem dood naast haar. Ze begon onmiddellijk te huilen en te weeklagen. "Huil niet,"* zo zei ik haar. *"God zal de ziel van je dode zoon aan het volgende kind geven dat je zult ontvangen, of het nu mannelijk of vrouwelijk is. En anders zal die ziel elders een goed heenkomen zoeken."* (1,202)'

Geconfronteerd met het lijden van een moeder had de baljuw van Ornolac deze woorden van troost gesproken die gebaseerd waren op de leer van de zielsverhuizing. Hij zou ze duur moeten betalen: acht jaar gevangenisstraf, gevolgd door het dragen van dubbele gele kruisen.

Overal in de Boven-Ariège waren ouders door het vroegtijdig overlijden van hun nakomelingen in rouw gedompeld. Dat deze liefdevolle gevoelens voor kinderen iets te maken hadden met de behoefte aan arbeidskracht van het *domus*-systeem is tussen de regels door te lezen bij de preek tegen het celibaat die Bélibaste Pierre Maury voorhoudt: '*Trouwt u toch, u zult een echtgenote hebben die u ondersteunt bij uw gebreken, en wat meer is, u zult kinderen krijgen op wie u erg gesteld zult zijn* (III,188).' Alazaïs Azéma was nog duidelijker in dit opzicht, in het verslag dat ze deed van de gevoelens van een jonge boer uit Montaillou, Guillaume Benet, die zeer getroffen was door het verlies van een zoon: '*Toen Raymond Benet, de zoon van Guillaume Benet, stierf, kwam ik twee weken later bij Guillaume Benet thuis. Ik vond hem in tranen. "Alazaïs," zei hij tegen me, "ik heb door de dood van mijn zoon Raymond alles verloren wat ik had. Ik heb niemand meer over die voor me kan werken." Probeer je zelf te troosten,*' zei Alazaïs tegen Guillaume Benet, '*er is echt niets aan te doen* (1,321).'

Het is duidelijk dat voor Guillaume Benet zijn zoon een arbeidskracht betekende, die door de dood verloren ging. Maar zoonlief betekende ook nog veel meer. Guillaume hield van Raymond. En hij probeerde wat troost te vinden in de gedachte dat zijn zoon alvorens te sterven van Guillaume Authié de ketterdoop had gekregen; de zoon was dus gelukkiger dan de vader die in dit tranendal was achtergebleven: '*Ik hoop,*' zei Guillaume, '*dat mijn zoon op een betere plaats is dan waar ik nu ben.*'

Guillemette Benet uit Montaillou die een dochter verloren had vertoonde dezelfde emotionele reacties, en was geheel en al in tranen. '*Troost je,*' zei Alazaïs die haar kwam condoleren vriendelijk tegen haar, '*je hebt nog meer dochters, en hoe dan ook, je kunt de gestorvene niet terugkrijgen.*'

Waarop Guillemette, die werkelijk hield van haar verdwenen dochter, antwoordde: '*Ik zou me nog meer beklagen dan ik al doe om de dood van mijn dochter, maar Gode zij dank heb ik de troost dat ik heb gezien hoe ze vlak voor haar dood de ketterdoop kreeg, 's nachts, van Guillaume Authié, die dwars door een sneeuwstorm kwam toegesneld* (1,320).'

Het lichaam dood maar de ziel gered, dat was al heel wat voor wie werkelijk liefhad.

De gevoelens waren oprecht, maar werden toch gedeeld met anderen in de rituelen en vaste patronen van het sociale gebeuren. Dit gold voor de tranen die een levende vader over een dode zoon uitstortte, of een moeder over haar dochter. Het gold ook voor de uitingen van rouwbeklag die vriendin of buurvrouw aan de vader of de moeder gaven – al naar gelang het een zoon of een dochter betrof.

Dit verschil tussen de liefde van de vader en de liefde van de moeder komt goed tot uiting in het verhaal van de familie Pierre. De desbetreffende situatie is voor ons nog op een bijkomend punt interessant: het gaat hier om een meisje jonger dan één jaar, dat desondanks wel degelijk het voorwerp van veel genegenheid was. Raymond Pierre was schapenfokker in het dorp Arques, eindstation van de transhumance-route uit Montaillou. Hij had bij zijn vrouw Sybille een dochtertje, Jacotte genaamd, dat nog geen jaar oud was en ernstig ziek. Omdat zij zielsveel van hun kind hielden besloten Sybille en Raymond, tegen alle regels van de ketterij in, om haar nog voor haar overlijden tot ketter te laten wijden. In theorie had men een zo jong wezen nooit de ketterdoop mogen geven, zoals Pierre Authié later met een zuur gezicht zou opmerken: Jacotte was nog geen jaar oud en had het 'begrip van het goede' dus nog niet. Maar Prades Tavernier, de *perfectus* die het kind de ketterdoop gaf, was ruimer van opvatting dan de gebroeders Authié. Hij meende dat men bij het voltrekken van zo'n plechtigheid niets te verliezen had, zelfs al betrof het een heel jong kind. Want de mens wikt en God beschikt of, om Taverniers eigen woorden te gebruiken: de mens doet wat hij kan, God doet wat hij wil. Prades Tavernier nam het dus op zich om het kind het *consolamentum* toe te dienen. *Hij maakte een groot aantal buigingen voor haar en tilde haar een aantal malen op*, en legde haar – als wonder boven wonder – een boek op het hoofd. Nadat deze rituelen waren uitgevoerd had Raymond nog slechts reden tot vreugde: '*Als Jacotte nu sterft*,' zei hij vol vreugde tegen zijn vrouw, '*dan zal zij een engel Gods zijn. Noch ik noch jij, mijn vrouw, kunnen onze dochter zoveel geven als deze ketter gedaan heeft door haar de ketterdoop te geven* (II,414–415).'

Geheel vervuld van een oprechte, hemelse en onbaatzuchtige liefde voor zijn kind verliet Raymond Pierre vervolgens zijn huis om Prades Tavernier naar andere oorden te vergezellen. Voor zijn vertrek ried de *perfectus* de moeder met klem af om de baby nog melk of vlees te geven; als Jacotte bleef leven zou zij zich tevreden moeten stellen met vis en groente. Gezien de voedingsgewoonten van die tijd was dat voor een kind van nog geen jaar een onmogelijke opgaaf. In feite was Jacotte na het vertrek van de *perfectus* en de echtgenoot voorbestemd snel te sterven, in een toestand van *endura* (versterving).

Er was echter een struikelblok: de liefde van Sybille Pierre voor haar dochter was warm en lichamelijk en niet verheven en geestelijk zoals die van Raymond. En deze moederliefde bracht de kathaarse machine aan het haperen. '*Toen mijn echtgenoot en Prades Tavernier het huis hadden verlaten, kon ik me niet meer beheersen*,' zo vertelde Sybille. '*Ik kon niet toestaan dat mijn dochter onder mijn ogen zou sterven. En dus gaf ik haar melk. Toen mijn echtgenoot terugkwam hoorde hij van mij dat ik mijn dochter de borst had gegeven. Hij was er erg boos om, hij was geschokt en raakte in de war. Pierre Maury* (die als herder van Raymond Pierre in de buurt was) *probeerde zijn baas te troosten. Hij zei tegen mijn echtgenoot: "Jouw fout is het niet." En Pierre zei tegen mijn baby: "Je hebt een slechte moeder." En hij zei tegen mij: "Je bent een slechte moeder. De vrouwen zijn demonen." Mijn man huilde. Hij schold me uit. Hij bedreigde me. Na dit voorval hield hij op om van het kind te houden* (dilligere); *en hij hield ook op van mij te houden, gedurende lange tijd, tot hij later zijn vergissing inzag.'*

En dat moment kwam toen de inwoners van Arques collectief besloten het katharisme af te zweren. *'Mijn dochter Jacotte overleefde dit voorval nog een jaar,'* zo besloot Sybille haar verhaal. *'Daarna stierf ze* (II,415).'

De moederlijke liefde van de boerenvrouw Sybille was oprecht. Ook de vaderlijke liefde voor een kind van nog geen jaar was onmiskenbaar. Tot het incident hield (*diligebat*) Raymond Pierre evenzeer van zijn dochter Jacotte als van zijn vrouw Sybille. Hij had ten opzichte van zijn nageslacht geenszins het hart van steen dat men de boeren van het Ancien Régime zo gemakkelijk toeschrijft. Alleen werd de liefde die Pierre ongetwijfeld voor zijn baby voelde op een kritiek moment tijdelijk door religieus fanatisme in ziekelijke en perverse richting omgebogen.

Ik heb willen aantonen dat er tussen onze gevoelens ten opzichte van kinderen en de gevoelens die men toentertijd in Montaillou en in de Boven-Ariège kende niet zo'n grote kloof bestaat als Philippe Ariès meent te kunnen onderscheiden, voor andere tijden en op basis van andere bronnen. Zo kon een zuster heel wel haar eigen werkzaamheden in de steek laten om de stervende pasgeboren zoon van haar broer te verzorgen. En die broer hechtte er bijzonder aan dat er – in de afwezigheid van de misschien ook overleden moeder – een andere vrouw (en waarom niet zijn zuster) over zijn nakomeling in doodsstrijd waakte. *'Raymond Benet uit Ornolac,'* zo vertelt Guillemette Benet uit hetzelfde dorp, *'had een pasgeboren zoon die op sterven lag. Hij liet me halen toen ik in het bos hout ging sprokkelen, om zijn kind in doodsstrijd vast te houden. En zo heb ik het vastgehouden van de ochtend tot de avond, het uur van zijn dood* (I,264).'

In het dossier van Jacques Fournier komen we dus niet die 'gedenatureerde' ouders tegen die Philippe Ariès en François Lebrun ons schetsen. Misschien ligt dat aan de bronnen die deze brave historici gebruiken: grote literaire werken, gortdroge familiekronieken of huishoudboekjes die de ziel van het volk buiten beeld laten. Overigens heeft het overzicht van Ariès vooral betrekking op het gedrag van de elite van de stedelijke burgerij en het hof. Deze elite liet het voeden van de kinderen systematisch over aan een min en had ook niet de economische prikkel die de boeren-*domus* aanspoorde tot genegenheid voor kinderen: de behoefte aan handen die mee konden helpen. Die gevoelloze houding van de elite was trouwens slechts een tijdelijke zaak en in de loop van de zeventiende en achttiende eeuw begon men ook daar weer wat meer tederheid voor die kleine wezentjes op te brengen.

De genegenheid die de bewoners van Montaillou, en dan vooral de vrouwelijke helft daarvan, voor hun kinderen ten toon spreidden verschilde op sommige punten van de onze. Die genegenheid was niet minder intens en misschien werden de kinderen wel evenzeer verwend als tegenwoordig. Maar per huishouden moest die liefde over een groter aantal kinderen verdeeld worden en men was gewend aan een hoge kindersterfte. Bij menig echtpaar bestond er een duidelijke onverschilligheid ten aanzien van de allerkleinsten, echter in mindere mate dan men ons nog heel onlangs heeft voorgespiegeld.

De term 'jeugd' blijkt uiteindelijk een abstractie te zijn. Want de jeugd valt bij nadere beschouwing in een aantal perioden uiteen die zich laten inpassen in de reeks van 'levensfasen van de mens'. In Montaillou en de omringende dorpen liep de eerste fase van de geboorte tot de spening (tussen de eerste en de tweede verjaardag). Of de kinderen werden ingebakerd weten we niet. Vanzelfsprekend waren er in Montaillou geen fopspenen en kinderwagens; de kinderen waren dus in veel sterkere mate afhankelijk van de moeder, de min of de meid dan in onze tijd het geval is. Bij gebrek aan een zuigfles moest een borst die taak overnemen. Bij gebrek aan kinderwagens was de enige oplossing vaak gelegen in de moederarmen, die daardoor nog meer tedere dwang uitoefenden dan tegenwoordig. '*Op een feestdag stond ik met mijn dochter in de armen op het plein van Montaillou,*' zo vertelde Guillemette Clergue, '*toen mijn oom Bernard Tavernier uit Prades opdook, die me vroeg of ik zijn broer gezien had (1,335).*' Het is een feit dat de vrouwen op hoogtijdagen veelvuldig onder de mensen verkeerden met een kind in de armen. '*Bij gelegenheid van de familiebijeenkomst die voor het huwelijk van Raymond Belot georganiseerd werd bleef ik bij de haard staan terwijl ik de dochter van Alazaïs, Raymonds zuster, in mijn armen hield,*' zo vertelde het dienstmeisje Raymonde Arsen (1,371).'

Na de spening bleef de afhankelijke positie van het kind in een andere vorm voortbestaan. We mogen aannemen dat kinderen jonger dan één jaar uit angst voor nachtelijke verstikking buiten het echtelijk bed gehouden werden – stompzinnige of misdadige uitzonderingen daargelaten. Een kind dat ouder was dan een of twee jaar kreeg daarentegen de gelegenheid menige nacht in de echtelijke sponde (of moeders bed) door te brengen. '*Het was het uur waarop de mensen zich gewoonlijk ter ruste leggen,*' zo vertelde Sybille Pierre, vrouw van een rijke veefokker (II,405). '*Zelf lag ik in bed met mijn dochter Bernadette die misschien vijf jaar was.*' We hebben al gezien hoe de boerenvrouw Bartholomée d'Urs in tranen uitbarstte toen ze op een ochtend ontwaakte en naast haar in bed het dode lichaam van haar zoontje aantrof die 's nachts was gestorven.

De boerenkinderen gingen in de regel niet naar school, bij gebrek aan een school en bij gebrek aan een reden om er heen te gaan. Toch liep er op het grondgebied van Montaillou en Prades één scholier rond, Jean geheten, die bij de pastoor in de leer was. Pierre Clergue gebruikte hem als loopjongen en als boodschapper om zijn afspraakjes te maken. In de kleine dorpen van de lager gelegen streken en in de Ariègevallei waren er hier en daar scholen die met behoorlijke regelmaat functioneerden ten behoeve van de zoons en dochters van edelen of notabelen. Scholen die hun naam echt verdienden en de intellectuele vorming van de jeugd beoogden waren te vinden in steden van enig belang zoals Pamiers.

Hoe kon cultuuroverdracht plaatsvinden bij deze volledige afwezigheid van scholen voor de boeren? In de eerste plaats tijdens de gezamenlijke arbeid: de jongens rooiden met hun vaders de rapen, de meisjes oogstten met hun moeders het graan. Dit in groepsverband verrichte werk ging gepaard met eindeloos gepraat van volwassene tegen kind. Aan tafel deden de tongen dubbel werk: het was tijdens een maaltijd dat de wever Raymond Maury zijn kinderen de kathaarse mythe van de zondeval ontvouwde. Kinderen werden ook veelvuldig gebruikt als boodschappers, verklikkers en inlichtingenbronnen. Zo werden ze gedwongen tot verantwoordelijksbesef en geheugentraining. 'Raymond Pierre liet me halen door een arm kind wiens voornaam Pierre was, maar wiens achternaam ik me niet meer kan herinneren,' zo vertelde Pierre Maury. 'Deze Pierre zei tegen me: "Kom naar Raymond. Hij laat naar je vragen."'

'Een kind wees me het huis van de moslim-waarzegger die ik wilde raadplegen over de kudde van Guillemette Maury (II,39),' zei Pierre Maury elders. En Mengarde Buscailh verklaarde het volgende: 'Op een dag omstreeks Pasen kwam ik terug van het land om het middagmaal te gebruiken in het huis waar ik met mijn echtgenoot en mijn zwager woonde. Ik zag dat er brooddeeg gekneed was in de "trog". Ik vroeg aan een achtjarig meisje dat Guillemette heette en uit Mérens kwam en waarvan ik de achternaam niet wist: "Wie is er aan het kneden geweest?" Het meisje dat bij ons inwoonde antwoordde mij: "Brune, de vrouw 'van Bernard de Savignan heeft voor twee mannen brood gekneed."' Deze verklikkerij was niet zonder gewicht, want een van de desbetreffende twee mannen was de perfectus Prades Tavernier.

Het overbrengen van boodschappen bracht met zich mee dat kinderen te voet afstanden moesten afleggen en iets moesten kunnen onthouden. 'De maandag na St. Jacob liet Béatrice me halen door een kind uit Belpech (Aude), *dat zich dus daarvoor naar Mézerville moest begeven waar ik toen verbleef (als hulpkapelaan),*' aldus Barthélemy Amilhac (III, 129). '*En dit kind zei tegen me: "Uw vriendin die zich in Belpech bevindt heeft me naar u toegestuurd om u te verzoeken haar in die plaats op te zoeken." Maar ik had voor zover ik wist geen vriendin in Belpech. Ik vroeg toen aan het kind: "Kun je me het uiterlijk beschrijven van de vrouw die je gestuurd heeft?" En het kind begon me de uiterlijke ken-merken van die vrouw op te noemen. En uit zijn beschrijving begreep ik dat het om Béatrice ging. Onmiddellijk ging ik naar Belpech waar ik Béatrice aantrof in een huis vlak bij de burcht (1,256).*' Béatrice was ove-rigens gewend aan het gebruik van kinderen als boodschappenjongens: het was Jean geweest, de jonge scholier van Pierre Clergue, die haar eens 'in een heel duistere nacht' begeleid had naar de kerk van St. Pieter te Prades, waar de priester vlak bij het altaar een bed had laten neerzetten om met haar de liefde te bedrijven.

In de regel gingen de kinderen overigens vroeg naar bed: ze ontbraken op de avonden dat de grote feestmalen gegeven werden en men nog lang rond het vuur bleef zitten. Bernadette, dochter van Raymond Pierre, ging toen ze zes was nog voor het eten naar bed.

Van de geboorte tot aan het tweede levensjaar werd het kleintje in onze bronnen betiteld als *infans* of, vaker, als *filius* of *filia*. Van twee tot twaalf jaar is de term *puer* gebruikelijk, maar dit begrip wordt niet erg strikt toegepast. Na twaalf levensjaren (of in het uiterste geval dertien of veertien) hebben we te maken met een 'jongere', *adulescens* of *juvenis* genaamd. In Montaillou markeerde dit laatste onderscheid de intrede in het arbeidsproces. Jean Pellissier, Jean Maury, Pierre Maury, Guillaume Guilhabert waren net twaalf geworden (of iets ouder) toen ze in hoog tempo als katten over de rotsen klauterden om de schapen te hoeden van hun vader of zelfs van een baas bij wie ze in de leer gingen. Twaalf jaar was ook de leeftijd des onderscheids volgens de plaatselijke notabelen, die door de omstandigheden verbreiders van het katharisme waren ge-worden. '*Het is op twaalfjarige en vooral op achttienjarige leeftijd dat een mens tot het begrip van het goede komt en in staat is ons geloof te ontvangen,*' verklaarde Pierre Authié tegen de herder Pierre Maury (III, 124). En deze voorzag dit gezichtspunt van een empirische ondersteu-ning. '*Gaillarde, de zuster van Guillaume Escaunier, de vrouw van Mi-chel Leth, en Esclarmonde, zijn tweede zuster, die ongeveer twaalf jaar oud was, geloofden in de ketterij (III, 143).*'

De inquisitie wist dan ook wat ze deed toen ze massaal alle inwoners van Montaillou boven de twaalf liet oppakken: muggezifterij was in zo'n geval overbodig. God zou de zijnen wel herkennen.

Voor de meisjes lag het anders, zeker wat hun beroepskeuze betrof. Als ze de twaalf- of liever veertienjarige leeftijd bereikten, werden het geen herderinnetjes. In Montaillou waren alle herders namelijk mannen want zij moesten met de kuddes op trek gaan en dat was niets voor een vrouw. Bij gebrek aan een intrede in het beroepsleven hadden de meisjes een andere inwijdingsrite die het begin van de adolescentie markeerde. Op de eerste menstruatie volgde in ons dorp een openhartig gesprek tussen moeder en dochter: Béatrice de Planissoles keek haar dochter recht in de ogen en vroeg haar de reden van haar ongesteldheid. Vanaf dat moment zocht men voor Philippa een echtgenoot.

In Prades d'Aillon, een wat groter dorp dat levendiger was en wat ontvankelijker voor nieuwigheden – men speelde er schaak – vormden de jongeren van vijftien jaar en ouder een specifieke leeftijdsgroep die bij feestelijke gelegenheden zijn eigen dansen en spelen had. De kinderen van beneden de twaalf speelden misschien wel samen, maar niets wijst erop dat ze een specifieke groep vormden zoals dat later door de dorps- scholen bewerkstelligd zou worden. Het is niet onaannemelijk dat de jonge mannen en vrouwen in Montaillou een of twee afzonderlijke groe- pen vormden. Maar binnen het kader van het verstikkende en afgesloten *domus*-systeem was er voor deze groepen geen zelfstandig en actief be- staan weggelegd. In ons dorp was er niets dat lijkt op de broederschap- pen van jongeren die in de zeventiende eeuw zo'n vooraanstaande plaats innamen in het dagelijks leven van de Provence. Daarbij komt dat de meisjes meestal nog in hun tienerjaren trouwden en dus niet erg lang in de groep van vrijgezellen bleven verkeren. Wat de jonge mannen be- treft, zodra ze een jaar of achttien waren werden ze opgenomen in de groep van volwassen mannen. Deze groep was intern verdeeld maar maakte toch in Montaillou de dienst uit.

Ook als het over de middelbare leeftijd en de ouderdom gaat, moet er onderscheid worden gemaakt tussen de seksen. Ik heb al het nodige gezegd over de levensweg van de vrouw in Montaillou. Aanvankelijk was ze de onderdrukte jonge echtgenote, met het klimmen der jaren verwierf ze de liefde van haar zoons en werd ze als matriarche gerespec- teerd. De mannen doorliepen een nogal afwijkende curve: de jongeman- nen uit de belangrijke families van het dorp (met name Belot, Clergue en Maury) drongen zich al heel jong op de voorgrond, dank zij hun macht, hun onweerstaanbaarheid en hun snel ontwikkelde verantwoordelijk- heidsbesef. De volwassen mannen die in Montaillou zelf en in de diaspo- ra de dienst uitmaakten, als leider van een herdersploeg, als baljuw, als pastoor, als profeet of als hoofd van een boerenbedrijf schijnen tussen de twintig en de vijftig te zijn geweest. Als dertigers bereikten ze hun volle ontplooiing. Als veertigers konden ze nog goed mee. Maar de werkelijk oude mannen van deze tijd, de mannen van boven de vijftig, zagen hun prestige met het klimmen der jaren niet groeien. Integendeel: de waardering die aan de derde levensperiode ten deel viel was voor de mannen heel anders dan voor de vrouwen.

In de eerste plaats waren er gewoon weinig oude mannen in het dorp. Uit het aanzienlijke weduwenbestand blijkt al dat er aan de top van de bevolkingspiramide aan de mannelijke zijde een behoorlijke deuk zat. En die paar gerimpelde oude bokken die er rondliepen waren niet omgeven door het aureool van kalm respect en vanzelfsprekende genegenheid dat een *Na Roqua*, een Guillemette 'Belote', een Mengarde Clergue en menige andere krasse oude dame in het Land van Aillon ten deel viel. De oude Pons Clergue had geen enkel gezag over zijn zoon die priester was: hij betreurde diens activiteiten als verklikker maar kon er niets tegen inbrengen. In het uur van zijn dood was Pons allang geen hoofd van zijn *domus* meer. Ook Pons Rives had ontzag voor zijn kleinzoon die de heerschappij over de *ostal* had overgenomen. Toen Pons' dochter een ezel uit de familie-*ostal* wilde lenen vroeg hij met de verschuldigde eerbied toestemming aan zijn nakomeling die de baas geworden was.

Van die paar nog levende grijsaards, die overblijfselen uit een vervlogen tijd die het veld maar niet wilden ruimen, kwam er geen enkele op het idee om de kunst van het grootvader-zijn te cultiveren. Deze kunst was in de veertiende eeuw in de Boven-Ariège nog niet erg bekend. Kortom, het was geen pretje om oud te worden in het Land van Aillon in de tijd van 1300 tot 1320. Tenminste als men een man was. Maar wat een genoegen daarentegen om als weduwe bij een jong echtpaar in te wonen en daadwerkelijk, zo niet ook rechtens, het matriarchaat uit te oefenen. Welk een onuitsprekelijke bron van vreugde om de kunst van het schoonmoeder-zijn te cultiveren in het gezelschap van zeer liefhebbende zoons.

HOOFDSTUK 14
MONTAILLOU EN DE DOOD

Ziekte en inquisitie waren destijds de voornaamste doodsoorzaken, maar het dossier van Jacques Fournier is niet scheutig met cijfers hieromtrent. B. Vourzay heeft geprobeerd na te gaan wat het uiteindelijke lot was van 25 ballingen uit de Ariège die hun heil in Catalonië zochten.[1] Deze 25 mensen kwamen voor bijna de helft uit Montaillou en hebben in de jaren 1308-1323, de periode waaruit gegevens over hen ter beschikking staan, ten zuiden van de Pyreneeën vertoefd. In die periode stierven negen personen uit deze groep (ofwel 36%) aan een ziekte en één aan de gevolgen van een ongeluk bij het houthakken; acht mensen vielen in handen van de inquisitie (en twee daarvan kwamen om op de brandstapel). De zeven anderen waren in 1323 nog in leven. Wat er verder met hen gebeurd is blijft ons onbekend.

Van de twaalf die uit Montaillou afkomstig waren stierven er vier aan een ziekte, werden er vier opgepakt door de inquisitie, terwijl eveneens vier mensen de periode overleefden. Die groep van 25 ballingen bestond overigens niet uit bejaarden maar uit jongeren en volwassenen. Het is dus duidelijk dat ziektes toen een hogere tol eisten dan tegenwoordig in een groep van vergelijkbare samenstelling het geval zou zijn, om nog maar te zwijgen over de verwoestende werking van de inquisitie.

Het beeld dat deze groep emigranten in Catalonië te zien geeft is echter niet representatief voor het sterftecijfer van de bevolking in Montaillou zelf.

Helaas zijn er destijds in het dorp geen kerkelijke doop-, trouw- en begraafboeken bijgehouden die een duidelijk inzicht zouden kunnen verschaffen in de spreiding van het sterftecijfer over de diverse leeftijdsgroepen. We moeten ons dus tevreden stellen met gegevens over het *consolamentum*, de kathaarse plechtigheid waar de eenvoudige gelovigen deel aan hadden als ze op sterven lagen.

Voor zover bekend hebben elf inwoners van Montaillou vlak voor hun dood deze ketterdoop ontvangen. Van drie van hen (Raymond Banqui, Raymond Bar en Raymond Maurs* is de leeftijd ons onbe-

---

* Niet te verwarren met zijn gelijknamige neef Raymond Maurs die in Spanje stierf.

kend. Vijf van hen waren kinderen of in ieder geval nog jong. Het betreft:

Guillemette Fauré, geboren Bar, de jonge echtgenote van Pierre Fauré.

Esclarmonde Clergue, dochter van Bernard Clergue (de naamgenoot van de baljuw) en zijn echtgenote Gauzia. Zij was ernstig ziek en kreeg de ketterdoop in het huis van haar vader, in het bijzijn van Guillaume en Raymond Belot en van Guillaume en Guillemette Benet, de plaatselijke steunpilaren van het katharisme.

Alazaïs Benet, dochter van Guillemette Benet, de jonge vrouw van Barthélemy d'Ax. Zij was doodziek en ontving in het huis van haar moeder de ketterdoop van Guillaume Authié, in aanwezigheid van Guillemette Benet en Guillaume en Raymond Belot. Ze stierf nog diezelfde nacht.

Raymond Benet, de nog jonge zoon van dezelfde Guillemette Benet. Ook hij stierf in het huis van zijn vader, enige maanden na zijn zuster. Hij kreeg de ketterdoop, geheel zoals hij zelf wilde, van Guillaume Authié, in aanwezigheid van Guillaume en Guillemette Benet, zijn vader en moeder, Guillaume en Arnaud Belot en Arnaud Vital. De laatste drie hadden gezamenlijk de *perfectus* begeleid naar de woning van de zieke.

Guillaume Guilhabert, een herder van ongeveer vijftien jaar oud. Hij gaf bloed op en kreeg de ketterdoop in aanwezigheid van zijn moeder, die vergezeld werd door drie andere vrouwen uit het dorp, en bovendien door Guillaume Belot.

Naast deze vijf jonge mensen zijn er uit Montaillou ook nog drie gevallen bekend van mensen die op hogere of zelfs hoge leeftijd stierven, te weten:

Guillaume Benet, echtgenoot van Guillemette Benet, overleden in zijn eigen huis, '*op St.-Michaelsdag in september*', na de dood van zijn dochter in de winter en de dood van zijn zoon met Pinksteren. Hij kreeg de ketterdoop van Guillaume Authié, in aanwezigheid van zijn vrouw Guillemette Benet, zijn zoon Bernard, Guillaume en Raymond Belot en Bernard Clergue. De plechtigheid speelde zich af rond het bed van de zieke dat men had neergezet in de ruimte waar de dieren sliepen. Ongetwijfeld had men de bedlegerige man willen laten profiteren van de warmte die de beesten afgaven.

Na Roqua, de oude matriarche van Montaillou. Toen zij vanwege haar ernstige ziekte de ketterdoop kreeg, namen Guillaume Belot, Guillaume en Raymond Benet en Rixende Julia (een verwante van de familie Benet?) aan de plechtigheid deel. Tijdens de al snel daarop volgende doodsstrijd werd er door drie vrouwen uit het dorp bij *Na Roqua* gewaakt (Brune Pourcel, Rixende Julia en Alazaïs Pellissier). Zij weigerde voedsel tot zich te nemen en stierf na twee dagen. Na haar overlijden zorgden twee vrouwen (Alazaïs Pellissier en Brune Pourcel) ervoor dat ze in haar doodskleed werd gewikkeld; daarna werd de oude dame op het kerkhof van de plaatselijke kerk begraven.

Guillemette Belot, schoonmoeder van baljuw Bernard Clergue.

Wat opvalt is dat de jongeren in de meerderheid zijn tegenover de ouderen (vijf tegen drie). Dit bevestigt de cijfers uit het Catalaanse ballingsoord over de kwetsbaarheid van juist jongeren voor ziektes.

Van alle in het dossier vermelde personen die – in of buiten Montaillou – de ketterdoop ontvingen en een natuurlijke dood stierven is in vijftien gevallen min of meer bekend tot welke generatie ze behoorden; de stand komt dan acht jongeren tegen zeven ouderen.

Een kenmerkend voorbeeld: Esperte Cervel uit Tarascon had als echtgenote en als moeder veel van de epidemieën te lijden gehad. Maar zij scheen in deze beproevingen niets uitzonderlijks te zien: '*Ik had drie kinderen, waarvan twee jongens. Die zijn gestorven in Lérida. Mijn derde kind, Mathena, was ongeveer drie jaar toen haar broers stierven. Toen mijn zoons stierven was de een ongeveer elf jaar, de tweede ongeveer zeven. De oudste van de twee is zes à zeven jaar geleden gestorven. Mijn echtgenoot is nog in datzelfde jaar overleden* (II, 454).'

In Montaillou zelf verloor Guillemette Belot in een tijdsbestek van minder dan een jaar haar man en twee kinderen.

'*Ik heb in korte tijd vier kinderen verloren,*' verklaarde van haar kant Alazaïs Munier, de nog jonge moeder van Guillaume Austatz, baljuw van Ornolac (I, 193). Binnen een korte tijdsspanne kwamen zowel Jeanne Befayt als haar moeder en haar echtgenoot om. De beide vrouwen werden geveld door een epidemie, hij was, als gevolg van een ongeluk tijdens zijn werk, al eerder in het graf beland. In Junac (Boven-Ariège) stierven in hetzelfde jaar nog twee vrouwen aan een epidemie; op Driekoningen stierf een zekere Fabrisse (achternaam onbekend), op Maria-Lichtmis werd zij gevolgd door haar dochter, bijgenaamd 'goede vrouw', die zeker geen kind meer was want ze kreeg op zorgvuldige wijze de ketterdoop toegediend.

Ten tijde van Lodewijk XIV stierven er in de Beauvaisis van elke vier kinderen twee voor het bereiken van het twintigste levensjaar, aldus Pierre Goubert.[2] De helft daarvan stierf al tijdens het eerste levensjaar, zodat de omvang van de zuigelingensterfte op 25% gesteld kan worden en de helft van de geborenen nooit de volwassen leeftijd bereikte. Dit hoge sterftecijfer garandeerde op genadeloze wijze de demografische stagnatie. Zo'n kwantitatieve benadering ligt in Montaillou ver buiten ons bereik. We kunnen niet meer zeggen dan dat de sterfte onder kinderen en jongeren waarschijnlijk hoog was, terwijl over de zuigelingensterfte helemaal niets met zekerheid te zeggen valt. Al was ook die waarschijnlijk erg hoog, want Jean Maury zei eens tegen Bélibaste: '*Hoe worden dan de zielen gered van al die gedoopte kinderen die iedere dag overlijden? (II, 483)'*

Het is mogelijk dat er in de jaren tussen 1300 en 1320 mensen in Montaillou van honger stierven, maar in de bronnen is slechts sprake van mensen die de streek verlieten vanwege dreigend voedselgebrek. '*Ik heb het land verlaten* (om naar Catalonië te gaan) *vanwege de voedselschaarste,*' zegt Esperte Cervel. '*Vanwege de hoge prijzen had onze familie niet langer genoeg om van te leven (II, 453).'*

Ziekte was de doodsoorzaak bij uitstek, maar de theorievorming van de boeren bleef op dit punt juist opvallend pover. Dat er epidemieën waren blijkt uit het feit dat verschillende leden van één familie vrijwel gelijktijdig stierven, vooral tijdens de hevige besmettingsgolf in de Boven-Ariège in de eerste jaren na 1300.

Zo bezocht herder Bernard Marty in die tijd de adellijke gebroeders de Castels (drie wettige zoons en een bastaard). Ze lagen alle vier te bed, een in de keuken, een ander in de kelder en twee in de schuur, vlak bij het erf. Minstens drie van de gebroeders (de wettige drie) stierven korte tijd later. De verspreiding van een epidemie werd trouwens ook nog eens bevorderd door het feit dat het bed van een stervende een middelpunt in het sociale leven was. Rond 1300 werden epidemieën dus nog niet als zodanig herkend. Zou pas de grote golf van pestepidemieën (die in 1348 begon) ook de boeren angst voor besmettingen bezorgen? Voor die tijd had alleen de lepra tot paniek geleid; de lijders aan die ziekte waren gedwongen overladen met schande hun streek te verlaten.

Het classificeren van ziekten bleef in het dagelijks spraakgebruik vrijwel beperkt tot het constateren van uitwendige zichtbare symptomen. Overigens waren de inwendige organen niet geheel onbekend; zo merkte herder Bernard Marty op dat bij zijn vader, die als mogelijke verklikker door de heren van Junac was vermoord, 'de pijp of slagader van de long (de luchtpijp) onder de kin gebroken en samengedrukt was'.

Maar in het algemeen ging het inzicht in de verschillende ziektes niet erg ver. Zo leed Guillemette Benet toen haar kinderen stierven aan 'oorpijnen' en stierf Raymonde Buscailh als we haar schoondochter mogen geloven aan een 'buikloop'. De herder Raymond Maurs werd 'ziek' (zonder nadere omschrijving) na het eten van (bedorven) pens en liet zich aderlaten door een barbier; daarna kwam hij weer op de been, liep vijftien kilometer, werd toen opnieuw ziek en overleed ten slotte een paar dagen later. De jonge herder Guillaume Guilhabert 'was ernstig ziek en gaf bloed op'. Guillemette Clergue verklaarde dat ze aan haar rechteroog leed aan een ziekte die gewoonlijk 'avalida' werd genoemd. Aude Fauré uit Murviel leed aan de 'de ziekte van St. Paulus' (epilepsie of convulsionaire hysterie?). Raymonde, de vriendin van Bélibaste, had last van haar hart en werd daarenboven nog door een Saraceense waarzegger gedreigd met 'hondsdolheid en vallende ziekte'. Na een verblijf van twee weken in het huis van zijn baas leed herder Bernard Marty aan 'koorts', zonder nadere omschrijving. De oude tante van Arnaud Sicre kreeg een aanval van jicht en kon niet meer lopen. Ook komen we kliergezwellen, dijfistels, etterbuilen en zweren tegen, als scheldwoorden wel te verstaan.

De huidziekten waar de bevolking door geteisterd werd waren beter bekend dan de rest: schurft, schimmel, lepra, sint-antoniusvuur, sint-martialisvuur. Deze ziekten konden genezen worden in de zwavelbaden van Ax-les-Thermes en dienden zelfs als voorwendsel om een pelgrimage naar de Boven-Ariège te maken. In naam ging men dan zijn schurft verzorgen, in feite wilde men de *perfecti* ontmoeten. '*Ik had graag naar de Sabarthès* (de Boven-Ariège) *willen gaan om daar in het geheim de Goede Mensen te ontmoeten,*' zo verklaarde Bernard de Taix, een edelman uit Pamiers en vanouds een sympathisant van het katharisme. '*Ik probeerde uit alle macht mijn armen open te krabben alsof ik schurft had en ik zei op huichelachtige wijze tegen de aanwezigen: "Ik moet beslist naar de baden van Ax." Mijn vrouw (zeer antikathaars) zei echter tegen mij: "Nee, jij gaat niet naar de baden." En tegen de mensen die op bezoek kwamen zei ze: "Houdt geen lofzangen op de baden van Ax. Dat zou mijn man op het idee brengen erheen te gaan."* (III, 313)'

Wie in de dorpen en stadjes van de Sabarthès lepra opliep was verplicht op reis te gaan. Als iemand plotseling verdwenen was, dan waren er volgens de plaatselijke geruchten slechts drie verklaringen mogelijk: de desbetreffende persoon had schulden, was een ketter, of leed aan lepra. En in dat laatste geval moest hij afdalen naar de leprakoloniën bij Pamiers of Saverdun in het laagland.

Op lepra en schurft na had de bevolking van ziekten trouwens weinig verstand en deze leemte werd ook niet aangevuld door een medische stand. Wel dook er af en toe eens een dokter op in Montaillou en anders gingen de dorpelingen hem wel opzoeken in zijn praktijkruimte. '*Sinds mijn dochter Esclarmonde ziek is heeft ze heel wat doktoren gezien maar niet een heeft haar genezen,*' zo verklaarde Gauzia Clergue, een eenvoudige boerenvrouw die haar eigen rapen rooide (III, 360-361). Nadat Gauzia straatarm geworden was door het raadplegen van gewone genesheren besloot ze ten einde raad een zieledokter te laten komen, anders gezegd een *perfectus*, die in deze streek veel actiever waren dan de heren van de faculteit.

De arts die zich het dichtst bij Montaillou had gevestigd (namelijk in Lordat) was Arnaud Teisseire, die in deze streek dienst deed als een intellectueel manusje-van-alles: hij verzorgde de zieken tot aan Tarascon, maar trad eveneens op als notaris. Hij rende stad en land af om testamenten te verzamelen die hij dan bewaarde in zijn schrijfvertrek, dat slechts spaarzaam verlicht werd door een raampje en tevens dienst deed als. slaapkamer. Ongetwijfeld werd hij meer in beslag genomen door die notariële beslommeringen dan door de kruiken urine die zijn patiënten hem kwamen brengen. Deze schoonzoon van Pierre Authié ging door voor iemand die een aangenaam leven had geleid en zich geen moment had verveeld. Maar uiteindelijk heeft deze geneesheer-notaris niet al te veel gedaan om het sterftecijfer in de berggebieden omlaag te brengen. Vandaar dat de bewoners van Montaillou niet genoeg hadden aan deze ene geleerde dokter die niet eens zo erg dicht in de buurt woonde. Zo deden ze bij oogziekten een beroep op *Na Ferreria* uit Prades d'Aillon.

Maar voor de bewoners van Montaillou en de rest van de Sabarthès was ziekte dan ook eigenlijk niet meer dan een bijverschijnsel; voor hen draaide alles om de dood, de naakte dood, die ontdaan van franje en zonder aankondiging als een valbijl omlaag viel. In het dossier is althans geen sprake van aankondigingen; jongeling en volwassene werden geveld in de kracht van hun leven en moesten hun boeltje bijeen pakken voor ze de kans kregen tot grijsaard te verschrompelen.

Niet alleen de dood kwam snel en onverwachts, maar ook de genezing. Langzaam herstel was een onbekend begrip. Zodra de ziekte geweken was sloeg men de hand weer aan de ploeg of vervolgde men zijn weg. Jean Maury bij voorbeeld lag een keer vrijwel op sterven, maar ging daarna direct weer aan het werk.

In een land dat in religieus opzicht zo verdeeld was behielden de tegengestelde fanatieke overtuigingen altijd hun kracht, juist en vooral in het uur des doods. Stervende katholieken probeerden met hun laatste krachten de *perfectus* de deur uit te werken die toevallig op bezoek kwam en hun nog voor hun overlijden de ketterdoop probeerde te geven. '*Duivels, kwel mij niet,*' riep Arnaud Savignan uit Prades d'Aillon tot drie maal toe tegen overijverige Katharen die gebruik wilden maken van zijn verzwakte toestand om hem tegen zijn zin de ketterdoop te geven (II, 149). Jean Maury, een wankelmoedig katholiek, maar beslist geen Kathaar, moest zich uit alle macht verzetten tegen de plannen van Guillemette Maury die van zijn ernstige ziekte gebruik wilde maken door hem eerst door Bélibaste de ketterdoop te laten toedienen en hem daarna tot zelfmoord door versterving (*endura*) te brengen. '*God hoort de dag van mijn dood te bepalen en niet ik*,' antwoordde Jean Guillemette. '*Als je niet ophoudt met zo tegen me te praten laat ik je oppakken* (door de inquisitie) (II, 484).'

Wat men in Montaillou van kathaarse zijde de priesters van Rome toevoegde die probeerden de ziel van een stervende terug te winnen, klonk bepaald niet zachtzinniger: '*Vieze, stinkende boerenkinkel, ik weiger wat je me brengt*,' zei een onverschrokken ketter tegen de pastoor die dacht goed te doen door hem op zijn doodsbed de communie uit te reiken (I, 231). '*Heilige Maria, Heilige Maria, ik zie de duivel*,' riep een door *endura* verzwakte en in doodsstrijd verkerende Guillemette Belot tegen de pastoor van Camurac die meende de oude boerin een dienst te bewijzen door haar het heilige sacrament toe te dienen (I, 462).

Men was in de Boven-Ariège altijd wel iemands duivel, of men nu kathaar was of katholiek.

Het geheel van sociale handelingen rond het overlijden was in Montaillou minder gecompliceerd dan in de achttiende-eeuwse Provence. Deze handelingen werden vooral door vrouwen verricht en gingen uit van de *domus*. Zo was er het rituele geweeklaag van de dochters en schoondochters om hun overleden, stervende of alleen nog maar zieke moeder of schoonmoeder. Dit typisch mediterrane geklaag was ouder dan het katharisme, zelfs ouder dan het christendom. Maar in Montaillou bleef het ingesnoerd in het keurslijf van de *domus* zodat niet alle vrouwen uit het dorp er tegelijkertijd bij betrokken waren. De *perfecti* probeerden overigens een einde te maken aan dit traditionele gejammer door de verkondiging van hun heilsverwachting.

Kenmerkend in dit verband was de doodsstrijd van Guillemette Belot, een oude vrouw die verzwakt was door de op de ketterdoop volgende *endura*. Rondom het sterfbed van deze vrouw had men, volgens de dorpelingen, het rituele geweeklaag van haar dochters moeten horen. Men hoorde echter niets. Twee vrouwen uit de parochie verbaasden zich hier in hoge mate over: '*Als Guillemette zo zwak is en zo dicht bij de dood, hoe kan het dan dat we haar dochters niet horen weeklagen*,' zo zeiden ze. De derde vrouw in het gezelschap, Guillemette Benet, zat niet om een antwoord verlegen en siste tussen haar tanden (of wat daarvan over was): '*Een stelletje domme ganzen zijn jullie. Guillemette "Belote" heeft het niet nodig dat er om haar gehuild wordt, haar schoonzoon* (Bernard Clergue) *heeft er immers voor gezorgd dat het haar aan niets ontbreekt* (I, 462).'

Dit overigens oprechte geweeklaag van de vrouwen was echter niet uitsluitend achtergrondmuziek bij de doodsstrijd. Soms was het ook te horen wanneer alleen al het verre vooruitzicht op de dood opdook. In Varilhes barstten de dochters van Béatrice de Planissoles uit in een waar concert van jammerklachten toen ze vernamen dat hun moeder de kans liep gearresteerd te worden.

Na het overlijden werd het geweeklaag door de dochters en schoondochters voortgezet tijdens de gang naar het kerkhof. Men maakte overigens een onderscheid tussen het zuiver rituele geweeklaag, waar geen tranen aan te pas kwamen, en het oprechte geweeklaag dat het oogvocht wél deed vloeien; beide types hoorden in een specifiek sociaal kader. '*Toen mijn schoonmoeder stierf,*' zo vertelde Mengarde Buscailh, '*was ik bij de begrafenis aanwezig, en ik uitte luide jammerklachten. De ogen hield ik echter droog, want ik wist dat de goede vrouw tijdens haar leven de ketterdoop had gekregen* (1, 490).'

Meer in het algemeen scheen men in Montaillou de vrouwen net als elders te beschouwen 'als magische en menstruerende wezens, behorend tot de belangrijkste uitvoerders van het begrafenisritueel'.[3] Ze waakten over de stervenden en brachten bij gebrek aan professionele afleggers en aansprekers het eenvoudige doodstoilet aan. Ook het ritueel van het afsnijden van haren en nagels werd door hen verzorgd. Ten slotte wikkelden ze de dode in het lijkkleed. Na de begrafenis, die heel snel daarop volgde en door velen werd bijgewoond, sloegen de vrouwen om het hardst aan het roddelen. Bij deze gelegenheid manifesteerde de scheidslijn tussen de wereld van de mannen en die van de vrouwen zich bijzonder duidelijk. Zo klonk bij de begrafenis van een man een ander doodsgelui dan bij die van een vrouw. Het katharisme had ter plaatse beslist misogyne trekken en probeerde de rol van de vrouw bij het stervensproces terug te dringen. Bij een *consolamentum* waren in Montaillou meestal de fanatieke mannelijke aanhangers van de ketterij aanwezig. Maar dit mannelijke chauvinisme kende weinig succes, en zo vernemen we hoe een goed katholiek de zoon van een kathaarse dokter eens ondubbelzinnig in herinnering bracht dat ook vrouwen recht hadden op wederopstanding na de dood.

Het overlijden was ook nog een gelegenheid om iedereen weer eens ongenadig op zijn plaats te wijzen. Mengarde Clergue, een 'rijke' vrouw, werd begraven in de kerk, onder het altaar van de Heilige Maagd van Montaillou. De grote massa ging naar het kerkhof vlak naast de kerk, waar de pasgestorvenen vlak bij hun voorouders begraven werden.

Maar buiten dat sociale gebeuren bleef er toch altijd de angst waar de stervende en zijn vrienden en verwanten door gekweld werden. Deze angst betrof niet in de eerste plaats het sterven zelf maar eerder het zieleheil daarna.

Voor de goede katholieken (ze waren er in Montaillou, maar het dossier van Jacques Fournier heeft geen belangstelling voor ze) betekende goed sterven zich in de best mogelijke toestand overleveren aan Gods wil. Toen herder Jean Maury al vrijwel op sterven lag, besloot hij toch om in dat uur van de waarheid niet toe te geven aan de al wat oudere sirenen van de ketterij die hem probeerden te verleiden tot een gewisse zelfmoord door de *endura*. Desondanks had het katholieke geloof behoefte aan meer dan louter overgave en vertrouwen; als het enigszins mogelijk was moest er een behoorlijk aantal missen worden gelezen voor het zieleheil van de overledene, al ging het dan niet om duizenden missen, zoals later in de Provence tijdens de barokperiode, toen de kapelaans door de makers van testamenten belast werden met een eindeloos aantal rouwdiensten.[4]

Er bestond op zich in de jaren 1300-1320 wel degelijk een zekere vraag naar missen bij de katholieken in de Boven-Ariège, en zij waren bereid daar grote offers in geld en reistijd voor te brengen. '*Toen wij bij de bergen aankwamen liet mijn man me in de steek,*' vertelde Esperte Cervel, die ondanks het geflirt van haar man met de ketterij een diepe genegenheid voor het geloof van Rome was blijven koesteren. '*Enige tijd later stierf mijn man op de pas van Perthus en hij werd begraven op het kerkhof van de Mariakerk in Perthus... Ik woonde toen in Lérida waar mijn twee zoons stierven... Een of twee jaar na de dood van mijn man ging ik met mijn volle neef Guillaume den Orta naar Perthus. En daar lieten we missen lezen voor het zieleheil van mijn man, en we lieten hem op het kerkhof de absolutie geven. Ik zou op dit moment niet goed meer weten waar mijn man begraven ligt* (II, 454-455).'

Esperte Cervel van wie deze woorden afkomstig zijn, leefde in ballingschap op het Iberisch schiereiland en was uit pure armoede gedwongen zich in leven te houden met seizoenarbeid. Overigens hechtte ze blijkbaar geen overmatige waarde aan de stoffelijke overblijfselen van haar man want ze was de precieze plaats van het graf al snel vergeten. Deze arme en in de steek gelaten vrouw liet zich, naar goed katholieke gewoonte, behoorlijk op kosten jagen om de zielerust van haar overleden echtgenoot te verzekeren. En die zielerust vereiste in dit geval dat zijn vrouw en neef missen voor hem lieten lezen, zelfs al was hij bij leven bepaald geen modelechtgenoot geweest. Rancuneus was Esperte Cervel in dit geval niet.

Van de houding van de ketters in Montaillou ten opzichte van de dood kunnen we een meer nauwkeurige karakteristiek geven. Het verschil met de katholieken lag eerder in de middelen dan in het doel, eerder in de bemiddelaar op aarde dan in de uitkomst in de hemel. De bedelmonniken konden volgens Pierre Maury geen zielen redden. Nadat ze iemand het laatste sacrament hadden gegeven wisten ze immers niet hoe snel ze aan tafel moesten gaan zitten om zich vol te proppen. Hij zelf en de andere bewoners van Montaillou trokken hieruit een duidelijke conclusie. *'Laten we ons wenden tot de Volmaakten, die kunnen tenminste wel zielen redden.'*

Ondubbelzinnig wordt deze opvatting op bijna iedere bladzijde van het dossier weer bevestigd, waar het over het *consolamentum* of *endura* gaat. En de *perfecti* die bij nacht en ontij de bergen doorkruisten (behalve bij te zware regenval natuurlijk) waren altijd bereid aan de vraag te beantwoorden (III, 264).

De boeren uit Montaillou wisten zich dus goed op de aanstaande dood voor te bereiden, wanneer ze althans enigszins bij kennis bleven. In het bezit van hun volle verstandelijke vermogens namen ze de eventuele gevolgen op zich die aan een *consolamentum* verbonden waren, namelijk de mogelijkheid van een pijnlijke *endura* na de ketterdoop. Het lijden van de zieke werd dan nog verhevigd door de kwellingen van de honger en, bij de allersterksten, ook die van dorst. (In twee gevallen wordt in het dossier melding gemaakt van mensen die nog dertien respectievelijk vijftien dagen in leven bleven, na in volledige hongerstaking te zijn gegaan.)

Een paar voorbeelden. Raymond en Guillaume Benet, zoon en echtgenoot van de boerenvrouw Guillemette Benet, verkeerden in het laatste stadium van een ernstige ziekte en besloten geheel uit eigen beweging de ketterdoop te ontvangen en eventueel in *endura* te gaan. Een barmhartige en snelle dood ontsloeg hen van de plicht die laatste belofte te moeten houden. Ze stierven nog diezelfde nacht, nadat Guillaume Authié hun het *consolamentum* had gegeven.

Guillemette Belot en *Na Roqua*, twee oude boerinnen uit Montaillou, hadden niet zoveel geluk. Maar ze bleken tegen de eisen van de beproeving opgewassen. In volledige *endura* sloeg Guillemette Belot de steun van een pastoor af die haar de eucharistie kwam toedienen. *Na Roqua* onthield zich heroïsch van eten en drinken tot ze aan haar ziekte bezweek. *'Vijftien tot zeventien jaar geleden,'* zo vertelde Brune Pourcel, *'in de paastijd, bij zonsondergang, droegen Guillaume Belot, Raymond Benet (zoon van Guillaume Benet) en Rixende Julia uit Montaillou in een "bourras"* (een grove lap van hennep) *Na Roqua naar mijn huis. Na Roqua was ernstig ziek en had zojuist de ketterdoop gekregen. En ze zeiden me: "Geef haar niets te eten of te drinken. Dat mag niet." Die nacht heb ik samen met Rixende Julia en Alazaïs Pellissier bij Na Roqua gewaakt. En bij herhaling zeiden we tegen haar: "Praat tegen ons. Zeg ons iets." Maar ze bleef haar tanden op elkaar klemmen. Ik wilde haar wat bouillon van gezouten varkensvlees geven, maar we slaagden er niet in haar de mond te openen. Toen we weer een poging in die richting ondernamen en haar iets te drinken probeerden te geven, klemde ze haar kaken krachtig op elkaar. Twee dagen en twee nachten bleef ze in die toestand. In de derde nacht stierf ze bij zonsopgang. Terwijl ze stierf gingen er twee nachtvogels, die gewoonlijk "gavecas" worden genoemd* (uilen), *op het dak van mijn huis zitten krijsen. Toen ik dat hoorde zei ik: "De duivels zijn gekomen om de ziel van* Na Roqua *met zich mee te nemen."* (1, 388)'

Uit haat jegens haar vader en door het feit dat zij een bastaard was, maar ook uit pure onbenulligheid, viel Brune Pourcel hier terug in de brij van slecht verteerd christendom en diabolisch-heidens bijgeloof die waarschijnlijk een belangrijk bestanddeel van het religieuze leven in Montaillou vormde voordat het katharisme ter plaatse wortel schoot. De moed van een oudere boerenvrouw *Na Roqua*, die bereid was alle noodzakelijke beproevingen te doorstaan om het hemelse heil te bereiken, bleef voor Brune Pourcel onbegrijpelijk. Wel liet ze haar hart spreken: ze probeerde het leven van de stervende te redden met bouillon van gezouten varkensvlees.

Niet minder leerzaam is de dood van Esclarmonde Clergue uit Montaillou. Zij was een dochter van Bernard Clergue (naamgenoot van de baljuw) en diens echtgenote Gauzia. Bernard en Gauzia vormden een boerenechtpaar. Zij rooide op het land haar eigen rapen, hij was een klusjesman en kon met de zwikboor in de hand het dak van zijn huis met spanten overdekken. Hun nog jonge dochter Esclarmonde was getrouwd met een zekere Adelh uit het dorp Comus (Ariège). 'Het is een goed huwelijk, en Esclarmonde heeft een goed begin gemaakt,' verklaarde Guillaume Benet, die peetoom was van de jonge vrouw en Gauzia dus in haar ouderlijke taak ondersteunde. Helaas werd Esclarmonde ernstig ziek en, zoals dat hoorde, keerde zij dus terug naar de *domus* van haar vader Bernard Clergue om daar te sterven. Daar sliep ze in de keuken bij het vuur en werd ze vol toewijding verzorgd door haar moeder die 's nachts haar bed deelde. Vader Bernard sliep apart in de kamer daarnaast. Gauzia hield van haar dochter, maar ze wenste toch dat die nu snel doodging en dat God haar onder zijn hoede zou nemen. Om haar dochter te genezen had ze zoveel uitgegeven aan doktoren en geneesmiddelen dat ze straatarm geworden was. En tevergeefs.

Als peetoom achtte Guillaume Benet zich uitdrukkelijk verantwoordelijk voor het zieleheil van zijn petekind. Hij wist haar moeder Gauzia ervan te overtuigen dat Esclarmonde de ketterdoop moest krijgen. Vanaf dat moment had men nog slechts de toestemming van het jonge zieke meisje nodig. Die gaf ze grootmoedig: te verzwakt om veel te praten beperkte ze zich ertoe om als teken van goedkeuring de armen naar haar peetoom uit te strekken. Alleen een meedogenloos monster zou haar in die omstandigheden de ketterdoop onthouden hebben. Men liet met veel moeite de *perfectus* Prades Tavernier halen, en zoals gebruikelijk waren bij de plechtigheid mannelijke en vrouwelijke leden van de clans Belot en Benet aanwezig. Het gebeuren speelde zich af in de keuken op een vrijdagavond, toen de kippen net op stok waren. De vader van Esclarmonde lag in de kamer daarnaast te ronken en wist van niets. Raymond Belot had een waskaars bij zich, zodat het niet nodig was het vuur in de keuken aan te steken om goed te kunnen zien. Het was namelijk in de vastentijd, en dus was het koud in de kamer van de stervende. Maar het welzijn van de ziel ging vóór het welzijn van het lichaam, zelfs als dat lichaam erg ziek was. Toen gaf men Esclarmonde het *consolamentum*. Vervolgens kreeg de *perfectus* een beloning voor de betoonde moeite en vertrok. Nu kwam het probleem van de *endura* aan de orde. Gauzia Clergue vertoonde de normale reactie van een liefhebbende moeder: zij keerde zich tegen de mannen die eisten dat Esclarmonde ging vasten; voor haar dochter zou dat zelfmoord betekenen. '*Geef in het vervolg aan je dochter niets te eten of te drinken, zelfs niet als ze daarom smeekt,*' ried Raymond Belot de moeder van de zieke aan (III, 364). '*Als mijn dochter om voedsel of drinken vraagt, zal ik haar dat geven,*' was het antwoord van Gauzia Clergue, die voor alles moeder was. '*In dat geval handel je tegen het belang van de ziel van Esclarmonde,*' besloot zoon Belot bedroefd.

Gelukkig voor de eensgezindheid in Montaillou kwam dit voedselvraagstuk verder niet aan de orde. Esclarmonde zou de volgende dag, zaterdag, tegen het uur van de terts sterven. In de tussentijd had ze niet om eten of drinken gevraagd. Of deze onthouding het gevolg was van heldhaftigheid of van uitputting is ons onbekend. Maar het jonge boerenmeisje had in de momenten die aan het *consolamentum* en het overlijden voorafgingen een ontroerende bezorgdheid voor haar zieleheil aan de dag weten te leggen.

Een vergelijkbare bekommernis om hemelse redding, zelfs nog spontaner en ook in dit geval slechts in beperkte mate getemperd door een al te liefhebbend moederhart, is te vinden in het gedrag van Guillaume Guilhabert, de kleine herder uit Montaillou. Toen hij vijftien jaar oud was, de leeftijd waarop jonge herders behendiger waren dan hun vaders in het klauteren over steile hellingen, het terugvinden van rotsige geitepaadjes en het terugbrengen van de schapen, had Guillaume Guilhabert zijn kudde in de steek moeten laten. Hij had bloed opgegeven (tuberculose?) en was in bed gekropen. Een paar oudere vrienden, te weten de Katharen Guillaume Belot en Raymond Benet, hadden een grote invloed op de doodzieke jongeman. Bovendien was de overtuigde Kathaar Guillaume Belot via een aantal banden verbonden met *domus* Guilhabert, die zich dientengevolge in de warme belangstelling mocht verheugen van hem en van zijn ketterse familie. Zoals in Montaillou gebruikelijk werden de banden tussen Belot en Guilhabert versterkt door peetouderschap en indirect ook door het concubinaat, Guillaume Belot was *compère* van Arnaud Fauré, de kersverse echtgenoot van Alazaïs Guilhabert, de zuster van onze tuberculoselijder. En deze Alazaïs was zelf, in haar wilde jaren, kort voor haar huwelijk met Arnaud, de maîtresse van de schoenlapper Arnaud Vital geweest, een goede vriend en tafelgenoot van de gebroeders Belot. Die Arnaud Vital was dus niet alleen een ideologische maar ook een seksuele verbindingsschakel tussen de Belots en de Guilhaberts (I, 413).

Alles leek dan ook samen te spannen om de ketterdoop te bewerkstelligen van Guillaume Guilhabert, die al ernstig door de ziekte verzwakt was. Overigens lag ook zijn zuster Guillemette ziek te bed in het ouderlijk huis. Ze had de *ostal* van haar echtgenoot Jean Clément in Gébetz voor de duur van haar ziekte verlaten en sliep samen met haar baby in de keuken, vlak naast het bed waarin haar zieke broer lag te sterven. De jonge Guillaume werd ondertussen bewerkt door Guillaume Belot die zijn best deed om hem over te halen zich de ketterdoop te laten geven. Ook Alazaïs, de echtgenote van Arnaud Fauré, achtte dit de beste oplossing voor haar broer. Daarbij liet ze zich leiden door haar ketterse opvattingen, maar ook rook ze een kans om een einde te maken aan een familietwist tussen haar vader Jean Guilhabert en haar echtgenoot Arnaud Fauré die al vanaf haar huwelijk bestond, aangezien vader Jean de bruidsschat nooit had uitbetaald.

Arnaud Fauré liet zich gewillig aan de leiband nemen door zijn vrouw, zijn schoonmoeder Alazaïs Guilhabert, en zijn *compère* Guillaume Belot. De opzet slaagde: Alazaïs wist gebruik te maken van de ketterdoop van de jonge Guillaume om haar echtgenoot met haar vader en haar broer te verzoenen. Het was een ontroerend toneeltje: de twee zwagers, Guillaume en Arnaud, waarvan de een al aan de poorten van het dodenrijk stond, schonken elkaar vergiffenis voor wederzijds aangedaan onrecht.

Volkomen onverwacht vallen we hier met de neus in een traditie. Er volgt een mooie dialoog, de antieken waardig, tussen de jonge Guillaume, zijn vriend Guillaume Belot en zijn moeder; de laatste hield innig veel van haar zoon, maar dacht toch ook aan de toekomst van haar *domus* die in opspraak zou raken als het *consolamentum* van de jongen aan de inquisiteurs werd verraden.

'*Kameraad* (socie),' vroeg Guillaume Belot aan Guillaume Guilhabert, die al zienderogen achteruitging, '*wil je dat ik een dokter voor je ga halen om je ziel te redden?*' '*Ja,*' antwoordde Guillaume, '*dat wil ik erg graag. Ga een "goede christen" voor me halen die me zal opnemen in zijn geloof en me als volgeling een goed einde zal bereiden* (1, 422-423).' Allemande, moeder van Guillaume, hoorde dit gesprek aan en zij werd ongerust, verscheurd door tegenstrijdige angstgevoelens. '*Zoon,*' zei ze tegen de zieke, '*doe dat niet, het is al erg genoeg dat ik je verlies, want meer zoons heb ik niet; en het zou er niet nog eens bij moeten komen dat ik door jouw toedoen ook have en goed kwijt zou raken* (wanneer het verraden werd aan de inquisitie).'

'*O moeder,*' antwoordde Guillaume tegen zijn mama die hij eerbiedig met u aansprak, terwijl zij hem tutoyeerde, '*ik smeek u, laat een "goed christen" komen om mijn ziel te redden.*' '*Zoon, doe dat niet.*' '*Moeder, willigt u alstublieft mijn smeekbede in, leg mij niets in de weg.*'

Uiteindelijk was het Alazaïs, de zus van Guillaume, die met een hartstochtelijk pleidooi haar moeder wist te overreden een *perfectus* te laten komen om de ziel van de jongeman te redden. Allemande gaf toe, maar bleef ongerust. Guillaume Belot kwam echter met nog een argument op de proppen: dank zij de machtige bescherming van pastoor Pierre Clergue, die zelf in het geheim Kathaar was, zouden de verantwoordelijken voor de ketterwijding niet door de inquisitie worden lastig gevallen.

Uiteindelijk gaf de *perfectus* Prades Tavernier aan Guillaume Guilhabert de ketterdoop, in aanwezigheid van al zijn verwanten (zijn zusters, zijn moeder, zijn zwager). De jongen stierf korte tijd later. Een paar wollen vachten en een kruik olie vormden de vrij overvloedige vergoeding die de *perfectus* voor zijn inspanning kreeg.

Het optreden van *Na Roqua*, Guillaume Guilhabert en vele anderen was ongekend heldhaftig. Maar het in de praktijk brengen van zoveel idealisme schiep problemen en riep spanningen op. Ook in Montaillou zelf kwamen verstandige en gevoelige vrouwen (in stilte en zonder al te veel resultaat) in opstand tegen deze heldendaden die eigenlijk wandaden waren. '*Moet ik mijn kind van honger laten omkomen door endura? Moet ik het risico lopen have en goed te verliezen als de ketterdoop van mijn zoons ontdekt wordt?*'

Buiten Montaillou dat dank zij een heroïsch saamhorigheidsgevoel immuun was voor twijfel week men nog duidelijker af van de rechte lijn. In dorpen als Quié, Arques, Junac en zelfs Prades was niet iedereen kathaar in hart en nieren. Een aantal lieden liet zich tijdelijk verleiden door de vooruitzichten van de ketterdoop, maar kwam daarna dan in opstand tegen de ontberingen van de *endura*. Vooral de moederliefde eiste dan haar soevereine rechten op: we hebben al gezien hoe in Arques Sybille Pierre, de vrouw van een veehouder, weigerde de borstvoeding te staken na de overigens dubieuze ketterdoop van haar baby.

En zij was niet de enige. Op zo'n vier kilometer afstand van Montaillou, in het dorp Prades, was de twee of drie maanden oude baby van Mengarde Buscailh ernstig ziek. Haar zwager Guillaume Buscailh stelde haar voor – en dit was een ketterij binnen de ketterij – om het kind het *consolamentum* te laten geven en in *endura* te brengen opdat het na zijn overlijden 'een engel zou worden'.

Mengarde gaf een ondubbelzinnig antwoord: '*Ik weiger om mijn kind mijn borst te onthouden zolang het zal leven* (1, 499).'

In Ax-les-Thermes kreeg de moeder van veehouder Guillaume Escaunier eerst het *consolamentum*, om vervolgens in een toestand van *endura* gebracht te worden; maar ze kwam in opstand tegen haar kinderen die deze oplossing bekokstoofd hadden. Bij deze veehoudster bleek de liefde voor vlees sterker dan de liefde voor de hemel. Gaillarde eiste dus voedsel en ze schold haar dochter de huid vol, terwijl het meisje juist dacht goed te doen door haar dat te weigeren.

In Junac kreeg de ernstig zieke Bernard Marty de ketterdoop van Guillaume Authié; hij slaagde erin om zijn hongerstaking twee dagen en nachten vol te houden, 'levend' op helder water. De derde dag schreeuwde hij van de honger, gaf zijn poging op en zag af van de *endura* Zijn broer en zus die toezicht hielden op zijn vasten gaven hem zijn zin en voorzagen hem van brood, wijn en vlees. Zelfs al was men nog zo kathaars en nog zo van de juistheid van de beslissing overtuigd, het plegen van zelfmoord door hongerstaking werd nooit een aangename bezigheid.

Wanneer het geloof aan de ketterij te veeleisend werd en daardoor ging tanen, dan kon een ziel die wel naar redding hunkerde, maar daar niet zoveel offers voor over had, als alternatief nog altijd kiezen voor de katholieke wijze van sterven. Mengarde Buscailh overwoog een moment deze oplossing voor haar baby. En Raymonde, schoonmoeder van Mengarde, deed zelf met deze keuzemogelijkheid ervaring op: in haar laatste ogenblikken belegerden pastoor en *perfectus* beurtelings haar doodsbed.

Maar laten we tot besluit van dit hoofdstuk terugkeren naar Montaillou zelf. Alle bekende gevallen van ketterdoop laten zien dat de boeren, of ze nu jong of oud waren, in hun houding ten opzichte van de dood dezelfde bezorgdheid vertoonden. De meest fundamentele en meest brandende kwestie bleef voor hen het zieleheil; de stervensangst als zodanig schijnt geen grote rol gespeeld te hebben. De bezorgdheid voor het zieleheil kon een sociale gedaante aannemen, zoals in het geval van Guillaume Guilhabert; zijn ketterdoop was een collectief gebeuren waarbij familie, naaste bloedverwanten, vrienden, relaties en kennissen betrokken waren. Dezelfde bezorgheid kon echter ook puur individueel beleefd worden: *Na Roqua*, de niet te stuiten hongerstaakster, streed bij voorbeeld haar doodsstrijd in absolute eenzaamheid.

Deze preoccupatie met het zieleheil werd overigens gevoed door het groepsbesef van de gezamenlijke *domus*. Onder de welhaast unanieme druk van de dorpelingen moest Prades Tavernier de letter van de kathaarse wet overtreden en zag hij zich gedwongen de ketterdoop te geven aan mensen die al niet meer bij bewustzijn waren en zelfs aan baby's.

De zorg om het zieleheil was dus cultureel bepaald en werd collectief beleefd. Maar die bezorgdheid had ook een christelijke dimensie, zelfs een katholieke in de traditionele betekenis van het woord, in weerwil van het uiteindelijke verschil van opvatting. Onze dorpelingen waren geen hugenoten die alleen tegenover God stonden. Zij hadden juist behoefte aan een tussenpersoon om de hemel te bereiken. En die bemiddelaar was een pastoor voor degene die nog trouw bleef aan het geloof van Rome, maar een *perfectus* voor hen die net als *Na Roqua* en de overige inwoners van Montaillou geen vertrouwen meer hadden in de dorpspastoors en minderbroeders, die men corrupt en verdorven achtte.

Er was dus behoefte aan een derde die zich tussen God en diens schepsel stelde. Men stierf zo mogelijk in het gezelschap van de andere leden van de *domus* en de overige verwanten, maar men stierf voor alles in gezelschap van de bemiddelaar die men uitgekozen had (volgens het credo dat op dat moment ter plaatse gold), of dat nu een priester of een *perfectus* was. Het streven was steeds om niet alleen te zijn bij het sterven, en om gered te worden.

HOOFDSTUK 15

CULTUUROVERDRACHT: HET BOEK EN DE AVONDEN

Het dossier van Jacques Fournier vormt een uitzonderlijk waardevolle – hoewel onvolledige – bron van informatie over de boerencultuur.

Allereerst is van belang dat het document gericht is op één enkel dorp, dat door de getuigenverklaringen uit het dossier van alle kanten helder belicht wordt, terwijl daarnaast ook nog enig licht wordt geworpen op de mentaliteit en het wereldbeeld van de omliggende dorpen. Ten twee-de is van belang dat de kathaarse ketterij in de jaren tussen 1300 en 1320 niet zozeer meer voorkwam in de steden of bij de adel, maar zich had teruggetrokken in de door boeren bewoonde berggebieden. Daar wor-telde ze min of meer in het heersende antiklerikalisme dat door de toege-nomen last van de tienden steeds sterker werd.

Juist in de berggebieden wist de ketterij te overleven, dank zij de vaste vormen van cultuuroverdracht waardoor de kinderen de ideologische opvattingen van de ouders deelden. Zo kon de ketterij nog een kwart eeuw voortbestaan en in die afgelegen streken zelfs een bescheiden ople-ving doormaken, die ondenkbaar was in de steden, waar de bevolking gedrild werd door bedelorden, minderbroeders, bloedhonden van de inquisitie en *tutti quanti*.

Dit proces ging in het begin van de veertiende eeuw zelfs zover dat de niet-boeren, en dan vooral de handwerkslieden, die in de geschiedschrij-ving vaak doorgaan voor de dragers en aanhangers bij uitstek van nieu-we ideeën, deze rol in Montaillou en de overige dorpen van het graaf-schap Foix slechts zelden vervulden. Schoenlapper Arnaud Sicre, '*die, uit een stuk leer, de beste schoenen ter wereld maakt* (II, 184)', was slechts een válse Kathaar, maar een échte verklikker. De wever Prades Tavernier die zichzelf tot *perfectus* transformeerde, koos juist voor deze gevaarlijke loopbaan omdat hij, naast andere redenen, het weven beu was (*fatigatus de texando*). Afgezien van een paar lokale handwerkslie-den, die als leiders optraden, waren het echte boeren, zoals Bélibaste in eigen persoon, herders zoals Pierre Maury, en wijdvertakte en ter plaatse diep gewortelde boerenfamilies als de Benets, de Belots, de Forts en de Clergues die te zamen de akker vormden waarop de ketterij nog eenmaal kon opbloeien, en ons zodoende thans nog in kan lichten over de menta-liteit van deze boeren.

In de periode 1300-1320 hadden de ketters het grootste deel van de bevolking van Montaillou aangestoken. Elders, in andere besmette dorpen in de Sabarthès, in Capcir, in de zuidelijke Narbonne, vormden ze slechts een minderheid die soms zelfs uit niet meer dan één meer of minder opvallend individu bestond. Maar ook in die gevallen waren de ketters in staat de antiklerikale gevoelens aan te wakkeren.

Het is dus deze 'boerencultuur' die in ons dossier belicht wordt. Tegenwoordig – en zelfs rond 1300 – beschouwen veel mensen boeren als domme botteriken. Zij verwarren de zwijgzaamheid en terughoudendheid van de boer met een gebrek aan cultuur. Deze minachting voor de plattelandsbewoners, die als verachtelijk beschouwd worden, nam in de loop van de geschiedenis in hevigheid toe. In beperkte mate vinden we deze houding al rond 1300 bij de wat rijkere inwoners van Montaillou: toen Béatrice 's nachts werd gewekt door de ongepaste aanwezigheid van haar rentmeester tussen haar lakens, schold ze hem verontwaardigd uit voor 'boer', en Pierre Clergue zei zich te zullen wreken op wat hij hooghartig 'de boeren van Montaillou' noemde.

De enkele keer dat iemand zich zulke uitlatingen liet ontglippen weegt echter niet op tegen het grote aantal plaatsen in het dossier waar blijkt dat boeren en herders (zoals Maury, Maurs en Cortil) bepaald niet achterlijk waren; ze waren dol op abstract denkwerk en zelfs op filosofie en metafysica. Ze traden probleemloos in discussie met ketterse propagandisten en juristen uit de steden. In deze discussies werd duidelijk wat de voordelen van een dorpse omgeving waren en hoe spits en puntig de Occitaanse taal was. In deze wereld bleef, ondanks het verschil in rijkdom, de sociale afstand klein van de boeren en herders tot de edelman, de priester, de koopman, de meester-ambachtsman. In ieder geval werd op handenarbeid niet neergekeken. Overigens waren de dorpelingen ook onder elkaar voortdurend in discussie, op de akkers, tijdens de maaltijd, en vooral tijdens lange gesprekken 's avonds, die doorgingen tot het kraaien van de haan. Het feit dat men in een besloten gemeenschap leefde waar iedereen met elkaar verbonden was, stimuleerde natuurlijk de uitwisseling van ideeën.

De eigen dorpscultuur bleef in Montaillou een levenskrachtige geheel – ondanks of dank zij de onderzoeken, aanslagen en razzia's van de inquisitie. Bij de emigranten naar Catalonië ging het specifieke karakter van deze cultuur echter spoedig verloren. Eenmaal daar aangeland viel hun groep al snel uiteen, hetgeen een veel grotere bedreiging vormde voor hun cultuur dan vervolgingen van buitenaf. Men liep dan de kans om daar te vergrijzen en te vervallen in een vegeterend bestaan, zonder jonge kinderen en soms ook zonder bestaansmiddelen. In hun Catalaanse ballingsoorden werd de eigen cultuur vooral bedreigd door de verleidingen van de omringende samenleving, die de nieuwkomers onderdompelde in het rooms-katholicisme – en dan nog wel in de Spaanse variant. De jongere generatie van emigranten, nog geboren in het land van herkomst maar opgegroeid in Catalonië, was voor deze aantrekkingskracht niet ongevoelig. Deze generatie stelde zich soms vierkant tegenover de ouders op, waarbij nu en dan zelfs klappen vielen, en het tot een scherp generatieconflict kwam dat in de boerensamenleving van de Boven-Ariège ondenkbaar was geweest. Het katharisme van de boeren verwaterde dus in Catalonië heel snel, onder druk van de totaal verschillende omgeving en door het feit dat de emigranten zich in steden vestigden. Om inzicht te krijgen in hun oorspronkelijke mentaliteit en wereldbeeld moeten we de bergbewoners bovenal in Montaillou zelf opzoeken.

Het is in de eerste plaats belangrijk om na te gaan welke rol het boek, en meer in het algemeen het geschreven woord, speelde bij de cultuuroverdracht in Montaillou en soortgelijke dorpen. Het boek was in ieder geval van doorslaggevend belang voor het begin van de prediking van de gebroeders Authié – die voor ons dorp van beslissende betekenis was.

'*Pierre en Guillaume Authié*,' zo vertelde boerin Sybille Pierre, '*waren geleerd; ze kenden de wet* (als notarissen); *ze hadden vrouwen en kinderen; ze waren rijk; op een dag las Pierre, in zijn huis, een bepaalde passage in een boek. Hij vroeg zijn broer Guillaume, die ook aanwezig was, om op zijn beurt diezelfde passage te lezen. Zo ging er een ogenblik voorbij. Toen vroeg Pierre aan Guillaume: "Wat denk je ervan, mijn broer?" en Guillaume antwoordde: "Ik denk dat we onze zielen zijn kwijtgeraakt." En Pierre besloot: "Laten we er vandoor gaan, broer; laten we de redding voor onze zielen gaan zoeken."*

Ze ontdeden zich van al hun bezit en gingen naar Lombardije, waar ze goede christenen werden: daar ontvingen ze de macht om de zielen van anderen te redden: vervolgens kwamen ze terug naar Ax-les-Thermes... (II, 403).'

We kunnen slechts gissen naar de identiteit van het boek dat aan de kathaarse roeping van de Authiés ten grondslag lag. Eén ding staat wel vast: het notariële milieu dat zijn ontstaan te danken had aan de snelle ontwikkelingen op economisch en juridisch gebied tijdens de twaalfde en dertiende eeuw, was niet volledig verstoken van boeken. Er waren kleine bibliotheken en juist daar was de ketterij aan het ontkiemen. De komst van het papier en de verbreiding van het Occitaans als schrijftaal konden deze gevaarlijke ontwikkelingen alleen maar versterken. Tegelijkertijd werd de werkzaamheid van de notarissen gestimuleerd en onder hen nam de clan van de Authiés, zo invloedrijk in Montaillou, een belangrijke plaats in.

'*Veertien jaar geleden,*' zo vertelde in 1320 Pierre de Gaillac, die uit Tarascon-sur-Ariège afkomstig was en een bescheiden notarisklerk was bij Arnaud Teisseire (zelf arts in Lordat en schoonzoon van Pierre Authié), '*heb ik een half jaar doorgebracht in het huis van Arnaud Teisseire, om de aktes te schrijven die zijn kantoor binnen kwamen; op een dag doorzocht ik zijn paperassen om zijn aantekenboeken terug te vinden en ik trof tussen de dossiers een boek aan, geschreven op papier, in de volkstaal, en gebonden in een oud perkament: ik las er enige tijd in en trof er redeneringen en discussies aan, in de volkstaal, die betrekking hadden op de theorieën van de manicheïsche ketters en de katholieken; nu eens stemde het boek in met de manicheïsche opvattingen en verwierp het de katholieke; dan weer precies het tegendeel. Terwijl ik dit boek aan het lezen was, kwam mijn baas, meester Arnaud Teisseire terug; meteen rukte hij me het boek woest uit de handen; hij verborg het; en ik hoorde dat hij de daaropvolgende nacht zijn vrouw er van langs gaf, evenals zijn bastaardzoon Guillaume, omdat ik dit boek in handen had gekregen. Meteen daarop ben ik rood van schaamte terug gegaan naar mijn ouderlijk huis in Tarascon-sur-Ariège. Op de derde dag kwam meester Arnaud mij daar halen; hij nam me mee terug naar zijn huis* (II, 196).'

Boeken golden dus als gevaarlijk en dertiende-eeuwse concilies hadden het bezit van vrijwel alle boeken – de bijbel incluis – verboden. Niet verwonderlijk was dan ook dat sommige boeren uiteindelijk iedere geschreven tekst beschouwden als een uiting van ketterij:

'*Op een keer,*' zo vertelde rundveehouder Michel Cerdan, '*was ik in de nacht die aan de vollemaan voorafging nog vóór zonsopgang opgestaan, 't was zomer, om mijn koeien naar de wei te brengen; ik zag een aantal mannen een geschreven tekst lezen in het maanlicht, in de wei die achter het huis van Arnaud Teisseire lag; ik ben ervan overtuigd dat het ketters waren* (III, 201).'

Er bestond dus in de streek van Aude en Ariège, het platteland inbegrepen, een zeer kleine 'sociaal-economische basis' voor het maken van boeken. Dan gaat het niet om Pamiers, dat een waar intellectueel centrum was, maar onaanzienlijke dorpen als Belpech (thans Aude) of Merviel (thans Auriège) waar we hier en daar perkamentwerkers of schrijvers van boeken vinden. Zo werden, in minimale maar afdoende hoeveelheden, de werken geproduceerd die er via tussenkomst van een *perfectus* toe bijdroegen om de Sabarthès en het Land van Aillon te 'infecteren'.

Toen naast het zeldzame perkament ook het eerste papier beschikbaar kwam nam de verbreiding epidemische vormen aan. Er bestond dus een wisselwerking tussen de cultuur van de geleerden en de cultuur van het volk, die vergemakkelijkt werd door de – overigens zeer beperkte – verspreiding van een klein aantal boeken. De wederzijdse beïnvloeding ging natuurlijk wel veel langzamer dan tegenwoordig en was bovendien meer van het toeval afhankelijk.

Er waren in de Boven-Ariège zoveel minder boeken dan nu, maar hun prestige en invloed waren oneindig veel groter. De boeren waren analfabeet, maar hadden een grote waardering voor kennis en geleerden. Of iets geschreven stond (in welk *Schrift* dan ook) was voor hen een vraag van kardinaal belang. '*Staat de excommunicatie wel ergens geschreven?* (II, 318-319)' vroeg de wegens zijn weigering de tienden te betalen geëxcommuniceerde boer Raymond de Laburat bezorgd aan een priester.

En een molenaar riep uit: '*De wederopstanding is een vaststaand feit, want de priesters zeggen dat het geschreven staat in de boeken en de oorkonden* (I, 152).'

Toen ze in Catalonië was liep Guillemette Maury uit Montaillou over van bewondering voor de *perfectus* Raymond Issaura uit Larcat: '*Hij weet goed te preken, hij weet veel dingen over ons geloof* (II, 63).' Nog meer echter dan deze Raymond Issaura aanbad ze op aandringen van Guillaume Bélibaste het kathaarse boek zelf (samengesteld door de Heilige Vader hoog in de hemel). Vandaar dat een *perfectus* zonder boeken als een soldaat zonder geweer was: Raymond de Castelnau, een veertiger, met een vrij lang postuur, een rode kleur, wit haar, en een accent uit Toulouse, maakte de herders van Montaillou deelgenoot van het noodlot dat het getroffen had (ze waren trouwens onder de indruk van zijn klaagzang): '*Ik heb mijn boeken in Castelsarrasin achtergelaten* (II, 475).'

Zoveel te meer waarde werd er aan de boeken gehecht omdat bijna niemand ze in handen kreeg. In het dorp waren het (uitgezonderd de *perfecti*) alleen de priesters die een boek in bezit of in leen hadden, en er in konden lezen. De priester Barthélemy Amilhac bezat een getijdenboek, dat hem later in de gevangenis de spot van Bernard Clergue zou opleveren. Barthélemy had er overigens over gedacht zijn boek te belenen of te verkopen om het financieel mogelijk te maken met zijn vriendin Béatrice naar Limoux te vluchten. Een priester uit Gascogne, die Pierre Maury ontmoette, en van wie we slechts weten dat hij uit een rijke familie kwam, dertig jaar oud was, zeegroene ogen en bruine haren had, bezat 'het boek van het geloof van de ketters', gebonden in rood leder. In Junac, een bergdorp van boeren en smeden, gelegen in de Vicdessos, beschikte kapelaan Amiel de Rives over een 'boek met preken'; in ieder geval had hij de mogelijkheid het te lezen, maar het was misschien bezit van zijn parochiekerk. Hij haalde er ketterse opvattingen uit, die hij vervolgens ten gehore bracht tijdens zijn preken, in aanwezigheid van zijn pastoor, de plaatselijke heer en een groot gedeelte van de parochianen.

In Montaillou zelf was het prestige en charisma van pastoor Pièrre Clergue voor een deel te danken aan het feit dat hij een tijdlang een 'almanak' in bezit had gehad, die ook wel 'het boek van de ketters' of 'het boek van het heilige geloof van de ketters' werd genoemd en dat Guillaume Authié hem had geleend. Deze verscheidenheid aan benamingen voor een boek lijkt erop te wijzen dat het hier om een soort almanak of kalender ging voorafgegaan of gevolgd door een korte stichtelijke tekst in dezelfde band.

We zitten hier al op het spoor dat later zal uitkomen bij de 'volksliteratuur': we weten namelijk dat de 'kleine blauwe boekjes' rond 1700 ook een mengsel zouden vormen van kalender, almanak en religieuze teksten.

Hoe het ook zij, dit ene boek (afkomstig uit de druk circulerende bibliotheek van de gebroeders Authié, die bestond uit drie delen) bleef niet erg lang in het bezit van de pastoor. Na dat het hardop voorgelezen was op avondbijeenkomsten in Montaillou deed de pastoor het via Guillaume Belot terugkomen aan de wettige eigenaars. De aanwezigheid – hoewel kortstondig – van dit boekje in de *ostal* van de Clergues vormde een gebeurtenis van belang in het dorp. Het trok de aandacht van maar liefst vier getuigen onder wie het ongeletterde dienstmeisje Raymonde Arsen. De herder Jean Maury liet weten dat het aan de desbetreffende 'almanak' te danken was dat de vier gebroeders Clergue zich, onder aanvoering van de pastoor, allemaal bekeerden tot het katharisme. Bij Bernard Clergue, die men in Montaillou voor 'geleerd' hield, was de uitwerking van het boek mogelijkerwijs inderdaad niet onaanzienlijk geweest. Bij zijn broer de pastoor, die beroepsmatig over een minimum aan intellectuele bagage moest beschikken, was de invloed van het geschreven woord vanzelfsprekend.

Soms circuleerden er met mondjesmaat nog wat andere boeken onder de bewoners van Montaillou, dank zij '*perfecti*' als de wever Prades Tavernier. '*Op een dag,*' zo vertelde Guillemette Clergue, '*wilde ik mijn muilezel naar de velden brengen om rapen te halen; maar eerst moest ik het beest nog wat hooi geven. Ik ging de hooi- en stroschuur van mijn moeder binnen om het te halen. Maar ik hield me verborgen voor mijn broer, uit angst dat hij me zou beletten om hooi mee te nemen. En ik bemerkte dat Prades helemaal in de nok van de schuur in de zon zat te lezen uit een zwart boek, zo groot als een hand. Verbaasd stond Prades op en hij deed alsof hij zich wilde verbergen, en hij zei tegen mij: "Ben jij het, Guillemette?" En ik antwoorde hem: "Zeker, mijnheer, ik ben het." (1, 340-341)'*

Nu was het lezen van verdachte boeken in Montaillou geen bezigheid die men uitsluitend in afzondering beoefende. De *perfecti* lieten af en toe de ongeletterde boeren meegenieten van hun boeken, tijdens de avondbijeenkomsten van de *domūs*. '*Op een avond,*' zo vertelde Alazaïs Azéma (weduwe en kaasverkoopster), '*in de tijd dat ik veel met de ketters verkeerde, ging ik 's avonds het huis van Raymond Belot in, zonder te weten dat er die dag ketters waren. Ik trof in dat huis de ketters Guillaume Authié en Pons Sicre aan, die rond het vuur zaten; ook aanwezig waren de gebroeders Belot, Raymond, Bernard en Guillaume, en hun moeder Guillemette 'Belote'. De ketter Guillaume Authié las voor uit een boek, en sprak ook tot de aanwezigen... hij had het over St. Petrus, St. Paulus en St. Johannes; ik ging toen op een bank zitten, naast Guillemette; de gebroeders Belot zaten op een andere bank en de ketters op een derde. Tot aan het einde van de preek (1, 315).*'

In dorpen met wat meer stedelijke allure dan Montaillou waren er buiten de pastoor en de *perfecti* ook nog wel eenvoudige leken te vinden, die Occitaans (en soms ook Latijn) konden lezen. '*Negentien of twintig jaar geleden,*' vertelde Raymonde Vayssière, uit Ax-les-Thermes, '*zat ik in de zon achter het huis dat ik toen bezat in Ax (later heb ik het verkocht aan Allemande, de maîtresse van de huidige pastoor van Junac). Vier of vijf armlengten daarvandaan was Guillaume Andorran zijn moeder hardop aan het voorlezen uit een boek. Ik vroeg hem: "Wat lees je daar?" "Wil je het zien?" antwoordde Guillaume. "Goed," zei ik. Guillaume bracht me het boek en ik las: In den beginne was het Woord... Het was een "evangelie", deels in het Latijn, deels in de Romaanse volkstaal en er stonden veel dingen in die ik de ketter Pierre Authié had horen verkondigen. Guillaume Andorran had, naar hij mij zei, zich dat werk bij een zekere handelaar aangeschaft...*'

Dit overzicht van de rol die het boek (of wat daar in Montaillou voor doorging) in de dorpen van de Sabarthès speelde brengt ons onvermijdelijk op het probleem van het contrast tussen stad en platteland. In Pamiers, de grote stad van deze streek, las de homoseksueel Arnaud de Verniolles Ovidius en er waren daar gevluchte joden, waldenzer schoolmeesters en kostschoolhouders, allemaal met hun eigen kleine maar gedurfde bibliotheekjes. In de dorpen daarentegen kwamen slechts een paar stichtelijke werken terecht, katholieke in de lage gebieden, kathaarse in de bergstreken. Ook het feit dat het juist een paar kathaarse boeken waren die er het eerst aankwamen, heeft bijgedragen tot de bescheiden triomftocht van de ketterij door de Boven-Ariège.

Het gegeven dat de beschikbare boeken klein in aantal maar groot in uitwerking waren, noopt tot een structurele benadering van verschijnselen als analfabetisme, alfabetisering en acculturatie. Wat Montaillou en de aldaar aanwezige intellectuele coryfeeën betreft kunnen we van hoog naar laag vier categorieën van algemene ontwikkeling onderscheiden:

A *Een geletterde en 'charismatische' elite,* in dit geval uitsluitend vertegenwoordigd door de Authiés en door een paar *perfecti* als Issaura of Castelnau in de Catalaanse diaspora. Deze lieden konden onderscheid maken tussen, zoals Jacques Authié dat noemde, het valse en zieke schrift dat uit de rooms-katholieke Kerk voortkwam, en het ware schrift, dat alleen bekend was aan de *perfecti*, verlossing bracht en natuurlijk rechtstreeks van Gods Zoon afkomstig was.

B *Een geletterde elite met enige kennis van Latijn, maar niet omgeven met een bijzondere charisma.* We hebben een beschrijving van een lid van deze groep in een dorp dat nauwelijks van Montaillou verschilde: in Goulier (Ariège) verbouwde een zekere Bernard Franc als ieder ander zijn eigen gerst, maar hij bleek tegelijkertijd een geestelijke te zijn, voorzien van de lagere wijdingen en bekend met het Latijn. '*Op een dag, vier jaar geleden,*' zo vertelde Raymond Miégeville, uit Goulier, '*was net de mis gelezen in de St. Michaëlskerk van Goulier. Ik was in de kerk gebleven, vlak bij het altaar, samen met Arnaud Augier, Guillaume Seguela, Raymond Subra, Bernard Maria en Bernard Franc, allen uit Goulier. Toen begonnen Bernard Franc en Arnaud Augier, die beiden geestelijken waren, in het Latijn te discussiëren; wij anderen, de leken, van wie ik de namen genoemd heb, konden niets begrijpen van wat zij tegen elkaar zeiden. Na dit debat in het Latijn begon Bernard Franc in de volkstaal te praten en hij beweerde: "Er zijn twee goden. De één is goed. De ander is slecht." Wij protesteerden daartegen* (1, 351).'

Het blijkt dat voor een boer als Raymond Miégeville met onderscheid tussen iemand die Latijn sprak en iemand die alleen de volkstaal begreep eenvoudig samen viel met het onderscheid tussen geestelijke en leek. Zo waren de boeren uit de streek van Ax-les-Thermes van mening dat de plaatselijke pastoor in staat was om (in het Latijn) met zijn bisschop te corresponderen; in Montaillou gold hetzelfde voor pastoor Clergue en zijn opvolger of vervanger Raymond Trilh.

C Onder deze laag van geestelijken die het Latijn beheersten, en overigens heel goed slechts gewone boeren konden zijn, vinden we een volgend cultureel niveau: *de meest ontwikkelde leken, die in staat waren een tekst te lezen, mits die níet in het Latijn geschreven was, maar in de Occitaanse 'volkstaal'.* Men noemde deze lieden *sine litteris* (ofte wel zij die geen Latijn kennen). In de ogen van de gewone man was het prestige van deze tweederangs alfabeten duidelijk minder dan dat van de latinisten. Het is in dit verband al voldoende om te horen op welke neerbuigende toon schapenhouder Raymond Pierre sprak over de ex-wever Prades Tavernier, die tot *perfectus* was gebombardeerd, zonder dat men er al zeker van was dat hij daarvoor de benodigde kennis bezat: '*Pierre, Guillaume en Jacques Authié zijn wijze mannen; veel mensen houden heel veel van hen. Geschenken aan hen te geven is iets dat de gever goed doet. Daarom worden de Authiés met geschenken overladen en ontbreekt het hen aan niets. André Prades Tavernier wordt niet in dezelfde mate gewaardeerd; hij is onbekend met het geschrevene en hij heeft minder kennis en minder vrienden dan de Authiés; daarom is hij dan ook arm; en dus moet men hem geschenken geven zodat hij aan kleding en boeken kan komen, en aan de rest...* (II, 416; I, 100).'

D Een laatste scheidslijn liep dwars door het dorp tussen die paar mensen die de volkstaal konden lezen en schrijven en de *grote massa van de analfabeten.* Deze scheidslijn vormde een culturele realiteit, zonder dat ze echter veel wrijvingen scheen op te roepen, of het zelfrespect scheen te kwetsen van degene die aan de andere kant van deze laatste barrière stonden. Alles bij elkaar genomen behoorden ze toch tot eenzelfde wereld.

Het feit dat er zoveel analfabeten waren, roept een aantal vragen op over de wijze waarop ideeën die uit boeken afkomstig waren verbreid werden. Immers van de ongeveer 250 inwoners van Montaillou waren er maar drie of vier van wie met zekerheid is aan te nemen dat ze konden lezen en schrijven; slechts twee of drie van hen hadden ook enige kennis van het Latijn. Laten we wel beseffen dat ook een ex-burchtvrouwe als Béatrice analfabeet bleek te zijn, in tegenstelling overigens tot haar dochters. Daardoor was ze niet bij machte haar minnaar, die wel kon lezen, briefjes te sturen en bleef ze voor het doorgeven van haar boodschappen aangewezen op een kind, dat daarvoor zijn mond of misschien zelfs zijn handen gebruikte.

In die omstandigheden werd de zuiver mondelinge overdracht van boek naar publiek bijzonder belangrijk. Van de tientallen ketterse avondbijeenkomsten waarvan we weten dat ze in Montaillou en elders hebben plaats gevonden, is het slechts in twee gevallen duidelijk dat de *perfecti* daarbij voorlazen uit een boek. Op de overige bijeenkomsten richtte de *perfectus* het woord tot zijn aanhangers zonder ergens uit voor te lezen. In Montaillou dook het boek meestal alleen op als het een paar minuten op het hoofd van een stervende werd gelegd, aan het einde van een *consolamentum*. Het boek speelde ook wel (buiten Montaillou) de rol van een zeer bijzonder voorwerp, waar getuigen, vrienden of samen-zweerders een eed op aflegden.* Het 'begrip van het goede' verwierf men meestal niet met het oog maar met het oor. Vandaar dat zowel het auditieve als het visuele geheugen bij de bewoners van Montaillou sterk ontwikkeld was, geschreven bronnen ontbraken nu eenmaal als geheu-gensteuntjes. Vandaar ook de grote betekenis van preek en welspre-kendheid.

Als men de perfecti *heeft horen spreken,*' zo vertelde Raymond Rous-sel, rentmeester van de burcht van Montaillou, '*dan kan men zich niet meer aan hun greep onttrekken* (I, 219).' Het is inderdaad een feit dat Pierre Authié en zijn zoon Jacques '*met de engelenmond*' de indruk maakten uitzonderlijk goede redenaars te zijn. Als we de herders en de boeren mogen geloven, waren ze verre de meerderen van hun leerling Guillaume Bélibaste, wiens welsprekendheid juist opvallend middelma-tig was.

De *perfectus* kon dus met zijn 'gouden mond' of zijn 'engelenmond' het boek laten spreken voor een ongeletterd gehoor. Maar er ontstonden ook nog andere relaties tussen het geschreven en het gesproken woord. Als voorbeeld hiervan kan een opvatting dienen die met enige regelmaat opdook bij de boeren en handwerkslieden van de Boven-Ariège. Zij meenden namelijk dat de wereld niets minder dan het eeuwige leven had. Deze overtuiging was uiteraard geworteld in de volkscultuur, maar steunde ook (dank zij de mondelinge cultuuroverdracht) op in boeken vervat literair en filosofisch gedachtengoed, dat door opvoeders met kwalijke ideeën weer aan het volk werd doorgegeven. Zo stelde Arnaud de Savignan, steenhouwer uit Tarascon-sur-Ariège, in tegenstelling tot de christelijke leer, dat de wereld geen begin had gehad en nooit een eind zou kennen. Gevraagd naar de herkomst van deze opvatting gaf hij twee bronnen:
A   een lokaal spreekwoord (*Altijd en eeuwig zal het voorkomen dat een man slaapt met de vrouw van een ander.*),
B   het – waarschijnlijk op boeken gebaseerde – onderwijs dat hij had ontvangen van zijn leermeester Arnaud Tolus, opzichter van de scholen van Tarascon.

* Minder ontwikkelde lieden legden eden af op hun eigen hoofd, of ook wel op brood, wijn of meel.

Een ander voorbeeld is de invloed van de troubadours. In Montaillou en soortgelijke dorpen deed die invloed zich niet direct gelden: het dossier van Jacques Fournier (dat in dit opzicht niet uitputtend is) signaleert die invloed, buiten de kastelen, voor deze periode alleen in Pamiers. Hoe belangrijk de bescheiden bibliotheken van de heersende families ook waren, zelfs in deze stedelijke omgeving vond de verbreiding van een gedicht vooral plaats door het contact van mond en oor: midden in het koor van de kerk fluisterde men elkaar in Pamiers de *copla* van Pierre Cardenal toe (III, 319).

Het was dus mogelijk dat in een ver of minder ver verleden een boek aan de oorsprong stond van bepaalde religieuze opvattingen uit de volkscultuur. Maar het was zeker niet zo dat het boek als zodanig een centrale plaats innam bij de cultuuroverdracht. Andere factoren gaven wat dat betreft de doorslag zoals de rechtstreekse overdracht van gedragspatronen en opvattingen van vader op zoon, van moeder op dochter, van tante op neef, van oudere broer op jongere broer, van oudere neef op jongere neef enz. '*Het huis van mijn vader werd driemaal verwoest wegens ketterij*,' verklaarde Pierre Maury, '*en toch er is geen sprake van dat ik openlijk mijn ongelijk beken: ik moet trouw blijven aan het geloof van mijn vader* (II, 174).' Jean Maury, Pierres broer, liet zich in vergelijkbare bewoordingen uit: '*Ik was destijds twaalf jaar en ik hoedde mijn vaders schapen. Toen ik op een avond terugkeerde in zijn huis trof ik in de hoek bij de haard mijn vader, moeder, mijn vier broers en mijn twee zussen aan. In aanwezigheid van mijn moeder en mijn broers en zusters zei mijn vader tegen mij: "Philippe d'Alayrac en Raymond Faur zijn goede christenen en Goede Mensen. Zij hebben een goed geloof. Ze liegen niet..." (II, 470)*'

Men kan ook denken aan de onthullende dialoog die zich ontspon tussen Bernard, Bélibaste en Pierre Maury naar aanleiding van Bernadette, de zesjarige 'verloofde' die men voor Maury zou bewaren mits hij zich maar door zijn toekomstige schoonvader wilde laten adopteren. '*En hoe weet u dat Bernadette het begrip van het goede zal hebben als zij groot is?*' '*De vader van het meisje zal haar zo goed opvoeden dat zij, met Gods hulp, het begrip van het goede zal hebben* (III, 122).'

We hebben al gezien dat het, bij gebrek aan een vader, ook een moeder of tante kon zijn die deze of gene jongeman een bepaalde wijze van leven en denken bijbracht. Guillaume Austatz had zijn ketterse opvattingen voor een deel te danken aan de invloed van zijn moeder die zelf in eigen persoon aan de propaganda van Pierre Authié blootgesteld was geweest. Moeder en zoon bespraken de ideeën van de kathaarse missionaris tijdens de lange avonden bij het vuur of op weg naar Carcassonne. En zovele anderen, als Jean Pellissier en Vuissane Testanière, ondergingen op een dergelijke manier onrechtzinnige invloeden, de een via een tante, de ander via zijn moeder die werd bijgestaan door haar echtgenoot.

In het algemeen verliep de cultuuroverdracht in Montaillou slechts zelden via een groep van leeftijdgenoten, bijvoorbeeld de groep van jongeren. In feite was het recht om cultuur over te dragen een privilege dat was voorbehouden aan de ouderen en soms ook wel aan degenen die een hogere plaats in de sociale rangorde innamen: pastoor tegenover parochiaan, werkgever tegenover werknemer, landeigenaar tegenover pachter.

Het was uiteindelijk de oudere generatie als geheel die de jongere generatie onderwees, terwijl dat in onze tijd veeleer de taak van slechts één dorpsonderwijzer zou zijn. Men kon onderwezen worden door een bloedverwant in opgaande lijn, d.w.z. zijn vader, moeder of tante, maar ook door een echtgenoot, oudere neef, of werkgever: '*Mijn neef Raymond Maulen,*' zei Pierre Maury, '*kwam met* (schapenhouder) *Raymond Pierre overeen dat ik* (als herder) *in diens huis zou blijven opdat voornoemde Raymond Pierre me deelgenoot kon maken van het ketterse geloof* (III, 110).' Zelfs binnen de leeftijdsgroep van de jongeren was de culturele uitwisseling eenrichtingsverkeer van de oudere naar de wat jongere, via het netwerk van 'horizontale' of 'quasi-horizontale' relaties tussen vrienden, schoonbroeders en neven. Zo brachten de gebroeders Belot, toen ze nog jong en vrijgezel waren, hun iets jongere (vijftien tot achttien jaar oude) kameraden (*socii*) als Pierre Maury en Guillaume Guilhabert in aanraking met het katharisme.

'*Twintig jaar geleden of daaromtrent,*' vertelde Raymond de l'Aire uit Tignac, '*had ik gras of hooi gekocht, dat nog te velde stond op een wei in de buurt van Junac, toebehorend aan Pierre Rauzi uit Junac. We spraken af dat we elkaar op een bepaalde dag in die wei zouden treffen om te gaan maaien. Toen we elkaar daar ontmoet hadden, hij komende uit Caussou, ik uit Tignac, begon Pierre Rauzi zijn zeis te slijpen om het gras van die wei te maaien. En terwijl hij zijn zeis aan het slijpen was zei hij tegen mij: "Geloof jij dat God of de Gelukzalige Maria echt wat voorstellen?" En ik antwoordde hem: "Ja, dat geloof ik zeker." Toen zei Pierre tegen me: "God en de Gelukzalige Maagd Maria zijn niets anders dan de zichtbare wereld die ons omringt, niets anders dan alles wat we horen en zien." Daar Pierre Rauzi ouder was dan ik, meende ik dat hij mij de waarheid verteld had. En ik behield dit geloof gedurende zeven à tien jaar, want ik was er oprecht van overtuigd dat God en de Maagd Maria niets anders waren dan de zichtbare wereld die ons omringt* (II, 129).'

Op een goede dag paste dezelfde Raymond op de muildieren samen met zijn naam- en plaatsgenoot Guillaume de l'Aire, die een van zijn muildieren zich de buik vol liet vreten aan het al hoog opgeschoten graan. Toen Raymond zich opwond over de vernielingen die het muildier aanrichtte, antwoordde Guillaume hem: '*Het is heel normaal, dat muildier heeft een goede ziel, net als de eigenaar van dit veld. Het is om het even of hij of de eigenaar dat graan opeet* (II, 129).'

Raymond moet toentertijd de leeftijd van een kind gehad hebben, of net iets ouder zijn geweest. Eens te meer bleef hij – gedurende zeven à tien jaar – overtuigd van de waarheid van de weinig rechtzinnige opvattingen die een ouder persoon (in dit geval zijn maat) erop na hield. '*Ik heb dat alles geloofd omdat Guillaume de l'Aire ouder was dan ik,*' vertelde Raymond later. Er was geen sprake van domheid van de kant van Raymond. Hij meende oprecht dat de ziel van dieren evenveel waard was als die van mensen, aangezien beide slechts uit bloed bestonden.

De cultuur sijpelde dus van de ouderen door naar de jongeren. Dit sloot vernieuwingen niet uit, maar bemoeilijkte ze wel. En omgekeerd waren de ouderen nauwelijks geneigd ook maar iets van jongeren aan te nemen. Toen Jeanne Befayt tijdens haar verblijf in Catalonië weer bekeerd werd tot het geloof van Rome, ontmoette ze voor die stap bij haar moeder Emersende, een oude kathaarse boerenvrouw uit Montaillou, geen enkel begrip, en kwam het zelfs zover dat moeder en dochter elkaar te lijf gingen. Zelfs als een zoon priester was geworden en dus in cultureel opzicht een behoorlijk overwicht had, dan nog bleek de uitstraling daarvan op zijn vader en moeder die gewoon in het dorp waren gebleven, uiterst beperkt. '*Op een zekere feestdag in Montaillou,*' zo vertelde Guillemette Clergue, '*stond ik op het dorpsplein met mijn dochtertje in mijn armen. Vlak bij het huis van mijn vader, bij de schaapskooi die bij dat huis hoorde, bevond zich Guillemette Jean, de vrouw van Pierre Jean uit Prades, en een zuster van mijn moeder. Ze riep me... en zei tegen me: "Ik had met mijn broer Prades Tavernier willen praten... De ketters of goede mensen redden de zielen... Maar de priesters vervolgen de goede mensen." En mijn tante voegde hier nog aan toe: "Als mijn zoon Pierre Prades, die priester is en tegenwoordig in Joucou woont, wist dat ik hier naar toe was gekomen om met Prades Tavernier te praten, dan zou hij me nooit meer willen zien en nooit meer iets voor me willen doen." En inderdaad,*' zo besloot Guillemette haar verhaal, '*liet de priester Pierre Prades zijn moeder Guillemette Jean naar Joucou komen, en daar eindigde ze haar leven. Die priester deed dat omdat hij heel goed begrepen had dat mijn tante zich anders bij de ketters had aangesloten* (I, 335-336).'

In het geval van Guillemette Jean werd de invloed van de priesterzoon pas effectief toen hij zijn moeder dwong om bij hem te komen wonen; de moeder werd in het geheel niet overtuigd door de intellectuele superioriteit van haar nakomeling. Alleen door zijn macht aan te wenden kreeg Pierre Prades de overhand en wist hij zijn moeder ertoe te dwingen om, tegen haar wil, de *perfecti* niet meer te ontmoeten.

Bij Raymond Laburat, boer uit Quié, was de invloed van de priesterzoon volledig te verwaarlozen. Hij had contacten met de Katharen onderhouden, en was hevig antiklerikaal, met goede reden overigens, vanwege de gehate tiendheffing op het vee. De zoon van deze papenvreter had gekozen voor een kerkelijke loopbaan, zonder dat hij overigens zijn vader daarmee mild had kunnen stemmen: '*Ik zou willen dat alle geestelijken dood waren,*' riep Raymond in een uitbarsting van woede tegen de tienden, '*mijn eigen zoon inbegrepen, die priester is* (II, 328).'

De geringe invloed die zoons – zelfs als ze geestelijken waren – uitoefenden op hun ouders is des te opmerkelijker omdat de dorpspriesters in het algemeen ondanks hun nogal losse levenswandel, in de Boven-Ariège een grote invloed hadden op cultureel gebied. Maar de invloed van vader op zoon bleef altijd eenrichtingsverkeer.

Ook de oude Kathaar Pons Clergue liet zich niet overtuigen door de op het laatst pro-katholieke activiteiten van zijn zoon, pastoor Pierre. Een vader moest zich op zijn oude dag veel van zijn zoons laten welgevallen, maar daarom bekeerde hij zich nog niet tot hun opvattingen, als die van de zijne verschilden. De boeren lieten zich desnoods in ideologisch opzicht aan de leiband voeren door hun vrouwen of hun schoonmoeders, maar nooit door hun zoons.

Hier blijken duidelijk de autoritaire patronen van de *domus*, die de almacht van de oudere generatie tegenover de jongere generatie bevestigden. En wellicht lag juist hier een van de redenen voor het grote succes van de propaganda van de gebroeders Authié. De drie Authiés (de broers Pierre en Guillaume en Pierres zoon Jacques) vormden samen een *domus*, die een hoog aanzien genoot, en ze waren altijd op reis om andere *domūs* te bekeren. Het bekeringsproces ging met andere woorden van molecule tot molecule, van het ene machtsblok naar het andere, en het principe van de ondergeschiktheid van zoon aan vader en van jong aan oud, bleef aan weerskanten van de generatiekloof intact. In Toulouse en de andere Occitaanse steden werd het sociale leven vanaf het begin van de veertiende eeuw bepaald door een groot aantal broederschappen, die zich bezig hielden met armenzorg, uitoefening van ambachten en heiligenverering[1]. Die oprichting van broederschappen werd vooral in de grote steden gestimuleerd door het militante optreden van de bedelorden. In Montaillou viel van die bedelorden evenwel weinig te merken;

hun invloed reikte niet verder dan de lager gelegen gebieden in het noorden en Catalaanse steden als Puigcerda in het zuiden. Slechts heel af en toe drong er iets van deze ontwikkelingen door in het gebied rond Montaillou. Pastoor Clergue vervulde weliswaar met een zeker plichtsbesef het grootste deel van zijn geestelijke taken, waaronder zijn handel in sacramenten maar werd zo in beslag genomen door zijn buitenkerkse activiteiten, bij vrouwelijke leden van zijn parochie, dat hij tijd en aandacht te kort kwam om ter plaatse wat religieuze broederschappen op te richten. Niets wijst er overigens op dat de pastoors van de naburige parochies die toch bepaald minder kleurrijk en een stuk ordentelijker waren, het oprichten van zulke vrome broederschappen wél hebben gestimuleerd. De pastoors waren minder thuis in dit soort werk dan de bedelmonniken die in de bergen echter uitblonken door afwezigheid. In dit vacuüm, dat overigens snel door de Albigenzen zou worden opgevuld, ontleende het sociale leven zijn structuur vrijwel volledig aan de *domus*. En in het levensritme van de *domus* vervulde de samenkomst in de avonduren de voornaamste rol.

Allereerst een concreet voorbeeld van zo'n avondbijeenkomst die plaats vond in Ascou, vlak bij Ax-les-Thermes, en goed vergelijkbaar is met soortgelijke – maar minder nauwkeurig gedocumenteerde – avonden in Montaillou zelf.

Op een avond had Raymond Sicre, uit het dorp Ascou net een bijzonder geslaagde echtelijke twist achter de rug; plompverloren had hij zijn vrouw voor 'ouwe zeug' (*truiassa*) uitgemaakt. Eenmaal tot rust gekomen liep hij naar buiten om een blik op zijn kudde te werpen. Hij kwam langs het huis van Jean-Pierre Amiel die daar (als hoofd van de *domus*?) leefde met zijn moeder Rixende Amiel. Deze Rixende had het dorp overigens zes jaar te voren samen met haar man Pierre Amiel verlaten: boze tongen beweerden dat de reden van dit vertrek lag in het feit dat voornoemde Pierre een lepralijder was maar volgens anderen was het echtpaar ketters. Hoe het ook zij, Rixende was enige tijd later in haar eentje teruggekeerd om in het vervolg zonder echtgenoot in het huis van haar zoon te wonen. Pierre was verdwenen, niemand wist hoe of waarheen.

Raymond Sicre kwam dus langs *domus* Amiel, en zag licht, hetgeen betekende dat er een bijeenkomst gehouden werd waarvoor hij kennelijk niet uitgenodigd was. Brandend van nieuwsgierigheid opende Sicre de deur, maar hij slaagde er niet in te ontwaren wie de gasten van de familie Amiel waren, omdat er een *bourasse* (gordijn van grove stof) voor de deur hing, van het dak tot de grond. Sicre ging toch naar binnen en zonder zich te laten zien luisterde hij af wat er gezegd werd. Op dat moment keuvelde men wat over het eten, in het bijzonder over het brood. '*Ik vrees*,' zei Rixende Amiel, die zich bescheiden voordeed, tegen haar gasten, '*dat mijn brood u niet goed bevallen is. Wij vrouwen uit de bergen hebben geen fijne zeven. En we kunnen niet eens goed brood kneden.*' '*Maar nee,*' antwoordde een onbekende gast, '*uw brood was uitstekend.*' '*Ik ben er heel blij om dat mijn brood u goed bevallen is,*' besloot Rixende, gevleid.

Raymond Sicre was ondertussen steeds nieuwsgieriger geworden en wilde beslist te weten komen wie de mannen waren die de avond bij de Amiels doorbrachten. Wat Raymond toen ondernam laat beter dan welke lange bouwkundige verhandeling zien hoe wankel het boerenvertrekje was, waar deze bijeenkomst plaatsvond. '*Ik ging,*' zo vertelde Sicre, '*naar de hoek van het huis die vlak bij de toegangsdeur was. En ik lichtte met mijn hoofd een deel van het dak van dat huis op. Ik zorgde er echter wel goed voor de dakbedekking niet te beschadigen. Ik zag toen (in de keuken) twee mannen op een bank zitten. Ze zaten met het gezicht naar de haard, met de rug naar mij toe. Ze hadden kappen over het hoofd en ik kon hun gezichten niet zien. "Deze kaas is uitstekend," zei een van hen* (in de tussentijd was het gesprek dus van het brood op de kaas gekomen). "*We maken hele goede kazen hier in de bergen,*" probeerde Jean-Pierre Amiel voorzichtig. "*Nee,*" antwoordde de ander, niet bepaald overlopend van beleefdheid, "*in de bergen van Orlu en Mérens zijn ze beter.*"'

Aangezien ook kaas geen onuitputtelijk gespreksonderwerp vormde sneed de tweede onbekende met de blauwe kap het thema 'vissen' aan om het gesprek weer op gang te brengen. '*Even goed als uw kaas zijn de vissen die u ons heeft voorgezet! Echt heel goede vissen!*' '*Ja, beslist,*' hernam blauwkap nummer één, die de voorzet van nummer twee benutte. '*Die vissen zijn beter en verser dan ik gewoonlijk krijg in het dal van Ascou en het dal van Orlu.*' '*Degene die me die vis heeft gestuurd verrichtte daarmee een goede daad,*' kwam Rixende tussenbeiden, die een begaafde keukenprinses was en de diverse gerechten had klaargemaakt voor haar gasten van die avond. '*En Gaillarde d'Ascou is ook heel aardig voor me geweest. Zij heeft de olie voor de vissen voor mij klaargemaakt. Ze heeft die olie in het geheim voor me klaargemaakt, in grote angst. Zij zou een hele goede vrouw zijn, beter dan alle andere vrouwen in het dorp. Maar ze is erg bang voor haar echtgenoot.*' '*Die Gaillarde is een goede vrouw,*' viel een van de blauwkappen haar bij, '*maar haar echtgenoot is een stomme boer, een schijnheilige schurftlijder zonder oren.*'

Vol ontzetting probeerde Rixende, gesteund door haar zoon, de echtgenoot van haar buurvrouw te verdedigen, hoewel ze hem zelf net als een boeman had afgeschilderd. '*De echtgenoot van Gaillarde is een goed man,*' zei Rixende, '*hij heeft altijd een vriendelijk woord. Het is een goede buurman: hij brengt geen schade toe aan de graanvelden van anderen, en hij wil ook niet dat men dat hem aandoet.*'

Er viel een pijnlijke stilte. Om de stilte te verdrijven schonk de vrouw des huizes wijn, in bekers. Meteen steeg het gesprek naar een hoger niveau: men sneed de problematiek van het plaatselijke kerk- en parochiewezen aan. Van nu af aan bleven de twee kappen onoderbroken aan het woord, en met zachte hand leidden zij het gesprek naar hun propaganda. De eerste blauwkap: '*Het zou goed zijn als de bewoners van Ascou en Sorgeat een gemeenschappelijke kerk hadden. Dan zouden ze niet hoeven af te dalen naar de kerk van Ax-les-Thermes.*' De tweede blauwkap: '*Nee, daar ben ik het niet mee eens. Het is beter dat de mensen van Ascou geen andere kerk hebben dan die in Ax. Anders zou dat de kosten vergroten. Maar het is wel zo dat priesters uit Ax en andere plaatsen de inwoners van Ascou niet zo goed onderrichten als ze zouden moeten. Ze laten hen gras eten, zoals de herder zijn schapen, als hij ze bijeen houdt onder zijn herdersstaf.*' De eerste blauwkap: '*De pastoors onderrichten het volk heel slecht. Nog niet de helft van de mensen (van een dorp) woont hun preken bij of begrijpt iets van wat ze zeggen* (II, 366).'

Wat er daarna nog besproken is tussen de Amiels en de twee blauwkappen weten we niet. Raymond Sicre kon het zich vijftien jaar later niet meer herinneren; in ieder geval had hij zijn waarnemingspost in de hoek van het dak weer snel verlaten... om zich met zijn schapen bezig te houden. Ik heb de gesprekken die op deze avond gevoerd werden vrijwel volledig opgenomen omdat ze heel goed laten zien wat zo'n avond nu precies kon inhouden: men wijdde enige lovende woorden aan het eten en sprak goed van de buurvrouw en kwaad van de buurman (voorzichtig dan); men bracht het ontbreken van een plaatselijke kerk ter sprake en begon vervolgens de pastoors van de dichtstbijzijnde parochie af te kammen. De twee blauwkappen die bij de familie Amiel ontvangen werden, waren natuurlijk kathaarse missionarissen. Een van beiden was niemand minder dan notaris Pierre Authié uit Ax-les-Thermes die buitengewoon goed op de hoogte was van de zeden en gewoonten van de boeren. Zelf was hij ook een beetje boer, want hij had een kudde koeien in beheer. Als rundveehouder kostte het hem geen enkele moeite mee te praten over de alledaagse koetjes en kalfjes om dan vervolgens het gesprek op wat meer antiklerikale onderwerpen te brengen. Dit alles beschouwde hij als een inleiding voordat hij uitpakte met een gloedvolle kathaarse preek.

De avonden werden vaak opgeluisterd door dit soort preken en de daarbij behorende ceremoniën, zowel in Montaillou zelf als in het Catalaanse ballingsoord. In die kleine kolonie ten zuiden van de Pyreneeën was het gezelligheidsleven van de boeren en de ambachtslieden verspreid over een aantal uren van de dag. Er waren zowel eenvoudige maaltijden 's ochtends of rond het middaguur, als uitgebreide gastmalen voor twaalf of vijftien disgenoten die gelegenheid boden voor levensbeschouwelijk getinte gesprekken. Al gauw haalde men de ham van de haak en rende er iemand naar de markt om vis te kopen voor de niet vleesetende *perfectus*. En als men dan voorzien was en de vrouw de vis ging schoonmaken, dan keerden de aanwezigen zich tot Bélibaste en vroegen hem om: *Een toespraak. Een mooie toespraak*. Voor de *perfectus* zat er niets ander meer op dan zijn toehoorders voor de zoveelste keer de kathaarse mythe van de zondeval te vertellen.

Het avondeten was het belangrijkst, en het beste voedsel werd er dan ook voor bewaard, net zoals Christus bij de bruiloft van Kana de beste wijn voor het laatst bewaarde. *'We aten de kleinste van onze vissen,'* vertelde Arnaud Sicre (II, 37). En de ketter Bélibaste zei tegen Pierre en Guillemette Maury: *'Bewaar de grootste vis voor het avondeten als Arnaud en Jean Maury, de zonen van Guillemette, evenals de andere Pierre Maury, haar broer, zich bij ons gevoegd zullen hebben...'*

Op een andere avond droeg Jean Maury, de broer van Pierre, een dood schaap – dat hij gestolen had – op zijn schouder, met het oog op het gezellige avondeten dat hem bij Guillemette Maury wachtte.

Na de maaltijd begon dan in San Mateo de lange avond bij het vuur. Daarbij waren de twee volwassen zoons van de gastvrouwe aanwezig, als ze tenminste niet op de kudde moesten letten, alsmede haar vrienden en verwanten, onder wie Pierre Maury. Bij het kleine groepje sloten zich verder wat rondreizende *perfecti* aan, enkele licht aangeschoten pastoors met hun bijzitten, wat arme bedelaars en een paar wolkamsters die in de wolkaarderij werkten die Guillemette had opgezet. De nieuwkomers hadden wijn meegenomen om een goede indruk te maken (II, 24). De gesprekken die – met wisselende luidruchtigheid – in dit avondgezelschap werden gevoerd bestreken een wijde scala van onderwerpen. Geraakte men in een vertrouwelijke stemming, dan werd er over ketterij gesproken. Bleef de juiste stemming uit, of luisterden er vreemde oren mee, dan had men het over iets anders. Zo passeerde op een avond een bonte verzameling gespreksonderwerpen de revue: herinneringen van kathaarse oud-strijders, de poets die een uitgekookte gelovige de bloedhonden van de inquisitie gebakken had, plannen om een verrader of een dwars meisje als Jeanne Befayt te vermoorden, of eenvoudigweg de problemen bij het uithuwelijken van een zoon, getob met de gezondheid, een kudde die van een betovering verlost moest worden, etc. De avond kwam ten einde op het moment dat het vuur afgedekt werd, maar de grootste kletsmeiers gingen door tot het eerste hanegekraai. De minder wakkere praters waren al enige tijd daarvoor naar bed gegaan, want ze wisten dat ze voor zonsopgang weer op moesten staan om terug te keren naar hun kuddes. Ze sliepen met twee of drie tussen het beddegoed van de beschikbare ledikanten.

De Authiés verbleven regelmatig (al dan niet op doortocht) in de *domus* van de Belots, waar ze meer dan één avond met hun ongeëvenaarde welsprekendheid wisten op te luisteren; ze zaten dan te midden van hun gastheren op de banken rond het vuur. Geanimeerde avonden werden ook georganiseerd door de ouders van Pierre Maury. Zo hielden zij met hun vele kinderen een feest, ter gelegenheid van Kerstmis, in 1304 of 1305. In Arques, in de Aude het eindpunt van de transhumance uit Montaillou, woonde Pierre Maury ten huize van Raymond Pierre een groots feestmaal bij in de keuken van zijn baas. Op de maaltijd volgde een gezellige avond waarbij een *perfectus* aanwezig was. Meester Pierre Girard, gevolmachtigde van de aartsbisschop van Narbonne, schoof zonder omhaal aan bij een feestmaal van rijke boeren ten huize van de families Bélibaste in Cubières, hetgeen heel normaal was in deze wereld waar hoog en laag hetzelfde dialect sprak en waar de sociale afstand tussen stad en platteland veel minder groot was dan in onze dagen. Maar de maaltijd bij Bélibaste zou gevolgd worden door een avond waarbij een ketter aanwezig zou zijn, zodat meester Girard, die naar de zin van zijn gastheren niet genoeg naar de mutsaard riekte, discreet verzocht werd meteen na het eten zijn bed op te zoeken.

De beste beschrijvingen van dit soort avonden in Montaillou zelf danken we aan Jean Maury. Deze avonden werden opgeluisterd door de stichtende aanwezigheid van een *perfectus*. Een onderzoek van de inquisitie was hiervan het gevolg. Meestal ging het er bij die gelegenheid tamelijk alledaags aan toe en werd er niet al te zeer uitgehaald. In 1323 kreeg Jean Maury de gelegenheid om te vertellen wat er allemaal gebeurd was tijdens de twee feestmalen en de daarop volgende avonden die in zijn huis waren gehouden, zo rond 1307-1308. De eerste keer waren de vader en moeder van Jean en zijn vier broers, Pierre, Arnaud, Bernard en Guillaume, aanwezig die allemaal, Jean inbegrepen, vroeger of later het gevang van binnen zouden leren kennen. Ook aanwezig waren de twee zusters van Jean Maury, Guillemette en Raymonde, die heel jong zouden trouwen, de een in Laroque d'Olmes, de ander in Montaillou. Daarenboven waren twee *perfecti* van de partij: Philippe d'Alayrac, en

Raymond Faur uit de Rousillon. Ze waren juist aan het begin van de avond aangekomen, geheel volgens de werkwijze van de *perfecti*, die hun propaganda altijd binnenskamers bedreven, voor de leden van een of hoogstens twee families.

Jean Maury zelf, toen twaalf jaar oud, had net zijn vaders schapen gehoed toen hij de keuken binnenkwam waar de anderen al verzameld waren. Tijdens de maaltijd zaten de volwassen mannen van de familie – de vader en zijn oudste zoon Guillaume – naast de twee *perfecti* aan tafel, terwijl moeder en dochters druk in de weer waren om iedereen te bedienen. De jongere zonen zaten in de hoek bij het vuur eerbiedig het (waarschijnlijk door de *perfecti* gezegende) brood op te eten, dat de vader des huizes hun van tijd tot tijd aanreikte. Overigens serveerde men de twee *perfecti* een vrij karige maaltijd, bestaande uit ronde broden en met olie bereide kool. Na het eten gingen de mannen op een bank zitten en nam de vrouw des huizes plaats op een andere bank om de *perfecti* niet te bezoedelen (zij was als vrouw immers een onrein wezen). De kinderen gingen vroeg naar bed en lieten de zwaarwichtige gesprekken over aan de volwassenen. Dit nu was een van de tekortkomingen van de opvoeding in Montaillou: de belangrijke discussies werden 's avonds gevoerd zonder dat de jeugd er deel aan had. Voor Jean naar bed ging mocht hij echter nog wel het begin van de avond bijwonen, waarbij aanvankelijk Jeans vader het hoogste woord had en daarna de *perfectus* Philippe d'Alayrac. Een *perfectus* gedroeg zich altijd als een oudere broer: hij sprak zijn gehoor meer toe dan dat hij er naar luisterde. De jonge Jean werd echter al spoedig naar bed gestuurd zodat hij het hoogtepunt van de avond niet meemaakte. Bovendien moest hij bij het krieken van de dag weer opstaan, om zijn schapen te gaan weiden.

Op een andere avond, wederom ten huize van Maury senior, in de maand januari die dat jaar sneeuwrijk was, werden de hoofdrollen weer door dezelfde spelers vertolkt: Philippe d'Alayrac, op doorreis, was er weer en ook Jean Maury die zoals gewoonlijk van het schapenhoeden terugkwam. Men zat weer in gescheiden groepen: de *perfectus* Philippe at aan tafel, samen met vader Maury, oudste zoon Maury, en buurman Guillaume Belot die de *perfectus* door de sneeuw naar het huis had begeleid. De jongere zoons, de moeder en de dochters daarentegen aten bij het vuur. Vanaf de tafel werden weer stukken brood rondgedeeld, gezegend door Philippe.

Deze avonden rond het vuur, met hun scheiding van mannen en vrouwen, van jong en oud, waren gebruikelijk in Montaillou. De verlichting was geen probleem want het vuur verspreidde genoeg licht. Alleen als de nachtelijke ketterij beoefend werd in een ander vertrek dan de keuken was er eventueel behoefte aan manestralen, fakkels of kaarsen. Slechts het centrale vertrek – de keuken – werd verwarmd en daar bleef het vuur desnoods tot Pinksteren branden om de meest spraakzame nachtbrakers te verwarmen.

Van het vuur naar de wijn was slechts één stap, die meestal snel gezet was, zeker in die bergdorpen die niet al te ver van de lager gelegen wijnstreken lagen. Montaillou was, vanuit dit gezichtspunt, een grensgeval. Het dorp lag hoog, zodat de plaatselijke bevolking voornamelijk bestond uit waterdrinkers. Maar ze wisten best hoe de wijn smaakte dank zij wijnverkoopster Fabrisse Rives. Men dronk aan tafel en bij belangrijke gelegenheden – dus ook tijdens de avondbijeenkomsten – maar niet overmatig. In Montaillou was geen sprake van het drinken van de 'dagelijkse liter rood', het rantsoen dat, vanaf de renaissance, gebruikelijk was voor een boer uit de lager gelegen wijngebieden. De wijn bleef overigens vooral voorbehouden aan de mannen zodat de vrouwen, en vooral de meisjes alle mogelijke moeite moesten doen om een beker wijn te verschalken.

De wijn was overigens slechts een toegift, want de avond was in de eerste plaats eredienst van het Woord. De boeren uit de Ariège hadden in deze tijd al een grote waardering voor welsprekendheid, maar ze waren eerder kritische kenners dan enthousiaste beoefenaren. Als de mensen die in een kring rond het vuur zaten om *een toespraak, een mooie toespraak* riepen, dan stond Bélibaste, althans in Catalonië, altijd klaar om het woord te nemen of de een of andere mythe uit te leggen. Toch merkte Pierre Maury, met enige kwaadaardigheid, op dat de heilige man slechts een vrij middelmatig redenaar was, vergeleken met Pierre en Jacques Authié. '*De heren Pierre en Jacques Authié horen preken, dat was een gebeurtenis!*' zei de herder, '*maar de heer van Morella, die kan niet preken* (II, 28).' Voor Pierre Maury ging de lauwerkrans der welsprekendheid dus naar de Authiés. Bélibaste kwam heel ver daarachter op een tweede plaats. En met de bescheidenheid die wij van hem gewend zijn zette Pierre zichzelf op de laatste plaats, en eigenlijk buitenspel. Toch wendden Guillemette Maury en haar genodigden zich – bij gebrek aan een *perfectus* – na een goede vismaaltijd meer dan eens voor een oratie tot de herder van Montaillou, en gloedvol zeiden zij dan tegen hem: '*Vooruit Pierre, een toespraak, een mooie toespraak,*' wat Pierre altijd afsloeg, want hij achtte zich niet bevoegd tot de bediening van het Woord. '*U weet dat ik geen redenaar ben. Die mooie toespraken ken ik niet,*' zei hij dan, bij wijze van toespraak.

Dit soort culturele activiteiten, in kleine groepjes van vijf à twaalf personen – al dan niet in familiekring – was niet uitsluitend voorbehouden aan handwerkslieden en boeren. Op het platteland namen ook de pastoors hun eigen avondbijeenkomsten te baat om met geestelijken onder elkaar heftige theologische meningsverschillen uit te vechten. Bij Amiel de Rives, kapelaan van Junac, kwamen leken en priesters uit een aantal dorpjes bij elkaar om de avond rond het vuur door te brengen, waarbij ze vaak discussieerden over de stellingen uit een 'prekenbundel' met betrekking tot de opstanding der doden. De priesters debatteerden over de verrijzenis der lichamen. Alazaïs, dienstmeid van de pastoor van Junac, was gewoon bij deze verbale toernooien aanwezig, hetgeen duidelijk maakt dat in de avonduren de afstand tussen mijnheer pastoor en dienstmeid tamelijk klein was, hoe onmiskenbaar hun sociale en economische positie verder ook uiteen lagen. Laten we niet vergeten dat we hier in een wereld zijn waar één en hetzelfde vertrek dienst deed als keuken, eetkamer, woonkamer, en als nachtelijke ontmoetingsplaats.

HOOFDSTUK 16

SOCIALE GROEPERINGEN: VROUWEN, MANNEN EN KINDEREN

De *ostal* (huis of *domus*) was de spil waaromheen zowel het sociale leven als de cultuuroverdracht draaiden, en niet alleen dank zij de avondbijeenkomsten. Dat het sociale leven zich ook in een ruimer kader manifesteerde had vooral te maken met de nogal strenge verdeling van de dorpsbevolking in een mannelijke en vrouwelijke helft.

De vrouwen waren overigens niet als zodanig georganiseerd; er bestond zelfs geen kloosterleven van vrouwen. De enige twee nonnen die min of meer in de buurt van Montaillou te vinden waren zaten in Tarascon, dat al heel wat lager lag, aan de samenvloeiing van de Ariège en de Vicdessos. Daar waren Brune de Montels en Marie verbonden aan de kerk van de Heilige Maagd van Savart, waar ze echte en zogenaamde priesters op doorreis onderdak boden en hen onthaalden op de gastronomische specialiteiten van de Sabarthès. Voor boeren die wegens het weigeren van de tienden geëxcommuniceerd waren hielden ze de toegangsdeuren tot het heiligdom echter onverbiddelijk gesloten. Maar het zou wat ver gaan te beweren dat ze met hun tweeën een heel klooster vormden.

De schijnbare of daadwerkelijke afwezigheid van een georganiseerd vrouwelijk gemeenschapsleven zou van lange duur zijn. Zelfs in de achttiende en negentiende eeuw, toen in de dorpen van de Provence clubs, cafés en verenigingen als paddestoelen uit de grond schoten, zelfs toen kwam deze verdichting van het sociale netwerk vrijwel uitsluitend aan het sterke geslacht ten goede. De vrouwen zouden blijven in wat ik de 'informele' sfeer zou willen noemen, maar dat stond evenwel niet gelijk met puur isolement. Er was in de veertiende eeuw in de Boven-Ariège sprake van een vaag gemeenschapsbesef bij de vrouwen, dat soms tegen de mannen gericht was.

'*Gaillarde Ascou zou de beste en dapperste vrouw van het dorp zijn, als ze niet zo bang was voor haar echtgenoot,*' zei Rixende Amiel uit Ascou (II, 366-367).

Maar belangrijker dan dit wat vage gemeenschapsbesef waren de vriendschapsbanden die binnen het geheel van de dorpsgemeenschap een paar kleine groepjes invloedrijke vrouwen met elkaar verbonden. Ik heb al opgemerkt hoe intiem en familiair de drie vrouwen die in naam of in werkelijkheid de matriarchen van het dorp waren met elkaar omgingen (Mengarde Clergue, Guillemette 'Belote' en *Na Roqua*). Als representanten van de groep die in het dorp de toon aangaf gingen deze dames uit de gegoede klasse geregeld bij elkaar op bezoek. Ze genoten gezamenlijk van de zon, gezeten voor de toegangsdeur tot de benedenverdieping van *domus* Clergue, en stuurden pakketjes naar degene uit hun midden die op dat moment in de kerkers van de inquisitie zat. Dit militante vriendinnentrio vormde de meest hardnekkige kern van het katharisme onder de vrouwen van Montaillou. Wat de andere vrouwen betreft die onder ketterse invloed waren gekomen (we kennen er zo'n stuk of twaalf), was er eerder sprake van volgzaamheid; zonder zelf over een al te sterke geloofsovertuiging te beschikken gaven ze toe aan de 'liefdevolle aandrang' van hun ouders of van bevriende *domūs* die al door de ketterij waren besmet.

Dit trio vormde overigens niet de enige vurig ketterse vriendinnenkring in Montaillou; er was ook nog een kwartet van soortgelijke aard, hoewel dat misschien wat minder onwankelbare opvattingen had. Het bestond uit Gauzia Clergue, Guillemette 'Maurine', Guillemette 'Benete' en Sybille Fort, allemaal vrouwen van boeren uit Montaillou en behorend tot de middenklasse en de lagere middenklasse. Ze waren heel dik met elkaar bevriend. Deze tweede groep vrouwen zou overigens heel wat minder sterk in de onrechtzinnige schoenen blijken te staan dan de drie matriarchen. Aan deze vriendschapsrelaties moeten we nog de banden van peetverwantschap toevoegen die ontstonden doordat men elkaars kinderen ten doop hield. En zo was de kliek van de dorpsmoeders ook in de veertiende eeuw al een feit.

Deze informele netwerken van vrouwen bestonden al voor de activiteiten van de kathaarse missionarissen, maar die maakten er wel op ruime schaal gebruik van: Pierre Authié bijvoorbeeld maakte, in alle eer en deugd, en voor doelstellingen die hij nuttig achtte, gebruik van een netwerk vriendinnen en sympathisantes in de Boven-Ariège, waartoe volgens de aanwijzingen van Sybille Pierre onder anderen (de lijst is niet uitputtend) een getrouwde vrouw en een jong meisje uit Ax-les-Thermes behoorden). Guillaume Authié specialiseerde zich op zijn beurt in het houden van clandestiene preken die hij voor deze of gene groep vrouwen organiseerde in Montaillou of Junac.

Het sociale verkeer tussen vrouwen overschreed – vooral in de dorpen – de klassegrenzen. Om volledig isolement te ontlopen moest de burchtvrouwe wel met de dorpsvrouwen omgaan en ze hoefde haar positie daar in het geheel geen geweld mee aan te doen. In Dalou had de ex-burchtvrouwe van Montaillou ten minste vijf goede vriendinnen *aan wie ze haar geheimen kon toevertrouwen*. Dat waren naar het schijnt bijna allemaal boerenvrouwen die niet van adel waren, en zelfs eenvoudige dienstmeisjes. Het was trouwens heel goed mogelijk dat de dienstmeisjes van een burchtvrouwe bij haar op de kamer sliepen en doorgaans waren ze dan ook volledig op de hoogte van haar liefdeleven; half chaperonne en half koppelaarster waren ze vaak ingewijd in geheimen waarvan de echtgenoot niets mocht weten. En die geheimen vertelden ze gemakkelijk door aan iemand die bij hen in de smaak viel. Zo waren ze in het dorp een van de steunpilaren van het informatiesysteem en een van de kanalen waardoor de cultuuroverdracht van de hoogste naar de laagste klassen stroomde.

In de tijd de Béatrice in Montaillou woonde, en later in Prades, deinsde ze er niet voor terug helemaal naar Caussou of naar Junac te gaan om haar zus te bezoeken die herstellende was van een bevalling. Ook ontmoette ze Raymonde de Luzenac *die haar aan het hart drukte of omhelsde, omdat ze familie was* (1, 237-238). Maar in Montaillou zelf strekten Béatrices betrekkingen zich ook uit tot de meest eenvoudige boerenvrouwen. De ex-burchtvrouwe kon uren doorbrengen rond het vuur van de een of andere eenvoudige *ostal* in het gezelschap van Raymonde Maury of Alazaïs Azéma die haar dan alle kathaarse en niet-kathaarse roddelpraatjes van dat moment vertelden. Aan het eind van deze vaak ketterse gesprekken was de schone dame nogal eens door de woorden van de boerenvrouwen uit haar evenwicht gebracht, en dan gaf ze een zak meel voor de *perfecti*.

De edelvrouwen in de Ariège waren gewoon om dit soort betrekkingen met andere vrouwen te hebben, zowel in het katholieke milieu in de stad, als op het kathaarse platteland. In Pamiers woonde de vrouw van de edelman Guillaume de Voisins altijd de mis bij in de kerk van St. Jean-Martyr, samen met een groot aantal andere vrouwen, vriendinnen en volgelingen. Er bestonden ook van dorp tot dorp verschillende patronageverhoudingen tussen boerenvrouwen en vrouwen van adel. Kaasverkoopster Alazaïs Azéma uit Montaillou kocht haar kazen bij Rixende Palhares, een vrouw uit Luzenac die in kaas handelde en de maîtresse was van een berooide plaatselijke edelman. Even later ontmoette ze een andere klant van Rixende, de adellijke vrouwe Raymonde de Luzenac, die ter plaatse het heerlijk gezag uitoefende, en ze omhelsden elkaar meteen vanwege de genegenheid die ze beiden koesterden voor de zoon van de kaasverkoopster die bezig was *perfectus* te worden.

De handel in kaas stelde vrouwen in staat waardevolle informatie door te geven. Zo was die Rixende Palhares niet alleen doorkneed in de kaashandel, maar ze was ook een professionele koerierster, die zonder ophouden heen en weer reisde tussen Limoux en Lordat, en tussen Ax-les-Thermes en Tarascon. Van haar wandeltochten bracht ze alle mogelijke soorten ideeën mee, die niet altijd even rechtzinnig waren. Hetzelfde verschijnsel zien we bij Alazaïs Azéma, varkenshoudster en kaasverkoopster te Montaillou. *'Op een dag,'* zo vertelt ze, *'ging ik naar Sorgeat om kaas te kopen en ik zag daar voor de deur van haar huis Gaillarde, de vrouw van Raymond Escaunier zitten. Daar die Gaillarde mijn nicht was ging ik naast haar zitten. En ze zei tegen mij: "Nicht, weet je dat de Authiés teruggekomen zijn?" En ik antwoordde haar: "Waar waren ze dan heen gegaan?" "Naar Lombardije," zei ze. "Ze hebben daar al hun bezittingen van de hand gedaan en ze zijn ketters geworden." "En hoe zijn die ketters?" vroeg ik. "Het zijn goede en heilige mannen." "In de naam van de Heer," besloot ik, "dat is dan misschien wel iets moois." En ik ging weg* (1, 318).'

Men kan wel raden dat het nieuws van de terugkeer van de Authiés snel de ronde zou doen in het Land van Aillon. Waarbij het tempo bepaald werd door de kaasverkoop van Alazaïs.

Een andere plaats waar vooral vrouwen elkaar ontmoetten was de molen. Volgens de in de Boven-Ariège gangbare werkverdeling waren het namelijk de vrouwen die het graan met de muilezel naar de molen brachten, om het daarna als meel weer terug naar huis te brengen. In Ax-les-Thermes verdrong zich in 1309 een menigte vrouwen uit de omgeving rond de plaatselijke molen die onder de heerlijke rechten van de graaf van Foix viel. Eén enkele man, molenaar Guillaume Caussou, moest het hoofd bieden aan een ware harem van graandraagsters en dat viel hem waarachtig niet mee. Het kwam tot heftige discussies. Een zekere Valentin Barra uit Ax, een aanverwant van de pro-kathaarse plaatselijke adel, was namelijk net vermoord en sindsdien klonken er 's nachts kreten van bovennatuurlijke oorsprong over het kerkhof waar hij rustte die zo huiveringwekkend waren dat de pastoors niet meer in hun kerk durfden te slapen. Een vrouw, Jaquette den Carot, maakte gebruik van de discussie die tussen de klanten van de molenaar over dit onderwerp oplaaide, om ten overstaan van al deze vrouwen de wederopstanding van de doden te loochenen. *'Heilige Maria, na onze dood onze vader en moeder terugzien. Terugkomen van de dood naar het leven! Opstaan met dezelfde botten en hetzelfde vlees dat we nu hebben! Kom nou toch!'* en Jaquette zwoer bij het meel dat ze net terugkreeg uit de zeef, dat ze geen woord geloofde van de verrijzenis van de lichamen. Ontsteltenis bij de molenaar volgens wie de wederopstanding beslist waar was, *want de minderbroeders en de priesters hebben het geschre-*

318

ven zien staan in de boeken en de oorkonden. Niet in staat tot verdere tegenspraak verliet Guillaume Caussou vervolgens Jaquette en de andere vrouwen om weer te gaan malen. Een arm klein meisje van twaalf jaar, een dienstmeisje van de pastoor – dat die dag aanwezig was bij de vrouwen in de molen – zou uiteindelijk de godslasterlijke scheldpartijen van Jaquette verklikken.

Een ander typisch vrouwelijke activiteit die de uitwisseling van ideeën bevorderde was het halen van water. Met een kruik op het hoofd moest men daarvoor gewoonlijk naar een bron lopen die op enige afstand van het dorp lag. '*Vijftien jaar geleden,*' zo vertelt Raymonde Marty uit Montaillou, '*kwam ik samen met Guillemette Argelliers uit Montaillou terug van het water halen. En Guillemette zei tegen mij: "Heb je de Goede Mensen (anders gezegd de ketters) gezien, in het huis van je vader?" "Ja," antwoordde ik. "Die Goede Mensen," zei Guillemette toen tegen mij, "zijn goede christenen. Ze hebben het geloof van Rome dat de apostelen hadden, Petrus, Paulus, en Johannes enz."* (III, 103)'

Maar er waren ook nog heel wat andere plaatsen waar het sociale contact tussen vrouwen tot ontplooiing kwam: in de keuken, op het uur van de vesper, voordat de mannen terugkeerden van het werk; in bed wanneer ze met drie vrouwen bij elkaar sliepen; op het dorpsplein bij het wederzijdse ontluizen (hoewel dat meer verbonden was met de politiek en met de mannen); rondom de lijken, die door de vrouwen werden opgebaard en waar zij over waakten. Tussen doodsstrijd en teraardebestelling kwam men zo weer voor een poosje in handen van de vrouwen, zoals dat tijdens de kindertijd ook het geval was geweest.

Natuurlijk zagen de vrouwen elkaar ook eenvoudigweg in het leven van alledag. De vrouwen van een arme *domus* gebruikte de zeef of de oven van een minder arme *domus*, men spon samen de wol, men kletste samen. Als het gerommel uit de maag van een reus klonk uit ieder dorp het gekeuvel der vrouwen op. Naast heel wat andere onderwerpen kwam daarbij natuurlijk de ketterij van deze of gene man of het liefdeleven van deze of gene vrouw ter sprake. Om dit gepraat en gezwatel op de juiste waarde te schatten, en die is niet gering, moeten we beklemtonen dat in die tijd de boerenvrouwen in het algemeen niet meer en niet minder ontwikkeld waren dan hun mannen. De verschillen die later zouden optreden door de werking van de dorpsschool – meestal voorbehouden aan de jongens – bestonden nog niet of nauwelijks. Dat de vrouwen in deze tijd een ondergeschikte positie innamen staat buiten kijf, hetgeen echter vooral te maken had met hun fysieke zwakte en met het feit dat ze gespecialiseerd waren in werkzaamheden die als minderwaardig golden (keuken, tuin, water dragen, moederschap, opvoeding).

Maar een woord uit vrouwenmond deed niet onder voor een woord uit mannenmond.

Rond het middaguur bezat de vrouwenmond zelfs een soort monopoliepositie: toen Guillemette Clergue bij haar ouders aanklopte om de muilezel te lenen (ze wilde naar Tarascon gaan om de graanvoorraad aan te vullen), vond ze de deur gesloten. Dat was heel normaal, want de mannen waren met de muilezel naar de akkers om rapen te rooien. De vrouwen (de buurvrouwen in dit geval) waren wel aanwezig en ze vormden op straat en in de deuropeningen een kwetterend groepje. Soms kwam er dan toch een enkele man voorbij, die de aanwezige dames wat gekscherende of laatdunkende woorden toevoegde, of aanstalten maakte om ze, 'bij wijze van spel', te bestijgen. Vandaar de al dan niet gespeelde schrik van de slachtoffers, meestal getrouwde vrouwen. *'Jij gedraagt je slecht.'* *'Niet slechter dan de bisschop van Pamiers!'* antwoordde de pseudo-satyr, trots op zijn wandaad (II, 368; II, 258).

De vrouwen zagen elkaar geregeld, ja zelfs dagelijks: *'In Montaillou,'* aldus Alazaïs Fauré, *'kwamen Guillemette "Benete", Guillemette Argelliers, Gauzia "Belote" en Mengarde, de moeder van de pastoor, bijna iedere dag bij Raymond Belot over de* (ketterse) *vloer* (I, 416).'

De Occitaanse boerenvrouwen vertoonden onder elkaar een onweerstaanbare behoefte om het woord te nemen en te houden. In zekere zin was het ze erom te doen weer iets van de macht en rijkdom op de mannen te heroveren. De meest vermetele vrouwen jutten hun wat banger uitgevallen soortgenoten enigszins op. Maar die lieten zich niet van hun stuk brengen... en bleven onderworpen aan hun echtgenoten. *'Veertien jaar geleden,'* zo vertelt Raymonde Marty uit Montaillou, *'ging ik naar het huis van mijn zwager Bernard Marty uit Montaillou. Ik trof daar Guillemette "Benete" en Alazaïs Rives (de vrouw van Bernard Rives) aan, die in de deuropening van dat huis zaten. Ze zeiden tegen me: "Nicht, kom even bij ons zitten." Maar ik bleef staan en deze vrouwen zeiden tegen me: "U zou de ketters een aalmoes moeten geven. Als je geen geschenken geeft (terwijl u de goederen van deze wereld in handen heeft, anders gezegd de wol en de overige rijkdommen van uw echtgenoot), gedraag je je slecht. Want de ketters zijn goede mensen." "De ketters zullen niet van mijn bezit genieten," antwoordde ik de twee vrouwen. "Jij bent slecht! Jij bent een ijskoude!" zeiden ze tegen mij. Maar ik keerde hen de rug toe.'*

De omgang tussen de vrouwen onderling had vooral betekenis op het gebied van informatie en communicatie, niet zozeer op de machtsvorming in eigenlijke zin. *'Het geleuter van de vrouwen is oppermachtig,'* schreef Louis-Ferdinand Céline *'... de mannen poetsen de wetten op, de vrouwen houden zich slechts met serieuze zaken bezig: de Publieke Opinie! (...) Zij staan niet aan uw kant?... Spring maar in het water!... Uw vrouwen zijn geestelijk minvermogend, schreeuwen als dwazen?... Des te beter! Hoe botter, koppiger en volslagen herenloos ze zijn, des te absoluter is hun macht.*'[1] Het is duidelijk dat het oordeel van de auteur van *Reis naar het einde van de nacht* nogal eenzijdig is, daarbij onjuist en getuigend van vrouwenhaat. Het blijft echter zo dat we ook in Montaillou een onderscheid kunnen aanbrengen dat enigszins in overeenstemming is met het onderscheid dat Céline zo onbehouwen formuleerde. Laten we zeggen dat in dit dorp de eigenlijke machtsstructuren in handen van de mannen bleven terwijl de vrouwen, dank zij hun netwerk van sociale contacten, met een groot deel van de berichtgeving belast waren.

'*In de tijd dat ik in het huis woonde van Raymond Belot en zijn broers,*' zo vertelde Raymonde Testanière, '*waren die Belots een nieuwe solier (bovenverdieping) aan het bouwen boven hun keuken... Ik had er een vermoeden van dat de ketters op de solier waren gaan slapen. Dus toen ik op een dag, tegen het uur van de vesper na het waterhalen, op de solier zacht hoorde praten, liet ik de broers Bernard en Raymond Belot, en hun moeder Guillemette, rustig in de keuken achter, waar ze zich bij het vuur zaten te warmen. Ik ging naar buiten, het erf op. Nu was er op dat erf een hele grote en hoge mesthoop. Van de top daarvan kon je via een spleet in de muur zien wat er op de solier gebeurde. Ik klom op die mesthoop en keek de solier in door de spleet, en in een hoek van het vertrek zag ik Guillaume Belot, Bernard Clergue, en ook de ketter Guillaume Authié, die zacht met elkaar praatten. Plotseling dook Guillaume Clergue beneden op. Ik werd bang. Ik daalde van mijn mesthoop af. "Wat voerde je op het erf uit," vroeg die Guillaume me. "Ik zocht het kussen dat ik gebruik om de waterkruik op mijn hoofd te dragen," antwoordde ik. "Ga weg. Ga terug naar huis. Het is je tijd," besloot Guillaume* (I, 459-60).'

Er zouden talloze voorbeelden te geven zijn van de nieuwsgierigheid en het geroddel die zo kenmerkend waren voor het 'zwakke geslacht' in het Land van Aillon. In Prades vertelde Raymonde Capblanch aan ieder die het maar wilde horen en met name aan Emersende Garsin: '*Ik heb door een kier van een deur, in Prades, gezien dat Pierre of Guillaume Authié een zieke de ketterdoop gaf* (I, 278).' De kletspraatjes van Raymonde, trots op haar heldendaad, waren van zodanige aard dat men bang was dat de inquisitie eerstdaags de *ostal* van haar vader en moeder zou komen vernietigen. In Montaillou zag Guillemette Clergue, toen ze met een kruik water over straat liep, twee in het groen geklede mannen in het huis van de Belots. Ze liep iets terug om beter te zien. Meteen verstopten ze zich: ketters, ongetwijfeld! Alazaïs Azéma kende nog minder scrupules: geluidloos gleed ze huize Belot binnen om een *perfectus* te bespioneren. Het luide geschreeuw van de opgeschrikte Guillemette 'Belote' kon daar niets aan verhelpen. In Prades werden Mengarde Savignan en Alazaïs onverbiddelijk naar bed gestuurd – dat ze overigens samen moesten delen – door Gaillarde Authié, de vrouw van Guillaume Authié, de *perfectus*: zij wilde namelijk de nachtelijke ceremonie waarin de *perfectus* Guillaume de ketterdoop moest geven aan Mengardes doodzieke schoonvader Arnaud Savignan, zoveel mogelijk geheim houden. Mengarde echter brandde van nieuwsgierigheid, en liet, uitgekookt als ze was, de deur die haar kamer scheidde van de keuken waar de oude Savignan lag te sterven op een heel klein kiertje staan. Zo kon ze mooi door die kier rechtstreeks alle bijzonderheden zien van de ketterdoop, die schaars verlicht werd door de nagloeiende resten van het keukenvuur. Weer in Montaillou waren het de twee vrouwelijke clans – het katholieke en het kathaarse roddelcircuit van dorpsmensen die elkaar bespioneerden en afluisterden tijdens de begrafenis van Guillemette 'Belote'.

Natuurlijk gaf in de Boven-Ariège ook deze of gene man wel eens blijk van ongezonde nieuwsgierigheid, maar dat viel in het niet vergeleken bij de sleutelrol die nieuwsgierigheid in het leven van de Occitaanse vrouwen speelde. Er zou de komst van een meer burgerlijke beschaving voor nodig zijn, met een grotere nadruk op het privé-leven, om dit vrouwelijke gespioneer op zijn minst iets terug te dringen.

Naast dit actieve gespioneer vertoonden de vrouwen in Montaillou vaak een enorme vraagzucht. Vooral de jongere vrouwen konden een waar kruisvuur van vragen aanleggen. De eindeloze herhalingen konden uiteindelijk een vervelende en kinderachtige indruk maken.

Zo stelde Raymonde Guilhou een hele serie vragen aan Raymonde Lizier tijdens het waterhalen, in de oogsttijd in Montaillou: *'En wat hebt u gedaan voor Guillemette Belot?' 'En hoe zijn die rechtschapen mannen (de Goede Mensen)...?' 'En hoe kunnen ze gezegende mannen zijn?* (II, 222-223).'

Of de vragen van een luizepikster (Raymonde Guilhou) aan degene die ze onderhanden nam (Mengarde Clergue). *'En weet u wat Raymonde Lizier me onlangs gezegd heeft?'* (Antwoord: *'En wat heeft ze je gezegd?'*)... *'En hoe zijn die rechtschapen mannen?'* ... *'En hoe is dat mogelijk?'* ... *'Worden de mensen niet eerder gered door de handen van de pastoors, die het lichaam van Christus in beheer houden, dan door de handen van die Goede Mensen* (II, 223).'

Guillemette Clergue ging in de omgang met haar schoonzuster en het echtpaar Tavernier op dezelfde manier te werk en kreeg dan zelf ook weer zo'n spervuur van vragen terug: *'Wat gebeurt er, heeft je man je geslagen?'... 'En waar gaat je oom Prades Tavernier heen?' 'En waar zal hij vannacht slapen?'... 'En waar is Meester Prades Tavernier?' 'En waarom komt uw moeder Alazaïs niet?... 'En waarom gaat Prades Tavernier niet door met linnen te weven?* (I, 337-339).' De vragenstellerij kon beginnen met eenvoudige en prozaïsche zaken, om dan alras op te stijgen naar de grote filosofische en religieuze vraagstukken. Tijdens de oogst bestookte Guillemette Clergue haar moeder met een waar spervuur van vragen terwijl ze rustig doorging het graan te maaien: *'En waar is mijn broer Pons?'* (Antwoord: *'Hij is met oom Prades Tavernier meegegaan.'*) *'En wat voert onze oom Prades Tavernier uit met vrouwe Stéphanie de Verdun?' 'Waarom heeft hij zijn huis en zijn ambacht in de steek gelaten en zijn bezit verkocht?'* (Antwoord: *'Hij is met Stéphanie in Barcelona gegaan!'*) *'En wat hebben Prades en Stéphanie in Barcelona te zoeken?'* (Antwoord: *'Zij gaan de Goede Mensen ontmoeten.'*) *'En wie zijn die Goede Mensen?'* (Antwoord: *'Zij raken vrouw noch vlees aan: men noemt ze ketters.'*) *'En hoe kunnen het dan Goede Mensen zijn, als men ze ketters noemt?'* (Antwoord van moeder Alazaïs Rives: *'Jij bent dom en onwetend. Het zijn Goede Mensen omdat ze de zielen van de mensen naar het paradijs sturen!'*) *'En hoe kunnen die ketters de zielen naar het paradijs sturen, terwijl de priesters biecht horen en het lichaam van de Heer beheren, opdat, zoals men zegt, de zielen gered worden?'* (Laatste antwoord van de ontmoedigde moeder: *'Het is duidelijk dat je jong en onwetend bent!'*) (I, 334-335).

Dit betekende meteen het einde van het gesprek, en de twee vrouwen gingen verder met het maaien van het graan op de familieakker op een plaats die Alacot heette, binnen het gebied van Montaillou beneden het dorp.

Het is de vraag of er buiten die nieuwsgierigheid en dat sociale verkeer, nog een specifiek vrouwelijk waardenstelsel bestond in Montaillou en de berggebieden van de Boven-Ariège. We weten dat de vrouwen in Montaillou, op een paar opvallende uitzonderingen na, eerder een doelwit vormden van de kathaarse propaganda dan dat ze er actief aan meewerkten. Voor de meesten van hen was – in tegenstelling tot de mannen – de ketterij niet iets dat voortsproot uit hun eigen geestdriftige overtuiging of bekering. Ze aanvaardden het katharisme veeleer als een geschenk uit de hemel of van buitenaf, omdat hun echtgenoten, vaders, broers, minnaars, vrienden, neven, of buren hen ermee in aanraking hadden gebracht en, soms onder valse voorwendselen, in de een of andere ketterse plechtigheid hadden betrokken. Vaak was het zo, de reeds genoemde speciale gevallen van de matriarches even buiten beschouwing gelaten, dat de vrouwen zich slechts voor korte tijd aansloten en het nieuwe credo slechts lippendienst bewezen; het was uitgesloten dat ze voor hun nieuwe geloofsovertuiging desnoods op de brandstapel zouden klimmen. Ze voelden die nieuwe ketterse identiteit als iets vreemds, als een keurslijf waar ze met geweld ingeperst werden. Als we op de vrouwelijke getuigenverklaringen af mogen gaan dan ontsproot die hardnekkig afwijzende houding uit het hart, een merkwaardig orgaan, waarin blijkbaar vooral plaats was voor traditionele opvattingen en heftige gevoelens. Zo liet Brune Pourcel, de arme bastaardvrouw, zich bijvoorbeeld een moment van haar stuk brengen door de argumenten van Alazaïs Rives, die haar onverhoeds meedeelde dat uitsluitend de ondergronds opererende *perfecti* in staat waren om de zielen te redden. Maar de kleine Pourcel, wier door het volksgeloof bepaalde mentaliteit ontoegankelijk bleef voor de verfijningen van de kathaarse leer, wist zich snel te herstellen: '*Nog voor ik het erf van Alazaïs' huis had verlaten,*' vertelde ze, '*kreeg ik weer voeling met mijn hart en ik vroeg mijn gesprekspartner: "En hoe is het dan mogelijk dat die Goede Mensen die zich verborgen houden, werkelijk de zielen kunnen redden?*" (1, 383)'

Op een wat hoger niveau werd ook Béatrice de Planissoles bewerkt door de onrechtzinnige propaganda, met het doel haar tot een ontmoeting met de *perfecti* te dwingen maar uiteindelijk stelde ze toch heel duidelijk: '*Neen, ik heb de Goede Mensen niet ontmoet, en kan in mijn hart in het geheel geen redenen vinden die me er toe zouden aanzetten hen wel te ontmoeten.*'

Of het er nu om ging hun mannelijke buren te bespioneren of trouw te blijven aan de geloofsovertuigingen van vroeger, de vrouwen voelden zich er bovenal emotioneel bij betrokken: het was hun hart dat het sterkst sprak. De vriendschap tussen vrouwen werd minder bepaald door het concurrentiebeginsel dan door hun onderlinge solidariteit.

Het sociale contact tussen mannen bezat een meer algemeen karakter dan dat tussen vrouwen en had in politiek opzicht een grotere betekenis voor de dorpsgemeenschap als geheel. Het kon zich, zoals bekend, manifesteren op de avondbijeenkomsten: het katharisme, allergisch voor de onreinheid van de vrouwen, versterkte de oude gewoonte om de mannen apart te zetten, met de buik tegen de tafel, of op een bank in de uitstraling van het vuur, terwijl de vrouwen elders op hun hurken zaten. De mannen waren ook weer onder elkaar tijdens het werk op het land, vooral in het seizoen dat de grond bewerkt werd en in de oogsttijd.

Ze konden daarnaast ook nog hun eigen gezellige gelegenheden hebben, met spel of zang: in Prades d'Aillon vlak bij Montaillou, kwamen zeven of acht dorpelingen, allemaal mannen, geregeld samen bij Pierre Michel (ook wel genaamd De Rooie) om er te dobbelen en te schaken, waarbij ze volledig in hun spel opgingen. Als we Raymonde de Poujols (de dochter van Michel) mogen geloven, gaven ze zich niet eens de moeite om Prades Tavernier op te zoeken die zich verborgen hield in de kelder van haar vader (II, 401). Het ging daar ongetwijfeld om gezelschapsspelen, die 's avonds beoefend werden, en wel alleen door mannen. Meer dan eens werden de bijeenkomsten van mannen 'muzikaal omlijst': de fluit was een verplicht onderdeel van de uitzet van iedere herder, rijk of arm (van een verarmde herder zei men in Montaillou dat hij *zelfs geen fluit meer bezat!*) (II, 182).

Mannen onder elkaar hoorden graag wat gezang; bij een maaltijd ten huize van Hugues de Sournia, op Hemelvaartsdag, zaten acht personen aan, uitsluitend mannen, onder wie een bedelmonnik die men uit liefdadige overwegingen aan het einde van de tafel liet zitten. Voor het eten vroeg men hem om het *Ave-Maria* te zingen, maar dit verzoek deed men eerder uit esthetische dan uit religieuze overwegingen: zodra het te vroom ging klinken werd de broeder door zijn disgenoten het zwijgen opgelegd. En in Pamiers neuriede men in het koor van de kerk (gereserveerd voor de mannen) zachtjes de tekst van de antiklerikale *copla* van Pierre gardenal.

Maar van grotere betekenis was het samenkomen van vrijwel alle mannen van een bepaalde (dorps)gemeenschap, op straat, maar eerder nog onder de olm van het dorpsplein zoals bijvoorbeeld op zondag. Dit was de eeuwige *agora* van de mediterrane wereld, gekerstend door de mis: men praatte er over vrouwen, en vooral over religie. '*Datzelfde jaar*,' aldus Guillaume Austatz, de boer en baljuw uit Ornolac in 1320, '*nadat men vlak bij Pamiers de ketter Raymond de la Côte had verbrand, bevonden zich op een zondag zes mannen uit Ornolac op het dorpsplein onder de olm: ze hadden het over het verbranden van de ketter; ik ging erbij staan en zei tegen hen: "Ik zeg jullie dit: Die man die verbrand is was een goed priester."* (I, 208)'

Een andere keer, eveneens in Ornolac, waren zeven mannen bij elkaar (van wie er vier of vijf bij het voorgaande debat al aanwezig waren geweest), weer op dezelfde plaats. De discussie ging ditmaal over het lot van de zielen na de dood en over de respectabele afmetingen waarover het paradijs zou moeten beschikken om alle zielen op te nemen van de ontelbare mensen die iedere dag sterven. (Misschien was het tijdens een epidemie). De baljuw Guillaume Austatz bestormde wederom de discussiërende groep en wist iedereen gerust te stellen. Hij deelde zijn zeven mannelijke toehoorders mee dat de hemel nog groter was dan een ontzaglijk huis dat zich uit zou strekken van Toulouse tot de Pyreneeënpas van Mérens: daarom bestond er geen enkel gevaar dat er in de nabije toekomst in de hemel woningnood zou optreden.

Bernard Jean, de pastoor van Bédeillac, schetst in 1323 een tafereel van zo'n mannenbijeenkomst: '*Dat jaar, op een feestdag, ik geloof de zondag voor St. Jan, na het middageten, tussen het uur van de noen en het uur van de vesper, bevonden ikzelf, Arnaud de Bédeillac en nog een paar andere mensen uit het dorp, van wie ik me slechts drie namen herinner (volgen de namen) ons onder de olm die vlak bij het kerkhof van de kerk van Bédeillac staat. Ik was de enige die zat, de anderen stonden. Er werd gepraat over de graanoogst: "We hebben ons er zorgen om gemaakt (zei een man) maar dank zij God is ze goed."* (III, 51).'

Een van de aanwezigen, Arnaud de Bédeillac, antwoordde toen dat het niet God was die over het graan waakte, maar dat het uitsluitend de natuur was die de oogst voortbracht. Daarop uitte de pastoor kreten van afschuw en verliet Arnaud met een grimmig gezicht stilletjes de bijeenkomst vanwege het schandaal dat hij had veroorzaakt. In Bédeillac waren er vaak dit soort informele samenkomsten van mannen, 's zomers op het plein. Een paar dagen later was er een andere, ook weer zeer stormachtig en vol volkswijsheden: '*Datzelfde jaar,*' vertelt Adhémar de Bédeillac, '*zaten ikzelf, Arnaud de Bédeillac, de pastoor Bernard Jean, en nog een paar andere mannen waarvan ik de namen vergeten ben, onder een olm voor de kerk van Bédeillac en we hadden het over een bepaalde fontein in het diocees van Couserans. Er wordt verteld dat men daar vroeger, in de heel oude tijden, eens vissen aan het bakken was in de koekepan. Maar de vissen die gebakken werden sprongen in de fontein, en daar kan men ze nog zien, aan één kant gebakken* (III, 52).' '*In die tijd verrichtte God heel wat wonderen,*' mengde de schelle stem van Arnaud de Bédeillac zich in de discussie. Daarop trakteerde pastoor Bernard Jean, die zich nu echt boos begon te maken, Arnaud op een donderpreek. Meteen trok hij zijn naturalistische blasfemieën in... Het dorpsplein vervulde dus – op veel bescheidener schaal! – de rol die het vrijdenkerscafé in de negentiende eeuw zou spelen. In Goulier (parochie van Vicdessos) ging het nog verder. Wanneer men even uitrustte van de gierstoogst, dan laaiden er op de *agora* (dorpsplein) hevige discussies op tussen eenvoudige boeren en geestelijken die ook op het land werkten; af en toe waren er ook wat vrouwen bij. Men sloeg elkaar dan om de oren met argumenten vóór en tegen de kathaarse opvatting dat er twee goden waren.

Bij deze gelegenheden vonden soms discussies plaats die niet zoveel verschilden van de gesprekken die in de intimiteit van de huiselijke kring of tijdens het werk op het land gevoerd werden tussen ouders en kinderen. Maar het contact tussen de mannen kon ook een specifiek eigen karakter dragen en nam dan een afzonderlijke positie in gescheiden van het familiegebeuren. Luister maar naar de getuigenverklaring van Raymond de l'Aire, een boer uit Tignac, en een zeer onafhankelijke geest (hij presteerde het om tegelijkertijd de verrijzenis, de kruisiging en de vleeswording te loochenen!). Op een dag was hij op het dorpsplein aan de praat met drie of vier van zijn dorpsgenoten (of nog meer). Zonder een spoor van schaamte verklaarde Raymond aan de omstanders dat de ziel alleen maar uit bloed bestond, dat de ziel sterfelijk was, dat er geen andere wereld, of 'tijd' bestond dan de eigen tijd, etc. Tot zover eigenlijk niets bijzonders, tenminste binnen de kritische stellingname van degenen die later in Pamiers ondervraagd zouden worden. Maar Raymond de l'Aire werd nog scherper ondervraagd door Jacques Fournier: '*Hebt u met uw vrouw Sybille over die dwalingen gesproken?*' '*Nee,*' antwoordde Raymond die er echter niet voor was teruggeschrokken om de bisschop schaamteloos veel zwaardere vergrijpen te bekennen dan zo'n echtelijk onderonsje. '*Heeft u er met uw schoonzus Raymonder over gesproken, die u enige tijd tot uw concubine hebt gemaakt, hoewel ze uw schoonzus was?*' Wederom een ontkennend antwoord. '*En met uw zoon Raymond?*' '*Ook niet* (II, 132).'

Het sociale verkeer tussen de mannen hield niet op bij dit soort ideologische woordenstrijd, het leidde ook tot kritiek op de gevestigde instellingen; en dan vooral op de kerkelijke, die door de bevolking veel heviger ter discussie werden gesteld dan de wereldlijke structuren. Op niets ontziende wijze werden de verantwoordelijke personen van die instellingen door de mannen over de hekel gehaald: de herders en schapenhouders richtten hun aanvallen op de prelaat in eigen persoon, de heffer van de tienden op het vee. Vijf inwoners van Lordat discussieerden in 1320 onder de olm van het dorpsplein over de aanstaande betaling van de tienden op de lammeren (ook wel de krijtende tienden of bloedtienden genoemd). '*We zullen die bloedtienden moeten betalen,*' zei een van hen. '*Laten we niets betalen,*' antwoordde een ander, '*laten we liever honderd ponden in geld bij elkaar leggen om twee mannen te betalen voor het vermoorden van de bisschop.*' '*Mijn aandeel zou ik met liefde neertellen,*' besloot een derde, '*nooit zou geld beter zijn besteed (II, 122).*'

In het dorp Quié, dat niet erg van Montaillou verschilde en wat meer stroomafwaarts lag in de Boven-Ariège, krijgen we een scherp beeld van zo'n mannenbijeenkomst, evenzeer door tegenstellingen verdeeld als door gemeenschapsgevoel verbonden. Raymond de Laburat, veehouder en wijnboer gaf een gedetailleerd verslag van de vele informele en meer of minder druk bezochte bijeenkomsten van mannen uit dit dorp op Pasen en op Palmpasen. Ten minste een deel van de samenkomsten van de mannen uit Quié had evenwel plaats buiten de grenzen van het dorp. De betrokkenen ontmoetten elkaar in de 'stad' Tarascon-sur-Ariège, op het plein voor de kerk van Savart, die dienst deed als parochiekerk van de inwoners van Quié, die ook geregeld naar de plaatselijke markt op hetzelfde plein gingen. Ik beklemtoon de heel bijzondere rol die de *stedelijke* kerk van Savart-Tarascon speelde voor de van het *platteland* afkomstige mannen van Quié: het sociale gedrag van de mannen vormde zo te zien een verbindingsschakel tussen stad en platteland.

Hoe het ook zij, en of de kerk nu al dan niet op het grondgebied van de dorpsgemeenschap lag, de kerk, het kerkplein, de mis, en vooral het gebeuren vóór en ná de mis, vormden de gelegenheden bij uitstek voor het sociale contact tussen de mannen. Het is mogelijk dat de boeren uit de Boven-Ariège de beschikking hadden over een geprivilegieerde plaats in hun parochieheiligdom (bijvoorbeeld het koor), terwijl hun vrouwen verbannen werden naar het schip, al is dit niet zeker. In ieder geval staat wel vast dat het mannelijk deel van de bevolking de dorpskerk beschouwde als zijn zaak, zijn bezit, als het gebouw dat, vrijwillig of in corvee, met de eigen eeltige handen gebouwd was.

Algemeen leefde dan ook de overtuiging dat de hiërarchie van bisschoppen en pastoors slechts een soort vruchtgebruik genoot van het huis van de eredienst: '*De kerk en de klokken zijn van ons, wij hebben haar gebouwd, wij hebben al het noodzakelijke er ingezet en gekocht; wij onderhouden haar: wee de bisschop en de priesters die ons uit onze parochiekerk verdrijven en ons beletten daar de mis te horen en ons buiten in de regen laten staan,*' verklaarde Raymond de Laburat voor een groep geëxcommuniceerde mannelijke dorpsbewoners (II, 311, 320). Net als zij was hij buitengesloten van de communie vanwege het niet betalen van de tienden. Hij stelde uiteindelijk voor om gewoon maar in het vrije veld een mis te gaan vieren, omdat het hun nu verboden was de gewone mis bij te wonen, in de kerk die hun nota bene toebehoorde ook.

Wat voor, tijdens en na de mis plaatsvond was een soort informele volksvergadering, die, hoe onofficieel ook, toch het belangrijkste politieke orgaan van de dorpsgemeenschap was en ook het officiële aangezicht van het dorp bepaalde, dat bestond uit de oogstbewakers (*messiers*), de magistraten (*consuls*) en de omroepers, die gekozen konden worden door de familiehoofden of door coöperatie.

De mannen verdedigden als groep de privileges die de mensen uit de bergen krachtens het gewoonterecht bezaten tegen de nieuwe heffing van tienden die de bisschop hun wilde opleggen. De pogingen van de geestelijken om hun aanspraken op deze parasitaire heffingen door te drukken werden door de tiendplichtigen met plannen tot bruut lichamelijk geweld beantwoord: '*Als die geestelijken en pastoors nou eens de grond konden gaan omspitten, en bewerken;... wat de bisschop betreft, ik wil hem wel eens tegenkomen op een bergpas en dan zullen we eens een robbertje vechten over die kwestie van de bloedtienden. Dan zal ik wel eens zien wat die bisschop in huis heeft!*' donderde Raymond de Laburat, voor een verzameling van een stuk of twaalf boeren, bij wie de agenten van de bisschop (de *consuls*) de beruchte bloedtienden waren komen opeisen.

In Montaillou zelf en in het Land van Aillon was het sociale verkeer tussen mannen een minder in het oog vallende aangelegenheid dan in Quié en Lordat. Het kerkplein liep er slechts zelden vol mannen. Misschien werd dat veroorzaakt door de grote onenigheid die er in ons dorp heerste, door de angst voor verklikkers, of door de lichtelijk verminderde betekenis van de kerkelijke instellingen. We moeten er ook nog aan toevoegen dat in Montaillou, oord van rondtrekkende herders, de werkelijk belangrijke ontmoetingen tussen de mannen vaak plaats hadden op grote afstand van het dorp: op de Pyreneeënpassen, bij de *cabanes*, bij het scheren van de schapen, of bij het melken: of ook wel op de grote wol- of lammerenmarkten in de steden; eerder daar dan onder de dorpsolm voor de kerk. Maar dit verhinderde toch niet dat ook in de dorpen in het kleine Land van Aillon de mannen zich lieten zien. In Prades en in Montaillou werden de officiële brieven van de bisschop over een bepaalde ketterse affaire voorgelezen bij de notaris, in aanwezigheid van een groep mannen en notabelen, waaronder we de bekende namen Benet, Clergue, Argelliers etc. aantreffen. Naast de *consuls*, de officiële magistraten, bestond er dus ook hier een informele groep van invloedrijke mannen die vorm gaven aan het politieke leven van de plaatselijke gemeenschap.

Deze geprivilegieerde band tussen deze mannen en de gemeenschap werd nog onderstreept door de toponymische gegevens. Vlak bij huis, in Prades d'Aillon, waren ten minste zeven mannen die de voornaam 'Prades' droegen (Prades Tavernier, Prades Buscailh, etc.).

Na de sociale omgang tussen de mannen onderling en de vrouwen onderling rest ons nog die van de jongeren.

We hebben al opgemerkt dat de structuren van het sociale leven enigszins uitgehold werden door de versplintering in *domūs*. Binnen de *domus* werd iedere fratrie gekortwiekt en gecontroleerd door de oudere generatie, in de persoon van een weduwe, weduwnaar of echtpaar. Daarenboven hadden de scheidslijnen die de laatste eeuwen onder de boerenjeugd aangebracht werden door de dorpsschool en dienstplicht, nog geen invloed op de ongeletterde en niet-dienstplichtige jongeren in het veertiende-eeuwse Montaillou.

Ondanks deze afwezigheid hebben de teksten ons toch nog wel wat te melden over de manier waarop jongeren en kinderen met elkaar omgingen. In La Bastide-Serou en in Junac hoedden kinderen runderen en varkens. Ze speelden priestertje, terwijl ze bieten en rapen aten: ze sneden een ronde plak af, die een van de deelnemers aan het spel vervolgens ophief in zijn handen zoals een priester het met een hostie zou doen. In de zestiende eeuw dook deze rapenhostie weer in de Pyreneeën op, in verband met de hekserij.

Een andere keer waren het jonge boerenknechten, bezig met de gierstoogst, die allerlei fratsen uit haalden in de stal die als hun slaapruimte dienst deed: hun werkgever had ze daar met een paar per bed bij elkaar gestopt. De lol overschreed al snel het stadium van wat in onze tijd het eenvoudige kussengevecht zou zijn. Een van de jonge arbeiders, Pierre Acès, ging in deze geïmproviseerde slaapzaal weer eens over tot het spottend opgeheven houden van een rapenhostie en gebruikte een glazen beker als de miskelk. De andere jongelui waren hevig ontdaan. Pierre Acès werd in daarop volgende dagen meteen ontslagen door zijn werkgever die deze jonge knecht beschouwde als een onberekenbare en gevaarlijke praatjesmaker. Een van de getuigen zou hem later onder bedreiging van een mes verklikken, en dit maakte het mogelijk om de grappenmaker voor de rechtbank van Jacques Fournier te laten verschijnen.

Wat de jongeren ook deden, of het nu spelen, lol maken, of streken uithalen was, het had een serieuze keerzijde en een culturele inhoud. Het betekende waarschijnlijk ook dat er in het land van Ariège en Aude een bepaalde leeftijdsgroep van jongeren onderscheiden werd met daaraan verbonden een aantal specifieke activiteiten.

Aude Fauré, getrouwd in Murviel (Ariège), had nog nooit aan de communie deelgenomen toen ze trouwde, en dat deed ze op zeventien- of achttienjarige leeftijd (ii, 82-83). '*Waarom die onthouding,*' gromt haar echtgenoot. '*Omdat,*' antwoordt zij, '*het in het dorp Lafage, waar ik vandaan kom, niet de gewoonte is dat jonge mannen en jonge vrouwen het lichaam van Christus ontvangen.*' De jongeren vormden dus, in deze streken, een groep, die in twee secties was onderverdeeld (jongens en meisjes); men verliet deze groep pas tegen het negentiende of twintig-ste jaar met de 'eerste communie', die opgevat werd als een overgangsri-te naar de volwassen leeftijd (en voor de meisjes vaak samenviel met de huwelijksdag). Zelfs op plaatsen waar de rite in kwestie niet als zodanig bestond werden de groep van de jongeren en de twee subgroepen (jon-gens en meisjes) waarschijnlijk beschouwd als afzonderlijke eenheden.

Wie jonger was dan twintig of vijfentwintig hield in ieder geval van zingen (ik denk aan het drinklied dat het flirten begeleidde, zoals toen Pierre Maury, nauwelijks volwassen, *'een meisje mee uit nam'* naar de kroeg van Ax-les-Thermes). Deze leeftijdsgroep was gespecialiseerd in spel en dans, waar overigens ook de jonge net getrouwde echtgenoten voor uitgenodigd werden: '*Op de dag van het feest van St. Petrus en St. Paulus*,' vertelde Guillemette Clergue, geboren en getrouwd in Mon-taillou, '*ging ik, na de mis en de maaltijd spelen en dansen met de andere jongeren en meisjes uit het dorp Prades; 's avonds ging ik naar het huis van mijn oom, in Prades, om daar te eten* (1, 338).'

Evenzo vochten en dansten de jongens die door de homoseksuele Ar-naud de Verniolles verleid werden voor ze zijn verlangens bevredigden. De dans was echter niet uitsluitend het privilege van de prille leeftijd. In 1296, op de bruiloft van Béatrice de Planissoles, was Guillame Authié, al van rijpe leeftijd, een van de 'springers'. Later zou hij zich in Montaillou een zekere populariteit verwerven op grond van zijn vaardigheid om de dans te leiden.

Hun eventuele beroepsuitoefening even buiten beschouwing gelaten, was het sociale verkeer van de vrouwen dus gespecialiseerd in informatie en inlichtingen voor intern gebruik en dat van de mannen in de politieke besluitvorming en de contacten met de omringende samenleving. Dat van de jongeren was, voor zover het bestond, minder gericht op kennis-verwerving, opvoeding en actief handelen, dan wel op de belangeloze uitwisseling van genegenheid in zang en dans. De opvoeding van de meisjes was vooral gericht op muziek, zang en dans, en zou nog eeu-wenlang de sporen van deze geestesgesteldheid blijven dragen. De op-voeding van de jongens daarentegen zou langzaam aan een steeds meer repressief en intellectueel karakter krijgen.

HOOFDSTUK 17

KROEG, KERK EN CLAN

Het sociale leven bleef niet beperkt tot de drie gescheiden circuits die ik in het vorige hoofdstuk heb behandeld. Mannen, vrouwen en kinderen kwamen met elkaar in contact tijdens het werk op het land en tijdens het ontluizen, maar ook op straat en in de *domus*. Gelegenheid waar dat contact nog duidelijker gestalte kreeg waren de kroeg en de mis.

Een echte kroeg werd gedreven door een echtpaar en voornamelijk bezocht door mannen, maar ook door vrouwen. Anders dan de *bistro* in de jaren 1900-1950 was de kroeg in het Montaillou van de veertiende eeuw waarschijnlijk niet uitsluitend bestemd voor het sociale verkeer tussen de mannen.

In Montaillou zelf bestond de kroeg alleen in embryonale vorm, net als trouwens in de meeste zuiver agrarische dorpen die wijn importeerden. Fabrisse Rives bijvoorbeeld 'hield kroeg' in ons dorp. Maar of ze de drinkers in een speciaal daarvoor bestemde ruimte ontving is geenszins zeker. De voornaamste activiteit van de 'kroeghoudster' bestond erin om op bestelling 'wijn te verkarren' naar de woning van meer of minder rijke inwoners als Clergue, Benet etc. Fabrisse Rives was, zoals we gezien hebben, erg slecht op haar beroep toegerust.

De echte kroegen, met een aparte gelagkamer voor de drinkers, treffen we slechts aan in de stadjes en op de knooppunten van het verkeers- en handelsnetwerk. Op markten en jaarmarkten kregen de boeren en de boerinnen daar de gelegenheid contacten te leggen met mannen, vrouwen, meisjes, priesters of leken uit andere streken en andere milieus. Een belangrijke kroeg in Foix werd gehouden door Pierre Cayra en zijn vrouw Gaillarde, die belast was met het afmeten van de wijn. Stedelingen en dorpelingen uit het graafschap Foix op doorreis (in meerderheid mannen, maar ook enkele vrouwen), becommentarieerden er de executie van een aanhanger van de Waldenzen op de brandstapel. Ze wezen elkaar op wonderlijke details: '*De veroordeelde heeft zijn handen ten hemel geheven, vanaf het moment dat het vuur zijn boeien had vernietigd.*'

Sommige lieden, zoals Bérenger Escoulan uit Foix, maakten een ronde langs de kroegen van de stad om nieuwtjes te verzamelen en te vertellen. Zo maakten ze van de kroegen de klankkasten voor het mondeling verspreiden van nieuwsberichten. De tijdens en na het drinken gevoerde gesprekken werden vervolgens via tussenpersonen 'teruggekaatst' naar de bergdorpen: zo kon vanuit die kroegen de strijd van de boeren in een afgelegen streek tegen de ketterverbranding en de tienden gestimuleerd worden. Bepaalde kroegen waren overigens echte trefpunten voor ketters. '*Ik ging naar Ax-les-Thermes,*' vertelt Guillaume Escaunier, '*en toen ik door Coustaussa kwam, stopte ik in de kroeg om wat te drinken. Sommige van de daar aanwezige drinkers wisten dat ik gelovig was* (aan de ketters). *Ze vroegen me: "Waar ga je heen?" "Naar Ax," antwoordde ik. "Ik ga een ketter zoeken om mijn moeder, die op sterven ligt, de ketterdoop te geven." Toen zei een jonge man die daar aanwezig was (ik geloof Pierre Montanier): "Je zult niet alleen gaan. Ik zal je vergezellen!" En zo vertrokken we met zijn tweeën naar Ax... (II, 14)*'

Toch kwam de kroeg op de tweede plaats. De mis was en bleef het grote gebeuren in het sociale leven, het zondagse rustpunt in de week dat de grote massa van de dorpelingen bij elkaar bracht. Ook al werd de kroeg ook door boeren bezocht, het bleef een verschijnsel dat eerder voorkwam in steden en stadjes dan in een dorp. De mis was echter alom tegenwoordig en werd in iedere parochie gezongen of gelezen. Alleen dorpen die geen kerk hadden moesten hun gelovigen naar een heiligdom in het dichtstbijzijnde stadje sturen.

Ook voor ongelovigen en Katharen behield de mis haar nut als ontmoetingsplaats; men kon er bijvoorbeeld een ontvoering beramen. Voor de katholieken lag het nog eenvoudiger. Het deelnemen aan de eredienst vormde voor hen het cruciale moment in de geloofsbeleving. '*Ons heil bestaat geheel en al in de mis,*' verklaarde Gaillarde Cayra, een kroeghoudster uit Foix.

In Montaillou zelf kunnen we constateren dat ook lieden met kathaarse sympathieën als Pierre Maury en Béatrice de Planissoles bij tijd en wijle de mis tamelijk geregeld bezochten. Bij gelegenheid vielen ze zelfs op door specifiek katholieke vertoon van vroomheid. Overigens wekten ze niet de indruk dat ze zich van die tegenspraak bewust waren. Dit 'van twee walletjes eten' was destijds namelijk helemaal niet schokkend. Béatrice schonk de Maagd gekleurde kaarsen, Pierre Maury schonk St. Antonius wollen vachten.

Vanuit antropologisch gezichtspunt bestaat er geen vanzelfsprekend onderscheid tussen de zondagsmis en de een of andere heidense religieuze ceremonie, die met regelmatige tussenpozen de leden van een Indianenstam in het hart van een pueblo samenbrengt. Veel meer dan de kroeg was het de mis waar de mannelijke en vrouwelijke dorpsbewoners elkaar ontmoetten. Zeker, we hebben al gewezen op de speciale band tussen de mannen van een dorp en hun parochiekerk, die zij of hun voorouders ooit eigenhandig gebouwd hadden. Maar de mis was en bleef een ceremonie die door mensen van beiderlei kunne en uiteenlopende leeftijd bezocht werd; hoeveel individuele inwoners er ook in gebreke bleven (en dat waren er wellicht heel wat in Montaillou).

Vandaar het belang van de mis voor de verspreiding van subversieve ideeën in het dorp. De verbreiding van de ketterij geschiedde namelijk niet altijd ondanks maar ook wel eens dank zij de mis. Een half-intellectuele pastoor plukte uit een boek wel eens een paar onrechtzinnige bonen, die daarna via de zeef van de preekstoel terecht kwamen bij de ongeletterde parochianen. Een voorbeeld: ten overstaan van vijftig bij de zondagsmis verzamelde dorpelingen ontkende Amiel de Rieux, kapelaan van de kerk van Junac, de komende wederopstanding van het vlees: '*Je moet weten,*' zei Amiel tegen zijn kudde die hij tutoyeerde alsof hij slechts tegen één persoon sprak, '*dat je bij het laatste oordeel op zult staan met vlees en bloed. Je zult je oordeel dus horen met lichaam en ziel. Maar ná het oordeel, dan zal je ziel naar de hemel of naar de hel gaan, terwijl je lichaam terug zal keren naar de begraafplaats en weer stof zal worden. Dat heb ik tenminste allemaal in een boek gelezen.*' Met dat laatste argument kreeg Amiel zijn gehoor, dat tot op dat moment zonder blikken of blozen had toegeluisterd, op de knieën (iii, 19). Verstijfd door dit slotwoord slikten vijftig parochianen zonder protest de onrechtzinnige preek van hun kapelaan.

Af en toe doken er ook plaatselijke ongelovigen op die in het vuur van de discussie durfden te beweren dat de hele mis, gesproken of gezongen, 'apekool' was. Hoe het ook zij, zelfs in Montaillou, waar men de mis niet regelmatig bijwoonde en er niet al te veel geloof in stelde, bleef de zondagsmis een ontmoetingsplaats bij uitstek, zowel met de buitenwereld als binnen het dorp.

De bevolking van het dorp was als een wapenschild gesegmenteerd in vrouwen, mannen en jongeren. Maar dit verhinderde niet dat deze naar leeftijd en geslacht onderscheiden segmenten alle drie indirect deel hadden aan het sociale leven als geheel en de integratie eigenlijk bevorderden. In Montaillou en in de Boven-Ariège was overigens niets te merken van verzet van vrouwen en jongeren tegen de heerschappij van de volwassen mannen, die zonder veel problemen werd geaccepteerd.

De werkelijke scheidslijnen die de structuren van het sociale leven uit elkaar deden scheuren werden veroorzaakt door het bestaan van concurrerende clans die elk een aantal *domūs* (of delen daarvan) verenigden.

Uiteindelijk kon de polarisatie tussen de clans het dorp in twee (ongelijke) 'helften' verdelen. In tijden van crisis verschoof de balans tussen beide helften, en veranderde Montaillou op tragische wijze in een pandemonium.

In het begin van de onderhavige periode, zo tussen 1295 en 1300, werd het dorp beheerst door de clan van de Clergues en hun bondgenoten. De pastoor zei weinig fijntjes dat hij het dorp 'in zijn klauwen' had. Deze clan was enorm machtig en belichaamde tenslotte ter plaatse in zijn eentje vrijwel volledig de omringende maatschappij. '*Pastoor Pierre Clergue beschermt ons*,' zei Alazaïs Fauré tegen haar moeder Allemande Guilhabert, om haar zover te krijgen dat ze haar zieke zoon de ketterdoop wilde laten geven, '*van alle mannen in dit dorp, zal er niet een zijn die ons aangeeft* (I, 413-414).'

Voor de machtige families in Montaillou (Belot, Benet, Clergue, Fort, Maury, Marty, Rives) was het katharisme allereerst een middel om de saamhorigheid te bevorderen. De drie leidende families, Belot, Benet en Clergue, met Clergue op de top van de machtsdriehoek, waren door huwelijken met elkaar verbonden. Rekening houdend met de belangen van dit *connubium* had baljuw Bernard Clergue, die een romantische hartstocht koesterde voor Raymonde Belot, haar ten huwelijk genomen met een lagere bruidsschat dan hij gezien de vooraanstaande sociale positie die hij in de streek innam, met recht had kunnen eisen van een rijker meisje. Maar hij verklaarde expliciet dat hij de voorkeur had gegeven aan dit huwelijk uit hartstocht om te onderstrepen dat er tussen de Clergues en de *domus* Belot een liefdesband bestond, en dat men tot dezelfde clan en hetzelfde geloof behoorde.

We hebben al gezien hoe Bernard Clergue, gedreven door deze overtuiging, langdurig het hof maakte... aan zijn schoonmoeder, Guillemette 'Belote', die weduwe was en derhalve in feite matriarche. De banden die beide families verenigden werden door deze liefdesrelatie duidelijk versterkt. '*Meer dan honderd maal*' (sic) kwam Bernard uit de rijke voorraden van zijn uitgestrekte landerijen graan, meel en wijn in leren zakken aanbieden aan de oude Guillemette, die uiteraard niet wist hoe snel ze deze gulle gaven door moest geven aan de ketters die ze in haar huis verborgen hield: '*Liever zelf creperen van honger*,' dacht het oudje, '*dan het mijn geliefde Goede Mensen aan iets laten ontbreken*.' Als beloning voor de liefdeblijken waarmee Bernard haar overstelpte, werd hij door Guillemette ontluisd en droeg ze haar dochter aan hem over.

Aan de andere zijde van de driehoek werden ook de banden tussen Belot en Benet door een huwelijk verstevigd: Guillemette Benet (de jonge) trouwde met Bernard Belot. Diens moeder Guillemette 'Belote' (de oude) was niet blind voor de gevaarlijke kanten die aan deze bruiloft zaten. Ze wist dat de banden tussen huize Benet en de ketters van zodanige aard waren dat ze van de weeromstuit ook *domus* Belot (van nu af aan in voor- en tegenspoed met die andere *domus* verbonden) konden vernietigen, als de druk van de inquisitie sterker zou worden. '*Onheil zal over onze* ostal *gebracht worden door de Benets, die op veel te goede voet staan met de Authiés,*' zei Guillemette 'Belote' tegen haar zoon Bernard.

Uiteindelijk kreeg de oude moeder het gelijk aan haar kant. Gedurende enige tijd na het jaar 1300 was huize Benet echter het brandpunt van ketterse activiteit in het dorp. Met toestemming van Guillaume Benet en zijn vrouw, waren de Authiés voor het eerst in die *domus* neergestreken, na hun terugkeer uit Lombardije. Vanuit de besmette *ostal* Benet was de gehele gemeenschap met ketterij geïnfecteerd. Het verbond tussen Benet en Belot, geschraagd door de as Belot-Clergue, legde aan het begin van de veertiende eeuw de basis voor een betrekkelijk onaantastbaar kathaars front in Montaillou, dat nog verstevigd werd door een netwerk van clientèle-verhoudingen, en doordat men elkaars kinderen ten doop hield.

Het huis Clergue domineerde het leven in het dorp dank zij de rijkdommen waarover het beschikte en dank zij de machtsposities die twee van de broers innamen: pastoor Pierre ondersteunde zijn broer, baljuw Bernard, die bij afwezigheid van de heer ter plaatse de macht uitoefende.

En toch bestond er al in diezelfde tijd, aan het begin van de veertiende eeuw, een kern van oppositie in Montaillou. Dat was de 'out-group', die de activiteiten van de 'triple-alliantie' (Clergue, Belot, Benet) dwarsboomde. Deze clan bestond uit slechts twee *domūs*: Lizier en Azéma. De eerste (Lizier) was als verzetshaard geen lang leven beschoren. Anonieme moordenaars hadden (in opdracht van de Clergue-clan?) het hoofd van de *ostal* gedood, Arnaud Lizier, een eenvoudige boer, *die een goed katholiek was en de ketters verafschuwde* (III, 65; I, 296).

Wellicht hadden ze daarbij geprofiteerd van de medeplichtige medewerking van de vrouw van wijlen Lizier, Raymonde, geboren Argelliers. In ieder geval haastte ze zich om na de moord te hertrouwen met Arnaud Belot. De juiste toedracht van de moord kwam nooit aan het licht en de grafrede die men over het slachtoffer uitsprak was bijzonder kort: '*Arnaud Lizier uit Montaillou hield niet van de ketters. Hij werd door hen nogal toegetakeld. Zijn pas ontzielde lijk werd gevonden aan de poort van het kasteel van Montaillou* (II, 427).' Na zijn verdwijning slaakten de leden van de kathaarse clan een zucht van verlichting. '*Sinds de dood van Arnaud Lizier,*' zegt Pierre Maury, '*hebben we van zijn huis niets meer te vrezen* (III, 162).'

Veel geduchter was de *domus* Azéma, die onder leiding van een vrouw stond, de oude en vreeswekkende *Na Carminagua* (Raymonde Azéma). Een van de zoons van deze dame was goed katholiek, hetgeen in de jaren 1300-1305 in Montaillou een zeer zeldzaam verschijnsel was. Het kwam zover dat hij vrijwel de enige was in het hele dorp die door Guillaume Authié werd gewantrouwd. De roomse rechtzinnigheid van de tweede zoon, Pierre Azéma, was daarentegen niet boven twijfel verheven. Pierre Authié beschouwde hem aanvankelijk als een vriend van de ketters. Later zouden de Clergues zonder scrupules van deze 'jeugdzonde' gebruik maken om hem in Carcassonne te laten opsluiten. Had Pierre Azéma zich weer bekeerd tot het katholieke geloof? Of hield hij alleen maar van de strijd om de macht op het scherp van de snede? Naarmate de neergang van het huis Clergue vorderde, werd hij in ieder geval degene die inging tegen de tanende almacht van de broers (pastoor en baljuw). Hij werd zo hun voornaamste uitdager en stelde zijn kandidatuur voor de heerschappij over Montaillou.

De Azéma's waren boeren als alle andere. Maar het waren achterneefjes van Jacques Fournier en zij wisten op grond van deze verwantschap een bescheiden mate van prestige in hun parochie te verwerven. In het dorp zelf behoorden het huis Pellissier, het huis Fournier en het huis *Na Longa* (de moeder van Gauzia Clergue) tot hun vriendenkring. Het verzet van *domus* Azéma tegen de clan die aan de macht was betekende veel meer dan oppositie tegen Zijne Majesteit. De Clergues waren voor niemand bang, maar vanaf 1305 maakten ze een uitzondering voor de familie Azéma. Het oude loeder *Na Carminagua* joeg hen de stuipen op het lijf. Ze kropen tegen de muur als ze moeder of zoon Azéma zagen. En de Belots deden hetzelfde.

Pierre Azéma en de mensen van zijn *domus* waren in hun eentje overigens niet zo gevaarlijk voor de Clergue-clan; de Clergues waren *in*, zij waren *out*. Maar het tij keerde en het werd pas echt menens toen in 1305 de inquisiteurs uit Carcassonne zich toegang tot het toneel verschaften.

De factie van de Clergues nam een hardere houding aan, maar begon tegelijkertijd uit elkaar te vallen, al hielden de leiders zoveel als mogelijk was hun beschermelingen, vrienden en doopverwanten de hand boven het hoofd. Toen Raymonde Argelliers op de domme gedachte kwam om pastoor Pierre Clergue in te lichten over het verdachte gedrag van een aantal aanzienlijke vrouwen uit Montaillou, die ze bij toeval gezien had in gezelschap van een *perfectus*, snoerde Pierre de roddeltante prompt de mond: '*U zal onheil overkomen*,' zei hij tegen Raymonde, '*als u Gauzia Clergue, Sybille Fort, Guillemette "Benete" en Guillemette*

"Maurine" aangeeft. Zij zijn hoogstaander dan u bent. Als u ook maar iets ongunstigs over deze vrouwen zegt, neemt u dan in acht, want u zult dan leven, huis en goed verliezen (III, 71).' De waarschuwing was niet aan dovemansoren gericht: Raymonde was de weduwe van een man die door zijn mededorpelingen was gedood omdat hij niet in de pas liep; het was dus niet nodig om de vermaning te herhalen.

Desalniettemin werden de tijden harder. De druk van de inquisitie werd steeds sterker: het systeem van beschermende patronage dat de Clergues ter plaatse hadden ingesteld begon een paar barstjes te vertonen. Het verbond tussen Belot en Clergue werd behoorlijk op de proef gesteld en leed zelfs bijna schipbreuk. Weliswaar bleef baljuw Bernard Clergue trouw aan zijn grote jeugdliefde, Raymonde Belot, die zijn vrouw was geworden. En vice versa. Op zijn hoogst waren er wat echtelijke twisten, veroorzaakt door het feit dat de verbaasde Raymonde de ideologische zigzagkoers van haar echtgenoot niet meer kon volgen. Bernard bleef met haar echter op goede voet staan en noemde haar vol genegenheid zijn *goede vrouw* en niet zijn *oude vrouw* of zijn *zeug*. Omgekeerd bleef die Raymonde haar echtgenoot ook in tegenspoed trouw. Uit naam van Bernard zou ze persoonlijk de parochianen gaan bedreigen toen die de maffia-wetten van de clan braken en voor verklikker gingen spelen bij de inquisite van Pamiers.

De betrekkingen tussen de baljuw en zijn vrouw bleven dus goed. Achteruit gingen echter de betrekkingen die hij onderhield met *domus* Belot, het huis van zijn schoonmoeder dat hij eens zoveel liefde had toegedragen. De inquisiteurs uit Carcassonne gebruikten namelijk met de ene hand de Clergues als hun agenten en met de andere vervolgden ze de ketters... waar de Belots toe behoorden. Een onhoudbare situatie, vol moeilijkheden.

Vanaf 1306 ging Bernard Clergue zijn schoonmoeder, die hem eens zo liefdevol had ontluisd, zelfs bedreigen met opsluiting in Carcassonne. Hij kreeg de smaak te pakken en stelde zijn zwager Guillaume Belot, de zoon van Guillemette, eenzelfde lot in het vooruitzicht. Wellicht hadden deze grote woorden niet veel betekenis. Bernard Clergue had er een handje van en zei ook eens tegen zijn eigen moeder: '*Oude ketter, en dan te bedenken dat je verbrand zult worden* (II, 432).' In het geval van de eerbiedwaardige Mengarde Clergue die door haar andere zonen vereerd werd, bleven deze dreigementen beperkt tot woorden. Maar in het geval van Guillemette 'Belote' werd de kerker van Carcassonne al heel snel een realiteit (zonder dat we in het onderhavige geval weten hoever de medeplichtigheid van de onwaardige schoonzoon reikte). Guillemette 'Belote' zou wel degelijk tot vrijwel haar laatste snik in het cachot van Carcassonne verblijven. Pas toen zijn schoonmoeder op sterven lag zou Bernard zich er weer toe verwaardigen om zijn familiezin te tonen. Hij zocht de doodzieke oude vrouw op in haar gevangenis, stelde zich voor haar garant, laadde haar met veel omhaal op een muilezel en bracht haar zeer rap naar Montaillou terug; daar liet hij haar de ketterdoop geven en bracht haar hoogstpersoonlijk in een toestand van *endura*, tot ze overleed en begraven werd.

Het zou dus een misvatting zijn om uitsluitend de nadruk te leggen op het verraad van de Clergues. Ze beseften echter dat men met zijn tijd mee moest gaan en werden zo de vaandel- en slippendragers van de inquisiteur van Carcassonne. Overigens zouden ze tot het einde toe hun antikatholieke overtuigingen trouw blijven: Bernard Clergue zou later, in de gevangenis, uit en te na de spot blijven drijven met de roomse gebruiken. Maar daar de kaarten geschud waren, hadden de Clergues zich moeten aanpassen en waren zij soms verplicht geweest zich te keren tegen de kathaarse overtuigingen van hun beschermelingen. En bij sommige gelegenheden hadden ze geweld gebruikt in plaats van de oude vertrouwde methodes van kleine geschenken en levering van vriendendiensten die karakteristiek waren geweest voor de eerste jaren van hun heerschappij. Ze hadden lichamelijke verminking en ballingschap gebracht over een aantal leden van de familie Maurs, hoewel die pro-ketters waren.

Een paar jonge mannen die eens door de clan waren beschermd hadden zich er daarna tegen gekeerd, vol afschuw over de gemene zaak die de Clergues maakten met Carcassonne. Ze waren tussen de vingers van de baljuw en de pastoor doorgeglipt om herders te worden aan de andere kant van de bergen (bijvoorbeeld de Maury's, de Marty's, de Bailles). Dit uiteen vallen van een groep beschermelingen was een gevaarlijk gebeuren. Op het laatst reageerde Bernard Clergue genadeloos en speelde hij op alles of niets. Hij maakte gebruik van beschermelingen die zich lieten intimideren en dat waren vooral de kwetsbare boerenvrouwen in Montaillou; met behulp van die weduwen en dienstmeisjes probeerde hij de macht van de familie weer op te lappen. Raymonde Arsen, Fabrisse Rives, Raymonde Guilhou, Grazide Lizier, en zelfs Béatrice de Planissoles werden door hem met dreigementen onder druk gezet. Hij zou trachten om deze dames, die hem overigens het bos in zouden sturen, er toe te bewegen een valse getuigenis af te leggen ten voordele van zijn broer de pastoor. Zowel toen hij thuis in het oog gehouden werd door de bloedhonden van de inquisitie, als toen hij in Pamiers in het cachot zat bleef Bernard zonder ophouden de zwakke vrouwen bestoken met beloftes en bedreigingen. Maar het waren wanhoopspogingen van een leider die diep in de puree zat. '*Gelooft u nu echt dat iemand zich op de brandstapel wil laten zetten voor uw mooie ogen,*' zei Grazìde Lizier, de frisse boerendochter, in alle eenvoud tegen de ex-baljuw. En Fabrisse, de moeder van Grazide, deed er nog een schepje bovenop: '*Ik heb liever dat Bernard geroosterd wordt dan ik* (II, 291, 293).' Redde wie zich redden kan.

In de gevangenis kreeg Bernard in de loop van het jaar 1321 de gelegenheid om na te denken over de rampjaren waarin het netwerk van clangetrouwen langzaam uiteen was gescheurd. Terecht kwam de gewezen baljuw tot de conclusie dat die duivelse tiendenkwestie daarin een hoofdrol gespeeld had: '*De bisschop Jacques Fournier,*' zei Bernard tegen een van zijn kerkerkameraden, '*heeft ons één gemene streek geleverd. Hij heeft al die onderdrukkende activiteiten tegen het volk van de Sabarthès georganiseerd omdat dit volk geweigerd heeft om hem de bloedtienden te betalen* (op het vee). *Hij heeft dat gedaan om de bezittingen van de ketters in beslag te kunnen nemen.*' '*En ook de bezittingen van mensen die nog nooit een ketter hadden gezien,*' onderstreepte zijn gespreksgenoot. '*Toen de inquisitie van Carcassonne zich met ons bezig hield ging dat wel anders!* (II, 284)'

De clan van de Clergues had dus net zolang zijn suprematie in het dorp behouden als hij kon steunen op de inquisitie van Carcassonne, die de ketters vrij lankmoedig vervolgde en in ieder geval niet systematisch. In het algemeen stelde de inquisitie zich tevreden met de paar slachtoffers die haar in verband met de een of andere vete door de baljuw of de pastoor werden toegewezen en legde beslist niet haar hele gewicht in de schaal ten behoeve van de heffing van die bloedtienden. Maar helaas, dit wankele compromis begon vanaf 1317 in te storten, toen Jacques Fournier de bisschopszetel van Pamiers besteeg. Met de regeling die Carcassonne en de Clergue-clan samen hadden bekokstoofd kon híj zich niet verenigen. Hij eiste de rigoureuze invordering van de tienden en hiermee ondergroef hij de werkelijke machtsbasis van de Clergues nog vóór hij ze frontaal aanviel. De Clergues hadden zich namelijk opgeworpen als de ontvangers of pachters van de bescheiden tiende die de Kerk vóór de komst van Fournier van het dorp opeiste. Zij haalden hun tiendplichtigen bepaald het vel niet over de oren en zorgden ervoor dat de decimale klap niet al te hard aankwam. Wel streken ze een bescheiden percentage op van de bijdrage die ze inden. En daar droegen ze dan weer een gedeelte van af aan hun goede vrienden de *perfecti*.

Na 1317, toen de tiendschroef werd aangedraaid en 1320 toen de rechtstreekse aanval op de Clergues inzette begon deze schikking in het ongerede te raken. De clan was niet meer in staat zijn inkomsten en vriendschapsbanden op peil te houden, en moest vechten voor het vege lijf zonder al te veel illusies over de einduitslag. En toch zou de clan tot het einde toe een aantal getrouwen weten te houden, ook buiten Montaillou: in Laroque d'Olmes zou Pons Gary, de neef van Bernard Clergue, zich in de uiteindelijke ontknoping opwerpen als de toegewijde executeur-testamentair van de lage praktijken van zijn ooms. In Quié vervulde Pierre den Hugol de rol van plaatselijke baljuw, net als Bernard Clergue in Montaillou, en hij behoorde tot de kliek van heerlijke ambtenaren die eens met het katharisme hadden gesympathiseerd: in deze tijden van rampspoed werden de rijen (in principe) gesloten. Toen hij de arrestatie van Bernard Clergue vernam verklaarde deze Pierre den Hugol in het bijzijn van getuigen: '*Ik ben geschokt; ik zou liever een schaap verliezen dan weten dat Bernard Clergue opgesloten zit* (III, 402).'

Gekoppeld aan de neergang van de Clergues was de onweerstaanbare opkomst van de Azéma-clan (eigenlijk moeten we van Azéma-kliek spreken want zeker in het begin representeerde deze groep nog geen sterke minderheid, of een gevestigde meerderheid, zoals de Clergue-clan dat in de jaren 1300-1305 had gedaan). Pas tegen het einde van die lange reeks harde jaren (van 1300 tot 1321) kregen Pierre Azéma en zijn *domus* een steuntje in de rug van neef Jacques Fournier. Ze zouden er in slagen om in het dorp een netwerk van vrienden en vooral handlangers op te bouwen dat gedurende enige tijd opwoog tegen dat van de Clergues. Al bij de begrafenis van de oude Guillemette 'Belote' (rond 1311) gingen Guillemette Azéma, en Vuissane Testanière, een kathaarse afvallige, een openlijke confrontatie met twee kathaarse dorpsvrouwen niet uit de weg. Het betrof Guillemette Benet en Alazaïs Azéma (naamgenoot van de Azéma's, dank zij een verre familierelatie). Om de positie van zijn kliek tegenover die van de Clergues te consolideren aarzelde Pierre overigens niet om de klassieke uitwisselingen van geschenken en diensten (en ook van vrouwen trouwens) voor te stellen waarmee de concurrerende clan zo invloedrijk geworden was. Hij bood zijn dochter aan als toekomstige echtgenote voor de zoon van Gauzia Clergue, zelf niet van de pastoor, op voorwaarde dat ze zich los wilde maken van de Clergue-clan om toe te treden tot die van de Azéma's. Ook moest ze dan ophouden met verklikken, want dat was zo schadelijk voor hun belangen. '*Zo zul je onze beide huizen verstevigen,*' verklaarde de vijand van de Clergues tot slot aan Gauzia (III, 367).

Pierre Azéma deed ook alle moeite om een aantal families aan zijn kliek te binden die zich eens in de invloedssfeer van de Clergues hadden bewogen maar daarmee in onmin waren geraakt en voorzichtigheidshalve een deel van hun leden naar Spanje hadden laten gaan. De partijstrijd maakte zo vreemde bedgenoten: *domus* Azéma, zogenaamd goed katholiek, zocht toenadering tot kathaarse vervolgden die het slachtoffer waren geworden van de intriges van de Clergues. De Clergues daarentegen bleven diep in hun hart kathaars, maar werden wel de agenten van het katholieke tribunaal van Carcassonne. Men speelde stuivertje wisselen. Het is duidelijk dat de aan sterke verandering onderhevige religieuze overtuigingen vooral dienst deden als vlag voor de tegengestelde ambities die beide groepen in beweging hielden. Een voorbeeld: Vuissane Testanière zou binnenkort ondervraagd worden door de bisschoppelijke rechtbank van Pamiers. Pierre Azéma gaf deze vrouw onophoudelijk de instructie om de volgende personen *niet aan te geven*: Vital en Esclarmonde Baille, Raymonde Lizier, Gauzia Clergue, en de gebroeders Maurs. Stuk voor stuk waren deze mensen meer of minder betrokken geweest bij het katharisme ter plaatse maar voor Azéma hadden zij het ontschatbare voordeel dat zij behoorden tot families die al eerder (de Liziers) of pas onlangs (de Maurs) met de Clergues gebrouilleerd waren geraakt. Zo vroeg Pierre Azéma ook aan Gauzia Clergue om het geslacht Marty te ontzien (dat hij korte tijd later weer zou gebruiken). '*Verklik Emersende Marty niet,*' zei hij tegen Gauzia (III, 366).

Het gedrag van Azéma tegenover Gauzia en vele anderen was dus een spiegel van dat van de Clergues. Ook hij zette kwetsbare vrouwen onder druk. Wist hij dat ze niet in staat waren zich te verdedigen? Handelde hij zo omdat er geen mannelijke getuigen waren, die omgepraat konden worden (omdat ze dood waren, gevangen zaten, of in ballingschap waren gegaan?). Het bleef een feit dat Pierre Azéma de volgende vrouwen met geweld probeerde te dwingen om voor hem in Pamiers gunstige getuigenverklaringen af te leggen: Vuissane Testanière, *Na Moyshena*, Raymonde Guilhou, *Na Lozera*, en zelfs Guillemette Benet, tevoren een vijand van de Azéma-clan, maar behoorlijk teleurgesteld in de vergane glorie van *ostal* Benet. Tijdens het bezoek van de inquisiteur van Carcassonne (een vriend van de Clergues) aan Montaillou, beklaagden twee vrouwen uit het dorp, *Na Lozera*¹ en *Na Moyshena* zich erover dat Pierre Azéma hen zover had gekregen dat ze uit angst voor hem een aantal valse getuigenissen hadden afgelegd bij zijn neef, bisschop Fournier.

Het is opmerkelijk dat Azéma, net als zijn vijanden de Clergues, een hele scala aan grove en opvallend laag-bij-de-grondse uitdrukkingen gebruikte toen hij te kennen gaf dat hij het dorp (of een of andere weerloze vrouw) de macht van zijn *domus* wilde laten voelen: '*De mensen van Montaillou die heb ik stevig tussen mijn klauwen dank zij de inquisitie (van Carcassonne),*' had pastoor Pierre Clergue beweerd (I, 239). '*Ik zal u op een been laten staan en je getuigenis verwerpen,'* brulde Bernard Clergue tegen Raymonde Testanière, overstappend van u naar jij, buiten zichzelf toen hij hoorde dat zij van plan was tegen hem te getuigen (1, 467). *'Maak geen slapende honden wakker, ze zouden je kunnen bijten,'* verklaarde Pierre Azéma aan Gauzia Clergue, om haar af te brengen van een getuigenis voor de rechtbank van Fournier (III, 367).

Net als zijn vijanden de Clergues hoefde Pierre Azéma niet uitsluitend te steunen op de vriendschappen in het dorp. Pierre Clergue steunde op de inquisitie van Carcassonne, Azéma op die van Pamiers. Daarenboven had hij nog heel wat handlangers zitten op sleutelposities in de kleine dorpjes in de omgeving. Zo speelde hij onder een hoedje met de pastoor van het naburige Prades, en ook met de onbevoegd als advocaat optredende Pierre Gaillac, een gelegenheidsverklikker uit Tarascon-sur-Arièrge. Hoewel hij voorzien was van bondgenootschappen binnen en buiten de parochie wist Azéma dat hij alleen definitief de overhand zou behalen op de familie Clergue wanneer hij beslag wist te leggen op de plaatselijke machtsposities. De Clergues hadden dit begrepen: ze hadden ter plaatse beslag gelegd op het baljuwschap, de pastorie en de invloed van het kasteel. Pierre Azéma begon op voortvarende wijze zijn tegenstanders te verwijderen van deze wegen naar de macht. We zien hoe hij met behulp van zijn invloed schaamteloos de nieuwe mannen manipuleerde die de leidende posities in zijn dorp kwamen innemen: de plaatsvervangend burchtheer, *consul* Bernard Marty, de kapelaan Raymond Trialh, die inviel voor de afwezige Pierre Clergue. Maar helaas zaten de Clergue-clan en de Azéma-clan in Montaillou opgesloten 'als twee schorpioenen in een fles'. Veroordeeld om samen te leven en daarna samen te sterven, lieten ze zich als werktuigen gebruiken door hun meesters uit respectievelijk Carcassonne en Pamiers, die kleine plaatselijke leidertjes als zetbazen gebruikten om op goedkope wijze in het Land van Aillon orde op zaken te stellen.

Zelfs toen Bernard Clergue eenmaal in de gevangenis van Pamiers was beland bleef zijn arm nog ver daarbuiten reiken: hij wist zijn beschermheren in Carcassonne in beweging te krijgen, en aangezien ze alles slikten wat hij ze voorkauwde, sloten ze Pierre Azéma op, wiens verleden inderdaad niet van kathaarse smetten vrij was. Toen de opsluiting eenmaal een feit was, schiep meester Jacques, de bewaker van de gevangenis van Carcassonne en een dikke vriend van Bernard Clergue, er genoegen in om Pierre Azéma zo slecht te behandelen dat hij in de kortste keren stierf. En zo had Bernard Clergue zich probleemloos ontdaan van de man die hij altijd *de verrader Pierre Azéma* had genoemd; verrader van Montaillou want verrader van de Clergue-clan: zo lang hadden ze hun eigen voorspoed gelijkgesteld met de voorspoed van het dorp!

Maar ook voor de voormalige baljuw lag een tragisch einde in het verschiet: de handlangers en beschermers die Azéma nog in Pamiers telde betaalden de vijand van hun vriend met gelijke munt terug. Bernard werd veroordeeld tot de meest strenge vorm van opsluiting, en doorstond het regime van brood, ijzers en water niet langer dan dertig dagen. Hij stierf tussen de vier muren van zijn cel, aan het einde van de zomer van 1324 en volgde zo na korte tijd zijn broer de pastoor in het graf.

De dood van Bernard Clergue en Pierre Azéma, slachtoffers van de interne tegenstellingen van een vrijwel totalitair systeem, dat zich van beiden ontdeed na ze tot de laatste druppel te hebben uitgeknepen, betekende niet noodzakelijkerwijs het einde van de strijd tussen de clans in Montaillou. Het langdurige overwicht van de Clergue-kliek overleefde zelfs gedurende enige tijd de opsluiting met dodelijke afloop van de twee sterke figuren, de baljuw en de pastoor. Een aantal leden van *domus* Clergue hoorde in het decennium na 1320 nog tot de voornaamste inwoners van Montaillou.[2] Daarentegen had de Azéma-groep duidelijk te grote ambities gehad, gegeven het gebrek aan financiële en demografische middelen, het tekort aan vriendschapsbanden en gezien de al te nauwe collaboratie met kerkelijke en pro-Franse kringen in Pamiers. De groep Azéma herstelde zich niet van de klap die de dood van haar leider in het cachot van Carcassonne betekende. Toch zou de oppositie tegen de Clergues zich weer reorganiseren, dank zij de overlevenden van *domus* Guilhabert, door Azéma destijds tegen de Clergues opgezet.

In grote lijnen was dit patroon, hoewel in een wat minder duidelijke en minder instructieve vorm, terug te vinden in de andere dorpen in de Ariège tussen 1300 en 1320. In Junac, waar de burchtheer wel ter plaatse resideerde en niet slechts door een baljuw vertegenwoordigd werd, hebben de heren van Junac, de plaatselijke edelen, de ketterij lange tijd beschermd. Welwillend hielden ze hun beschermelingen, de boeren, veehouders en smeden die met de ketterij sympathiseerden, de hand boven het hoofd. En toch werden de Junacs na de periode 1305-1310 uiteindelijk bang, net als zovele andere aanzienlijke bergbewoners: de dreiging van de inquisitie werd te groot en ze probeerden een compromis te sluiten. Ze braken met voormalige beschermelingen die al overduidelijk met kathaarse smetten bevlekt waren. Ze schakelden zelfs door een schrikbewind deze of gene ultra-katholiek uit, die hen door verraad had kunnen schaden. Pierre Clergue liet een ex-vriendin de tong afsnijden. En het scheelde niet veel of de Junacs wurgden met hun blote handen de vader van Bernard Marty, die in staat werd geacht hen te verraden.

Het is niet uitgesloten dat soortgelijke gebeurtenissen zich in het dorp Quié hebben afgespeeld: rond 1320 probeerde daar de heersende groep, waar de pastoor en de *consul* toe behoorden, om het dorp aan de bevelen van de bisschop te doen gehoorzamen. Deze eiste namelijk van de inwoners dat ze een paaskaars voor hem zouden maken, die tussen de vijftien en de twintig pond zou wegen. Dit zou hen tot de bedelstaf gebracht hebben. Het verzet was dus hevig en de oppositie van een aantal boeren kristalliseerde zich rond Raymond de Laburat. Maar de reeds genoemde heersende groep die nu zoveel katholieke ijver aan de dag legde voor een dikke kaars, had een verleden dat naar de mutsaard ziekte. Een aantal leidende figuren in Quié had zijn eigen geloofsovertuiging dus weer in het gareel gebracht. Maar daarmee namen ze het risico om in conflict te raken met hun meest geharde ex-medestrijders, die zich nu konden hergroeperen in een tegen-clan.

In Caussou, nog steeds in de Boven-Ariège, had Philippe de Planissoles, de vader van Béatrice, zijn wijwater met heel wat ketterse wijn aangelengd, evenals zijn familie, die over Caussou regeerde via beschermelingschap, en soms met geweldpleging en doodslag. Philippe was een Kathaar van het zuiverste water geweest en getekend met de gele kruisen, maar verzoende zich uiteindelijk weer met de Kerk. Als edelman kreeg hij zelfs vrijstelling van de belastingen en heffingen die aan de gemeenschap waren opgelegd. Philippe de Planissoles en zijn vrienden, die in Caussou de macht in handen hadden, werden dientengevolge hevig bestreden door een coalitie van plaatselijke schatplichtigen, die zich over voornoemde heffingen beklaagden. '*Wij worden overbelast en uitgeknepen, terwijl de adel daarvoor in de plaats gespaard wordt,*' zeiden ze. Dit protest tegen de adel was in de Boven-Ariège tamelijk zeldzaam, maar stak hier dan toch de kop op, in de vorm van de rancuneuze klaagzangen van de niet-adellijken, die aanstoot namen aan de privileges van de lieden met het blauwe bloed, gevrijwaard tegen de katholieke belastingaanslagen. In laatste aanleg waren deze gebeurtenissen het gevolg van het feit dat de edelen, aanzienlijken, baljuws en heerlijke ambtenaren weer in het gareel waren gaan lopen. Als leidinggevende figuren waren ze in de tweede helft van de dertiende eeuw, of aan het begin van de veertiende, aanhangers of sympathisanten van het katharisme geweest. Daarna waren ze, op tijdstippen die van plaats tot plaats verschilden, hun deuren weer gaan sluiten voor de *perfecti*, toen de vervolging in hevigheid toenam. Misschien bleven ze Katharen, maar dan uitsluitend in het geheim en in hun hart.

Een leerzaam getuigenis was in dit verband dat van Bertrand de Taix, een edelman uit Pamiers met een stille nostalgie naar het Katharendom. '*Ik heb de tijd meegemaakt*,' zei hij rond 1290, '*dat veel edelen in deze streek gelovigen waren van de Goede Mensen en zich er niet voor schaamden openlijk over dit onderwerp te spreken. Die tijd is voorgoed voorbij. De geestelijken hebben deze mensen vernietigd en hun bezit te gronde gericht* (III, 328).'

Een goede verstaander heeft maar een half woord nodig. De tijden waarin de meerderheid van de edelen, gevolgd door hun aanhang onder het volk en de boeren, deelnam aan de ketterij was vanaf 1290 in Pamiers voorbij. In de Boven-Ariège duurde die tijd, dank zij een plaatselijke opleving, nog tot 1305, zeg 1310. Maar ook daar paste men zijn geloofsovertuiging uiteindelijk weer aan. De onderdrukking had effect. Ook in de bergen trok de adel weer een ander gezicht, in ieder geval in het openbaar, en meestal voorgoed. Hun ontredderde aanhang kwam voor serieuze aanpassingsproblemen te staan.

In de conflicten die door de kwesties rond de Kerk, de religie en de tienden opgeroepen werden, stonden in bepaalde perioden degenen die de heerlijke macht in handen hadden (edelen of hun niet-adellijke vertegenwoordigers, de baljuw) tegenover een gedeelte van hun onderdanen. Deze conflicten namen de vorm aan van de strijd tussen de clans die het dorp uiteen dreef in twee fracties van ongelijke en wisselende sterkte. En aan de andere kant waren dit soort conflicten, *als zodanig*, niet permanent. Dat de gerechtsheer en zijn gelijken er gedurende enkele jaren (na 1300 bijvoorbeeld) in slaagden om een werkbaar compromis te vinden voor de kwestie van de tienden en de ketterij, was in feite genoeg om het dorp weer in grote meerderheid aan hun kant te scharen. Een verlokkend revolutionair perspectief ontbrak overigens te enen male bij deze twisten. Het ging eerder om maffia-vetes dan om radicale klassenstrijd. De clans waren er op uit om de bestuurlijke, juridische en kerkelijke machtsposities van een andere clan over te nemen, niet om die machtsposities af te schaffen. Men wilde de wereld niet veranderen, maar slechts ietwat verbeteren, door het instellen van plaatselijke magistraten, de *consuls*. Het voetbalteam dat in de aanval gaat probeert in balbezit te komen, niet de bal lek te prikken.

Uiteindelijk laten de politieke tegenstellingen in Montaillou zich het best begrijpen in het kader van de regionale geschiedschrijving. In vergelijking met soortgelijke gemeenschappen in de Lauragais en de Biterrois (en zelfs in de Sabarthès) werden in Montaillou pas laat *consuls* aangesteld. Een *consul* (die dan ook nog een ondergeschikte rol speelde) werd pas voor het eerst genoemd in de loop van het jaar 1321. Het gemeenschapsbesef was dus in ons dorp nauwelijks ontwikkeld, en bleef vrij ouderwets van karakter als we de instelling van het consulaat als een vorm van vertegenwoordiging en als graadmeter voor modernisering nemen. De Clergue-clan vervulde dan ter plaatse de rol van wat Mme Gramier (met een vereenvoudiging) de 'heerlijke' partij noemt. Deze partij vereenzelvigde zich, in afwezigheid van de heer (die er niet resideerde) met de instellingen van de heerlijkheid (in dit geval het graafschap). De kern van deze instellingen was het baljuwschap, dat in handen was van Bernard Clergue, en de traditionele en autoritaire methoden van plaatselijk bestuur belichaamde. Tegenover de Clergues gebruikte de Azéma-clan het pas ingestelde consulaat voor de eigen zaak en de *consul* als zijn stroman. Deze tweede clan belichaamde dus ter plaatse de 'consulaire' partij, die objectief gesproken pro-Frans en pro-koningshuis was, omdat het bisschop Fournier gunstig gezind was. De geleidelijke veranderingen in het socio-politieke leven ter plaatse die aan de dag traden in de plaatselijke invoering van het consulaat gingen derhalve onderdeel uitmaken van het onverzoenlijke conflict tussen de clans. In ieder geval waren die veranderingen marginaal want de dodelijk felle strijd tussen de clans bleef op de eerste plaats komen.

Door detailstudies ziet men, op kleine schaal, de verfijnde structuren terug van de samenleving als geheel. Montaillou is slechts een waterdruppel in een tamelijk onwelriekende poel. Maar dank zij de hulp van een steeds weer verder uitdijende documentatie wordt die waterdruppel een klein historisch universum. Onder de microscoop ziet men de diertjes zwemmen.

HOOFDSTUK 18

BEGRIP VAN TIJD EN RUIMTE

We beginnen met de tijdsindeling van de dag. In een belangrijk artikel heeft Jacques Le Goff de 'tijd van de kerk' gecontrasteerd met de 'tijd van de koopman'.[1] Maar de tijd van de boer, de herder, de handwerksman, waar moeten we die situeren tussen die twee vormen van tijdsbesef? In ieder geval werd het tijdsbesef van de gewone man slechts gedeeltelijk door de kerk bepaald. Weliswaar had Arnaud Sicre, een bescheiden maar toch al ietwat ontwikkelde burgerman uit Tarascon, het over 'de tijd die het kost om twee onzevaders te zeggen, maar hij gebruikte deze uitdrukking naar aanleiding van bepaalde – overigens ketterse – religieuze gebruiken. Om een kort tijdsverloop te meten nam men in de Sabarthès gewoonlijk zijn toevlucht tot vrij vage uitdrukkingen als: *een kort ogenblikje, een korte pauze, een lange pauze*. Minder vaak mat men de tijd af aan de duur van een beweging (*de tijd die het kost een mijl af te leggen, of een kwartmijl**...). Zonder het te weten sloot men zich met deze intellectuele operatie aan bij de opvattingen van Aristoteles en Thomas van Aquino. Bij ervaren wandelaars als de herder Bernard Marty was deze methode zelfs regel.

De indeling van de dag werd aangeduid met behulp van de maaltijden (middagmaal of hoofdmaaltijd, *prandium* of *cena*), maar evengoed met de uren van het liturgische officie (terts, noon en vesper). Deze laatste woorden waren afkomstig uit vrome getijdenboeken en werden vooral gebruikt door priesters, *perfecti* en een paar vrouwen die het katholieke geloof trouw waren gebleven of er met stille spijt op terugzagen. De indeling van de dag was dus gedeeltelijk gekerstend. De nacht daarentegen was geheel en al a-religieus gebleven (alleen een kathaarse kwezelaar als Bélibaste stond zesmaal per nacht op om zijn getijden te zeggen). Om de indeling van de nacht aan te geven maakte men in Montaillou over het algemeen gebruik van zichtbare, lichamelijke of hoorbare aanknopingspunten zoals: *na zonsondergang, in het donker van de nacht, op het uur van de eerste slaap, op het uur van de helft van de eerste slaap, bij het eerste hanegekraai, toen de haan driemaal gekraaid had.*

---

* Mijl (Fr.: lieue): één uur gaans = ongeveer 4 km.

Kerkklokken komen alleen ter sprake bij begrafenissen en bij het opstaan tijdens de mis. Ze schijnen in Montaillou niet gebruikt te zijn om
een precieze tijdsindeling af te bakenen, iets dat deze 'uurloze' samenleving niet nodig had. De Boven-Ariège is niet te vergelijken met de tex-
tielgebieden in Artois waar al in 1355 de klokken van het belfort de
handwerkslieden aan het werk zouden roepen.

In het graafschap Foix was tijd nog geen geld. Men deinsde er in
Montaillou overigens niet voor terug om hard te werken en als het
moest werden de handen uit de mouwen gestoken. Het begrip doorlo-
pende werktijd bleef de inwoners van Montaillou echter vreemd, ook als
ze naar Catalonië emigreerden. Hun werkdag verliep met tal van lange
en korte onderbrekingen; op ongeregelde tijden kletste men zomaar wat
met een vriend, dronk wijn, en maakte zich vrolijk. Om het minste of
geringste liet men de taak waar men aan begonnen was in de steek. 'Op
die woorden', zegt Arnaud Sicre, 'schoof ik mijn werk ter zijde, en ging
ik naar Guillemette Maury.' En nog eens: 'Pierre Maury liet me halen in
mijn werkplaats waar ik schoenen aan het maken was... Guillemette liet
me zeggen naar haar toe te gaan, hetgeen ik deed.' Of wel: 'Toen ik dat
hoorde liet ik het werk in de steek waar ik mee bezig was.'

Men werd door de werktijd dus niet zozeer in beslag genomen dat
men er zich niet meer aan kon onttrekken... en deze ontspannen instelling was bij iedereen aanwezig, ook bij een eersteklas schoenmaker als
Arnaud Sicre. De tijd van de handwerksman, en zelfs die van de gezel
stond nog heel dicht bij de tijd van de boer en de herder, in dit Occitaanse
Frankrijk waar men zo schappelijk met zijn arbeidskrachten omging.
Ondanks de soms drukkende verplichtingen kende ook de herder zijn
filosofische momenten, waarin hij mijmerend naar het groeien van het
gras zat te kijken, want ook hij was niet gebonden aan een strakke agen-
da. Pierre Maury was een van de bekwaamste herders van zijn tijd, maar
hij was elk moment bereid zijn kudde in de steek te laten, en die dan toe
te vertrouwen aan de hoede van zijn broer of van een vriend, soms voor
een paar uur, soms dagen, zelfs wekenlang. Ook ging men in Montaillou graag eens een uurtje wandelen, en vooral als de zon scheen hield
men de siësta in ere.

De indeling van de dag kan ons dus indirect inlichten over het al dan niet
bestaan van een arbeidsmoraal. Maar werd de tijd ook opgedeeld in
weken? In eerste aanleg luidt het antwoord ja; Arnaud Sicre, een vrouw
uit Ax, Béatrice de Planissoles, de herders Bernard Benet en Bernard
Marty, gebruikten bij gelegenheid allemaal het woord en het begrip
'week'. Maar in het gewone spraakgebruik van de boeren werd deze

uitdrukking vermeden evanals de namen van de zeven dagen van de week (de zondag uitgezonderd) en van de maanmaanden. Zo had Gauzia Clergue het niet over maandag, maar over de dag na zondag en sprak men eerder over acht dagen en vijftien dagen dan over een of twee weken. En die termen kwamen aanvankelijk overeen met de begrippen kwart maand en halve maand, waarvoor in de kalenders van het oude Rome weer parallellen te vinden zijn. In de Ariège deelde men de tijd overigens vaak op in tweeën. Zo gebruikte men de uitdrukking 'een half jaar', die het bijkomende voordeel had overeen te stemmen met de verdeling van het jaar, door de transhumance, in een winterperiode en een zomerperiode.

Het ritme van het jaar werd weliswaar bepaald door de twaalf maanden en de vier seizoenen, maar van beide begrippen maakte men geen overvloedig gebruik. Om de tijd van het jaar aan te duiden verwees men soms naar zuiver natuurlijke verschijnselen, zonder agrarische betekenis. *'Wij zaten, Guillemette Benet en ik, onder de olm,'* vertelt Alazaïs Munier, *'in het seizoen dat de olmen in blad staan. Bij die gelegenheid was het dat Guillemette tegen me zei: "Mijn arme, arme gansje, de ziel is niets anders dan bloed."* (I, 260)' (Het betreft hier een naamgenote van Guillemette Benet uit Montaillou.) Ook werkzaamheden op het land zoals de oogst vormden geschikte aanknopingspunten: *'Raymond de la Côte,'* zei Agnès Francou die tot de Waldenzen behoorde over de man die samen met haar verbrand zou worden, *'is in Pamiers gebleven van de wijnoogst van 1318 tot de dag van St. Laurentius in 1319* (I, 260).' Bij de mensen uit Montaillou komen we heel wat chronologische aanduidingen van dit soort tegen waarbij de graanoogst of de rapenoogst vermeld werd.

Maar het verloop van het christelijke jaar was toch belangrijker dan deze aanduidingen uit de natuur. De tijdsindeling van dag en vooral de nacht bleven goeddeels a-religieus, maar de *kalender* van de boeren was wel door de Kerk veroverd: op dit gebied was de religieuze acculturatie een onomkeerbaar proces geworden. Allerheiligen, Kerstmis, Carnaval, de Vasten, Palmpasen (zeer populair), Pasen, Pinksteren, Hemelvaart (van minimale betekenis), Maria ten Hemelopneming, Maria Geboorte en Kruisverheffing waren in Montaillou en de Boven-Ariège de schakels in een overbekende cyclus. Het feest van Allerheiligen én Allerzielen, een tijdstip dat geschikt was voor biecht en aalmoezen van brood, schijnt een belangrijk punt in de chronologie geweest te zijn. Overigens is dat niet verwonderlijk in een samenleving die zozeer in de schaduw van de dood en het leven na de dood verkeerde. Kerstmis was het feest van de familie of de *domus*. Pasen was een excuus om zich aan lamsvlees te goed te doen. De tijd tussen Allerheiligen en Kerstmis, en de tijd tussen Pasen en Pinksteren werden ook als zodanig aangeduid.

Van de Vasten tot Pasen, en van Pasen tot Pinksteren, waren tijden van toenemende vreugde. Die vreugde liep echter de kans om in de zomermaanden wat terug te vallen gezien het gebrek aan Christusfeesten in die periode. Vandaar dat de overgrote meerderheid van de heiligen die de bevolking van de Ariège in het begin van de veertiende eeuw vereerde, zijn feestdag in deze komkommertijd had, van het eind van de lente tot het begin van de herfst. Dat gold bijvoorbeeld voor St. Philippus en St. Jacobus, voor de heilige Johannes de Doper, voor Petrus en Paulus, voor Cyriacus en Michaël, wellicht ook voor Stephanus en Vincentius. Maar niet voor Martinus, en ook niet voor Antonius.

Zowel in de Pyreneeën als in Catalonië was er een leemte in de heiligenverering tussen begin november (Allerheiligen, St. Martinus) en 1 mei, of zelfs 24 juni (St. Jan). De reden van deze leegte in winter en lente lijkt evident: de Christusfeesten tussen Kerstmis en Pinksteren werden zo intensief beleefd dat er niet al te veel vroomheid overbleef voor de heiligenverering. De kalender schijnt dus uiteen te vallen in een deel dat gewijd was aan Christus (van Kerstmis tot Pinksteren), gevolgd door een deel dat gewijd was aan de heiligenverering en aan Maria (van Pinksteren tot Allerheiligen). De eerste helft was ongetwijfeld het meest christelijke gedeelte, aangezien we weten dat de verering van de heiligen en van Maria soms heidense aspecten vertoonde.

Deze heiligenfeesten gingen gepaard met collectieve activiteiten, vooral met de door de herders uit Montaillou geregeld bezochte veemarkten. Zo waren de gebroeders Marty geziene bezoekers van de markt van Ax-les-Thermes en de jaarmarkt van Laroque d'Olmes, die respectievelijk gehouden werden op Kruisverheffing en op St. Cyriacus. De feestdag van een heilige betekende altijd een rustdag. De heiligen waren de vrienden van de handwerkslieden, en ook van iedereen die op het land werkte. Op de feestdagen aan het einde van de zomer daalden de herders af van hun hooggelegen zomerweiden, om op het dorpsplein de jonge moeders terug te zien die de baby's in de armen hielden. Zelfs de kathaarse boeren dachten er niet aan om zich te onttrekken aan deze feesten die zozeer in het leven van de dorpsgemeenschap waren ingebed. Alleen Bélibaste, de fanatieke Kathaar, ging in zijn ketterse ijver zover dat hij zich op die vrije dagen in zijn huis opsloot om te werken.

In het dorp was het de taak van de pastoor (die mogelijk een kalender bezat) om, indien nodig, te zeggen welke dag van het jaar het was; de dag had immers geen datum, maar werd vastgesteld door de naam van een heilige of van een feestdag. De pastoor waakte dus over de tijd.

De klerken van de inquisitie maakten wel gebruik van een tijdrekening waarbij elke dag geteld werd, volgens moderne maatstaven: *2 april 1320, 26 september 1321,* etc. De bewoners van Montaillou stelden zich daarentegen tevreden met een vloeiende chronologie, waarbij alleen de feestdagen het geheugen enig houvast verschaften.

Dit contrast tussen de 'precieze' tijd van de klerken en de 'rekbare' tijd van de boeren werd nog scherper zodra het om berekeningen ging die betrekking hadden op een groot gedeelte van het jaar, op een heel jaar of op een aantal jaren. Vaagheid was dan bij de boeren regel: Guillaume Austatz, toch een baljuw, en vele anderen met hem, zeiden niet *in 1316* of *in 1301,* maar *'drie of vier jaar geleden', 'zeventien of achttien jaar geleden', 'het kan goed twintig jaar geleden zijn', 'twintig of vierentwintig jaar geleden'**. Of ook wel: *'In de tijd dat de ketters Montaillou beheersten, vóór de razzia van de inquisitie van Carcassonne'* etc. Deze laatste uitdrukkingen zijn te vergelijken met *voor de oorlog, na de oorlog, voor mei '68* etc. Hoe verder het verleden, hoe waziger het beeld. Zo was een kind ook niet zes of zeven maanden oud, maar *'een half jaar',* niet één jaar of achttien maanden, maar 'een à twee jaar'. In een aantal gevallen (overigens zonder statistische betekenis) wordt de indruk gewekt dat de vrouwen het verstrijken van de tijd nauwkeuriger bij hielden dan de mannen. Zo rekende bijvoorbeeld ook Béatrice de Planissoles weer terug vanaf het heden, maar ze had de data goed onthouden: *negentien jaar geleden, op Maria-ten-Hemelopneming; zesentwintig jaar geleden in de maand augustus* (I, 218,223,232). Weliswaar ging het hier om een burchtvrouwe met meer ontwikkeling dan de gewone dorpsmoeders maar ook bij de boerenbevolking was er sprake van een opvallend onderscheid. Het overlijden van Guillaume Guilhabert had volgens herder Bernard Benet *zestien tot twintig jaar geleden* plaatsgevonden (dus tussen 1301 en 1305). De boerenvrouw Alazaïs Fauré was nauwkeuriger: *achttien jaar geleden,* zei ze (ofte wel in 1303) (I, 398; I, 410).

Hoe nauwkeurig ze ook waren, het tijdsbesef van de boeren behield altijd een betrekkelijk vloeiend karakter. Vanuit dit gezichtspunt had men nog een Merovingische mentaliteit, Gregorius van Tours of pseudo-Fredegarius waardig.[2] Het voorbeeld van de klerken uit Pamiers, die hun stukken dateerden met 'het jaar onzes Heren 1320' of '1323' werd door de boeren in het geheel niet nagevolgd; zij hielden het bij: *twaalf*

---

* De eenvoudige dorpelingen konden niet lezen of schrijven, maar wel enigszins rekenen. Geen wonder als men bedenkt dat de herders de hele dag hun schapen moesten tellen.

jaar geleden of nu vijfentwintig jaar geleden. Zeker, Agnès Francou verklaart inderdaad dat *Raymond de la Côte, aanhanger van de Waldenzen,
in Pamiers heeft gewoond van de wijnoogst van 1318 tot St. Laurentius
in 1319* (1, 125). Maar Agnès Francou woonde in Pamiers en hoorde bij
de sekte van de Waldenzen. Ze was afkomstig uit het bisdom Vienne,
dat onder invloed van Lyon stond. Haar culturele horizon was dus veel
weidser dan men in de Occitaanse dorpen gewend was. Slechts in één
geval kwam de moderne christelijke jaartelling, vanaf de geboorte van
Christus, voor in de berggebieden: in de vastentijd van 1318 vertelde
Bernard Cordier, die uit Pamiers afkomstig was en in Tarascon woonde, aan zijn vlak bij de brug verzamelde plaatsgenoten wat hij in zijn
geboortestad had horen zeggen: '*Rampen zullen zich voordoen in
"1318" door de geboorte van de Antichrist* (1, 160).'

Het gebruik door Bernard Cordier van het begrip '1318' wijst op
invloed uit de stad, in dit geval Pamiers, waar de millennaristische profe-
tieën waren doorgedrongen die volgens deze man afkomstig waren van
hospitaalridders uit het oosten. In dit geval is de moderne en christelijke
jaartelling afkomstig van een stedelijke cultuur waar de fantasieën over
het einde der tijden een goede voedingsbodem vonden. Bij de boeren en
dorpelingen van de tijd tussen 1300 en 1310 viel zoiets niet waar te nemen. Pas later zou de moderne tijdrekening dieper doordringen en wist
ook de eerste de beste bergbewoner uit de Pyreneeën of de Cévennes dat
hij in het jaar '1686' of '1702' leefde. Op dat moment had de intellectuele
revolutie ook bij de boerenmassa's plaatsgevonden. Maar rond 1310 was
men daar in Montaillou nog ver van af.

Onder deze omstandigheden moest de geschiedenis van een ver of
minder ver verleden wel nagenoeg ontbreken. Buiten de kerken vond
Kleio nergens onderdak. Op het gebied van de geschiedschrijving waren
de bewoners van de Boven-Ariège vooral bekend met een paar flarden
van het eschatologische tijdsbesef, in christelijke of kathaarse versie.
Vooral kathaarse mythe van de zondeval was in Montaillou uitzonderlijk populair. In Montaillou besteedde de leer van de katholieke Kerk
echter nauwelijks aandacht aan het tijdvak van het Oude Testament.
Béatrice de Planissoles en herder Jean Maury hadden ooit van Adam en
Eva gehoord, maar voor de rest was er in de huiselijke kring van de
domūs geen sprake van zondvloed of profeten.

De katholieke tijd verwees slechts heel kort naar de Schepping, en
begon pas goed met Maria, Jezus en de Apostelen; het einde ervan lag in
een verre toekomst, *als de wereld veel jaren geduurd zal hebben* (1, 191).
Daarna zouden het Laatste Oordeel en de Wederopstanding volgen die,
hoewel ze geregeld in twijfel getrokken werden, tijdens de avonden

353

rond het vuur een geliefkoosd gespreksonderwerp vormden. 'Ongeveer *vier jaar geleden*,' vertelde Gaillarde (de echtgenote van Bernard Ros uit Ornolac), '*was ik in mijn huis in Ornolac, in het gezelschap van de vrouw van Pierre Munier, mijn dorpsgenote. Guillaume Austatz (de baljuw) kwam aanzetten en nog een paar andere mensen waar ik de namen van vergeten ben. We zaten dicht bij het vuur, in mijn huis, en we begonnen wat te kletsen over God en de algehele wederopstanding...* (I, 191).'

Als de getuigenverklaringen uit Montaillou verwijzen naar historische gegevens (in de moderne zin van het woord) dan gaat het in de meeste gevallen om gebeurtenissen die na 1290 (en eerder nog na 1300) plaats vonden. Slechts in één enkel geval bracht een getuige uit Montaillou een verhaal ter sprake dat zich rond 1240 afspeelde. Het gaat om de ontroerende geschiedenis van Alesta en Serena, edelvrouwen van Chateauverdun: nadat ze de baby van een van hen hadden achtergelaten om naar Lombardije te gaan, werden ze opgepakt wegens ketterij, ontdaan van cosmetica, en op de brandstapel gezet. De getuige aan wie we dit schone verhaal danken, Raymond Roussel, plaatste het overigens in een tijdloos en ongedateerd verleden toen hij het aan zijn Béatrice vertelde.

Zowel oude als moderne geschiedenis ontbrak vrijwel volledig in de teksten over Montaillou en de rest van de Ariège. Met de Romeinse oudheid was men bekend in Pamiers, waar scholen waren en een Ovidius-tekst circuleerde. De boeren keken niet verder terug dan de vorige graaf van Foix, een soeverein die het met zijn onderdanen goed had voorgehad, maar tegen de Kerk hard was opgetreden. Na zijn dood (1302) leefde dus de herinnering voort aan een vorst die de boeren een kippetje in de pot gunde en een verklaard tegenstander was van de tienden die de priesters de bergbewoners oplegden. Afgezien van enkele teksten die bijvoorbeeld betrekking hadden op de zogenaamde eeuwenoude stamboom van een bepaald *genus* of een bepaald geslacht, waren Fourniers getuigen niet geïnteresseerd in de periode vóór 1290 (of 1300). Overigens waren er onder die getuigen ook weinig ouderen; demografie en mentaliteit spanden samen om de ontwikkeling van een historisch tijdsbesef tegen te gaan.

In Montaillou leefde men dus op een 'eiland in de tijd', dat evenzeer gescheiden was van het verleden als van de toekomst. Aan de horizonten van dat eiland doemden, stroomopwaarts en stroomafwaarts, slechts de eilanden op van het verloren paradijs en de uiteindelijke wederopstanding. '*Er is geen andere tijd dan de onze*,' zei Raymond de l'Aire, een boer uit Tignac (II, 132). In werkelijkheid hadden dit soort dorpsgemeenschappen natuurlijk wél een geschiedenis. Maar ze waren zich er niet van bewust. Het ontbreken van een historische dimensie stemt overeen met het taalgebruik in de tegenwoordige tijd, zonder logische verbanden met verleden of toekomst.

De verhalen van Pierre Maury, Bernard Maury en vele anderen hadden geen diepte. Essentiële gegevens over bepaalde personen worden pas laat verstrekt, namelijk pas op het moment in het verhaal waarop ook de ik-figuur die gegevens te weten komt. In het urenlange relaas van Pierre Maury was schoenlapper Arnaud Sicre al veelvuldig ter sprake gekomen, en dan ineens, twee minuten voor het einde, vernemen we dat die Arnaud slechts een spion van de inquisitie was. Pierre Maury was dat feit namelijk zelf pas aan de weet gekomen vlak voor zijn arrestatie.

Ruimtelijke voorstellingen en begrippen bleven vooral lichamelijk en werden met name gemeten naar hand en arm, of ze nu betrekking hadden op de nabijheid of op de geografische, sociologische of culturele omgeving. '*Ik zag Prades Tavernier in het zonnetje lezen in een zwart boek, zo lang als mijn eigen hand,*' verklaart Guillemette Clergue (I, 341).

Korte afstanden werden dus afgemeten aan de hand, wat langere afstanden aan de arm: '*Ik genoot van de zon achter mijn huis,*' verklaart Raymond Vayssière, '*en op vier of vijf "armen" afstand van mij bevond zich Guillaume Andorran, die een boek las* (I, 285).'

Naast de lengte van de arm kon ook de kracht van de arm dienst doen om een wat grotere afstand aan te duiden: '*Prades Tavernier, die vijf lamsvachten op zijn rug droeg, bleef voortdurend op een afstand van de weg van de draagwijdte van een kruisboogpijl,*' vertelt Guillemette Clergue (I, 341). Er kon een moment komen waarop de draagwijdte van een kruisboogpijl weer te kort schoot (reizen, transhumance); dan stapte men over op de mijl (± 4 km.) en de dagmars. In dit bergachtige gebied liep men nooit 'zomaar' van het ene punt naar het andere; er werd altijd vermeld of men klom of daalde.

Het meten van ruimte, afstand en oppervlakte baarde de bevolking van de Boven-Ariège overigens niet al te veel kopzorgen. Nergens in het dossier is sprake van agrarische oppervlaktematen. De omvang van een akker werd door de boeren aangeduid met de hoeveelheid zaaigoed die ze er voor nodig hadden. Nu gaven de dagelijkse beslommeringen ook weinig aanleiding tot het ontwikkelen van een ruimtelijk besef. De ruimte werd om zo te zeggen afgebakend door de twee fundamentele begrippen *corpus* en *domus*, die de denkwereld van Montaillou beheersten. Het lichaam was voorzien van armen en handen, de maat van de wereld. Werd deze te groot om met het lichaam gemeten te worden dan kon de voortzetting van het lichaam, de *domus*, op zijn beurt de maat van de wereld worden. '*Om je het paradijs voor te stellen,*' verklaarde Guillaume Austatz, '*moeten jullie je een enorme* domus *voorstellen, die zich uit zou strekken van de pas van Mérens tot de stad Toulouse* (I, 202).'

De oppervlakte van percelen werd in Montaillou nauwelijks gemeten en ook de ligging ervan werd niet precies bepaald. De landmeters die in de daaropvolgende eeuwen het kadaster van de Languedoc tot stand brachten bepaalden in hun registers de ligging van de akkers met behulp van markante punten, heersende windrichtingen, zonnestanden en wat al niet meer. Rond 1310 ging men in de Ariège minder verfijnd te werk. Een lange reisroute werd niet aangeduid met een richting, maar met een keten van opeenvolgende steden: '*Om naar Rabastens te gaan,*' zegt Bélibaste tegen Pierre Maury, '*gaat u eerst naar Mirepoix, dan naar Bauville, vervolgens naar Camaran. En daar vraagt u dan de weg naar Rabastens* (III, 151).' Bij gebrek aan termen als *noord, zuid, oost* en *west*, die nooit in ons dossier voorkomen, spraken de boeren uit Montaillou over *naar Catalonië lopen* (zuid), *naar het lage land* (noord), *over de passen heen, naar de zee, naar Toulouse* etc.

In geografisch opzicht was het fundamentele begrip het land van herkomst, het grondgebied (*territorium, terra*); het kon zowel een bepaalde heerlijkheid als een klein gebied aanduiden. Het woord *terra* zou overigens een misverstand kunnen scheppen. Voor de boeren en herders was de *domus* de spil waar het leven om draaide, en zij waren in het geheel niet geobsedeerd door de familiegrond en de verdeling in percelen, hetgeen men later op anachronistische wijze zou bestempelen tot een essentieel bestanddeel van de mentaliteit van iedere boer. Hun produktiewijze draaide meer om de *domus* dan om het perceel. *Terra* was voor hen niet de grond van een familie, maar meer in het algemeen het grondgebied van een parochie of van de eigen streek, de *terra* van een dorp, een groep dorpen, een bepaald gebied binnen grenzen die door door de natuur of door de mens waren aangebracht. Zo sprak men dus over de *terra* van een grote of kleine heerlijkheid of zelfs van een vorstendom. Men had het dus over het Land (*pays*) van Aillon of het grondgebied (*terra*) van Aillon (Prades en Montaillou) dat in bestuurlijk opzicht één bepaalde kastelenij vormde die gedomineerd werd door de hooggelegen vesting boven het dorp. Verder werd de Sabarthès vermeld (het hooggelegen deel van het Land van Foix), evenals het Land van Olmes, het Land of

356

gebied van Gault, de Razès, de Fenouillèdes, de Cerdagne.

Ieder had het besef van het graafschap Foix als politieke eenheid. Maar er bestond een duidelijk verschil tussen het hoge gedeelte en het lage gedeelte van het graafschap. Het eerste was niet zozeer gericht op Foix, de hoofdstad waar de wereldlijke overheid van de graaf was gevestigd, maar veeleer op Ax en Tarascon, die voor de bevolking van de Sabarthès de centrale plaatsen waren. Het lage gedeelte werd beheerst door Pamiers, de bisschopsstad vol met priesters en dominicanen, waar men tegen het katharisme was, maar vóór de tiendheffing.

De grens tussen het hoogland dat tegen de tienden was en pro-kathaars, en het lage land met zijn degelijke katholicisme en zijn rijke graanvlakte, werd gevormd door de zogenaamde pas van Labarre, een kloof in een uitloper van de Pyreneeën, enige kilometers ten noorden van Foix. 'De mensen uit de Sabarthès,' vertelde Berthomieu Hugon in 1322, 'zouden graag met de graaf van Foix afspreken dat geen enkele geestelijke over de pas van Labarre mocht klimmen... En als de graaf van Foix van goede wil zou zijn, zoals zijn voorganger, dan zóuden de geestelijken er ook niet overheen komen om de bloedtienden op te eisen (III, 331).'

Iedereen in Montaillou beschouwde de pas in die Pyreneeën-uitloper als een grens. Vanuit zijn hoge bergen vermaande pastoor Pierre Clergue Béatrice om niet af te dalen naar het 'lage land' van Dalou en Varilhes, dat kaalgevreten werd door de minderbroeders. In omgekeerde richting keek Bernard Clergue vanuit zijn kerker in Pamiers naar de bergen die in het zuiden de horizon afsloten; daar bevond zich zijn grondgebied (*terra*), de Sabarthès, met daarachter het Land van Aillon, en vooral de heerlijkheid van Montaillou waar hij als baljuw de scepter over zwaaide.

De Boven-Ariège werd in het noorden begrensd door de pas van Labarre, en in het zuiden door de Pyreneeënpassen. De bisschop van Foix, die in feite de geestelijke arm van de Franse koning was, probeerde zijn inquisitoriale controle tot die lijn uit te breiden. De bewoners van de Boven-Ariège woonden *citra portūs* (aan deze zijde van de passen), dat wil zeggen aan de noordzijde van de Pyreneeën, en stonden min of meer bloot aan de invloed van het Franse imperialisme; de andere (Spaanse) kant noemden ze *ultra portus* (aan gene zijde van de passen). 'U moet naar de andere kant van de passen vluchten,' zei notaris Pons Bol *uit Varilhes* tegen Béatrice, 'want aan deze kant van de passen zult u opgepakt worden door de bisschop (I, 257).' Voor de ballingen in Catalonië betekende de Pyreneeën-keten de grens van de vrijheid, daarachter begon het 'koninkrijk Frankrijk', weliswaar niet volgens de letter van de wet, maar wel in de vorm van de politie-activiteiten van de inquisiteurs. *'Als we de passen overgaan om terug te keren in het koninkrijk Frankrijk* (in feite het graafschap Foix), *dan gaan al onze haren overeind staan,'* verklaarden de emigranten uit Foix die sinds ze hun geboorteland ontvlucht waren hun leven doorbrachten in Catalonië en Valencia (II, 71).

Met een aantal plaatsen onderhield Montaillou bijzonder intensieve contacten, bij voorbeeld met de naburige parochie Prades d'Aillon, waarmee men verbonden was door een voetpad en door onderlinge huwelijken. Met Camurac daarentegen, de andere naburige gemeenschap, die nauwelijks verder weg lag, had men slechts spaarzame contacten afgezien van een enkel bezoek van de pastoor van Camurac, die de laatste sacramenten toe moest dienen aan een stervende inwoonster van Montaillou, maar door haar weggestuurd werd.

Met Ax-les-Thermes, de hoofdplaats van de bovenloop van de Ariège-vallei, onderhield Montaillou wel veelvuldig contact: men nam aldaar deel aan het commerciële, culturele, mondaine en sociale leven. In Ax verkochten de vrouwen uit het dal van Prades hun kippen en hun eieren en ze lieten er hun gesponnen wol weven. Muilezels beladen met graan gingen van Montaillou naar de molens van Ax, aan de Ariège-oever. Beladen met meel keerden die muilezels daarna dan weer naar Montaillou terug.

'Op een dag,' vertelt Guillemette Clergue, *'kort voor de algehele arrestatie van de inwoners van Montaillou (ik kan me die tijd niet op andere wijze herinneren) ging ik hooien op een plaats genaamd Alacot; onderweg kwam ik Guillaume Maury tegen, met zijn muilezel; hij kwam zingend uit de richting van Ax. Ik zei hem: "Je hebt gedronken. Je bent zo vrolijk." "Ik ben naar Ax geweest om meel te malen; ik heb het achter op mijn muilezel bij me," antwoordde hij mij. "En hoe kan het dan," diende ik hem van repliek, "dat als mijn man naar Ax is geweest om meel te malen, hij weer terugkeert, volledig uitgeput, door het slaaptekort en onder het stof van het meel?" "Eigenlijk ben ik niet zo lang in de molen gebleven," legde Guillaume me uit. "Ik heb vooral van deze reis gebruik gemaakt om de Goede Mensen op te zoeken!" (I, 343)'*

Ook de transhumance was een factor van belang in de ruimtelijke organisatie; Montaillou kwam daardoor vrijwel op voet van nabuurschap te staan met behoorlijk verafgelegen dorpen. In Arques bijvoorbeeld, in het huidige departement Aude, was Sybille Pierre, de vrouw van een veehouder, op de hoogte van alle roddels die in Montaillou de ronde deden. En dat is niet vreemd, want hoewel beide dorpen in vogelvlucht zo'n veertig kilometer van elkaar af lagen, grensden ze eigenlijk aan elkaar: want Montaillou vormde het zomereindpunt van de transhumance, Arques het wintereindpunt. De dorpen wisselden ook dienst-meisjes en seizoenarbeiders uit.

De Sabarthès: telkens wanneer onze boeren in het dossier blijk geven van een saamhorigheidsgevoel dat de grenzen van hun parochie te buiten gaat is de Sabarthès het sleutelwoord. We zien de concentrische cirkels die door deze samenleving lopen: *corpus, domus, locus, pagus* (lichaam, huis, dorp, land). Lichaam en huis spreken voor zich, Montaillou is het dorp, en het land is de Sabarthès.

Montaillou en het Land van Aillon (Prades en Montaillou) maakten ontegenzeggelijk deel uit van de Sabarthès. *Pierre Clergue is pastoor van Montaillou in de Sabarthès.* Wel lag het Land van Aillon enigszins aan de periferie van de eigenlijke Sabarthès; Tarascon, Ax en Junac vormden het hart: '*De* perfecti,' zei Bernard Benet, '*gingen van Montaillou naar Prades, en vervolgens van Prades naar de Sabarthès* (in de richting van Ax-les-Thermes) (I, 402). Er was dus sprake van een Sabarthès in engere zin, met als kern Ax, Tarascon en het heiligdom van Savart (waar de Sabarthès zijn naam aan dankte), en van een Sabarthès in ruimere zin, met een meer politieke betekenis, die niets anders was dan het hooggele-gen gedeelte van het graafschap Foix (de omgeving van Ax, Tarascon en Foix, alsmede het Land van Aillon en de streek rond Vicdessos). Heel wat teksten laten de kalme vanzelfsprekendheid zien waarmee de inwo-ners van de diverse dorpen te kennen gaven dat ze zich bij de Sabarthès voelden behoren. '*Komt u niet uit de Sabarthès?*' vroeg een jonge man aan Pierre den Hugol, in een kroeg in Laroque d'Olmes. '*Ja, ik kom uit Quié* (III, 375).'

Men heeft wel voorgesteld om de Sabarthès een natuurlijke regio te noemen, op grond van hoogteligging, bodem en vegetatie. Destijds wa-ren de plaatselijke bewoners het er in ieder geval over eens dat de Sabar-thès alle eigenschappen van een welomschreven eenheid bezat. Zo was de Sabarthès dus even scherp afgebakend als de stammen en volken waar antropologen en historici ons vertrouwd mee hebben gemaakt. Ray-mond de l'Aire, uit Tignac, sprak expliciet van *het volk van de Sabarthès* (II, 122). De meest gangbare uitdrukkingen waren echter *de mensen van de Sabarthès*, of *de mannen en vrouwen van de Sabarthès.*

De Sabarthès had zijn eigen volkscultuur zoals vooral bleek uit de spreekwoorden met betrekking tot huwelijk en noodlot; onze zegslieden omschrijven ze als 'de gezegden die men in de Sabarthès gebruikt'. *Eeu-wig en altijd zal het voorkomen dat een man slaapt met de vrouw van een ander* (I, 167). *Of iemand rampspoed of zegen zal kennen is van te voren al bepaald* (I, 356). *Bij een achternicht mag je hem er helemaal instoten* (II, 130). Het land bezat ook een informeel systeem van nieuwsoverdracht waardoor reputaties gemaakt en gebroken konden worden: *Men zegt overal in de Sabarthès dat de Authiés vertrokken zijn, dat ze niet zijn teruggekomen, etc.* (II, 195; III, 54). *Een aantal vrouwen die in de Sabarthès een goede reputatie genoten waren vriendinnen van Pierre Authié* (II, 425). De Sabarthès kende zijn eigen gastronomische specialiteiten (forel, kaas). Het religieuze centrum van dit Pyreneeën-gebied was het heiligdom van Notre-Dame van Savart, in Tarascon, dat door de bevolking als gemeenschappelijk bezit beschouwd werd. Er stak dan ook een storm van verontwaardiging op toen de priesters het bestonden om de weigeraars van de tienden uit het heiligdom te zetten. De Sabarthès had zijn eigen gemeenschap van zielen van gestorvenen; zij vormden naar werd aangenomen een enorme menigte die de gehele ruimte tussen Mérens en Toulouse zou kunnen vullen. Pierre Guillaume meende dat er *10000 zielen doelloos door de Sabarthès dwaalden, vanwege de zonden van de geestelijken* (III, 337).

De Sabarthès had zijn eigen taal, of op zijn minst zijn eigen dialecten, en deze taalkundige eenheid was een stimulans voor het sluiten van huwelijken buiten het eigen dorp. '*Mijn toekomstige echtgenoot Jean Maury was naar Juncosa* (Spanje) *gekomen om zijn schapen op te halen,*' vertelde Mathena Cervel. '*Toen hij vernam dat ik en mijn moeder de taal van daarboven spraken* (de Sabarthès) *begon hij over een huwelijk met mij te onderhandelen terwijl we elkaar niet eens kenden* (II, 451).'

De vruchtbaarheid van de bodem in de Sabarthès werd op magische wijze gegarandeerd door de lichamelijke aanwezigheid van de *perfecti*: '*Raymond Authié, uit Ax, heeft mij gezegd,*' vertelt Rixende Cortil uit Ascou, '*dat sinds de Goede Mensen de Sabarthès moesten ontvluchten, de grond niet meer zulke goede vruchten voortbrengt…, dat ze eigenlijk niets goeds meer oplevert* (III, 307).'

De rijkdom van de Sabarthès op het gebied van landbouw en veeteelt was volgens onze getuigen een expliciet gevolg van de bergeconomie, die gebaseerd was op de transhumance en een commercieel karakter droeg dank zij de markten in een paar hoofdplaatsen, waar schapen en ideeën uitgewisseld werden. Men kocht en verkocht daar graan en praatjes.

Bestuurlijk gesproken was de Sabarthès een oud burggraafschap uit de Karolingische tijd. Tussen 1300 en 1330 behield het gebied een speciale status binnen het graafschap Foix, waar het het hoge en bergachtige gedeelte van uitmaakte; deze situatie bracht voor de Boven-Ariège de aanwezigheid met zich mee van een aparte grafelijke ambtenaar, Guillaume Tron, afkomstig uit Tarascon, die dienst deed als *publiek notaris van het graafschap Foix in de Sabarthès*.

Het volk van de Sabarthès onderscheidde zich door zijn specifieke tradities op het gebied van volkscultuur en gewoonterecht, en vormde als het zuidelijke gedeelte van Pamiers een aartspriesterschap. Het conflict over de door de bisschop van Pamiers opgelegde bloedtienden laaide in het eerste kwart van de veertiende eeuw telkenmale weer op en legde een driedeling bloot van de Standen ofte wel Staten.

Tijdens de onderhandelingen over de tienden in 1311 werd het 'leken'-volk van de Sabarthès, dat gegroepeerd was in de steden en dorpen, gerepresenteerd door procureurs en pensionarissen die voornamelijk de opvattingen uitdroegen van de magistraten en notarissen in de vier steden of stadjes (Foix, Ax, Tarascon, Vicdessos). De seculiere en reguliere geestelijkheid, grotendeels bestaand uit een grote groep dorpspastoors, vormde de tegenpartij van de leken en werd vertegenwoordigd door de abt van Foix en de prior van Vicdessos. De adel van de Sabarthès, edelvrouwen en ridders, vormde een derde groep, die een zigzagkoers volgde tussen de twee andere kampen. De onderhandelingen van 1311 resulteerden in een overeenkomst, die echter niet kon verhinderen dat de twisten tussen 1312 en 1323 weer oplaaiden.

Veel mensen uit de Sabarthès gingen, verbitterd door het verlies van hun vrijheden, uiteindelijk de ijdele hoop koesteren dat ze de al te zeer op tienden beluste prelaat Jacques Fournier nog eens zouden zien omkomen in de vlammen van een goede brandstapel. Twaalf jaar lang bleven ze trouw aan de tradities van het gewoonterecht die ze geërfd hadden van hun voorvaderen, die verklaarde vijanden waren geweest van de grove tienden (op het graan) en de bloedtienden (op het vee). Deze openlijke of stilzwijgend gevoerde strijd tegen de kerkelijke heffing kreeg ruime steun van de dorpelingen, of ze nu kathaars of katholiek waren. Toch bleef dit verzet onlosmakelijk verbonden met een ketterse traditie die tussen 1290 en 1320 zelfs met de naam Sabarthès gelijk kwam te staan.

Doorslaggevend voor de afbakening van de Sabarthès waren de horizontale banden, gebaseerd op het besef van een gemeenschappelijke beschaving en cultuur, onder andere uitgedrukt in taal, tradities en keuken. Deze banden lijken mij minstens even belangrijk als de verticale banden van hiërarchische (bestuurlijke of feodale) aard. Die verticale banden werden overigens hevig bestreden zodra ze uitgingen van de tienden heffende Kerk, ook al gebeurde dit binnen de legale grenzen van het aartspriesterschap Sabarthès.

Vandaar ook het belang van culturele en vooral taalkundige gegevens als het er om gaat Montaillou en de hele Boven-Ariège in te passen in een ruimte van nog veel grotere schaal. In de verklaringen van onze getuigen is het Occitaans een uit de diepten opwellende golfbeweging, nauwelijks verborgen onder het schuim van het Latijn der klerken. Ons dorp in de Sabarthès maakte deel uit van het veel grotere en zeer levendige Occitaanse cultuurgebied dat zich echter nauwelijks van zijn eigen identiteit bewust was. Men krijgt overigens de indruk dat het besef van die eigen Occitaanse identiteit niet zozeer aanwezig was bij de bewoners zelf, als wel bij de ambtenaren uit het noorden die er door de Franse koning naar toe gestuurd werden.

Perfecti en pastoors hadden ten minste één ding gemeen: beiden preekten als het moest in de volkstaal. Men besefte in Montaillou heel goed dat men een eigen plaatselijk dialect had, dat op zijn hoogst door duizend mensen werd gesproken: '*In San Mateo,*' vertelde Arnaud Sicre, '*was ik bezig om schoenen te maken in de werkplaats van Arnaud Vital, de plaatselijke schoenmaker, toen er een vrouw op straat langs kwam die riep: "Is er nog graan te malen?" Iemand zei tegen me: "Arnaud, daar loopt een boerenvrouw uit jouw streek." Ik ondervroeg de vrouw. "Waar komt u vandaan?" "Uit Saverdun," antwoordde ze mij. Daar ze echter de taal van Montaillou sprak snoerde ik haar de mond: "U komt niet uit Saverdun. U komt uit Prades of Montaillou."* (II, 21)'

Dit gesprekje toont aan dat er een verschil in taal was tussen het laagland (Saverdun ligt ten noorden van de pas van Labarre en de Sabarthès, waarbinnen de dialecten van Montaillou en Prades weer een aparte plaats innamen, wellicht vanwege de vele Catalaanse invloeden). De mensen uit Montaillou, vooral de herders, beseften heel goed dat de overgang tussen het Occitaans en het Catalaans vloeiend was. Wanneer ze van Tarascon of Ax naar Puigcerda of San Mateo gingen, kostte het hen nauwelijks moeite zich verstaanbaar te maken. Taalkundig gezien waren de Pyreneeën dus niet erg hoog. Aan de noordkant, en vooral aan de west- en noordwestkant schijnen de taalgrenzen veel scherper te zijn geweest; de bewoners van de Ariège waren zich heel goed bewust van het onderscheid dat binnen het Occitaanse taalgebied bestond tussen de dialecten uit de Languedoc en die uit Gascogne zoals aantoonbaar was vanaf 1300. Meermalen vermeldden mensen uit Montaillou, Ax of de Sabarthès van een bepaald persoon dat hij het dialect van Gascogne of Toulouse sprak. De verschillen bleken al niet ver van de westelijke oever van de Ariège, want een van de personen die opviel door zijn 'gasconismen' was misschien afkomstig uit La Bastide-Serou.

Het Occitaanse gebied vormde rond 1320 geen afzonderlijke politieke eenheid. Het was een groot schip dat met gedoofde lichten en zonder kompas door de nacht voer. Maar voor de herders uit de Ariège, die het uiteraard nooit bij de naam noemden, was het een geografische reus.

Alleen al de afstand van Toulouse naar de pas van Mérens was voor hen het beeld van de oneindigheid. Meer in het algemeen was de Occitaans-Catalaanse cultuurkring waar Montaillou toe hoorde gericht op de schiereilanden, de eilanden en de grote rivierdalen van de noordelijke kant van de Middellandse Zee. De veehouders uit Arques gingen vergeving vragen voor hun ketterse zonden bij de zetel van de paus (Avignon). Naar de mutsaard riekende Ariège-bewoners met onbedwingbare reislust vluchtten naar Lombardijë, Sicilië, Catalonië, Valencia en Mallorca. Ballingschap en transhumance brachtten hen in contact met de Moriscos uit Spanje. Er was een vaag besef van een christelijke en islamitische Oriënt 'overzee', dank zij de overdracht van mythen en een paar pogingen tot kruistocht.

Opvallend afwezig in de Sabarthès waren elementen uit de 'Franse' wereld. Die wereld oefende weliswaar indirect zijn invloed uit: de inquisitie van Carcassonne en Pamiers was er in feite mee belast om op geestelijk terrein voor Frankrijk het vuile werk op te knappen. Ook zonder daadwerkelijke militaire aanwezigheid was de invloed van de Franse macht duidelijk te merken en zij hing de bewoners van de Sabarthès altijd als een zwaard van Damocles boven het hoofd.

Als we deze indirecte invloeden echter buiten beschouwing laten, dan was de uitstraling van de 'Franse' gebieden (door migratie of cultuuroverdracht) erg zwak in de Sabarthès. Vele emigranten stroomden over de passen in de Ariège en de Roussillon naar het zuiden, in de richting van Spanje. Maar deze mensen kwamen uit de Occitaanse landstreek Rouergue, niet uit het Franssprekende bassin van Parijs. Dat er op een gegeven moment in Montaillou één enkele *notarius gallicus* opdook, die normaal gesproken volle dagen werkte op de bureaus van de inquisitie van Carcassonne doet aan dit alles niets af.

Voor de culturele indeling van de ruimte zijn de verschillende vormen van onrechtzinnigheid van meer betekenis: ondanks een enkele uitloper in noordelijke richting was het katharisme bij uitstek een ketterij van de Balkan, Italië en het Middellandse-Zeegebied, die de Occitaanse gebieden bereikte vanuit het oosten. Het was dus een ketterij uit de gebieden waar de Boven-Ariège gewoonlijk mee in contact stond, want de Sabarthès was voornamelijk op de Middellandse Zee georiënteerd.

De sekte van de Waldenzen, die in de eerste twintig jaar van de veertiende eeuw nog een aantal aanhangers in Pamiers telde, was een minder zuidelijk importprodukt. De paar Waldenzen die in deze periode in het graafschap Foix voorkwamen waren afkomstig uit het centrale oostelijke gedeelte van het huidige Frankrijk (Bourgogne, Vienne, bisdom van Genève, Dauphiné). Er zijn geen aanwijzingen voor invloed van Waldenzen ten zuiden van Pamiers in de Boven-Ariège.

De *pastoureaux* die in de zelfde tijd van zich deden spreken waren afkomstig uit Noord-Frankrijk. Nadat ze in 1320 duidelijke sporen in Parijs hadden achtergelaten trokken hun bendes naar het zuidwesten, naar het Engelse Guyenne, vervolgens naar de streek rond Toulouse, die wel in bestuurlijk, maar niet in cultureel opzicht bij het koninkrijk Frankrijk behoorde. Ze doodden joden in de stadjes van het dal van de Garonne – naar hun eigen zeggen uit wraak voor de dood van Christus –, maar hun kruistochten bereikten de Boven-Ariège niet; daar waren weinig dominicanen en bedelmonniken en stonden de mensen nauwelijks open voor de millennaristische stijl van de bezeten verkondigers van de apocalyps. De *pastoureaux* waren te zeer een verschijnsel uit het *pays d'oil* om in het *pays d'oc* aan te kunnen slaan. In 1320 zou het nog een goede eeuw duren voor beide sferen enigszins vermengd konden raken.

De gebieden van het *pays d'oil* bestonden nauwelijks voor de inwoners van Montaillou. Slechts één van de gedaagden uit de Boven-Ariège had bijna de kans gekregen het Ile-de-France te bezoeken. Guillaume Fort werd in 1321 door het bisschoppelijke gerechtshof van Pamiers veroordeeld om de pelgrimsstaf op te nemen en naar het noorden te gaan, niet alleen naar Vauvert, maar ook naar Montpellier, naar Sérignan (Hérault), Rocamadour (Lot), Puy-en-Velay, Chartres, naar de Notre-Dame van Parijs, naar Pontoise, naar St. Denis, naar de St. Chapelle, naar de Limousin, de Dauphiné, de Tarn... Helaas zou Guillaume Fort niet de kans krijgen deze formidabele wandelroute af te leggen; een tweede vonnis, een dag later uitgesproken, veroordeelde hem tot de brandstapel. En verbrand wérd hij dan ook.

In één opzicht was het Franse koninkrijk wel bijzonder sterk aanwezig: de munten. In overgrote meerderheid (71%) waren de munten die in het graafschap Foix gebruikt werden afkomstig uit muntmakerijen die meer of minder sterk met de monarchie in Parijs verbonden waren: het waren parisis, en vooral zilveren Tournooise ponden. Derhalve had het berggebied van de Ariège lang voor het werd ingepast in de bestuurlijke, culturele en taalkundige wereld van de machthebbers op het Ile-de-France, al tegen wil en dank aansluiting gezocht bij het Franse muntstelsel. Deze overwinning was een voorafschaduwing van de annexaties die op de lange duur op ieder terrein zouden volgen. En het was geen onbelangrijke overwinning. De veehouders en herders hadden door hun handel in kuddes en in wol het primitieve stadium van een op zelfvoorziening gebaseerde economie overschreden. Muntjes werden dus voor hen een eerste levensbehoefte. En meer en meer waren die muntstukjes Frans, en het hinderde niet of ze nu goed van kwaliteit waren of gedevalueerd.

HOOFDSTUK 19

NATUUR EN LOTSBESEF

Hoe stonden de boeren uit Montaillou tegenover de natuur en meer in het algemeen tegenover de wereld als geheel? Esthetische waardering hadden ze er in elk geval niet voor. Weliswaar kenden ze het begrip 'schoonheid' maar dat betrokken ze vooral op de genoegens en verlangens van zinnelijke en emotionele aard. Ze hadden het dus over 'een mooi jong meisje', of over 'een mooie vispâté', over 'mooie mannen', of 'mooi kerkgezang', over 'mooie boomgaarden in het paradijs'. Daar bleef het bij. Bergen en natuur konden hen niet in vervoering brengen. Ze werden te zeer in beslag genomen door de vaak niet geringe praktische problemen waar die natuur hen voor stelde.

Veeleer had men het gevoel deel uit te maken van die omringende natuur, al werd dit getemperd door enig antropocentrisme. In Montaillou beschouwde men de microkosmos (de mens en zijn *domus*) als deel van de macrokosmos (waarvan ook weer de *ostal* het centrum was). Die macrokosmos was groot genoeg om ook de sterren te omvatten. We hebben al gezien dat men de afgeknipte haren en nagels van het overleden familiehoofd bewaarde om te voorkomen dat de desbetreffende *domus* zijn goede gesternte verloor, zijn *astrum vel eufortunium.*

Ieder individu, en zeker een herder, bezat zijn eigen *fatum* of lotsbestemming. Zo schikte Pierre Maury zich zonder morren in zijn lot, zelfs toen hij uiteindelijk binnen de vier muren van een gevangenis terechtkwam. Dit fatalisme had in de berggebieden zijn ontstaan niet te danken aan het katharisme. Eerder was het zo dat opvattingen daarover die vanouds onder het volk geleefd hadden zich wonderwel lieten combineren met het leerstuk van de zielsverhuizing uit de godsdienst van de *perfecti;* plaatselijke volkscultuur versmolt hier moeiteloos met de van ver geïmporteerde ketterij.

Zo trakteerde Bélibaste de familie Maury eens op een rigoureuze ontkenning van het bestaan van de vrije wil: '*Als een man andermans goed steelt, of slecht handelt, dan is die man niets anders dan een kwade geest die in hem binnengaat: die geest laat hem zonden bedrijven, laat hem de goede manier van leven verwisselen voor de slechte* (III, 179).'

De opvatting dat de mens niet verantwoordelijk is voor het kwaad ging bij Bélibaste onafscheidelijk samen met een kathaars getint animisme: '*Alles is vol zielen,*' zo vervolgde de balling uit Morella. '*De hele lucht zoals die stroomt is vol met goede en kwade geesten. Behalve in het uitzonderlijke geval dat een geest verblijf heeft gehouden in het lichaam van een overledene die tijdens zijn leven rechtvaardig en goed was* (in dat geval keerde de geest terug naar de hemel) *staat de geest die net uit een dood lichaam ontsnapt is altijd klaar om zich weer te reïncarneren. Want de kwade geesten in de lucht maken die geest het leven zuur, zolang als hij zich in hun gezelschap bevindt. Ze dwingen de geest dus zich binnen te dringen in een of ander vleselijk lichaam, of dat nu van een mens of van een dier is; want zolang een menselijke geest rust heeft gevonden in een lichaam, hebben de kwade geesten in de lucht niet de mogelijkheid hem te kwellen en te teisteren.*'

Dit wereldbeeld werd ook heel duidelijk verwoord door Bernard Franca uit het dorp Goulier in de parochie Vicdessos. Bernard Franca was een geestelijke die de mis las, maar ook een echte boer. Hij bewerkte zijn eigen gierstvelden en hij bezat samen met zijn broers een huis in de enige straat van het dorp. Tijdens de oogstdagen discussieerde hij honderduit met zijn medeparochianen en nam hij deel aan de informele bijeenkomsten van de mannen, die op zon- en feestdagen plaats vonden op het kerkplein. Zijn openhartigheid leidde tot een aantal verklikkerijen, tot een proces in Pamiers, en uiteindelijk tot de straf van het dragen van dubbele gele kruisen.

Bernard Franca was er heilig van overtuigd dat alles wat iemand overkwam in alle eeuwigheid ook zo moest geschieden. De kern was volgens hem dat de mens zich bevond binnen de onwrikbare noodzakelijkheid van de macrokosmos, waar God zelf de oorspronkelijke bouwmeester van was. Een menselijk wezen was in het geheel niet vrij. Daarom ook kon de mens niet zondigen. Aan de andere kant leverde het verrichten van de zogenaamde *goede werken* geen enkel voordeel op, aangezien ook die al van te voren in het goddelijke plan waren opgenomen.

Deze ideeën die het bestaan van de individuele vrijheid ontkenden waren hem overigens niet ingefluisterd door een of andere geleerde uit de stad die wel eens van Augustinus[1] had gehoord; zelfs als dorpspriester had Bernard tenslotte zo iemand ontmoet kunnen hebben. In werkelijkheid putte Bernard Franca deze opvattingen – die hij al veertig jaar verkondigde – uit de volkscultuur van de Sabarthès. '*Heeft de een of andere geleerde u tot deze dwalingen aangezet?*' vroeg Jacques Fournier in 1320 aan de dan zestigjarige Franca. '*Nee,*' antwoordde de oude man. '*Maar in de Sabarthès zegt men gewoonlijk, als iemand geluk of ongeluk overkomt: dat stond hem te wachten, en: dat kon niet op andere wijze gebeu-*

ren. Overigens, toen ik gevangen werd genomen (door de inquisitie) *heb ik gezegd: "Er zal komen wat er komen zal." En daarna heb ik eraan toegevoegd: "Gods wil zal geschieden."* (I, 356-357)'

Noodlot en noodzaak werden zo meende men door God van heel hoog in de hemel verordineerd en oefenden invloed uit door middel van de sterren, de lucht of de geesten. De werking betrof respectievelijk de *domus* en het individu. Tussen de sterrenhemel en het luchtruim bevond zich de maan. De invloed van dit hemellichaam werd in de Sabarthès niet zo ingrijpend geacht als later in andere boerenculturen. Maar in Montaillou was die invloed zeker niet te verwaarlozen zodra het er om ging het tijdstip te bepalen van de gebeurtenis die in iedere generatie de continuïteit van de *domus* moest verzekeren: het huwelijk. '*Zestien jaar geleden of daaromtrent,*' vertelde in 1320 Raymond Vaissière uit Ax-les-Thermes, '*bevond ik mij in het huis van Raymond Belot uit Montaillou en we hadden het (zo in het algemeen) over de periode waarin bruiloften gevierd moeten worden. Raymond zei tegen me: "Toen wij onze zus aan Bernard Clergue ten huwelijk wilden geven, zijn we de ketter Guillaume Authié gaan opzoeken om hem raad te vragen over het volgende: wanneer zal de maan gunstig staan om onze zuster aan Bernard uit te huwelijken? Guillaume Authié antwoordde ons de bruiloft vast te stellen op een bepaalde dag die hij ons aangaf. En dat deden we.*" (I, 291)'

Maar inzicht in de cyclus van de maan was niet altijd voldoende: de inwoners van Montaillou namen op grote schaal hun toevlucht tot waarzeggers, om de toebereidselen voor een reis of bruiloft zo goed mogelijk te laten verlopen, en ze beperkten zich daarbij niet tot de *perfecti*. Béatrice de Planissoles maakte gebruik van de toverkunsten die een bekeerde jodin – met genoegen – voor haar verrichtte. De ballingen in Catalonië raadpleegden een waarzegger die zijn voorspellingen haalde uit *een boek geschreven in Arabische tekens* (II, 40; III, 207). Deze waarzegger maakte ook gebruik van de slingerbewegingen van een stok en van schoenafdrukken om voorspellingen te doen over ziektes van mensen en vee en voorgenomen huwelijken. De voorspellingen die men wist af te leiden uit de vlucht van onheilsvogels waren minder geraffineerd. Zo geloofde men dat kerkuilen de zielen van de overledenen kwamen weghalen en dat eksters die de weg overstaken naderend onheil betekenden, als we de (zeer gangbare) opvattingen die in de familie Bélibaste van vader op zoon werden overgeleverd mogen geloven. Toen hij twee van deze vogels zijn weg zag kruisen verloor de *perfectus* uit Cubières het laatste beetje moed dat hem nog restte; de grond werd letterlijk onder zijn voeten weggeslagen en hij voorspelde met grote juistheid het naargeestige lot dat hem te wachten stond.

Het geloof aan onheilsvogels stond niet op zichzelf. De emotionele betrekkingen die de bewoner van het Land van Aillon onderhield met zijn natuurlijke omgeving, en vooral met de dierenwereld, waren niet altijd vriendelijk, zelfs en juist vooral als de betrekkingen erg nauw waren. Ik zal dit toelichten.

Laten we beginnen met de dieren waar men het meest vertrouwd mee was. De herders uit Montaillou bezaten in ieder geval honden om hun kuddes tijdens de transhumance-tochten te begeleiden. Geïsoleerde boerderijen werden soms bewaakt door grote honden die zonodig hard konden blaffen. Tweevoeters en viervoeters waren wellicht aardig voor elkaar in de dagelijks omgang, we weten er echter niets van. Maar over het geheel genomen was het stereotiepe beeld van de hond niet positief. *Vuile honden die je openrijten en vuile wolven die je verscheuren...,* *teef,* waren de meest vriendelijke scheldwoorden die de Clergues en nog enige anderen voor de minderbroeders of voor Alazaïs Fauré over hadden. Pas op voor de hond. Hij kon je hondsdolheid bezorgen. Toen Jean Maury bang was om vergiftigd te worden, liet hij de smakelijke hapjes die Guillemette bereid had voorproeven door zijn eigen herdershond. En aartsdiaken Germain de Castelneau uit Pamiers die zijn confrères in een kwestie over grondpachten het vel over de oren had getrokken moest gestraft worden. *Vier grote waakhonden aan kettingen zullen de aartsdiaken opwachten in de andere wereld.* Een steenhouwer die enige scepsis uitte over het naderende einde der tijden kreeg van zijn kameraden te horen dat hij niet meer geloof had dan een hond.

Ook een ander dier dat dicht bij de mens stond had een negatief, om niet te zeggen diabolisch imago: de kat. Het nachtelijke gekrijs van vechtende katten leek, als we de familie Benet uit Ornolac mogen geloven, op de kreten die de dolende ziel van een overledene slaakte (I, 262). '*Toen Geoffroy d'Ablis, de inquisiteur van Carcassonne stierf,'* vertelde Guillemette Maury, '*was niemand getuige van zijn nachtelijk verscheiden. Maar de mensen die de volgende ochtend zijn lijk ontdekten, troffen bij zijn bed twee zwarte katten aan, een aan elke zijde. Het waren kwade geesten die de ziel van de inquisiteur gezelschap hielden (II, 69).'* Trouwens, ook een ander dier uit de directe omgeving van de mens, de rat, wekte afkeer.

De slechte reputatie van het varken deed enigszins denken aan die van de hond: de hond maakte enerzijds namelijk deel uit van de familie van mensen, maar bezat anderzijds een bepaalde graad van wildheid, omdat hij zich kon kruisen met de wolf. Als scheldwoord waren 'hond' en 'wolf' zelfs uitwisselbaar. Met het varken was het net zo gesteld. Dit dier was zowel een lid van het huishouden (gevoed met huisafval en dagelijks geconsumeerd in de vorm van gezouten spek) als een half wild beest (vetgemest in de bossen met eikels en in staat zich te kruisen met het everzwijn). Het varken was dus een viervoeter die twee poten in elk kamp had: twee in de cultuur en twee in de natuur, en had het daarom dubbel zwaar te verduren. *Zeug* (*truiassa*), schreeuwden de echtgenoten in de Sabarthès hun vrouwen toe bij echtelijke ruzies als de houten nappen en zoutstampers door de lucht vlogen. '*Als u varkenskluiven in uw voorraadkast hebt, brengt u ze dan naar St. Antonius,*' zeiden de gebroeders Authié voor de grap tegen hun gehoor dat uit veehouders bestond. Overigens stond het varken in de volkscultuur inderdaad dicht bij St. Antonius (II, 420).

De kathaarse *perfecti* Bélibaste en Prades Tavernier verboden, volgens Pierre Maury, het doden van alle dieren, behalve slangen, padden en ratten.

Voorbij deze eerste kring van taboe-dieren met een negatieve connotatie (hond, kat, varken, rat) bevond zich de tweede kring, die gevormd werd door de gebruikelijke boerderijdieren als runderen, schapen, geiten, paarden en ezels. Het ging hier om dieren die een grote nuttige waarde hebben, maar de mens iets minder na staan dan de dieren uit de eerste groep, het varken inbegrepen. Grazide Lizier, een fris boerinnetje uit Montaillou, gaf uitdrukking aan de positieve waardering voor deze groep dieren. '*Grazide,*' vroeg Jacques Fournier, '*gelooft u dat God alle lichamelijke dingen heeft geschapen, die men in de wereld waarneemt?*' '*Ik geloof,*' antwoordde Grazide, '*dat God de lichamelijke dingen heeft geschapen die goed zijn om door mensen gebruikt te worden, bijvoorbeeld de mensen zelf, de eetbare en nuttige dieren, zoals runderen, schapen, geiten, paarden, muildieren; en ook de eetbare vruchten van bodem en boom. Anderzijds geloof ik niet dat God de wolven, de muggen en de hagedissen heeft geschapen, en andere schepselen die schadelijk zijn voor de mens; ik geloof ook niet dat hij de duivel heeft geschapen* (I, 304).'

Op de andere oever van de Ariège maakte ook Bernard Franca uit Goulier een onderscheid tussen goede en slechte dieren. De eerste groep omvatte bij hem net als bij Grazide de nuttige dieren van het boerenbedrijf: '*Enerzijds zijn er de werken van de goede God, de hemel, de aarde, de wateren, het vuur, de lucht, en de dieren die nuttig zijn voor de mens, voedsel leveren, lasten dragen, werken, kleding leveren; hierbij inbegrepen de eetbare vissen. Anderzijds heeft de slechte God de demonen en de schadelijke dieren gemaakt, zoals wolven, slangen, padden, muggen en alle andere schadelijke of giftige dieren* (I, 358).'

Boven aan de lijst van getemde dieren die positief gewaardeerd werden stond zonder twijfel het paard. De merrie gold in de kathaarse Sabarthès zelfs als het eerste dier om de opeenvolgende reïncarnaties van een ziel te herbergen. Zij kwam hiermee ná de vrouw maar duidelijk voor het konijn, de teef of de koe. '*Als de geesten,*' zei Bélibaste, '*een omhulsel, dat wil zeggen een lichaam verlaten (na overlijden), dan rennen ze heel snel, in angst en schrik. Zo snel rennen ze, dat als in Valencia (Spanje) een geest een (dood) lichaam had verlaten, bij hevige regenval, en in het graafschap Foix een ander (levend) lichaam moest binnengaan, hij ternauwernood door drie regendruppels geraakt zou worden! Aldus rennend duikt de opgeschrikte geest het eerste het beste beschikbare gat in dat hij kan vinden. Anders gezegd, de buik van een of ander dier, waar net een embryo is ontstaan, dat nog niet van een ziel is voorzien, of dat dier nu een teef, een konijn of een merrie is. Of zelfs de buik van een vrouw* (II, 35).'*

Deze mythe van Bélibaste over de wedren van de geesten op de buiken was ook in Montaillou populair: Raymond Roussel vertelde er een korte versie van aan Béatrice de Planissoles. Het verhaal vermeldde expliciet de bijzondere positie die het paard innam onder de dieren die in staat waren een geest die net een dood lichaam verlaten had, te herbergen. Deze uitverkoren positie werd nog eens onderstreept door de *mythe van het paard*, waarvan bewoners afkomstig uit de Ariège ons ten minste vier versies hebben nagelaten. Twee sterk vereenvoudigde versies danken we aan Pierre Maury, die ze uit de mond van Bélibaste en Prades Tavernier had vernomen. Sybille Pierre, veehoudster uit Arques had het verhaal weer rechtstreeks van Pierre Authié. De vierde en meest complete versie kwam van Arnaud Sicre, die de mythe net als Pierre Maury uit de mond van Bélibaste had gehoord (die hem zelf waarschijnlijk net als Sybille Pierre weer bij Pierre Authié in eigen persoon had opgepikt).

'*Een man had slecht geleefd en was een moordenaar. Toen die man stierf ging zijn geest het lichaam van een rund binnen; dit rund had een harde meester die het slecht te eten gaf en het dier veel sloeg met een grote prikkel. Toch bleef de geest van het rund zich herinneren ooit mens te zijn geweest. Toen het rund stierf ging de geest het lichaam van een paard binnen. Dat paard was in het bezit van een belangrijk heer die het goed voedde. Op een nacht werd die heer door zijn vijanden aangevallen; hij besteeg zijn paard en reed over moeilijk begaanbaar rotsachtig terrein. Op een gegeven moment bleef een hoef van het paard steken tussen twee rotsen; het dier kreeg met veel moeite de hoef weer los, maar verloor daarbij het hoefijzer, dat vast bleef zitten tussen de stenen. Daarna vervolgde de heer zijn rit gedurende een gedeelte van de nacht. Wat de geest van het paard betreft, die herinnerde zich nog steeds ooit in een menselijk lichaam verbleven te hebben. Toen het paard stierf ging de geest het lichaam van een zwangere vrouw binnen om opgenomen te worden in het embryo van het kind dat ze in haar buik droeg. Eenmaal volwassen kwam dit kind tot het begrip van het goede* (het kathaarse geloof). *Vervolgens werd het een "goede christen"* (perfectus). *Op een dag kwam hij met zijn reisgenoot voorbij de plaats waar het paard zijn hoefijzer had verloren. Toen zei de man wiens geest in een paard had gezeten tegen zijn reisgenoot: "Toen ik een paard was heb ik op een nacht hier een hoefijzer verloren tussen twee stenen en daarna de hele nacht zonder hoefijzer gelopen..." Beiden gingen toen op zoek tussen die twee stenen: ze vonden het hoefijzer en namen het mee* (III, 221).'

De herkomst van deze mythe, die in de Sabarthès zoveel weerklank vond, is ons onbekend. Als deze mythe al niet in de Sabarthès is ontstaan, dan is zij toch in ieder geval door de bewoners ingepast in hun oude volkswijsheden. Daarbij was de tussenpersoon en verteller van de mythe, Pierre Authié, iemand die de Boven-Ariège bijzonder goed kende. Zeker is ook dat de mythe geestdriftig verbreid werd. Misschien komt dat omdat kathaarse dogma's verbonden werden met een hiërarchische indeling van maatschappij en dierenrijk.

FUNCTIES	STANDEN (volgens de mythe)	LEVENDE WEZENS
ploegen	boer	rund
oorlog voeren	heer (ridder)	paard
bidden	*perfectus*	mens

De hoge sociale positie van het paard is overigens niet opzienbarend: zelfs in het hiernamaals waren de ridders van het graafschap Foix niet van hun trouwe rijdieren te scheiden. '*Drie jaar geleden,*' vertelde in 1319 Arnaud Gélis, bijgenaamd de Keldermeester, de drankzuchtige koster van een kerk in Pamiers, die de gave bezat om geesten te zien, '*verschenen aan mij 's nachts twee overleden ridders uit het dorp Dun. Ze waren in de lengte gespleten tot hun navel, ten gevolge van de wond die hun dood had veroorzaakt; desalniettemin bleven ze hun twee rossen berijden die hen gevolgd waren naar de andere wereld!* (I, 132)'

De waardering en het respect die het paard ten deel vielen strekten zich ook uit tot de andere 'paardachtige' dieren: bij gebrek aan een paard bestegen de edelen zonder aarzelen een muildier. In het spraakgebruik van de Sabarthès werden de 'hoge heren' *berijders van dikke muildieren* genoemd. Dank zij de zielsverhuizing bezat het muildier *een goede ziel*, hetgeen dit dier het recht gaf om het graan van andermans akker weg te grazen! Ook de ezel was de bewoners van Montaillou erg dierbaar en stond in hoger aanzien dan in onze dagen. Men ging bij dit dier ook de duurste geneeskundige behandelingen zoals het gebruik van kwikzilver niet uit de weg. Net als een paard was een ezel een passende tijdelijke verblijfplaats voor een verhuizende ziel: Guillemette Maury was dus met recht verontwaardigd toen haar ezelin door Jean Maury bijna werd doodgeslagen.

Van paard naar rund was een stapje omlaag op de schaal van waardering, vergelijkbaar met die van edelman naar boer. Maar we blijven aan de positieve kant: God en de duivel waren het er zelfs over eens dat rund en koe vrij hoog geplaatst moesten worden, vanwege hun nut als ploegdieren. *Heren, dat niemand de hand op mijn ploeg legt als hij haar niet stevig in het spoor zal houden*, zei de Zoon van God (volgens Pierre Maury) tegen zijn volgelingen (III, 137). *Ik zal jullie runderen geven, koeien, rijkdom, echtgenotes, kinderen en huizen*, zei Satan op zijn beurt om de engelen het paradijs uit te lokken.

De koe vond haar natuurlijke tegenhanger in de wolf die een sterk negatieve connotatie had. '*Ik bezat koeien en schapen*,' verklaarde Arnaud Cogul, een boer uit Lordat, '*maar de wolf heeft ze meegenomen en opgegeten; ik kon niet geloven dat God een dier geschapen had dat zo slecht was als de wolf* (I, 378).'

Het schaap genoot, ondanks zijn spreekwoordelijke stompzinnigheid, een respect dat het tot op heden heeft behouden. '*Mijn schoonzoon wordt bewoond door een goede geest, en hij is zo zacht als een schaap*,' zei Emersende Marty over de echtgenoot van haar dochter Jeanne, Bernard Befayt geheten (II, 65). Het is waar dat deze schoonzoon zijn schoonmoeder liefdevol behandelde en op haar wenken bediende: hij was nooit te beroerd zijn vrouw flink af te rossen als die zich tegenover Emersende onbeschoft gedroeg. Ten slotte is het ook veelbetekenend dat de herders van Montaillou een lam, of liever nog een wollen doek, een toepasselijk geschenk voor de zachtaardige St. Antonius vonden.

Meer in het algemeen was het zo dat rund en schaap als slachtdieren een gunstige waardering genoten. Het vlees ervan was een luxe gerecht en werd als *aphrodisiacum* beschouwd: *het zet het lichaam in vuur en vlam* (III, 137). Daaraan was de positieve waardering van het volk te danken en het zuiver theologische wantrouwen van de *perfecti* die echter niet uitsluitend negatief over de slachtdieren oordeelden want in tegenstelling tot reptielen en andere minder fijne diersoorten werden ze beschouwd als goede verblijfplaatsen voor dolende zielen. '*Een ketter be-*

vond zich in Limoux,' vertelde Arnaud Laufre, uit Tignac, *'en toen hij voorbij de slagerij van die stad kwam zag hij hoe de slagers dieren aan het slachten waren. "Wat vreselijk," zei de ketter, "om zulke mooie dieren zo te zien omkomen. Wat een zonde."* (II, 108)'

Dit soort reacties werden ook opgeroepen door een ander dier van het boerenbedrijf met een positieve reputatie: de kip. De moeders van Montaillou en de burchtvrouwen van Chateauverdun konden niet aanzien hoe een mooie kip de nek werd omgedraaid. Dan stierven ze liever de marteldood op de brandstapel, zo zeiden ze.

De eerste kring werd dus gevormd door dieren die de mens zo na stonden dat ze met taboes beladen waren en tot scheldwoorden gingen dienen. Een tweede, wat ruimere kring bestond uit getemde dieren die minder na stonden en dus minder taboes opriepen. De derde en laatste kring omvatte de gehele wilde fauna. Daarvan wekten de roofdieren geen al te heftige gevoelens op, met uitzondering van de alom gevreesde wolf die vee en soms ook mensen opvrat. Nooit wars van tegenspraak diensden de boeren enerzijds er niet voor terug om de geestelijkheid te vergelijken met de verscheurende wolf, en anderzijds te geloven dat het ontvangen van het doopsel iemand er voor behoedde om later eens door wolven te worden opgegeten.

De eekhoorn die erg veelvuldig in het wild voorkwam en met strikken gevangen werd was daarentegen wel populair. Ook dit dier gold als een goede verblijfplaats voor dolende zielen. *'Twee ketters,'* vertelde wederom Arnaud Laufre, *'vonden een eekhoorn die in een strik was geraakt. Ze maakten hem los en lieten hem vrij. En weg was hij! Ze beseften echter dat de man die deze strik had gezet leefde van de opbrengst van deze jacht, en ze legden bij de strik een som gelds neer die overeenkwam met de waarde van de eekhoorn* (II, 107).' Daarentegen werd alles dat zich voortbewoog 'met de buik over de grond' (slangen, padden, hagedissen) verafschuwd en gevreesd, net als de ratten. Deze afkeer van amfibieën en reptielen heeft niets uitzonderlijks: ook tegenwoordig nog zijn deze ongelukkige dieren, of ze nu schadelijk of onschadelijk zijn, het doelwit van misselijk makende moordpartijen. De hagedis was echter een geval apart. Dit dier stond slecht bekend en behoorde tot de wereld van slangen en reptielen. Maar de hagedis kon ook staan voor het meest intieme geheim van het menselijke ik (zie de kathaarse mythe van de hagedis, waarin dit dier de menselijke geest belichaamde). *'Laten we slechts eten wat geboren wordt op de bomen en in het water,'* zei Bélibaste tegen Guillemette Maury; zo gaf hij een dubbele rechtvaardiging voor de algemene afkeer van de kruipende dieren die zich 'met de buik over de grond' voortbewogen (II, 24).

Bij het lezen van deze zinspreuk van Bélibaste zou men gemakkelijk de indruk kunnen krijgen dat de vogels erg populair waren in Montaillou, maar zo eenvoudig lagen de zaken niet. Kerkuilen en eksters golden als duivelse en macabere vogels en wekten (net als de draak, die half luchtwezen, half aardwezen was) gevoelens van angst en afkeer op. Ook de muggen golden als schadelijk, zo niet als demonisch (om maar te zwijgen van de luizen die overigens meer op de huid zaten dan in de lucht).

Een uitgesproken goede naam had daarentegen een vogel in de Boven-Ariège waaraan zelfs een mythe verbonden was, de pelikaan. Die mooie mythe van de pelikaan ging, voorzien van een kathaars tintje, in de Pyreneeën van mond tot mond, en werd bijvoorbeeld door iemand uit het bisdom Palhars doorverteld aan een inwoner van de Sabarthès: *'Er bestaat een vogel die pelikaan genoemd wordt: zijn veren schitteren als de zon. En hij volgt de zon ook altijd. Deze pelikaan had jongen. Hij liet ze in het nest om beter de zon te kunnen volgen. Toen hij weg was drong een wild beest het nest binnen en rukte pootjes, vleugels en snavel van de jongen af. Toen dit een aantal malen was voorgevallen besloot de pelikaan zijn stralende uiterlijk te verbergen, zich tussen zijn kleintjes te verstoppen, en het beest te verrassen om het te doden, als het weer naar zijn nest zou komen. Dit gebeurde. Op slag werden de kleine pelikanen bevrijd. Evenzo* (en nu kwam er een kathaarse draai aan het verhaal) *verborg Christus zijn stralende aanschijn bij zijn vleeswording in de Maagd Maria; zo kon hij de slechte God gevangen nemen en hem opsluiten in de duisternis van de hel. En zo hield de slechte God op de schepselen van de goede God te vernietigen.'*

Het vlees van de (in het water geboren) vissen was naar kathaarse maatstaven níet onrein. Voor de zielsverhuizing was het echter niet geschikt, aangezien vissen hun jongen niet in de buik dragen en dus niet dienst kunnen doen als verblijfplaats voor dolende zielen. De volksmond stemde hier overeen met het kathaarse dogma. Geen enkele vissenaam werd in Montaillou als scheldwoord gebruikt. Bélibaste achtte die vissen overigens zo puur omdat ze uit het water geboren werden, niet uit vlees en wellust.

Over het plantenrijk liepen de meningen uiteen. Tijdens discussies in de open lucht bij het dorsen van het graan beweerde een aantal boeren dat het God in eigen persoon was die het graan deed bloeien en rijpen: de duivel daarentegen, zo dachten ze, veroorzaakte vorst, onweer en storm. Andere boeren schreven de levenskracht van de wilde natuur en de in cultuur gebrachte planten niet minder categorisch toe aan de natuur zelf, aan de vruchtbaarheid van de grond en de heilzame aanwezigheid van de *perfecti*, aan de menselijke arbeid, of aan de mest. In geen van deze gevallen werd het plantenrijk als zodanig negatief beoordeeld; de theorieën van de aanhangers van een absoluut dualisme, die het plantenrijk als het werk van de slechte God zagen, vonden slechts heel weinig weerklank in Montaillou en de Sabarthès.

De boeren zagen de hand van de slechte God wel in een aantal wezens en verschijnselen, bij voorbeeld katten, kerkuilen, wolven, reptielen, donder en bliksem. Maar er was in de Sabarthès geen sprake van dat men de gehele schepping beschouwde als satanswerk.

Deze concentrische kringen van afwisselend positief en negatief gewaardeerde dieren voeren ons naar de analyses van Edmund Leach. Deze auteur vergelijkt de scheldwoorden die van dierenamen zijn afgeleid met de taboes die voortkomen uit het incest-verbod. De boeren uit Montaillou maakten in feite een zelfde soort vergelijking wanneer ze een bepaalde *perfectus* prezen omdat hij afzag van betrekkingen met vrouwen en het eten van vlees. Zelf onthielden ze zich alleen van vrouwen uit hun naaste familie, en van het vlees van huisdieren als hond, kat en rat.

Voor de bewoners van de Sabarthès bestond er dus een kring van dieren die om verschillende redenen de menselijke behuizing deelden (hoewel niet altijd op diens uitnodiging) en die er een affectieve, soms bijna lichamelijke band met hem op na hielden. Het waren deze dieren (met uitzondering van het varken, alhoewel ook het eten van varkensvlees problemen gaf) die aanleiding gaven tot taboes op eten én tot scheldwoorden of diabolische toespelingen. Daarna kwam de kring van de dieren van het boerenbedrijf, die iets minder nabij stonden: de betrekkingen die de mens met deze groep onderhield waren afstandelijk genoeg om vrij goed te zijn. Soms was zelfs van genegenheid sprake, en in ieder geval van positieve waardering. Ook het kippenhok viel volledig binnen deze kring.

Een tweede afscheiding van fundamenteel belang werd gevormd door de grens met de wilde natuur: een aantal wilde dieren (wolven, adders en zelfs vliegen stond met de mens en de zijnen op meer of minder daadwerkelijke voet van vijandschap; ook een in feite zuiver denkbeeldige vijandschap kon als reëel ervaren worden (in het geval van niet giftige slangen, padden, kerkuilen, eksters etc.). Op deze werkelijk of schijnbaar vijandige fauna na had de natuur als geheel genomen, het plantenrijk en het leven in het water, een neutrale of positieve kleur. Leach heeft op dit punt gelijk: scheldwoorden en negatieve waardering bevonden zich in het algemeen bij de diverse scheidslijnen tussen de mens en zijn natuurlijke omgeving. Dat wil zeggen, in de eerste plaats in de kring die het dichtst bij hemzelf en zijn *domus* stond, dus de huisdieren (bijvoorbeeld de hond). In de tweede plaats in de kring van de wilde fauna, die eveneens het dichtstbij was (hoewel verder dan de vorige), maar gevaarlijker (bijvoorbeeld de wolf).

Het gebruik van dierenamen als scheldwoord had in de Sabarthès derhalve een duidelijke functie: men bracht ermee een aantal belangrijke scheidslijnen aan in het continuüm mens/natuur.[2] Het collectieve onderbewuste was inderdaad 'gestructueerd zoals een taal' die in feite bestond uit een aantal parallellen tussen het denken over de dierenwereld, het familieleven en het sociale leven. Dit soort parallellen was voor de boeren in de Sabarthès vanzelfsprekend: dieren waren in het dorp geen machines, en bezaten eigenschappen die met de mens vergeleken konden worden.

HOOFDSTUK 20

MAGIE EN ZIELEHEIL

Volgens een wijd verbreide opvatting stonden de religieuze gebruiken van boeren en dorpsbewoners voornamelijk in het teken van een magisch wereldbeeld, wonderdoenerij en agrarische vruchtbaarheidsriten.[1] Van dit soort religieuze gebruiken met tamelijk aardse oogmerken als het genezen van ziekten en het verkrijgen van een goede oogst zijn bij de bewoners van de Sabarthès wel enige voorbeelden te vinden, maar alles bij elkaar niet zoveel. God was in de omstreken van Ax, Prades en Tarascon veel meer een Jahweh dan een Baäl, dat wil zeggen veel meer een soeverein meester over het zieleheil in het hiernamaals dan een Hulp om het te laten regénen of storm en tyfus te bezweren. Er wordt in het dossier geen melding gemaakt van processies om de zegen van de Heer over de velden af te smeken, terwijl dit soort processies toch door het concilie van Toulouse in 1229 voor de Occitaanse bisdommen verplicht was gesteld.[2]

Wel verklaarde een inwoner van Bédeillac tijdens een gesprek met andere mannen op het dorpsplein voor de St.-Johanneskerk dat hij de hand van God zag in het tot rijping komen van het graan: '*Dit jaar vreesden we geen graan te zullen hebben, omdat het eerst nauwelijks boven de grond uitkwam, en opeens, dank zij de almachtige God, Schepper van al, is ons graan gaan groeien, en zullen we dit jaar nog genoeg hebben* (III, 51).' Dit soort uitspraken ging niet gepaard met bijzondere plechtigheden of processies om Gods hulp in te roepen voor de vruchtbaarheid van de grond. Men liet het klimaat en het goddelijke plan de vrije loop. Berusting won het op dit gebied van het aanroepen van de Allerhoogste.

Als er in Montaillou al sprake was van vruchtbaarheidsriten, dan kwamen die eerder voort uit een soort marginale magie dan uit de eigenlijke godsdienst. '*Je veestapel verkommert,*' verklaarde een waarzegger uit de buurt van Téruel aan Guillemette Maury, '*omdat hij behekst is door een persoon die met afgunst ziet wat voor een grote veehoudster je bent... Maar het komende jaar zal de veestapel van Guillemette een groot succes zijn* (II, 39-41).' Na deze woorden sloot de man uit de streek van Téruel haastig het boek waar deze schone vooruitzichten in aangekondigd werden en dat geschreven was in Arabische tekens. Boeren uit Montaillou die in Catalonië in ballingschap leefden beschouwden de handschriften van de islam als verzamelingen van toverspreuken om de omvang van de veestapel te beïnvloeden. Maar deze houding kon zich alleen ontwikkelen omdat de islam nu juist niet hun eigen godsdienst was. Ze zouden niet op het idee gekomen zijn om het christendom voor dit soort doeleinden te gebruiken. In Montaillou was alleen de verering van de Heilige Maagd heel in de verte verbonden met de beleving van de vruchtbaarheid van de aarde en dan nog was die beleving bijna onbewust.

De boerenvrouw Guillemette Maury was in Montaillou bepaald niet de enige die een duidelijke lijn trok tussen magie en godsdienst. Burchtvrouwe Béatrice de Planissoles deed precies hetzelfde en maakte een onderscheid tussen haar Maria-devotie, die ze als specifiek religieus beleefde, en de toverkunstjes die ze had opgedaan bij een heks of een gedoopte jodin en die ze gebruikte om haar processen te winnen, het liefdeleven van haar dochters te stimuleren, of een aanval van epilepsie te genezen.

Nu stond de godsdienst in Montaillou zeker niet volledig los van de magie. Zo slaagde een priester er eerder in om een vrouw te betoveren dan een leek[3] en geloofde men dat iemand die het doopsel ontvangen had gevrijwaard bleef van wolvenbeten en de verdrinkingsdood. Ketters dachten ook dat de aanwezigheid van een *perfectus* bijdroeg tot de vruchtbaarheid van de grond. Men dacht dat St. Antonius en St. Martialis een brandende huidziekte konden veroorzaken en genezen, net zoals St. Paulus de vallende ziekte kon veroorzaken en wegnemen. Hoewel de grenzen tussen magie en godsdienst dus af en toe enigzins vervaagde, verwarden de bewoners van de Sabarthès in het algemeen toch niet de taken die een onvervangbare natuurgenezeres als *Na Ferreria* vervulde met de taken die op een hoger niveau door de godsdienst vervuld werden.

Pierre Maury weigerde bijvoorbeeld geloof te hechten aan die *oudewijvenpraat* die volgens hem niets met religie had uit te staan, zoals het geloof in ongeluksvogels. Maar deze scepsis belette onze goede herder niet om een scherp gevoel voor het goddelijke te hebben en een permanente bezorgdheid voor zijn eigen zieleheil te koesteren.

Voor de inwoners van Montaillou was het zoeken naar zieleheil veel belangrijker dan die doelgerichte magische praktijken. Het was dit zoeken naar zieleheil dat hen ontvankelijk maakte voor de religieuze dogma's, zowel van katholieke als van kathaarse zijde. Of men nu trouw bleef aan het traditionele katholicisme, of wel zich voor enige tijd bekeerde tot het katharisme, de voornaamste reden was het zeker stellen van het zieleheil in het hiernamaals. De wegen konden dus uiteenlopen, maar het grote doel bleef hetzelfde.

Vele tientallen teksten getuigen van deze 'ontzaglijke honger naar zieleheil', die in Montaillou en in de Sabarthès aan het maken van een religieuze keuze voorafging. Van kathaarse zijde werd het goed onder woorden gebracht door Bernard Gombert uit Ax tijdens een conversatie bij het vuur met zijn volle nicht Bernadette Amiel: *'De Goede Mensen kennen de weg naar God, alleen zij kunnen de zielen redden, en allen die zij kort voor de dood opnemen als hun volgelingen gaan terstond naar het paradijs, wat voor slechte dingen of zonden ze ook begaan hebben. De Goede Mensen kunnen iemand al zijn zonden kwijtschelden. Wat de pastoors aangaat, die kunnen een mens geen kwijtschelding van zonden geven. Alleen de Goede Mensen kunnen dat doen.'*

Deze bezorgdheid om het zieleheil was bepaald niet alleen maar te vinden bij mensen die in een stedelijke omgeving een zekere ontwikkeling hadden opgedaan, maar evengoed bij de boerenbevolking van een dorp als Montaillou. Béatrice de Planissoles vertelde eens tegen haar minnaar dat een vrouw uit Montaillou, die ernstig ziek was, haar kinderen het volgende verzoek had gedaan: *'Gaat u alstublieft de Goede Mensen voor me halen, opdat ze mijn ziel redden.'* *'Als we de Goede Mensen gaan halen, zullen we al ons bezit verliezen (door de inquisitie),'* hadden de kinderen hun moeder geantwoord. *'Dus,'* zo had deze geconcludeerd, *'u vindt uw bezit belangrijker dan mijn zieleheil!* (I, 254)'

De *perfecti* waren in een hevige concurrentieslag gewikkeld met de katholieke geestelijkheid. *'Wij, de Goede Mensen,'* verklaarde de *perfectus* Guillaume Authié tegen Raymond Vayssière uit Ax-les-Thermes, die zijn woorden letterlijk opzoog, *'wij kunnen de zonden van ieder mens kwijtschelden. Wij hebben evenveel macht om zonden kwijt te schelden als de apostelen Petrus en Paulus bezaten. De katholieke Kerk heeft die macht niet, omdat ze hoer en hoerenmadam tegelijk is* (I, 282-283).'

Het zoeken naar zieleheil kwam bijzonder duidelijk naar voren in de gesprekken van de gebroeders Maury. Het geloof van Pierre en Jean Maury was geen eenvoudige zaak, want ze bekenden zich, in verschillende mate, in de loop der tijd tot beide geloofsovertuigingen. Vooral Pierre Maury liet herhaaldelijk merken hoezeer het probleem van het zieleheil hem bezighield. Hij sneed het onderwerp bijvoorbeeld aan naar aanleiding van een paar mooie en sterke schoenen dat hij tegen een hoge prijs had gekocht voor zijn vriend Bélibaste: *'Bélibaste had zich,'* zo merkte Arnaud Sicre op tegen de goede herder, *'tevreden kunnen stellen met een gewoon paar schoenen, want hij doet zittend werk in zijn werkplaats, terwijl u, Pierre, u trekt door bossen en weiden.'*

Pierre antwoordde hierop met een lang vertoog over de zielen, zijn eigen, die van Bélibaste en nog vele anderen. Om een toren te bouwen, zei hij, moet men de basis verstevigen (de onsterfelijke ziel) en niet de top (het vergankelijke lichaam). *'Dat is de reden dat ik schoenen, tunieken, broeken en mantels heb gegeven aan… dertien Goede Mensen, van wie een aantal al bij de Heilige Vader is, opdat ze voor me bidden… De ziel van Bélibaste zal na zijn dood zeker gered worden, en zal ten hemel varen, onder begeleiding van de engelen…'* Daarna gooide de goede herder het over een andere boeg, al bleef hij trouw aan zijn obsessie met het zieleheil en hij vervolgde met een vertoog over de beste methode om zonden weg te wassen: *'Biechten bij priesters heeft geen zin. Ze houden er hoeren op na, en ze willen ons vooral helemaal opeten, zoals de wolf het schaap wil verscheuren… Beter is het net voor je dood opgenomen te worden onder de volgelingen van Bélibaste… Men krijgt kwijtschelding van zonden en drie dagen na de dood stijgt de ziel op naar de hemelse Vader* (II, 38, 39).'

Maar ook het katholieke volksdeel legde in Montaillou bij het nastreven van zieleheil een ijver aan de dag die zeker niet voor de Katharen onderdeed. Raymond Guilhou bijvoorbeeld, die lange tijd goed katholiek was, sneed dit onderwerp aan terwijl ze Mengarde Clergue ontluisde. *'En hoe zijn die Goede Mensen dan?'* vroeg ze op agressieve toon aan de matriarche, terwijl ze de beestjes dooddrukte (II, 224). *'Het zijn heilige en gezegende mannen,'* was het hautaine antwoord van Mengarde, *'de mensen kunnen alleen door hún handen gered worden…'* *'En hoe is dat dan mogelijk?'* begon Raymonde weer, gekrenkt in wat zij voor haar katholieke overtuiging hield. *'Worden de mensen niet eerder gered door de handen van een pastoor die goede woorden spreekt en het lichaam van Christus toe kan dienen, dan door de handen van de Goede Mensen?'*

In volkse milieus die meer naar het orthodoxe katholicisme neigden liet men zich nog wel eens wat cru uit over deze heilskwestie. *'Zo'n jaar of vijfentwintig geleden,'* vertelde in 1318 Pierre Sabatier, een wever uit Varilhes, die met enige omwegen weer tot het katholieke geloof was teruggekeerd, *'sprak ik met Bernard Massanes, uit Varilhes, inmiddels al overleden (die man zou mijn zwager worden en later heb ik hem het ambacht van wever bijgebracht). "Waarom," vroeg Bernard, "houdt men stervende mannen en vrouwen een brandende kaars boven de mond?" "Die kaars houdt men daar," antwoordde ik hem, "om te laten zien dat de stervenden die gebiecht hebben en berouw over hun zonden hebben getoond, helder zijn als licht, en helder zullen zij naar God gaan. Maar als die stervenden niet gebiecht hebben en geen berouw over hun zonden hebben getoond, dan zou men even goed een kaars in hun reet kunnen steken, in plaats van in hun mond."* (I, 147).'

In de katholieke opvatting is de vergiffenis aan de stervenden en de kwijtschelding van zonden onlosmakelijk verbonden met het verlossende lijden van de Zoon van God. Raymonde Testanière, bijgenaamd Vuissane, een dienstmeisje, zei dat recht op de man af tegen de kathaarse schoenlapper Arnaud Vital... toen die haar op (al te) indringende wijze naar haar geloof vroeg: *'Wat is dan je geloof?'* 'Ik geloof,' antwoordde Raymonde, *'in God en in de Maagd Maria, Zijn Moeder. En die God heeft lijden en dood doorstaan voor de vergeving van onze zonden.'* De jonge vrouw toonde derhalve een vast geloof in de Verlosser (die door haar overigens niet al te nauwkeurig werd aangeduid als 'God', in het algemeen). Dit geloof dankte Raymonde aan het onderricht van haar moeder die haar op het hart gedrukt had altijd op haar hoede te zijn voor de Goede Mensen, die volgens haar bepaald niet in staat waren om de zielen te redden. Ze had er geen doekjes om gewonden: *'Geloof niet, mijn dochter, dat een man van vlees en bloed die uitwerpselen voortbrengt, de zielen kan redden. Alleen God en de Maagd Maria hebben die macht* (I, 461).'

De kwijtschelding van zonden (door pastoor of *perfectus*) bleef in Montaillou (en elders) dus in de eerste plaats de sleutel tot het zieleheil. En uiteindelijk natuurlijk ook de sleutel tot het paradijs, waarvan de boeren een duidelijke voorstelling hadden. *'In het paradijs zal ik de zielen terugvinden van mijn gestorven kinderen die verkoold zijn bij het afbranden van een huis,'* verklaarde de boerenvrouw Alazaïs Munier, uit Ornolac, in tranen (I, 203).

Bij alles wat men deed om het zieleheil (in het hiernamaals) mogelijk te maken en vergeving van zonden (hier op aarde) te verkrijgen stond de figuur van Christus als Verlosser centraal. De relatie tussen gelovige en gekruisigde kon zich uiten in vurig gebed en intens beleefd worden, maar ook vrijwel ontbreken. De aard van deze relatie is van fundamenteel belang voor een goed begrip van het karakter en de intensiteit van de religieuze gevoelens in een gemeenschap zoals Montaillou.

De historici van het christelijke gevoelsleven hebben de nadruk gelegd op de verschuiving die zich in de loop van de middeleeuwen heeft voltrokken in de waardering van Gods Zoon. De Christus van de Romaanse periode was, zo schrijft Georges Duby[4], de held van de Wederkomst, 'de Christus terugkomend op de laatste dag, om in al zijn heerlijkheid te oordelen over levenden en doden. In de dertiende eeuw verscheen de meer geleerde voorstelling van Christus als leraar. Maar de prediking vanuit Assisi had al eerder de nadruk gelegd op het lijden en het thema van dat lijden verspreidde zich in de loop van de veertiende en vijftiende eeuw, toen de doornenkroon op het hoofd van de Verlosser de plaats van de koningskroon zou gaan innemen.' 'Tussen de elfde en de veertiende eeuw', meent Alphonse Dupront[5], 'gaan we van een religie van de triomferende en oordelende God, naar een religie van Gods lijden, gericht op Christus en zijn moeder.' En Delaruelle[6] onderstreept hoe de Christus-devotie verschoof van de triomferende Christus van de Romaanse timpanen naar de Christus aan het kruis van de pathetische gotiek; van de Zoon van God in al zijn glorie naar de Mensenzoon in de vernederingen van het lijden.' Voor E. Delaruelle werd deze ontwikkeling gekenmerkt door een antropocentrische religie, meer gericht op het zieleheil, in welke vorm dan ook, dan op het prijzen van God.

De 'op Christus gerichte religie van de lijdende God' was in de periode 1300-1320 zonder twijfel doorgedrongen tot de lagere gedeelten van het graafschap Foix en wellicht ook tot de bergdorpen. In het dorp Merviel dat vlak bij de pas van Labarre lag (de noordgrens van de Sabarthès), was er een rijke inwoonster, Aude Fauré, die regelmatig het vermogen verloor tot Christus te bidden, of zelfs naar Hem op te zien, precies op het moment dat de priester op het altaar de geconsacreerde hostie ophief. Aude Fauré deelde dit grote leed in vertrouwen mee aan haar tante en dorpsgenote, Ermengarde Garaudy: '*Tante, hoe bidt u tot God, en welk gebed zegt u als de pastoor het lichaam van Christus opheft boven het altaar?*' 'Op dat moment,' antwoordde Ermengarde, '*zeg ik het volgende gebed* (in het Occitaans): *Heer, waarlijk God en waarlijk mens, almachtige, u die geboren werd uit het lichaam van de Maagd Maria vrij van zonden, die leed en stierf aan het hout van het ware kruis, u die aan handen en voeten werd vastgenageld, u van wie het hoofd met doornen werd gekroond, van wie de zijde werd doorboord met een lans, uit welke zijde bloed en water kwam dat ons allen van zonden heeft schoongewassen, geeft u mij een traan van dat water dat uit u gevloeid is, opdat die traan mij alle laagheid en zonde van het hart wasse,* (het vervolg in het Latijn:) *Heer, God van waarheid, u hebt mij verlost* (II, 87).'

Opvallend zijn de realistische verwijzingen naar het lijden van Christus. Ermengarde Garaudy wond er geen doekjes om: ze wilde bloed zien. Opvallend is ook hoe in haar devotie zowel de lijdende Christus nieuwe stijl van de franciscanen als het verheven opperwezen van de voorafgaande Romaanse periode aan bod kwamen; want iedere ochtend bad ze direct na het opstaan in het Occitaans een ander gebed dan bovenstaand dat juist gericht was tot de almachtige God.

Met haar repertoire van vurige gebeden vertegenwoordigde de vrome vrouw uit Merviel onder de boerenbevolking van het graafschap

Foix waarschijnlijk slechts de voorhoede van de avant-garde. De meeste mensen kwamen waarschijnlijk niet verder dan het maken van kruistekens voor het eten en voor het slapen, het bidden van het onzevader of het weesgegroet en het ter communie gaan met Pasen. Behalve tijdens de veertig dagen voor Pasen vastten alleen de meest vrome lieden ook nog op enkele andere kerkelijke feestdagen.

Pierre Sabatier, een wever uit Varilhes, was waarschijnlijk meer representatief voor de grote massa van eenvoudige dorpelingen dan Ermengarde Garaudy. Zijn religieuze bagage bleef beperkt tot de allerbelangrijkste katholieke dogma's en een aantal bovenal uiterlijke handelingen, die hij overigens gewetensvol uitvoerde, ook als ze hoge kosten met zich meebrachten. Hij geloofde dat het biechten in het aangezicht van de dood, mits het gepaard ging met berouw, heilzaam was voor het zieleheil, en dat was de belangrijkste overeenkomst tussen de diverse geloofsovertuigingen die er destijds in het graafschap Foix waren.

In een dronken bui had deze Pierre Sabatier overigens op ernstige toon het volgende beweerd: '*Alles wat tijdens de mis wordt gezegd en gezongen is "apekool".*' Tot zijn verdediging zou hij later aanvoeren dat zulks op een dag was voorgevallen waarop men in de kerk volksdansen had gehouden. Toch kunnen we Pierre op zijn woord geloven wanneer hij met de hand op het hart verklaarde dat hij, ondanks zijn uitvallen tegen de schraapzucht van de priesters – die hij ervan beschuldigdè de mis slechts te lezen om de offerandes die dat opleverde – *de sacramenten van de kerk en de artikelen des geloofs altijd als waar had beschouwd* (al kende hij die artikelen ongetwijfeld niet erg goed).

Pierre Sabatier wilde duidelijk laten uitkomen hoe dicht zijn gedrag bij dat van een model-christen kwam: '*Ik ben een goed christen, een gelovig katholiek, ik betaal de tienden en de eerstelingen, ik geef aalmoezen aan de armen van Christus, ik ga als goed christen op bedevaarten: ik ben vorig jaar nog met mijn vrouw naar de Maagd van Montserrat gegaan, en dit jaar, wederom met mijn vrouw, naar Santiago de Compostela* (I, 145).' Voor Pierre Sabatier viel de nadruk dus op goede werken en uiterlijke plichtplegingen; de vurige gebeden van Ermengarde Garaudy waren hem waarschijnlijk onbekend. Dat soort devotie kwam ook in Montaillou niet voor, al werd er op zich wel gebeden. '*De klokken zijn iets goeds, want zij roepen op tot gebed* (II, 178),' aldus herder Guillaume Maurs. Overigens was het enige gebed dat de meeste dorpelingen kenden en eventueel gebruikten het onzevader, dat op zich niets met de Christusverering te maken had, aangezien het zich tot de Eeuwige Vader richt.

Soms werd door de geestelijken in de Sabarthès ook het *credo* onderwezen, dat met zijn leer van de Drievuldigheid de Zoon wel een ruime plaats toemat. *'Ik heb tijdens mijn zondagsmis in de volkstaal het credo voorgelezen,'* zei Amiel de Rieux, de kapelaan van Unac (III, 9). Deze samenvatting van het geloof klonk de meeste boeren en herders overigens niet erg bekend in de oren. Alleen een tamelijk ontwikkeld persoon als steenhouwer Arnaud Savignan uit Tarascon kende naast het paternoster en het *Ave-Maria* ook zeven kerkgezangen alsmede het *credo*.

Talrijk zijn in ieder geval de verwijzingen die onomstotelijk aantonen dat de bewoners van Montaillou op de hoogte waren van het bestaan en de (Latijnse) tekst van het paternoster, in ieder geval van horen zeggen, al ging hun kennis waarschijnlijk niet veel verder. Zo kregen ze van pastoors na de biecht als penitentie het opzeggen van het paternoster opgelegd. De meer ontwikkelde stedelingen moesten behalve dat paternoster ook het *Ave-Maria* en het *miserere* opzeggen.

De zeer kleine elite van het dorp Montaillou die een vage kennis had van het Latijn begreep zonder twijfel de betekenis van het paternoster. Voor de grote meerderheid van de bevolking was het onzevader echter op de eerste plaats een gebed dat de priester in de kerk opzegde en zowel voor Katharen als voor katholieken een grote waarde had.

Dat ook de goede katholieken in de Sabarthès veel minder de gewoonte hadden om vaak en vurig te bidden dan de bewoners van de lagere streken lag grotendeels aan het feit dat de invloed van de bedelorden zich in de berggebieden veel minder deed gelden. Fanatieke ketters en vooral de *perfecti* gaven zich daarentegen wel over aan gebed. Iemand als Bélibaste stond soms zes keer per nacht op om in zijn ondergoed haastig wat gebeden te prevelen. In de vaak overvolle herbergen lieten zijn bedgenoten hem dan ook aan de rand van de matras slapen, om niet gewekt te worden als hij het bed verliet om op de knieën te gaan. Zij hadden geen enkele behoefte met hem mee te doen; zijn vrome gedrag werkte verre van aanstekelijk.

Nu eiste Bélibaste ook niet van zijn gelovigen dat zij zich lieten inspireren door zijn voorbeeld. Integendeel! Hij verbood hun zelfs te bidden. Want door hun onreine levenswijze zou hun mond de woorden van het paternoster slechts ontheiligen. Zoals Pierre Maury heel treffend opmerkte: *'Niemand moet het paternoster bidden, behalve onze heren (de perfecti), die zich op de weg naar de waarheid bevinden. Wanneer ons soort mensen het paternoster zegt, begaan we een doodzonde, omdat wij ons niet op de weg van de waarheid bevinden: wij eten namelijk vlees en slapen met vrouwen (II, 37).'*

Toch was Christus in Montaillou zeker niet de grote afwezige. Slechts zelden trad men echter rechtstreeks met hem in contact via gebed in de moderne zin des woords. Dat contact geschiedde eerder via alledaagse tekens en gebaren, zoals het kruisteken. Toen Guillaume Maury (een broer van Pierre), die net als de rest van zijn familie een sympathisant was van de ketters en bepaald geen orthodox katholiek, een belastende verklaring wilde afleggen tegen pastoor Clergue, zwoer hij op het kruis om zijn beschuldigingen meer kracht bij te zetten. (Dit gebeurde op 15 augustus 1308, toen hij samen met andere inwoners van Montaillou in de plaatselijke burcht gevangen werd gehouden.)

Ook de gebroeders Maurs, herders uit Montaillou, bleven niet altijd even katholiek, maar desalniettemin lieten ze nooit na een kruisteken over hun eten te maken voor ze het opaten. En al had Pierre Maury zich nog zo ingelaten met de ketterij, wanneer hij een kerk binnenging kon hij eenvoudigweg niet nalaten om een kruisteken te maken, en dit schokte de *perfectus* Pierre Authié zodanig, dat deze hem spottend een variant suggereerde: ''s Zomers, Pierre, kunt u (onder het voorwendsel een kruis te slaan) de muggen van uw gezicht jagen; daarbij kunt u dan zeggen: zie hier het voorhoofd, en zie hier de baard, zie hier het ene oor, zie hier het andere (II, 284, 422).'

In Montaillou vond ook de kathaarse schoenlapper Arnaud Vital het nodig om in verzet te komen tegen het ontzag dat de autochtone bewoners hadden voor het kruis, in weerwil van hun gedeeltelijke ontevredenheid met het katholieke geloof. 'Het (kruis) *is niets waard, het is het teken van het kwaad,*' zei hij tegen Vuissane Testanière, die hem maar half geloofde (II, 457). Bélibaste in eigen persoon kreeg het schuim op de lippen bij het zien van de houten kruisen die kris-kras door het landschap stonden: 'Als ik het zou kunnen,' zei de heilige man, 'dan zou ik ze met een bijl aan mootjes hakken; en ik zou er vuur van stoken om de stoofpot op te laten pruttelen.'

Bewoners van Montaillou die aan de ketterij hadden meegedaan en ontslagen waren uit de gevangenis kregen enkele of dubbele gele kruisen van stof op hun kleding om hen er aan te herinneren welk geloof de waarheid aan zijn zijde had. Uit het dossier van Jacques Fournier blijkt dat 48 personen veroordeeld werden tot de gevangenis, en 25 tot de mildere straf van het dragen van gele kruisen (en van die 25 ging het in 18 gevallen om verzachting van straf, na een aanvankelijke veroordeling tot de gevangenis). In Montaillou zelf waren zeven dragers of draagsters van gele kruisen, die slechts aan opsluiting hadden kunnen ontsnappen door voor lief te nemen om in ruime mate bespot en belasterd te kunnen worden door geestelijk minvermogenden of katholieke scherpslijpers.

Het gele kruis kon, net als later de gele ster, een ware lijdensweg betekenen voor de drager die zich dan ook in allerlei bochten wrong: '*Op de feestdagen*,' zei Arnaud de Savignan, de ketterse steenhouwer uit Tarascon, '*draag ik de gele kruisen openlijk op mijn mantel; op de andere dagen, vooral als ik werk, draag ik de kruisen niet, omdat ik dan in een tuniek of in een hemd loop. Als ik van mijn werk kom, trek ik mijn mantel aan, en dan draag ik dus de kruisen; maar soms draag ik ze zo dat ze niet te zien zijn; andere keren loop ik weer door Tarascon zonder de kruisen, omdat ik dan een tuniek aan heb* (II, 440).'

Er waren in de Sabarthès kruisen van hout en kruisen van stof. Het feest waarop men het kruis eer bewees heette Kruisverheffing (14 september) en viel samen met de belangrijke jaarmarkt van Ax-les-Thermes. Doorgaans hing er ook een kruis boven de schaapskooien, maar vaak bleef het een leeg symbool: de Gekruisigde zelf ontbrak. De galg wachtte nog op zijn gehangene. Religieuze overpeinzingen over het lijden aan het kruis waren in de Sabarthès slechts weggelegd voor een hele kleine minderheid van vromen, die uit de verte werden aangemoedigd door de bedelmonniken.

Overigens was Jezus, die meestal gewoon 'God' werd genoemd, op een andere manier veel ingrijpender in de Sabarthès aanwezig, en wel via de eucharistie. Het 'sacrament van het altaar', het 'lichaam van de Heer', het 'lichaam van Christus' (uitdrukkingen die op ironische of eerbiedige toon werden gebezigd, al naar gelang men voor of tegen was) was een vertrouwde verschijning in de parochiekerk. Op het moment dat de hostie werd opgeheven luidde men de grote klok, en knielden de mannen terwijl ze hun hoofddeksel afnamen.

De eerste communie had in het graafschap Foix nog niet die belangrijke betekenis als overgangsrite naar de volwassenheid die zij later zou krijgen en vond ook meestal plaats ruimschoots voor het bereiken van de achttienjarige leeftijd. Daarentegen vond de eerste communie in bepaalde streken van de Aude pas op wat oudere leeftijd plaats. Na die eerste keer ging men overigens gemiddeld een of twee keer per jaar ter communie.

De verklaring van Gaillarde Ros, een in Ornolac woonachtige vrome verklikster, laat vrij duidelijk zien wat in de Sabarthès de gebruikelijke gang van zaken was. Pratend over Guillaume Austatz, de baljuw van Ornolac, een rijke boer en ex-woekeraar, en bovendien een vrijgevochten figuur, verklaarde ze: '*Ik woon nou twaalf jaar in Ornolac, en ik heb Guillaume Austatz nog nooit ter communie zien gaan! Niet tijdens perioden van ziekte, en ook niet op feestdagen. En dat zijn toch juist de dagen waarop de mensen ter communie gaan. Als Guillaume het wel*

had gedaan, dan zou ik het weten. Bedenk wel: ik heb hem heel vaak de
kerk binnen zien gaan. En vergeet u niet dat ik de zuster van zijn schoon-
moeder ben...'

In de Sabarthès ging men in ieder geval met Pasen ter communie, en eventueel ook nog op een paar andere feestdagen. Het vier maal per jaar ter communie gaan (met Pasen, Pinksteren, Allerheiligen en Kerstmis) zoals Aude Faurè die aan hostie-neurose leed, ter penitentie kreeg opgelegd was zeker een maximum. Daarnaast kreeg men op zijn sterfbed de laatste communie (H. Teerspijze) uitgereikt en ging de bevolking massaal ter communie wanneer er paniek uitbrak ten gevolge van een epidemie.

In Montaillou zelf verschenen de meest overtuigde Katharen waarschijnlijk niet aan de Heilige Tafel, en ze konden daarbij rekenen op de medeplichtigheid van de pastoor. De allerhardste kern heeft echter altijd slechts een minderheid in het dorp gevormd, zelfs in de tijd tussen 1300 en 1307 toen de meerderheid van de bevolking met de *perfecti* sympathiseerde.

De aanhangers van de ketterij zagen er overigens geen been in om, als het moest, uit pure voorzichtigheid een pseudo-communie te ontvangen. Wanneer men geen geloof meer hechtte aan de daadwerkelijke tegenwoordigheid in het geconsacreerde brood, dan was er niets tegen het met Bélibaste eens zijn dat *het eten van een koekje nog nooit iemand heeft kwaad gedaan* (II, 55). De onder de boerenbevolking van de Sabarthès zo talrijk aanwezige ketters, en degenen die niet als normaal beschouwd werden, zoals toentertijd de homoseksuelen, konden het overigens rustig een jaar of twaalf zonder paascommunie stellen. Het weigeren van de laatste communie vormde een van de meest dramatische momenten in de doodsstrijd van een boer uit Montaillou, die zich in *endura* bevond en alleen door de *perfecti* gered wilde worden. De stervende probeerde dan de priester die hem aan zijn sterfbed lastig viel, te verdrijven door hem uit te maken voor *duivel* of erger nog, voor *boer*.

Ondanks beschimping en bespotting (de 'rapenhostie'), en ondanks de afkeer en de afwijzing had de eucharistie zich destijds toch een belangrijke plaats weten te verwerven in het religieuze leven van de berggebieden. Typerend voor het bijzonder respect dat het lichaam van Christus genoot was de houding van Raymond de Laburat, een boer uit de Sabarthès, die een even grote afkeer van de clerus had als van de tienden: met genoegen zou hij zien, zei hij, hoe de hele geestelijkheid, van de paus tot de dorpspastoors, zich zou inschepen voor een kruistocht, om dan door de Saracenen aan mootjes gehakt te worden. Met nog meer genoegen zou hij zien hoe de kerken met de grond gelijk gemaakt zouden worden.

Als er dan missen gehouden zouden worden op akkers en braakliggende velden, dan zou de boeren die net als hij geëxcommuniceerd en uit de kerken verjaagd waren eindelijk het onuitsprekelijke geluk ten deel vallen om in de open lucht het lichaam van hun goddelijke meester te aanschouwen.

Het moet overigens gezegd worden dat de propaganda voor de hostie zeer nauw aansloot bij de plaatselijke mentaliteit, inclusief de elementen die daar het meest recent door de volkscultuur aan waren toegevoegd. In Merviel, aan de grens van de Sabarthès, vertelden de dorpelingen elkaar de anekdotes die de auteur van de *Legenda Aurea* enige tientallen jaren tevoren bijeen had gebracht: '*Een vrouw,*' vertelde Ermengarde Garaudy aan Aude Fauré, '*bakte een brood dat de pastoor daarna op het altaar consacreerde. Toen ze dat zag begon de vrouw te lachen: "Het brood dat ik gebakken heb schijnt het lichaam van Christus geworden te zijn. Daar moet ik om lachen." Toch wilde ze ter communie gaan. Meteen bad de priester God om een wonder te verrichten: en inderdaad, toen de pastoor aan de vrouw de communie uitreikte, nam de broodhostie de vorm van een kindervinger aan, en de geconsacreerde wijn in de kelk geleek op geklonterd bloed. De vrouw kreeg de schrik hevig te pakken. In het vervolg ging ze des te devoter ter communie* (II, 84).'

Ook de mis behield in de Sabarthès en zelfs in Montaillou een belangrijke rol. De velen die geëxcommuniceerd waren wegens het niet betalen van de tienden werden als schrikwekkend voorbeeld buitengesloten. Aldus gezuiverd en in waardigheid hersteld had de mis zijn betekenis herkregen als een vanzelfsprekend en zonodig ook repressief gebeuren en niet te vergeten als plaats van samenkomst.

Het was overigens geen schande als men van tijd tot tijd eens vergat om naar de mis te gaan, zeker als dat op een gewone zondag gebeurde. Toen Béatrice de Planissoles eenmaal weer was afgedaald naar de lagere gebieden waar het kerkbezoek veel en veel strenger werd gecontroleerd dan in Montaillou, kreeg ze tot haar grote verbazing een schrobbering van de plaatselijke kapelaan. Deze zag zich genoodzaakt de ex-burchtvrouwe te manen met meer regelmaat ter kerke te gaan om aldaar de plichten van een goed katholiek te vervullen. Meer in het algemeen lijkt het feit, dat in een fors dorp als Unac (Sabarthès) een gewone zondagsmis slechts zo'n vijftig zielen bijeenbracht, erop te wijzen dat inwoners die niet aanwezig waren bepaald geen aanstoot gaven.

Om kort te gaan: in weerwil van de eer die Hem haast automatisch in de zondagsmis werd bewezen door de rituele herhaling van Zijn heilig offer, in weerwil ook van een aantal handelingen die samenhingen met het kruis en de eucharistie, kan men toch niet zeggen dat het lijden van

Christus het onderwerp vormde van een hartstochtelijke cultus.

Deze lauwe houding hoeft geen verbazing te wekken. Ook in de late middeleeuwen was de verering van Christus nog de zaak van een minderheid, al kon die – bijvoorbeeld tijdens een paniekuitbarsting – vrij talrijk zijn, vooral in de steden. Slechts bij uitzondering was in de berggebieden van de Sabarthès sprake van liefde voor de goddelijke persoon als zodanig. Zo'n uitzondering was Bernard Franca, een boer die vergeleken bij zijn onwetende dorpsgenoten bijzonder ontwikkeld was, en zelfs enig Latijn kende. Deze onafhankelijke geest durfde er midden in de dorpskerk op te wijzen dat alleen díe aalmoezen waarde hadden, die gegeven waren *uit liefde en niet uit vrees* (I, 352).

Dus, zo vervolgde hij stoutmoedig, weg met alle testamentaire legaten aan de armen, die alleen gedicteerd zijn door de angst voor de naderende dood. Maar Franca was een van de weinigen die een toespeling maakte op de waarlijke christelijke liefde voor God, in navolging van de Verlosser.

Pierre Authié zou daarentegen des te meer de onderlinge liefde van zijn volgelingen verheerlijken, die elkaar in het paradijs zouden beminnen als vaders, moeders, broeders en zusters. Eens te meer kwam het menselijke ideaal van het zieleheil op de eerste plaats.

HOOFDSTUK 21

DE HEILIGE MAAGD
EN AL DE HEILIGEN

Behalve Christus was ook de Maagd Maria bijzonder geliefd in Montaillou en in de hele Sabarthès. Sinds de tijd van St. Bernardus en St. Dominicus hadden geestelijken van alle rangen en standen de verering van de Moeder-Maagd hartstochtelijk aangemoedigd. Op het concilie van Albi had de Mariaverering veel bijval verworven en was het Ave-Maria gelijkgesteld met het paternoster en het *credo* als een gebed dat in theorie iedereen boven de zeven jaar ingeprent moest worden.[1]

Wat er van deze officiële voorschriften in de praktijk terechtkwam is een heel andere vraag. Voor de middengroepen uit de stadjes hoorde het Ave-Maria tot het minimum aan katholiek cultuurgoed dat iedereen werd meegegeven. Schoenlapper Arnaud Sicre, de zoon van een notaris uit Tarascon, bleek het weesgegroet bij voorbeeld te kennen:

'*En u, hoe bidt u tot God?*' vroeg Bélibaste aan Sicre. '*Ik maak een kruisteken,*' zei de verklikker, '*ik beveel mezelf aan God aan die voor ons is gestorven aan het kruis, en aan de Maagd Maria, ik zeg het paternoster en het Ave-Maria. Ik vast op de vooravond van het feest van de Maagd.*' '*Het schaap blaat omdat het niet kan praten,*' was het ironische antwoord van Bélibaste. '*U moet weten dat het Ave-Maria geen enkele waarde heeft. Het is een uitvinding van de pastoors... En wat uw vasten betreft, dat is niet meer waard dan het vasten van een wolf* (1, 37, 54).'

Ondanks de smalende opmerkingen van Bélibaste blijkt uit dit gesprek dat de onsympathieke verklikker in ieder geval een welopgevoed christen was. Zijn vroomheid mag simpel aandoen, maar omvatte toch eerbewijzen zowel aan God de Vader, als aan de Verlosser-Zoon, het Kruis en de Maagd.

Ook de hele kleine elite van adel en geestelijkheid in Montaillou eerde de Maagd, tenminste voor zover het de uiterlijke tekenen van vroomheid betrof. Pastoor Clergue liet zijn moeder in de kerk begraven onder het Maria-altaar, waarachter hij de biecht afnam. Béatrice de Planissoles was geen al te trouwe kerkgangster, maar bracht, toen ze eenmaal bevallen was, de Maagd van Montaillou wel het eerbewijs dat ze haar verschuldigd was: een gekleurde kaars, *retinte* genoemd, die ze eigenhandig had gemaakt. Zij was niet de enige vertegenwoordiger van haar sociale klasse die zich om de Moeder van Christus bekommerde. In de adellijke kringen waar zij toe behoorde, vierde men Maria-ten-Hemelopneming graag met een – overigens vrij wereldse – feestmaaltijd, die opgeluisterd werd door een minderbroeder die speciaal langskwam om het Ave-Maria te zingen.

Ook Arnaud de Savignan, steenhouwer uit Tarascon, kende het Ave-Maria, evenals het paternoster, het *credo* en een paar kerkgezangen. Maar het is waar dat deze ontwikkelde handwerksman, de neef van de notaris, zich toch nog wel duidelijk onderscheidde van de grote massa van de bevolking.

Het gebed dat de meeste boeren het best kenden was ongetwijfeld het onzevader. Een aantal van hen kende ook het weesgegroet, en ook als dat niet het geval was, dan waren ze in ieder geval toch op de hoogte van het bestaan van de Maagd Maria. Sommige boeren waren niet alleen in staat haar aan te roepen, maar konden ook overtuigend of zelfs vurig tot haar bidden. '*Ik heb mijn broer Pierre* (die onder bekoring van de ketters was) *er vaak aan herinnerd dat hij geregeld het paternoster en het Ave-Maria moest bidden,*' verklaarde Jean Maury, een herder uit Montaillou, die zelf half katholiek was gebleven (II,446). Jean Maury had het onzevader en het weesgegroet van zijn moeder geleerd, terwijl zijn vader de ketterse invloed in de familie vertegenwoordigde.

Een ander opmerkelijk voorbeeld van Maria-devotie onder de boerenbevolking was Rixende Cortil, afkomstig uit Vaychis en getrouwd met een dorpeling uit Ascou. '*Zestien jaar geleden,*' zo vertelde ze in 1324, '*was ik op een feestdag naar de kerk van Ax gegaan, en ik was neergekniield voor het altaar van de Gezegende Maagd en begon aldaar te bidden. Guillemette Authié, de vrouw van Amiel Authié (inmiddels overleden), zat naast mij. Toen ze mijn gebed hoorde, zei ze: "Houd op tot Maria te bidden. Bid liever tot Onze Heer." Maar ik verhardde in mijn Maria-gebed* (III, 308).'

Rixende Cortil was bepaald geen streng orthodoxe katholieke kwezel, aangezien ze in eigen persoon graan bracht aan de *perfecti*, wier aanwezigheid volgens haar een garantie voor de vruchtbaarheid van de Sabarthès vormde. Toch is er in haar geval geen twijfel mogelijk: onmiskenbaar bad zij hardop en onverstoorbaar tot de Maagd, voor een speciaal daartoe bestemd altaar, zonder zich ook maar iets van de andere aanwezigen aan te trekken. Of ze bij deze gelegenheid meer deed dan eenvoudigweg het Ave-Maria bidden is uit de tekst verder niet op te maken.

Nu was er in Montaillou geen boerenvrouw te vinden die Rixende kon evenaren in Maria-devotie. Maar ook voor moeder en dochter Testanière, twee eenvoudige boerenvrouwen die overigens wel wisten wat ze deden, telde de Maagd mee. Als we hen mogen geloven kwam het zieleheil zowel van 'God', onze redder (ofte wel Christus, die door beide dames niet zo precies omschreven werd), als van de Gezegende Maagd. De rol van de Maagd bleef in dit geval niet beperkt tot die van middelares, zoals volgens goed-katholieke theologie het geval zou moeten zijn. De twee vrouwen – die zonder twijfel een vrij algemene opvatting weergaven – kenden haar ook een zelfstandige taak toe als medeverlosseres. Deze ietwat onbestemde doch invloedrijke opvatting dook overal op in de Sabarthès en kon zelfs uitmonden in werkelijke aanbidding van de Maagd: *'Hij heeft zijn ziel aanbevolen aan God en aan de gezegende Maria; hij heeft beide op eerzame wijze aanbeden; dus is hij geen ketter,'* was het commentaar dat twee kroegbezoekers uit Foix wijdden aan een volgeling van de Waldenzen die op de brandstapel terecht was gesteld (i, 174).

De Maria-devotie was ongetwijfeld al lang aanwezig in de Occitaanse gebieden, zonder dat echter in de loop van de middeleeuwen, zoals in een aantal Noordfranse gebieden gebeurd was, deze verering officieel was vastgelegd in een groot aantal namen van parochies met Maria, de Heilige Maagd, of Onze-Lieve-Vrouwe (Notre-Dame). In Montaillou bleek deze Maria-verering bijvoorbeeld uit een vrome bedevaart ter ere van de Maagd van Carnessas, waar zowel een boerin als een edelvrouwe ter gelegenheid van een bevalling gearmd naar toe gingen, met een gekleurde kaars in de hand.

De kerk van Sabart of Savart, in Tarascon, was het centrale Maria-heiligdom van de bevolking van de Sabarthès, maar het is niet duidelijk of deze kerk ook de hoofdkerk van het gelijknamige aartspriesterschap was. Traditioneel vond de bedevaart naar dit heiligdom plaats op 8 september, Maria-Geboorte. Deze Maria-feestdag was in de Boven-Ariège nauw verbonden met het leven van de transhumance-herders: *'Mijn broer Pierre Maury,'* vertelde Jean Maury, *'verkocht zijn schapen datzelfde jaar op de markt van Morella, die samenvalt met de geboortedag van de Maagd (ii, 486).'*

Een andere Maria-bedevaart in de Sabarthès was die naar de gezegende Maria van Montgauzy, in de buurt van Foix. Dit was de bedevaart bij uitstek voor panieksituaties en noodgevallen, waarbij gebed en tranen moeiteloos samengingen. Toen Gaillarde Ros bijvoorbeeld door een dief van haar geld en haar 'spullen' was beroofd, ging ze klagend en huilend naar Montgauzy en smeekte Maria om haar 'spullen' terug te bezorgen. Gaillarde zette een lange kaars voor het altaar en verzocht de Maagd de harten van de dieven zodanig te bewerken dat zij het gestolen goed weer terug zouden brengen. Maria lijkt in dit geval totaal niet op zo'n doorsneeheilige als Antonius van Padua die je een paar centen in de gleuf van zijn offerblok hoefde te stoppen, waarop hij automatisch de verloren zaken weer teruggaf. De relatie die Gaillarde – en met haar nog zovele andere boerenvrouwen – met de Maagd onderhield deed eerder intense en smartelijke hartstocht veronderstellen.

Het emotionele karakter van deze relatie komt nog duidelijker naar voren in het geval van Aude Fauré, een dorpelinge uit Merviel. In het diepst van haar wanhoop was Aude Fauré tot het besef gekomen dat ze niet meer geloofde in de daadwerkelijke aanwezigheid van het lichaam van Christus in de eucharistie: *'Toen wendde zij zich tot haar min en zei haar: "Bid tot God dat Hij mijn hart zo bewerkt dat ik weer gelovig word." En terwijl de min zo hard als ze kon tot God bad, verscheen Guillemette, een dienstmeisje in de ostal van Aude Fauré. "Guillemette (zei Aude tegen dat dienstmeisje), ga bidden, en smeek de gezegende Maagd van Montgauzy dat zij mij verlicht, zodat ik weer in God kan geloven." Guillemette voerde dit bevel van haar meesteres uit na te zijn neergeknield. En toen zij gebeden had werd Aude meteen verlicht, en geloofde ze weer standvastig in God, en dat doet ze naar haar zeggen vandaag de dag nog steeds* (II, 95).'

Ter afronding van het onderwerp Maria-bedevaarten valt nog op te merken dat het heiligdom van Monserrat in Catalonië in de Ariège een zekere populariteit genoot. Verder kwamen ook Le Puy en Rocamadour in de teksten voor en zelfs – bij hoge uitzondering – de Notre-Dame van Parijs.

Van de Maria-feesten was Maria-Geboorte in ons gebied van fundamentele betekenis. Kerstmis was in Montaillou een heilig familiefeest en hield nauw verband met het moederschap van Maria, en zelfs de kathaarse herders bleven van oudsher een zwak koesteren voor de Drie Koningen, die een paar dagen na de geboorte hun bedevaart naar Zoon en Moeder hadden gemaakt. Zowel edelen als boeren vierden het feest van Maria-ten-Hemelopneming, op 15 augustus. Een eenvoudige dienstmeid rekende het begin van haar dienstbetrekking vanaf een datum die, zo ze zei, samenviel met het feest van de 'zuivering van de Gezegende Maagd' (Maria-Lichtmis, 2 februari).

Vervolgens het vloeken: *Sancta Maria* was onder de vrouwelijke bewoners van Montaillou en de Sabarthès een populaire uitroep geworden. *'Sancta Maria, wat spreekt die man lasterlijke taal,'* zei Alazaïs Munier tegen Gaillarde Ros, toen ze het had over Guillaume Austatz, de eigenzinnige baljuw van Ornolac (I, 191,194). *'Sancta Maria, Sancta Maria, ik zie de duivel,'* riep de ketterse Guillemette 'Belote' uit Montaillou vanaf haar sterfbed tegen de pastoor uit een naburig dorp die dacht goed te doen door haar de Heilige Teerspijze (de communie) te brengen (I, 463).

Ondanks hun soms ziekelijk anti-vrouwelijke houding konden ook de Katharen Maria niet geheel buitenspel zetten. Ze noemden haar soms spottend *Mariette*, of de *vleeskuip waar Jezus Christus in ontstond*. Maar daarmee was dit onderwerp nog niet afgehandeld.

Als je de Maagd door de deur naar buiten jaagt, komt ze door het venster weer naar binnen. '*Wij gelovigen* (ketters), *wij zijn de benen van de Gezegende Maria*,' zei Guillemette Maury, die op dit punt een 'tafelrede' van Bélibaste napraatte, waarin deze de mystieke betekenis van Maria had laten uitkomen. Die mystieke betekenis werd door hem gelijkgesteld met de geloofsgemeenschap van alle Katharen.

In sobere en evangelische stijl had ook Pierre Authié zijn eigen Marialeer verkondigd; tegenover Pierre Maury en nog wat andere herders uit de Sabarthès en het Land van Arques had hij in een mondelinge verhandeling waarbij St. Lucas werd aangehaald verklaard: '*De Moeder Gods, dat is eenvoudigweg de Goede Wil* (II, 409).'

De ketterse pastoor Pierre Clergue mocht dan wel een loopje nemen met de officiële Maagd van de katholieke Kerk, hij vereerde zijn eigen Maagd van Montaillou, onder wier altaar hij zijn moeder had begraven, er niet minder om. In zijn 'devotie' ging zijn ketterij samen met lokale volkscultuur.

De Moeder-Maagd was in het Land van Aillon en de Boven-Ariège onmiskenbaar verbonden met de grond, zoals God de Vader met de hemel verbonden was. De Moeder-Godin was een Aard-Godin. In het verticale schema van het dorp Montaillou bevond de Maagd zich op het laagste punt. Haar heiligdom was zo diep mogelijk weggekropen, nog onder de huizen van het dorp die op hun beurt weer gedomineerd werden door de burchttoren aan de top. Als vleeskuip werd ze vertrapt door de runderen en nam ze mest en urine op, en de lijken. Het kerkhof lag namelijk vlak bij haar kapel. Ze belichaamde in feite de vruchtbaarheidsriten van de aarde en van de baarmoeder die in Montaillou ogenschijnlijk afwezig waren, omdat ze meestal onuitgesproken bleven.

De heiligenverering was in Montaillou per jaar goed voor zo'n negentig vrije dagen, zondagen en feestdagen uitgezonderd, en ging in deze tijd vaak gepaard met onalledaagse, om niet te zeggen heidense, gebruiken.[2] Bij deze vormen van heiligenverering is het moeilijk om een onderscheid aan te brengen tussen min of meer magische methodes om een bepaald materieel voordeel te verkrijgen en waarachtige devotie, ten aanzien van een middelaar die een bijdrage kon leveren aan het zieleheil van de vrome. *'Zesentwintig jaar geleden,'* vertelde de herder Bernard Marty in 1324, *'zei ik tegen mijn vader op de dag van Driekoningen: "Ik wil waken ter ere van St.Julianus, schutspatroon van onze parochiekerk van Junac." Toen zei de plaatselijke burchtheer die aanwezig was, op spottende toon tegen mij: "O, u wilt licht laten schijnen op uw muren."* (III, 276)'

Uit dit korte gesprek valt niet meer op te maken dan dat de verering van St. Julianus Hospitator in Unac gepaard ging met een kaarswake in de kerk, op de vooravond van het feest.

Gelukkig zijn we beter geïnformeerd over de verering die een andere heilige in Montaillou en omgeving genoot: St. Antonius. De herders uit het Land van Aillon, zoals Pierre Maury, schonken deze heilige graag een wollen vacht. En aangezien de heilige altijd door een varken werd vergezeld, gaven de dorpelingen ook hammen aan deze *Antonio del porco.* Tenslotte heeft St. Antonius in de Sabarthès en in de hele christelijke wereld zijn naam geven aan het sint-antoniusvuur, een huidziekte die hij naar men meende zowel kon oproepen als genezen. De grote Egyptische kluizenaar, de vader van het monnikswezen, had dus ook in de Boven-Ariège de reputatie van wonderdoener en beschermer van het boerenbedrijf, die hij gedurende vele eeuwen in ieder westelijk land zou genieten.

Net als andere heiligen hielden ook sommige apostelen zich bezig met de gezondheid van mens en dier, in navolging van St. Paulus die geacht werd epilepsie op te roepen en te genezen. Maar men vereerde de apostelen in Montaillou niet alleen om een betere gezondheid en een grotere agrarische produktie te verkrijgen. Delaruelle heeft aangetoond hoe de verering van de apostelen, die zich sinds de elfde eeuw over het Westen verbreid had, samenhing met de ontdekking van het 'apostolische' leven.[3] Rond 1300 was deze vorm van religiositeit ook doorgedrongen tot de volkscultuur van de eenvoudige boeren en herders in Prades en Montaillou. De argumenten waar de vrienden van Pierre Authié gebruik van maakten om de achttienjarige Pierre Maury voor hun zaak te winnen, waren dan ook aan deze volkscultuur ontleend: *De Goede Mensen en de goede christenen zijn in dit land gekomen,'* zeiden ze tegen hem, *'zij gaan de weg die ook de gezegende Petrus en Paulus zijn gegaan, en de andere apostelen, die de Heer zijn gevolgd... Wij vragen je: wil je die goede christenen ontmoeten?* (III, 120)'

Het antwoord van Pierre Maury laat zien dat hij al enige kennis had van de heroïsche predikactiviteiten die de ook door hem geëerde en bewonderde apostelen ondernomen hadden: *'En als die Goede Mensen zijn zoals u zegt,'* antwoordde hij, *'als zij inderdaad de weg van de apostelen volgen, waarom preken ze dan niet in het openbaar, zoals de apostelen hebben gedaan? Waarom vrezen ze dan te sterven voor waarheid en recht, terwijl de apostelen voor zo'n zaak de dood ondergaan?'*

Op de regionale concilies die in het Occitaanse gebied gehouden waren was verordend dat de feestdagen van de twaalf apostelen gevierd moesten worden. Deze officiële voorschriften werden in ons gebied min of meer gerespecteerd. St. Dominicus, wiens invloed in het *pays d'oc* ontzaglijk was, had er in woord en daad het *vita apostolica* verkondigd en was zo goed en kwaad als het ging nagevolgd door de leden van zijn orde. Ook Jacques Fournier wilde zijn kudde op opvoedkundige wijze deze specifieke apostelverering inprenten: hij liet dus op het feest van de apostelen Philippus en Jacobus in Pamiers een brandstapel oprichten voor Raymond de la Côte, een aanhanger van de Waldenzen, en dat liet ook de inwoners van de Sabarthès niet koud. En wat was de pelgrimage naar Santiago de Compostela, zo populair bij onze bergbewoners, anders dan het meest overdonderende eerbewijs dat men een van de twaalf apostelen kon brengen?

Meer nog dan Jacobus was het echter Petrus die het enthousiasme van de bevolking opwekte. De twee lokale kerken van Prades en Montaillou waren respectievelijk gewijd aan St. Petrus en aan de Maagd, en dit was ook zo in Savart, het religieuze centrum van de Sabarthès. Aldaar waren de twee belangrijkste heiligdommen eveneens aan St. Petrus en Maria gewijd. De eerste der apostelen riep in het Land van Aillon gevoelens van respect op, maar niet altijd in voldoende mate: *'O! O! Hoe kunnen we een dergelijke daad begaan in de kerk van St. Petrus,'* zei Béatrice de Planissoles in Prades, toen ze het plaatselijke heiligdom binnenging waar haar minnaar-pastoor een bed voor hen had laten neerzetten. De minnaar betoonde zich geenszins uit het veld geslagen en beperkte zich er toe haar te zeggen: *'Ach, St. Petrus zal er niet erg onder lijden* (I, 243).'

Guillaume Bélibaste wilde zich door zijn kleine schare bewonderaars in Montaillou laten *vereren als een St. Petrus,* waarop Jean Maury, beseffend wat voor kloof er gaapte tussen origineel en kopie, uiteindelijk tegen de heilige man zei: *'Mooie Petrus bent u!* (III, 258)' De vrouwen uit Prades en Montaillou trokken voor het plaatselijke Petrus- en Paulusfeest (in Prades) hun mooie kleren aan om daarna samen met hun mannen een goede maaltijd te nuttigen; als ze nog jong waren gingen ze vervolgens dansen op het plein, met de rest van de jeugd.

Het was bepaald niet zo dat de feestdagen van de apostelen alleen maar dienst deden als een soort dorpsfeesten. Ook de verering van de apostelen stond in het teken van de voortdurende bezorgdheid om het zielehiel, het centrale vraagstuk waar het religieuze leven van de Boven-Ariège in deze periode om draaide. Ook de *perfecti* waren zich dat heel goed bewust en zij vergaten nooit terloops even deze gevoelige snaar te raken, wanneer zij de herders een beeld schetsten van het apostolische leven.

'*Alleen de Goede Mensen volgen de weg van recht en waarheid die de apostelen gevolgd hebben,*' zeiden de veehouders Raymond Pierre en Bernard Bélibaste tegen Pierre Maury, '*zij leggen geen beslag op andermans goed. Zelfs als ze onderweg goud en zilver vinden pakken ze het niet op om het in hun zak te stoppen; ze hebben het geloof van de apostelen; het geloof van de ketters is beter voor het zielehiel dan welk ander geloof ook* (III, 122).' Pierre Authié wijdde hier nog wat over uit tegen de jonge herder: hij legde de nadruk op het thema van de navolging van Christus, met de apostelen als tussenpersoon. '*Ik zal je de weg naar het heil wijzen, zoals Christus met zijn apostelen heeft gedaan, die logen noch bedrogen... Wij laten ons stenigen, zoals de apostelen zich lieten stenigen, zonder één woord van ons geloof terug te nemen* (III, 123).'

Ten behoeve van Bernard Marty, een jonge herder en de zoon van een smid, schilderde Guillaume Authié het toekomstige zieleheil, dat verzekerd werd door de vleselijke reinheid van de redders: '*De Goede Mensen redden zielen... alleen zij. Ze eten eieren, vlees, noch kaas; zij volgen de weg van de apostelen Petrus en Paulus* (III, 253).'

Voor Raymonde Vayssière uit Ax ontvouwde Guilaume Authié een vergelijkbare opvatting, ditmaal nog ondersteund door de gedachte van een vergeving van zonden door de apostelen, die de sleutel tot het paradijs was. '*Wij, de volmaakten van onze sekte,*' zei Guillaume, wiens woorden ik verkort weergeef, '*wij hebben evenveel macht om zonden te vergeven als de apostelen Petrus en Paulus hadden...; zij die ons volgen gaan uiteindelijk naar het paradijs, de anderen naar de hel* (I, 282-283).'

De herders van de Sabarthès baden niet tot de apostelen, terwijl ze zowel het onzevader als het weesgegroet konden bidden. Toch waren ze gelukkig als ze heilige mannen van vlees en bloed tegenkwamen die een gelijkenis vertoonden met de gezellen van Christus en als middelaars dienst konden doen om hun op het eind van hun leven kwijtschelding van zonden te geven en zo hun zieleheil te verzekeren.

Allerheiligen had een bijzondere betekenis in het Land van Aillon: het feest viel samen, zo merkte Jean Maury op, met het vertrek van de transhumance-herders naar de Catalaanse winterweiden. Deze feestdag was een van de weinige gelegenheden waarop Bernard Clergue, een fanatiek aanhanger van het katharisme, zich verwaardigde op de voorafgaande dag te vasten. *'En toch kan men op zijn gezicht lezen dat hij het niet van harte doet,'* zo merkte priester Barthélemy Amilhac, de gevangenismaat van de baljuw op (II, 283).

Het was ook op Allerheiligen dat Raymonde Marty (geboren Maury) zó gekweld werd door het besef van de zonden (die anderen bedreven hadden) dat ze het godzalige verlangen kreeg de ketterse gedragingen van haar vrienden en bekenden in het dorp aan de bisschop te gaan verklikken. Allerheiligen, aan de vooravond van de dag der doden, gaf aanleiding tot vrome gevoelens en traditionele gebruiken. *'Ongeveer tweeëntwintig jaar geleden,'* zo vertelde Gauzia Clergue, *'bracht ik op de dag van Allerheiligen een groot stuk brood naar het huis van Pierre Marty, om het hem als aalmoes te geven. Dat is namelijk de gewoonte in Montaillou. "Aanvaardt dit brood voor de zaligmaking van de zielen van uw vader en uw moeder, en uw overige overleden verwanten," zei ik tegen Pierre. "Aan wie wilt u dat ik het geef?" vroeg hij aan mij. "Neem het voor uzelf en voor de leden van uw domus, en eet het," antwoordde ik hem. "Het is voor God," besloot Pierre. En ik ging weg, niet zonder Emersende, Pierres vrouw, die ik onderweg tegenkwam, te zeggen: "De aalmoes die ik u geef zal beloond worden omdat God u liefheeft."'*

Dit was een opvallende gewoonte, die twee standaard-ingrediënten van de plaatselijke cultuur combineerde: de traditionele gift van voedsel op dodendag aan een bepaalde *domus*, en de bezorgdheid om het ziele-heil, die de gever er toe bracht goede werken te verrichten om hemelse beloningen te verwerven die ook de zielen van de gestorvenen ten goede kwamen.

HOOFDSTUK 22
DE PRAKTIJK VAN
HET RELIGIEUZE LEVEN

Na de heiligenverering komen nu de sacramenten aan bod. Het doopsel was een sacrament dat ongetwijfeld vrijwel iedereen in Montaillou ontving. Dat lag niet alleen aan de religieuze waarde van dit sacrament – die overigens door de *perfecti* werd betwist – maar ook aan het prestige dat dopen met water in de volkscultuur had behouden. Wie gedoopt was bleef, zo dacht men, gevrijwaard tegen wolvebeten en de verdrinkingsdood. Volgens een boer uit Tignac hield men er ook een mooiere huid en een knapper gezicht aan over.

Doch bovenal bood de doop de gelegenheid – en dit was van onschatbare waarde in een wereld die beheerst werd door de mediterraanse vriendschapsbanden – om peetooms en peettantes uit te kiezen. Vergeefs probeerde Bélibaste deze gewoonte uit te roeien bij Pierre Maury en de andere herders uit Montaillou: zij bleven overtuigde voorstanders van de doop en het peetouderschap.

Pierre Maury had de heilige man overigens ten antwoord kunnen geven dat de ketterij bij dit doopgebeuren bepaald niet altijd aan het kortste eind trok, integendeel. De betrekkingen die bij een doop werden aangeknoopt gaven vaak aanleiding tot contacten die de verspreiding van de ketterij juist bevorderden: '*Ik was naar Arques gegaan, naar het huis van Raymond Pierre, die mijn peetoom was,*' vertelde een veefokker uit de Sabarthès, '*en mijn peetoom zei tegen me dat de ketters goede mensen waren, dat ze het goede geloof bezaten, etc... Mijn moeder had van haar kant een hartelijke vriendschap opgebouwd met haar peettante, en met de zuster van die peettante... die later wegens ketterij is verbrand* (II, 9).' Zo kwam dus menigeen door zijn peetouders op het slechte pad.

In theorie had de doop een diepe betekenis die niets van doen had met al deze plichtplegingen rond het peetouderschap. Ze zouden de 'ware' gelovigen van vandaag de dag de haren te berge doen rijzen: volgens de goed-katholieke leer, die al in de dertiende eeuw door de pausen was vastgelegd diende het doopsel om vergeving van de erfzonde te verkrijgen. Nu was het begrip erfzonde in het Land van Aillon niet geheel onbekend, zoals bleek uit de getuigenis van Mengarde Buscailh, een boerenvrouw uit het vlak bij Montaillou gelegen Prades: '*De baby die ik*

gevoed heb is een christen (= gedoopt), *en heeft geen enkele zonde begaan; behalve de zonde die hij van mij heeft overgenomen* (I, 499).'
Mengarde maakt hier een duidelijke toespeling op de erfzonde, die sinds Adam en Eva van generatie op generatie was overgegaan. Maar het is de enige keer dat iemand van buiten de stad hiervan in het dossier van Jacques Fournier melding maakte. De erfzonde, waar het doopsel toch zijn ware betekenis aan ontleent, was onder de boeren van Montaillou veel minder bekend dan de transsubstantiatie (in de eucharistie), of de kwijtschelding van zonden als weg tot zieleheil (in het sacrament van de biecht).

Men ging ten minste één maal per jaar ter communie en te biecht, in een vaste jaarlijkse cyclus, waarbij het eerstgenoemde sacrament vanzelfsprekend plaats vond kort na het tweede. *'Wilt u bij mij te biecht gaan?'* vroeg de homoseksuele pseudo-priester Arnaud de Verniolles uit Pamiers aan een jonge dorpsbewoner die naar de stad getrokken was. *'Neen,'* antwoordde deze, *'ik ben dit jaar al te biecht gegaan, en bovendien bent u helemaal geen priester!* (III, 27)' Ook in Montaillou achtte men het nodig ten minste één maal per jaar – maar niet vaker – te biechten. Dat gold overigens niet voor de uitgesproken ketters, die de spot dreven met dit sacrament, wel echter voor de katholieken, met inbegrip van de minst fanatieken, die – al naar gelang de jaren – in het dorp de zwijgende meerderheid of de zwijgende minderheid vormden. *'Ik biecht mijn zonden ieder jaar op,'* zeiden de herders Pierre en Jean Maury, en Guillaume Maurs, bij diverse gelegenheden. Toch was hun verhouding tot het roomse geloof eerder lauw tot koel, en zijn ten minste twee van hen lange tijd volwaardige ketters geweest. In de tijd voor Pasen nam pastoor Clergue, in overeenstemming met zijn ambtsverplichtingen, zijn parochianen de biecht af, zonder er evenwel zelf aan te geloven.

Daar in Montaillou vrijwel iedereen zich onvermijdelijk had gecompromitteerd met de Albigenzen, ontstonden er enige problemen voor boerenvrouwen die penitentie gingen doen. Om deze moeilijkheid te omzeilen verzwegen ze tegen de biechtvader hun betrokkenheid bij de woorden en daden van de Goede Mensen of de 'gelovigen'. *'Ik biecht mijn zonden op,'* zei Raymonde Marty (of Béatrice de Planissoles) *'behalve die ik in de ketterij begaan heb; want ik geloof niet dat ik daar mee gezondigd heb.'*

Dezelfde zwijgzaamheid is te vinden bij Raymonde, de vrouw van Arnaud Belot. Ook zij ging geregeld te biecht, maar ze wist heel goed welke zonden ze wel en welke ze niet wilde prijsgeven. *'Ik biecht mijn zonden op,'* zei ze, *'behalve degene die ik in de ketterij begaan heb, want ik ben bang dat een dergelijke onthulling mij al mijn bezit zou kosten. Toch heb ik berouw getoond over die ketterse zonden, en als boetedoening (die ik mijzelf heb opgelegd, zonder tussenkomst van een biechtvader) heb ik twee winters lang geen hemd gedragen* (III, 71).'

Voor de doorsnee inwoner van Montaillou die niet voor 100 procent ketters was, vormde de biecht met andere woorden niet per se een eenvoudige formaliteit, die vanzelf tot de absolutie leidde: *men vlakt alles uit en begint opnieuw.* Nee, men moest, zoals Bélibaste ironisch opmerkte, *zijn geheimpjes verklappen* aan de priester, die zich daarna met zijn confrères misschien vrolijk ging maken over de lachwekkende zonden van zijn boetelingen (II, 38, 39). Angst voor deze pijnlijke bekentenissen kon voor iemand reden zijn zich bij de volgelingen van de *perfecti* te scharen. Ook die *perfecti* konden namelijk de ziel redden, zonder dat zij eerst het opbiechten van zonden eisten. Nu maakte het feit dat 'biechtvader' Pierre Clergue een Kathaar was en een cynisch karakter had, de zaken er wel heel wat eenvoudiger op. Het kwam echter ook voor dat men bij andere dorpspriesters te biecht ging, of zelfs bij rondreizende minderbroeders. Deze geestelijken stelden heel wat hogere eisen aan de biechteling dan de beruchte pastoor van Montaillou, die nooit erg aan bleef dringen.

Iedereen was bezorgd voor zijn eigen zieleheil, en ook de meest eenvoudige herder begreep dat een biecht alleen geldig was als zij gepaard ging met oprechte goede voornemens, zoals bij voorbeeld het onderdrukken van de (zondige) haat jegens zijn naaste. De priesters en bedelmonniken die de zwervende herders onderweg tegenkwamen vergaten niet om hen deze eenvoudige waarheden in herinnering te brengen. Guillaume Maurs kreeg bijvoorbeeld een vermaning vanwege zijn vendetta met pastoor Clergue: '*De priesters die me de biecht afnamen, beletten me om ter communie te gaan vanwege de haat die ik koesterde jegens de pastoor van Montaillou* (II, 103).'

In Montaillou bleef men natuurlijk ver verwijderd van het voorbeeld van de Waldenzen in het laagland, die te biecht gingen met knikkende knieën, en zo mogelijk met veel tranen. Bij de ketters in de Sabarthès kwam daarentegen de zogenaamde 'blanke' biecht wél veel voor. Daarbij knielde het slachtoffer braaf achter het altaar neer voor zijn biechtvader, maar repte hij met geen woord over zijn zonden. Ook werden er in groten getale schertsbiechten afgenomen door een priester die zijn taak niet serieus nam en van zijn positie als biechtvader misbruik maakte om zijn vrouwelijke biechtelingen te verleiden.

Toch bleef de biecht, in weerwil van de bizarre omstandigheden waaronder ze door een onwaardige pastoor werd afgenomen, in Montaillou een van de meest belangrijke sacramenten. De biecht onthulde persoonlijke geheimen en verleende de pastoor zo een zekere macht. Soms ook liep de biecht uit op een verklikpartij. Zo verklikte Gauzia Clergue haar kathaarse vriendinnen in Montaillou toen ze bij de pastoor van Prades te biecht ging.

Zelfs voor parochianen die gevoelig waren voor de aantrekkingskracht van de ketterij bleef de biecht altijd de toegang tot het zieleheil in het hiernamaals. *'Ik was op bevel van mijn man met enige andere personen graanvelden gaan wieden aan de overkant van de Ariège,'* vertelde Alazaïs Bordes uit Ornolac. *'Op de terugweg kregen we op onze boot de schrik goed te pakken, want het peil van de Ariège was enorm gestegen. Zodra ik voet aan wal zette vluchtte ik trillend over al mijn leden het huis van Guillaume Austatz in. "Vanwaar die angst?" vroeg hij mij. "Omdat ik bang was dood te gaan," zei ik, "zomaar opeens zonder te kunnen biechten. Ik ga liever op een andere manier dood, met biecht."* (I, 196)' In Montaillou stond de biecht zelfs voor de meest lauwe katholiek centraal zoals het *consolamentum* voor de ketters het belangrijkste was, en zoals het zieleheil uiteindelijk de voornaamste zorg was van de meeste mensen. *'Al het water van een regenbak en zelfs al het water van de wereld, zou de zonden niet weg kunnen wassen, als er geen biecht en boetedoening aan voorafgaan,'* verklaarde een overigens onrechtzinnige getuige in Pamiers (II, 245). Ondanks de schade die de kathaarse propaganda had aangericht, bleef de biecht onaangetast als een harde kern van het katholieke geloof, vanwege de hoop op zielehiel in het hiernamaals die men er uit kon putten.

Naast biecht en doop bleven ook de communie en huwelijk in Montaillou belangrijke sacramenten, ondanks een zekere mate van onthouding. Andere sacramenten daarentegen kwamen wel voor in de lager gelegen steden, maar niet in de dorpen van de Sabarthès. Zo werd het vormsel 'daarboven' zeer spaarzaam toegediend. De reden hiervoor was dat de bisschop die het sacrament toe had moeten dienen niet buiten Pamiers kwam, waar hij volkomen opging in zijn inquisitie-bezigheden.

Hij begaf zich niet graag naar de bergachtige uithoeken van zijn diocees. Slecht één maal was hij gesignaleerd in Ax-les-Thermes, waar hij met veel gesprenkel van wijwater – en tegen betaling – de plaatselijke kerk had gezuiverd, die bezoedeld was met het bloed van een moord.

In theorie ontving men bij het vormsel de gaven van de H. Geest en men zou uit het ontbreken van dit sacrament kunnen concluderen dat die H. Geest het zwarte schaap was onder de drie goddelijke personen, ware het niet dat de pinksterplechtigheden in de Sabarthès vrij veel aandacht kregen, al had dat meer te maken met uiterlijk vertoon dan met ware devotie.

Een ander sacrament dat in de Sabarthès niet voorkwam was het H. Oliesel. Dit 'luxe-sacrament' werd in Montaillou en in de Boven-Ariège niet of nauwelijks toegediend, evenals in vele andere streken in het westen[1]. Wie in levensgevaar was, en geen overtuigd Kathaar, probeerde te biechten. De priester snelde naar het doodsbed, dat ook nog door buren en vrienden werd bezocht, en ondervroeg dan de stervende over de artikelen van het geloof, met name over de daadwerkelijke aanwezigheid van Christus bij de eucharistie. In geval van een positief antwoord ontving de zieke met gevouwen handen de communie. De laatste sacramenten bestonden dus meestal uit een combinatie van biecht en H. Teerspijze, maar er waren ook nog enkele andere gebruiken rond het sterven, zowel afkomstig uit het katholicisme als uit de volkscultuur.

Het opstellen van een testament kon tot die gebruiken behoren, in Montaillou kwam dat echter zelden voor, aangezien de dorpelingen te arm en te ongeletterd waren. Gebruikelijker was het rituele geweeklaag van de dochters, tijdens en na de doodsstrijd van hun moeder. Wanneer de dood van een naaste naderde werd voor een groot bedrag aan kaarsen gekocht. Eén kaars brandde men boven de mond van de stervende, de rest later rond het lijk, of in de kerk, of onderweg naar het kerkhof. Na het overlijden werden ook de haren en nagels afgeknipt.

Het houden van missen en gebeden na de dood, voor de zielerust van de overledene, tegen betaling aan de dienstdoende priester, was eerder een gebruik in de stad dan in het dorp, en meer bij de adel dan bij de boeren. Toch was dit gebruik in ons dorp niet geheel onbekend. Net als elders gedachten de gelovigen in de Sabarthès op Aswoensdag hun sterfelijkheid. Deze kerkelijke plechtigheid ontbrak in Montaillou niet, maar werd echter wel enigszins overschaduwd door de festiviteiten die op Allerzielen plaatsvonden: de *domūs* schonken elkaar dan voedsel en hielden feestmalen; de gaven werden in familiekring genuttigd om vergeving van zonden te verkrijgen voor de dierbaren die reeds verscheiden waren.

Naast de sacramenten bestonden er ook nog een aantal religieuze handelingen van een minder verheven niveau, bij voorbeeld het vasten en de bedevaarten. De bedevaart maakte deel uit van de omschrijving die de boeren van het graafschap Foix gaven van 'een goed christen'. Montaillou was zelf ook een bedeplaats, en iedere pelgrim die de Maagd van Montaillou met een bezoek kwam vereren kon op een aalmoes rekenen. Béatrice de Planissoles wees op het gebruik van deze aalmoezen; zelf kreeg ze van een pelgrim in ruil daarvoor een zaadje, *ive* genaamd, dat epilepsie zou genezen. Ze gebruikte het voor een van haar kleinzoons, maar deze baby knapte pas echt op toen zijn moeder hem meenam op bedevaart naar de kerk van St. Paul d'Arnave. Men kon niet jong genoeg beginnen.

Het op bedevaart gaan was zo'n vanzelfsprekende zaak dat een voort-vluchtige echtgenote uit Montaillou, die achtervolgd werd door een meute verwanten van haar in de steek gelaten echtgenoot, slechts hoefde te zeggen: *'Ik vertrek met mijn broer op bedevaart naar Romania,'* of de meute kwam tot bedaren en staakte de jacht (III, 151). Als men in Mon-taillou naar Santiago de Compostela vertrok, dan was dat heel vaak met de gele kruisen op de rug en de inquisitie op de hielen, omdat men daar-toe door de bisschop veroordeeld was. Van vrijwillige bedevaart zijn we hier ver verwijderd.

Het vasten was een gebruik dat grote emotionele consequenties met zich meebracht. Wie weigerde er aan mee te doen stelde zich bloot aan hevige woedeuitbarstingen van de boeren die wél gehoorzaam bleven aan de katholieke voorschriften; *'Nog één keer, en ik smijt je die nap met vlees recht voor je raap,'* zei Bernard Austatz, uit Lordat in de Sabarthès, tegen zijn broer, Guillaume Austatz, die er zelfs niet voor terugdeinsde om de vastenperiode van de paastijd aan zijn laars te lappen (I, 195). Ondanks deze inbreuken werd de verplichting om veertig dagen te vas-ten waarschijnlijk toch algemeen gerespecteerd, hetgeen de bewegings-vrijheid van de *perfecti* vergrootte, want in de vastentijd konden ze zon-der op te vallen openlijk hun lievelingsvoedsel (vis) nuttigen. Het leek er op dat de herders van Montaillou, ook als ze ketters gezind waren, het gebod respecteerden om zich op vrijdag en in de vastentijd van vlees te onthouden. Men kon een driest anti-katholiek zijn en toch, weliswaar met gepaste tegenzin, vasten op de dag voor Allerheiligen.

Maar op die vrijdag en de vastentijd na stuitte de strikte vastenpraktijk op de onwetendheid van de bevolking: *'Ik weet niet wat de vastendagen van de Kerk zijn, buiten de vrijdag en de vastentijd,'* verklaarde Guillau-me Baille, een herder uit Montaillou (II, 382). De boeren die het meest betrokken waren bij de ketterij of bij de protesten tegen de Kerk, lapten bij vlagen de vastenvoorschriften willens en wetens aan hun laars. *'Ik houd niet van vis. Ik heb liever geitelever,'* verklaarde een inwoner van Montaillou. En Guillaume Austatz, een grondbezitter en een goed graandorser, beweerde stellig: *'Dit jaar heb ik tijdens de vastentijd gedu-rende vijf weken vlees gegeten. Ik had me er overigens van kunnen onthouden, zonder mijn lichaam schade te doen, zolang als ik in huis en op de dorsvloer niets te doen had...* (I, 198).'

Ondanks de rol van de persoonlijke keuze kwam de houding ten aan-zien van het vasten in het algemeen overeen met de ideologische scheids-lijnen. *'Drieëntwintig jaar geleden,'* vertelt Gauzia Clergue uit Montaillou in 1325, 'keerde ik tijdens de vastentijd, op de dag na een zondag, terug van een van mijn akkers, waar ik rapen had geoogst; onderweg kwam ik Guillaume Austatz tegen. "Heb je gegeten?" vroeg hij mij. "Nee," antwoordde ik, "ik wil vasten." "Nou maar ik," verklaarde Guillaume, "ik heb zondag uitstekend gegeten in Ax-les-Thermes, waar ik was uitgenodigd. Ik aarzelde eerst om de uitnodiging aan te nemen (vanwege de vasten). Dus ben ik de Goede Mensen om advies gaan vragen. 'Het is in ieder geval,' zo zeiden ze, 'een even grote zonde om vlees te eten tijdens de vasten als buiten de vasten. Het bezoedelt de mond evenzeer. Schaamt u zich dus vooral niet.' En meteen heb ik die uitnodiging voor die goede maaltijd met vlees aangenomen." Maar ik,' zo besloot Gauzia wijs, 'ik was het er niet mee eens. Vlees tijdens de vasten, en vlees buiten de vasten, dat is, als zonde, helemaal niet hetzelf-de (III, 360-361).'

De bedelorden (franciscanen en dominicanen) waren in andere streken bijzonder actief bezig om het geestelijk leven van de bevolking (weer) in hun greep te krijgen, maar in onze berggebieden schitterden ze door afwezigheid. De doorsnee inwoner van Montaillou had wel eens van bedelmonniken gehoord, maar hij moest een behoorlijke afstand afleggen om er een te ontmoeten. Zo wilde Vuissane Testanière bij voorbeeld een ernstige zonde opbiechten aan een bedelmonnik. Ze had namelijk in *domus* Belot naar de ketters geluisterd. De monnik bevond zich echter op heel wat mijlen van huis, in het Catalaanse Puigcerda. Pierre Maury werd op de schone preken van een minderbroeder vergast die ieders geweten in vuur en vlam zette, maar dat gebeurde in Arques (Aude), dat aan de transhumance-route lag, op zo'n veertig kilometer van Montaillou.

In het leven van Béatrice de Planissoles zou het contact met de franciscanen van doorslaggevend belang worden, maar pas toen ze, weduwe geworden na haar eerste huwelijk, de Boven-Ariège verlaten had en afgedaald was *naar het laagland te midden van de honden en de wolven van het katholicisme*, zoals haar vriend Pierre Clergue het weinig vleiend uitdrukte. 'Nadat ik mij in Crampagna (Neder-Ariège) had gevestigd, met mijn tweede echtgenoot,' zo vertelde ze, 'kon ik de predikaties van predikheren en minderbroeders horen; ik zwoer de dwalingen van de ketterij af en ging in een biechtstoel te biecht bij een minderbroeder uit het klooster van Limoux (departement Aude), in de kerk van de Maagd van Marseillan. Vlak daar in de buurt was ik mijn zuster Gentile op gaan zoeken, die in Limoux in het huwelijk was getreden en daar woonde (I, 232).'

De terugkeer van Béatrice in de schoot van de moederkerk werd dus bespoedigd door de omgang met haar devoot-katholieke zus Gentile, en het feit dat de minderbroeders een biechtstoel gebruikten, een 'technologische vooruitgang' vergeleken met de manier waarop de pastoor van Montaillou, zo goed en zo kwaad als het ging, biecht hoorde achter het altaar van de Maagd (I, 224).

Vergeleken met de resultaten die ze ten noorden van de pas van Labarre wisten te bereiken, was de invloed van de minderbroeders in de Sabarthès niet erg groot. 'Daarboven' was hun reputatie – al dan niet terecht – vrij slecht. Pierre Maury, die in dit geval niet alleen stond, betitelde ze als rijkaards, wellustelingen en gulzigaards, met mooi geborduurde gewaden. Het regende dit soort beledigingen, ondanks het armoede-ideaal dat de kloosters van deze ordes officieel uitdroegen. Het kwam ook nooit zover dat ze zich in de berggebieden vestigden. De stijl van prediken die de twee jonge ordes hanteerden vond veel meer weerklank in de rijkere en minder geïsoleerde stadjes van het laagland.

De afwezigheid van de bedelordes in de bergen gaf ruim baan aan de seculiere geestelijkheid, en daarmee in de eerste plaats aan de pastoor die permanent in Montaillou aanwezig was. Dat was het geval met Pierre Clergue en ook met zijn voorganger pastoor Pierre de Spera. Daarin kwam pas verandering toen Raymond Trilh na de dood van Clergue priester van het dorp werd. Deze Trilh droeg de titel van kapelaan van Prades en Montaillou. Het is aannemelijk dat de nieuwe pastoor niet meer permanent aanwezig was, maar zijn kudde achterliet onder de hoede van kapelaan Trilh. In de Boven-Ariège was het namelijk geen uitzondering dat een dorp zich een tijdje tevreden moest stellen met een plaatsvervanger die niet ter plekke woonde.

Het aanwezig zijn was overigens geen garantie voor kwaliteit. Amiel de Rieux, de kapelaan van Unac, en zijn collega's uit naburige parochies, lazen samen rondom het vuur uit een theologisch werk, en discussieerden er dan over. Net als Pierre Clergue citeerden ze Augustinus en hun intellectuele nieuwsgierigheid was niet ontbloot van eruditie. Maar niet iedere dorpspriester was van dit niveau. Adhémar de Bédeillac, pastoor van Bédeillac, bleek later vergeten te zijn welke passages uit evangelie en Schrift hij gebruikt had in een discussie met een dwarsligger uit zijn parochie.

Maar het woord pastoor verwees meer naar macht dan naar kennis. Pierre Clergue was het voorbeeld van een pastoor met een harde hand en de *perfecti* lieten niet na om dit stereotiepe beeld als weerzinwekkend te presenteren. *'De priesters van deze streek laten hun kuddes gras eten, zoals een herder die zijn schapen met de stok bij elkaar houdt (II, 307),'* zei Pierre Maury, die er (elders, II, 420) aan toevoegde: *'De geestelijken doen me denken aan die dwarse koeien, die hun poot in de melk zetten die je ze zojuist hebt uitgemolken, en die dan de pot omstoten.'*

Het prestige dat pastoors en zelfs eenvoudige kapelaans genoten bleek uit de aanspreektitels die men gebruikte. In het dorp en zelfs in de gevangenis waar de priester eventueel samen met hen zat opgesloten, spraken ook de meest voorname inwoners hem aan met 'mijnheer', *domine* ('mijnheer pastoor'). Het feit dat menig pastoor een *domus* bezat en ook een niet te verwaarlozen agrarisch bedrijf, waar dan de heffing van de grove tienden nog bijkwam, zorgde ervoor dat er reden genoeg was deze deftige aanspreektitels in ere te houden.

De pastoor, dat was iemand. Ook de meest vooraanstaande personen spraken hem aan met u, terwijl hij het gewone volk tutoyeerde, zoals bleek uit deze dialoog: *'Mijnheer Durand,'* vroeg Géraud de Calvignac, schoolmeester uit Ax, aan *Durand de Presbyteria*, pastoor van Orlu, in het bijzijn van Pierre Vital, die enige aanstootgevende woorden had geuit over de veile liefde, *'mijnheer Durand, begrijpt u, verstaat u, wat deze voerman wil zeggen, als hij doet voorkomen dat slapen met een prostituée geen zonde is, mits de klant betaalt en het meisje toestemt?' 'Ja, dat heb ik heel goed verstaan,'* antwoordde 'mijnheer' Durand, waarbij hij zich wendde tot de schuldige, en hem uit de hoogte tutoyeerde, terwijl hij hem met een vernietigende blik doorboorde, *'jij hebt verkeerde dingen gezegd* (III, 297-299).'

Het prestige van de pastoor was geen individuele verworvenheid. In Montaillou waren er, net als in de rest van de Sabarthès, bepaalde families, de zogenaamde pastoorsrassen, die priesters voortbrachten, en waarvan de leden, ook leken en vrouwen, respect en vrees inboezemden – meer vrees dan respect overigens. De Clergues in Montaillou waren zo'n geval. *'Ik zal u niets zeggen, omdat u uit een pastoorsras stamt; dat maakt me bang,'* zei Emersende Marty tegen Gauzia Clergue (III, 357).

Macht roept verlangen op en vrouwen houden van macht. Pastoor Pierre Clergue was een ontwikkeld man, krachtdadig en zachtaardig, gevaarlijk en verfijnd, van ijzer en van fluweel tegelijk. Hij viel bij zijn vrouwelijke parochianen in de smaak, ondanks het feit dat hij klein van stuk was en geen imposant voorkomen had. Voor hem was er dan ook keuze te over in de liefde, te meer daar hem ook nog in zijn functie magische kracht werd toegeschreven. Het geval van Pierre Clergue was een weliswaar extreem maar geenszins atypisch voorbeeld. Overal in deze streken wordt de *focaria* (bijzit) van de priester of *de vrouw van de kapelaan* aangetroffen. De uitgangspunten van de gregoriaanse hervorming, en van de strijd tegen de onkuisheid van de priesters, waren in de

Sabarthès niet onbekend; zelfs in Montaillou werd er lippendienst aan bewezen. Maar het pleit was nog lang niet beslecht. Het is niet onmogelijk dat de onkuise geestelijken in de Sabarthès inderdaad in de minderheid waren, maar dat was dan wel een in het oog springende en getalsmatig belangrijke minderheid.

Om kort te gaan, de pastoor was een machtig personage, een unieke verschijning, van een heel ander slag dan de eerzame zielenherders die de seminaries van de contrareformatie zouden proberen af te leveren. In een dorp als Montaillou had de pastoor een enorme invloed. Als hij ketterse neigingen kreeg, dan dreef ook de meerderheid van het dorp af naar de 'dwalingen' van de *perfecti*.

De pastoor was dus de centrale figuur in de kerkelijke hiërarchie. Stond boven hem slechts de hoge geestelijkheid, onder hem kon zich een hele scala ván hulptroepen bevinden. In menig dorp waren er één of meer geestelijken – boeren, voorzien van een of meer wijdingen, wellicht zelfs met enige kennis van het Latijn – die de taken verrichtten die twee eeuwen later een misdienaar zouden toevallen. Dit soort geesteliken komen we tussen 1300 en 1320 tegen in Ornolac en ook in Goulier (vlak bij Vicdessos) in een gebied dat rijk was geworden door de aanwezigheid van ijzermijnen. In het dorp Lordat in de Ariège-vallei waren er daarnaast ook een soort kerkmeesters, die belastingen hieven van hun – soms tegensputterende – medeparochianen, bij voorbeeld voor de aanschaf van een dure miskelk. Voor dit soort geestelijken of kerkmeesters was Montaillou te klein, of te weinig godvruchtig. De pastoor had slechts één enkele acoliet, een scholier die van alles en nog wat te doen kreeg, en misschien terloops van zijn mentor een enkel lesje Latijn ontving. Door het uitoefenen van zijn functie kende Pierre Clergue dus de eenzaamheid van de macht. Boven de pastoor stonden alleen nog bisschop en paus.

De pastoor van Montaillou nam af en toe wel eens deel aan een synode in Pamiers. Voor hem was dat een goede gelegenheid om wat oude contacten op te frissen en even een rondje te maken langs zijn oude vriendinnen die verhuisd waren. De situatie in het bisdom was zodanig dat de machtsmiddelen van de bisschop van Pamiers veel gewicht in de schaal legden en ook in Montaillou voelbaar waren. In crisistijden liepen de mensen uit ons dorp om het minste of geringste naar Pamiers. Ze kwamen er om in tranen gehoor te geven aan een oproep van de prelaat, of om zich eenvoudigweg aan zijn voeten werpen, of om in de gevangenis geworpen te worden.

Ook de paus was voor de boeren geen onbekende. De inwoners van Arques, in het huidige departement Aude, begaven zich gezamenlijk naar de zetel van de pauselijke kanselarij, waar ze daadwerkelijk vergiffenis voor hun ketterse zonden verkregen. Zelfs in Montaillou bleek een boerenvrouw als Guillemette Argelliers, geboren Caravesse, goed op de hoogte te zijn van het bestaan en de betekenis van de Heilige Vader: *wat de pastoors zeggen hebben ze van de paus, die God heeft aangesteld als zijn plaatsvervanger op aarde* (III, 95).

Maar de paus was ver weg, en terwijl zijn kudde met knikkende knieën de reis naar Pamiers maakte, vertoonde de bisschop zichzelf nauwelijks in de bergen. Door het ontbreken van minderbroeders en predikheren kwam de zorg voor de religieuze vorming van de boerenbevolking voornamelijk ten laste van de dorpspriester, die vanaf de kansel het woord verkondigde en kinderen zowel als volwassenen onderrichtte in de belangrijkste dogma's der Kerk. De voorschriften van de Occitaanse concilies waren op dit punt duidelijk: *dat de priesters de artikelen van het geloof, op zondagen en op feestdagen, aan de gelovigen verklaren*, stelde het concilie van Albi in 1254, en het voegde er aan toe: *dat de kinderen vanaf hun zevende jaar meegenomen dienen te worden naar de kerk om onderricht te worden in het katholieke geloof, en om er het paternoster en het Ave-Maria te leren.*[2]

Van deze mooie theorieën naar de realiteit van alle dag was slechts één stap, die echter niet altijd genomen werd. Wanneer de *perfecti* aan de boeren verkondigden dat de priesters hun plicht niet deden, dan vonden ze voor hun woorden een willig oor, hetgeen bewijst dat hun beschrijving van de situatie niet geheel bezijden de waarheid was. Aan de andere kant mag uit deze aantijging van de *perfecti* niet geconcludeerd worden dat er vanaf de dorpskansel nooit begrijpelijk geloofsonderricht te horen was. Uit de teksten blijkt namelijk heel duidelijk dat de priesters tijdens de zondagsmis na de offerande in de volkstaal preekten. Op die wijze sprak Amiel de Rieux zijn parochianen toe, zo'n vijftig personen onder wie een edelman en een priester. Amiel gaf in het Occitaans uitleg over de artikelen van het credo en het geloof. Tevens maakte hij van de gelegenheid gebruik om nog enige dwalingen te verkondigen, zoals de ontkenning van de wederopstanding van de doden en van de aanwezigheid van een ziel in een pasgeboren kind. Hij wist met dit soort 'dwalingen' de paar aanwezigen die enigszins ontwikkeld waren in verwarring te brengen; de grote meerderheid van zijn gehoor bleef echter volmaakt onverschillig onder zijn woorden. Deze bijna ketterse preek was geen alleenstaand geval: een andere dorpspriester, die niet geloofde in de vleeswording van de Zoon, preekte in zijn kerk dat Christus weliswaar net als iedereen at en dronk, maar dat hij er *onder het eten wel voor waakte iets in te slikken* (III, 55), een spotternij waar men zich in de

Sabarthès jaren later nog vrolijk over kon maken.

We moeten ons nu ook weer niet voorstellen dat de pastoors in hun zondagspreken grossierden in radicale onrechtzinnigheid. Onze bronnen zijn opgesteld om afwijkingen van de rechte lijn tegen te gaan en behandelen uit en ter na in feite betrekkelijk zeldzame afwijkingen. De geluiden die de meerderheid van de pastoors in het graafschap Foix liet horen, zowel in de kerk als daarbuiten, kwamen grosso modo overeen met de dogma's van de katholieke Kerk. Parochiepriester Barthélemy Amilhac werd door de inquisiteurs nooit verdacht van onzuiverheid in de leer, maar wel van een minder eerbare levenswandel. Het onderwijs dat hij de jongens en meisjes van Dalou in de dorpskerk gaf, beoogde ongetwijfeld de jongelieden de dogma's van het katholieke geloof in te prenten, zoals hem ook door de concilies was opgedragen. De verklaring van Guillaume Austatz, de baljuw en boer uit Ornolac, wees nog duidelijker in deze richting: *'Onder invloed van Pierre Maury en mijn moeder geloofde ik niet meer in de wederopstanding van de lichamen. Maar mijn geweten werd heen en weer geslingerd. En in de kerk had ik de wederopstanding horen préken; en bovendien had priester Guillaume d'Alzinhac, die met mijn moeder in Lordat woonde, zich tijdens mijn jeugd met mijn opvoeding bezig gehouden; hij had me verzekerd dat de mannen en vrouwen na hun dood weer op zouden staan (1, 206).'*

Alles wijst er op dat de dorpspriester, zowel bij het doorgeven van het katholieke geloof als bij de cultuuroverdracht in het algemeen, een sleutelrol vervulde. Op dit punt was Montaillou destijds wel erg slecht bedeeld. Weliswaar was het onderwijs dat Pierre Clergue zijn enige scholier gaf in theorie katholiek, maar zijn radicale onrechtzinnigheid en openlijk beleden cynisme (hij gaf toe zijn ambt slechts uit te oefenen met het oog op de inkomsten) waren er de oorzaak van dat zijn zondagspreek geen grote ondersteuning was voor het katholieke geloofsleven in Montaillou. Zo lag voor een meerderheid van het dorp de weg open om over te stappen naar het katharisme, of de ketterij in ieder geval niet tegen te werken. Natuurlijk waren er enkele katholieke matrones, zoals de moeders van Vuissane Testanière en Jean Maury, die in eigen huis hun best deden om hun kinderen de in Montaillou wat roetende toorts van het rechtzinnige katholicisme door te geven, zo goed en kwaad als dat ging. Bij gebrek aan een deugdelijke pastoor echter konden die dames de *perfecti* lang niet voldoende tegenspel bieden.

Het religieuze onderricht was overigens niet uitsluitend een zaak van het gesproken woord, maar werd ook gestimuleerd door de religieuze kunst, zoals bijvoorbeeld het kerkgezang, waarvan we echter niet meer weten dan dat het bestond. Een visuele ondersteuning van het religieuze onderricht werd gevormd door de beelden, het schilderwerk en de glas-in-lood-ramen die zich in de kerk bevonden. In de Sabarthès waren het vooral de ruw gehakte houten beelden die bij het volk vroomheid en bijgeloof teweegbrachten en als reactie daarop de afkeuring van de *perfectie* opriepen: '*Gavet, Gavet,* geloof je echt dat die brokken hout wonderen kunnen verrichten,*' zei Bélibaste tegen Sicre, zo de spot drijvend met het geloof van de eenvoudige lieden dat de heiligenbeelden in de kerken wonderen konden doen (II, 54-55). '*De heiligenbeelden die in het "huis van de afgoden" staan* (in de kerk), *die hebben jullie zelf met een bijltje gehakt, en nu aanbidden jullie ze!*' schaterde Pierre Authié tijdens een gesprek met enige veehouders (II, 420). Ook de moeder van Christus werd in hout aanbeden. Zo beweerde Bernard Gombert uit Ax-les-Thermes, zonder een spier van zijn gezicht te vertrekken: '*De Maagd is nooit meer dan een brokje hout, zonder werkelijke ogen, voeten, oren en mond!* (II, 133)'

---

* Scheldwoord voor onderontwikkelde bergbewoner.

HOOFDSTUK 23

KATHAREN EN ANDERE KETTERS

In dit hoofdstuk komen uitgebreid religieuze opvattingen en bewegingen aan bod die tot nu toe slechts behandeld zijn als afwijkingen van het · officiële katholicisme.

Een van die onorthodoxe bewegingen was het chiliasme dat gekenmerkt werd door angstprofetieën opgeroepen door het nabij geachte einde van de wereld, de verwachting van een totale omwenteling en stichting van een nieuw gelukbrengend koninkrijk, en een rabiaat antisemitisme. Het chiliasme kwam nauwelijks voor in de berggebieden, waar het slechts af en toe tot de stadjes wist door te dringen, maar de dorpen nooit bereikte. Nu profeteerde Bélibaste in zijn Spaanse ballingsoord weliswaar dat volk *zich tegen volk zal keren, en koninkrijk tegen koninkrijk: een nakomeling van de koning van Aragon zal zijn paard op het altaar van Rome laten grazen* (II, 63), maar de heilige man wist met deze woorden aan Guillemette Maury uit Montaillou slechts wat beleefde belangstelling te ontlokken: '*En wanneer zal dat dan wel gebeuren, mijnheer?*' vroeg ze, waarop Bélibaste antwoordde: '*Als God het wil.*'

Elders hebben we reeds gezien dat de verwoestende activiteiten van de *pastoureaux*, joden-dodende chiliasten, zich niet bezuiden de streken van de Garonne en Toulouse voordeden. Wel was het vrome volk in Pamiers antisemitisch: '*Joodse geesten herken ik aan hun geur,*' beweerde de koster aldaar, Arnaud Gélis, die gespecialiseerd was in het converseren met de doden. In Montaillou woonden geen joden en slechts een enkele maal duikt er in het dossier over het dorp een gedoopte jodin op, die Béatrice de Planissoles wat voorschriften verschafte voor magische handelingen.

Aangezien er geen joden waren was er in Montaillou ook niets te merken van jodenhaat. Nu was antisemitisme trouwens slechts een bijverschijnsel van het fanatieke chiliasme. Centraal stond de opvatting dat het einde van de wereld nakende was, hetgeen het ten uitvoer brengen van een revolutionair plan rechtvaardigde. In de berggebieden kwam deze gedachte slechts een heel enkele keer voor en kreeg dan bepaald geen enthousiaste bijval.

Ongetwijfeld had men in de Languedoc en in het graafschap Foix al eerder kunnen horen verkondigen dat het einde van de wereld – of minstens een radicale en egalitaire omwenteling – nabij was. Dit soort geluiden paste in het toenmalige culturele klimaat en ontleende enige geloofwaardigheid aan van ver komende geruchten over de invallen van de Mongolen. *'Zie, de Tartaren komen uit het oosten,'* zei de troubadour Montanhagol. *'Als God het niet verhindert zullen ze alles gelijkschakelen, de grote heren, de geestelijken en de boeren.'*[1]

In 1318 verspreidden de geruchten over het einde van de wereld zich van Pamiers naar de Boven-Ariège. *'Dat jaar,'* vertelde Bertrand Cordier uit Pamiers, *'trof ik aan de overkant van de brug die op het grondgebied van de parochie Quié ligt, vier inwoners van Tarascon aan, onder wie Arnaud de Savignan. Ze vroegen me: "Is er nog wat nieuws uit Pamiers?" "Men zegt er (o.a.)... dat de Antichrist geboren is," antwoordde ik. "Eenieder moet zijn ziel dus op orde brengen. Het einde van de wereld nadert." Daarop onderbrak Arnaud de Savignan me: "Daar geloof ik niets van! De wereld heeft begin noch einde. Laten we gaan slapen." (II, 160-161)'*

Arnaud de Savignan, een steenhouwer met enige algemene ontwikkeling, baseerde dit rotsvaste geloof in de eeuwigheid van de wereld op een lokaal spreekwoord, maar ook op de lessen die hij dertig jaar daarvoor had ontvangen van meester Tolus, toezichthouder op de scholen in Tarascon. Arnaud zou overigens later door de inquisitie bedreigd worden met de gevangenis, waarbij hem dit schandelijke geloof in de eeuwige duur van de wereld voor de voeten geworpen werd. Om zich er uit te draaien zou hij zich beroepen op zijn gebrek aan religieuze vorming. *'Door mijn arbeid in de steengroeven moet ik de mis altijd heel vroeg verlaten, en heb ik geen tijd de preken te horen (I, 167).'* Dat was een slechte smoes. In feite was het zo dat deze onrechtzinnige handwerksman hier een opvatting weergaf die onder de bevolking van de Sabarthès wijd verbreid was. Hij haalde per slot van rekening een regionaal spreekwoord aan om zijn bewering te staven: *Eeuwig en altijd zal het voorkomen dat een man slaapt met andermans vrouw,* en hij voegde er aan toe: *'Ik heb veel mensen, inwoners van de Sabarthès, horen zeggen dat de wereld altijd bestaan heeft en in de toekomst altijd zal blijven bestaan.'*

De woorden van Arnaud, *er is geen andere wereld dan de onze,* werden geheel onafhankelijk van hem ook gebruikt door Jacotte den Carot, een eenvoudige vrouw uit Ax, ten overstaan van andere vrouwen die net als zij het meel van de molen kwamen halen. Deze ontkenning van het bestaan van een andere wereld was bij Jacotte onlosmakelijk verbonden met een sterke scepsis ten aanzien van het dogma van de wederopstanding. *'Onze vader en moeder terugzien in de andere wereld? Onze eigen*

413

botten en ons eigen vlees weer terugkrijgen door de wederopstanding? Kom nou toch! (1, 151-153)'

Het ontkennen van het einde van de wereld, het laatste oordeel, het leven na de dood, en de algehele wederopstanding ondermijnde al bij voorbaat de chiliastische propaganda van de *pastoureaux* en sommige geestelijken.

Deze sceptische houding tegenover een aantal belangrijke katholieke dogma's bleef niet uitsluitend beperkt tot stadjes als Ax en Tarascon en kwam volgens Arnaud de Savignan vrijwel overal in de Sabarthès voor. Uit het dossier van Fournier blijkt inderdaad dat er in veel dorpen van de Sabarthès lieden met eigenzinnige opvattingen te vinden waren. Zo werd Béatrice de Planissoles er van beschuldigd gezegd te hebben *dat de lichamen als spinnewebben vernietigd zullen worden omdat ze het werk van de duivel zijn* (1, 309). Béatrice fundeerde deze ontkenning van de wederopstanding des vlezes gedeeltelijk op het kathaarse dualisme dat de materie van het lichaam beschouwde als gekomen uit den boze – en dus vergankelijk. Dezelfde scepsis was te vinden bij Guillaume Austatz, de rijke boer en baljuw uit Ornolac. Op een dag dolf men in zijn bijzijn een graf op het plaatselijke kerkhof, waarbij een grote hoeveelheid botten naar boven kwam. Dit bood de baljuw de gelegenheid te zeggen hoe weinig geloof hij hechtte aan de wederopstanding, die geacht werd zich met behulp van deze bottenbrij te voltrekken: *'En hoe is het mogelijk dat de zielen van de gestorvenen op een goede dag terugkomen in dezelfde botten die eens de hunne waren?'* zei hij ten overstaan van het merendeel van de dorpsbevolking, die naar aanleiding van een begrafenis rondom de groeve verenigd was (1, 206). Overigens was Guillaume even weinig ontvankelijk voor de chiliastische theorieën als voor de algehele wederopstanding. Hij wees het antisemitisme dat de bloeddorstige aanhangers van het duizendjarige rijk zo dierbaar was radicaal af: *'De zielen van de joden kunnen gered worden, net als die van de christenen,'* zeiden een paar dorpelingen in het bijzijn van Guillaume, en hij stemde daarmee in. [2]

Het is waar dat Béatrice de Planissoles, Guillaume Austatz en Arnaud de Savignan (maar niet Jacotte den Carot) tot een bepaalde elite behoorden, maar er zijn geen aanwijzingen dat het gewone volk in Montaillou en de andere landelijke parochies meer dan de elite ontvankelijk was voor het chiliasme van de revolutionairen uit het noorden en evenmin voor de leer van de wederopstanding, die men wel aanvaardde, maar zonder veel fanatisme. *'In Rabat,'* vertelde Bernard d'Orte, een inwoner van die plaats, *'waren we met een paar mensen wat gekheid aan het maken in het gezelschap van Gentile Macarie, voor de deur van haar huis, op het dorpsplein. (Het was het feest van Maria-Lichtmis.) Na een tijdje zo wat gekheid gemaakt te hebben zei ik tegen Gentile, terwijl ik haar mijn duimen liet zien: "Zullen wij wederopstaan met dit vlees en deze botten? Kom nou toch! Ik geloof er niet in."* (I, 258-265)'

In Montaillou en in Lordat werd door de invloedrijke gebroeders Authié in hun onderricht de wederopstanding van het lichaam ontkend: een dorpeling uit Lordat, Arnaud Cogul, die de kool en de geit wilde sparen, ging zelfs zover dat hij enerzijds, mét de Kerk van Rome, verkondigde dat de doden op de laatste dag weer zouden opstaan, maar anderzijds, tégen Rome in weer volhield dat de lichamen na voltrekking van het oordeel weer uit elkaar zouden vallen.

Het chiliasme was in de Sabarthès zoals gezegd niet de meest geduchte vorm van afwijkende religieuze beleving. Veel 'gevaarlijker' was het – meestal gedeeltelijke – ongeloof in de katholieke dogma's, dat door de hele Ariège-vallei verbreid was. Zo geloofde Raymond de l'Aire, een boer uit Tignac, dat de ziel alleen maar van bloed was, zowel bij twee-voeters als bij viervoeters, want hij zag hoe tijdens epidemieën mensen en dieren door bloedverlies massaal stierven. Het sprak vanzelf dat die ziel van bloed na de dood in het niets oploste, en dus geloofde hij niet in de wederopstanding van de doden. Alles wat de priesters verder beweerden was 'apekool', zo meende hij. Wie het hier op aarde goed ging, verkeerde in het paradijs, wie het slecht getroffen had, zat in de hel. En daarmee was de kous af.

Deze Raymond was een compromisloze antiklerikaal. De bisschop van Pamiers was gemaakt door geneuk, net als iedereen. Wie dacht dat het bleef bij dit gebrek aan eerbied voor een eminentie had buiten Raymond de l'Aire gerekend. Hij ging nog veel verder met zijn heiligschennis: op het plein van zijn dorp verklaarde hij in het bijzijn van drie mede-burgers dat ook God, anders gezegd Christus, gemaakt was *in het zaad en in de stront, met naaien en neuken, dat wil zeggen door de coïtus van man en vrouw, net als wij allen. 'Nog één woord en ik kraak je schedel met mijn pikhouweel,'* onderbrak Raymond Segui hem, wiens haren te berge rezen bij het horen van deze godslasterlijke uitspraken (II, 130).

Geheel in overeenstemming met zijn eigen logica geloofde Raymond volstrekt niet aan de maagdelijkheid van Maria: de 'Maagd' was door Jozef zwanger gemaakt. Van Christus ontkende hij in een moeite door zowel de kruisiging als de verrijzenis en de hemelvaart. Hij geloofde dus niet aan de eucharistie en was dan ook in jaren niet ter communie geweest.

Deze eigenzinnige inwoner van Tignac at graag van twee walletjes. Nu eens ontkende hij het voortleven van de ziel, die immers slechts uit bloed bestond, dan weer stond hij positief tegenover de leer van de ziels-verhuizing. Hij was het eens met andere boeren uit Tignac, dat dieren een ziel hadden en muildieren zelfs een goede ziel. En in navolging van een boer uit Caussou (vlak bij Montaillou) met wie hij samen een wei maaide, had hij lang geloofd *dat God en de Maagd Maria niets anders waren dan de zichtbare en hoorbare wereld* (II, 129). Wat zijn ethiek betrof, het begrip zonde was niet in zijn bewustzijn aanwezig, of het nu om 'moord' ging of om 'incest' met een aangetrouwde verwante... Hij had overigens een verhouding met zijn schoonzuster Raymonde, de zus-ter van zijn vrouw. Alleen bezorgdheid om zijn eigen reputatie (en niet zondebesef) belette hem om bepaalde schandelijke daden te verrichten.

Maar zelfs in die parochie waar men toch heel wat gewend was vond men dat er een luchtje aan Raymond hing. Men wantrouwde hem en dacht dat hij vroeger gek was geweest, maar nog steeds een tovenaar was. Op een dag bewerkte hij de onder het dorp gelegen akker van zijn concubine Rodière, waarbij hij de onvoorzichtigheid beging twee nog ongetemde jonge ossen of stieren voor zijn ploeg te spannen. De beesten maakten een zijsprong en het juk schoot los. Raymond hoefde slechts een ding te zeggen: *'Duivel, breng dat juk weer op zijn plaats,'* of de zaak was meteen weer in orde (II, 126). In zijn jeugd had deze duivelse ploeger twee maanden lang aan aanvallen van waanzin geleden, maar, zo verne-men we, nu was hij al twintig jaar goed bij zijn verstand, want hij zorgde voor een goede exploitatie van zijn landbouwgrond.

Weliswaar was Raymond ook in Tignac een randfiguur, maar hij was verre van geïsoleerd, gezien het feit dat onrechtzinnigheid en antikleri-kalisme in dit dorp aan de orde van de dag waren. Zo hing een familielid van Raymond, Jean Jaufre, een tamelijk verbasterde versie van het 'ka-tharisme' aan en geloofde hij dat schadelijke dieren door de duivel ge-schapen waren. Arnaud Laufre had de Katharen geregeld bezocht en vergeleek de ziel van een vrouw uit zijn dorp met de ziel van een zeug die aan Raymond de l'Aire toebehoorde. Guillemette Vilar stond sceptisch tegenover de aflaten. Jacques de Alzen en Raymond Philippe wilden zelfs de handen ineen slaan om twee moordenaars te huren die de bis-schop zouden moeten doden; dan zou de tiende op de lammeren ten-minste niet meer betaald hoeven te worden (II, 122).

De opvatting dat de ziel van bloed was dook ook buiten Tignac op. Guillemette Benet uit Ornolac ontwikkelde een aantal variaties op dit thema. Immers, als men een gans de kop afsneed spoot er een straal bloed uit, en vlood tegelijkertijd het leven weg. Een andere keer beweer-de Guillemette dat de ziel adem was, en dus uit lucht was samengesteld. Want iedereen wist dat een laatste ademtocht de mond van de stervende verliet. Wat zou die laatste ademtocht anders zijn dan de ziel, die men vervolgens 's nachts zou horen kreunen, dwalend door de lucht als een windvlaag, krijsend als een krolse kat, op zoek naar zijn laatste rustplaats?

Volgens Raymond Sicre, varkensfokker en graanboer uit Ascou, was de ziel adem noch bloed, doch eenvoudigweg brood. Dat maakte de ziel wel des te kostbaarder maar tevens bederfelijk en vergankelijk. Sicre ontvouwde deze theorie te midden van de op het dorpsplein verzamelde mannen op een moment dat er inderdaad hongersnood dreigde. Als theoreticus van de zieledood had Sicre natuurlijk contacten met de Katharen. Door de monopoliepositie van het katholicisme te ondermijnen opende de ketterij de weg voor opvattingen uit een volkscultuur die ouder was dan die ketterij, en eerder voorchristelijk genoemd moet worden dan christelijk of anti-christelijk. Vooral het naturalisme van de boeren was in tegenspraak met de dogma's van een bovennatuurlijke schepping en goddelijk ingrijpen. Dit naturalisme werd gestimuleerd door een oorspronkelijk kathaarse opvatting die later echter in de Sabarthès gemeengoed werd, dat natuur en lichaam niet het werk waren van de goede God. 'Het is de duivel en niet God, die de planten doet bloeien en rijpen,' beweerde een inwoner van Ax-les-Thermes (I, 283).

Een aantal overigens kathaars gezinde boeren uit Bédeillac en Caussou maakten van deze devaluatie van God gebruik om de profane natuur haar soevereine rechten (terug) te geven. 'De bomen komen voort uit de natuur van de aarde, en niet uit God,' deelde Arnaud de Bédeillac zijn dorpsgenoten mee onder de dorpsolm (III, 51, 60). 'De tijd volgt zijn baan en brengt de kou, de bloemen en het graan; en God kan daar niets aan doen,' verklaarde Aycard Boret uit Caussou een paar rond het vuur geschaarde vrienden in de domus van één van hen, terwijl het buiten sneeuwde. Dorser Arnaud Teysseyre gaf naar aanleiding van de regenval in simpeler bewoordingen blijk van scepsis ten aanzien van Gods macht over het weer.

Waar de eucharistie twijfel of spotlust opriep, kon dat uitlopen op ongevaarlijke kwajongensstreken. Zo maakten jonge oogstarbeiders de mis eens belachelijk door een rapenhostie op te heffen. Deze belhamels zouden op ieder ander dan de inquisiteur een onschadelijke indruk gemaakt hebben. Verloor daarentegen een fijngevoelige en fijnbesnaarde boerenvrouw als Aude Fauré het geloof in de daadwerkelijke aanwezigheid van het lichaam van onze Heer in de eucharistie, dan kon dat voor het individu in kwestie rampzalige gevolgen hebben. Dan was er geen sprake meer van kattekwaad.

Aude Fauré woonde in Merviel, een dorp in het graafschap Foix, ten noorden van de pas van Labarre, maar vlak bij de noordgrens van de Sabarthès. Ze was een rijke vrouw, getrouwd met Guillaume Fauré. Ze had één of twee dienstmeisjes, alsmede een inwonende min. In Merviel noemde men haar *mevrouw* maar ze bleef dicht bij het boerenmilieu staan; ze sprak op vertrouwelijke voet met haar dienstmeiden, die tevens op haar grond de oogst binnenhaalden. 's Avonds zochten die haar dan even op, als ze terugkwamen van het werk. Ze stond bekend om haar liefdadigheid en gaf aalmoezen aan alle armen van het dorp, zelfs zoveel dat dit ten koste ging van haar eigen bezit.

De eucharistie was in haar leven een groot probleem. Zoals in haar geboortedorp, het iets noordelijker gelegen Lafage gebruikelijk was, had ze haar eerste communie erg laat ontvangen, pas op achttien- of negentienjarige leeftijd, een vol jaar na haar huwelijk. Aude was een plichtsgetrouwe jonge echtgenote, maar enigszins neurotisch, ze had last van hysterische aanvallen, waarbij ze zich de kleren van het lijf scheurde. Zij werd gekweld door een overmatig schuldbesef, al of niet met reden. De dorpsvrouw uit Merviel verbond in haar herinnering de al of niet begane zonde met een paascommunie. Die communie zou, volgens haar eigen levensbeschrijving, gevolgd zijn op het begaan van een zware zonde die ze verzwegen had voor haar biechtvader. Misschien was dit haar manier om vat te krijgen op een heel oud schuldgevoel, maar in ieder geval hield de wroeging over deze zonde Aude in een ijzeren greep. Daarbij werd ze geobsedeerd door viezigheid: '*Vrouwen,*' zo zei ze, '*hebben me verteld dat een vrouw 's nachts van een dochter was bevallen in een straat in Merviel, zonder dat ze ook maar de tijd had gekregen terug te keren naar haar ostal. En ik dacht zonder ophouden aan die viezigheid die het lichaam van vrouwen bij een bevalling naar buiten brengt. Iedere keer als de priester bij het altaar de hostie ophief, dacht ik dat het lichaam van Christus met die viezigheid bezoedeld was... En dan dacht ik dat de hostie het lichaam van Christus niet was* (II, 94).' Er vindt dus in dit dwangbeeld van Aude een opmerkelijke overgang plaats van het 'orale' voedsel (de hostie) naar de genitale bezoedeling (de placenta etc.). Dokter Freud, toestel drie! Ten gevolge van haar obsessie met deze niet weggewassen zogenaamde zonde werd Aude door twijfel gekweld. De jonge vrouw was toen tweeëntwintig jaar oud. Ze geloofde weliswaar nog immer in de hemelse God, maar niet meer in de God die volgens de pastoors aanwezig was in het sacrament van het altaar. '*Bij vlagen ben ik door het dolle heen,*' zei ze, '*dan slaag ik er zelfs niet meer in om te bidden tot God en de Gezegende Maria!*'

Wanhopig bekende Aude uiteindelijk haar echtgenoot, die zij 'mijnheer' noemde, de rampen die haar getroffen hadden: '*Heilige Maria, mijnheer! Hoe is het mogelijk dat ik niet meer in onze Heer kan geloven?... Wat gebeurt er? Als ik in de kerk ben, dan kan ik, op het moment dat men het lichaam van Christus opheft, noch tot hem bidden, noch hem aanzien... Maar als ik hem wil aanzien, dan krijg ik iets voor ogen, ik weet niet wat het is, dat me plotseling het kijken belet.'*

Een geval van blindheid door hysterie? Haar man toonde, zoals een goede Occitaanse echtgenoot betaamde, geen spoor van begrip. In de meest radeloze wanhoop 'biechtte' zijn vrouw hem op: *'God kan mijn zonde vergeven, noch mij helpen (II, 86).'* Als antwoord hierop beperkte Guillaume zich tot wat beledigingen. *'Wat, verdoemde! Ben je wel goed bij je hoofd als je zo praat?... U bent verloren. De duivels zullen uw ziel en uw lichaam komen halen. En ik zal u verstoten. Als u inderdaad bent zoals u zegt. Als u niet onverwijld te biecht gaat... (II, 83; II, 86)'*

Aude Fauré was een masochiste die zichzelf bestrafte en een onbedaarlijke behoefte had om zich te schamen. Later smeekte ze de bisschop om haar openbare boetedoeningen op te leggen, zodat de hele wereld haar met smaad kon overladen. Met de beledigingen van haar echtgenoot nam ze bepaald geen genoegen. Ze zocht ook met wellust de verwijten van vrouwen. Haar tante Ermengarde Garaudy liet niet na haar de les te lezen. Ze bracht haar niet niet alleen een nuttig gebed bij, maar gaf zich ook over aan een tegen haar gerichte woedeuitbarsting: *'Wat! Verraadster! U gaat een ostal en een dorp met ketterij bezoedelen die tot nu toe van deze smetten verschoond zijn gebleven. U bent verloren als u niet te biecht gaat! Eruit! Vuur! Brand!'*

Aude maakte de indruk uit eigen vrije wil een repressief ouderpaar te creëren, met echtgenoot Guillaume en tante Ermengarde in de rol van de vader en moeder die samen een verbond hebben gesloten tegen hun dochter. Aude Fauré was een ziekelijk geval van hysterie waar ook haar entourage van verwanten, dienstmeisjes en minnen in betrokken raakten. Na het falen van een biechtvader zou ze pas genezen worden door de tussenkomst van de Maagd, afgesmeekt door de vrouwen van huize Fauré, waarmee de rol van Christus' moeder als hoedster van de vrouwelijke vroomheid weer eens duidelijk onderstreept wordt.

Volgens onze bronnen werd het ongeloof onder het mannelijke gedeelte van de boerenbevolking vaak uitgeleefd in haat, spot en non-conformisme op seksueel, psychisch en sociaal gebied. Aude Fauré was daarentegen een van de weinige vrouwen in dit koor van tegendraadse dorpsbewoners en zij ervoer het verlies van haar geloof in de eucharistie als een onmetelijk verdriet.

Er bestond destijds in de Boven-Ariège geen scherp onderscheid tussen aanhangers van het katharisme en aanhangers van de Kerk van Rome, en de grens tussen beide kampen was vaag. Er waren veel mensen die niet aarzelden om van twee walletjes te eten. Veel hing af van de wisselende contacten die ieder individu, door vriendschap en door beroep, met zijn medemensen onderhield. *'Met de inkomsten die ik door mijn werk geniet,'* zei Pierre Maury, *'wil ik zowel de ene groep als de andere groep goed doen (zowel katholieken als Katharen). Want uiteindelijk weet ik niet welke van de twee geloofsovertuigingen nu de meeste waarde heeft. Hoewel ik zelf meer een aanhanger ben van het geloof van de ketters. Alleen al omdat mijn gesprekken en mijn betrekkingen met de ketters belangrijker zijn dan die met de anderen* (III, 209).'

De kathaarse leer kende weinig waarde toe aan de stoffelijke wereld, die als slecht, laag en minderwaardig werd beschouwd. Op dit punt was er echter geen sprake van een absolute tegenstelling tussen ketterij en katholicisme. Binnen de Kerk waren namelijk genoeg scherpslijpers die een bijna even radicale afwijzing van de wereld verkondigden. Tussen deze mensen, die bepaald geen Katharen waren en onder de noemer 'christelijk' bleven vallen, en de ketters, waren de verschillen eerder gradueel dan absoluut.

De boeren stonden, de pastoor voorop, onder invloed van de *perfecti*. Als ze een ketterse bui hadden dan beweerden ze dus dat God de schepper was van de goede zielen, en de duivel de schepper was van de aardse wereld en van het zondige en vergankelijke vlees. Daarom kon Christus nooit een aards lichaam gehad hebben, aangezien hij door de menswording een creatuur van de duivel geworden zou zijn.

De herders van Montaillou discussieerden graag over theologische onderwerpen, al wisten de kettersgezinden onder hen niet altijd even goed raad met bepaalde doctrinaire kwesties. Een voorbeeld daarvan was de vraag of Satan net als God in alle eeuwigheid had bestaan. Dit laatste was de mening van de 'radicale' dualisten, die in de Languedoc veel invloed hadden. Het gematigd dualisme dat dichter stond bij het 'echte' christendom meende dat God in hoogst eigen persoon de duivel had geschapen, waarna deze op zijn beurt weer het kwaad en de stoffelij wereld had geschapen. Er zijn uitspraken van de gebroeders Maury die zowel in de ene richting als in de andere gaan.

In Montaillou was het katharisme op de eerste plaats een mythisch geschiedverhaal, dat men elkaar op de lange avonden zonder ophouden vertelde, in vele variaties. Om te beginnen was er de zondeval. Eens slaagde de duivel er in een deel van de zielen te verleiden, die de goede God omringden in het paradijs: ze vielen uit de hemel en werden door hun kwade verleider hier beneden opgesloten in aardse omhulsels, of lichamen van vlees, gevormd uit klei van de vergetelheid (III, 132). Na het overlijden van die lichamen dwaalden die misleide zielen telkens weer als bezetenen van omhulsel naar omhulsel. Een ziel kon op deze manier achtereenvolgens in dieren en in mensen geïncarneerd worden *tot ze in een lichaam terecht komt waar ze wordt gered, omdat ze dan, als ze eindelijk de ketterdoop heeft gehad, in de staat van rechtvaardigheid en waarheid treedt*, aldus Pierre Maury. *Meteen bij het verlaten van dit laatste omhulsel* (bij het overlijden van dit lichaam) *gaat de ziel in kwestie terug naar de hemel. Maar tot aan die ketterdoop zijn de zielen gedwongen van omhulsel naar omhulsel te dwalen* (III, 220).

De leer van zielsverhuizing nam in het katharisme een centrale plaats in, en dus ook in de verbeeldingswereld van Montaillou. Het lange verblijf op aarde door de zielsverhuizing vormde voor gevallen en lijdende zielen het ketterse equivalent van het roomse vagevuur.

Mythe en rite rechtvaardigden elkaar. De rituele beoefening van de ketterij geschiedde in Montaillou in een vereenvoudigde vorm waarbij de franje werd opgeofferd om de essentie te behouden. Plechtigheid der plechtigheden was het *consolamentum* (ketterdoop) dat voor de eenvoudige gelovigen in ons dorp de eigenlijke inwijding in de ketterij was en plaatsvond als ze ernstig ziek waren, kort voor het einde van het aardse leven. De *endura* was zelfmoord door hongerstaking en vormde de uiterste beproeving, die de gelovige ketter zichzelf na de ketterdoop oplegde, daarbij aangemoedigd door zijn verwanten en door de *perfecti*. Dit allerlaatste en vaak dodelijke vertoon van heldhaftigheid (dat overigens in de dertiende eeuw nauwelijks was voorgekomen in de Languedoc) gaf uiting aan de radicale afwijzing van de wereld des vlezes. De *endura* lijkt karakteristiek te zijn voor het katharisme van de gebroeders Authié, dat na 1300 bepalend zou worden voor het religieuze leven in Montaillou.

Consolamentum en *endura* waren de allerlaatste oplossing. In het leven van alledag bestond in Montaillou, net als elders, het *melioramentum*: dit was een zegening die de *perfecti* gaven aan de gelovigen die hen 'aanbaden'. Wie hieraan meedeed verdiende daarmee de status van gelovige, en verkreeg daarmee het recht om in doodsnood het *consolamentum* te ontvangen. Bij dit *melioramentum* hoorde ook het uitdelen van *vredeszoenen*, en de *zegening van het brood*, handelingen die door een *perfectus* verricht werden, als hij in gezelschap van zijn gelovigen de maaltijd gebruikte. De *perfectus* was een bevoorrechte middelaar tussen God en de gelovigen en verdween vrijwel nooit uit het zicht. Zijn woorden werkten verslavend en de vrouwen konden er vaak niet meer buiten, ook al wilden ze nog zo graag voor goed katholiek doorgaan.

Het persoonlijke gebed bleef voor de eenvoudige ketters een gesloten boek: ze hadden zelfs niet het recht om innig het onzevader te bidden. Het gebruik daarvan was namelijk in principe voorbehouden aan de *perfecti* of 'goede christenen', en aan de gelovigen die kort voor hun verwachte dood door de zuiverende werking van het *consolamentum* waren toegetreden tot de rangen van die goede christenen.

De specialisten zijn het er niet over eens wat nu precies de centrale leerstellingen van het katharisme waren. Maar het staat mijns inziens buiten kijf dat men het in Montaillou beschouwde als een extreme en heroïsch beleden vorm van christendom, en zeker niet als een onchristelijke godsdienst. In de ogen van de plaatselijke bevolking was het katharisme eenvoudigweg het *ware* christendom, dat stond tegenover het pseudo-katholicisme van de farizeeërs, zoals Guillaume Belot ze noemde. Dat de dorpelingen op dit punt formeel gesproken ongelijk hadden, neemt niet weg dat ze zelf rotsvast van hun gelijk overtuigd waren en voor de historicus van het dorp telt in de eerste plaats die overtuiging.

De mensen in Montaillou werden geobsedeerd door de problemen van de hemel, maar bleven toch met beide benen op de grond staan. In de Sabarthès waren de *perfecti* niet alleen maar zuivere wezens, belast met het redden van de zielen, die ze naar het paradijs begeleidden. Pierre Authié, Prades Tavernier en de zijnen waren niet van die zachtaardige en onschuldige hansworsten die net als prins Mysjkin in *De idioot* van Dostojevski slechts het goede wilden. Die 'goede christenen' van wie men in Montaillou onophoudelijk de deugden roemde, hadden ook een duidelijke sociale functie, namelijk het integreren van de tegengestelde krachten die er onder hun gelovigen werkten. Deze vrome lieden waren actief in een verbrokkelde samenleving met een gebrek aan organisatie, die een niet geringe kans liep te versplinteren in afzonderlijke en elkaar vijandig gezinde *domus* en clans.

De kracht van de Authiés lag in hun netwerk van vriendschaps- of afhankelijkheidsrelaties en in hun roemrijke afstamming, die tegelijk ketters en burgerlijk was, ja zelfs bijna adellijk. Samen met minder weledelgeboren collega's als Bélibaste en Prades Tavernier vervulden de bergheiligen een functie bij het inprenten van respect voor de sociale waarden. Ze konden gewelddadige conflicten bijleggen, zonder dat ze zelf hun toevlucht tot geweld hoefden te nemen. Ze namen eden af en betoonden, bijna op het exhibitionistische af, hun respect voor andermans korenakker, wijnstok en vrouw, en brachten zo hulde aan het eigendomsrecht, dat in deze tijd bij de boeren in de praktijk lang niet zo onderontwikkeld was als de traditionele analyses van de rechtsgeschiedenis ons voorhouden.

De mensen in Montaillou wilden uitdrukkelijk christelijk genoemd worden, maar voor hen was dit christendom (het 'goede christendom', zoals ze zelf zeiden, dat ze zo sterk doordreven dat het ketterij werd) eerder een formele zaak dan een weldoordachte levenshouding die bepalend was voor het religieuze handelen van de mens op ieder moment van zijn aardse leven.

De inwoners van Montaillou werden op paradoxale wijze juist in de armen van de Albigenzen gedreven omdat ze zo ontroerend en oprecht vast wilden houden aan de dogma's en ethiek van het christendom. Maar hun erkenning van die waarden werd echter, zo durf ik te stellen, eerder slechts met de mond beleden dan dat ze uit de diepten van hun hart afkomstig was. Daarbij kwam dat de grote massa van de boeren kort te gaan, *al deze lieden willen wel rein zijn, maar nu nog niet.*[3] Vanlading – er circuleerden in de Sabarthès trouwens geen niet-religieuze handschriften – en vormden voor hen een heilig voorwerp, dat tijdens het *consolamentum* op het hoofd van de stervende werd gelegd, en waarop ze eden zwoeren. Maar ze lieten aan een of ander vroom persoon, meer ontwikkeld dan zij, de taak over om de inhoud ervan te ontcijferen. Juist daarom legden ze in hun zedelijke opvattingen en gedragingen zo'n gemakzuchtige ruimdenkendheid aan de dag. Ze hielden vast aan de vrijheid en de specifieke gewoontes die vanouds in de berggebieden bestonden. Hun zeden op seksueel gebied waren geenszins liederlijk en verdorven, maar wel bepaald wat losser dan de christelijke leer strikt genomen zou toelaten. Trouwens, zelfs de pastoors hielden er bijzitten op na. De inwoners van de Sabarthès namen met veel zwier de hoed af voor de christelijke moraal, maar behielden zich het recht voor er van af te wijken, tenminste zolang ze nog niet voorgoed orde op zaken hadden gesteld en dat deden ze pas vlak voor ze de kist in gingen. Om kort te gaan, *al deze lieden willen wel rein zijn, maar nu nog niet.*[3] Vandaar dat het *consolamentum* zo'n geniale uitvinding was. Het individu kon een leven leiden dat wel niet geheel bandeloos was, maar zich toch afspeelde binnen normen die eerder bepaald werden door de tradities dan door een strenge ethiek. Zo kon men met andere woorden dus zonder al te veel zorgen wachten op de grote schoonwassing van zonden die plaats vond door de ketterdoop vlak voor men aan de reis naar de eeuwigheid begon.

Vandaar ook de geraffineerde wijze waarop het profiel van de *perfectus* geschetst werd: *hij is zuiver, hij liegt niet, hij eet vlees noch kaas, hij slaapt niet met vrouwen, hij neemt andermans goud noch zilver,* zoals tientallen malen in onze teksten gezegd wordt. Voor de gewone dorpeling was het dus voldoende om de *perfecti* op juiste wijze te eren om een duidelijke verbondenheid met de zaak van het 'goede christendom' te tonen. Dit waren de eerste stappen die uiteindelijk moesten leiden naar het *consolamentum*, dat de hemelpoort voor de belanghebbende wijd open moest gooien. Men zou in de verleiding kunnen komen te beweren dat in Montaillou de oplossing van het klassieke raadsel ontdekt was, *hoe in de hemel te komen zonder zich te vermoeien*. De onderdrukking die door de slachtoffers moedig gedragen werd was zo zwaar dat het onkies zou zijn het probleem op deze manier in het komische te trekken.

Hoe minder gezond, zuiver en zedig een streek was, des te groter was de behoefte aan heiligen die dat wel waren. De vrome levenswandel van een klein groepje compenseerde het gedrag van de massa die het niet zo nauw nam. Twee of drie *perfecti* volstonden om *in extremis* de leden van de gemeenschap te redden die anders als half verdoemden aan hun einde zouden komen, voorbestemd tot de weinig eervolle zielsverhui-zing naar de lichamen van dieren in dit ondermaanse. Voor de eenvoudi-ge gelovige was het dus overbodig zelf een voorbeeldig leven te leiden; het was al meer dan genoeg om bij volmacht heilig te zijn. Het was al meer dan genoeg om een enkele volmaakte *perfectus* achter de hand te hebben, zoals een Authié, een Tavernier of een Bélibaste: je overlaadde hem met geschenken en in ruil daarvoor overstelpte hij je met bemidde-lende gebeden en vrome genades, en tussendoor zorgde hij ook nog voor de vruchtbaarheid van je akkers en je veestapel, om nog maar te zwijgen over zijn verstandige raad in het leven van alle dag, bijvoorbeeld bij het kiezen van de juiste maannacht voor een bruiloft, of bij het kiezen van een echtgenoot. Want de *perfectus* was ook een soort vrederechter (zie Authié en Bélibaste). Men kon zo rustig de genoeglijke en gemak-zuchtige levenswijze voortzetten die men in de Sabarthès vanouds ge-wend was. Een bijkomend voordeel was dat de officiële Kerk de tienden en krijtende tienden geweigerd konden worden die de zakken, schatkis-ten en schaapskooien van de bevolking dreigden te ledigen. Eén heilige van vlees en bloed was voldoende, en de paar geschenken die men hem moest geven werden ruimschoots uitgespaard op de tienden. Zo dook de economische berekening toch ook weer daar op waar men er het minst op bedacht is. Als douanier aan de grens naar het hiernamaals was de *perfectus* een 'vriend van God (III, 356)', een lid van de vriendenkring van het Opperwezen. En daarbij werkte hij ook nog voor een spotprijs-je, tenminste zolang als de inquisitie zich er niet mee bemoeide.

HOOFDSTUK 24

MISDAAD EN SCHANDE

Van de religie is het maar een kleine stap naar de morele waarden in het algemeen. Er kan een onderscheid gemaakt worden tussen waardensystemen die expliciet zijn vastgelegd in normen en waardensystemen die verscholen zitten in gewoontegedrag.

Men zou kunnen verwachten dat in Montaillou op iedere hoek de fameuze kathaarse *anomie* (normloosheid) opduikt, waarvan Jean Chelini de uitgangspunten als volgt samenvat[1]: 'In het katharisme waren er twee verschillende soorten moraal: voor de overgrote meerderheid gold geen enkel voorbehoud en zij leed een leven van volledige zedelijke vrijheid. Voor de *perfecti* was er een ascetische en elitaire moraal... en de taak om de andere gelovigen (die zondaars waren) vlak voor de dood te verzoenen met het principe van het goede: een verzoening die men dank zij het *consolamentum* verkreeg.' Indien mogelijk werd dit *consolamentum* in de Boven-Ariège gevolgd door de *endura* en daarna door de dood. Om kort te gaan, men wiste aan het einde alle zonden uit, en men begon er vooral niet opnieuw mee. Maar in afwachting van die grote 'wasdag' was alles toegestaan. '*De pastoor zei me,*' vertelde Béatrice de Planissoles, '*dat man en vrouw tijdens hun leven vrijuit iedere mogelijke zonde mogen bedrijven. En in deze wereld hun eigen zin mogen doen. Mits men op het einde maar opgenomen wordt onder de volgelingen of het geloof van de goede christenen. Dan wordt men gered en worden alle zonden die men zijn leven lang heeft begaan kwijtgescholden... Dank zij de handoplegging van de goede christenen, die men vlak voor zijn dood ontvangt (1, 225).*'

De uitleg die Pierre aan de kathaarse ethiek gaf was niet echt onorthodox, maar wel extreem en versimpeld. De *perfecti* waren veel voorzichtiger en waarschuwden hun gelovigen tegen de ontsporingen van de normloosheid, die door hen ronduit verderfelijk genoemd werd, zowel om praktische als om leerstellige redenen.

Behoudens monstrueuze uitzonderingen kan geen enkele maatschappij in normloosheid leven. In Montaillou nog minder dan elders. Want onder het oppervlakte-gebeuren van de aan veranderingen onderhevige religieuze opvattingen was de moraal van de Sabarthès wel degelijk aanwezig, zowel in de vorm van expliciete normen als in de vorm van traditioneel gedrag.

Deze moraal was slechts voor een deel gebaseerd op het zondebesef. Dat bestond wel, en het kon voor sommige fijngevoelige zielen zelfs een foltering worden, maar het was niet allesbepalend voor de hoofdlijnen van ieders dagelijks gedrag. De ethiek van de boeren in de Boven-Ariège was eerder gebaseerd op algemene overeenstemming over wat in sociaal opzicht schandelijk was. Veelzeggend zijn in dezen de woorden van Raymond de l'Aire, een boer uit Tignac, tevens hooier. Deze man week af van de rechte lijn van de christelijke orthodoxie, maar die afwijking legde in zijn geval duidelijk een geheel van morele vooronderstellingen bloot, dat ook aanwezig was bij Sabarthès-bewoners die wel trouw bleven aan de traditionele religieuze opvattingen. Maar in het geval van de conformisten kwam dat geheel, hoewel het zeker van invloed was, slechts half tot uitdrukking; het bleef verscholen onder de oppervlakte. Vandaar het belang van de verklaring van Raymond de l'Aire, hij durfde hardop te zeggen wat de anderen slechts op fluistertoon verkondigden, zelfs zonder dat een en ander hem zelf helemaal duidelijk was. De boer uit Tignac poneerde drie stellingen:

Ten eerste: *Ik geef veel aalmoezen. Maar niet uit liefde voor God. Ik doe het om bij mijn buren een goede reputatie te krijgen. Om als goed mens bekend te staan... En wanneer ik te biecht ga is dat niet omdat ik geloof aan de zonde; dat is om bij mijn pastoor en mijn buren de reputatie van een goed mens te krijgen.*

Ten tweede: *Ik geloof noch aan de zonde, noch aan het nut van goede werken; voor mij is incest met moeder, dochter, zus of volle nicht zelfs geen zonde; incest is voor mij alleen maar een schandelijke daad* (turpe).

Ten derde: *Slapen met een achternicht; voor mij is dat noch een zonde, noch een schandelijke daad... Want er is een zegswijze in de Sabarthès die luidt: Bij een achternicht mag je hem er helemaal instoten* (II, 130).

Waar de man uit Tignac het belang van de lokale 'gewoonte' onderstreepte, tegenover de algemene 'wet', vertolkte hij een gevoelen dat in de Sabarthès wijd verbreid was en zowel de ethiek als de politiek raakte. *'De bisschop eist van ons de tienden op grond van de wet; maar wij, bewoners van de Sabarthès, weigeren hem die tienden op grond van ons gewoonterecht,'* verklaarde Guillaume Austatz, de baljuw van Ornolac, die daarmee voor de hele regio sprak (I, 209).

Het ethische probleem van de schaamte, eveneens wijd verbreid in de Boven-Ariège, was van meer subtiele aard. *'Simon Barra,'* vertelt Raymond Vayssière uit Ax-les-Thermes, *'had achter elkaar twee zusters als minnares gehad. Hij schepte er zelfs over op tegenover 'Pathau' Clergue uit Montaillou, en tegenover mij. Ik zei hem: "Het is een grote zonde." "Neen," antwoordde hij mij, "het is geen zonde. Maar ik erken dat het een schaamteloze streek is." Op die woorden zetten wij ons aan tafel.'*

Guillaume Bayard bezat nog minder schaamtegevoel. Deze manhaftige magistraat in de Sabarthès verzamelde zusters per koppel. *'Hij vertelde mij,'* zei Arnaud de Bédeillac, *'dat hij met vier zusters had geslapen, twee aan twee uit verschillende families afkomstig. Hun namen waren Gaude, Blanche, Emersende en Arnaude. "Hoe heb je met twee keer twee zusters kunnen slapen?" zei ik hem. Bayard antwoordde: "Als ik nu met vrouwen had geslapen die mijn nauwe bloedverwanten waren, dán zou ik een schaamteloze daad verricht hebben. Maar met twee zusters? Nee toch. Dat is van geen enkele betekenis. Louter beuzelarij is het."* (III, 155)'

'Raymond de Planissoles,' zo verklaarde een aantal lieden dat zich op een sneeuwrijke dag rond het vuur had geschaard, *'Raymond de Planissoles heeft achtereenvolgens als minnaressen gehad een zekere Guillemette, uit Caussou, en haar nicht Gaillarde, die terzelfder tijd dienstmeisje bij Raymond was. O, wat een grote zonde!' 'Helemaal niet. Geen sprake van zonde,'* beweerde Aycard Boret uit Caussou, die daarop door de overige leden van het gezelschap voor 'boer' (lomperik) werd uitgemaakt (III, 346-347).

Schaamtegevoelens konden ook te maken hebben met maatschappelijke uitstoting. Zo werden lepralijders verbannen naar speciaal voor hen bestemde leprakolonies, en werden ketters veroordeeld tot het dragen van gele kruisen. *'Soms hang ik mijn gele kruisen aan een pruimeboom..., uit schaamtegevoel (verecundia) vermijd ik zoveel mogelijk om ze te dragen,'* zei een steenhouwer uit Ax. Met minder ingrijpende gevolgen konden ook armoede, het verliezen van een huis, economisch misfortuin of daling op de sociale ladder een bron worden van schaamte, vernedering, en verlies van eergevoel. Door dit soort gebeurtenissen kon men in de achting van zijn buren dalen: *'Men heeft in de Sabarthès over het algemeen een lage dunk van mij vanwege mijn armoede,'* zei Arnaud de Bédeillac (III, 57). *'Ik ben verarmd en in ons land volledig in diskrediet geraakt, door de schuld van mijn moeder (die me de ostal van moederszijde heeft gekost),'* zei Arnaud Sicre (II, 21 en 29). Armoede blijkt dus een dubbelzinnig begrip te zijn. Als het om *feitelijke* armoede ging (zoals bij Sicre en Bédeillac) werden er gevoelens van schaamte opgeroepen. Maar als ideaal of als bewuste keuze (ascetische levensstijl) had het een positieve betekenis.

In deze wereld waar aan uiterlijke aspecten van gedrag zoveel waarde werd gehecht, sprak het vanzelf dat men zijn eer verloor en schaamrood op de kaken kreeg als men een in het openbaar uitgesproken eed schond of vervalste. *'Men heeft in het algemeen een lage dunk van mij vanwege mijn armoede,'* zei Arnaud de Bédeillac. *'En ik zou in de Sabarthès nog minder achting genieten als men wist dat ik een meineed begaan heb. Wat meer is, ik ben bang voor de zonde* (III, 57).'

Dit uiterlijke waardensysteem was onlosmakelijk verbonden met een moraal die gebaseerd was op *nabuurschap* en *wederkerigheid*: u maakt zich bezorgd om de reputatie die u bij uw buren geniet; u leeft in de vaak terechte vrees dat zij tegen u samenspannen. U behoort andermans vruchten niet te kneuzen, anders gezegd, uw kudde niet andermans koren te laten vertrappen, als u pal daarnaast u schapen weidt. *Oogst geen hooi op andermans weiland* (om het uw eigen dieren te voederen); *werp daarentegen op andermans veld niet het onkruid dat u van uw eigen akkers hebt weggeschoffeld*, waren in de Sabarthès gebruikelijke zegswijzen (II, 107). Voorschriften die des te gebiedender waren, omdat er vaak de hand mee werd gelicht, vooral door herder Pierre Maury.

Uiteindelijk eiste men van een man, vooral als hij bij de elite van dorp of landstreek hoorde, dat hij niet alleen een goede buur was, maar ook dat hij hoffelijk (*curialis*) was, dat hij grappen kon maken die het gemoed luchtten en de sfeer ten goede kwamen. En het waren juist die kwaliteiten waarmee lieden als Pons Baille en de *perfectus* Guillaume Authié (een onvermoeibaar danser) in Montaillou zoveel succes oogstten. Die laatste had trouwens alles mee om in de smaak te vallen: een mooie vrouw, kinderen, rijkdom, en een goed humeur (I, 313). Maar de schone schijn bedriegt hier. Om in het dorp succes te hebben moest men in dit ijzeren tijdperk soms ook beschikken over cynisme, grove zeden, en Occitaanse driestheid, à la Pierre Clergue, meer nog dan over hoffelijkheid en respect à la Guillaume Authié.

Hoe stond het met de misdaad in Montaillou, en in de Sabarthès? Wat diefstal en misdrijven tegen goederen betreft lijkt het zo te zijn dat de ethiek van de *ostal*, die voorschreef dat de *domūs* elkaars bezit respecteerden, vrij aardig werkte. Tijdens de biecht beschuldigden mensen zich zelf van kruimeldiefstalletjes, zoals het stelen van wat fruit of hooi. Jean en Pierre Maury kregen van Bélibaste of Pierre Authié een stevige uitbrander, omdat ze een heel enkele keer wel eens de hand gelegd hadden op een vet lammetje of een paar schapen, die afkomstig waren van een kudde die met hun eigen kudde vermengd was geraakt. Toen in Ornolac een diefstal had plaatsgevonden, deed men een beroep op de Maagd van Montgauzy om het gestolen goed weer terug te krijgen. Op de markt liep men de kans dat er laken gestolen werd.

Af en toe werd melding gemaakt van valsemunters, of van rovers langs de grote wegen (maar er was zo weinig geld, en er waren zo weinig grote wegen). In Montaillou zelf, waar iedereen elkaar kende, waren vreemdelingen snel opgemerkt; de misdaad tegen goederen stelde er als zodanig dus weinig voor, al vertrouwde men elkaar niet helemaal en gingen de deuren soms op slot. En wanneer er af en toe een kudde schapen of een paar voorbijgangers door een graanveld liepen, dan werden ze door de *messier* met zachte hand weer op het rechte pad geleid. De arme vrouwen gingen soms erg gemakkelijk wat hooi, hout of een zeef bij een buur of familielid halen, ook al waren die vaak niet gediend van dat soort 'leenpartijen'. Maar deze kleine oneffenheden doen geen afbreuk aan het algemene beeld: in ons dorp respecteerde men grosso modo elkaars bezit.

De machtigen van het dorp veroorloofden zich weliswaar forse inbreuken op dit 'respect'. De Clergues of de Azéma's legden moeiteloos beslag op een akker of een kudde die toebehoorde aan een zwakker persoon. Maar die confiscaties hadden in principe een 'legale' basis. Ze vonden plaats in naam van de baljuw, de graaf, of de burchtheer, onder het voorwendsel van bestrijding van de ketterij, die het conflict tussen de lokale facties maskeerde.

De misdaad tegen eigendommen was ter plaatse dus tamelijk onbeduidend; ernstiger was het gesteld met de misdaad tegen personen (ofte wel *geweld*). In het leven van alledag respecteerde men elkaars bezit, dank zij de moraal die uitging van de *domūs*; diezelfde moraal moedigde echter wraakacties aan als er veel op het spel stond. En vooral wraakacties van machtige en rijke *domūs* tegen arme *domūs* konden gemakkelijk uit de hand lopen. Wat dat aangaat is het moeilijk de gevaren te onderschatten waar de onderdanen van adellijke heren en hun baljuws aan bloot stonden.

De lijst van wandaden begaan door de machthebbers wordt door het karakter van ons bronnenmateriaal extra beklemtoond. Het beeld is overtrokken, want het gaat hier om de wandaden van een criminele minderheid binnen de elite, terwijl de meerderheid die zich niet agressief gedroeg in de schaduw blijft.

Baljuw en pastoor hadden op zeker moment het dorp Montaillou volkomen in hun greep: ze lieten Mengarde Maurs langs legale weg de tong uitrukken, om haar te straffen voor het afleggen van een voor hen belastende verklaring (die overigens klopte). De Clergues hadden waarschijnlijk ook wel iets te maken met de – onwettige – moord op Arnaud Lizier, een hardnekkige katholiek die hun groep vijandig gezind bleef.

Maar bij deze moordpartij genoten ze van de passieve of opzettelijke medeplichtigheid van de meerderheid van de bevolking die met de ketterij sympathiseerde. De burchtheren van Junac wurgden eigenhandig (of via de handen van hun trawanten) de smid Pierre Marty die zij verdachten van een verklikpartij aan hun adres. Toen zij eenmaal, door het vermoorden van deze mogelijke verklikker, vrijgewassen waren van de smetten van de ketterij, konden ze zich de luxe veroorloven om weer goed katholiek te worden. Er was namelijk niemand die nog een woord tegen hen durfde uit te brengen! Verklikkers hadden trouwens een riskant bestaan. Een werd er door familieleden van zijn slachtoffer van een hoge brug gegooid, een ander werd daarmee gedreigd.

De misdaden van de machthebbers zelf of hun trawanten en huurmoordenaars werden niet altijd met grote voortvarendheid vervolgd. Jarenlang konden de Clergues ongestraft hun gang gaan, dank zij de invloedrijke relaties die ze in Carcassonne hadden. De Planissoles, nauwe verwanten van de beminnelijke Béatrice, hadden evenmin een zuiver geweten. Net als de Junacs hadden ze zich schuldig gemaakt aan een wurgmoord. Ze gingen er niet bepaald zwaar onder gebukt. Men oordele op grond van de volgende dialoog: 'Raymond de Planissoles heeft een ernstige meineed begaan,' verklaarde Raymond Bec uit Caussou ten overstaan van Aycard Boret, een medeplichtige van de Planissoles, 'op de dag dat hij Pierre Plan gewurgd en gedood heeft, en hem daarna in de tuin van zijn vader Pons de Planissoles heeft begraven. En Raymond had die misdaad niet nog eens erger moeten maken door Gaillarde, zijn eigen dienstmeisje, te ontmaagden.' 'Zeker,' antwoordde Aycard Boret, 'Raymond en ik hebben die man vermoord en we hebben hem in ongewijde grond begraven. Maar noch Raymond, noch ik, waren bang voor de zonde. We hebben dat alles trouwens bekend aan de gevolmachtigde van het graafschap Foix, Guillaume Courtete, met wie we een schikking hebben getroffen (III, 347).'

Een schikking waarbij Guillaume's handen flink werden gezalfd? Het is heel waarschijnlijk. We weten uit een andere verklaring dat Guillaume Courtete omkoopbaar was. Onder invloed van de repressie van de inquisitie namen de moordpraktijken waar een aantal leden van de elite zich bijna straffeloos mee bezig hield in hevigheid toe. De machthebbers doodden of lieten doden, als ze daartoe bij machte waren, om zelf verraad, gevangenis en dood te ontlopen. Het was moorden of vermoord worden.

Geheel buiten deze gang van zaken was er nog een andere bron van bloedige geweldsdelicten. Herders vertoonden behoorlijk wat vechtlustige neigingen, zowel onder elkaar als met degenen die langs de transhumance-route woonden; bij uitzondering kon dit tot doden leiden. Zonder dat er overigens sprake was van een fundamentele tegenstelling tussen de sedentaire bevolking en nomaden.

Het doden van een mens bleef een heel ernstige zaak, vooral voor eenvoudige lieden, die niet beschermd werden door de goede (en dure) relaties die de adellijke of rijke families hadden. Iemand doden betekende (in het geval van een heimelijke moord) het lijk beroven van een begrafenis in gewijde grond, en het slachtoffer de mogelijkheid ontnemen de laatste sacramenten te ontvangen. En dit samen betekende dat men de ziel van de overledene veroordeelde tot ronddwalen, zo niet tot de hel. Men ontnam die ziel de rust, en zelfs de gelukzaligheid die haar in het hiernamaals toekwam. Het betekende wellicht dat men de wederopstanding van het lichaam in gevaar bracht. En daarom gaf de dode die in deze ongerieflijke positie terecht kwam wijd en zijd uiting aan zijn ontevredenheid. En met wat voor een razernij! '*Toen Valentin Barra vermoord was,*' vertelden de vrouwen en de molenaar van Ax-les-Thermes, '*maakte hij 's nachts zo'n kabaal op het kerkhof van Ax, dat de priesters van die plaats 's nachts niet meer in de kerk durfden te slapen, omdat die vlak naast het kerkhof staat, noch er meer uit durfden te komen* (I, 151, 156).'

Gedurende twintig jaar werd er in Montaillou op een bevolking van 250 zielen maar één persoon van kant gemaakt, waarmee het jaarlijkse moordpercentage op 0, 013 uitkwam. Dat betekent dat het dorp een heel veilig oord was vergeleken met het Corsica van de jaren 1680-1720, waar door het niet-aflatende geknetter van de donderbussen jaarlijks bijna 1 op elke 100 inwoners gewelddadig om het leven kwam (0,75%), en ook vergeleken bij de New Yorkse wijk Harlem waar het jaarlijkse moordpercentage in het begin van de jaren zeventig van onze eeuw 0,27% bedroeg.[2]

Wel werd er al snel met moord gedreigd door de boeren en de overige lagere standen; maar als het er om ging tot actie over te gaan, dan was men wat terughoudender. Geweld droeg bij hen eerder een symbolisch dan een daadwerkelijk karakter. Men droeg wel een mes of een zwaard, maar men zwaaide deze steekwapens liever dreigend rond dan ze door de borst van een tegenstander te drijven. Wie huurmoordenaars aanwierf liep de kans dat het gespuis bleek te zijn, dat het geld in de zak stopte maar verder geen vinger uitstak. Misschien merkten ze wel dat de opdrachtgever er diep in zijn hart niet echt van overtuigd was dat het bloed werkelijk moest vloeien. Zelfs het volksverzet tegen de inquisitie was, behoudens een enkele uitzondering, passief en geweldloos, als er overigens al verzet was.

Er was natuurlijk in dit gebied wel een collectieve misdaad aan de gang, die dag en nacht werd bedreven door de repressieve autoriteiten van de bisdommen in naam van de infame wetten van de dominicaanse inquisitie, en die aanvallen richtte op mensen, goederen en ideeën. Maar tussen de individuen onderling was er weinig misdaad tegen elkaars bezit, en wat er gebeurde werd meestal door de dorpsbaljuw op eenvoudige wijze opgelost. En ook de geweldsdelicten bleven binnen aanvaardbare grenzen.

Ten slotte dient nog vermeld te worden de betrekkelijke (maar toch bescheiden) seksuele vrijheid die er in het dorp bestond. Deze kon leiden tot echte criminaliteit en, zonder dat er sprake was van massale overtredingen, tot verkrachting (twee gevallen in Montaillou) of het dreigen met verkrachting. Ook hebben we gezien hoe weinig prestige werk en werkdiscipline genoten. Vanuit dit gezichtspunt dient de moraal van de *domus* beslist niet verward te worden met de moraal die later, in het moderne tijdvak ontwikkeld zou worden door het puriteinse protestantisme en het jansenisme van de katholieke hervorming. Beide stonden vijandig tegenover sex en hadden grote behoefte de mens aan het werk te zetten. Of ze nu kathaars of katholiek waren, of iets daar tussen in, van deze afschuw van sex en luiheid waren de bewoners van Montaillou, godzijdank, nog ver verwijderd.

HOOFDSTUK 25

ARMOEDE, AALMOEZEN, ARBEID

Zowel de katholieke als de kathaarse dorpsbewoners van Montaillou en de Sabarthès waren diep doordrongen van een afkeer van 'rijkdom', die subtiel samenhing met hun opvattingen over de verdeling van de goederen van deze wereld en ook met de bestaande maatschappelijke toestand. De snelle toename van de bevolking, de geringe economische groei en de ongelijke verdeling van goederen zorgden voor de permanente aanwezigheid van een groep verpauperden. De veroordeling van pompeuze rijkdom en de macht die daarmee samenhing leken ter plaatse een algemeen karakter te dragen; als goed Kathaar bespotte Pierre Clergue de huwelijksceremonie (in een gesprek met zijn vriendin): '*Omdat,*' zo zei hij, '*de huwelijksplechtigheden van de Kerk slechts werelds vertoon waren* (I, 225).' Wat de wereldse macht betrof, dat was een satansgift, net als de vrouw, de aarde en het geld. En als zodanig betreurenswaardig, tenminste volgens de plaatselijke Albigenzen: '*Ik zal u echtgenoten geven, die u zeer zult beminnen,*' zei de duivel tegen de goede geesten die hij wilde verleiden, volgens een versie van de kathaarse mythe van de zondeval, die verteld werd door herder Jean Maury (II, 490). *Met één vogel zult u een andere vogel bemachtigen. Met een beest een ander beest. Sommige van u zal ik koningen maken, of graven, of keizers, of heren over de andere mensen...*

De eenvoudige katholieken meenden net als de Katharen dat rijkdom en de daarbij behorende geneugten onvermijdelijk een bron van zonde waren. '*Luister nou, meester Arnaud Teisseire,*' verklaarde een gevangenisbewaker uit Pamiers tegen dokter Teisseire uit Lordat, die in zijn cel lag dood te gaan en geweigerd had zijn verkeerde levenswandel op te biechten, '*u hebt in zo'n rijkdom gezwommen. En u hebt schitterend geleefd. En u heeft zovele, zovele wereldse geneugten gekend. Hoe zou u zonder zonde kunnen zijn?* (II, 219)'

Rijkdom stond in het hoger gelegen gedeelte van het graafschap Foix gelijk met bezit van wereldse goederen, maar ook met macht, invloed, kennis, en netwerken van vrienden en afhankelijken. Vanuit dit gezichtspunt kan men alle mensen die een of meer van deze kwaliteiten misten – en dat was het grootste gedeelte van de eenvoudige boerenbevolking – tot de armen rekenen. Deze interpretatie zou ondersteund kunnen worden door de preek die Jacques Fournier afstak tegen de opgesloten Bernard Clergue. Deze man, die, zoals men weet, een aardig fortuintje bezat, vroeg de prelaat om de namen van de verklikkers die hem in de kerker gebracht hadden. Fournier wees dit verzoek kortweg af: *'U de namen geven van uw verklikkers?... Komt u nou toch! Dat zou veel te gevaarlijk zijn voor de arme en weerloze mensen die tegen u getuigd hebben. Denk eens, Bernard, aan uw macht, uw kennis, aan de zware bedreigingen die u aan het adres van een aantal van deze mensen al geuit hebt, aan de menigte vrienden die u hebt* (II, 302).'

In het dorp echter had het woord 'arm', in de zin van behoeftig, een meer beperkte betekenis. Voor de bewoners van Montaillou was de *pauper* de al dan niet rondtrekkende bedelaar. Ofwel het was een dorpeling uit de armste categorie, die geen ambacht uitoefende, en wiens persoonlijk bezit minder was dan de waarde van een eenvoudig huis (veertig Tournooise ponden) en dus geen grond, geen ploegspan, geen noemenswaardige kudde, en ook geen *ostal* in de volle zin van het woord omvatte. Het kon ook een gezinshoofd betreffen, wiens huis vernietigd of in beslag genomen was door de inquisitie. Ook degenen die in aanmerking kwamen voor baantjes als herder en dagloner golden op het platteland als arm; verder de huisknechten-landarbeiders, de dienstmeisjes, de jongere zoons uit de boerenfamilies, bastaarddochters, en meer in het algemeen iedereen die in loondienst was. Dat heeft dan betrekking op zo'n twintig à vijfentwintig procent van de plaatselijke bevolking. Maar we moeten een onderscheid maken tussen degenen die zichzelf arm vonden, en degenen die door anderen arm gevonden werden. Veel lieden in de lagere klassen van de boerenbevolking beschouwden zichzelf als arm. Maar de aalmoesgevers gingen erg selectief te werk en beschouwden alleen bedelaars, landverhuizers, en boeren die door de inquisitie waren geruïneerd, als werkelijk hulpbehoevend. Als men arm was, maar werk had als arbeider of boer, kwam men niet voor aalmoezen in aanmerking.

Op zich was armoede bepaald geen ideaal voor de bergbewoners, maar wel keerden velen van hen zich tegen de rijkdom. Aan rijkdom van leken stoorde men zich evenwel nauwelijks. Maar de rijkdom van de geestelijken was wel een geliefkoosd doelwit van de volkswoede. Die woede was overigens gerechtvaardigd voor zover het ging om de inderdaad ·puissant rijke paus. *'De paus zuigt het zweet en het bloed uit de armen op,'* zei Bélibaste tegen de familie Maury. *'En de bisschoppen en priesters doen precies hetzelfde, zij zijn rijk, geëerd, genotzuchtig... Terwijl St. Petrus zijn vrouw, kinderen, akkers, wijngaarden en bezittingen in de steek heeft gelaten om Christus te volgen.'* De toespelingen op de klerikale roofdieren die zich verrijken door de armen te verslinden, gingen dus samen met een lofrede op het apostolische leven van Petrus. Bélibaste sloot zijn tirade af met de gebruikelijke toespelingen op de seksuele verdorvenheid van de geestelijkheid. *'Priesters, bisschoppen, minderbroeders, predikheren, zij gaan de huizen binnen van mooie, jonge, rijke vrouwen; ze pikken hun geld in, en, als die er in toestemmen, slapen ze met hen, dit alles terwijl ze een nederig gezicht trekken* (II, 26).' Deze hatelijkheden liepen in de propagandapraatjes van de *perfecti* altijd uit op een vergelijking tussen Katharen en katholieken, die onveranderlijk in het voordeel van de eersten uitviel. De Kerk die rooft (Rome) werd gesteld tegenover de kerk die vergeeft (van de Albigenzen). In plaats van pracht en praal pleitte Bélibaste voor een minimum aan organisatie, voor een niet-militante Kerk zonder muren: *het hart van de mens is Gods kerk, de stoffelijke kerk is niets waard* (II, 53).

Deze opvattingen vonden heel wat weerklank bij de bewoners van Montaillou en hun vrienden of kennissen. *'De minderbroeders en predikheren,'* schaterde Pierre Maury. *'Nee! Ze zeggen dat ze klein zijn (minderbroeders) en ze zijn groot. In plaats van zielen te redden en naar de hemel te sturen proppen ze zich vol op feestmaaltijden na begrafenissen. En ze hebben te veel zijden gewaden. En gelooft u dat ze die grote huizen met het werk van hun eigen handen hebben opgebouwd? Gemene wolven zijn het, die broeders. Ze willen ons allemaal opvreten, dood of levend.'* In de woorden van de herder uit de Ariège beluisterde men af en toe een bijna letterlijke weergave van het evangelie volgens Mattheüs. Dit evangelie van de armen had de nederigen en de ongeletterden bereikt, dank zij de woorden van de *perfecti*, en dank zij de verkondigers van het geloof van Rome. Die laatsten kregen in dit onderhavige geval hun eigen evangelische propaganda als een boemerang terug. Men liet zich niet bedotten door de zogenaamde soberheid van de Kerk, die wel een grote maag had, maar geen groot hart. In strijd met de evangelische oproep om afstand van bezit te doen zoog ze de leken juist uit, voornamelijk door middel van de niet-aflatende activiteiten van de aflaatkramers, die een onverbrekelijk deel uitmaakten van de lokale volkscultuur en wellicht zelfs op percentenbasis werkten.[1] *'Op een dag,'* zo vertelde Pierre Maury, *'heb ik twaalf penningen van Barcelona aan een aflaatkramer van het hospitaal van Ronceveaux gegeven. Toen Guillaume Bélibaste dat zag zei hij tegen me: "Pierre, u bent uw penningen kwijt! U had er beter aan gedaan ze te gebruiken om voor u zelf wat vissen te kopen... De aflaten van de paus zijn duur en veel waarde hebben ze niet."'*

De actie tegen de aflaten genoot reeds een grote populariteit. Wevers spraken er over met hun afnemers in de dorpen. *'Twee jaar geleden, tegen het Pinksterfeest,'* vertelde in 1321 Guillaume de Corneillan, uit Lordat, *'was ik de schering aan het leggen van een linnen kleed (of was het hennep) voor rekening van Guillemette Vila, de vrouw van Arnaud Cogul uit Lordat* (een schapenhouder met kathaarse sympathieën). *Toen kwam er een aflaatkramer langs; naar hij zei, was hij in staat ons heel wat aflaten te leveren. Toen hij ons weer verlaten had zei Guillemette tegen mij: "Gelooft u dat een mens ons die aflaten kan geven, en ieder van ons zijn zonden kan kwijtschelden? Neen, geen enkel mens! Alleen God kan dat." "Maar toch," waagde ik, "de paus, de prelaten, de priesters..." "Nee," zo onderbrak Guillemette me. "Niemand. God alleen."* (II, 121-122)' Het was niet de eerste keer dat Guillemette Vila zich tegen de aflaten keerde. In de kerk van Lordat had ze de pastoor eens in zijn gezicht uitgelachen toen hij in zijn preek probeerde om tegen een forse prijs een serie aflaten te slijten. Ook Bélibaste kwam, ten overstaan van de uit Montaillou gekomen herders, woorden te kort om de aflaat-grutters aan te vallen, die met agressieve deur-aan-deur-verkooptechnieken hun koopwaar, ingeslagen bij Zijne Heiligheid, grossier te Rome, met winst doorverkochten, à raison van één obool voor duizend vergiffenissen. De paus verleende voor een prijs van tien à twintig Tournooise ponden (de helft van de prijs van een huis) op slag een aflaat voor enkele tienduizenden dagen.

Tegelijk met de agitatie tegen de verkoop van aflaten laaide ook het verzet op tegen overmatige collectes en tegen de offergaven die de dorpspriesters ter gelegenheid van de grote feestdagen opeisten: *Bernard, kapelaan van Ornolac, heeft er zich over beklaagd dat de bevolking dit jaar met Pasen minder offerandes heeft gegeven dan gebruikelijk. Guillaume Austatz heeft (in een gesprek met een aantal dorpelingen hierover, gehouden in het huis van een inwoonster van Ornolac) over dit onderwerp gezegd: 'De priesters kunnen van ons alleen het principe van de offerande eisen. Je bent er al vanaf als je ze een heel klein muntje geeft.'*

Men kwam ook in verzet toen bisschop en pastoor een aantal dorpelingen de opdracht gaven om een paaskaars te maken van was, die drie pond woog. *'We maken een kaars van maar een kwart pond, van vet in plaats van was,'* antwoordden een paar boeren die wat meer durfden dan de anderen (II, 312, 314). De tienden riepen ook psychologische weerstanden op bij het volk. *'Vorig jaar,'* zo vertelde Jean Jaufre uit Tignac, *'bevonden we ons op de eerste etage van een huis, we dronken wat, we aten amandelen, en we kletsten over de processen over de tienden die de geestelijken van het aartspriesterschap Sabarthès en de leken van dat ge-*

bied verdeeld houden... "Ik hoop dat de geestelijken niet van ons kunnen krijgen wat ze van ons eisen," zei Arnaud Laufre uit Tignac in de loop van dit gesprek. "O, als het eens mogelijk was om alle geestelijken van deze wereld aan hun strot op te hangen." (II, 109)'

Bij het weigeren van de tienden volgden zeer snel tegenmaatregelen op het spirituele vlak. In de Sabarthès had de Kerk namelijk de kwalijke gewoonte ontwikkeld om mensen vanwege hun schulden te excommuniceren. Soms ging het misschien om schulden aan leken. Maar het ging meestal om schulden aan de geestelijkheid, die onder andere ontstaan waren door het niet betalen van tienden. Wie in gebreke bleef werd zonder pardon geëxcommuniceerd, onder het luiden van de klokken, terwijl de kaarsen gedoofd werden. Vanaf dat moment werden Gods kinderen uit de kerk gezet vanwege tiendschulden. Het volk bleef niets anders over dan te gaan mokken, buiten op het land of op de dorsvloer. Een paar eigenzinnige geesten waaronder ook priesters van het diocees van Palhars, waar men zich iedere denkbare excentriciteit veroorloofde, kwamen de dorpsrebellen wat in het oor fluisteren: *'beste man, excommunicatie kost je de kop niet* (I, 318).'

De boosheid over de excommunicatie wegens schulden vertoont gelijkenis met de heftige reacties die de woeker in dit gebied opwekte: in een wereld van naast elkaar bestaande grote of kleine *domūs*, was kapitalistisch winstbejag iets ongewoons dat in kwade reuk stond en nauwelijks werd getolereerd. In de steden van het laagland riep het lenen tegen rente antisemitische gevoelens op. Maar in de Sabarthès kwamen dit soort woekerpraktijken en deze sentimenten nauwelijks voor. Guillaume Austatz deed het heimelijk, in zijn dorp van herkomst. Maar hij vermeed het in Ornolac te doen, waar hij baljuw was. In Montaillou kwam het ongetwijfeld in enige mate voor; maar er wordt in onze bronnen niets over vermeld. Tienden, schulden vanwege de tienden, en excommunicatie vanwege tiendschulden, bleven in de Boven-Ariège de belangrijkste oorzaken van de haat die men rijkdom toedroeg.

De strijd tegen de aflaten was niet het enige punt van overeenkomst tussen de kathaarse verliezers van 1320 en de protestantse overwinnaars van 1520-1580 (de lutheranen in Duitsland, de hugenoten in de Languedoc). In de prediking van Bélibaste, zoals die ons via de herders van Montaillou is overgeleverd, verscheen ook het paulinische thema van de rechtvaardiging door het geloof, waar Luther later zoveel gewicht aan zou toekennen. Pierre Maury: *'Nadat we, in de kerstnacht, het feest met Bélibaste gevierd hadden, preekte de heilige man: "Het dopen in water heeft geen enkele zin, want het water bezit niet de kracht de ziel te redden. Maar het is het geloof alleen dat de ziel redt."* (III, 202)'

Eenvoudige boeren schrokken er in de jaren 1300-1320 niet voor terug om tijdens de arbeid op de gierstakker terloops twijfel te uiten aan de waarde van de goede werken, die een paar eeuwen later ook weer een geliefdkoosd mikpunt van de hugenoten zouden worden. Sommige thema's van de reformatie waren namelijk al lang gangbaar in de Occitaanse berggebieden, waar men zich in de veertiende eeuw even gastvrij toonde voor de *perfecti* als in de zestiende eeuw voor de predikanten en dominees, al zou het absurd zijn te veronderstellen dat de Katharen de rechtstreekse voorouders van de hugenoten waren. Eerder was het zo dat beide in de volkscultuur van de berggebieden een vruchtbare voedingsbodem vonden.

Dat de boeren van de Sabarthès vijandig stonden tegenover de tienden, de aflaten, en alle andere manieren waarop de Kerk probeerde hen geld af te persen, was ten dele te verklaren uit de gevoelens van onmacht die ze koesterden tegen degenen die in de maatschappij de macht en de rijkdom in handen hadden. Maar zelfs bij de minst ontwikkelde boer werd die vijandigheid ook rechtstreeks gevoed door de aanmaningen van het evangelie. De rijken waren volgens hen uitgesloten van het paradijs: *'Een kameel zou niet door het oog van een naald kunnen kruipen, evenzo kan een rijke niet gered worden,'* zei rentmeester Raymond de Roussel tegen de burchtvrouwe van Montaillou. *'Er is dus geen redding mogelijk voor de rijken; noch voor de koningen, noch voor de prinsen, noch voor de prelaten, noch voor de religieuzen.'* Deze uitspraak van Roussel dateert van 1294, dus vóór de Authiés ter plaatse hun propaganda bedreven. *'Als men rijkdommen heeft, kan men niet gered worden,'* zei schoenlapper Vital tegen zijn vriendin Vuissane. *'Het zieleheil kan alleen bereikt worden door de armen van het geloof en de volgelingen van de goede christenen.'*

Volgens Guillaume Austatz, baljuw van Ornolac, waren de sociale verhoudingen in het hiernamaals zelfs diametraal omgekeerd: *zij die het in het huidige leven goed hebben, kunnen in de andere wereld alleen maar slecht ondervinden* (I, 197, 207, 208). *Daarentegen zullen zij die in het huidige leven alleen maar slecht ondervinden, in het komende leven alleen maar goeds kennen.* Vaak werden de rijken beschouwd als lafaards, daar ze behoud van hun bezit in dit ondermaanse prefereerden boven het zoeken naar het heil in het hiernamaals. *'Meester Salacrou uit Bouan droeg de ketters een warm hart toe,'* vertelde Sybille Pierre, echtgenote van een veefokker uit Arques. *'Maar iedere keer als hij ketters in huis had bleef hij aan het schreeuwen, tieren en krijsen. Hij was namelijk rijk. En hij was bang zijn rijkdom te verliezen* (II, 425).'

Op aarde hoefde de klassenstrijd evenwel niet los te branden. En in de

438

Sabarthès was er van dit soort conflicten ook niet zoveel sprake, tenminste tussen leken.

Maar rijke of schraapzuchtige priesters vormden een bijzonder geval. Net zoals alle rijken – geestelijke of niet – hadden die priesters met een aardig fortuin na overlijden geen recht op zieleheil. Maar wat meer was, men had een heel duidelijke reden om tegen de tiendbetalingen aan deze priesters in opstand te komen. Deze onwaardige priesters bleven niet alleen zelf na hun dood verstoken van een verblijf in de hemel, maar ontnamen bovendien, vanwege hun inhaligheid en hun pronkzucht, ook hun parochianen de paradijselijke zaligheid, omdat ze door die onwaardigheid geen kwijtschelding van zonden meer konden geven.

'De priesters bestelen de mensen van al hun goed,' verklaart Sybille Pierre, daarmee de woorden weergevend die de Authiés in een huis in Ax-les-Thermes hadden uitgesproken. *'Zodra ze kinderen gedoopt hebben beginnen ze te roven. Ze nemen de olielampen en de kaarsen mee. Om missen te lezen, om wat ook maar te doen, willen ze geld. Ze leven niet zoals ze zouden moeten leven, en daarom hebben ze de macht verloren zich zelf en anderen kwijtschelding van zonden te geven.'*

Bij het verheerlijken van de armoede verloor men in Montaillou bepaald niet het vermogen des onderscheids. In tegendeel. Pierre Maury mocht dan neerkijken op het vergaren van de rijkdom die hem van dag tot dag ten deel viel, hij was tevens van mening dat, vanuit een materieel gezichtspunt *de armoede een ziekte was* (II, 30). Een gezegende ziekte weliswaar, waar men met een beetje kunst- en vliegwerk wel van kon genezen, zo dacht hij. Raymonde Belot, Arnaud Sicre en Arnaud de Bédeillac – vertegenwoordigers van respectievelijk de boeren, de kleine burgerij en de adel – hadden bepaald geen waardering voor de geldzorgen waar zij zelf of hun naaste familie door getroffen waren. Zij verklaarden *ontdaan* en *verbitterd* te zijn over de neerbuigendheid waarop de familie van de een, de echtgenoot van de ander, en de derde in eigen persoon onthaald waren. Meer nog dan armoede was verarming de economische uitdrukking van mislukking en het werd dan ook beschouwd als een smet. Het was beter al lange tijd arm te zijn, *pauper*, dan recent verarmd, *depauperatus* (III, 64; II, 21, 24; III, 57). De ontberingen die men als tegendeel van *rijkdom, begeerte* en *hebzucht* respecteerde en vereerde waren niet die van de gewone armoede, maar die van de vrijwillig gekozen armoede. Om precies te zijn, het waren de 'armen om het geloof' die in Montaillou veel waardering genoten, anders gezegd de *perfecti*. *'In Montaillou,'* zei Béatrice tegen haar tweede minnaar, *'zegt men wel dat men goed zou moeten doen aan alle pelgrims en alle "armen om het* geloof"; en met die uitdrukking "armen om het geloof" doelde men op de ketters, die in het dorp de goede christenen genoemd werden.'

'Arm om het geloof' worden, ofte wel *perfectus*, dat was de armoede van Christus zoeken, het evangelische voorbeeld van de Verlosser navolgen en zelf een waarlijke Christus in vrijheid worden. *'Als een man tot de Goede Mensen gaat horen, dat wil zeggen de ketters,' zo zei Bélibaste, 'moet hij zich ontdoen van vrouw en kinderen, van rijkdom en bezit. Zo past hij zich aan de voorschriften van Christus aan, die wil dat men Hem navolgt (II, 59).'*

Het is onnodig om verder te onderstrepen dat het probleem van het zieleheil zoveel te meer de volle aandacht van deze 'armen om het geloof' had, of het nu ging om zo te zeggen professionele *perfecti*, of om mensen die na het ontvangen van het *consolamentum* van alle aardse goederen – voedsel inbegrepen – afstand hadden gedaan.

Ondanks de verschillen tussen de Katharen uit de bergen en de katholieken uit het laagland, bleef de waarde die men hechtte aan vrijwillige armoede het gemeenschappelijke spirituele erfgoed vormen van de scherpslijpers in beide kampen, die elkaar zo heftig bestreden. Vandaar het belang dat men aan aalmoezen toekende: heel vaak werden ze gegeven aan doorsnee-armen die niet toe waren aan vrijwillige onthechting, en dienden ze dus eenvoudig als ondersteuning. Men kon ze ook geven aan hospitalen en gasthuizen, die ze dan onder langskomende behoeftigen konden verdelen. Maar zelfs in die gevallen was er in Montaillou steeds een religieus oogmerk aanwezig, waarbij soms zelfs de liefde tot God betrokken werd. *'Die avond aten we,'* zo vertelde Pierre Maury, *'in het huis van Guillemette Maury, samen met haar familieleden... en met een arme man aan wie Guillemette met het oog op de liefde voor God gastvrijheid verleende (III, 189).'* Vandaar de heftige kritiek op het testament, *dat paspoort voor het hiernamaals,* waar de aanhangers van de nieuwbakken notarissenbeschaving met al zijn paperassen zoveel betekenis aan toekenden. Met het oog op zijn eigen zieleheil was de erflater nauwgezet met zijn legaten. Maar deze vrijgevigheid op het laatste moment kwam eerder voort uit angst voor de dood dan uit werkelijke liefde voor God: *'Aalmoezen en legaten die geschonken worden door zieke mensen zijn niets waard,'* zei Bernard Franca, *'omdat ze niet door liefde maar door angst worden ingegeven. Alleen die aalmoezen zijn waardevol* (vanuit dit gezichtspunt) *die door gezonde mensen worden uitgedeeld (I, 352).'* Maar laten we die onbaatzuchtigheid van mensen die in de kracht van hun leven uit liefde voor God aalmoezen uitdelen niet overschatten. Die giften, die men de armen in naam van de goddelijke en menselijke barmhartigheid schonk, hadden als belangrijkste doel de ziel van de gulle gever later een aangename verblijfplaats te bezorgen. We herkennen daarin de heilsverwachtingen waar de inwoners van de Sabarthès, Montaillou, Tignac en Lordat zo veel waarde aan hechtten. *'Afgelopen januari bracht ik een zondagavond door rond het vuur, in het huis en in het gezelschap van mijn schoonvader Guillaume de Corneillan senior,'* aldus Guillaume de Corneillan junior uit Lordat. *'Hij legde mij uit wat een zekere Bor, uit Tignac, in Tignac tegen hem had gezegd. De priesters verkopen ons praatjes, wanneer ze ons zeggen aalmoezen te geven voor het zieleheil. Dat is allemaal apekool. Als de mens sterft, sterft ook de ziel. Net zoals bij de dieren. De ziel, dat is alleen maar bloed!'* (Volgt een heel rozenhoedje van godslasterlijke overpeinzingen.)

Wanneer men echter geloofde in het voortleven van de ziel en het bestaan van een hiernamaals (en dit was het geval bij de grote meerderheid van de bevolking), dan kon men niet meer om de aalmoezen heen. *'Ik heb soms getwijfeld aan de waarde van aflaten,'* verklaarde Pierre Maury, *'maar ik heb nooit de minste twijfel gehad over de waarde van aalmoezen* (III, 238).' Boerenvrouw Guillemette Benet uit Ornolac geloofde daarentegen in het geheel niet aan de onsterfelijkheid van de ziel, en zij begon dan ook te lachen toen men haar vertelde dat ze aalmoezen moest geven voor haar zieleheil (I, 262). Omdat aan wereldse giften in het algemeen een heilzame werking werd toegekend kwam het voor dat zij die zich heel wat aalmoezen konden veroorloven en gekweld werden door twijfel aan het toekomstig lot van hun ziel de meest exuberante vrijgevigheid ten toon spreidden. Deze lieden probeerden met aalmoezen het mededogen daarboven te beïnvloeden. *'Mevrouw,'* zei een boerenarbeider tegen Aude Fauré, die stuiptrekkend door de kussens rolde terwijl ze de Heilige Maagd smeekte om haar geloof in God terug te doen keren, *'mevrouw, wat voor zonde hebt u dan begaan? U ondersteunt met uw aalmoezen alle armen van het dorp!* (II, 98)'

De katholieke Aude Fauré overstelpte alle armen van het dorp met haar weldaden, maar niet iedereen kon zo te werk gaan. De minder rijke en kathaarse Guillemette Maury kon niet meer doen dan een arme voorbijganger wat te eten te geven. De kathaarse bewoners van Montaillou, die niet door ballingschap waren beïnvloed, kozen een andere oplossing: ze gaven een klein gedeelte van hun aalmoezen aan de allerarmsten ter plaatse – bedelaars, migranten, verarmde familiehoofden – het overgrote deel echter bestemden zij voor de *perfecti*, de armen om het geloof. *'Dank zij het consolamentum dat zij toedienen, zijn de Goede Mensen in staat om een ziel na de dood rechtstreeks naar het koninkrijk van Petrus te sturen,'* verklaarde Rixende Cortil, uit Ascou: *'Aan hen aalmoezen geven, betekent in ruil daarvoor een grote beloning krijgen, die meer waard is dan de beloning die men krijgt voor het geven van aalmoezen aan andere mensen* (III, 307).' Arnoud Vital uit Montaillou viel haar in dezen bij: '*Aalmoezen voor de Goede Mensen, ja. Voor de katholieken, nee* (I, 457).' En Alazaïs Guilhabert, uit Montaillou: '*De Goede Mensen hebben de ziel gered van mijn broer Guillaume, de herder, later gestorven; ik vond het normaal om ze, in ruil daarvoor, een aalmoes te geven, tegen de zin van mijn moeder* (I, 124).' Dit verklaart ook de paradoxale omkering van zaken die we in ons dorp waarnemen: de echte armen stoten zich zelf soms het brood uit de mond om het aan de *armen om het geloof* te geven, die door de gelovigen toch al met geschenken werden overladen. '*Eenentwintig jaar geleden,* ' zo vertelde Béatrice de Planissoles, '*ging ik me vaak opwarmen voor het vuur in het huis van Alazaïs "Maurine" uit Montaillou, de vrouw van Raymond Maury* (en de moeder van Pierre Maury), *in haar gezelschap. Alazaïs zei tegen me: "Alleen in het geloof en als volgeling van de Goede Mensen kan men gered worden. Welke zonden men tijdens zijn leven ook bedreven heeft. Zodra men, op het eind, door hen 'ontvangen' is, zal men gered worden. Van grote waarde is de aalmoes, waarmee men hen goed doet.'"* Om haar woorden over zieleheil en barmhartigheid kracht bij te zetten, deed Alazaïs het volgende relaas over haar echtgenoot Raymond, die kort tevoren, net als zij zelf, tot totaal gebrek was vervallen. '*Neemt u nu mijzelf en mijn echtgenoot; hoe arm wij ook zijn, nu toch geven wij de Goede Mensen nog aalmoezen. We onthouden ons van voedsel, om het aan hen te kunnen geven. We sturen ze meel, en wel het beste meel...*'

Béatrice stond versteld, en begon Alazaïs te ondervragen: aanvaardden de Goede Mensen de proviandering die ze onder zulke omstandigheden ontvingen? Welzeker, antwoordde de arme vrouw. De burchtvrouwe besloot toen op haar beurt een maat meel aan deze waardevolle *perfecti* te doen toekomen. De zoon van Alazaïs, Pierre Maury, wist later wat hem te doen stond. Hij aarzelde niet zichzelf te kort te doen door een schaap te verkopen, om zo de *perfectus* die hij onderweg tegen kwam zes Tournooise sous te kunnen geven (II, 416).

Die 'armen om het geloof' konden nog wel eens rijk worden van al die geschenken, waarmee ze door de armen van deze wereld overladen werden. Schandalig rijk zelfs. Toen de *perfectus* Guillaume Authié terugkeerde van een pastorale tournee, stopte hij alle meegebrachte goud- en zilverstukken in zijn schatkist. Daarna stak hij van tijd tot tijd, samen met zijn vrouw Gaillarde, zijn hoofd in die kist, louter voor zijn genoegen, en in dat opulente schemerduister leken de flonkerende munten wel sterren aan de hemel.

Vaak droegen de aalmoezen overigens wel degelijk bij aan de ondersteuning van de armsten. Daarbij brachten zij de goddelijke zegen over huis en akker van wie zich vrijgevig had getoond: graan geven aan de 'armen om het geloof' was de vruchtbaarheid verzekeren van het land dat men bebouwde. Het eigen huis leeghalen om andermans ellende te verlichten, was dus eigenlijk de eigen voorraadschuur vullen.

De grote waardering die het geven van aalmoezen in sociaal opzicht genoot, brengt ons weer terug bij de vraag of er in Montaillou al dan niet een arbeidsethos bestond. In Montaillou werkte men zich nooit uit de naad, men hield van de siësta en het zalig niets doen, men vond het prettig om in de zon of bij het vuur, al naar gelang het seizoen, ontluisd te worden. Zo mogelijk probeerde men de arbeidstijd te bekorten tot een bescheiden half dagje. Wie kon genieten van een grote bruidsschat, liet het werken met de handen helemaal varen – of droomde er van dat te doen – en probeerde zich te gedragen als de rijke boer die met een stok in zijn schone handen zijn domein beheerde. De eerlijkheid gebiedt te zeggen dat degenen die wel met hun handen werkten, en dat was de grote meerderheid van de bevolking, de handen flink uit de mouwen moesten steken, vooral tijdens de seizoenspieken en tijdens de zware tochten van de transhumance.

Hoe het ook zij, op zich zelf genomen leverde arbeid geen waardering op. Een boer die zijn gronden goed bewerkte bewees alleen dat hij niet gek was. Van het hoofd van een huis verwachtte men dat hij een goede buurman was, niet dat hij zich uitsloofde achter zijn ploeg. Toch is het onmiskenbaar dat in Montaillou arbeid in zekere zin positief benaderd werd. Het is in dezen veelbetekenend dat het ontvangen van aalmoezen en het verrichten van werk elkaar eigenlijk uitsloten. *'Het is niet prijzenswaardig om mij aalmoezen te geven, omdat ik kan werken,'* zei Emersende Marty uit Montaillou tegen Gauzia Clergue die haar op Allerheiligen een gratis brood kwam brengen (III, 356). Alazaïs Fauré noemde nog een tweede rechtvaardiging voor het geven van aalmoezen aan de *perfecti* (die allereerst ingegeven werden door de bezorgdheid van de gever om zijn zieleheil): door hun leven in de illegaliteit waren de *perfecti* veroordeeld tot werkloosheid: *'Wie de Goede Mensen goed doet, heeft een aalmoes van grote waarde gegeven,'* verklaarde Alazaïs. *'Want ze durven niet te werken omdat ze dan meteen worden opgepakt* (I, 424).'

Dit verhinderde overigens niet dat men de *perfecti* juist weer prees omdat ze, in tegenstelling tot de heersende geestelijkheid, wél werkten! Pierre Maury zei dit met zoveel woorden tegen Arnaud Sicre: *'Gelooft u*

dat de predikheren die grote huizen gebouwd hebben met het werk van
hun eigen handen? Beslist niet, maar onze heren (de perfecti), *die leven*
van hun werk (II, 29, 30).' Pierre Maury maakte een toespeling op het
feit dat zijn goede vriend Bélibaste met zijn eigen handen werkte, en
trouwens een goede boterham verdiende met zijn ambacht van hekel-
maker. Maar ook buiten dit individuele geval was het duidelijk dat wer-
en bij het 'perfecte' leven hoorde. Men was er in Montaillou verrukt
van dat Guillaume Authié, al leefde hij nog zo in het verborgene, er niet
voor terugdeinsde om als kleermaker op te treden: hij repareerde de
tuniek van pastoor Clergue en maakte voor hem een broek. Bélibaste op
zijn beurt weigerde om op feestdagen met zijn armen over elkaar te
blijven zitten. Hij liet zich niet dwingen tot leegloperij en sloot zich op in
zijn atelier om te werken als gewoonlijk, terwijl de aanhangers van het
geloof van Rome buiten feestvierden. Pierre Authié legde een rechtstreeks verband tussen arbeid en zieleheil: *'We werken, we geven ons*
moeite, niet vanwege het gebrek dat we eventueel lijden, maar om onze
zielen te redden,' zei hij tegen veehoudster Sybille Pierre (II, 406). In een
van zijn ketterse perioden wilde Jean Maury 'zielenherder' worden en
een halve *perfectus* (II, 73). In die tijd beriep hij zich er luidruchtig op, dat
hij slechts leefde van wat hij eigenhandig verdiend had: *'De zoon van*
God heeft gezegd dat de mens in het zweet zijns aanschijns moet leven,'
herhaalde hij tegen iedereen. Guillemette Argelliers kreeg in het huis van
Raymond Maury van twee *perfecti* te horen: *dat de pastoors volgens*
Gods verordening zouden moeten leven van het werk van hun handen.
En niet van het werk van het volk, zoals ze in werkelijkheid doen. De
pastoors verdrijven de mensen van de weg naar het heil, en doen dat om
zelf goed gekleed en goed geschoeid te gaan, om paard te rijden, om
goed te kunnen eten, en goed te kunnen drinken (III, 95-97). Guillemette
raakte geheel en al van haar stuk door de aantijgingen waarmee de *per-*
fecti haar bleven bestoken. Was het waar dat de pastoors eigenlijk een
sober en arbeidzaam bestaan moesten leiden en dreigde inderdaad het
gevaar dat zij door hun al te weelderige levenswijze de zielen niet meer
konden redden? Zij werd zelfs bevangen door een lichte paniek en verklaarde zonder omhaal tegen de twee *perfecti: 'Als ik er maar zeker van*
kon zijn dat u in staat bent mijn ziel te redden, beter dan de pastoors dat
kunnen, dan zóu ik mijn ziel door u laten redden.'

Over het algemeen school er in dit alles niets revolutionairs. De lof-
zang op de armoede bleek heel goed samen te gaan met het functioneren
van de *domūs*, met de geschenken die rijke *domūs* aan arme *domūs*
gaven, met de legitimatie (maar niets meer dan dat) van zwaar werk
waarvoor men zijn siësta overigens niet opgaf. Slechts op één punt zorg-

444

de de lofprijzing van het armoede-ideaal voor conflicten: het beeld van een arme Kerk die voor het zieleheil zorgde was in tegenspraak met het gedrag van de tiendheffende geestelijken, die er van beschuldigd werden zich slechts met de Sabarthès te bemoeien om aldaar hun bergschapen de wol van het lijf te scheren. Het parool van het verzet in de Sabarthès had kunnen zijn: vrede met de kastelen, dood aan de Kerk. Men spaarde immers de rijkdommen van leken en edelen die daardoor des te gemakkelijker in staat waren om af en toe mee te doen aan het verzet. Men keerde zich tegen de instelling die het meest buiten de eigen samenleving stond, en het minst in overeenstemming was met de idealen die ze verkondigde. En dat was de gevestigde Kerk, die veel geld kostte maar de zielen niet kon redden. Soms ook keerde men zich tegen de kapitalistische woekerpraktijken van recente datum die het hiërarchische netwerk van de *domūs* aan het wankelen brachten. Maar vooral verafschuwde men de bedelorden die er terecht of ten onrechte van beschuldigd werden zich als gulzige wolven te verrijken. Predikheren en minderbroeders waren eigenlijk de voorhoede van de stedelijke heerschappij: ze werden het symbool voor de onderdrukking van het eerzame platteland door het verdorven Pamiers, dat Babylon van het graafschap Foix. Het was niet de rijkdom op zich die werd aangevallen, maar het luie vet van de slechte rijken, geestelijken zowel als bedelmonniken. Dat waren uitbuiters die niet eens in ruil daarvoor een beloning in het hiernamaals konden bezorgen of zelfs maar de hulp en bescherming die men gewend was van de rijke *domūs* en van de adel.

HOOFDSTUK 26

VOLKSCULTUUR EN DOLENDE GEESTEN

Volgens een door historici veel gebruikte benadering zou onderzoek naar de hedendaagse volkscultuur in Ariège en Aude het mogelijk moeten maken om 'regressieve geschiedenis' te bedrijven en op deze wijze terug te gaan tot de middeleeuwse archetypen. Doch deze methode schiet hier te kort, aangezien de geschiedenis in dit gebied zijn sporen heeft nagelaten en de volkscultuur tussen de veertiende en de negentiende eeuw drastisch veranderd heeft.

In een recent gepubliceerde verzameling volksverhalen, de *Contes populaires de l'Ariège*[1], zijn slechts met veel moeite een paar kleine verwijzingen te vinden naar gegevens uit Fourniers dossier. Die huidige volksverhalen zouden wel eens in de Ariège beland kunnen zijn dank zij recentere invloeden, wellicht afkomstig uit noordelijke streken, die het gebied zo tussen 1500 en 1800 bereikt hebben. Zo ontbrak bijvoorbeeld rond 1320 de beer als mythisch wezen volkomen in de Sabarthès en in het hele onderzoeksgebied van onze inquisiteurs, terwijl dit dier vanaf de achttiende eeuw juist een sleutelrol ging spelen in de verbeeldingswereld van de Pyreneeën-boeren.

De vooraanstaande positie die de dood in de volkscultuur innam bleek daarentegen een taaier karakter te hebben: bepaalde kenmerken die we rond 1300 tegenkomen bleven tot in de negentiende eeuw voortbestaan. Al in het begin van de veertiende eeuw zag men de duivel in de zwarte katten die bij de sterfbedden verschenen, en dit macabere bijgeloof bleef in de Languedoc tot ver na de Franse Revolutie voortbestaan. De maaltijd die op Allerheiligen voor de doden werd toebereid (en door de levenden opgegeten) was ook een gebeuren dat de afstand tussen de veertiende en de negentiende eeuw wist te overbruggen. En ook de *ostal*, die in de tijd van Pierre Clergue en Raymond Belot een van de hoekstenen van het maatschappelijk bestel was, bewaarde die sleutelpositie tot het begin van de twintigste eeuw. Volksgebruiken veranderden, de *domus* bleef.

Ondanks het feit dat een paar schaarse restanten volkscultuur de tand des tijds doorstaan hebben, zijn we toch ook op dit terrein weer vrijwel volledig aangewezen op het inquisitiedossier, dat over sommige aspecten van de volkscultuur heel veel informatie verschaft, maar over andere veel minder. Van de muzikale kant van de volkscultuur weten we bij voorbeeld bijna niets, behalve dat de herders fluit speelden, dat de jonge meisjes bij terugkomst uit de kroeg gaarne zongen, en ook dat de priesters voor het zingen in de kerk een boek gebruikten. *'De priesters laten zich begraven in geheiligde gewaden, met een boek in de handen, om, eenmaal in de hemel beland, voor God te kunnen zingen,'* vertelde Bélibaste met enige ironie tegen Pierre Maury (iii, 237). Maar behalve deze paar verspreide gegevens, weten we vrijwel niets van muzikale activiteiten van de Ariège-bewoners in die tijd.

Vrijwel niets weten we ook over de humor in de volkscultuur, die er beslist was. Er bestonden antiklerikale spotternijen waarmee bijvoorbeeld Pierre Authié nogal veel eer inlegde. Maar men sloot bijvoorbeeld ook voor de grap weddenschappen met elkaar: *Guillaume Authié hield aan de oever van de Ariège een kei in zijn handen. Hij wedde met een vriend om een vispâté: 'Je slaagt er niet in om die kei in het water te gooien,' zei hij tegen die vriend. De weddenschap werd afgesloten. Guillaume gooide die kei toen meteen in het water en voorkwam daarmee dat zijn vriend dat nog kon doen; zo won hij de weddenschap en de pâté* (ii, 106). En de toehoorders van dit verhaal lagen dubbel van het lachen.

De paar spreekwoorden die ons dank zij Jacques Fournier zijn overgeleverd kwamen al eerder aan de orde, evenals de volksvroomheid. Talrijker zijn de aanwijzingen over magie en hekserij, maar vooral over de wereld van de schimmen. Als zodanig nam de magie in Montaillou en in de Sabarthès geen centrale plaats in, en zij was met name belangrijk als een techniek om een bepaald doel te bereiken (een bepaalde daad, een bepaald voorwerp, bepaalde informatie). Aan de ene kant was de magie verbonden met de traditionele heelkunde van de genezers (en vooral genezeressen), aan de andere kant ook met de praktijken van een duivelse hekserij, waarvan we in de Sabarthès af en toe bescheiden sporen vinden. Zo'n genezeres was bijvoorbeeld *Na Ferriera*, uit Prades d'Aillon. Maar van haar voorschriften en technieken weten we niets. Béatrice de Planissoles beschouwde de magische voorschriften die ze af en toe toepaste gewoon als huismiddeltjes, en niet als duivelskunsten, ondanks het licht bovennatuurlijke karakter van hun werking. De bescheiden kennis van magische praktijken die de burchtvrouwe had opgedaan, onder andere bij een jodin en een pelgrim, werd door haar vooral aangewend om gezondheid en voorspoed voor haar kinderen en kleinkinderen te verkrijgen. Het gaat hier dus eerder om 'witte magie' dan om 'zwarte magie'. Daarbij onderhield de burchtvrouwe eveneens betrek-

447

kingen met een waarzegster, Gaillarde Cuq uit Varilhes.

Ook de hele familie Maury, die gevlucht was naar de zuidkant van het Pyreneeën-massief, wendde zich tot een waarzegger, om inlichtingen te krijgen over gezondheid van mens en dier en over voorgenomen reizen en huwelijken. Ditmaal was die waarzegger een muzelman. Vooral moorse en joodse vrouwen waren trouwens actief in de beoefening van waarzeggerij en magie. Een paar generaties later zouden die dames al snel voor heksen worden aangezien, door priesters die het hoofd niet zo koel konden houden als Jacques Fournier (maar die had dan ook andere varkentjes te wassen).

Maar men hoefde niet tot religieuze minderheidsgroepen te horen om aan magie te doen. Zo hielden een notaris en een geestelijke in Ax-les-Thermes zich bezig met *St. Joris-kunst*, waarbij zij als medium een jong meisje gebruikten dat in een spiegel keek om daarin gestolen voorwerpen op het spoor te komen. Een vrouw uit Ax en haar schoonzoon probeerden op deze manier twee rollen laken terug te krijgen die zij op de jaarmarkt van Foix, vermoedelijk door diefstal, waren kwijtgeraakt. De Maagd van Montgauzy had zo'n medium zelfs niet nodig en nam het op zich een boerenvrouw uit Ornolac rechtstreeks haar gestolen spullen terug te bezorgen, door het gemoed van de dieven te bewerken. Op voorwaarde natuurlijk dat die boerenvrouw tot Maria een paar vurige smeekbeden richtte.

De astrologie van de koude grond waar pastoors en vrouwen zich mee bezig hielden ging samen met bijgelovige gebruiken als het afsnijden van haren en nagels, om de *ostal* zijn goede gesternte te doen behouden. In het algemeen was kennis van deze magische praktijken in de handen van vrouwen.

Maar ook de herders waren niet uit te vlakken. Kwaadwillende herders legden een bepaald kruid op de pot met leb waardoor de melk niet tot kaas stremde. Met een soortgelijk kruid kon ook menselijk zaad onvruchtbaar gemaakt worden. Wanneer dit kruid op de onderbuik van een vrouw – hier vergeleken met de emmer melk – gelegd werd, kon het mannelijk zaad zich niet stremmen tot een foetus. Eens te meer school er in dit alles niets diabolisch: Jacques Fournier werd zo geobsedeerd door zijn jacht op de Katharen, dat hij nooit bleef stilstaan bij deze pietluttige magische praktijkjes. Wat een verschil met het nestel knopen, de rite waarmee men in de zestiende eeuw de vruchtbaarheid bestreed, en die door Jean Bodin en de andere demonologen (duivelkundigen) vervolgd zou worden als een *duivelse* misdaad, die bestraft werd met de brandstapel.[2] Het is de vraag of het inderdaad maar één stap was van magie naar hekserij. Geloven in het bestaan van de duivel is namelijk nog heel iets anders dan hem de verantwoordelijkheid in de schoenen schuiven voor de werking van de tovermiddeltjes die de boerenvrouwen in de bergen wel eens gebruikten; maar dit was wel precies wat de Kerk en vele andere lieden in een latere periode zouden doen.

Dat de duivel reden had zich thuis te voelen in de Sabarthès (in zielen, lichamen en dingen) is wel duidelijk. *Loop naar de duivel, verdwijn duivel, op een dag zal de duivel alles meenemen, Heilige Maria, ik zie de duivel*, waren wel de meest vriendelijke uitdrukkingen die ketters gezinde boeren voor een katholiek priester in petto hadden (en omgekeerd, goed katholieken voor een *perfectus*). Wanneer een vrouw van wie men dacht – of hoopte – dat ze kathaars was zich plotseling gedroeg als goed katholiek, dan had haar omgeving de reden daarvan snel achterhaald: *ze is door de duivel bezeten* (*indemoniata, dyablat*).

Voor de kathaarse boeren was de aardse wereld in principe door en door slecht, en het leven niet meer dan een dodelijke ziekte. Ze hadden er daarom geen moeite mee overal de hand van de duivel in te zien en dachten dat ze omringd waren door duivelsknechten. *'Dus de duivels zijn onze broeders'* concludeerde een boer die onder de indruk was geraakt van de onrechtzinnige praat van Arnaud Teisseire.

De duivel was dus overal, behalve daar waar de Kerk hem later zou gaan zoeken. Het gewone volk maakte in de veertiende eeuw een duidelijk onderscheid tussen magie voor dagelijks gebruik en duivelse hekserij. Behoudens enkele kleine uitzonderingen erkende ook de geestelijkheid dit onderscheid. Pas in de zestiende eeuw zouden achterdochtige rechters de dorpsmagie promoveren tot samenzwering met de duivel. Rond 1300 bleven de brandstapels evenwel nog gereserveerd voor de Katharen.

Het idee dat men nuttig gebruik kon maken van de duivel was in de Sabarthès niet helemaal afwezig. Aycard Boret, uit Caussou, verwees naar aanleiding van een vijand die hij in de gevangenis had laten opsluiten, naar de mogelijkheid om de hulp van de duivel in te roepen, en hij snoerde zijn tegensputterende *commère* de mond met de woorden: *'Zwijg, beste vrouw, want soms heeft de duivel meer macht dan God, en ik heb toch echt óf de steun van God, óf de steun van de duivel nodig* (III, 348).' Maar Aycard was medeplichtig aan moord en vormde dus een uitzonderingsgeval.

Ook de culturele omstandigheden droegen er toe bij dat echt duivelswerk in de Sabarthès tamelijk zeldzaam was. De duivels waren wel alomtegenwoordig, en mengden zich zonder veel omhaal onder de mensen, maar het was niet gemakkelijk rechtstreeks met ze in contact te komen. Zelfs de zielenboodschapper of *armier*, die het monopolie had op het contact met de schimmen van de gestorvenen, sprak nooit in eigen persoon met de talrijke demonen die zijn schimmen lastig vielen.

Er was nog een andere factor die het optreden van de duivel tegenwerkte: in deze bergdorpen gaapte tussen man en vrouw (die belast was met de magische praktijken) nog niet de culturele kloof die de dorpsschool in de zestiende eeuw zou slaan. Die school zou namelijk een deel van de jongens leren lezen en schrijven, terwijl de meeste meisjes veroordeeld zouden blijven tot vrijwel volledige onwetendheid. Daarmee werden ze meer dan ooit de geboren hoedsters van de volkscultuur die niet op school onderwezen werd. In de ogen van de mannen die op de scholen bijgeschaafd werden en het alfabet leerden zouden de vrouwen steeds verdachter worden. Sedertdien werd het gebruik om bij verdenkingen tegen vrouwen al snel het woord hekserij in de mond te nemen.

De wijze waarop in Montaillou en in de Sabarthès de levenden allerhande betrekkingen onderhielden met de doden brengt ons op het uitgebreide onderwerp van de mythe, het bovennatuurlijke en de mirakels of wonderen.

Aan het daadwerkelijke bestaan van het bovennatuurlijke werd in de verklaringen van de dorpelingen niet getwijfeld, of het nu ging om verhalen die rechtstreeks aan de inquisiteur werden verteld, of om verhalen die een bepaalde getuige al eerder ergens gehoord had, en die hij ten overstaan van Jacques Fournier herhaalde. Het bovennatuurlijke was uiteraard ook sterk aanwezig in de mythen die in de Sabarthès de ronde deden. De mythen konden aansluiten bij de leer van de Kerk of bij de ketterij, maar soms hadden ze ook betrekking op niet-religieuze kwesties.

Veel minder vaak kwam het voor dat het wonderbaarlijke werkelijkheid werd in een mirakel. De Sabarthès was bepaald geen rooms tabernakel meer en de katholieke mirakelen waren er dan ook een zaak van het verleden. Meer stroomafwaarts, in Foix, gebeurde er iets dat we bijna een ketters wonder zouden kunnen noemen. Toen Raymond de la Côte, een aanhanger van de Waldenzen, op de brandstapel stond, verteerde het vuur, zoals te verwachten was, de touwen waarmee de polsen van de veroordeelde geboeid waren. Deze vond toen nog de kracht zijn handen ineen te slaan om tot God te bidden. *Dat bewijst dat zijn ziel de zaligheid verkregen heeft*, was het commentaar dat men in de kroegen van Foix op het gebeuren leverde (1, 174).

Een aanwijsbaar kathaars mirakel vond echter in Montaillou en de Sabarthès niet plaats (met één uitzondering: tijdens een *consolamentum* in de bergen traden er vreemde lichtverschijnselen op). Deze afwezigheid van wonderen maakte een paar zaken duidelijk; de kathaarse missionarissen en de boeren die al dan niet onder hun invloed stonden wezen de wonderen af. Zij wilden God laten verdwijnen uit de stoffelijke wereld die aan de duivel gewijd was. En met God ontdeed men zich van de bovennatuurlijke oorzaken. *'Gelooft u dat die stukjes hout wonderen kunnen verrichten'*, vroeg Bélibaste aan de herders van de Boven-Ariège (II, 55). En de heilige man, die niet van zins was kathaarse wonderen te gaan verrichten ter vervanging van de roomse, voegde er aan toe: *'Wonderen zal ik echt wel verrichten. Maar als ik in de andere wereld zal zijn, niet in deze (II, 54).'*

Het mythische denken van de bevolking van het graafschap Foix bleef meestal vrij beperkt. Welke vlucht het nam als het ging om het schimmenrijk komt later nog aan de orde. De mythes werden vaak doorverteld, via de welbekende methode van de voorbeelden of *exempla*: Raymond Cantel en Robert Ricard gaven een interessante definitie van dit begrip[3]: 'het *exemplum*', is de kern van hun betoog, 'is een zelfstandig verhaal, afgebakend in tijd en ruimte; de lengte (van de geschreven tekst) varieert van tien tot twintig regels. Het is gemakkelijk te begrijpen en te onthouden, en aangenaam om te horen. Het heeft ten doel een christelijke waarheid, door middel van een voorbeeld, te verhelderen, te verklaren en te completeren' (en dit kan ook een goed-christelijke, dat wil zeggen ketterse, waarheid betreffen).

De *exempla* die de katholieke dorpsvrouwen elkaar vertelden konden afkomstig zijn uit series van gecompileerde *exempla* (bijvoorbeeld in de *Legenda Aurea*). Dit gold voor het verhaal van de broodhostie en de miswijn, die respectievelijk veranderden in een afgesneden kindervinger en in bloed, om de ongelovige boerin te stichten die dat brood gebakken had. Dit *exemplum* men plaatsen in een serie van soortgelijke transformaties: in Arzens (Aude) vertelde men dat St. Dominicus, op de feestdag van St. Johannes de Doper, midden op de akkers in een twistgesprek verwikkeld was geraakt met oogstarbeiders die, ondanks het verbod om op deze feestdag te werken, bezig waren graan te maaien. Tijdens de discussie met de heilige zag een van de godslasterlijke arbeiders dat zijn graanschoof vol bloed zat. En toch had hij geen wonden aan zijn handen. De overwinning van de heilige was compleet, daar al de anderen hetzelfde overkwam.[4] *Exempla* te over waren er ook in het onderricht van de *perfecti*. De mythe van de pelikaan als symbool van Christus is al aan de orde gekomen: dit verhaal circuleerde in de Sabarthès, alwaar het door Bernard Franca, de boer-geestelijke uit Goulier gepresenteerd werd als een *exemplum* of *istoria*. In de christelijke iconografie, en in de symboliek van de zestiende-eeuwse alchemie, zijn pelikanen met dezelfde betekenis terug te vinden. Een ander zeer bekend ketters *exemplum* was dat van de twee *perfecti* en de eekhoorn (zie hoofdstuk 19). Dit *exemplum* circuleerde tussen 1300 en 1320 in Montaillou, Ascou, Caussou en Tignac als een waar gebeurde geschiedenis (II, 107; III, 306). Populair was ook het verhaal over het verloren hoefijzer (zie hoofdstuk 19).

Zoals gezegd namen de mythen in het denken pas een wijde vlucht als het ging om het koninkrijk van de doden. Er was het heimelijk dwalen van de schimmen over het aardoppervlak (in het horizontale vlak) en er was het ten hemel stijgen van de zielen (in verticale richting).

Guillaume Fort, een boer uit Montaillou, geeft een goede omschrijving van het dolen der schimmen: *'Indertijd geloofde ik niet aan de wederopstanding van de menselijke lichamen na het overlijden, hoewel ik dat in de kerk heb horen preken. En ik geloof er nog steeds niet aan! Want het lichaam van een overledene raakt in ontbinding, en verandert in aarde of in as. Ik geloof daarentegen wel aan het voortleven van de ziel... De zielen van de slechte mensen zullen dwalen over "bergen en dalen", anders gezegd, over rotsen en afgronden; en de demonen zullen die slechte zielen vanaf de rotsen in de afgronden duwen.'*

'Waarom gelooft u dat?' vroeg Jacques Fournier.

'Omdat,' zo antwoordde Guillaume, *'men in het Land van Aillon en het Land van Sault gewoonlijk zegt dat Arnaude Rives, een vrouw die in Belcaïre woont, in het diocees van Alet, kan zien hoe demonen de slechte zielen over rotsen en hellingen voeren, om die zielen van de top van die rotsen naar beneden te duwen. Arnaude ziet die zielen zelf! Ze hebben vlees, botten, en alle lichaamsdelen: een hoofd, voeten, handen, en de hele rest. Ze hebben dus een eigen lichaam; en ze worden door de demonen naar beneden gegooid; ze weeklagen heel luid; ze lijden pijn; en toch kunnen ze nooit sterven! Meester Laurent, de pastoor van Belcaïre heeft die vrouw Arnaude Rives er daarom flink van langs gegeven,'* zo vervolgde Guillaume. *' "Arnaude, hoe komt u er bij dit soort dingen te verkondigen!" Maar een smid uit Belcaïre, Bernard den Alazaïs, heeft toen tegen die pastoor gezegd: "Ik heb ook die zielen gezien, die over rotsen en hellingen werden gevoerd, en in afgronden werden gestort."*

Daarop heeft de pastoor Arnaude met rust gelaten. En ik, ik geloofde dat de man en de vrouw uit Belcaïre de waarheid spraken. Overigens wordt dit alles in het Land van Aillon en in het Land van Sault overal verteld (I, 447-448).'

Guillaume Fort dreef de oecumene wel heel erg ver door. Hij geloofde, naar eigen zeggen, dat het zieleheil 'in beide religies' (de kathaarse en de katholieke) te bereiken was; daarbij bleef hij ook nog vasthouden aan een aantal opvattingen uit de volkscultuur, die niet-christelijk of voorchistelijk waren! Guillaume Fort stelt ons voor onduidelijkheden en problemen in wat hij meedeelt omtrent het aardse verblijf van de zielen van de overledenen, die merkwaardigerwijs als geestverschijningen en schimmen weer een eigen lichaam hadden gekregen: ze verlieten de mond van de overledene, met diens laatste ademtocht. Vervolgens dwaalden ze door het niemandsland in de bergen (dat buiten het eigenlijke grondgebied van de dorpen lag) en door de volkscultuur als de verblijfplaats werd gezien van dwalende jonge herders, en heksen, van doden en duivels. Terwijl de schimmen dus verbannen werden naar de onvruchtbare en bergachtige woeste gronden mochten de lichamen veranderen in vruchtbare aarde, binnen de grenzen van het cultuurareaal.

Omdat de zielen verbleven in een gebied waar de gewone sterveling van zijn levensdagen niet kwam had die gewone sterveling behoefte aan gespecialiseerde bemiddelaars, boodschappers van de zielen, die *armiers* (of *armariés*) genoemd werden. Zij waren er mee belast contacten tussen zielen en overlevenden te leggen en te onderhouden. Het zou prachtig geweest zijn als we een getuigenverklaring bezaten van een zielenboodschapper die Montaillou tot zijn werkterrein had gerekend, bijvoorbeeld de vrouw of de smid uit Belcaïre. Maar zij vielen niet onder de jurisdictie van Jacques Fournier; jammer voor ons, voor hen echter een zegen. Maar deze leemte kan opgevuld worden. Onderzoek van de recente volkcultuur heeft uitgewezen dat het geloof in geestverschijningen en zielenboodschappers in het graafschap Foix en in de Languedoc immer is blijven bestaan en ook destijds al wijd verbreid was. Het is daarom gerechtvaardigd de hulp in te roepen van Arnaud Gélis, *armier* uit de streek rond Pamiers, om de verklaringen van Guillaume Fort en anderen nader toe te lichten.

HOOFDSTUK 27
HET RIJK DER SCHIMMEN

Arnaud Gélis had de taak op zich genomen de berichtgeving tussen levenden en doden te verzorgen. Hij wist dus hoe dat schimmenrijk aan gene zijde van het graf er uit zag.

Welnu, het bleek dat die andere wereld in veel opzichten een evenbeeld van de onze was, en dat rangen en standen er even duidelijk aanwezig waren. Maar de 'machtigen' kwamen er daarginds bekaaid af. Weliswaar reden 'rijke en voorname dames' nog steeds in een wagen over bergen en dalen, alleen werden die wagens nu niet meer getrokken door muildieren maar door demonen. Van diezelfde demonen vertelde Guillaume Fort dat zij iedere dag de overledenen gingen kwellen, die zich tijdens hun leven in het Land van Aillon slecht hadden gedragen.

Het bleef echter niet bij die dodenkar: rijke dames hadden tijdens hun aardse bestaan zijden manchetten gedragen en op de plaatsen waar eens zijde had geritseld, schroeiden nu branderige plekken.* Op zijn zwerftochten in het dodenrijk was Arnaud ook de schimmen van een paar ridders tegengekomen die gesneuveld waren in het krijgsbedrijf en nu op hun scharminkels van knollen over de wereld zwierven. Tot de navel gespleten door hun dodelijke oorlogswonden bloedden ze iedere ochtend als runderen, terwijl ze helse pijnen leden; 's avonds heelde hun wond dan weer en verdween de pijn tot de volgende dag. Niet zelden kwam men in de andere wereld ook slachtoffers tegen van moordaanslagen, zoals Pons Malet uit Ax, met zijn gezicht nog helemaal onder het bloed. Ook waren er dode artsen die nog steeds rond de plaatselijke leprakolonie bleven dwalen, en geestelijken wier hoofddeksel een scherp contrast vormde met de eenvoudige wit linnen kleding van de doden uit de lagere klassen. Als die geestelijken de pech hadden rijk te zijn geweest, dan stond hen een heet kwartiertje te wachten in hun nieuwe gedaante als geestverschijning: vier door de hellemond uitgespuwde honden martelden een aartsdiaken, die tijdens zijn leven de grondrenten die de grondbezitters aan de geestelijken verschuldigd waren in eigen zak had gesto-

---

* Zijde was in Occitanië pas kort daarvoor in zwang gekomen, sinds men in de dertiende eeuw in de Cévennes begonnen was om de moerbeiboom te cultiveren.

ken. De voormalige bisschop van Pamiers, Bernard, was nog geen rust vergund: was hij niet te hard opgetreden tegen twee trouwe dienaren die door zijn fout waren verarmd?

In het dodenrijk schitterden bepaalde leeftijdsgroepen door afwezigheid. Kinderen jonger dan zeven jaar (of twaalf, volgens een andere lezing) trof men niet aan in de schimmenmenigte waar de *armier* in contact mee trad. In het zeer aardse hiernamaals waar de activiteiten van Gélis zich toe beperkten bestond er ook een generatieconflict tussen jonge, agressieve doden en oude doden die in de verdrukking raakten; de eersten waren zeer talrijk, en konden het zich gemakkelijk veroorloven de beest uit te hangen. De leeftijd waarop men tussen 1300 en 1320 stierf, lag gemiddeld lager dan tegenwoordig. De verzwakte en gehavende oude doden werden door de jongeren met voeten getreden; ofwel ze werden gelijk distelzaadjes weer opgetild door de wind, die arme dode oudjes, om daarna weer onder het voetgetrappel van de grote massa andere schimmen terecht te komen.

Ook in de andere wereld vormde de jeugd een aparte categorie, net als bij ons, en het sociale contact tussen de vrouwen onderling was er zelfs nog beter ontwikkeld dan dat van de jeugd. De dode vrouwen schreden arm in arm voort; een aantal had een gescheurd hemd, sommigen waren zwanger, weer anderen hadden een kapucijnen-koord omgegord. Ze hielden zich bezig met kleine of grote wraakplannen, en werden geacht kennis te bezitten over levenden en doden. De levenden aarzelden niet om, door tussenkomst van de professionele zielenboodschapper, hun overleden vrouwelijke verwanten om inlichtingen over deze of gene te vragen. '*U, die met de doden meegaat,*' zei een vrouw uit Pamiers tegen Arnaud Gélis, '*gaat u aan mijn overleden dochter vragen of mijn zoon Jean, die mijn huis verlaten heeft, dood of levend is. Het is ontzettend lang geleden dat ik iets van hem vernomen heb (I, 338).*'

De joden vormden ook in de andere wereld een afzonderlijke groep, die het slachtoffer werd van het antisemitisme van de doden, net zoals het in de wereld van de levenden toeging. Men behandelde ze als honden, als varkens. Ze stonken. Ze bewogen zich achterwaarts voort, terwijl de overige schimmen recht vooruit liepen. Het waren geen regelmatige kerkgangers, terwijl kerken voor de schimmen juist de gebruikelijke plaatsen van samenkomst waren. De nauwelijks door het christendom beïnvloede volkscultuur van de Sabarthès, die sterk heidense trekken had, toonde zich echter toch minder hardvochtig voor de joden dan de Kerk van Rome: *op een dag zullen de joden gered worden*, vernam Gélis van zijn overleden tipgevers, *net als de heidenen*. De katholieke geestelijkheid daarentegen kon in een vlaag van razernij de joden eeuwige verdoemenis in het vooruitzicht stellen. Zelfs de machtige en barm-hartige Maagd Maria kon hen niet redden.

Het is de vraag of zich hier al de specifieke kenmerken van de doden-dans aankondigen. In ieder geval wordt in de teksten vermeld dat de doden elkaar bij de hand hielden als ze door de kerken wandelden, maar in het begin van de veertiende eeuw werd men nog niet geobsedeerd door skelet en ontbinding. Dat zou pas in de tweede helft van de eeuw gebeuren, na de schokkende catastrofes die veroorzaakt werden door de Zwarte Dood.

Net als Guillaume Fort (uit Montaillou) dacht Arnaud Gélis (uit Pa-miers) dat de doden een *eigen lichaam* hadden, met voeten, handen, hoofd etc. Dit lichaam was mooier dan het vleselijke lichaam van de levenden, de wonden, het stromende bloed, en de gescheurde kleding even buiten beschouwing gelaten. Gesterkt door de vele getuigenissen van overledenen die Gélis had verzameld, verklaarde hij echter stellig: '*Het bestaan van ons levenden is beter dan dat van de doden. Laten we van nu af aan zoveel eten en drinken als we kunnen. Na de dood kunnen we ons daar de tijd niet meer voor gunnen (I, 135, 545).*'

De doden hadden het koud. 's Nachts warmden ze zich in huizen waar een grote voorraad brandhout was. Ze staken een vuurtje aan in de haard, met de nagloeiende houtskool die de levenden daar hadden afge-dekt voor ze naar bed gingen. De doden aten niet, maar ze dronken wijn, en wel de beste. 's Nachts leegden ze de vaten in de mooiste en schoonste huizen (volgens een andere lezing deed hun drinken het peil in de vaten niet dalen). Gélis had aan de vooravond van de wijnoogst vaak deelge-nomen aan ware drinkgelagen, die meer dan honderd schimmen rond de vaten bijeen brachten. Daar was hij overigens behoorlijk aan zijn trekken gekomen (waar hij wellicht zijn bijnaam de Keldermeester aan te danken had).

Van geneugten des vlezes was daarentegen voor de arme doden geen sprake. Deze schimmen hadden geen recht meer op een seksueel leven, evenmin trouwens op een gezinsleven. De doden hadden geen thuis, ook al bezochten ze nog zo vaak hun voormalige huis of dat van ande-ren. Het ontbreken van een *ostal* zorgde er voor dat het besef bij de parochiegemeenschap te behoren bij de overledenen juist sterker aanwe-zig was; het nauwe kader van de *domus* werd nu overstegen door een binding aan de parochiekerk waar zij van afhankelijk waren. De doden waren betere parochianen dan de levenden.

De normale toestand waarin de doden verkeerden voor ze hun defini-tieve rustplaats bereikten was er een van beweging. Ze renden en ren-den, die geesten. Wat een contrast met het leven dat ze geleid hadden, en waarin ze bijna wortel hadden geschoten in hun *domus*. Wat een contrast ook met de bestemming die hen op hun uiteindelijke rustplaats wachtte: daar zouden ze juist, naar het schijnt, terecht komen in een gelukzalige bewegingloosheid. Ze doolden rond om boete te doen (zie in dit verband ook de getuigenverklaring van Guillaume Fort, over de demonen die de geesten onophoudelijk achtervolgden om ze in de afgrond te gooien). De meest schuldigen, vooral de woekeraars, liepen het hardst. Allen (behalve de joden) gingen van kerk naar kerk en ze bleven door een rekbare maar onverbrekelijke band verbonden met het parochieheiligdom waartoe ze behoorden en het kerkhof waar ze begraven lagen. Andere kerken bezochten ze om genadebewijzen te verzamelen, die het hun mogelijk zouden maken eerder op hun rustplaats aan te komen. Een voor hen typerende en verplichte vorm van boetvaardigheid was de voettocht (of de tocht in de demonenkar, voor de rijke dames). Ook de doden namen de pelgrimsstaf op. De ware kampioenen onder hen liepen in vijf dagen naar Santiago de Compostela, andere gingen naar St. Gilles, Rocamadour etc.

Om de doden het kerkbezoek te vergemakkelijken moesten de levenden er voor zorgen dat er in de kerken ook 's nachts licht brandde, van kaarsen, maar liever nog van olielampen. De doden gaven de voorkeur aan lampen op olie, want dat brandde langer en regelmatiger dan runder- of schapevet. 's Nachts onderbraken de doden hun eindeloze dooltocht om te gaan waken in een kerk, hun nachtelijke *domus*. 's Ochtends gingen ze dan in processie weer naar buiten, op weg naar een andere kerk.

Net als de levenden kon men de doden het gemakkelijkst 's ochtends treffen, na de mis, het traditionele tijdstip voor sociale bijeenkomsten. Gélis mocht graag van dit uur van de dag profiteren om zich met zijn 'klanten' te onderhouden over het hiernamaals.

De rusteloze beweeglijkheid van de doden, vooral die van de vederlichte geesten die op hogere leeftijd overleden waren, stelde ook de levenden voor problemen: '*Als u loopt,*' zei Gélis tegen zijn (levende) toehoorders, '*zwaait u dan niet wild met u armen en benen, houdt die juist dicht bij het lichaam, anders loopt u de kans een geest tegen de grond te slaan. Vergeet u niet dat we als we lopen altijd, zonder het te beseffen, omringd worden door een menigte geesten, die onzichtbaar zijn voor degene die geen zielenboodschapper is* (1, 134-135, 533-548).'

In al die verhalen is het vagevuur de grote afwezige: deze postume verblijfplaats was rond 1320 een tamelijk recente theologische vondst van degenen die zich bezig hielden met het definiëren van de dogma's van het katholieke geloof. Het was geen 'ontdekking' die erg in de

457

smaak viel: slechts één van de overledenen waar Arnaud Gélis mee sprak was door de vlammen van het vagevuur gegaan. Meester Arnaud Durand – zo heette hij – had er slechts een pijnlijke herinnering aan over gehouden. Bij terugkomst was hij gewoon doorgegaan met het bezoeken van kerken, net als de andere doden, wachtend op het bereiken van zijn rustplaats.

Rust was het grote woord. In de visioenen van Gélis was geen plaats voor de hel, tenminste niet voor zover het de zielen van de overledenen betrof. De hel was namelijk niets meer dan de onderaardse verblijfplaats van de demonen, die af en toe een luchtje kwamen scheppen om dan wat dwalende zielen te achtervolgen, of de karretjes van voorname dames te trekken. Ook van het paradijs had Gélis geen duidelijke voorstelling, want dat kwam pas ná het Laatste Oordeel aan de orde. Voor die Grote Dag bleven levenden zowel als doden met beide voeten op de grond staan en vlogen de zielen nog niet in de richting van de hemelse gelukzaligheid. Na een zekere tijd van boetvaardige omzwervingen van kerk naar kerk begonnen de doden zich voor te bereiden op hun tweede dood, het betreden van hun 'rustoord', wederom gelokaliseerd op aarde, maar ditmaal in een aangename omgeving, die echter vaag en onbekend bleef. Die tweede dood vond plaats op Allerheiligen en vandaar het belang van de maaltijden die ter gelegenheid van dit feest aangeboden en genuttigd werden. Dit 'tweede verscheiden' werd volgens Gélis soms door engelen aangekondigd: met een kleine deputatie kwamen ze uit de grote menigte dwalende geesten diegenen selecteren die rijp waren voor het 'rustoord', omdat zij genoeg penitentie gedaan hadden en al hun aardse schulden vereffend waren. Dit vertrek naar het 'rustoord' droeg een definitief karakter; het kon bespoedigd worden door de missen die de nabestaanden voor hun dierbare overledenen lieten lezen, of door giften aan de armen; in laatste instantie ook door het afbetalen van oude schulden. Als de doden die niet hadden afbetaald, dan moesten hun nog levende verwanten en vrienden in hun plaats voor de afwikkeling daarvan zorg dragen.

Bij de doden die hun dooltocht nog enige tijd moesten voortzetten riep die uittocht naar het 'rustoord' extra smart en geweeklaag op. Ze treurden om de lege plekken die de uitverkorenen lieten vallen. Ten tweede male werd nu de klaagzang over de gestorvenen aangeheven, doch ditmaal door de schimmen.

Eenmaal aangekomen in het 'rustoord' deden de doden, die van nu af aan echt dood waren, niet meer van zich spreken. Voor de levenden liepen de rouwplichten nu ten einde, want ook de bode der zielen verloor nu het contact. De dooltijd vormde met andere woorden een schutsluis tussen het eigenlijke aardse leven en het 'rustoord'. Het boetvaardige verblijf in deze sluis tussen de ene dood en de andere dood kon heel kort zijn, en hoefde slechts enkele weken te duren.

Het 'rustoord' was zoals reeds gezegd een verre van naargeestige plaats. Voor veel bewoners van deze Occitaanse gebieden, die gewend waren aan een mengelmoes van heidense en christelijke of bijbelse voorstellingen, was het zelfs niet minder dan het aardse paradijs.

De doden waren dus eigenlijk zwervers zonder thuis, maar aangezien de *domus* ook na het verlies van een van zijn leden bleef voortbestaan behielden sommige doden banden met hun *ostal* van herkomst; ze gingen dan iedere zaterdag naar de woning waar hun kinderen, weduwe of weduwnaar nog woonden en installeerden zich dan tijdelijk weer in hun oude kamer. Bijgevolg moesten die kamer en dat huis zo schoon mogelijk gehouden worden, zodat de dodencultus een bijzonder heilzaam neveneffect op de hygiëne had.

In het bijzonder waakten de overledenen over de slaap van hun nog levende verwanten. *De doden komen binnen, en omhelzen hun verwanten die in bed liggen, ze leggen hun de handen op het gezicht, opdat ze beter slapen, en niet wakker worden* (I, 545). Dode grootmoeders vonden het heerlijk hun kleinkinderen te zien slapen, en ze te bekijken, te omhelzen, ja te zoenen. De schimmen van de overledenen bekommerden zich nog steeds om de gang van zaken in het huishouden. Zo had een moeder er spijt van dat ze haar dochter, die haar echtgenoot verlaten had, niet naar hem had teruggebracht, en liet de schim van een vriendelijke en attente echtgenoot zijn vrouw door tussenkomst van Gélis weten dat hij graag zou zien dat ze hertrouwde met een eerzame man. De dodencultus vervulde dus een duidelijke functie bij het aanhalen van de gezinsbanden.

Er was sprake van wederzijdse verplichtingen. Een gezin kon het einde van een rouwperiode bespoedigen door de dode te helpen bij het vinden van zijn laatste rustplaats. Wanneer de verwanten missen lieten lezen voor de overledenen, dan hadden beide partijen hier baat bij: de doden omdat hun vermoeiende dooltijd verkort werd, de levenden omdat ze op die manier voorgoed van hun doden af konden komen, want op den duur werden die lastig. Als het nodig was maakten de doden gebruik van Gélis' bemiddeling om hun nabestaanden te laten weten dat er wel weer eens missen ter hunner intentie gelezen mochten worden. Uiteraard geschiedde dit niet gratis. Ook de priesters hadden er zo baat bij: Gélis speelde de rol van een handelsreiziger in missen ten voordele van de plaatselijke geestelijkheid. Hij hief een bescheiden tiende over deze inkomsten waar de geestelijkheid graag wat folkloristische dwalingen voor door de vingers zag, tot Jacques Fournier onbescheiden zijn neus in deze praktijken stak en daar geen wierook vermocht te ruiken, doch slechts zwavel en brandend hout.

Men beperkte zich er niet toe missen te laten lezen voor dolende overledenen. Ook werd recht gedaan aan gerechtvaardigde eisen, bij voorbeeld over een kostbaarheid waar ze na het overlijden van beroofd waren. Rousse, de overleden moeder van Arnaud Gélis, deed haar beklag tegen Raymonde Hurgon, bode der zielen en boerin uit een dorp vlak bij Fanjeaux. Overigens was deze Raymonde een achternicht van Gélis, zodat we hier als het ware te maken hebben met een heel geslacht van zielenboodschappers. *'Mijn kinderen'*, zei Rousse tegen Raymonde, *'hebben voor mijn begrafenis de kostbare sluier weggenomen, die ze na het doodstoilet over mijn hoofd hadden gelegd. Ik wil mijn sluier terug!* (1, 136)' Gélis, die in dezen deskundig was, voerde het verzoek uit; hij gaf een sluier aan een arme vrouw (*geven aan de armen is geven aan de doden*).

De bemiddeling van Gélis zorgde er ook voor dat de doden hun nabestaanden konden aansporen de schulden te vereffenen die zij bij hun overlijden hadden laten uitstaan. Voor dat gebeurd was vonden zij namelijk geen rust. Soms vroegen de doden, wederom via tussenkomst van Gélis, hun nabestaanden om aalmoezen te geven aan de armen. Want ook die giften kwamen aan de doden ten goede. Zo garandeerde de dodencultus een goede afwikkeling van de financiële zaken.

Gélis was niet arm en bezat waarschijnlijk een eigen huis, maar hij was niet overijverig en hield er van lekker in de zon te luieren. Hij was aanvankelijk huisknecht van een kanunnik en werd later onderkoster. Zijn belangrijkste bezigheid was echter toch wel de doden te laten spreken. Daarmee was zijn rol in dezen vrij goed te vergelijken, rekening houdend met de enorme chronologische en culturele verschillen, met die van de *historicus* in de moderne samenleving.

Met zijn levende klanten stond Gélis op tamelijk vertrouwelijke voet. Een vrouw aan wie hij berichten uit het dodenrijk doorgaf, ging rustig door met het bereiden van een maaltijd voor een zieke, terwijl haar zoon, ook bij het onderhoud aanwezig, ondertussen een schaap de keel doorsneed. Net als de zielenboodschappers zelf vond men hun klanten zowel in de stad als op het platteland.

Ook de betrekkingen tussen Gélis en de doden droegen geen erg formeel karakter. Van tijd tot tijd deed de *armier* zelfs dienst als middelaar tussen de ene en de andere dode, die dan allebei genoeglijk tegen hen babbelden. Jammer was alleen dat er onder zijn clientèle in dat 'hiernamaals-hier-beneden' zo'n enorm verloop was.

Gélis werkte discreet en betrouwbaar en hield zich strikt aan zijn beroepsgeheim: hij gaf zijn inlichtingen uitsluitend door aan degenen voor wie ze bestemd waren. Hij verrichtte zijn werkzaamheden tot volledige tevredenheid van degenen die hem hun vertrouwen hadden geschonken aan beide zijden van de laatste grens.

Het was gemakkelijker Gélis te verwijderen dan hem te vervangen. Wanneer de inquisiteur deze gespecialiseerde vertrouwenslieden – de *armiers* – zou opruimen, dan zou hij daarmee de mensen ertoe aanzetten om zelf contact met die geesten te gaan zoeken. Men liep dan het risico dat die geesten te pas en te onpas overal en nergens opdoken.

Doch er waren nog ergere dingen op til: de Kerk wilde de schimmen opruimen, om ze geheel en al te vervangen door de zielen van de katholieke theologie; na de dood vlogen die meteen als pijlen uit een boog naar hun respectievelijke bestemmingen toe, hemel, hel of vagevuur. Door zo tegen de gangbare geloofsovertuigingen in te gaan liep de Kerk een risico: de levenden konden zich nu namelijk helemaal niet meer, direct noch indirect, tot de geesten van hun verdwenen dierbaren wenden. Zo zouden ze wel eens op het idee kunnen komen om zelf contact te gaan zoeken met de duivels, die in de goede oude tijd van Arnaud Gélis en Guillaume Fort alleen enige – overigens ruwe – contacten met de doden hadden gehad, en niet met mensen van vlees en bloed. Riep de Kerk zo niet zelf het spookbeeld van de hekserij op?

Gélis vervulde nuttig werk met het overbrengen van aanmaningen om oude schulden af te betalen, de armen aalmoezen te geven, missen voor de overledenen te laten lezen en hij ontving dan ook een bescheiden vergoeding. De doden betaalden hem echter met stokslagen, als hij zijn beloften niet nakwam om iets aan de levenden over te brengen. De levenden waren wat schappelijker, en gaven hem een kaas, of ze nodigden hem uit mee te drinken of te eten; soms kreeg hij wat geld dat hij uit liefde voor God aannam. Daarin school niets kwaads als men denkt aan de risico's die Gélis liep tegenover de inquisitie, die hem uiteindelijk toch in de klauwen zou krijgen.

Gedurende lange tijd waren Gélis' betrekkingen met de officiële geestelijkheid overigens verre van slecht. Hij was een ijverig bezoeker van kerken. In zijn op de volkscultuur gebaseerde opvattingen klonken toch af en toe enige geluiden van preekstoel of sacristie door. Daarbij zat de zielenbode als het ware op de plek waar vraag en aanbod elkaar raakten, en boorde hij een klantenkring aan, bestaande uit vrouwen, die graag missen wilden laten lezen voor hun overleden echtgenoot, vader of kind; hij bracht ze dan in contact met priesters, die niets liever deden dan tegen betaling een mis opdragen.

Uiteindelijk kwam Gélis onder de levenden wel een paar mensen tegen die hem niet wilden geloven. Het feit echter dat zijn verbeelding gevoed werd door een mentaliteit die volk en elite deelden, terwijl het sociale nut van zijn handelingen onmiskenbaar was, zorgden er voor dat Gélis onder de levenden een netwerk van (voornamelijk vrouwelijke) vaste klanten kon opbouwen. En ook de doden moeten die gedienstige Gélis wel een lot uit de loterij hebben gevonden.

Al te groot waren de verschillen tussen Arnaud Gélis (uit Pamiers dat in de vlakte ligt) en Guillaume Fort (uit Montaillou, in de bergen) niet. Ze waren het er over eens dat er een schimmenwereld bestond die nauw verbonden was met onze wereld. Beiden beschouwden ze die schimmen als een soort dubbelgangers, met een lichaam dat op ons stoffelijke lichaam leek, maar wat vluchtiger was. Ook Pierre Maury deelde deze wijd verbreide opvatting: *Sinds ik de beschikking heb over mijn verstandelijke vermogens, heb ik altijd geloofd dat de menselijke ziel in vorm, gezicht, ledematen, vlees en bloed, precies lijkt op het menselijk lichaam en toch zijn het niet de ketters die me dat hebben gezegd.* Er waren natuurlijk regionale verschillen die onder andere verklaard kunnen worden uit het feit dat in de steden meer rijkdom voorkwam dan in de bergen: in Pamiers reden sommige zielen in door demonen getrokken karren, in Montaillou werden ze door vogels (demonen die zich bijvoorbeeld in kerkuilen hadden veranderd) op de vleugels meegevoerd.

Ook in Montaillou en Prades d'Aillon stond men sceptisch tegenover het vagevuur; net zoals velen ook niet geloofden dat de zielen van de mensen – joden uitgezonderd – de kans liepen in de hel te komen. *'De hel, dat is voor de duivels, en voor Judas Iskariot,'* verklaarde Jean Maury, *'en na het Laatste Oordeel komen de joden er in, alle joden; maar niet de zielen van de andere mensen (II, 513-514).'* Net als Gélis namen ze aan dat die schim, na het overlijden, een tijd moest dwalen, of in ieder geval een periode van boetedoening doormaakte, gevolgd door de overgang naar het rustoord, vaak gelijkgesteld met het aardse paradijs, dat zijn bekendheid dankte aan de gevulgariseerde versies van het Oude Testament die men meestal van horen zeggen kende. Pas na het Laatste Oordeel gingen de zielen naar het hemelse paradijs. In de overgangsperiode tussen de individuele dood en het Laatste Oordeel wisten de traditionele voorstellingen van het hiernamaals die in de volkscultuur bestonden zich te handhaven. Die volkscultuur bevatte veelal voor-christelijke elementen, die bleven voortbestaan naast het rooms-katholicisme en naast het katharisme. Zo kwamen in de Ariège de geesten tot in de negentiende eeuw (en later) incognito op bezoek in de huizen en bleef de nacht van Allerheiligen een hoofdrol vervullen.

Niet iedereen stond volledig achter die opvattingen uit de volkscultuur. Er waren sceptici die dachten dat de ziel helemaal geen menselijke vorm had, en zich er over verbaasden dat ze die wat bleke schim niet uit de mond van de stervende zagen ontsnappen op het moment dat die zijn laatste adem uitblies. Anderen dachten dat de ziel van brood was, of van wind, of dat het slechts de zucht was die men op het moment van overlijden uitstootte. Weer anderen meenden dat de ziel van bloed gemaakt was. *'Met de aanstaande wijnoogst drie jaar geleden,'* vertelde Guillemette Benet uit Ornolac, *'bevond ik mij in de tuin in mijn dorp. Daar viel ik op mijn neus, van een muur af, en ik bloedde uit mijn neus. En ik zei tegen een vrouw die me te hulp schoot: "Het is de ziel. De ziel! De ziel is alleen maar bloed!"* (1, 264)'

De mens had niet uitsluitend een ziel, die op een enkele uitzondering na geacht werd onsterfelijk te zijn, maar men moest ook rekening houden met het verstand. Dat verstand kon, als iemand droomde, ontsnappen uit het lichaam waar het in verbleef. In Montaillou was vooral Pierre Maury bijzonder geïnteresseerd in de problemen die het dromen met zich meebracht, en in het *exemplum* van de hagedis, zoals Philippe d'Alayrac uit Coustassa het vertelde. Dit *exemplum* was al eeuwenlang door de middeleeuwse vertellers voorgedragen en kwam ook ter sprake bij de herders aan de oevers van de Ariège: *Er waren eens twee gelovigen, die zich vlak bij een rivier bevonden. Een van de twee viel in slaap. De ander bleef wakker en hij zag uit de mond van de slaper een wezen te voorschijn komen dat op een hagedis leek. Plotseling stak die hagedis de rivier over, gebruik makend van een plank (of was het een strohalm?) die zich van de ene oever uitstrekte tot de andere. Op die andere oever bevond zich een uitgedroogde ezelskop. Door de openingen in die schedel schoot de hagedis naar binnen en weer naar buiten. Daarna ging hij weer terug naar de mond van de slaper, de rivier overstekend via de plank. Dit gebeurde zo één of twee keer. Toen de wakende man dit zag, gebruikte hij een list: hij wachtte tot de hagedis weer op de andere oever was en de ezelskop naderde. En hij nam de plank weg! De hagedis kwam weer uit de kop naar buiten en bereikte de oever. Hij kon niet oversteken! De plank was weg! Het lichaam van de slapende man kwam daarna heftig in beweging, zonder dat hij wakker werd, ondanks al de pogingen die de wakende man in het werk stelde om hem uit zijn slaap te halen. Uiteindelijk legde de wakende man de plank weer over de rivier. Zo kon de hagedis weer terug komen en het lichaam van de man weer door de mond binnengaan. Meteen ontwaakte die, en hij vertelde zijn vriend wat hij net gedroomd had.*

'Ik heb gedroomd', zei hij, *'dat ik een rivier overstak over een plank en*

463

dat ik een groot paleis binnenging, met veel torens en kamers, en toen ik
wilde terugkeren naar het beginpunt was die plank er niet meer. Ik kon
niet meer oversteken. Ik zou in die rivier verdronken zijn. Vandaar dat ik
zo heftig bewoog (in mijn droom). Tot die plank werd teruggelegd, en
ik weer kon terugkomen.' De twee gelovigen verwonderden zich zeer
over dit avontuur en ze gingen het aan een perfectus vertellen die hun de
sleutel tot het mysterie gaf: 'de ziel,' zo zei hij hun, 'blijft altijd in het
lichaam van de mens aanwezig. Zijn verstand daarentegen gaat het li-
chaam uit en in, net als de hagedis die van de mond van de slaper naar de
ezelskop ging, en weer terug (III, 152).'

De kathaarse versie van de zondeval werd in de Sabarthès en in Catalonië
onophoudelijk door iedere zichzelf respecterende herder herhaald. Aan
het begin van deze mythe vallen de zielen, aangetrokken door de Boze,
als een sneeuwbui neer op aarde, via een gat in het paradijs. En wie dit 's
avonds rond het vuur vertelde, kwam telkens weer terug op de pakken-
de details: de eeuwige vader zou aanvankelijk niets van deze algehele val
gemerkt hebben; hij was met stomheid geslagen en begreep er niets van.
Tot hij zich kwaad maakte en haastig zijn grote voet op het hemelse gat
zette. Maar hij was wat aan de late kant: een groot deel van de zielen was
al uit zijn vaderlijk paradijs getuimeld en op de aarde beland; zij werden
in het vervolg het slachtoffer van vrouwelijke listen en van de omhulsels
van menselijk vlees die de duivel hun had toebereid. Op dat moment
begon de eerste fase van de cyclus: de zielsverhuizing. De geesten en/of
de zielen (altijd in het meervoud) verlieten de menselijke lichamen ofwel
de vleselijke omhulsels op het moment dat die afstierven. Zo snel als ze
konden gingen ze dan op zoek naar een ander lichaam, aangezien ze
gekweld werden door vuurspuwende duivels (let op de overeenkomst
met de kwelduivels uit de volkscultuur). Ze wilden zich zo snel mogelijk
reïncarneren in een foetus die weer het lichaam van een dier of een mens
zou worden. Met een aantal van deze 'vlooiensprongen' zouden de zielen er in slagen de cirkel weer rond te krijgen: werden ze de ziel van een
perfectus, of van iemand die een *consolamentum* kreeg, dan gingen ze
weer terug naar het paradijs waar ze ooit uit gevallen waren. Als alle
goede geesten of goede zielen op deze manier deze wereld weer verwisseld hadden voor het vaderlijke paradijs, dan zouden er op aarde geen
rechtvaardige mensen meer over zijn. Daarmee zou de wereld iedere
betekenis verliezen, hetgeen het einde van de wereld mogelijk zou maken. De vier elementen zouden zich verenigen, de hemel zou op de aarde
vallen, zeiden de herders van Montaillou, de woorden van de gebroeders
Authié weergevend... Zon en maan zouden uitdoven. Het vuur zou de

464

zee doen branden, en de zee zou zich verheffen tot een vloedgolf en zo het vuur blussen. De aarde zou een meer van pek en zwavel worden: de hel, kortom.

De gelovigen die 'getroost' waren zouden voortaan als broeders bijeen zijn in de grote broederschap van Montaillou-bewoners die het hemelse heil waardig waren. En op die laatste dag zouden zij al dansend alle ongelovigen vertrappen, *zoals lammetjes over het gras van de weiden dartelen, over de stoppels van akkers waar geoogst is* (II, 32).

De zielen van de rechtschapenen zouden uiteindelijk dus in het paradijs verblijven. En waarin zou hun geluk dan wel bestaan? Wel, zei Pierre Authié voor een gehoor van verrukte boeren en herders, het paradijs zal zijn als een grote tuin van liefde, een moederschoot waar ieder gelijk is en alles eerlijk verdeeld wordt. *Iedere ziel zal evenveel goeds en evenveel geluk kennen als elke andere; allen zullen een zijn; en alle zielen zullen elkaar beminnen, zoals elke ziel de ziel van zijn vader of zijn kinderen beminde* (II, 411). En zo reikte Pierre Authié, de vertolker bij uitstek van de gedachtenwereld van de Sabarthès, ons de sleutel aan van zijn religieuze voorstellingen, die eens te meer sociale opvattingen blijken te zijn in een religieus gewaad. Geen woord over welke visioenen van godzaligheid dan ook. Tenminste hier niet. Het paradijs zou als twee druppels water lijken op een reusachtige *domus* waarin alle inwoners van Montaillou verenigd zouden zijn.

HUIS EN HEMEL

Waarin bestond voor de mensen in Montaillou tussen 1290 en 1325 de zin van het leven? Welke drijvende krachten drukten toentertijd hun stempel op het menselijke bestaan, naast de fundamentele biologische behoeften van voeding en seksualiteit? Dit soort vragen heb ik mezelf vaak gesteld over de boeren die tijdens het Ancien Régime in Frankrijk leefden. Natuurlijk is het onmogelijk om hier antwoorden op te geven die geldig zijn voor een hele natie. Maar als het een kleine, zorgvuldig onderzochte gemeenschap betreft, zoals Montaillou rond 1310, dan moet het redelijkerwijs mogelijk zijn dit probleem aan de orde te stellen en er een antwoord op te geven.

Dank zij onze bronnen hebben we door de dunne maar overigens knapperige korst van de feodale betrekkingen en het heerlijke stelsel heen kunnen prikken waarmee de historici van het oude boerenleven zich heel lang tevreden hebben gesteld. We zijn onder het niveau gekomen van de juridische of feitelijke organisatie van de dorpsgemeenschap die in Montaillou in ieder geval geen grote rol speelde en ook onder het niveau van de zeer bescheiden plaatselijke elite; we zijn gestoten op het begrip dat volgens onze bronnen in het bestaan van de bevolking de voornaamste plaats innam: de *domus* (of *ostal*), een woord dat zowel de behuizing als het gezinsverband omvatte. De *domus* zorgde voor de ordening van goederen en mensen, en kwam bij de boeren die nog niet zo geobsedeerd waren door grond als hun hedendaagse opvolgers, op de eerste plaats.

Hoewel we ons in dit boek opzettelijk tot één dorp hebben willen beperken, heeft Montaillou ons toch in aanraking gebracht met de vaak zeer uiteenlopende opvattingen die economische theoretici hebben ontwikkeld over wat we, met een uitdrukking van Marshall Sahlins, de 'huishoudelijke produktiewijze' zouden kunnen noemen.[1] Marx sprak over de economische systemen van de oudheid, waar het economische gebeuren in feite nog in zijn totaliteit besloten lag binnen ieder afzonderlijk huis, in die zin dat ieder huis op zich een zelfstandige produktie-eenheid vormde. Maar de auteur van *Das Kapital* nam hierbij het patroon van verspreide bewoning aan dat volgens hem (terecht of ten onrechte) kenmerkend was geweest voor het *Germania* van zijn voorvaderen, waar ieder gezinshoofd domicilie had gekozen in een geïsoleerd gelegen boerderij en de onderlinge samenwerking tot een minimum beperkt bleef. In Montaillou was daarentegen sprake van geconcentreerde bewoning, de huizen stonden zelfs dicht tegen elkaar aan. Dit maakte dat samenwerking tussen de *domūs* moeiteloos vorm kreeg – hoewel met mate; het betrof dan het uitlenen van werktuigen en gereedschappen, het beheer van weidegronden, het verbod om ingezaaide akkers te betreden, het gebruiken van een gemeenschappelijke bron.

Nog relevanter zijn voor ons de opvattingen van Karl Polanyi, geïnspireerd op een theorie die Aristoteles (steunend op Hesiodos) opstelde over *oikos* (huis) en *oikonomia* (economie, in dit geval in de letterlijke betekenis van 'huishoudkunde'). De theorie van Polanyi raakt de kern van de problematiek die we in Montaillou tegenkomen: de *domus* vormt in ons dorp op de allereerste plaats een formidabel machtsreservoir. De *domus* kon ook vrijwel altijd weerstand bieden aan de krachten die er uit de omgeving op in werkten, en in 'normale' tijden weinig dwingend waren (de heerlijke rechten en de politieke heerschappij van de graaf van Foix). Deze krachten kregen echter een onaangenaam en repressief karakter in die 'uitzonderlijke situatie' die de gehele onderhavige periode kenmerkte. Deze 'uitzonderlijke situatie' was het gevolg van de aanspraken die de Kerk maakte op het heffen van tienden, en van de imperialistische activiteiten van een inquisitie die gaandeweg een totalitair aanzien kreeg.

De economische betrekkingen tussen de verschillende *domūs* onderling of tussen *domūs* en andere economische eenheden werden eerder uitgedrukt in natura dan in geld: het betrof dan diensten die men elkaar wederzijds bewees (transhumance, ruilhandel, gebruik van de grafelijke molen), en de gedwongen overheveling van agrarische overschotten naar een politiek-religieus centrum (de tienden). De *domus* had de neiging om naar zelfvoorziening te streven en niet meer te produceren dan nodig was voor eigen levensonderhoud. Het is opvallend hoe weinig samenwerking er eigenlijk binnen het dorp tot stand kwam tussen de afzonderlijke cellen van het economische leven (de *domūs*), ondanks het feit dat de huizen zo dicht op elkaar stonden. Die versplintering van de produktieve krachten vergrootte de loyaliteit aan het huis ten koste van de loyaliteit aan het dorp, en dit betekende dat burgerzin en gemeenschapsbesef niet gestimuleerd werden. Van tijd tot tijd onderhield de *domus* tenslotte ook serieuze contacten met de markteconomie: de schapenmarkt en graanmarkt van Ax-les-Thermes en Tarascon. De transacties op die markt werden echter niet uitsluitend door economische over-

wegingen bepaald, maar ook door religieuze. Een ketterse graanver-
koopster die een devoot katholiek een hogere prijs berekende rechtvaardigde haar gedrag door tegen hem te zeggen: *'Ik doe vooral goed aan
degenen die van het geloof zijn* (en dus niet aan jou, want jij bent geen
ketter) (II, 108).'

Meer in het algemeen zijn op Montaillou ook de modellen toepasbaar
die A.V.Chayanov in zijn *Theory of peasant economy* heeft voorgesteld; zijn gezichtspunten blijken geldig te zijn voor het economische
leven van de boeren in vrijwel het gehele Westen, in de periode vóór
Adam Smith. In deze maatschappijvorm is, zo stelt deze Russische eco-
noom, iedere *homo oeconomicus* belast met de organisatie van de familie als economische eenheid, waarbij loonarbeiders slechts bij tijd en wijle een bescheiden rol vervullen; de macro-economie wordt gevormd
door de betrekkingen die deze gezinseenheden met elkaar onderhouden.
In grote lijnen kwam de *domus* in het Land van Aillon overeen met dit
systeem van huishoudingen, bijvoorbeeld met een arbeidsverdeling naar
sekse: de vrouwen waren belast met het vuur, het schoonhouden, de
keuken, de tuin, het 'groenvoer' voor beesten en mensen, en het water-
dragen; de mannen namen het voor hun rekening om voor de akkers, de
bossen en de kuddes te zorgen, af en toe met hulp van vrouwen die of
gezinsleden of rondtrekkende seizoenarbeidsters waren. Het produceren
van een overschot voor de markt (vooral schapen, soms ook kippen en
eieren) kwam wel voor, maar men stemde de produktie toch bij voorkeur af op het zo goed mogelijk voorzien in de behoeften van het eigen
gezin, en niet op het voortbrengen van overschotten. Men richtte zich
op het voortbrengen van nuttige goederen (voedsel, kleding), niet op het
vullen van zijn geldkist, niet op 'rendementsverhoging van het agrarische kapitaal'. Overvloed kwam eigenlijk niet voor, maar het werd, in
het voetspoor van Aristoteles, mogelijk om het bestaan van schaarste te
ontkennen, of er geen acht op te slaan. Het is niet zo dat in een dergelijk
systeem de mensen in principe lui zijn, maar men werd niet al te zeer
geprikkeld om te gaan werken, noch door het verleidelijke vooruitzicht
van het bezit van een overschot, noch door de geneugten van een immer
voortschrijdende kapitaal-accumulatie. Zodra het boerengezin dus talrijk genoeg was, en in het bezit van 'uit de kluiten gewassen jongeren', of
volwassen arbeidskrachten (huwbare dochters en zoons, zoals bij voorbeeld het geval was bij Belot, Maurs en Maury), dan werkte dat gezin
dus onder zijn capaciteit en vormde zo een bewijs voor de wet van
Chayanov die stelt dat 'de arbeidsintensiteit in een systeem van huishoudingen met produktie voor eigen gebruik omgekeerd evenredig is met
het in de huishouding aanwezige arbeidspotentieel'. Of om het wat sim-

peler te zeggen, hoe meer gezinsleden er beschikbaar waren om te werken, hoe minder arbeid ieder individueel gezinslid hoefde te verrichten om er voor te zorgen dat bevrediging van de minimaal noodzakelijk geachte collectieve behoeften van de *domus* zeker werd gesteld. De vele tijd die men besteedde aan siësta's, aan luieren in de zon, de vele feestdagen van heiligen waarop men niet werkte bewijzen dat men geen zin had zich overmatig in te spannen. Kinderen namen als reservoir van toekomstige arbeidskracht (en dus als garantie voor veel vrije tijd in de komende decennia) een centrale plaats in dit systeem in, en werden dan ook met liefde omringd.

Het ontbreken van overschotten maakte het des te moeilijker om woekerpraktijken of drukkende tiendheffingen te aanvaarden. In een maatschappij waar vrijwel iedereen tamelijk arm was, zonder daar al te zeer onder te lijden, en waar geen groeiende rijkdom in het verschiet lag, ging er weinig agressiviteit uit van een specifieke klasse van armen, of van een landloos proletariaat. De jongeren in Montaillou die armoede in het vooruitzicht hadden trokken zonder aarzelen weg naar de transhumance, naar de mannelijke vrijgezellenwereld van de herders, en dus naar de werkelijke markteconomie. Een van de regels van het systeem waar in ieder geval in Montaillou streng de hand aan werd gehouden, was dat de producent eigenaar was van zijn produktiemiddelen: zelfs een lid van de *domus* dat er niet al te warmpjes bij zat, bezat behalve zijn woonplaats ook nog een lapje grond. En als die berooide herders op latere leeftijd weer naar hun dorp terugkeerden, waren ze meestal eigenaar van enkele tientallen schapen.

De wereld van de herders lag buiten het in cellen gesegmenteerde universum van de *domūs*. De jonge ongehuwde herders trokken naar de hooggelegen weiden en over de bergen naar Catalonië. Zij waren vrij om overal in loondienst te gaan, en daarom geëmancipeerder en 'moderner' dan hun broers en vaders die thuis waren gebleven. Hoewel de herders onthecht waren aan de goederen van deze wereld en zij de noodgedwongen (maar niet onwillige) minnaars van Vrouwe Armoede speelden, slaagden zij er van tijd tot tijd toch in om hun veeleisende maîtresse op een zijspoor te zetten. De inquisitie slaagde er in om met de klappen die zij links en rechts uitdeelde, deze groep rondtrekkende herders los te slaan van hun thuisbasis; daarmee verschafte zij iemand als Pierre Maury een fascinerende zelfstandigheid. De *cabane* op de bergweiden stond in een heel andere wereld dan de *domus* in het dorp.

Maar zowel de rondtrekkende herders als de gezeten boeren waren in de eerste plaats op zoek naar een hiernamaals waar hun ziel eeuwige rust zou vinden. Alleen was de reisroute die zij naar hun hemel volgden een andere dan door de Kerk officieel werd voorgeschreven en dit bracht hen in conflict met de inquisitie van bisschop Fournier. In de ongelijke strijd die volgde probeerden de boeren en herders zo goed en kwaad als dat ging *hun* huis en *hun* hemel te verdedigen, doch rond 1325 dolven zij definitief het onderspit.

We maken een sprong van twee-derde eeuw naar het Montaillou van 1390. De hardhandige repressie was na 1325 waarschijnlijk geleidelijk aan wat minder geworden, om ten slotte geheel te verdwijnen; maar in die tussentijd waren er wel nog enige moeilijke en bloederige periodes geweest die veel mensenlevens kostten: in 1348 kwam de zwarte pest voor het eerst in het dorp (we weten overigens niet wat de - wellicht geringe - gevolgen hiervan in de Boven-Ariège waren); daarna volgden er nog andere pestepidemieën en verwoestingen die soldaten en plunderaars aanrichtten... In 1390 zou Montaillou nog maar 23 haarden tellen, ofte wel nog niet eens de helft van het aantal dat er in de jaren 1300-1320 geweest was. Een ware slachtpartij. Maar ondanks de inquisitie, de epidemieën, en de oorlogen, waren de belangrijkste families wel gedecimeerd maar niet uitgeroeid. In 1390 heetten de inwoners van Montaillou nog steeds Benet, Clergue, Maurs, Ferrier, Baille, Fort, Azéma, Pourcel, Rives, Authié, Argelliers. Allemaal stamden ze af van de families uit het begin van de eeuw, hoezeer die ook op de proef gesteld en geradbraakt waren. Slechts één naam was wellicht nieuw. De *domūs* hadden dus goed stand gehouden en hun positie was door de weinig aanlokkelijke immigraties naar het hooggebergte niet aangetast. Montaillou bleef dus zo ongeveer zoals het was: nog in de jaren zeventig van deze eeuw stond er ter plaatse een Clergue in het telefoonboek. Vele andere Clergues waren hem voorgegaan... En zo bleef dit dorp bestaan vanaf de stichting (in de Karolingische tijd) tot in ons tijdvak; het verlaten van de gronden in de bergen bedreigt nu de stabiliteit van een oud woongebied, dat noch door de repressie uit ideologische overwegingen, noch door de dodelijke microben van de epidemieën ontvolkt kon worden.

Jacques Fournier, de bisschop en inquisiteur nam het op zich orde op zaken te stellen. Heden ten dage is het katharisme niets meer dan een verbleekte ster, waar we na een half millennium van duisternis weer het koude en fascinerende licht van waarnemen. Maar Montaillou dat in 1320 zo genadeloos door die plichtsgetrouwe politieman werd onderdrukt is ook veel meer dan een heldhaftige episode van voorbijgaande betekenis. Montaillou, dat is het dagelijks wel en wee van de kleine luiden, de trilling van het leven, weer voelbaar gemaakt door een unieke tekst die, hoewel geschreven in het Latijn als instrument van onderdrukking, toch een monument van de Occitaanse literatuur vormt. Montaillou, dat is de liefde van Pierre en Béatrice, en de kudde van Pierre Maury. Montaillou, dat is zowel de lijfelijke warmte van de *ostal*, als de steeds terugkerende belofte van een hiernamaals.

NOTEN

De auteursnamen verwijzen naar de volledige titels in de bibliografie. Alleen wanneer daarin van een auteur diverse titels zijn opgenomen wordt ter onderscheid ook het jaartal van uitgave vermeld.

INLEIDING

1   *Noot vertaler:* Volgens Duvernoy is de benaming Katharen afgeleid van het Duitse woord *Katte* (kat). Deze uitleg is te vinden in een traktaat van de twaalfde-eeuwse ketterbestrijder Alanus van Rijssel: 'Katharen, naar kat, omdat zij, naar men zegt, gewoon zijn het achterwerk te kussen van een kat, in welke gedaante Lucifer aan hen verschijnt.' De kat gold in de middeleeuwen als het duivelse dier bij uitstek – zie bij voorbeeld hoofdstuk 26 van dit boek – en Duvernoy meent dan ook dat de term Katharen een scheldwoord was dat alleen door hun tegenstanders werd gebezigd en 'kattemensen' of 'duivelsmensen' betekende.

In tegenstelling tot wat Duvernoy beweert zijn er in het middeleeuwse bronnenmateriaal evenwel tal van plaatsen aan te wijzen waar Katharen wordt afgeleid van het Griekse woord *katharos*, en waar wordt gesuggereerd dat de ketters zich zelf juist uitdrukkelijk *kathari* (de reinen) noemden, om zich van de grote massa 'niet-reine' christenen te onderscheiden.

Het is natuurlijk goed mogelijk dat een zelfgekozen eretitel in de volksmond snel is omgesmolten tot een scheldwoord, maar ook een omgekeerde gang van zaken is denkbaar. Zeker is dat de etymologie van het woord Kathaar – waar overigens hoogstwaarschijnlijk zowel het Nederlandse *ketter* als het Duitse *Ketzer* vandaan komen – in de loop der eeuwen al menige erudiet stof tot schrijven heeft geboden. Zie voor deze kwestie: A. Borst 240-243, J. Lindeboom 43-46, J. Duvernoy (1976) 302-304.

HOOFDSTUK 1

1   De Dufau.
2   Duvernoy (1968).
3   Archives Départementales van de Ariège, J79; zie ook Barrière-Flavy 1889.
4   Vergelijk dit ook met het kadaster van Montaillou in 1827 (Archives Communales). Opmerkelijk is dat ook dan de Clergues en de Bailles heel wat meer grond bezaten dan de gewone boeren (in 1827 ca. 8-12 hectare tegenover gemiddeld 2 hectare).
5   Over de matigende rol van Philips de Schone, zie Poux.

HOOFDSTUK 2

1   De ketterij die aan het eind van de dertiende eeuw in Montaillou op bescheiden

schaal voorkwam, werd na 1300 nieuw leven ingeblazen door de gebroeders Authié nadat deze laatsten uit Lombardije waren teruggekeerd. De Authiés die thuishoorden in Ax-les-Thermes waren door huwelijk verwant met de *domus* van de Benets van Montaillou.

2 Platon.
3 Bourdieu, 1972.
4 Colas, deel 1, 46.
5 Imbart de La Tour, 47.
6 Kantorowicz.
7 Yver.

HOOFDSTUK 3

1 E. Wolf, 86-88.

HOOFDSTUK 4

1 Deze grote *transhumance* werd afgelegd met aanzienlijke kuddes (meerdere honderdtallen schapen op zijn minst). Er moet dus onderscheid gemaakt worden tussen enerzijds de migratoire schapenhouderij zoals de ondernemers in de Pyreneeën (van Ax en elders) bedreven en die rondtrekkende schaapherders uit Montaillou in loondienst hadden, en anderzijds de niet-migratoire, d.w.z. de sedentaire veehouderij met kleine kuddes zoals die in Montaillou en in streken met traditioneel gemengd bedrijf te vinden waren.

HOOFDSTUK 6

1 Chevalier, zeer belangrijk voor de in dit hoofdstuk behandelde organisatie van de veehouderij.
2 Deze rol van de kloosters en religieuze orden in de organisatie van de migratoire schapenhouderij in Spanje en in de zuidelijke randgebieden van de Pyreneeën dateerde al vanaf de Reconquista.
3 Pitt-Rivers, 37.
4 La Roche-Flavin, *Treize livres des parlements de France*, p. 10-20, geciteerd in *Archives historiques de l'Albigeois*, fasc. 4 (Parijs-Toulouse 1896).
5 Coste.
6 Ph. Wolff.

HOOFDSTUK 7

1 Vourzay, 82.
2 Bollème.
3 Sahlins.

HOOFDSTUK 9

1 Nelli, (1963), 65 en 173.
2 Nelli, (1963), 109.
3 Nelli, (1963), 154, 164.
4 Bernard de Ventadour geciteerd in M. Lazar, 125.

5 Marcabru XXXI, regel 46-49, geciteerd door Nelli, (1963), 133.
6 De uitdrukking is van de troubadour Guillaume IX, hertog van Aquitanië (zie Nelli, (1963), 79-103).
7 Marcabru XXXVII, regel 5-7, geciteerd bij Nelli, (1963), 115, noot 21.
8 Nelli, (1963), 195.
9 Marcabru, slot van V, geciteerd bij Nelli, (1963), 134.
10 Raimbaut d'Orange en Guillaume d'Aquitaine, geciteerd bij Lazar, 129, 143.

HOOFDSTUK 10
1 Marcabru, geciteerd bij Nelli, (1963), 108-109. Vooral strofe 4 en 5 van XXIX.

HOOFDSTUK 11
1 Giraud, 199-200. Uit de in 1901 door Dufau de Maluquer gepubliceerde haardstedentellingen blijkt dat *alle* namen die op het eind van de veertiende eeuw in Montaillou voorkwamen ook al in de jaren 1300-1320 in het dorp te vinden waren geweest, hetgeen onderstreept hoe weinig immigranten het dorp binnenkwamen.
2 Bourdieu in *Annales ESC* juli 1972.

HOOFDSTUK 12
1 Pitt-Rivers. Zie ook wat Bourdieu in *Esquisse d'une théorie de la pratique* en in *Sociologie d'Algérie* schrijft over het eergevoel bij de Kabylen.

HOOFDSTUK 13
1 II, 48. Eenzelfde gedachte vindt men ook al in een vierde-eeuwse Byzantijnse tekst, geciteerd bij Patlagean.
2 Ariès, (1973) en Lebrun.
3 Als voorbeelden noemt Ariès hier de bepaald ouwelijk ogende Christus-kindjes die op de schilderijen van de Vlaamse school aan Madonna-borsten zuigen (bijv. de Luccamadonna van Van Eyck in het museum van Frankfurt). Ook in de romaanse beeldhouwkunst wordt het Christus-kind vaak afgebeeld als een verkleinde volwassene (bijvoorbeeld de romaanse Maagd van Saint-Gervasy in de streek van Saint-Germain-Lembron). Maar het is natuurlijk de vraag of deze iconografische gegevens iets zeggen over de gevoelens die men in brede lagen van de bevolking koesterde voor kinderen, of over het geheime verlangen van oudere heren om bemoederd en vertroeteld te worden.
4 Denis de Rougemont.

HOOFDSTUK 14
1 De volledige lijst vindt men bij Vourzay, 120.
2 Goubert.
3 Mauss, 85, noot 11.
4 Vovelle.

HOOFDSTUK 15
1 Zie hiervoor M. Agulhon en Ph. Wolff.

HOOFDSTUK 16

1 L.F. Céline, *D'un chateau l'autre* Gallimard, coll. Folio, éd. 1973, 10.

HOOFDSTUK 17

1 Volgens Duvernoy is *Na Lozera* de Occitaanse naam (Latijnse teksteditie, 147) van Grazide Lizier. Zelf ben ik eerder van mening dat het hier Raymonde Argelliers betreft, de weduwe van Arnaud Lizier, die hertrouwde met Arnaud Belot. Pierre Azéma zorgde er eerst voor dat deze vrouw niet werd aangegeven, en gebruikte haar later om andere mensen te verklikken.

2 De naam Clergue bleef van de veertiende tot het begin van de twintigste eeuw de meest voorkomende naam in Montaillou.

HOOFDSTUK 18

1 *Annales ESC* mei/juni 1960.

2 Ariès, (1954), 119-121.

HOOFDSTUK 19

1 Voor de belangrijke rol die Augustinus vanaf de elfde eeuw in de theologie speelde, lang voor er sprake was van jansenisme of calvinisme, verwijs ik naar Noonan, met name hoofdstuk VI.

2 Leach.

HOOFDSTUK 20

1 Zie voor deze opvatting de titels van Delumeau en Thomas in de bibliografie, en Dupront (1974). Overigens heeft Dupront (1972) zich gelukkig al gekeerd tegen een al te 'magische' interpretatie van het religieuze leven van de boeren.

2 Hefele, vooral deel V-2.

3 In wat heden ten dage nog rest van de volkscultuur in Montaillou (mondeling onderzoek, 1974) wordt een belangrijke plaats ingenomen door de magische krachten die men de pastoor toeschrijft. Hij is immuun voor kwade betoveringen en kan, door het werpen van een mes, de hagel verdrijven naar een plaats die ironisch genoeg *Plan de Rien* (Oord van Niets) genoemd wordt, en ver van het dorp afligt.

4 Duby, (1966), 108.

5 Dupront, (1972), 494.

6 Delaruelle in Le Goff, (1968), 150.

HOOFDSTUK 21

1 Mansi, (1779), deel 23, 837.

2 Mollat, (1965).

3 Delaruelle in Le Goff, (1968), 149.

HOOFDSTUK 22

1 De uitdrukking is van Chelini, 321.

2 Mansi, (1779), deel 23, 830 en 837.

HOOFDSTUK 23
1 Geciteerd bij Nelli, (1963), 245.
2 Overigens was Pierre Maury in Catalonië dank zij de predikatie van Bélibaste tot de overtuiging gekomen dat alle joden na het Laatste Oordeel naar de hel gingen. Raymond Laburat, een boer uit Quié, verkeerde op dit gebied volledig in onzekerheid: *De Hebreeërs, zijn dat mensen?* vroeg hij aan zijn pastoor.
3 Gellner, 298.

HOOFDSTUK 24
1 Chelini, 253.
2 Corsica: Arrighi, 275.
New York: enquête over criminaliteit in *New York Times* 1971-1972.

HOOFDSTUK 25
1 In hoofdstuk 26 komt uitgebreid de zielenboodschapper aan bod die – vaak tegen betaling – het contact onderhield tussen levenden en doden. Mistral wijst op de verwantschap tussen deze zielenboodschapper (*armié* of *armassié* geheten) uit de volkscultuur van de Languedoc, en de zuiver christelijke Spaans *animero*, die aalmoezen vraagt voor de zielen in het vagevuur (Mistral, *Dictionnaire provençal-français*, artikel Armassié).

HOOFDSTUK 26
1 Joisten, 149, 175.
2 Zie over dit ritueel Le Roy Ladurie, (1974).
Noot vertaler: Het leggen van een knoop in de nestel (broekveter) op het moment van de huwelijksinzegening zou, volgens een oud bijgeloof, het de bruidegom onmogelijk maken bij zijn vrouw kinderen te verwekken. De munten die de heks over haar schouder wierp zouden volgens Le Roy Ladurie de vanaf dat moment buiten werking gestelde *testes* symboliseren. In bepaalde streken van Zuid-Frankrijk riep dit ritueel in de zestiende eeuw een zo hevige angstpsychose op dat veel bruidsparen zich 's nachts of in een naburig dorp in de echt lieten verbinden, om zo het knopen van de nestel te ontlopen. Jacob Cats vermeldt in zijn *Proefsteen van den Trouwring* hoe een zekere 'Martijn Guerre geheele acht of negen jaren onmachtig is geweest zijn vrouwe de schuldige goetwilligheyt te betalen; en dat door eenige kwade kunsten die men in Vrankrijk de geknoopte nesteling noemt'. Na opgelucht geconstateerd te hebben dat Nederland tot dan toe tegen deze kwalijke praktijken gevrijwaard was gebleven geeft hij de volgende beschrijving van het ritueel: 'Dat onder het trouwen, en als de priester aen de jongelieden de handen doet voegen, iemand tusschen beyden eenige spoockwoorden mommelt, en daer op een knoop in de nestel leyt, hij daer mede den Bruydegom onbequam maeckt om zijn Bruyt te mogen genieten, zijnde evenwel de selve Bruydegom niet onbequam het geselschap van andere vrouwen te gebruycken.'
Alle de wercken van den Heere Jacob Cats, Amsterdam en 's Gravenhage 1726, II, 166a.
3 In Viller, (1937), IV-2, 1891-1892.
4 Guiraud, (1935), I, 356.

1   Zie voor de in dit hoofdstuk aangehaalde theorieën de titels van Sahlins, Polanyi en Chayanov in de Bibliografie.

BRONNEN EN BIBLIOGRAFIE

Naast het dossier van Jacques Fournier werd geraadpleegd het dossier van Geoffroy d'A-blis, inquisiteur van Carcassonne die de razzia van 1308 organiseerde (1308-1309, Latijns manuscript Bibliothèque Nationale no. 4269). Ter vergelijking met latere perioden wèr-den geraadpleegd: *Archives départementales* van de Ariège, J79 (met betrekking tot heer-lijke rechten die in de zeventiende eeuw van kracht waren, maar uit de middeleeuwen dateerden); *Archives communales* van Montaillou (bijna alle met betrekking tot de ne-gentiende en twintigste eeuw: burgerlijke stand, naamlijsten, belastinglijsten en vooral het waardevolle kadaster van 1820).

w. ABEL, *Agrarkrisen und Agrarkonjunkturen in Mitteleuropa vom 13. bis zum 19. Jahrhundert*, Berlijn, 1935.

P. ADAM, *La Vie paroissiale en France au XIVe siècle*, Parijs, 1964.

M. AGULHON, *Pénitents et francs-maçons dans l'ancienne Provence*, Parijs, 1968.

ALANUS VAN RIJSSEL (Alain de Lille), 'Contra haereticos', in J. P. Migne, (éd.), *Patrolo-gia latina*, deel 210, Parijs, 1855.

V. ALFORD, *Pyrenean festivals. Calendar customs, music and magic, drama and dance*, Londen 1970[2].

M.T. ANDRIEU, *La Doctrine néo-cathare en haute Ariège*, scriptie (Univ. Toulouse) 1967.

Archéologie du village déserté, Cahier des Annales, 27, Parijs, 1970.

PH. ARIÈS, *Le Temps de l'histoire*, Monaco, 1954.

PH. ARIÈS, *L'Enfant et la vie familiale sous l'Ancien Régime*, Parijs, 1973. (Nieuwe uitgave). Ook in Engelse vertaling.

P. ARRIGHI, *Histoire de la Corse*, Toulouse, 1971.

M. BAKHTINE, *L'Œuvre de François Rabelais*, (oorspr. Russisch; ook Engelse verta-ling), Parijs, 1970.

C. BARRIÈRE-FLAVY, *Dénombrement du comté de Foix sous Louis XIV (1670-1674)*. Toulouse, 1889.

C. BARRIÈRE-FLAVY, *Histoire de la ville et de la châtellenie de Saverdun*, Toulouse, 1890.

C. BARRIÈRE-FLAVY, *La Baronnie de Miglos*, Toulouse, 1894.

C. BARRIÈRE-FLAVY, *Censier du pays de Foix à la fin du XIVe siècle*, Toulouse, 1898.

P. BEC, *Les Interférences linguistiques entre gascon et languedocien dans les parlers du Comminges et du Couserans*, Parijs, 1968.

N. BELMONT, *Mythes et croyances dans l'ancienne France*, Parijs, 1973.

B. BENNASSAR, «Mentalités... et croyances pyrénéennes», in *Les Pyrénées*, Toulouse, 1974.

M. BLOCH, *La France sous les derniers Capétiens, 1223-1328*, Parijs, éd. 1964.

M. BLOCH, *La Société féodale*, Parijs, 1939-1940.

M. BLOCH, *Caractères originaux de l'histoire rurale française*, Parijs, heruitgave 1952.

G. BOLLÈME, *Les Almanachs populaires aux XVIIe et XVIIIe siècles*, Parijs, 1969.

J. BORDENAVE en M. VIALELLE, *La Mentalité religieuse des paysans de l'Albigeois médiéval*, Toulouse, 1973.

A. BORST, *Die Katharer*, Stuttgart, 1953.

E. DE BOURBON, *Anecdotes historiques legendes et apologues, tirés du recueil inédit d'Etienne de Bourbon, dominicain du XIIIe siècle*, uitgegeven door A. Lecoy de la Marche, *Soc. de l'Hist. de France*, Parijs, 1877.

P. BOURDIEU, *Esquisse d'une théorie de la pratique*, Genève, 1972.

P. BOURDIEU, «Les Stratégies matrimoniales», *Annales ESC*, juli 1972.

P. BOURDIEU, *Sociologie de l'Algérie*, Parijs, 1961.

R. BOUTRUCHE, *La Crise d'une société. Seigneurs et paysans du Bordelais pendant la guerre de Cent ans*, Parijs, 1947.

R. BOUTRUCHE, *Seigneurie et féodalité*, deel. II, Parijs, 1970.

F. BRAUDEL, *La Méditerranée et le monde méditerranéen à l'époque de Philippe II*, heruitgave Parijs, 1966.

E. BRÉHIER, *Histoire de la philosophie*, deel I, Parijs, 1938.

J. CARO BAROJA, *Les Sorcières et leur monde*, Parijs, 1972. (Oorspr. Spaans 1961). Ook Engelse vertaling.

M. CASTAING-SICARD, *Monnaies féodales et circulation monétaire en Languedoc*, Toulouse, 1961.

G. CASTER en J. SEGUY, recensies van de Latijnse tekstuitgave van het dossier van Jacques Fournier, door J. Duvernoy, *Annales du Midi*, 1968, p. 92-94.

New Catholic Encyclopedia, New York, 1967 met het artikel over Benedictus XII door G. Mollat.

A.M. CAZENAVE, «Les Ordres mendiants dans l'Ariège», *Cahiers de Fanjeaux*, 8, 1973; «Cathares en Sabarthès», *Bulletin philologique et historique du Comité des travaux historiques et scientifiques jusqu'a 1610*, Parijs, 1972.

A. CHAYANOV, *Theory of peasant economy*, Homewood, Illinois, U.S.A., 1966 (oorspr. Russisch).

J. CHELINI, *Histoire religieuse de l'Occident médiéval*, Parijs, 1968.

M. CHEVALIER, *La Vie humaine dans les Pyrénées ariégeoises*, Parijs, 1956.

L. CLÉDAT, (éd.) *Nouveau Testament, traduit au XIIIe siècle en langue provençale, suivi d'un rituel cathare*, Parijs, 1887 (Bibl. de la Fac. des Lettres de Lyon. deel IV).

N. COHN, *The Pursuit of millenium*, New York, herdruk 1961.

L. COLAS, *La Tombe basque*, Bayonne, 1923.

P. COSTE, «Vie pastorale en Provence au XIVe siècle», *Études rurales*, april 1972.

P. DEFFONTAINES, *L'Homme et sa maison*, Parijs, 1972.

E. DELARUELLE, «Dévotion populaire... au Moyen Age» (zie J. Le Goff, 1968).

E. DELARUELLE, zie A. Fliche.

M. DELCOR, *Les Vierges romanes de Cerdagne et Conflent,* Barcelona, 1970.

J. DELUMEAU, *Le Catholicisme entre Luther et Voltaire,* Parijs, 1971.

C. DEVIC en J. VAISSETTE, *Histoire générale de Languedoc,* deel 9 en 10. Heruitgave Toulouse 1886.

I. DÖLLINGER, *Beiträge zur Sektengeschichte des Mittelalters,* deel II, München, 1890.

A. DONDAINE, «Le *Registre* de J. Fournier, à propos d'une édition récente», *Rev. de l'hist. des religions,* okt. 1970.

Y. DOSSAT, *Les Crises de l'Inquisition toulousaine au XIVe siècle,* Bordeaux, 1959.

C. DOUAIS, *Documents pour... l'histoire de l'Inquisition dans le Languedoc,* Parijs, 1900 (p. 104 vv.: analyse van *Registre* van Fournier).

G. DUBY, *Fondements d'un nouvel humanisme, 1280-1440,* Genève-Parijs, 1966.

G. DUBY, *Le Dimanche de Bouvines,* Parijs, 1973.

G. DUBY, *Hommes et structures du Moyen Age,* Parijs-Den Haag, 1973.

H. DUCLOS, *Histoire des Ariégeois,* Parijs, 1885-1887.

A. DE DUFAU DE MALUQUER, «Le pays de Foix sous Gaston Phœbus. Rôle des feux du comté de Foix en 1390», *Bull. de la soc. des sciences, lettres et arts de Pau* 2e série, t. 28 1898-1899 (Foix, 1901).

A. DUPRONT, «La religion, anthropologie religieuse», in J. Le Goff en P. Nora, *Faire de l'Histoire,* deel II, Parijs, 1974.

A. DUPRONT, «Vie et création religieuse dans la France moderne (XIVe-XVIIIe siècles)» in M. François, *La France et les Français,* Parijs, 1972,

J. DUVERNOY, zie Jacques Fournier.

J. DUVERNOY, *Inquisition à Pamiers,* Toulouse, 1966.

J. DUVERNOY, «La noblesse du comté de Foix au début du XIVe siècle», *XIVe Congrès de la Fédération des sociétés académiques et savantes, Languedoc, Pyrénées, Gascogne,* Auch, 1961.

J. DUVERNOY, «Nourriture en Languedoc à l'époque cathare», *ibid.,* 24e Congrès 1968, Carcassonne, 1970.

J. DUVERNOY, «Pierre Authié», *Cahiers d'études cathares,* 1970.

J. DUVERNOY, *Corrections à l'édition du* Registre *de Fournier,* Toulouse, 1972.

N. ELIAS, *Ueber den Prozess der Zivilisation* Tweede druk Bern 1969. (Ook Nederlandse vertaling, 1982).

N. EYMERICH en F. PEÑA, *Le Manuel des inquisiteurs,* uitgegeven en vertaald uit het Latijn door L. Sala-Molins, Parijs-Den Haag, 1973.

L. FEBVRE, *Le Problème de l'incroyance au XVIe siècle,* Parijs, 1942.

A. FLICHE en V. MARTIN, *Histoire de l'Église,* deel X, XII, XIII en XIV, Parijs, 1949-1964. Met name de bijdragen van C. Thouzellier (deel X) en van E. Delaruelle (deel XIV).

R. FOREVILLE, «Les statuts synodaux et le renouveau pastoral du XIIIe siècle dans le Midi de la France», *Cahiers de Fanjeaux,* 6, 1971.

R. FOSSIER, *La Terre et les hommes jusqu'à la fin du XIIIe siècle,* Parijs-Leuven, 1968.

J. FOURNIER, *Le Registre d'Inquisition de Jacques Fournier, évêque de Pamiers (1318-*

1325), Latijns manuscript no. 4030. Bibliotheek van het Vaticaan, uitgegeven door Jean Duvernoy, Toulouse, 1965, 3 delen (zie ook Duvernoy, 1972).

G. FOURQUIN, *Seigneurie et féodalité au Moyen Age*, Parijs, 1970.

G. FOURQUIN, *Le Paysan d'Occident au Moyen Age*, Parijs, 1972.

G. FOURQUIN, *Histoire économique de l'Occident médiéval*, Parijs, 1969.

N. FUSTEL DE COULANGES, *La Cité antique*, Parijs, 1864.

A. GARRIGOU, *Études historiques sur l'ancien pays de Foix*, Toulouse, 1845.

A. GARRIGOU, *Histoire de l'Église de Sabar* [t], Sabart, 1849.

E. GELLNER, *Saints of the Atlas*, Londen, 1969.

L. GÉNICOT, *Le XIIIe siècle européen*, Parijs, 1968.

F. GIRAUD, *Hérésie et société paysanne à Montaillou*, scriptie (Univ. Parijs-VII), 1971.

J. GLÉNISSON e.a., *Histoire de la France, 1300-1450*, Parijs, 1971.

J. GOODY e.a., *Literacy in traditional societies*, Cambridge, 1968.

P. GOUBERT, *Beauvais et le Beauvaisis au XVIIe siècle*, Parijs, 1960.

A. GOURON, *Les Métiers en Languedoc au Moyen Age*, Genève, 1958.

E. GRIFFE, *Le Languedoc cathare de 1140 à 1229*, Parijs 1969-1973, 3 delen.

B. GUENÉE, *L'Occident aux XIVe et XVe siècles*, Parijs, 1971.

B. GUI, *Manuel de l'inquisiteur*, uitgegeven en vertaald uit het Latijn door G. Mollat, Parijs, 1926, 2 delen.

B. GUILLEMAIN, *La Cour pontificale d'Avignon*, Parijs, 1962.

B. GUILLEMAIN, *La Politique bénéficiale de Benoît XII*, Parijs, 1952.

J. GUIRAUD, *Histoire de l'Inquisition au Moyen Age*, 2 delen, Parijs, 1935, 1938.

J. HEERS, *L'Occident aux XIVe et XVe siècles, aspects économiques et sociaux*, Parijs, 1963.

J. HEERS, *Le Clan familial au Moyen Age*, Parijs, 1974.

C.J. VON HEFELE, H. LECLERCQ, *Histoire des conciles*, deel 5, band 2, Parijs, 1913.

R. HILTON, «Medieval peasants», *Journal of peasant studies*, jan. 1974.

P. IMBART DE LA TOUR, *Origines religieuses de la France. Les paroisses rurales du IVe au XIe siècle*, Parijs, 1900.

H. INSTITORIS EN J. SPRENGER, *Le Marteau des sorcières*, vertaald door A. Danet, Parijs, 1973. Oorspr. Latijn *Malleus Maleficarum* (vijftiende eeuw). Ook Engelse en Duitse vertaling.

K. JACOB, *Studien über Papst Benedikt XII*, Berlijn, 1910.

A. JEANROY EN A. VIGNAUX, (éd.) *Voyage au purgatoire de saint Patrice*, Toulouse, 1903 (Bibliotheque méridionale, deel. 8).

C. JOISTEN, *Contes populaires de l'Ariège*, Parijs, 1965.

E.H. KANTOROWICZ, *The King's two bodies*, Princeton, 1957..

J. LACAZE, *Les Vaudois d'après le Registre de Jacques Fournier*, scriptie (Univ. Toulouse), z. j.

P. LASLETT, *The world we have lost,* Londen, 1970. P. LASLETT (ed.), *Household and family in past time,* Cambridge, 1972.

A. LATREILLE, E. DELARUELLE, J.-R. PALANQUE, *Histoire du catholicisme en France,* deel II Parijs, 1963.

E. LAVISSE, *Histoire de France,* deel 6 en 7 (door C. Langlois en A. Coville), Parijs, 1911.

M. LAZAR, *Amour courtois et Fin'Amors,* Parijs, 1964.

E. LEACH, «Anthropological aspects of language: animal categories and verbal abuse», in *New directions in the Study of language,* uitgegeven door E. Lenneberg, Cambridge, Mass., 1966.

F. LEBRUN, *Les Hommes et la mort en Anjou, aux XVIIe et XVIIIe siècles,* Parijs, 1971.

J. LE GOFF, *La Civilisation médiévale,* Parijs, 1964.

J. LE GOFF, «Au Moyen Age, temps de l'Église et temps du marchand», *Annales ESC,* mei-juni 1960.

J. LE GOFF, (éd.) *Hérésies et sociétés dans l'Europe préindustrielle 11e-18e siècles,* Parijs, 1968.

E. LE ROY LADURIE, *Les Payans de Languedoc,* Parijs, 1966.

E. LE ROY LADURIE, *Le Territoire de l'historien,* Parijs, 1973.

E. LE ROY LADURIE, «L'aiguillette», *Europe,* maart 1974.

PH. VAN LIMBORCH, *Liber sententiarum Inquisitionis tholosanae, Historia Inquisitionis,* Amsterdam, 1692.

Malleus maleficarum, zie: Institoris.

R. MANSELLI, *L'Eresia del male,* Napels, 1963.

G. MANSI, *Sacrorum conciliorum nova et amplissima collectio,* Florence, 1795-1798.

T. MANTEUFFEL, *Naissance d'une hérésie. Les adeptes de la pauvreté volontaire au Moyen Age,* Parijs-Den Haag, 1970 (oorspr. Pools).

E. MARTIN-CHABOT, (éd.) *Chanson de la Croisade,* deel I: «Chanson de Guillaume de Tudèle», deel II: «Poème de l'auteur anonyme»; Parijs, 1931 en 1957.

M. MAUSS, *Essais de sociologie,* Parijs, éd. 1968-1969.

CH. MOLINIER, *L'Inquisition dans le Midi de la France au XIIIe et au XIVe siècle,* Toulouse, 1880.

CH. MOLINIER, «L'Endura, coutume religieuse des derniers sectaires albigeois» *Annales de la Faculté des lettres de Bordeaux,* 3, 1881.

CH. MOLINIER, «Étude sur quelques manuscrits des bibliothèques d'Italie», *Arch. des missions scientif. et littéraires,* deel XIII, Parijs, 1887 (p. 89-151: analyse van *Registre van Fournier*).

M. MOLLAT, *La Vie et la pratique religieuses aux XIVe et XVe siècles,* Parijs, C.D.U., afleveringen 1962 en 1965.

M. MOLLAT, *Études sur l'histoire de la pauvreté,* Parijs, 1974.

A. MOULIS, *L'Ariège et ses châteaux,* Toulouse, 1964.

A. MOULIS, *Vieux sanctuaires ariégeois,* Verniolle, 1967-1972.

A. MOULIS, *Visages d'Ariège,* Verniolle, 1964.

A. MOULIS, *Traditions de mon terroir,* Verniolle, 1972.

A. MOULIS, *Vie et mort d'une maison en montagne,* Verniolle, 1974.

P. MOULIS, *Le Pays de Sault,* Narbonne, 1958.

R. NELLI, *Le Languedoc, le comté de Foix et le Roussillon*, Parijs, 1958.

R. NELLI, *L'Erotique des troubadours*, Toulouse, 1963.

J.T. NOONAN, *Contraception, a history of its treatment by the catholic theologians and canonists*, Cambridge, U.S.A., 1966.

F. PASQUIER, «Servage... au comté de Foix, XIe-XVIe siècles», *Bull. périodique de la Soc. ariègeoise des Sciences, Lettres et Arts*, XV, 67, Foix, 1907.

E. PATLAGEAN, «Sur la limitation de la fécondité», *Annales ESC*, nov. 1969.

E. PERROY, *La Vie religieuse au XIIIe siècle*, Parijs, 1960.

B. PIERRY, *Montaillou d'après Jacques Fournier*, scriptie (Univ. Toulouse), 1969.

J.P. PINIÈS, «Note sur le livre de magie», in *Aspects des collectivités rurales en domaine occitan, étude anthropologique en pays de Sault*, uitgegeven door D. Fabre en J. Lacroix, deel I, 1972.

J. PITT-RIVERS, *People of the sierra*, Chicago, 1961.

G. PLATON, «Du droit de la famille dans ses rapports avec le régime des biens en droit andorran», *Bull. des sciences économiques et sociales du Comité des travaux historiques et scientifiques*, 1902.

K. POLANYI, *Primitive, archaic and modern economies*, Boston, 1971.

J. POUMARÈDE, *Les Successions dans le sud-ouest de la France au Moyen Age*, Parijs, 1972.

J. POUX, (éd.) «Lettres de Philippe le Bel pour le Sabarthès», *Bulletin historique et philologique du Comité des travaux historiques et scientifiques*, 1900.

R. REDFIELD, *The little community* en *Peasant society and culture*, in één band, Chicago, 1962.

U. ROBERT, «Les signes d'infamie...; hérétiques, cagots...», *Mém. de la Soc. nat. des antiquaires de France*, deel 49, 1889.

D. DE ROUGEMONT, *L'Amour et l'Occident*, Parijs, 1939.

ST. RUNCIMAN, *The medieval Manichee. A study of the Christian dualist heresy*, Cambridge, 1947.

M. SAHLINS, *Stone age economics*, Chicago-New York, 1972.

J. SCHNEIDER e.a., *Les Structures sociales de l'Aquitaine, du Languedoc et de l'Espagne au premier âge féodal*, Parijs, 1969.

G. SCHNÜRER, *Kirche und Kultur im Mittelalter*, deel 2, Paderborn, 1929².

O. DE SERRES, *Théâtre d'agriculture*, Parijs, 1600.

H. SÖDERBERG, *La Religion des cathares*, Uppsala, 1949.

J.-F. SOULET, *La Vie quotidienne dans les Pyrénées sous l'Ancien Régime du XVIe au XVIIIe siècle*, Parijs, 1974.

K. THOMAS, *Religion and the decline of magic*, Londen, 1971.

C. THOUZELLIER, *Une somme anticathare, le «Liber contra Manicheos» de burand de Huesca* teksteditie, Leuven, 1964.

C. THOUZELLIER, *Catharisme et valdéisme en Languedoc à la fin du XIIe et au début du XIIIe siècle*, Parijs, 1965.

C. THOUZELLIER, *Livre des deux principes*, teksteditie, Parijs, 1973.

V. VERLAQUE, *Jean XXII*, Parijs, 1883.

M. VICAIRE, *Saint Dominique, la vie apostolique*, Parijs, 1965.

J.M. VIDAL, «Une secte... à Pamiers en 1320», *Annales de Saint-Louis-des-Français*, 3, 3, april 1899.

J.M. VIDAL, «Origines de la province ecclés. de Toulouse», *Annales du Midi*, XV, 1903.

J.M. VIDAL, *Le Tribunal d'Inquisition de Pamiers*, Toulouse, 1906, ook in *Annales de Saint-Louis-des-Français à Moscou*, 8, 10, 1904-1905.

J.M. VIDAL, «Doctrine et morale des derniers ministres albigeois», *Rev. des quest. hist.*, 85 en 86, 1909.

J.M. VIDAL, *Note sur la parenté de Jacques Fournier-Benoît XII*, Foix, 1929.

J.M. VIDAL, «Histoire des évêques de Pamiers, 1312-1467», in *Castillon, Bull. hist. du dioc. de Pamiers*, 1932.

M. VILLER e.a., *Dictionnaire de spiritualité*, Parijs, 1937 e.v.

J. DE VORAGINE, *La Légende dorée*, vertaald door M. Wizewa, Parijs, 1902 (oorspr. Latijn *Legenda Aurea*).

B. VOURZAY, *L'Émigration des Cathares occitans en Catalogne, d'après le Registre de J. Fournier*, scriptie Aix, 1969.

M. VOVELLE, *Piété baroque et déchristianisation*, Parijs, 1973.

M. WAKEFIELD, *Heresy, crusade and inquisition in Southern France 1100-1250*, Londen, 1974.

E. WOLF, *Peasants*, Englewood Cliffs, New Jersey (U.S.A.), 1966.

PH. WOLFF, *Commerce et marchands de Toulouse*, Parijs, 1954.

Y. YVER, *Essai de géographie coutumière*, Parijs, 1966.

A. ZINK, *Azereix*, Parijs, 1969.

ADDENDA:

J. DUVERNOY, (éd.) *Le registre d'inquisition de Jacques Fournier*, 3 delen Parijs-Den Haag, 1978.

J. DUVERNOY, *Le catharisme I: La religion des cathares*, Toulouse, 1976.

J. DUVERNOY, *Le catharisme II: L'histoire des cathares*, Toulouse, 1979.

J. LINDEBOOM, *Stiefkinderen van het christendom*, Den Haag, 1929 (ongewijzigde herdruk Arnhem 1973).

VERKLARENDE WOORDENLIJST

Albigenzen	synoniem voor Katharen, zie inleiding.
Ancien Régime	politieke en sociale orde van vóór de Franse Revolutie (1789).
baljuw	plaatsvervanger van de heer, in dit geval de graaf van Foix. Hij inde de belastingen, vervulde een politietaak en verzorgde de lagere rechtspraak.
bloedtiende	ook wel krijtende of smalle *tiende* genoemd, was een heffing van de Kerk op nieuw-geboren vee.
cabane	herdershut of herdersploeg.
chiliasme	geloof aan een duizendjarig vrederijk op aarde.
clientela (clientèle)	groep mensen die aanhang vormden en onder bescherming stonden van een machtige familie.
commère	doopmoeder of doopverwante.
compère	doopvader of doopverwant.
consolamentum	ketterdoop of kathaarse geestesdoop door handoplegging die men, met uitzondering van de *perfecti*, pas vlak voor zijn dood ontving.
domus	huis, familie
endura	versterving, vasten (meestal na het *consolamentum*) tot de dood er op volgde.
fratrie	huishouding waar meerdere volwassen broers bij elkaar woonden.
fratrisia	broederdeel van familiebezit.
heerlijkheid	gebied waarover een heer rechten kon laten gelden en waarvan hij inkomsten had in de vorm van heffingen en diensten.
melioramentum	rituele groet aan een *perfectus* waarbij de kathaarse gelovige op de knieën om zijn zegen en absolutie vroeg.
messier	oogstbewaker.
millennarisme	zie *chiliasme*.

naturalisme	opvatting dat er niets buiten of boven de natuur is.
notaris	klerk, schrijver die een juridische functie kon vervullen.
Occitaans	verzamelnaam voor de dialecten van Zuid-Frankrijk; behorend tot het gebied van de *langue d'oc* waar men voor 'ja' *oc* gebruikte, tegenover *langue d'oïl* in het noorden, waar men voor 'ja' *oïl* zei.
ostal	huis, boerderij, huishouden.
perfectus/perfecti	de volmaakte(n), ook wel Goede Mensen genoemd, die de kleine elite der reinen vormden binnen de kathaarse geloofsgemeenschap.
solier	verdieping die op het huis gebouwd werd.
tiende	heffing door de Kerk op oogst en vee.
transhumance	vorm van migratoire schapenhouderij waarbij men 's zomers naar de hooggelegen bergweiden trok en overwinterde in warmere lager gelegen streken, meestal ten zuiden van de Pyreneeën.
Waldenzen	volgelingen van Petrus Waldes te Lyon, die in 1217 stierf. Net als andere godsdienstige sekten in die tijd huldigden zij het ideaal van de apostolische armoede, verwierpen de kerkelijke hiërarchie en bepaalde sacramenten. Net als de Katharen waren ook zij het doelwit van de inquisitie.

MUNTEENHEDEN

Door de grote muntcrisis aan het einde van de middeleeuwen, waarbij het geld snel in waarde daalde en herhaalde pogingen tot muntherstel plaatsvonden (juist in de eerste decennia van de veertiende eeuw), is het moeilijk nauwkeurig de waarde weer te geven van de genoemde munten.

Het klein geld *(monnaie noire)* met laag zilvergehalte en veel lood, had het meest te lijden van de ontwaarding. Zo bevatte bijvoorbeeld de *denier* of *penning* aanvankelijk 1,1 gram zilver, maar rond 1300 al belangrijk minder en dit was ook het geval met de *obool* of *maille* die een halve *denier* waard was.

De *sou, schelling* of *groot* was een zilveren munt ter waarde van twaalf *penningen* die wat meer vertrouwen genoot. Toch daalde de *Tourse* of *Tournooise groot* (genoemd naar het Tourse gewichtstelsel waarop deze munten gebaseerd waren) rond 1300 in waarde van twaalf naar vijftien *penningen*.

Het *Tourse* of *Tournooise pond* was een rekeneenheid (geen munt) voor aanvankelijk 240 *penningen* of 20 *groot*.

INDEX VAN DE BELANGRIJKSTE FAMILIES VERMELD IN HET DOSSIER VAN JACQUES FOURNIER

Wanneer we het dossier van Jacques Fournier er op naslaan, komen we tot een getal van 204 personen die in Montaillou woonden of er uit afkomstig waren. Aangezien het de bisschop niet om een volkstelling te doen was, is dat cijfer natuurlijk onvolledig. Enerzijds zullen de mensen die verhoord werden zeker, bewust of onbewust, sommige mensen onvermeld gelaten hebben; bovendien kwamen zuigelingen en jonge kinderen in de regel niet ter sprake. Anderzijds leefden die 204 genoemde personen niet allen tegelijk in Montaillou: sommigen stierven of emigreerden al in het begin van het behandelde tijdvak. Daar staat tegenover dat anderen in die tijd geboren werden of in Montaillou kwamen wonen. Als we rekenen met een bevolkingsafname van vijftig procent ten gevolge van de Zwarte Dood, oorlogen en andere rampspoed vanaf het midden der veertiende eeuw, dan mag ook het honderdtal inwoners dat men in 1390 in Montaillou aantrof (zie de Dufau), een aanwijzing zijn dat we voor het begin van de eeuw het aantal zielen in Montaillou op 200 à 250 kunnen schatten.

In deze index zijn slechts de belangrijkste families opgenomen die in het dossier van Fournier vermeld worden. Enkele van hen hoorden niet in Montaillou thuis maar hadden zeer nauwe banden met het dorp.

De volgorde der familienamen is met Romeinse cijfers weergegeven, de namen der diverse leden binnen elke familie zijn, indien er iets van hen bekend was, alfabetisch genummerd, de uitgesproken ketters onder hen zijn met een asterisk aangeduid.

I DE GEBROEDERS AUTHIÉ
Kathaarse missionarissen uit Ax-les-Thermes die in december 1299 uit Lombardije terugkeerden en vervolgens in Montaillou en omgeving de ketterij weer opnieuw tot leven brachten.

(a) PIERRE★, zijn broer (b) GUILLAUME★, Pierres zoon (c) JACQUES★ en dochter (d) GUILLEMETTE.

(a) PIERRE★ preekte steeds te zamen met zijn broer en zoon en stelde zich ten doel niet individuele zielen maar hele huishoudingen tegelijk voor het kathaarse geloof te winnen. Hij was van beroep notaris. Guillaume Bélibaste was zijn laatste leerling. PIERRE werd op 9 april 1311 in Toulouse wegens ketterij verbrand. Neven van hem, die de Rodès genoemd werden en uit Tarascon kwamen, hadden in 1308 ketters uit Montaillou bij de inquisitie aangegeven.

(b) GUILLAUME★, schoonzoon van Arnaud Benet, de broer van Guillaume Benet uit Montaillou. De vrouw van GUILLAUME AUTHIÉ, Gaillarde, werd in de vastentijd van het jaar 1308 door de inquisitie ondervraagd en waarschijnlijk leidde haar bekentenis tot de razzia van augustus 1308. GUILLAUME beschouwde Montaillou als een veilig kathaars toevluchtsoord en verbleef vaak in het huis van de Belots in Montaillou. Evenals zijn broer was hij notaris van beroep en had hij contact met Béatrice de Planissoles ten tijde van haar eerste huwelijk. Raymond Benet kreeg op zijn sterfbed door hem de ketterdoop toegediend. Pastoor Pierre Clergue leende van hem een boek met betrekking tot het ketters geloof. GUILLAUME stierf op de brandstapel.

(c) JACQUES*, de zoon van Pierre Authié. Richtte zijn preken tot de herders en maakte diepe indruk op de herder Pierre Maury. JACQUES werd in 1305 door de inquisitie opgepakt en later als ketter verbrand.

(d) GUILLEMETTE, de dochter van Pierre Authié, was gehuwd met de notaris en gelegenheidsdokter Arnaud Teisseire in Lordat, die er niet voor terugschrok haar, evenals zijn bastaardzoon Guillaume, zo nu en dan een aframmeling te geven. Deze Arnaud werd door de inquisitie gevangen gezet in Pamiers, waar hij ook stierf.

II EN III DE BEIDE FAMILIES AZÉMA

De moeder RAYMONDE AZÉMA stond in het dorp bekend als NA CARMINAGUA, haar zonen PIERRE AZÉMA en PONS AZÉMA stonden elk aan het hoofd van een huishouding. Beide families (verre familie van de bisschop Fournier) waren katholiek en uitgesproken anti-kathaars. Ze waren de rivalen van de Clergues.

II (a) PIERRE, gehuwd met GUILLEMETTE, hun beider zoon RAYMOND en een niet nader genoemde dochter (b).

(a) PIERRE bracht samen met Pierre de Gaillac pastoor Pierre Clergue als ketter aan. De broer van de pastoor Bernard Clergue, die baljuw van Montaillou was, zette hem dat betaald door hem ook als ketter bij de inquisitie aan te geven. Bisschop Fournier maakte geen uitzondering voor zijn neef PIERRE AZÉMA, die daarop in de gevangenis van Carcassonne terecht kwam, waar hij na mishandeling door de cipier overleed.

(b) de niet nader genoemde dochter, die door haar vader Pierre aan Gauzia Clergue werd aangeboden als vrouw voor een van haar zonen, op voorwaarde dat Gauzia van het kamp der Clergues zou overgaan naar dat der Azéma's.

III (a) PONS, gehuwd met (b) ALAZAÏS* en hun zoon (c) RAYMOND*.

(a) PONS, goed katholiek, zelfs toen vrijwel geheel Montaillou kathaars was en de enige in het dorp die door Guillaume Authié niet vertrouwd werd.

(b) ALAZAÏS*, werd als meesteres van een aanzienlijk huis in het dorp aangesproken als 'Madame'. Ze sprak met de Belots en Benets geregeld over kathaarse geloofszaken maar werd door hen toch voor alle zekerheid met de dood gedreigd ingeval ze de Authiés zou aangeven. Ooit een maîtresse van pastoor Pierre Clergue. Samen met Brune Pourcel legde zij het lijk van Pons Clergue, de vader van de pastoor, af. Toen ze eenmaal weduwe was, voorzag ze in haar onderhoud door verkoop van kaas en het houden van varkens, en was door haar ambulante beroep een vaste bode voor de Katharen. Zij zorgde er ook voor dat de pikante betrekkingen tussen Béatrice de Planissoles en pastoor Pierre Clergue én diens bastaardneef Pathau Clergue in het dorp een openbaar geheim werden.

(c) RAYMOND* trad na de dood van zijn vader op als hoofd van de huishouding. Hij bracht de perfecti geregeld voedsel en hoopte ooit zelf een perfectus te worden.

IV DE FAMILIE BAILLE-SICRE

(a) ARNAUD, gehuwd met (b) SYBILLE* geboren BAILLE en hun zonen (c) BERNARD en (d) ARNAUD.

(a) ARNAUD was notaris in Tarascon. Hij was een trouw katholiek en overtuigd anti-Kathaar, zodat zijn ketterse echtgenote hem buiten de deur zette van haar *ostal* in Ax-les-Thermes.

(b) SYBILLE* erfde van haar moeder de *ostal* der Bailles in Ax. Na de scheiding van Arnaud voorzag ze in haar onderhoud als veehoudster. Ze werd wegens ketterij tot de brandstapel veroordeeld.

(c) BERNARD deelde in het huis van Barthélemy Borrel ooit het bed met de herder Pierre Maury, die bij Borrel in dienst was.

(d) ARNAUD probeerde als verklikker de door de inquisitie wegens ketterij in beslag genomen *ostal* van zijn moeder terug te winnen. Was van beroep eigenlijk schoenmaker. Hij zag kans het vertrouwen te winnen van de kleine schare volgelingen rond Guillaume Bélibaste in Catalonië en hen binnen het bereik van de inquisitie te lokken. Na de scheiding had zijn moeder hem als zevenjarig jongetje voor zijn opvoeding naar zijn vader gestuurd. Net als zijn broer gebruikte hij afwisselend de naam BAILLE of SICRE als familienaam.

V TWEE FAMILIES BAILLE

(1) De familie van VITAL, gehuwd met ESCLARMONDE en hun zoon JACQUES.

(2) De familie van RAYMOND, zijn vrouw GUILLEMETTE, en hun vijf zonen (a) PIERRE, die herder was, JACQUES, RAYMOND, ARNAUD en (b) GUILLAUME die rondtrekkend herder was en vaak deel uitmaakte van de herdersploeg van Pierre Maury. Aan hem danken we een uitgebreide beschrijving van het leven van de herders van de transhumance. Hij werd door familieleden van een van zijn werkgevers uitgemaakt voor ketter. Werd veroordeeld tot opsluiting, maar kwam na een aantal jaren vrij en was verplicht de gele kruisen te dragen.

VI DE FAMILIE BÉLIBASTE

(a) GUILLAUME* senior, zijn zonen (b) GUILLAUME*, (c) BERNARD*, RAYMOND, PIERRE, JEAN, zijn dochter NA CAVALHA* (genoemd naar haar echtgenoot), zijn niet met name genoemde vrouw*, zijn schoondochter ESTELLE*, de vrouw van Raymond, en een andere schoondochter, de vrouw van Guillaume junior.

(a) GUILLAUME senior* was een welgestelde boer in Cubières, die aan het hoofd stond van een zeer uitgebreide huishouding waarin, uitgezonderd de dochter en Guillaume, alle bovengenoemde personen thuishoorden mét de kinderen van de gehuwde zonen.

(b) GUILLAUME junior* was gedwongen de *ostal* van zijn vader, zijn vrouw en zoon te verlaten nadat hij een herder gedood had. Aanvankelijk werd hij herder, later, na scholing door de Authiés, een der laatste *perfecti*. Kwam terecht in Catalonië en voorzag in zijn onderhoud door kaarden en manden te maken. Kathaarse uitgewekenen uit Montaillou vormden in San Mateo en Morella een groep van volgelingen om hem heen en zagen hem als een profeet. Pierre Maury was een van zijn trouwste volgelingen, ondanks het misbruik dat GUILLAUME BÉLIBASTE van zijn goedheid maakte. Hij leefde als *perfectus* in Morella toch samen met een vrouw, Raymonde Piquier, die hij voor een paar dagen uithuwelijkte aan Pierre Maury. BÉLIBASTE werd door Arnaud Sicre/Baille naar het graafschap Foix teruggelokt waar hij door de inquisitie werd opgevangen. Hij stierf op de brandstapel.

(c) BERNARD★ was veehouder en woonde in de omgeving van Arques. Bemiddelde bij de 'verloving' tussen Pierre Maury en de dochter van diens toenmalige werkgever Raymond Pierre, de ongeveer zes jaar oude Bernadette Pierre. Hij probeerde daarmee ook Pierre Maury voor het kathaarse geloof te winnen.

VII DE FAMILIE BELOT

Na de Clergues de rijkste familie van het dorp. Vanuit hun huis, waar de gebroeders Authié een tijd verbleven na hun terugkeer uit Lombardije, werd de ketterij over het hele dorp verspreid.

(a) GUILLEMETTE★, die gewoonlijk (LA) 'BELOTE' genoemd werd, haar zonen (b) RAYMOND★, (c) GUILLAUME★, (d) BERNARD★, (e) ARNAUD★, haar dochters (f) RAYMONDE en (g) ALAZAÏS.

(a) GUILLEMETTE 'BELOTE'★ was een van de gezaghebbende kathaarse matrones in het dorp en een zeer goede vriendin van de matriarche Mengarde Clergue. Ze was weduwe. In 1306 werd ze door haar schoonzoon de baljuw Bernard Clergue gedreigd met opsluiting. Niet lang daarna kwam ze inderdaad in de gevangenis van Carcassonne terecht. Later toen haar dood nabij was stond Bernard Clergue borg voor haar, zodat de inquisitie haar naar huis liet gaan. Omstreeks 1311 stierf ze in *endura* nadat ze op haar sterfbed de ketterdoop had ontvangen.

(b) RAYMOND★ vroeg zijn nicht Raymonde Arsen geboren Vital om als dienstmeid in de *domus* Belot te komen werken, toen zijn zuster Raymonde Belot wegens haar huwelijk met Bernard Clergue het huis verliet.

(c) GUILLAUME★ was boer en herder in Montaillou. Hij was petekind van Guillaume Benet. Werd net als zijn moeder door zijn schoonbroer de baljuw gedreigd met de gevangenis in Carcassonne. Moet vóór 1324 gestorven zijn.

(d) BERNARD★ onderging gevangenisstraf wegens poging tot verkrachting van Guillaume Authiés vrouw. Hij had twee buitenechtelijke kinderen bij Vuissane (Raymonde Testanière) die in de jaren 1304 tot 1307 als dienstmeid werkte in het huis der Belots. Trouwde echter met Guillemette Benet.

(e) ARNAUD★ gehuwd met de weduwe Raymonde Lizier.

(f) RAYMONDE huwde met de baljuw van Montaillou, Bernard Clergue.

(g) ALAZAÏS was gehuwd, had een kind en woonde elders.

VIII DE FAMILIE BENET

Een kathaarse *domus* en na de Clergues en de Belots de rijkste familie in het dorp.

(a) GUILLAUME★, gehuwd met (b) GUILLEMETTE ('BENETE')★, hun zonen (c) RAYMOND★, (d) BERNARD★ en (e) PIERRE en hun dochters (f) ALAZAÏS★, MONTAGNE, ESCLARMONDE en (g) GUILLEMETTE.

(a) GUILLAUME★ was een broer van Arnaud Benet uit Ax, de schoonvader van Guillaume Authié, zodat ook het huis der Benets in Montaillou rond 1300 een der belangrijkste steunpunten werd voor de gebroeders Authié en voor hun zending. Hij was peetoom van Guillaume Belot en van Esclarmonde Clergue. Op zijn sterfbed werd hem de ketterdoop door Guillaume Authié toegediend.

(b) GUILLEMETTE 'BENETE'* was een van de meest invloedrijke matrones in het dorp. Ze was vanaf omstreeks 1305 weduwe.

(c) RAYMOND* stierf in hetzelfde jaar als zijn vader en kreeg eveneens op zijn sterfbed de ketterdoop toegediend door Guillaume Authié.

(d) BERNARD* werd door toedoen van Pierre Azéma in de kerker van de burcht van Montaillou geworpen. Zijn vee werd in beslag genomen en overgedragen aan de graaf. Na zijn vrijlating restte hem geen andere mogelijkheid dan herder te worden. Hij werd daarna nog meerdere malen door de inquisitie gepakt, onder andere door het verraad van Alissende Roussel, de schoonzuster van zijn broer Pierre. Alissende was een tijd lang de maîtresse geweest van pastoor Pierre Clergue, die haar waarschijnlijk tot dit verraad had aangezet.

(e) PIERRE was gehuwd met Gaillarde, die net als haar zuster Alissende Roussel, een tijd lang de maîtresse was van pastoor Pierre Clergue.

(f) ALAZAÏS* was gehuwd met Barthélemy Berthoumieu uit Ax. Keerde terug naar het ouderlijk huis om er te sterven. Kreeg op haar sterfbed net als haar vader en haar broer in datzelfde jaar de ketterdoop toegediend door Guillaume Authié.

(g) GUILLEMETTE was gehuwd met Bernard Belot. Rond 1309 werd ze door pastoor Pierre Clergue, op grond van verwantschap door huwelijken, uit de klauwen van de inquisitie gered. In 1321 werd ze ten slotte tot levenslange opsluiting, in de ketenen en op water en brood, veroordeeld.

IX DE FAMILIE CLERGUE

De meest welgestelde en meest invloedrijke familie van Montaillou.

(a) PONS*, gehuwd met (b) MENGARDE*, hun zonen (c) GUILLAUME, (d) BERNARD*, (e) PIERRE*, (f) RAYMOND, en hun dochters ESCLARMONDE en (g) GUILLEMETTE.

(a) PONS* was de patriarch en overtuigd Kathaar die het dubbelspel van zijn zoon Pierre door had en er voor waarschuwde. Op zijn doodsbed werden voor het begraven wat hoofdharen en stukjes vingernagel afgeknipt, om zo het geluk van de *domus* te behouden. Hij had een broer die Guillaume Clergue heette en wiens bastaardzoon Pathau Clergue eerst de burchtvrouwe Béatrice de Planissoles met geweld nam en vervolgens tot zijn maîtresse maakte. Guillaume Clergue had ook nog een bastaarddochter, Fabrisse Clergue die met Pons Rives huwde.

(b) MENGARDE* werd als meesteres van de belangrijkste *ostal* in Montaillou respectvol met 'Madame' aangesproken. Was bevriend met andere strijdbare kathaarse matrones als Guillemette 'Belote' en Na Roqua. Ze liet zich bij voorkeur ontluizen door Raymonde Guilhou, de weduwe van Armand Vital, die ze tot het kathaarse geloof wist te bekeren. Mengarde placht gevangengenomen Katharen voedsel toe te zenden. Haar zoon Pierre die zeer aan haar gehecht was, liet haar begraven bij het Maria-altaar in de kapel van Notre Dame de Carnesses.

(c) GUILLAUME had een bastaardzoon, Arnaud Clergue, die een dochter uit de familie Lizier huwde. De maîtresse van GUILLAUME CLERGUE was Alazaïs Gonela.

(d) BERNARD was de baljuw van Montaillou en maakte samen met zijn broer de pastoor jarenlang de dienst uit in het dorp. Hij liet zich graag door zijn schoonmoeder Guillemette 'Belote' ontluizen die hem onderwijl allerlei goede kathaarse raad influisterde.

Desondanks dreigde hij zijn schoonmoeder met aangifte bij de inquisitie (1306). Maar toen ze in de gevangenis van Carcassonne dodelijk ziek werd, wist hij haar vrijlating te bewerkstelligen, voerde haar terug naar Montaillou en liet haar op haar sterfbed de ketterdoop toedienen (1311). Hij had een bastaarddochter, Mengarde, die als dienstmeid in zijn huis werkte en koerierdiensten voor de Katharen verrichtte tot Raymond Aymeric uit Prades d'Aillon haar trouwde. Hij adoreerde zijn broer Pierre en stelde alles, chantage en smeergelden inbegrepen, in het werk om hem uit de klauwen van de inquisitie te redden. Kwam echter zelf in de gevangenis terecht en stierf in 1324, een maand nadat hij veroordeeld was tot strenge opsluiting, geketend en op water en brood.

(e) PIERRE* was de pastoor van Montaillou en ter plekke de vertegenwoordiger van de inquisitie. Maar hij was ook Kathaar. Dat gaf hem een buitengewoon machtige positie in het dorp. Bezat in het dorp talrijke maîtresses van wie Béatrice de Planissoles, die hij van zijn bastaardneef Pathau Clergue overnam, de belangrijkste was. Een opsomming van deze maîtresses is te vinden in hoofdstuk 9. Van Guillaume Authié leende hij een boek over het heilig geloof van de ketters, hetgeen een rol gespeeld moet hebben bij de bekering van de *domus* Clergue tot het kathaars geloof. Na jaren van macht en strijd tegen de Azéma's waarin hij velen in de gevangenis terecht deed komen en anderen, tegen vergoeding, voor dat lot bewaarde, belandde hij niet lang na 1320 zelf in een kerker en stierf er, zonder tegenover de inquisitie een verklaring te hebben afgelegd, althans zonder dat er iets op schrift gesteld werd.

(f) RAYMOND maakte gebruik van de autoriteit van zijn broer, de baljuw, om Guillaume Maurs te vervolgen. Gehuwd met Esclarmonde Fort die door Alazïs Fauré, geboren Guilhabert, ervan beticht werd aanwezig te zijn geweest bij de ketterdoop van haar broer Guillame Guilhabert. Esclarmonde had ook intieme betrekkingen met haar schoonbroer, de pastoor.

(g) GUILLEMETTE had niets met de ketterij van doen.

X NOG EEN FAMILIE CLERGUE

(a) BERNARD, gehuwd met (b) GAUZIA*, hun zonen RAYMOND en (c) een die niet met name genoemd wordt, maar waarschijnlijk gold het PIERRE, en hun dochter (d) ESCLARMONDE.

(a) BERNARD, de naamgenoot van de baljuw, was de zoon van Arnaud en Gauzia Clergue.

(b) GAUZIA* was van geboorte een Marty. Haar moeder Na Longua, weduwe van Raymond Marty van Camurac, had geen banden met de ketterij. Gauzia was een tijd lang de maîtresse van Raymond Ros, ook een ketter, wiens beenderen na zijn dood door de inquisitie verbrand werden. Verried haar kathaarse vrienden van Montaillou door middel van een biecht bij de pastoor van Prades.

(c) Het is mogelijk dat een van de zonen over wie Pierre Azéma sprak toen hij Gauzia Clergue waarschuwde om geen informatie aan de inquisitie door te geven, PIERRE CLERGUE heette. Als wederdienst stelde Pierre Azéma toen voor hem zijn dochter tot bruid te geven. Deze PIERRE CLERGUE huwde echter met Guillemette Rives.

(d) ESCLARMONDE was petekind van Guillaume Benet. Ze huwde met Comutz Adelh van Comus. Toen ze dodelijk ziek was werd ze van haar mans huis in Comus overgebracht naar haar ouderlijk huis in Montaillou, waar ze drie jaren ziek lag. De baljuw

Bernard Clergue en haar peetoom Guillaume Benet droegen er zorg voor dat zij op haar sterfbed de ketterdoop ontving van de *perfectus* Prades Tavernier.

XI DE FAMILIE DE PLANISSOLES

(a) PHILIPPE, en zijn dochters (b) BÉATRICE en (c) GENTILE.

(a) PHILIPPE was heer van Caussou en behoorde tot de lage adel. Hij stond niet afwijzend tegenover de ketterij. Werd gepakt door de inquisitie en veroordeeld tot het dragen van de gele kruisen.

(b) BÉATRICE trouwde voor de eerste maal met de burchtheer van Montaillou, Bérenger de Roquefort, die jong stierf. Na zijn dood werd ze de maîtresse van de bastaard Pathau Clergue, die haar al eerder met geweld genomen had. Vervolgens werd ze gedurende de jaren 1299-1301 de maîtresse van pastoor Pierre Clergue. Ze verbrak deze verhouding niet toen ze rond 1300 voor de tweede maal huwde met de edelman Othon de Lagleize en niet meer in Montaillou woonde. In 1308 werd ze voor de tweede maal weduwe. Op rijpere leeftijd had ze weer een verhouding met een priester, Barthélemy Amilhac, dit- maal 'rechtzinnig' katholiek en veel jonger dan zij. Ze had vier dochters, Condors, Esclarmonde, Philippa en Ava. Samen met haar minnaar Barthélemy Amilhac werd ze in 1321 door de inquisitie opgepakt en in 1322 weer vrijgelaten. BÉATRICE werd veroor- deeld tot het dragen van de dubbele gele kruisen.

(c) GENTILE was vroom katholiek en wist uiteindelijk haar zuster er toe te bewegen haar verhouding met de ketterse pastoor te verbreken.

XII DE FAMILIE GUILHABERT

Werd gerekend tot de ketters en bestond uit JEAN, gehuwd met (a) ALLEMANDE, hun zoon (b) GUILLAUME★, en hun dochters (c) ALAZAÏS★, (d) GUILLEMETTE, (e) RAYMON- DE en SYBILLE.

(a) ALLEMANDE bleef vriendschappelijke betrekkingen onderhouden met Arnaud Vital, die ooit de minnaar van haar dochter Alazaïs was.

(b) GUILLAUME★ was een herdersjongen, die stierf toen hij pas vijftien jaar oud was. Op zijn sterfbed ontving hij de ketterdoop.

(c) ALAZAÏS★ was de maîtresse geweest van Arnaud Vital die haar in de kathaarse leer inwijdde. Later huwde ze met Arnaud Fauré, die enige tijd de werkgever van Pierre Maury was. Een nicht van ALAZAÏS, Raymonde Clément, was gehuwd met Pierre Fauré, die impotent bleek. Nicht Raymonde verliet de echtelijke woning en trok in bij ALAZAÏS. Pierre Clergue, die zowel ALAZAÏS als haar zuster Raymonde wist te verlei- den, kon er niet in slagen ook de nicht te veroveren.

(d) GUILLEMETTE was gehuwd met Jean Clément in Gebetz, maar toen ze ernstig ziek werd keerde ze terug naar het ouderlijk huis.

(e) RAYMONDE was een van de vele minnaressen van pastoor Pierre Clergue.

XIII DE FAMILIE LIZIER

De onderlinge betrekkingen tussen de leden van deze *domus*, zoals ze in het dossier van Fournier vermeld worden, zijn niet steeds even duidelijk en soms in tegenspraak.

(a) ARNAUD, gehuwd met (b) RAYMONDE★ geboren D'ARGELLIERS, en hun zoon en schoondochter (c) PIERRE en (d) GRAZIDE, (e) een niet met name genoemde dochter.

(a) ARNAUD was het hoofd van de *ostal*. Een eenvoudige boer en goed katholiek. Was gehuwd met Raymonde d'Argelliers. Werd wegens zijn anti-kathaarse gezindheid vermoord door toedoen van de baljuw en de pastoor van Montaillou. Ook zijn vrouw werd verdacht van medeplichtigheid aan deze moord. Na zijn dood kwam het huis LIZIER in de invloedssfeer van de Clergues.

(b) RAYMONDE★ geboren d'Argelliers (d'Arzelier), verdacht van medeplichtigheid aan de moord van haar echtgenoot Arnaud Lizier. Huwde drie jaar daarna met Arnaud Belot, die een jaar later door de inquisitie werd opgepakt en niet lang daarna in de gevangenis stierf. In 1323 werd ze als RAYMONDE BELOT door de inquisitie gedagvaard. Ze werd veroordeeld tot strenge opsluiting, op water en brood. Ze bleef tot haar dood in de gevangenis.

(c) PIERRE huwde op latere leeftijd de zestien jaar jonge Grazide, geboren Rives. Dit huwelijk duurde vier jaar, tot zijn dood. Grazide bleef als twintigjarige weduwe achter.

(d) GRAZIDE geboren Rives, dochter van Pons en Fabrisse Rives. Toen ze ongeveer veertien jaar oud was werd ze een van de maîtresses van pastoor Pierre Clergue. Haar moeder Fabrisse was een bastaarddochter van Guillaume Clergue, de broer van Pons Clergue, vader van de pastoor. Ze was niet opgewassen tegen haar dominante neef (in de onwettige lijn) en moest deze verhouding wel tolereren. Pierre Clergue huwelijkte zijn maîtresse enkele maanden later uit aan Pierre Lizier, die geen bezwaren maakte dat de verhouding tussen zijn bruid en de pastoor voortduurde. In 1320 werd ze door de inquisitie opgepakt en veroordeeld tot het dragen van de gele kruisen.

(e) Een niet met name genoemde dochter die huwde met Arnaud Clergue, een bastaardzoon van Guillaume Clergue en neef van de pastoor.

XIV DE FAMILIE MARTY VAN JUNAC

Deze MARTY's hoorden thuis in Junac en werden tot de ketters gerekend.

(a) PIERRE★, gehuwd met (b) FABRISSE, hun zonen GUILLAUME, (c) BERNARD, (d) ARNAUD★, en hun dochters (e) BLANCHE★, (f) RAYMONDE en ESPERTE.

(a) PIERRE★ was smid van beroep. Welgesteld totdat de inquisitie daar een eind aan maakte.

(b) FABRISSE, zijn vrouw. Er zijn geen gegevens over haar herkomst.

(c) BERNARD was een arme herder wiens familie, die vroeger in goeden doen was geweest, nu door de inquisitie geruïneerd was. Ondanks de intensieve pogingen van zijn broer Arnaud was hij niet tot de ketterij te bewegen.

(d) ARNAUD★ was een ketter en had de ambitie *perfectus* te worden.

(e) BLANCHE★ vluchtte net als haar zuster Raymonde Piquier, samen met Emersende Marty van Montaillou voor de lange arm van de inquisitie en kwam in Spanje terecht. In Lérida woonde ze samen met de oude Esperte Cervel (die uit Montaillou afkomstig was en weduwe was van een smid uit Tarascon) en Espertes dochter Mathena, die later trouwde met Jean Maury. Net als haar zuster Raymonde wist ze uit de klauwen van de inquisitie te blijven.

(f) RAYMONDE was gehuwd met Arnaud Piquier uit Tarascon, die ze verliet om haar minnaar de *perfectus* Guillaume Bélibaste te volgen naar Spanje. Bélibaste huwelijkte haar voor zeer korte tijd uit aan Pierre Maury om zo zijn reputatie als *perfectus* te redden.

XV (a) PIERRE★, gehuwd met (b) EMERSENDE★ (geboren Maury), en hun dochter (c) JEANNE.

(a) PIERRE★ was Kathaar.

(b) EMERSENDE★ geboren Maury wist door zich voor te doen als trekarbeidster samen met Blanche Marty te ontsnappen toen de inquisitie een inval deed in Montaillou. In Spanje woonde ze in het huis van haar dochter en schoonzoon Jeanne en Bernard Befayt. Werd daarom ook wel EMERSENDE BEFAYT genoemd. De verhouding tussen de ketterse moeder en haar fijn katholieke dochter was zo slecht dat de moeder samen met geloofsgenoten plannen beraamde om de dochter uit de weg te ruimen door haar van een brug in de diepte te storten. EMERSENDE was de zuster van Guillemette Marty geboren Maury en de tante van Pierre Maury. Ze las Pierre Maury ongezouten de les over diens bizarre huwelijk met Raymonde Piquier en over zijn zwerversbestaan waarmee hij de uitgeweken Katharen in Spanje in gevaar bracht. Ze was zeer opgetogen toen ze vernam dat pastoor Pierre Clergue achter slot en grendel zat. Zowel EMERSENDE als haar dochter Jeanne Befayt stierven tijdens een epidemie.

(c) JEANNE gehuwd met Bernard Befayt, die zijn kathaarse schoonmoeder in bescherming moest nemen tegen het fysiek geweld van zijn katholieke echtgenote. Bernard was houthakker van beroep en kwam om bij een ongeluk tijdens zijn arbeid in het bos van Benifaxa in Spanje. Ondanks de plannen van haar moeder stierf Jeanne een natuurlijke dood.

XVI (a) BERNARD, broer van Guillaume en Jean van Montaillou, gehuwd met (b) GUILLEMETTE★, geboren Maury, en hun zonen (c) ARNAUD★ en (d) JEAN.

(a) BERNARD overleed kort voor de winter van 1315-1316 in de bergen bij Orta, in de buurt van Tortosa.

(b) GUILLEMETTE★ (geboren Maury en niet te verwarren met haar naamgenote de zuster van Pierre Maury, van wie zij een tante was). Na de dood van haar man verhuisde ze van Orta naar San Mateo, omdat men daar gemakkelijker aan de kost kwam en om dichter bij de *perfectus* Guillaume Bélibaste te zijn. In San Mateo was ze het hoofd van een graagbezochte en gastvrije *ostal* en eigenaresse van een klein, maar goeddraaiend boerenbedrijfje met wijngaard en schaapskudde. In San Mateo leefde ze weer onder haar eigen familienaam, Maury. Ze had een broer Pierre Maury, oom en naamgenoot van Pierre Maury, de herder die door zijn tante Guillemette in zaken opgelicht werd.

(c) ARNAUD★ was invalide en woonde bij zijn moeder in San Mateo. Het was de bedoeling dat hij een niet met name genoemde zuster van de verklikker Arnaud Sicre zou huwen.

(d) JEAN was geen ketter en huwde in San Mateo met een meisje dat evenmin ketters was, Marie geheten. Hoewel de *perfectus* Guillaume Bélibaste weigerde dit huwelijk bij te wonen, was JEANS ketterse moeder heel tevreden met de keuze van haar zoon, die zich overigens niet naar zijn vader, maar naar zijn moeder Maury noemde.

XVII, XVIII EN XIX DE FAMILIES MAURS

Stonden als ketters bekend.

XVII De familie van (a) PIERRE MAURS, gehuwd met (b) MENGARDE, hun zonen (c) ARNAUD, (d) GUILLAUME, (e) RAYMOND, (f) PIERRE en hun dochter GUILLEMETTE.

(a) PIERRE woonde in een huis naast dat van zijn broer Bernard Maurs. Hij en pastoor Pierre Clergue waren doodsvijanden vanwege de dubbelrol die de pastoor speelde ten opzichte van de Katharen en de inquisitie. Het was dan ook aan Pierre Clergue te danken dat PIERRE MAURS evenals zijn zonen Guillaume, Arnaud en Pierre door de inquisitie in 1308 werden opgepakt en in de gevangenis van Carcassonne werden geworpen.

(b) MENGARDE kon haar mond niet houden over het ketterse verleden van pastoor Pierre Clergue, die daarop zijn broer de baljuw inschakelde om MENGARDES 'valse getuigenis' te straffen met het uitsnijden van haar tong.

(c) ARNAUD was een herder en een tijdje 'chef de cabane'. Werd in 1308 door de inquisitie opgepakt.

(d) GUILLAUME was aanvankelijk boer in Montaillou, maar vluchtte weg nadat de inquisitie hem naar huis had laten teruggaan. Werd door pastoor Pierre Clergue en zijn familieleden opgejaagd en moest verder als herder aan de kost komen. Hij was niet zozeer overtuigd ketter als vervuld met wraakzucht jegens de pastoor vanwege hetgeen hij de familie Maurs had aangedaan. Complotteerde met zijn broer Guillaume en Jean Benet om Pierre Clergue te doden. Werd door de inquisitie gepakt in Puigcerda en opgesloten in Carcassonne wegens ketterij.

(e) RAYMOND sloot zich in Ax-les-Thermes aan bij zijn broer Guillaume en Jean Benet en beraamde in de jaren tussen 1309 en 1317 samen met hen herhaalde malen plannen om Pierre Clergue te vermoorden, zonder resultaat echter. Na een korte ziekte stierf hij in Sarreal, een plaatsje in de buurt van Tarragona.

(f) PIERRE was net als zijn broers herder. Waarschijnlijk was het deze PIERRE, de broer van Guillaume Maurs, die genoeg kreeg van al het vergeefse samenzweren tegen Pierre Clergue, waardoor de kans op resultaat voorgoed verkeken was. Hij werd in Carcassonne opgesloten.

XVIII De familie van (a) RAYMOND MAURS, gehuwd met GUILLEMETTE en hun zonen (b) PIERRE en BERNARD.

(a) RAYMOND was waarschijnlijk de broer van Pierre en Bernard Maurs, de hoofden van de twee andere Maurs-families, aangezien zijn zoon Pierre in het dossier van Fournier genoemd wordt als neef van Guillaume Maurs, de herder die niets liever wilde dan zich op de Clergues wreken.

(b) PIERRE was herder, en een neef van Guillaume Maurs. Waarschijnlijk was hij de PIERRE MAURS, *broer* van Bernard Maurs (zoals de getuigenis van Jean Pellissier in het dossier Fournier naar de vertaling van Duvernoy vermeldt) die in 1308 naar Catalonië wist te ontkomen en later, rond 1320, terugkeerde naar Montaillou om een van de dochters van Guillaume Authié van Montaillou tot vrouw te nemen. Hij was een van de herders van de ploeg van Pierre Maury.

XIX De familie van (a) BERNARD MAURS, gehuwd met GUILLEMETTE en hun zonen RAYMOND en (b) PIERRE.

(a) BERNARD woonde naast zijn broer Pierre. Hun moeder, die weduwe was, woonde bij BERNARD in. Ook Jean Pellissier, die drie jaar lang bij BERNARD in dienst was als herder en zijn broer Bernard Pellissier die als knecht in dienst was woonden bij BERNARD in. Samen met zijn moeder Guillemette Maurs werd hij door de inquisitie opgepakt.

(b) PIERRE: Volgens Le Roy Ladurie was het deze zoon van Bernard die vluchtte na de razzia van 1308 om zich in Catalonië te vestigen en later te huwen met een dochter van Guillaume Authié uit Montaillou.

XX DE FAMILIE MAURY
Stond als ketter bekend.

(a) RAYMOND★, gehuwd met ALAZAÏS, hun zonen (b) GUILLAUME★, (c) PIERRE★, (d) JEAN, (e) ARNAUD, (f) RAYMOND★, (g) BERNARD★, en hun dochters (h) GUILLEMETTE★ en (i) RAYMONDE.

(a) RAYMOND★ was wever in Montaillou. Hij onderwees zijn kinderen in het ware (kathaarse) geloof. Tot driemaal toe werd zijn huis door de inquisitie met de grond gelijk gemaakt. Hij werd veroordeeld tot de gele kruisen en zijn vrouw ALAZAÏS stierf in de gevangenis van Carcassonne.

(b) GUILLAUME★ was herder, werd opgepakt als ketter (± 1310) en stierf in de gevangenis van Carcassonne.

(c) PIERRE★ was herder. Zijn eerste kennismaking met de ketterij dankte hij aan zijn broer Guillaume en de Belots, die eveneens herders waren. Toen hij een jaar of achttien was verliet hij het ouderlijk huis in Montaillou en trad als herder in dienst bij zijn neef Raymond Maulen in Arques. Deze keurde PIERRES omgang met een niet-ketters meisje streng af. In 1302, toen hij ongeveer twintig jaar was, had PIERRE in het huis van zijn toenmalige werkgever Raymond Pierre zijn eerste ontmoeting met kathaarse perfecti, te weten Pierre en diens zoon Jacques Authié. Vooral deze laatste maakte diepe indruk op PIERRE. In diezelfde periode bij de Kathaar Raymond Pierre werd PIERRE MAURY door bemiddeling van Bernard Bélibaste, broer van de perfectus Guillaume, de verloofde van de pas zes jaar oude dochter van zijn werkgever, Bernadette Pierre. Nadat in 1305 Jacques Authié, die in Arques heel wat kennissen had, door de inquisitie was opgepakt, werd de grond PIERRE MAURY daar te heet onder de voeten en trok hij zuidwaarts. Hij schaakte zijn zuster Guillemette, met haar instemming, om haar voor mishandeling door haar man te behoeden. Hij was zo gelukkig om op het moment van de razzia van 1308 nog niet in Montaillou te zijn aangekomen. Als herder genoot hij groot aanzien en had meestal de leiding over een herdersploeg. Trok met de schaapskudden van o.a. Brunissende de Cervello, die misschien méér dan zijn werkgeefster was, heen en weer tussen de Pyreneeën en Zuid-Catalonië. Hij was te goed van vertrouwen: zijn tante Guillemette Marty geboren Maury lichtte hem op in zaken; zijn beste vriend de perfectus Guillaume Bélibaste liet hem kortstondig trouwen met Raymonde Piquier om zijn naam als perfectus te redden. Niet lang nadat Guillaume Bélibaste door de verklikker Arnaud Sicre in handen van de inquisitie was gevallen, werd ook PIERRE MAURY in 1324 opgepakt. Hij werd veroordeeld tot strenge opsluiting, op water en brood.

(d) JEAN was net als zijn broer herder. Hij verliet Montaillou toen hij ongeveer twaalf jaar was, nadat zijn ouders en broers door de inquisitie waren opgepakt. Hij trouwde met Mathena Cervel, die afkomstig was uit Tarascon maar met haar moeder uitgeweken was naar Juncosa, nabij Tarragona. Dank zij zijn huwelijk met deze ingezetene kon JEAN ook aanspraak maken op weiderecht voor zijn schapen. Hoewel zijn vrouw en schoonmoeder, evenals zijn vader en broer, ketters waren en hijzelf als katholiek ook niet meer vast in zijn schoenen stond, weigerde hij zich de ketterdoop te laten toedienen door de perfectus Bélibaste toen hij op een keer ernstig ziek was. Samen met zijn vrouw en schoonmoeder werd hij door de inquisitie opgepakt. In 1324 werd hij veroordeeld tot strenge opsluiting, op water en brood.

(e) ARNAUD was jonger dan Jean en verliet samen met hem Montaillou. Hij was in de jaren 1310-1311 samen met zijn broer Pierre als herder in dienst van Raymond Boursier in Puigcerda. Daarna keerde hij weer terug naar Montaillou. Hij stierf in de gevangenis.

(f) RAYMOND* was ook ketter. Werd met zijn ouders en zijn broers Guillaume en Bernard door de inquisitie opgepakt (± 1310).

(g) BERNARD* werd ook door de inquisitie opgepakt. In 1324 zat hij nog gevangen in Carcassonne.

(h) GUILLEMETTE*, Pierres jongere zuster, trouwde toen ze nog geen achttien was met de halsstarrige katholiek Bertrand Piquier, een timmerman in Laroque d'Olmes. Ze werd door haar echtgenoot dermate geranseld dat haar broer Pierre haar ontvoerde, met haar instemming. Pierre vertrouwde haar toe aan zijn kathaarse vrienden, de gebroeders Bélibaste, die voor de inquisitie op de vlucht waren. Kort daarop werd ze door de inquisitie gepakt.

(i) RAYMONDE was ongeveer achttien toen ze trouwde met Guillaume Marty uit Montaillou. Ze werd in 1324 door de inquisitie opgepakt en veroordeeld tot gevangenisstraf.

XXI DE FAMILIE PELLISSIER

Een min of meer rechtzinnig katholieke familie.

BERNARD, gehuwd met (a) ALAZAÏS, hun zonen (b) JEAN, RAYMOND, GUILLAUME, (c) BERNARD en PIERRE.

(a) ALAZAÏS waakte samen met Brune Pourcel en Rixende Julia bij het sterfbed van Na Roqua, nadat deze de ketterdoop had ontvangen en in *endura* was gegaan. Samen met Brune Pourcel legde ze ook het lijk af.

(b) JEAN was vanaf zijn twaalfde jaar herder. Hij was een tijdje in dienst bij Bernard en Guillemette Maurs, waar hij zich slechts voor even tot de ketterij voelde aangetrokken. Na jaren van zwerven als herder vestigde hij zich weer in Montaillou. Hoewel geen echte ketter werd hij toch in 1329 door de inquisitie tot opsluiting veroordeeld omdat hij er voor gezorgd had dat een gift aan geld bij de *perfectus* Bélibaste terecht was gekomen.

(c) BERNARD was in dezelfde tijd als zijn broer Jean bij Bernard en Guillemette Maurs in dienst als ploegknecht en woonde ook bij hen in.

XXII DE FAMILIE PIERRE IN ARQUES

(a) RAYMOND*, gehuwd met (b) SYBILLE, hun dochters (c) BERNADETTE, (D) JACOTTE en MARQUISE.

(a) RAYMOND* was een rijke boer en schapenhouder. Hij was door de Authiés die hij zeer hoog achtte, tot de ketterij bekeerd. Samen met Bernard Bélibaste probeerde hij ook de jonge herder Pierre Maury, die bij hem in dienst was, tot de ketterij over te halen. RAYMOND liet zijn dochtertje Jacotte, hoewel ze nog geen jaar oud was en dus tegen de regels in, de ketterdoop geven door de minder strikte *perfectus* Prades Tavernier.

(b) SYBILLE was gelukkig gehuwd, maar had ernstige onenigheid met haar man na de ketterdoop van Jacotte, die ze toen eigenlijk in *endura* moest laten verhongeren, maar ten slotte de borst niet kon weigeren.

(c) BERNADETTE was een jaar of zes toen Bernard Bélibaste haar als goed kathaarse partij verloofde met de herder en werknemer van haar vader, Pierre Maury.

(d) JACOTTE kreeg als baby van nog geen jaar oud de ketterdoop toegediend door Prades Tavernier. Dank zij de teerhartigheid van haar moeder overleefde ze deze gebeurtenis met nog een jaar.

XXIII DE FAMILIE RIVES

Stond als ketters bekend.

(a) BERNARD★, gehuwd met (b) ALAZAÏS★, hun zoon (c) PONS★ en hun dochters (d) RAYMONDE en (e) GUILLEMETTE★.

(a) BERNARD★. Zijn huis stond door verborgen toegangen in verbinding met die van Guillaume Benet en van Raymond Belot, zodat de *perfecti* en andere ketters ongezien hun vaste verzamelplaats in huize Rives konden bereiken. Overigens had hij in zijn eigen huis weinig in de melk te brokkelen.

(b) ALAZAÏS★ was de zuster van de *perfectus* Prades Tavernier en dus ook de tante van diens bastaarddochter Brune Pourcel. ALAZAÏS werd door haar eigen zoon Pons geterroriseerd.

(c) PONS★ was in zijn ouderlijk huis de baas. Hij was gehuwd met Fabrisse, de bastaarddochter van Guillaume Clergue (de broer van Pons Clergue). Zelf was hij een overtuigd Kathaar en had zo'n onenigheid met zijn vrouw die zijn overtuiging niet deelde, dat hij haar buiten de deur zette. Fabrisse verkocht wijn in het dorp. Ze kon weinig uitrichten tegen haar neef de pastoor die zijn zinnen op haar dochter Grazide had gezet.

(d) RAYMONDE was de maîtresse van Arnaud Vital, schoenlapper en don Juan van Montaillou.

(e) GUILLEMETTE★ was ketters maar had ongelukkig genoeg een man, Pierre Clergue, de naamgenoot van de pastoor, gehuwd die vierkant tegen de ketterij was.

XXIV DE FAMILIE TAVERNIER

(a) PRADES en zijn bastaarddochter (b) BRUNE POURCEL.

(a) PRADES was een broer van Alazaïs Rives, heette eigenlijk ANDRÉ, maar was genoemd naar het dorp waar hij vandaan kwam en waar hij wever was. Hij trok met een adellijke dame, Stéphanie de Chateauverdun, naar Catalonië en werd *perfectus*. Hij was minder strikt en minder geletterd dan de Authiés en gaf ook zuigelingen tegen de regels in de ketterdoop, zoals in het geval van Jacotte Pierre. Hij gaf ook Esclarmonde Clergue de ketterdoop.

(b) BRUNE POURCEL was bijgelovig. Ze was in dienst bij de Clergues en toen het hoofd van de familie Pons Clergue overleed, knipte ze op verzoek van haar meesteres stukjes nagel en haarplukjes van het lijk, opdat het geluk van het huis niet met de dode in zijn graf zou verdwijnen. Ze hielp ook bij de begrafenis van Na Roqua.

XXV DE FAMILIE VAN RAYMONDE
(VUISSANE) TESTANIÈRE

(a) ALAZAÏS MARTY haar moeder, haar broer PRADES MARTY en (b) RAYMONDE (VUISSANE) zelf.

(b) ALAZAÏS MARTY bracht haar dochter na het wangedrag van Arnaud Vital weer in het rechte katholieke spoor.

(b) RAYMONDE of VUISSANE was van 1304 tot 1307 als dienstmeid in huis bij de Belots. Ze was de maîtresse van Bernard Belot bij wie ze twee kinderen kreeg, waarvan er een Bernard heette. Ze werd teleurgesteld in haar hoop op een huwelijk met Bernard Belot: ze was te arm en niet kathaars. In plaats van VUISSANE trouwde Bernard de welgestelde en kathaarse Guillemette Benet. In het huis van haar werkgever en minnaar probeerde een andere huisgenoot, de schoenlapper Arnaud Vital, haar met geweld te nemen. Na dat voorval keerde ze op aanraden van haar moeder de ketters de rug toe en huwde met Bernard Testanière. In 1321 werd ze door de inquisitie gepakt en in 1323 veroordeeld tot strenge opsluiting.

XXVI DE FAMILIE VITAL

(a) ARNAUD★, gehuwd met (b) RAYMONDE, en zijn zuster (c) RAYMONDE ARSEN (geboren VITAL).

(a) ARNAUD★ was schoenlapper en *messier* (oogstbewaker). Overtuigd Kathaar die geregeld als berggids voor de rondreizende *perfecti* optrad. Hij was een vrouwenjager en telde onder anderen Alazaïs Fauré, Raymonde Rives en Alazaïs Gavela onder zijn veroveringen. Hij woonde een tijd lang bij zijn neef Bernard Belot in huis en trachtte diens maîtresse te verkrachten.

(b) RAYMONDE leerde haar man kennen in het huis van de Belots, waar zij in dienst was. Het was geen gelukkig huwelijk. Na de dood van Arnaud hertrouwde ze met Bernard Guilhou. Ze werd de luizenpikster van Mengarde Clergue en soms ook van Pierre Clergue, de pastoor, met wie ze enige tijd een verhouding had.

(c) RAYMONDE, de zuster van Arnaud Vital. Ze was een nicht van Raymond Belot, die haar vroeg bij hen als dienstmeid te komen werken toen zijn zuster Raymonde het huis verliet om te trouwen met Bernard Clergue, de baljuw. RAYMONDE VITAL had een onwettige dochter, Alazaïs. Nadat haar dienst bij de Belots er op zat huwde ze met Prades den Arsen en werd van toen af RAYMONDE ARSEN genoemd. Ze werd in 1324 door de inquisitie veroordeeld tot het dragen van dubbele gele kruisen wegens haar contacten met ketters.